全方位运营

互联网+新零售

HULIANWANG + XIN LINGSHOU

杨赵进 徐育渊◎著

花山文艺出版社

河北·石家庄

图书在版编目（CIP）数据

互联网＋新零售 / 杨赵进，徐育渊著. -- 石家庄：花山文艺出版社，2020.6
（全方位运营 / 陈启文主编）
ISBN 978-7-5511-5152-8

Ⅰ. ①互… Ⅱ. ①杨… ②徐… Ⅲ. ①网络营销 Ⅳ. ① F713.365.2

中国版本图书馆 CIP 数据核字（2020）第 079877 号

书　　名：全方位运营
QUAN FANGWEI YUNYING
主　　编：陈启文
分 册 名：互联网＋新零售
HULIANWANG + XIN LINGSHOU
著　　者：杨赵进　徐育渊

责任编辑：卢水淹
责任校对：董　舸　郝卫国
封面设计：青蓝工作室
美术编辑：胡彤亮
出版发行：花山文艺出版社（邮政编码：050061）
（河北省石家庄市友谊北大街 330 号）
销售热线：0311-88643221/29/31/32/26
传　　真：0311-88643225
印　　刷：北京一鑫印务有限责任公司
经　　销：新华书店
开　　本：850 毫米 ×1168 毫米　1/32
印　　张：30
字　　数：900 千字
版　　次：2020 年 6 月第 1 版
2020 年 6 月第 1 次印刷
书　　号：ISBN 978-7-5511-5152-8
定　　价：149.00 元（全 5 册）

（版权所有　翻印必究 · 印装有误　负责调换）

前言 Preface

2019年12月21日，新零售“春晚”之“第四届全球新零售大会”在杭州20会场4D厅成功举办。新零售的热浪已经翻腾了好几年，可究竟什么是新零售？

新零售指的是个人、企业以互联网为依托，通过运用大数据、人工智能等先进技术手段并运用心理学知识，对商品的生产、流通与销售过程进行升级改造，进而重塑业态结构与生态圈，并对线上服务、线下体验以及现代物流进行深度融合的零售新模式。

马云坚信新零售将通过数据和商业逻辑深度结合，为传统零售业态开拓新局面。随着商业的发展，新业态的发展脚步从未停止过，从最初的单一门店，到连锁店，再到如今的网店、线上线下结合店等。零售业分为17种业态。

阿里研究中心认为，新零售有三大特征：以心为本、零售二重性、零售物种大爆发。当今社会市场丰富多样，一切以用户为中心，以消费者需求为出发点，同时选择成本更低，也更高效。比如，当下零售考虑的核心不再是我有什么、卖什么、在哪儿卖，而是顾客需要什么、什么时候需要、需要多少。

新生态，新未来，新起点，新势力。可以预见，在未来 20 年，行业的发展仍然充满变数。当然，机遇与挑战并存，互联网在带来巨大红利的同时，也为零售业带来了更为激烈的竞争，谁能抓住机遇，谁就能成为行业新的霸主。

作者

2020 年 3 月

上篇 理论篇

01 “互联网 +”的商业逻辑

02 新零售与 O2O

03 新零售与 C2B

04 数据是新零售的新引擎

下篇
实践篇

05 传统地面店如何突围

06 零售企业如何困境突围

从点到面，再到全产业链

高性价比是永恒的大杀器

上篇

理论篇

未来的十年、二十年，没有电子商务这一说，只有新零售。

——马云

01

“互联网 +”的商业逻辑

到底什么是“互联网 +”？

通俗点说，就是把互联网的功能嵌入、加进更多的产业，为用户创造更大的价值，使企业获得新的成长契机。可以这么说，当今所有的应用和服务都应该加入互联网。如果哪个行业没有互联网的身影，一定意味着这里面存在商机，意味着互联网加入之后会能产生新的格局。传统餐饮外卖加上互联网成就了饿了么，传统打车加上互联网成就了滴滴、快的，传统电影票加上微信成就了微票儿……

当一切都可连接

《霹雳游侠》里有这样一个场景，男主角起床后，卧室、客厅的窗帘自动拉开，灯光自动开启，主人离开房间，照明系统自动关闭，安防系统开启。如今，电影里的生活场景正在变成现实，据说比尔·盖茨的私宅就像电影中描述的那样，已经享受到智能化的家居生活了。

智能化离我们越来越近，智能化产品也不再仅仅是智能的机器人了，还有各种各样智能产品，比如可穿戴设备、智能家居、智能家电等。

很多企业都在开发研究智能化产品：美国的音响制造商SONOS正在开发全球智能音响，用户使用智能终端上的App来遥控SONOS播放器，播放音乐。

深圳的乐博科技投资了一款智能化的空气净化器，净化器上没有任何按键，所有功能都可以通过用户的手势来实现。

小米智能手环可以帮助用户改善自己的健康状况，具有记录全天的运动量、记录睡眠质量、智能化闹钟提醒等功能。小米科技创始人雷军谈到了小米的智能硬件发展战略，表示小米科技将以小米手机为中心建立起一个连接所有智能设备的智能化系统，“让每个人都能享受科技的乐趣”。

不只是小米，在国际上有苹果、微软，国内有华为、乐心等等，众多公司都进军可穿戴设备市场，推出了智能手环。智能化可穿戴设备也不仅仅是手环，还有智能化的 T 恤，T 恤上加入智能化元素，可以感知用户的身体状况；儿童智能手表有智能的定位功能，防止儿童走失；智能化跑鞋测试你的心率、体质，做你贴身的运动顾问；智能硬件的功能也越来越多，可以遍及用户的衣食住行的各种行为……这一切，似乎都在表明，一个智能化的生活时代已经来临。

智能化为我们的日常生活提供了极大的便利，而在生产制造领域，智能化的改变和进步也正在如火如荼地进行着，只是大多数用户对此并没有很感性的认知。在世界各地都出现了“智慧城市”“智能工厂”“数字化车间”等，工厂就像被安上了一个聪明的“大脑”，可以自动进行判断、调控，实现设计、生产、管理的一体化。智能化生产极大地提高了效率，解放了劳动力，也大大增强了企业的竞争能力和优势。毫无疑问，智能化工厂将成为未来 5 到 15 年的发展趋势。

全球自动化技术领域的领导企业 ABB 有限公司推出了体系化能源管理解决方案。将公司的能效理念与先进技术、设备、行业知识和项目管理经验等融合在一起，为用户提供智能化的能源管理解决方案，帮助用户实现增效节能。西门子工业自动化集团、三菱电机公司都采用 ABB 的解决方案，进行智能化生产。

智能化的产品离不开两样技术：其一是传感技术，其二是大数据技术。

传感器是人与物、与硬件设备沟通的核心，是实现智能化的关键所在。随着传感技术的不断成熟，各种各样的传感器被不断研发出来，比如温度传感器、气压传感器等等，它们使得可穿戴的智能产品具备了通知、监测、记录、计算等功能。还有一种红外转发器是实现智能家居的必备。红外转发器可以把无线信号转为红外信号，手机上安装了这种设备，就可以来控制家居、家电产品。在生产领域，机械仪表的智能化，也离不开传感器控制系统。

智能化产品更多的价值体现在大数据技术上。在智能生活产品上，通过智能硬件的这些传感数据，整合到强大的分析平台中，进而为用户提供有用的决策和建议。在工业自动化领域，应用和服务都在向云端运算转移，云端运算可提供完整的系统和服务，将所有生产设备完成连线，联动。

无论是智能生活，还是智能生产，离我们都并不遥远。互联网从 PC 端转向移动端，只用了短短几年的时间，传统行业与网络技术深度融合，出现了互联网 + 金融、互联网 + 医疗、互联网 + 教育，等等。移动互联网的影响和推动之下，对传统行业的升级换代的改造更加深入而全面。

而这种改造的关键词之一就是“连接”，移动互联网是实现“连接”的工具，人与人、人与物、人与设备以及它们彼此之间的无缝连接。移动互联网才可以称作是真正的互联网，用户将不再有“在线”和“离线”的区别，随时随地实现连接，这是一个连接一切的时代。

以社交工具起家的腾讯，最擅长做的工作就是“连接”，QQ 和微信是腾讯最重要的两个连接器。QQ 是腾讯的 PC 端社交产品，如今拥有超过 10 亿的用户；微信则是顺应移动化趋势的移动社交工具，目前也拥有超过 7 亿的活跃用户。

腾讯表示将在发展社交的基础上，在 PC 端、移动端和多终端，更深层次地起到连接的作用。它的中长期目标，是将内容和服务通过腾讯的平台连接起来，并通过移动支付形成闭环；长远目标则是建构连接人与人、人与服务和人与智能硬件的生态圈。例如微信的基础功能是社交，也就是连接人，而在此基础上可以实现连接服务、连接可穿戴设备、家电等多个层面。

连接是一切可能性的基础，未来的“互联网 +”生态建立在万物互联的基础之上，这将成为工业发展与进化中的“第四种力量”。这种力量将促进各级社会组织与生产当中的各个节点的连接，形成一个巨大的联动的网络系统，就像一个个孤立的岛屿之间开辟了航道，在一座座山峰之上搭建了交汇的桥梁，地球成为真正意义上的小小村落，由此带来的生产力的解放和能量的释放，将呈现出几何级数的增长。

梅特卡夫定律认为：当 Windows 用户以算数级数增长时，它的价值会以指数级增加，网络时代的“网络价值的总和会随着网络用户数以平方的速度增长”。在工业经济时代，成功遵循的是回报递减原理；而在网络经济中，成功遵循的是回报递增原理。

总之，在移动互联网时代，市场竞争的焦点不仅仅是财力和实力的比拼，还有思维和观念的比拼，传统零售企业是否能够意识到这个时代的变革，并且迎头赶上，才是其能否转型成功的前提。

传统零售巨头发展乏力

美国的西尔斯百货商店（SEARS）是名副其实的百年老店，曾经是美国最大的百货零售企业，总市值达到了2060亿美元。

近几年来，西尔斯百货在零售市场节节败退，不停关闭门店。2018年4月27日，西尔斯百货宣布最后一家商店将在7月中旬停止营业。2018年10月，西尔斯总部也已申请破产保护。

20世纪40年代，西尔斯一跃成为全球最大百货零售商，其营收甚至占了当时美国GDP的1%，发展到今天不得不宣告破产的地步，究竟是什么阻碍了它的前行?

答案很简单，在互联网新时代，如果不改变经营模式，传统零售平台是不可能和互联网销售平台相抗衡的。

家乐福也遇上了大问题。2018年8月，家乐福宣布法国总部裁员2000人。2019年6月23日，苏宁易购公告称，公司全资子公司苏宁国际拟出资48亿元，收购家乐福中国80%

股份。同年 9 月 27 日，苏宁易购发布公告称，已经完成收购家乐福中国的股权交割手续。

这些曾经的零售巨头，一个个走向了衰退，业绩连年下滑，导致他们接二连三没落的直接原因就是没能做到与时俱进。在以用户为中心的 C2B 时代，零售企业要想生存就必须深度了解并满足用户的需求。那些企图让产品赢得所有用户的想法，最终会被证明是一厢情愿。唯有倾听他们的声音，按照他们的想法来生产、销售产品，才能够在激烈的市场竞争中生存和发展。

多元化的，充满个性化的商品市场取代了原有的千篇一律的市场，传统零售巨头们扩张的步伐停滞了，他们很纳闷：为什么以往的产品策略失灵了？为什么用户的胃口变得如此刁钻古怪？

美国的 Gap 是 20 世纪 90 年代世界上最大的服装零售商，旗下的连锁店遍及欧、亚，达到 3000 多家。Gap 的衣服适合所有人，年轻人去买 T 恤，老太太去买羊毛衫，每个人都去买卡其裤，甚至在 1996 年，著名影星莎朗斯通都穿着 Gap 毛衣出现在红毯上。Gap 在很长一段时间里是一个成功的品牌。

然而，也就是在这段时期，Gap 也成为制服的代名词，它的大众化风格让每一件服装看起来都是一模一样。慢慢地，没有人愿意穿 Gap 制服了。1999 年，Abercrombie&Fitch（阿贝克隆比费奇）出现了，他们的目标客户定位为追逐时尚的年轻人，每一个门店里面播放着震耳欲聋的电子音乐，他们毫无顾忌地表现出对30岁以上的用户群的“敌意”。这个颇为另类的Abercrombie&Fitch成了Gap的劲敌，有了它，年轻人再也不愿意跨进Gap的门店。

Gap的高管决定转型。为了吸引年轻用户，Gap开始生产亮色裤子、帽衫、迷你裙等所有年轻人喜欢的服装款式，还聘请了年轻人喜欢的R&B歌手梅西格雷来为其宣传造势。然而，Gap的状况却变得更加糟糕了。年轻人依旧在Abercrombie&Fitch消费，仅有的中老年忠诚客户则被Gap新的营销方式吓坏了，他们也弃Gap而去。

这令Gap的高管们感到十分困惑，为什么潮流趋势与他们的设想不再一致了呢？

但无论如何，Gap的黄金时代一去不复返了。

一位零售分析师这样说：“Gap的目标顾客很难被俘虏，因为Gap的目标顾客是每一个人，如果你想销售满足所有人的东西，那你的东西什么都不是。”

众口难调，而你偏偏试图满足所有人的胃口，其结果就是被更为广阔的中间市场抛弃。回溯过往，那些已经失去的中间市场虽然有着社会背景变迁的因素，但也符合市场经济的发展规律。在如今的移动互联网时代，中间市场陷落，C2B商业模式崛起，曾经被称为非主流的正在成为最主流的。而从企业角度来讲，互联网倒逼效应愈发明显，传统电商都在加速自己的转型升级。

用户需求是一种不断变化的动态的力量，随着生活水平和科技水平的提高，用户的个性化需求得以充分释放。企图"一网打尽"所有用户、以规模取胜的商业模式已力不从心。于是，中间市场逐渐走向消亡。商家只有认真对待每一个用户，根据他们的需求来设计、生产、销售产品，才能赢得用户的认可和信赖。在这种时代背景和市场环境中，C2B 的崛起难以抵挡。

零售企业 + 互联网大有可为

在相当多的传统零售企业看来，"互联网思维"就是销售渠道和营销方式的改变。的确，电商和传统商家的最大区别就是销售渠道的改变，把实体店搬到网上，这样不用租房，不用大量库存，甚至销售人员也大大减少，商家节约了成本，自然盈利的空间就得以扩展了。

在营销方式上，电商注重和用户的参与、互动，传统商家仍然是迷信广告的狂轰滥炸。小米公司创造了"营销"的神话，"饥饿营销""粉丝营销""参与感营销"种种新名词似乎都与小米有关。

传统零售企业想不明白，为什么用户一夜之间都跑去"网购"了呢？实体店关的关，转的转，少数仍在苦苦支撑的实体店，也是门可罗雀。传统零售企业愈来愈认识到"不改变，毋宁死"，于是开始了"+ 互联网"的尝试，入驻各大电商平台，建立自有网站，建立微信、微博大号……

可是，他们仍然失望了，因为聚拢粉丝并不是一件很容易的事，并不是说你建了一个平台，粉丝就自然而然地来了。互联网可以给予用户的东西太多了，可谓应接不暇，如何让用户在短暂的上网时间里看见你，并且被你吸引，进而与你互动、交流，真的要花一番心思。既然传统零售企业触网已成为发展的必然之道，那么传统零售企业“+ 互联网”的尝试，具体应该怎么做呢？

1. 以用户为中心，而不是以商家为中心

这是所有企业在互联网经济时代需要转变的一个观念。网络拉近了人与人之间的距离，让沟通的成本更低，速度更快，无论是对企业有利的信息还是坏的信息，传播起来都会非常迅速，这就是企业必须注重口碑传播的道理。

例如以服务著称的“海底捞”火锅店，在很多人看来这样周到的、细致入微的服务几乎到了变态的地步，但是就是这种服务让用户印象深刻，从而形成了良好的口碑。金杯银杯不如用户口碑，用户说好才是真的好。

传统零售企业要建立起以用户为中心的产品创新和营销体系，要研究和思考的对象是每一个用户，比如自己的目标用户究竟是哪些人？他们的爱好是什么，喜欢哪些网络内容，网络行为又是什么？

而当下，传统零售企业的问题是还没有真正意识到要建立起“以用户为中心”的粉丝经济，与用户实时交互体验做得不够。当然，这并不是要全盘否定传统的营销体系，如果传统零售企业在传统营销方式的基础上，建立起基于社群的创新和营销，则会起到事半功倍的效果。

说起凉茶，“加多宝”是一个家喻户晓的名字，铺天盖地的“加多宝”广告，几乎让每一个消费者都记住了“加多宝”的名字。但实际上，除了广告攻势之外，加多宝并没有忽视互联网营销。

2015 年 4 月 30 日，加多宝“金彩生活圈”正式启动（如图 1-1），所谓的“金彩生活圈”，就是每个购买“加多宝”的用户都可以通过罐子上的“扫一扫”进入加多宝的互联网生活圈，在这个圈子里还可以链接其他朋友，或者进行其他消费行为，让每个罐子成为用户生活圈的便利入口。

“加多宝”用户流量资源高达数十亿，体量相当巨大。加多宝“金彩生活圈”如今的战略合作品牌有京东商城、滴滴打车、百度外卖、微信电影票、民生银行等等，加多宝还在继续向“全球招商”，与更多的品牌合作，打造一个更大更丰富的“金彩生活圈”。

图 1-1 加多宝“金彩生活圈”活动广告

将来“加多宝”将围绕美食、娱乐、运动、音乐等不同主题，整合现有资源优势，为用户提供福利，同时也吸引用户参与更多的生活消费。

从一个罐子出发，为用户打造了一个生活平台，加多宝的“金彩生活圈”战略堪称传统零售企业的互联网逆袭，同时这也给传统零售企业提供了借鉴——不只有互联网产品，传统产品也同样可以连接起用户与互联网。

2. 好产品是一切经营之本

“打造爆款”一度成了电商经营的法宝，不管三七二十一，把用户吸引来成为商家第一要务。低价、再低价，打破底价；或者借助一个可以引爆的事件；或者制造一种流行，企图让产品或者品牌一夜成名而天下闻。

但是“打造爆款”似乎并不难，但是持久流行却很难，用户一时被营销的噱头吸引而来，但来得快去得更快。马佳佳的情趣用品、快看漫画、魔漫相机、脸萌等等，曾经风靡一时的产品，并没有获得长久的经营业绩。因为任何产品的品牌形象都不是一蹴而就的，这是一个长期积累的过程，无论以什么方式“引爆”都没有错，关键是要有好的产品作为支撑，当用户蜂拥而来的时候，发现产品确实很好，这样才能留下用户。好产品是企业一切经营活动的根本。

来自荷兰的老啤酒品牌“喜力啤酒”非常善于运用热点事件营销，多年来一直和体育赛事有着不解之缘（如图 1-2）。因为“喜力”发现体育爱好者与啤酒爱好者的重合度比较高，

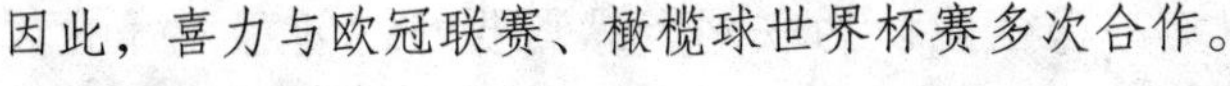

因此，喜力与欧冠联赛、橄榄球世界杯赛多次合作。

榄球比赛，实际上就是在和我们的客户对话。如果说我们赞助欧冠是为了扩大知名度的话，赞助橄榄球世界杯就是为了提高忠诚度了。”

在移动互联网时代，喜力啤酒的营销方式也与时俱进，用户通过手机免费下载喜力啤酒的“球星”应用，这是一款竞猜游戏，苹果的 iTune 以及 Facebook 上可以免费下载。用户可以一边看比赛一边参与竞猜，猜测点球、射门、角球等情况，猜中者会获得相应的积分奖励。这种方式非常有利于培养喜力的忠实用户。

很多传统零售企业认为联网产品需要好的创意，好的营销故事，吸引用户的眼球，即使产品一般也没关系。这种想法只能打造昙花一现的产品，不能保证产品的持久的竞争能力。人们都在关注小米手机、雕爷牛腩的营销故事，却没有领会到雕爷牛腩的“轻奢”路线，小米手机的“高配低价”战略，互联网时代，好的产品会说话，好的产品是一切营销的起点和终点。

3. 不是替代和颠覆，而是相互融合

移动互联网时代，电商都在向 O2O 模式转型。为什么？因为单纯靠线上经营的红利越来越难以支撑起企业的竞争优势，因此必须向线下布局谋求新的出路。随着电商之间的竞争压力的加大，纯电商的日子并不好过。连阿里、腾讯、京东这样的巨头都开始发力 O2O 了。这更加说明，网络经济离不开实体的支撑，线上与线下的融合才是大势所趋。

互联网对传统零售企业的改变仍然是形式上的改变，虽然涉及产品的生产、加工制造、服务和传播等各个环节，但是商业经济的基本运行规律不会改变。

比如说个性化定制产品，由用户参与到产品的开发设计中来，决定产品的款式、功能；传统零售企业是由企业的市场调查部、产品开发部来根据用户调研结果来设计产品；实质上都是让产品更加符合用户的需求，让用户更满意。

在生产环节，传统的生产方式是机械化的批量生产，而互联网时代的企业生产以柔性生产线生产小批量的个性化的产品，但是追求生产效率和利益最大化的企业目标不会变。

在营销环节，虽然传统的广告方式和互联网的广告方式有所不同，但是让尽可能多的用户知道并且认可的宗旨没有变……有的媒体、企业动不动就讲互联网“颠覆”了传统零售企业、传统行业，这种说法是有失偏颇的。

“乱花渐欲迷人眼”，传统零售企业“触网”要抓住本质，不能只看到表象。这样才能清楚地认识到自身的优势和不足，在此基础上进行有意义的转变。商业的本质是要建立起一个可持续的商业模式，在任何时代，企业的运营都需要实体商业的支撑，拥有实力的企业才会有更大的竞争优势，当然，这个实力体现在人、财、物等多个方面的资源。传统零售企业必须运用互联网、移动互联网的技术和方式，在产品开发、用户互动、商业模式建立、供应链整合等各个环节进行深度融合，从而实现企业效益与效率的共赢。

总之，互联网不是传统零售企业的发展的阻碍和破坏力量，而应该成为传统零售企业的改革加速器，创新动力源，帮助传统零售企业更好地转型与发展。

“互联网 +”驱动零售升级

从当下的势头看，传统零售企业做电商，大抵经过从最初的不屑到之后的畏惧，再到后来盲目跟风这些阶段，总体而言不成功者众。究其原因，其实无外乎难以舍弃既得利益，难有壮士断腕的决心及勇气。这些都是横在传统零售企业面前的大山。

对于“互联网 +”，李彦宏认为，互联网加任何一个行业都可以做出很多花样了。“即使你过去跟互联网没有任何关系，做得是最传统的产业，今天从你自己产业的角度来看，你怎么能做得更好，你一定还会想到互联网，一定还会用互联网的手段，用这些手段一定能做出很有价值的东西。”

但是，他告诫创业者要真正聚焦，把适合自己的东西做好，不要赶集一样找风口。

如果你踏踏实实做，很可能做得越来越成功。如果想天天跟风，互联网金融热就做互联网金融，医疗跟互联网结合就转去做医疗，这样是不行的。其实每一个领域，因为中国市场大，每一个领域都有很多竞争对手，你看到的机会大家也都看到了。马云看到了机会，Pony 看到了机会，我看到了机会，我们看到的都差不多的。我讲连接人和服务，Pony 也讲人和服务。云计算、人工智能，我们看到的东西都是一样的。不是说你看到了这个方向就可以成功，不是说你站在这什么都不干就飞起来了。这个思维方式我觉得真的不能去鼓励，应该说我现在喜欢什么，我擅长什么，我要想把这件事情做成，我需要通过什么样的努力，用什么样的手段。

李彦宏坦言自己创业时不擅长管理，不擅长打交道，“但我真的太想把这件事做成了，我为了做成这件事什么都愿意干。所以慢慢很多事也就这么过去了。所以我觉得用这样的心态，可能原来不擅长的事做成了，如果你的心态是哪有风口就到哪待着去，到那待的人实在太多了，你什么都不干一会儿就被人挤跑了。所以要看自己喜欢什么，擅长什么，是不是能坚持很多年一直做下去。这是我的观点。”

每一个传统行业都孕育着“互联网 +”的机会。在寻找“互联网 +”的过程中，我们首先注意到了用户所处的环境变化。我们每天日常面对 PC 屏幕，同时我们越发依赖手机这张屏。家中的智能电视有一天会像手机、平板电脑一样，里面布满各种 APP。而汽车里的那张屏也正在被挖掘，车联网的概念刚刚兴起……

所以，“互联网 +”是一个人人皆可获得商机的概念，但是，“互联网 +”不是要颠覆，而是要思考跨界和融合，更多是思考互联网时代产业如何与互联网结合创造新的商业价值。企业两条腿走路已是必然态势，线上线下充分融合优势越来越明显。其中，传统零售企业无疑具有先天优势。未来，存活的好的企业必定是善于利用新技术，能够跟上趋势，并充分了解用户的企业。可以预见的是，未来的市场是属于传统零售企业中懂互联网的企业。从某种意义上说，“互联网 +”已经成为传统零售企业创新升级的重要驱动。

抓住时机，迅速转型

十多年前，PC 的普及催生了一批电商，它们以革命者的姿态将传统零售企业打得落花流水、无力招架。苟延残喘的传统行业还没有缓过一口气，移动互联网又强势登场。

令人庆幸的是，移动互联网并非传统零售企业的毁灭者，而是传统零售企业的救世主。PC 时代靠免费流量取胜，而移动互联网时代是 toC，是收费。toC 与收费这两个特点，与传统零售企业的商业模式逻辑相通。因此，相对互联网企业向下沉，传统零售企业向上转型更加容易。

从事传统行业的企业主，完全不必对移动互联网产生害怕心理。2014 年估值为 48 亿的酒仙网创始人郝鸿峰，在 2008 年都不知道百度是什么，搜索能干什么，对于互联网可以说是“纯白痴”。但是他熟悉上游的酒厂，熟悉下游的消费者，擅长说服各种酒厂，擅长抓住消费者的心理。这种长袖善舞的传统行业商人，一旦涉足移动互联网就能迅速将上下游资源紧密整合，并建立强烈的用户黏性。反之，一个欠缺深厚行业资源、只懂互联网思维的人去做酒仙网，肯定寸步难行。风水轮流转，移动互联网给更懂线下的传统零售企业带来了利好。

如郝鸿峰一样的传统零售商，却在移动互联网时代玩得风生水起。科通集团、大润发这些土得掉渣的企业，纷纷触网，通过科通芯城与飞牛网，取得了令业界侧目的业绩：科通芯城上线第三年就做到100亿的销售，飞牛网是我国首家上线一年即营收过亿的电商平台（达到2亿）。

顾客在哪里，市场就在哪里，而所有传统零售企业如苔藓石头上的青蛙——不往上爬就会往下滑。以后，IT实力不强的公司将很难生存，而大胆拥抱移动互联网的企业将会收获成功转型的甘果。

户外运动品牌“探路者”属于最典型的传统零售企业。主营户外运动装备，靠线下店铺销售，品牌传播则靠广告，但这是之前的模式。意识到与顾客的连接发生变化后，他们主动求变，首先研究出用户的变化特征，即族群化，然后围绕以“用户为中心”，控股户外社区绿野网，以垂直化为手段与顾客更加黏合，并让传统店铺融入服务生态，重新获得活力。

探路者原来的商业模型有三个驱动力：品牌、产品和渠道。销售基本是在百货大楼的专柜或者是户外店里完成，属于等候型营销。吸引顾客只能用品牌广告或促销活动，别的办法作用有限。近年来，顾客的注意力极大分散，对广告的信任度迅速下降。另一方面，受开店成本制约，传统店铺面积非常有限，能够陈列的产品品类也十分有限，与户外用户的实际需求有很大差距。更为突出的问题是，传统的店铺跟顾客的交流也是非常有限的。

探路者的创始人、董事长盛发强先生认识到只围绕传统渠道是没有办法跟顾客紧密连接的，就想往上追溯——有户外运动、户外旅行的需要，才会有户外用品的需要。传统的渠道为王、终端至上的商业规则，变成以用户为中心。因为，没有用户谈什么终端？

传统的以用户为中心，拘囿于某一个节点上跟顾客交流互动，现在要主动寻找用户、靠近用户。他们是谁？他们在哪儿？他们有哪些行为特征？他们参与哪些活动？他们有哪些潜在需求？

通过回答这么一连串的问题，探路者发现活动才是真正的源头，所以他们往活动延展。户外用品与其他服装的区别就在于，户外活动有特定的环境，有一定的风险因素，户外行为需要引领、指导甚至培训。

2014 年 1 月，探路者战略投资绿野网，通过 55.6% 的股权实现控股。绿野网 1998 年就开始做户外社区，具备引导用户的基因。探路者之所以控股绿野是因为看好他的导流基因和黏性。

绿野当时有注册用户 300 多万，日均访问量 10 多万人次。探路者做了一个 CRM 会员管理体系，这个系统基于微信做客户关系，为会员提供各种各样的服务。探路者通过 CRM 知道用户是谁，知道这个人的兴趣爱好，可以提供个性化的精准服务与营销。

尽管如此，盛发强还是非常看重线下店的拓展。他认为线下的购物体验是不可能被网购完全取代的，因为用户需要触摸产品、试穿试用、感知品质和面对面地交流。

像探路者这些传统零售企业，不变革就会出现问题，因为顾客被各种各样的在线零售或垂直组织给分流了。移动互联网，尤其是微信的广泛应用带来的另一个结果就是用户的群落化：顾客变成某个车友会的成员，或者某个摄影俱乐部的成员，也可能是某个徒步大会的响应者。

被群落化之后，顾客就会被某个服务机构引导。比如说清华 EMBA 户外协会，他们为每个会员定制成套的探路者户外装备。这样，接近群落组织的供应商实际上在中途已经能够截流用户了，未来这种截流会更显著——商界竞争在这个环节就已经定出了胜负。

帆船运输队之间怎么商战，也免不了被蒸汽机船一锅端；蒸汽机船怎么努力，也逃不脱被内燃机革掉性命。在今天，技术的更新迭代更加迅速，每一项新的技术，都可能意味着重新书写商业规则。

02 新零售与 O2O

在 2015 年的两会上，李克强总理在《政府工作报告》中谈到鼓励大众消费时说：“把以互联网为载体、线上线下互动的新兴消费搞得红红火火。”线上线下互动，也就是我们所说的 O2O。

一周后，李彦宏放话：“互联网 +”能“duang！”，化腐朽为神奇，尤其在 O2O 领域有神奇力量。

问题来了：当我们说 O2O 时，我们究竟在说什么？

当我们在说 O2O 时

O2O，字面上的意思是 Online to Offline 以及 Offline to Online，是指线上与线下相结合的电子商务。在 O2O 模式中，整个消费过程由线上和线下两部分构成。线上平台为消费者提供消费指南、优惠信息、便利服务（预订、在线支付、地图等）和分享平台，而线下商户则专注于提供服务。

那是不是淘宝店店主在街边再开家实体店，或者实体店店主开家淘宝店，就是 O2O 了呢?

——不是。如果只是简单的线上为线下导流就是 O2O 的话，“老军医”们就是 O2O 的祖师爷了——他们早就懂得将小广告贴在电线杆上（电线杆也是“线”），以招徕客人登门送钱。

具体来说，“O2O”中的“2”非常关键。这个“2”读“to”，是线上与线下的交汇点。这个交汇点需要构建以 ERP 为基础，以 OMS 订单处理系统、CRM 客户管理系统、WMS 电子仓管理系统为后台的整体软件平台系统，才能真正实现商品流、信息流、资金流三流合一，运转通畅的 O2O 运营体系。

你线上有店，线下也有店，但线上、线下无论产品、价格、营销、服务、物流等都是各自独立，甚至是相互冲突矛盾的，这不能算是 O2O。O2O 的本质之一是线上线下协同，或者线上促进线下，或者线下支持线上，相辅相成，相互促进。

PC 时代的互联网，动辄以“颠覆”传统商业的面目出现。

一家淘宝的狂欢，是万家实体店的落寞。缠斗多年，仗着有翅膀的互联网企业逐渐发现自己犹如一只没有脚的小鸟，而传统零售企业则如同一只有脚却不能飞行的走兽。因而，彼此合作、融合、取长补短，是两者最优的选择。

当大众点评网通过线上优惠券为线下导入客流，线下商家为线上用户提供以优惠券为载体的生活服务，你还能分得清谁在做线上、线下生意吗？

相比 B2B、B2C、C2C 这些线上交易，O2O 让信息与实物之间、线上与线下之间的联系变得更加紧密，将线上与线下的转换能力发挥到极致，真正使线上的虚拟经济和线下的实体经济融为一体。

O2O 发展简史

截至 2020 年 3 月，O2O 还不到 10 周岁。这个概念诞生于 2010 年 8 月，美国一家支付公司的创始人 Alex Rampell 在科技类博客上发表的一篇文章，提炼出 O2O 概念。这个传说中 6 岁创业的大神，在分析 Groupon、OpenTable 网站的时候，提出了线上到线下商务的发展，在网上寻找消费者，然后引导到网下去。就是在线上引流，线下促进交易。

创业者是最爱思考的一类人，特别是对于与钱有关的现象与事物。Alex Rampell 心想：不爱存钱的美国人年收入 4 万美元，其中花在线上网购 1 千元美元，除去银行的少量存款之外，剩下 3 万多元去哪里了？答案是：去了咖啡厅、健身房、餐厅、加油站和干洗店、理发店这些线下商店了。他发现这个市场很庞大，所以提出了 O2O 的概念。

由此可见，O2O 的出发点很简单：觊觎线下传统行业的庞大的零售市场，线上要跨界打劫。其方法不仅仅限于将线上流量引流到线下（Online to Offline），还包括将线下客户引导至线上（Offline to Online）。

O2O 的概念虽然是 Alex Rampell 发现、提炼并命名的，但在此之前，创业者们已经在实践了。回顾历史，O2O 发展至今可以分为两个阶段：

一是 PC 时代，时间大约是 2004~2011 年。这个时期的 O2O 只是雏形，线上与线下有互动，但玩的无非只是网络营销、粉丝经济之类。通过这种单向的广播式传播，为那几个点的转化率苦苦挣扎。当然其中也有简单的互动和用户信息的收集，但这种交流互动是浅层次、低频次的，所收集的信息类型、领域也是有限的。如携程、去哪儿等在线旅游企业，通过线上订酒店，然后线下入住。2010 年冒出来、2011 年打得不可开交的团购网站，如美团、拉手、窝窝团、24 卷、满座团、高朋网都可以归类于 O2O。

二是移动互联网时代，时间大约是 2012 年到现在。PC 时代你不知道网络那端坐着的是男还是女（一台电脑多人用）。移动互联网时代不同了，人手一台智能手机，随时随地随意上网——这大大拓展了商业领域，你不但知道对方是人，还可以通过数据分析知道 TA 的性别、年龄、购物喜好，进而设计出更有针对性的产品，并精准指导线下行为。此外，方便快捷的移动支付，打通线上线下形成 O2O 闭环。

乐博资本创始人、中国青年天使会会长杨宁称：“如果你的项目不是打通线上线下，这个项目就不值得做。”互联网领域的战争已经结束了，现在做纯互联网项目，只能给巨头当靶子。杨宁认为，互联网巨头的长处都在于纯线上和纯虚拟世界，一旦落地，陷到传统产业中，他们的能力就发挥不出来。

O2O 与懒人经济学

人们懒得爬楼，于是电梯大行其道；

人们懒得走路，于是汽车、火车满地跑；

人们懒得洗衣服，于是洗衣机成为家庭标配；

……

如果某个科技或商业模式能让人更懒，那么一定是受欢迎的。一部人类科技与文明发展史，贯穿的主线似乎可以叫：如何满足懒人需求。就算是锻炼，人们也想偷懒，懒得出去跑步，于是就有了跑步机。当然，这里所谓的“懒”，不是好逸恶劳，而是希望通过“懒”来换取更多的时间去做自己想做的事。随着生活节奏的加快，懒人群体日益扩大，“懒人”已经成为越来越多商家新的目标消费群体，商家千方百计满足懒人们的要求，从而换取应得的报酬，“懒人”经济也就随之诞生。

互联网也是满足懒人需求的一大产物，所有的开发与应用都是围绕如何让人可以更懒：一台电脑，几乎可以让你足不出户解决所有问题，如工作、交友、恋爱、吃饭、购物，等等。

大多数男人都不爱逛街，但为了买衣服而不得不逛。男人没有女人那么细心与敏锐，光凭网站上的介绍就能基本判断出是否合身（事实上女人的判断也经常出错），裤子的裆大了、臀围小了，或衣服的肩宽了、袖短了——哪怕一点点不合适，都会让人的形象大打折扣。毕竟，爱美也是人类的天性。

有没有足不出户也可以试衣的网购？

当然有，美国一家叫 Frank & Oak 的公司，面向 20 ~ 35 岁的男士提供先试后买的网购服务。注册用户只要到 Frank & Oak 网站上输入自己对衣服的个人喜好，每个月便会收到一封针对个人兴趣列出特价商品的电子杂志。之所以发送频率这么低，是因为男士买新衣的频率多半不会高于一月一次。注册用户一次可选择最多五样单品，由公司免费运送到家。用户收到后可将不喜欢或不合适的单品免费寄回，如果有看上的单品则留下并付费。显然，这是懒男人们的福音。

传统网购让懒人们舒心了，但还不够彻底，不够深入。在 2015 年 4 月底的一次演讲中，58 同城首席战略官、58 到家 CEO 陈小华认为：钟点工行业没有品牌，回收、维修没有品牌，搬家服务没有品牌，代理工商注册没有品牌……就 O2O 领域的机会而言简直不胜枚举，所有线下的服务都可以搬到网上来展示，接受消费者的检阅，O2O 服务业将会更加火爆。

基于移动端的 O2O 正在将懒人推向一个新境界，你不再只能在 PC 边懒，还可以揣着手机随时随地懒。你懒得出去吃，可以用饿了么。如果家里来了客人又懒得出门吃饭，自己也懒得做，可以用手机一划，请一个大厨到你家做饭。如果你懒得收拾家，有非常多的家政服务，手机一点，阿姨就给你上门做服务了。如果你懒得开车，非常火的快的打车、易道、滴滴打车，包括喝了酒以后，可以找 E 代驾等。如果懒得去按摩院、美甲馆，都可以通过手机 APP。

没有最懒，只有更懒。对于 O2O 创业者来说，与其说没有发现商机，不如说没有一双发现“懒人”的慧眼。围绕懒人们愈来愈“懒”的需求做文章，是 O2O 创业的捷径之一。

大数据与 O2O

胸大的女人更败家——你信吗？

不管你信不信，阿里的数据分析师是坚信的。他们基于淘宝、天猫等阿里购物平台庞大的用户数据，发现购买大号胸衣的女人购起物来更豪爽。为什么会这样？

或许是胸大的女人更爱美（而消费），或许是胸大的女人相对能找一张更好的饭票——男友 OR 老公。原因其实不必深究，有数据支持的结论在，就能够指导各大电商卖家的广告投放和营销策略。在大数据时代，“是什么”比“为什么”更重要。因果无所谓，相关性才是王道。虽然这违背了人类好奇和探索

的天性，但知道“是什么”对决策的帮助更有价值

多年前，零售巨头沃尔玛的管理人员在分析销售数据时，发现一个令人困惑的现象：啤酒与尿布这两件貌似毫无关系的商品，却经常出现在同一个购物篮。

管理人员通过实地观察，发现这种混搭购买大多来自于年轻的男性顾客。经过调查，这些男性都是初为人父者。

知道“是什么”后，沃尔玛不仅将啤酒与尿布摆放在同一区域以便年轻爸爸们采购，还推出了将两者捆绑销售的促销手段。这一招大获成功，成为解释“大数据”技术的经典案例。

也许有读者好奇心大，一定要问“为什么”，那么答案也许是：年轻妈妈需要在家照看婴儿，年轻爸爸成了这段时期的“后勤总管”，爸爸在购买婴儿尿布时，喜欢顺带买几瓶啤酒，以便犒劳一下自己。想一想，男人忙里偷闲坐在沙发上，望着自己可爱的小宝贝，再喝点啤酒，心里多么美！

2012 年，美国一名男子闯入零售连锁超市塔吉特内抗议：你们竟然给我读高中的女儿发婴儿尿片和童车优惠券，是想鼓励她早点怀孕吗？店铺经理立刻向来者承认错误。一个月后，这位父亲打来电话道歉，因为他得知女儿的确已经怀孕了。

塔吉特是一家百货公司，在孕婴商品的销售上，相对专门的孕婴商店明显处于劣势。但是他们运用了数据分析，通过查看准妈妈的消费记录，找出了 20 多种关联物，这些关联物可以对顾客进行“怀孕趋势”预测，并寄送相应的优惠券，精准又高效。比如：孕妇在怀孕头三个月过后会购买大量无味的润

肤露；有时在头 20 周，孕妇会补充如钙、镁、锌等营养素；许多顾客都会购买肥皂和棉球，但当有女性除了购买洗手液和毛巾以外，还突然开始大量采购无味肥皂和特大包装的棉球时，说明她们的预产期要来了。

基于这些统计分析，塔吉特能在最恰当的时候给她们寄去最符合她们需要的优惠券，满足她们最实际的需求。

被誉为硅谷精神之父的凯文·凯利（《失控》《技术元素》和《新经济·新规则》的作者）提醒商业界人士："不管你现在做什么行业，你做的生意都是数据生意。你关于客户的这些数据，其实跟你的客户对于你来说是同样重要的。"

凯文·凯利认为：数据不应该以它的存储而定义，应该由它的流转来定义。文件、文件夹、网页什么的已经不是最重要的数据，重要的在我们的数据流里的信息、新闻。过去的关键词是"我"，现在的关键词是"我们"，过去的关键词是"项目"，现在的关键词是"数据"。

相较传统的数据统计分析，互联网时代的大数据（big data）从量变到了质变。维克托·迈尔·舍恩伯格及肯尼斯·库克耶合著的《大数据时代》中强调，大数据是指：不用随机分析法（抽样调查）这样的捷径，而采用所有数据的方法。作者认为具有以下五大特征（4V+1O）的数据，才称之为大数据（参见图 2-1）。大数据的 4V+1O 特点：Volume（大量）、Velocity（高速）、Variety（多样）、Veracity（真实）、Online（在线）。

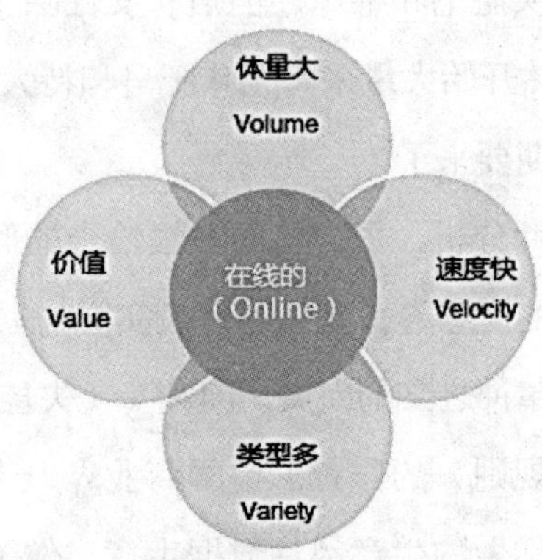

图 2-1　大数据的五大特征

第一个特征是数据体量大（Volume）。数据量大，包括采集、存储和计算的量都非常大。大数据的起始计量单位至少是 P（1000 个 T）、E（100 万个 T）或 Z（10 亿个 T）。

第二个特征是类型多（Variety），也就是种类和来源多样化。包括结构化、半结构化和非结构化数据，具体表现为网络日志、音频、视频、图片、地理位置信息等等，多类型的数据对数据的处理能力提出了更高的要求。

第三个特征是价值（Value），具体指的是数据价值密度相对较低。随着互联网的广泛应用以及物联网的逐渐兴起，信息感知无处不在。海量信息扑面而来，难免泥沙俱下。如何结合业务逻辑并通过强大的机器算法来沙里淘金，是大数据时代所面临的重点与难点。

第四个特征是速度快（Velocity），具体指的是数据增长速度快，处理速度也快，时效性要求高。比如搜索引擎要求几分钟前的新闻能够被用户查询到，个性化推荐算法尽可能要求实时完成推荐。这是大数据区别于传统数据挖掘的显著特征。

第五个特征是数据是在线的（Online），具体是指数据是永远在线，随时能调用和计算。显然传统的数据无法做到这一点，只有在互联网高速发展背景下才能够实现。数据只有在线，如用户在使用某款互联网应用时，其行为能及时地传给数据使用方，数据使用方通过数据分析或者数据挖掘进行加工，进行该应用的推送内容的优化，推送给用户最想看到的内容，才具有更大的商业价值。

各个网络端口时时刻刻生产着数据。通常情况下，样本数越大，误差就越小，企业通过对大数据的深入分析能够发掘与捕捉到真实的需求信息，随之投其所好，与消费者进行更暖心的互动与更精准的营销，实现“消费者更满意，商家更赚钱”的良性循环。在此基础之上，数据的“沙子”体量越大，淘到金子的机会就越多。这就是大数据对 O2O 企业最重要的价值所在。

一个大型的数据集成平台，可以形成一条以数据为核心的产业链。比如某地发现一个大型煤矿，其周边即会形成以煤矿为核心的产业平台，如采煤挖掘机产业，物流产业，火力发点产业，还有以满足工人生活的超市，餐厅等等。

因此，饿了么、滴滴打车之类的 O2O 企业，其未来绝非送外卖、打车服务那么简单。沉淀在手里的大数据，通过挖掘可以延伸出庞大的产业链。

简化流通环节

我们都知道：商品的流通环节越长，其价格就越高。例如，蔬菜在地头的批发价格与终端零售价相比悬殊。从田头到餐桌，每一个环节都是各种费：代收费、包装费、油费、过路费（运输农产品免收，回程空车需收）、超载罚款、进门费……造成了零售价高达批发价的 10~20 多倍。因此，在城市居民天天抱怨蔬菜价格高的同时，菜农们却在田头望着几分钱一斤的萝卜、大白菜、大葱而着急。因为价格实在太低，有时候农民甚至宁愿蔬菜烂在田头而不愿收割。

除推高价格外，商品的流通环节越长，还会导致品质越不可控，用户与生产商的有效沟通也越难——有效沟通能促使生产商生产出更受用户欢迎的商品。因此，简化流通环节势在必行。谁能大幅简化流通环节，谁就创造了价值，并因此而赢得利润。

我们以鲜花市场为例，国内鲜花消费市场的规模以每年超过 100% 的速率增长，目前规模已达千亿级。市场不小，却没有一家叫得响名号的。大家都是一盘散沙、各自为战。据一份 2012 年的调查数据显示，仅北京市就共有大大小小的鲜花销售网点，包括超市连锁、专营花店和艺术花屋等 1500 多家。在这些花店的背后,专业从事进出口贸易及代理的公司有30多家,供应链上商家的数量更是难以计算。

这种“一盘散沙”的状况在今天正被宜花科技悄然改变。宜花科技的创始人名叫荣超(网名十三哥)。作为一名“骨灰级码农”和创业新手,在接触到 O2O 创业思想之后,优化了自己的商业模式,在路演中打动了真格等多家基金,半年内连续融资 2 轮。宜花科技的成长,源于其简化到极致的鲜花流通环节。

在创业之前,荣超曾在一家大型央企从事国家 863 项目骨干路由器软件研发,从基层的程序员开始,一直做到了副总裁,是当时央企上市公司中最年轻的副总。2014 年,看到全国山河一片 O,荣超忍不住召集了几个好朋友,创办了宜花科技有限公司。在荣超看来,鲜花行业已经面临一个新的拐点,需要首先解决供应链难题,再站在艺术与科技的结合点,将鲜花设计与便捷的购买方式相融合,让更棒的鲜花产品方便地走进生活。

经过一番摸索,荣超将原有的 5 层经销结构简化为 1 层,鲜花采摘后送达的时间从 96 个小时被减至 24 小时,原来需要 1000 多人干的工作,被缩减为 36 个人。经销层级大幅度减小,时间成本大幅减少,人力成本大幅减少,带来的是利润空间的剧增与商品品质的改善。其商品竞争力自然锐不可当!

现在,宜花科技为北京地区超过 820 家花店提供供应链服务。仅仅在 2015 年情人节这天,这家公司在北京地区就销售了超过 250 吨的鲜花。“这一切,都得益于技术。用 IT 技术改变原有落后的供应链，减少不必要的浪费，这将是所有行业面临的机会。”

工业化时代拘囿于不透明的信息技术，催生了一个又一个的中间流通环节。随着移动互联网时代的到来，“去传统中介化”迎来了大好时机，因为网络本身就是一个最高效节省的中介。如果每个人都能上网，直接对比电视制造商的不同价格，并参考购买者的使用评价，那么家电批发商与大卖场还能捞到什么好处？

哪个行业的商品流通环节多，哪个行业就具备 O2O 创业机会。利用新的信息技术与思想，改造、重整、优化供应链，就可以实现迅速崛起。这是大势所趋，也是“互联网 +”的要义之一。

三只松鼠的启示

三只松鼠是一家新型食品零售企业，主要经营干果系列、坚果系列、花茶系列三类产品。它利用 B2C 平台实行线上零售，这种零售模式拉近了用户与商家的距离，让用户享受到完全新鲜的小食品。在三只松鼠之前，还没有线上销售食品的先例，在人们的常识中，服装、电器，甚至化妆品都可以线上购买，但是食品类入口的东西还是眼见为实，不愿意通过线上购买。

三只松鼠不但开创了一个快速、新鲜的新型食品零售模式，而且还迅速受到用户的欢迎和认可，自从 2012 年成立以来销售额屡屡刷新，仅 2015 年上半年就实现销售收入 4 亿元，2019 年的年营收更是超过 100 亿元。

三只松鼠的价值观就是以“使企业离消费者更近”为核心，食品类商品最重要的一点就是保证新鲜，保证新鲜度也就是保证了质量，保证了健康。为了确保食品可以新鲜，快速地到达用户手中，三只松鼠在产品、物流、管理上使了“三板斧”（如图 2-2）。

图 2-2　三只松鼠的“三板斧”

1. 产品信息可追溯

三只松鼠以为人类寻找最好的森林食品为宗旨，对原料选择有“三不原则”：非原产地不选，非好营养不选，非好口感不选，坚持使用原产地、原生态、未经深加工的原料。而且建立起系统化的产品信息机制，让产品信息可以追溯到源头。目前，三只松鼠在全国有百余家原产地供应商。

2. 物流仓储智能化

为了确保产品新鲜，三只松鼠缩短供应链，在全国设置物流可控制节点，完善物流仓储规划。例如在成都建立了智能化物流仓储，通过电子拣货系统，大大提高了工作效率，节省了时间成本和人力成本。三只松鼠的产品从生产出来到发至用户手中，期限不会超过一个月。这对于保证坚果类产品的质量和新鲜度非常重要。

3. 数据信息平台化

三只松鼠自主研发建立了完善的数据信息系统平台。通过这个系统，三只松鼠的每一包坚果，都能做到品质与服务的可追溯。只要扫一下二维码，输入可追溯码，这袋坚果的来源、加工、质检、服务等等环节都可以一目了然，甚至包括是通过哪个客服沟通的，哪个工人分包的，哪个快递员发出的等等细节。因此，三只松鼠通过这个数据信息平台不但可以控制产品的质量和流通环节，还可以进行人员管理。

三只松鼠的创始人兼 CEO 章燎原说："我们搭建了一个平台，让消费者跟我们无缝对接，让他们直接来评价我们。未来互联网组织架构的变革，就是让你的客户，完全说了算。"三只松鼠构建了从原料、加工、服务的全供应链整合运营模式。高效的管理手段带来了极致的用户体验，也带来了三只松鼠的飞速发展。

章燎原在电商业界素有"电商品牌倡导者"的称号，这一次，他用一年时间打造出三只松鼠这个互联网食品第一品牌，也验证了其品牌营销理念的先进性，以及能够迅速地掌握消费者心理的能力。

从品牌营销来看，一个恰到好处的品牌名称可以对产品宣传起到事半功倍的作用，一个好的品牌要体现鲜明的产品定位，富有文化内涵，与产品相得益彰，这样才可以形成用户对该品牌的认同感，形成品牌的忠诚度。因此我们说，品牌是一种文化。

松鼠的食物是坚果，三只松鼠的动漫 logo 让人一下子联想到坚果（如图 2-3）。而且松鼠的形象很萌，特别能赢得 80、90 群体的喜欢，极具亲和力。三只松鼠以松鼠形象为核心，建立了松鼠家族，每个客服都化身为一只松鼠，称呼用户为主人。用户购买三只松鼠的坚果的过程，就像在大森林里发生了一个童话故事一样，留下非常愉快的购物经历。自然“三只松鼠”的品牌形象就深入人心了。

图 2-3　三只松鼠电脑端入口

从服务营销来看，用户对于超过心理预期的服务格外印象深刻，往往在收获惊喜的同时，对该品牌的喜爱程度爆表。

三只松鼠本着“真好剥”的理念，不但把产品加工得很容易剥壳，还会为每一位用户附上小赠品：例如密封袋、纸袋、夹子、垃圾袋、纸巾、微杂志等等。这些细致入微的服务让用户感受到温暖和贴心，从而增强了用户黏性。

三只松鼠的信息管理系统可以自动识别用户，了解他的购买频率，为其自动打相应的折扣，甚至针对用户的不同邮寄不同的包裹，这样用户在三只松鼠购买商品时每次都会收到不同的包裹。三只松鼠的这种方式对于了解自己的用户，并且有针对性地向其提供产品和服务，起到了很大作用。

从推广方式来看，微博微信等互动性营销方式有利于拉近商家和用户的距离，营造和谐的客商关系。另外，用户可以直接通过微博微信发表意见、评论，这些信息及时反馈到商家，对于改善产品和运营都会有一定的帮助。

三只松鼠在新浪微博上有一个快乐的松鼠家族，章燎原自称为松鼠老爹，还有松鼠小贱、松鼠小美、松鼠小酷、松鼠服务中心等形成了一个松鼠互动系统，和用户及时沟通，增加用户的活跃度。

随着微信的普及，三只松鼠除了微博，也展开微信推广。

主要通过官方订阅号和公众号向用户推送消息。为了更好地利用微信推广途径，三只松鼠还推出了一个很好玩的微信松鼠表情包，建立了 Ayo！松鼠、树洞笔记、松鼠 ins 图片三大板块。

我们身处于“互联网+”时代，常常会谈到互联网思维，那么，什么才是互联网思维？最本质的一点就是以用户为中心。章燎原曾经说过：在移动互联网时代，你一定要做到让顾客来找你，而不是你去找顾客。要实现这一点，关键是为用户创造极致的体验。那么，怎样才能创造极致的用户的体验呢？一靠产品，好的产品会说话，这个道理谁都懂得。三只松鼠充分地运用了现代化的管理手段、信息技术，确保产品的质量和新鲜，使其快速到达用户手中。这无疑是形成良好用户体验的最重要的一点。二靠服务。通过超预期的服务让用户满意，用户进而就会记住产品，并成为产品的传播者，再通过社会化媒体的传播扩散，形成良好的口碑。

互联网为传统食品零售业插上了快速的翅膀，使其在产品生产，品牌营销，用户体验的维护等等方面都如虎添翼。“三只松鼠”的成功不但缔造了电商奇迹，也为“互联网 + 农业”提供了有益的启示。在互联网快速发展的时代，神话从来不是从天而降的，而是在深刻了解行业规律的基础上，与互联网技术、手段有效地融合而产生的。

简化流通，重整供应链

前面我们已经说过，商品的流通环节越长，其价格就越高，品质也越不可控，用户与生产商的有效沟通也越难。谁能大幅简化流通环节，谁就创造了价值，并因此而赢得利润。

我们以鲜花市场的宜花科技为例，看看他的创始人荣超是怎样简化流通环节、重整供应链的。

在荣超看来，鲜花行业已经面临一个新的拐点，需要首先解决供应链难题。宜花科技通过高新技术对原本的鲜花供应链做了一个升级换代。

1. 开发“采后控制”技术

宜花科技专门设立了相关实验室研发鲜花采摘环节的“采后控制技术”，例如通过抗病菌生物试剂控制鲜花的采摘后的病菌感染，延长鲜花的寿命；通过抗（催）乙烯生成技术控制鲜花在运输过程中的“开放度”等等，通过一系列的生物化学手段有效减少了鲜花在运输环节上的损耗。

2. 供应链管理协同系统

不是花钱买个标准的 ERP/CRM 就行。

荣超表示，由于自己和团队本身早期就是做通信协议开发的，所以对流程控制特别严谨，信息管理系统一上线，配合 RFID 技术，分拣速率一下就涨得特别快。

鲜花的供应链管理系统需要灵活定制，必须自行开发才可以，宜花的系统每天都在改，工程师经常带着被褥整晚地在物流仓储中心调试，所以这其中很多非标的功能不是说买一个ERP、CRM可以解决的，如今宜花已经实现了多系统协同，订单可自动拆分。宜花做的软件系统，大致包括仓储管理系统、物流管理系统、商品管理系统、大数据预测系统、各地区采购系统、采购任务系统、采购招标系统等。

3. 移动端

移动端，宜花共做了4款APP。

花店老板端APP，注册用户约2万人，活跃用户约1万6000人，平均客单价400—500元，采购频次2—3天一次。

花农端APP：注册用户约1万人，一般是几户共用一个账号，平均每天的鲜花出货量在100多万支。

物流端APP：主要是开发给第三方的司机用。

消费者端APP，叫“宜花·找鲜花”（如图2-4），注册用户约2万人，北京地区平均日单量在600—700单，客单价

图2-4 宜花·找鲜花APP

50—70 元。

工业化时代拘囿于不透明的信息技术，催生了一个又一个的中间流通环节。随着移动互联网时代的到来，“去传统中介化”迎来了大好时机，因为网络本身就是一个最高效节省的中介。如果每个人都能上网，直接对比电视制造商的不同价格，并参考购买者的使用评价，那么家电批发商与大卖场还能捞到什么好处？

哪个零售行业的商品流通环节多，这个行业就具改造的机会。利用新的信息技术与思想，改造、重整、优化供应链，就可以实现迅速崛起。这是大势所趋，也是“互联网 + 新零售”的要义之一。

“大润发”黄明端谈 O2O

“大润发”董事长黄明端被称作“量贩界郭台铭”。“大润发”于 1997 年进入内地，到 2013 年，在大卖场零售业态中，大润发的销售额位列第四。

就是在这样的事业巅峰，2013 年 6 月，黄明端抛下“超市之王”的光环，在花甲之年进军电商。2014 年 1 月，大润发旗下 B2C 全品类电商网站“飞牛网”正式上线。

其实就在两三年前，黄明端还对电商一无所知。根据公开资料，2011 年他曾与京东 CEO 刘强东以及京东投资人高瓴资本张磊有过交流。“说实话，当时我看不太懂电商，而且一看到京东亏 17 亿元之多，觉得很吓人。”

在传统零售企业大行其道的时代，不赚钱的企业曾被认为是不道德的。但是在互联网时代，企业的评价标准变得多元起来，不再只以利润论英雄。那些连续数年巨亏的公司——如京东，在这个时代也可以成为令人瞩目的明星，甚至被纳入伟大企业之列，因为它们引领了企业进化的方向。

人们常说：“时势造英雄。”晚清巨贾胡雪岩则说：“做生意，把握时势大局是头等大事。”没有相应的社会环境气候，就没有英雄成长的土壤和其他条件，真正的英雄必须学会驾驭时局，胡雪岩就是这样善于驾驭时势大局的顶尖人物。而要善于驾驭时势大局，前提是对局势的敏锐察觉。

作为商海上的老麻雀，黄明端自然早就觉察到了电商对实体的冲击，只是一直苦于无计可施。O2O 的兴起，让黄明端找到了路径。他迅速组建团队，快速调整，在短时间内完成了从实体零售商向电商人的转型。

他山之石，可以攻玉。我们不妨具体看看大润发这个传统零售商是怎么做 O2O 的。

第一，嫁接 App，接通移动支付。这样可以发送促销的信息，如促销折扣、优惠券和推荐产品；第二，建立会员的资料，累积顾客的数据，作为数据营销的基础，保持跟顾客互动；第三，利用定位系统来引导顾客的购物；第四，利用图像搜索技术推荐相同货物或类似的商品；第五，让线上线下的库存打通，利用电子屏让线上丰富的商品补充门店的不足，通过手机下单，门店出货，建立O2O线上线下融合，打造全渠道经营。

2014年，飞牛网的营收超过2亿，成为我国首家上线一年即营收过亿的电商平台。通过一年多的实践，“大润发”董事长、飞牛网CEO黄明端的感悟如下：

要打造一个全新的电商平台太不容易，进入成本太高了。如果实体业者要进入电商，可以考虑从移动互联网、O2O切入，会省时省力。

实体零售业进入电商最缺的是电子技术和经验。找电商技术人才不要迷信高大上的外来和尚（水土不服），内地有很多电商人才。

一个成熟的电商营销要考虑到社会化营销、本地化营销、移动化营销、个性化营销，所以电商的营销比较像品牌营销，而不像渠道营销。

实体零售不要把电商当劲敌，而要善用互联网技术。其实智能手机的发明，互联网的普及，给了实体店很大的机会。

O2O就是利用互联网技术，把线上和线下的资讯流、商品流、资金流和物流串接在一起完成交易活动。

每一波潮汐都是大自然有形的呼吸。在潮起潮落之间，或许就孕育了一场生命的大躁动，完成了一次历史的大跨越。20年前，当30岁的贝佐斯上网浏览时，发现了这么一个数字，互联网就已经把一个大好机会拱手交给了贝佐斯。这个神奇的数字就是：互联网使用人数每年以 2300% 的速度在增长。就在这一刻，贝佐斯明白了自己的使命，开发网上资源，创立自己的网上王国——亚马逊公司。他离开了华尔街收入丰厚的工作，决定自己打拼。20 年后的今天，贝佐斯的亚马逊市值将近 2000 亿美元。贝佐斯的成功，无非是看准了互联网使用人数急剧攀升的“势”，在这个势头下，他自然能顺风顺水地赚钱。

03

新零售与 C2B

所谓 C2B 指的是消费者提出要求，生产者据此设计消费品、装备品。这是一场真正的革命：一个企业不再是单个封闭的企业，它通过互联网和市场紧密衔接，和消费者随时随地，灵活沟通。

C2B 商业模式最显著的特征就是以用户为主导，用户从商品的被动接受者变成主动参与者，甚至是决策者。品牌与用户的关系由单向的价值传递过渡到双向的价值协同。

消费端自我意识的觉醒

物质的极大丰富，互联网的迅猛发展，加上人们自由度的拓展，人们已经不仅仅满足于物质层面的需求，而是开始追求更高层次的精神需求。

当下，95 后与正在成长的 00 后是消费的主体。这一年轻的消费群体是互联网的原住民，他们的个性中充满了对传统和固定模式的反叛，他们喜欢标新立异，喜欢独具一格，更崇尚自我个性的表达和张扬。他们不喜欢跟别人一样的服装和造型，不喜欢程式化的东西。

这样的个性特点，表现在消费观念方面，就是对商品个性化的要求。很多时候，这些消费者对商品的需求，不是功能方面的需求，而是追求一种身份和自我价值的凸显，希望通过拥有某一种商品体现出自己与众不同的个性。追求个性、追求与众不同，对他们来说是一种时尚的消费观念。

在这样的消费背景下，以往以商家和企业占主导，“企业生产什么，消费者就购买什么”的局面正在被打破。人们在选择商品的时候开始有了自己的想法，越来越倾向于遵从自己内心的消费需求，而不是被动地接受商家的安排，在商家提供的商品中进行选择。

著名的网红店铺“钱夫人”，以经营女装为主，其创始人朱宸慧本人兼当模特。“钱夫人”的商业流程如下：首先，朱宸慧穿样衣拍美照发布在微博、微信和淘宝上，收集粉丝的反馈意见；然后，朱宸慧会挑选粉丝相对认可的款式，并融合粉丝的建议进行设计、打版、投产、上架。此举完全颠覆了传统的上新模式，受到了粉丝用户的热烈欢迎。进入“钱夫人”店铺，你会发现首页标有“钱夫人独家定制”的宝贝销量均已突破千件，有的甚至超过了万件。

当今，商品的个性化定制还没有实现全领域覆盖，主要集中在服装服饰、家居、电子商品等领域，其定制也不是完全意义上的定制，大多还只是在一些功能比较简单的模块上作改变。但是，随着消费者个性意识的增强，科技的进步，个性化定制将会向着更深层面发展。

通过产品的个性化定制，消费者获得了被满足的快感。这种被满足的快感，一方面来自于企业或者商家按照消费者自己的需求来生产或提供商品，让消费者得到了一种身份和价值感被提升的满足；另一方面，企业按照自己的需求定制产品，消费者能够亲身参与其中，这样的参与感容易让消费者对产品产生认同，甚至对企业本身都会产生一种归属感。

例如：有些手机提供在背面刻字的服务，同时也可以自主选择外壳款式和颜色。这样的订制，能够让用户体会到自己产品的与众不同。当然，这些还仅仅是某一个模块的定制，并不能给产品本身带来太多实质性变化。对于某一商品来说，从外观、功能、包装到销售的整个过程，都可以实现个性化的定制。但是，即便仅仅是手机外壳的款式和颜色是按照自己的需求来完成的，对于消费者来说已经显示了他的个性，彰显了他的与众不同之处。而且，让企业或商家按照自己的要求生产和提供产品，对消费者来说，还能够感受到一种身份和自身价值被提升的满足感。

小米虽然没有明确自己的 C2B 电子商务模式，但其表现却是一个实实在在的 C2B 案例。在其产品的研发、生产乃至销售等环节，都保持了与消费者之间的实时互动。而在产品每一次迭代的过程中，“米粉”们都会根据自己的需求提出各自意见和建议。小米平台方也是，每一次产品升级，必定会在他们的微信平台上征询并采纳“米粉”们的建议。

所以，小米手机生产出来之后，就是很多参与者想要的样子。而参与者在手机的研发、生产和销售的过程中，因为有了亲身参与的过程，在得到自己认可的产品的同时，还得到了参与感和自我价值被认可的心理满足。小米一年一度的“爆米花”盛典更是把米粉们的参与热情推到了顶点，“爆米花”盛典每年都会评选出“爆米花之星”，他们的影响力丝毫不亚于网红，或者说“爆米花之星”正是诞生于万千米粉之中的属于他们的明星。

从小米的成功可以看出，消费者对商品之外附加值的追逐，有时候甚至超过了商品本身。我们不否认小米手机功能的强大和完美，但是与这些功能相比，米粉们对小米手机的热情更多的是参与其中之后，所获得的心理满足和自我价值感的提升。

电子商务的兴起，打破了时空的界限，让消费者对商品有了更多的选择。在 B2C 模式中，消费者虽然有了更多的选择自由，但是仍处于被动选择的位置。一方面是自己内心真正的需求没能得到满足，另一方面，这样的被动选择，没能让消费者得到快感。

而 C2B 模式更符合消费者的需求，也更符合市场的需求。在 C2B 模式下，消费者（C 端）能够根据自己的需求，对商家（B 端）提出要求，让企业或商家提供满足自身需求的商品。当然，消费者追求个性化，有时候需要付出一定的溢价。但是，在经济生活并不匮乏的今天，为了让自己所追求的附加值得到实现，消费者宁愿在经济上有更多的付出。

消费者这种彰显个性、追求自我的消费观念，给众多的商家和企业带来了挑战与机会。C2B 模式取代传统的运营模式，是电商发展的必然。

个性化消费触发 C2B

提起网购，相信每一个用户都会有共同的痛点：在海量商品中找不到一款完全合乎心意的产品，商家不了解自己的真正需求，自己喜欢的因素不能集中地出现在一款产品上，等等。也正是基于消费者以上种种痛点，倒逼电子商务企业进行自我更新和改造，而移动互联网恰好可以将大量分散的个性化需求和企业方进行有效对接。于是，C2B 模式应运而生。

移动端不仅让购物变得更方便，还让卖方与买方的联系更为密切，卖方可以即时了解买方的诉求并给予更大的满足。于买方来说，“这是我想要的”让其获得极大的心理满足；而对于卖方来说，售价可以高一些、库存可以低一些、资金周转率可以更快。也就是说，C2B 商业模式让买卖双方从零和游戏进化到了双赢。

互联网时代的品牌，一定是由用户主导的口碑品牌，而不是厂商主导的广告品牌，品牌是在与用户的一次次互动体验中逐渐树立起来并传播开去的。尤其是 80 后、90 后的年轻消费群体，他们不但希望通过互动参与提高体验感，更希望成为产品研发和设计环节的决策者，希望产品能够表达自己的意愿，体现自己的独一无二的属性。这种个性化消费思潮和消费行为的变迁，使得 C2B 经济出现以后迅速升温，渐成燎原之势。

随着消费者需求越来越多样化，商家主导产品的模式显然已经跟不上时代的步伐了。C2B 模式的出现，让电商平台也开始探索新的模式。阿里巴巴总战略官曾鸣曾经说过：B2C 只是电子商业模式的一个过渡，未来电子商务真正模式在于 C2B，能否把握这一趋势，将决定谁是未来的商界领袖。

1 号店创始人、董事长于刚认为，在 C2B 模式中，商家在做产品之前已经了解到了顾客的需求，从而可以根据顾客的具体需求去规模采购或生产，按需定制，这样既降低了库存还缩减了成本，所以，C2B 模式充满了潜力。

除了电商企业之外，很多实体制造企业也纷纷试水 C2B 模式：在前端，企业将产品以相对标准化的模块形式提供给消费者进行组合，或者将消费者纳入产品的设计、生产过程中来；在企业内部，提升管理和组织水平，充分对接消费者的个性化需求；在后端，企业积极调整供应链，提高柔性化生产和服务能力。C2B 模式俨然已经成为 DT（数据处理技术）时代的标准商业模式。

大众汽车曾推出“大众自造”的活动（如图 3-1），向用户收集关于汽车的创意，打算将创意应用到生产汽车的过程之中。这个当时不被人看好的活动居然吸引了 39.6 万用户参与其中，整个活动共征集了 21 个创意，其中有些创意已经得到了实际运用。看来，制造与销售用户定制的车型也将会流行。

图 3-1　“大众自造”汽车海报

与汽车行业相比，C2B 模式在手机行业得到了更多青睐。不少手机品牌只有一款热销机型，这增加了人们“撞机”的尴尬。而与汽车相比较，手机的消费成本要低得多，因此更换得要频繁得多。尤其是 80 后、90 后与即将登场的 00 后消费群体，他们换手机如同换衣服，可以仅仅为了一个外观或某个自己喜欢的功能，就淘汰正在用的手机，购买心仪的手机。

早在 2013 年 6 月，国内的百分之百数码科技公司就推出过 C2B 手机定制平台“100+”，消费者可以在 100+ 上定制自己喜欢的手机样式，手机 CPU、内存、外观颜色、摄像头、显示屏尺寸等元素都可以自主投票选择，而百分之百数码会完全根据投票结果安排生产，此次定制活动一经推出，迅速吸引了近百万用户参与投票。

品牌个性化定制受追捧

当下，用户的消费观念正在悄然转变。他们不再只关注一个品牌是否是名牌，更注重的是该品牌是否有个性、是否符合自己的喜好、是否能够彰显自己的风格。即使是明星们的着装，也不再是满身 logo，而是比定制、拼个性。

在这种情况下，品牌定制化大行其道。很多品牌商都不再片面地求全、求大，而是精益求精地走起小众化路线，他们打出了“私人定制”的招牌，以充满个性化的设计来满足小众需求。此举既是用户消费理念的回归，也是市场经济发展的必然结果。

中国智能手机市场是名副其实的红海。苹果、三星牢牢占据一线阵营，小米、华为、酷派等后来者居上，还有联想、中兴、魅族、步步高、OPPO、金立等等品牌数不胜数。如果提到青橙手机，名字也许不那么如雷贯耳，但是，青橙手机作为手机中的新品牌，依靠 C2B 定制模式在手机红海里谋得了一席之地。

2013 年 5 月 30 日，青橙发布了青橙 N1，号称全球首款用户深度定制的智能手机。青橙 N1 的定制内容非常广泛：比如手机的外观，图案、颜色、签名等；再如手机的硬件配置，内存、显示屏分辨率、摄像头、CPU 等；还有手机的软件，自主选择 APP 应用、用户界面等。

青橙 N1 每一项内容可供用户选择的形式也非常多，光是一个手机后壳就有 1000 种定制方式，让用户可以按照自己的喜好自由搭配。

青橙手机率先在国产手机行业实现高度个性化定制，不再是仅仅表现在外观、颜色上蜻蜓点水式的定制，而是纯粹的、全面的、多元化的真正意义上的个性化定制。这一创举颠覆了传统手机的售卖模式，青橙手机也获得年销售量超过 3000 万台的不俗战绩。

个性化设计之所以如此重要，一方面与不断升级的用户消费心理、不断变化的市场环境分不开，另一方面也是产品、企业赢得市场，增强自身竞争力的需要。

1. 商品个性化设计符合用户心理

每个人的内心深处都希望自己是唯一的，不是扔在人堆里找不出来的，毫无特色和个性的人。他们愿意为个性化产品埋单，本质上是希望通过这个产品来彰显自己的个性。即使需要付出更多代价，通常也心甘情愿。

2. 信息技术的发展促进了市场细分

在移动互联网高速发展的今天，传统的销售渠道被弱化，传统的销售市场被分流，代之崛起的是越来越细分的市场。作为企业来说，要读懂细分小众的需求，按照他们的需求来进行产品设计。

3. 个性化设计是企业谋求自身发展的需要

当今，商品的同质化竞争越来越严重，外观设计趋同，内在质量趋同，营销方式趋同，等等。那么企业要脱颖而出，只有在个性化设计上下功夫。因为技术、原料等物质因素都可以相同，但人的思维是不同的，那些闪耀着个性化光辉的设计感是其他东西无法取代的。

当然，这种消费趋势对于商家的产品设计能力提出了更高的要求。在设计产品时不但要充分了解产品的目标人群，投其所好，还要从技术上考虑如何让产品更有可配性，同时要考虑这样的个性化设计能否付诸实践，实现顺利生产。

小众也是一门大生意

美国著名的心理学家罗伯特 .B. 西奥迪尼博士在他的著作《影响力》一书中提到了六大影响力元素，其中最重要的一点是社会认同。也就是说某种事物只要获得了人们的认同，就会产生巨大的影响力。

所谓“物以类聚，人以群分”，在今天，这种“群分”的方式呈现明显的互联网化。这些小众社群通过网络社交工具，如微博、微信、QQ 等，互动交流。而通过一些小众化产品，可以将有共同兴趣爱好、价值观相近的人聚集在一起，开发他们的需求，打造小众经济。

如果说大众品牌向集中化发展，那么小众品牌就是呈碎片化发展，把整个市场分割成一个个小的单元。毫无疑问，小众品牌是市场高效配置的表现。

数字摄像机公司 GoPro，在数码摄像机市场一片低迷的情况下一枝独秀，迅速崛起。2014 年 6 月，GoPro 在纳斯达克上市，4 天时间股价涨幅超过 100%，市值从 IPO 时的 30 亿美元一路涨到 60 亿美元。GoPro 这个小型可携带固定式的防水防震相机，迅速成为极限运动专用相机的代名词。

GoPro 的创始人尼古拉斯 · 伍德曼是一名冲浪爱好者，冲浪爱好者无疑是小众中的小众，但是这个小众却开启了一个前所未有的广阔市场——自拍。以往我们都喜欢把镜头对准别人，从来没有一款产品只为自拍而生，更不用说是在做极限运动的情况下。

为了满足极限爱好者在极限运动时的拍摄需求，伍德曼把GoPro做到了极致。结果，各种极其个性化的设计使得这一小众产品广受欢迎，很多并非极限运动爱好者的用户也迷上了它。

GoPro用个性化的小众产品聚拢优质的用户，并且带动更多的用户参与其中，最终像滚雪球越滚越大一样，GoPro逐渐形成了强大的文化认同和用户群落。

可见，个性化的设计不仅能赢得小众用户的追捧，还有可能赢得更多用户的芳心，从而为企业创造更多的发展空间。此时，谁还敢说小众做不大呢?

小众消费群体的崛起，不只表现在长尾需求方面，还表现在普通消费者对产品的个性化需求方面。传统意义上小众的概念已经被打破，互联网时代的小众常常是一种普通消费者的个性化需求。这些小众消费者是互联网时代的新一代消费者，他们乐于把自己与主流文化分开，让自己更独特、更另类。而自我意识和个性的彰显，必然直接带来人的情感、消费行为以及需求的碎片化。

当个性化、小众化的需求不断增多，必然催生与壮大C2B商业模式。当人们惊喜地发现“定制”已不再属于富人的专利，每个人都可以随心所欲地DIY属于自己的商品，更是激发了消费积极性，让他们自愿参与到个性化产品的研发和生产之中，大大地提高了企业生产个性化定制产品的效率。

Joydivision 是一个专售自制手工皮包的淘宝店铺（如图 3-2），产品以复古手工牛皮包为主。它从零开始，运营短短两年，就在网上凝聚了一大批忠实的拥趸，成为一个深受粉丝热捧的品牌。

2011 年，还是情侣的沈敏和陈琳创立了 Joydivision 这个独立品牌。Joydivision 原本是英国早期摇滚乐史上非常小众的一支乐队，这个名字与 Joydivision 小店的产品、开发方式都是相吻合。

在 Joydivision 上销售的产品，最重要的就是产品的独特性。他们的产品都不是出自流水线，而是由店主自主设计、自我作坊手工制作出来的产品，每一款产品都有着其独特的个性和文化内涵，这让每一款包都有了与众不同的生命和色彩。

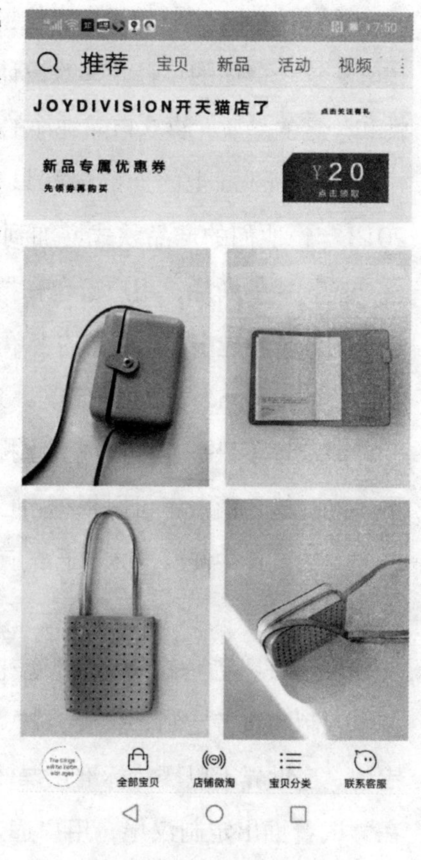

图 3–2 Joydivision 淘宝店

而且，在消费者对挎包的

使用过程中，自然的皮质会打上独特的个人烙印。一般来说，新包皮质的颜色会比较淡，在使用过程中，经过汗水雨水等的洗礼，颜色会变深一些，使用时间越长，颜色越深，看上去比新包显得更为厚重。而且，根据个人的使用习惯，外形也会发生变化。所以，每一个用过的包，即使已经变旧了，对于个人来说，仍然有着独特的含义。

Joydivision 皮包的用户定位主要是学生和工作不满 5 年的白领，这个群体的年轻人喜欢设计感强的产品，他们更追求个性和一定的品质，喜欢自然纯净的风格。

Joydivision 上的产品最初只有 3 款牛皮挎包，两年后的 2013 年，他们的产品款式增加到了皮包、钱包各十几款。随着产品款式的增加，用户群也在持续累积。追求新鲜、个性、小众的人越来越多，几百元的客单价完全阻止不了人们的热情。

Joydivision 牛皮包的定制，还只是初级阶段的定制。如今，消费者不只是在企业或商家提供的定制方案中进行选择，更多的时候，消费者可以根据自己的需求，提出自己的建议，在产品的设计中能够加入自己的元素，让自己成为自己产品的设计师。

从定制品品类来看，也是愈来愈丰富，包括了实物定制、技术定制和服务定制。服装、鞋、手机、家具这些都属于实物定制。连世界上以严苛标准化操作著称的快餐巨擘麦当劳，也在尝试着推出定制汉堡，用户通过安装在 iPad 上的菜单，在 20 种汉堡配料中任意选择搭配。技术定制中最为大家所熟悉的就是 3D 打印技术了，3D 打印的应用不仅仅在航天、医疗等专业领域，也逐步拓展到了食品、服饰等日用品领域，引领着传统制造业的变革。中高端家政、旅游、婚庆等 C2B 服务也属于服务定制，例如游心旅行就是一家旅行体验至上的定制旅行平台，专门提供个性化和定制化的国内、国外旅游服务。

越来越多的企业开始把目光从大众市场向小众市场转移，试水 C2B 模式，以服务小众为企业发展目标。他们不再把关注重点放在商品的差异性上，而是更多地考虑消费者的需求，找到消费者基本需求之外的个性化需求，从中寻求突破。

于是，商家的 C2B 模式也在不断升级：从浅层的简单聚合消费者需求进行的定制，到企业或商家给出不同的组合让消费者选择的模式，再到深度的直接由消费者提出消费需求，企业按照消费者需求进行量身定制模式。总之，小众崛起，推动了 C2B 定制模式的飞速发展。而 C2B 定制模式的纵深发展，又满足了无数小众需求，让消费者进入了一个前所未有的美好时代。

个性化定制，生产柔性化

按需定制，对用户来说是一个多么美好的未来，我想要什么，商家就会生产什么。众筹、预定、团购，定制方式多种多样，而且绝对不是仅仅在外观上的小打小闹，是彻彻底底从软件到硬件，从外观到内容，从原料到工艺，全部的决定权都掌握在用户手中。用户还可以通过网络屏幕，观看定制产品生产加工过程的“现场直播”，一切尽收眼底，一切尽在掌握，这样的感觉当然只有一个字——“爽”！

但真正要把 C2B 落到实处、实现深度定制的难度并不小。从批量定制到个性定制，多品种、小批量、快速反应、平台化协作，是再造一条全新的商业价值链。这就对企业的实力和资源整合能力提出了挑战。也正是因此，很多企业明明知道 C2B 定制模式为企业的生存和发展提供了机遇，但却无能为力。

生产加工行业的人都知道：生产一批同质化商品并不困难，成本相对较低，而生产一个个形态各异的商品，成本必然更高。虽然用户乐意为个性买单，但是还会涉及一个边际成本：当用户为了获得某种需求而付出过高代价时，他会放弃这种需求退而求其次。

这样，在用户个性化的需求与企业的生产能力之间形成了矛盾，也影响到了 C2B 商业模式的真正落地和发展。而企业采取“柔性化生产”则是解决定制和生产成本、生产技术之间矛盾的最佳方式。

所谓柔性生产是相对于“刚性生产”而言的，大工业时代的批量生产叫作“刚性生产”，而柔性生产则是通过生产环节、人力、市场营销等方面的改革，使企业的生产系统能快速反应市场的需求变化，使得企业获得更好的效益。

柔性生产的关键环节是生产装配的柔性化。在生产装配过程中，对产品线进行柔性化改造，能在不停机的情况下实现多品种工件的加工。例如汽车行业的柔性生产线可同时组装不同颜色、不同款式的汽车。当然柔性生产不仅体现在设备、技术的柔性上，还包括管理的柔性，例如用户信息的聚合、分析，产品设计和生产的对接效率等等。而平台背后的大数据、云计算能力是企业实现柔性化管理的基础。企业不但要具有获取数据的能力，还要有数据挖掘、分析和营运解决方案的能力。

1. 满足用户新需求

企业的柔性化生产，首先满足了用户离散性需求分布的特性，可以以任意的生产顺序对应生产，缩短生产交货周期。

2. 实行准时化采购模式

有一个供应商、一个用户，双方形成了一个供需“节点”，需方是采购方，供应商是供应方，供方按照需方的要求给需方进行准时化供货。这种方式要求商家掌握的用户需求信息都是真实的，1000 个订单就意味着生产 1000 份商品，商家既不用担心销路，也不需要把价格压得很低。

3. 充分利用工时，提高生产效率

大批量生产往往造成生产节拍的固定与不同产品工时需求不同的矛盾，定制小批量生产的工时相对固定在一个稳定的水平。

尚品宅配是国内首家提出数码全屋定制家具概念的企业，支撑其 C2B 的就是柔性化生产。在家具市场一派低迷的市场环境下，尚品宅配每年都保持着 100% 的增长。

尚品宅配高额引进第三代柔性生产线，在提高产能的同时降低了成本。当然柔性化生产不仅仅在于花钱去购买生产设备，关键还在于生产的驱动系统，从销售到生产端、到采购端、到排产端，构成一个联动的体系。

工厂里面人和机器都是生产系统的一部分，都是由系统来驱动机器。前端的设计人员设计软件，设计软件结合下单系统，下单系统又结合排产系统，排产系统结合生产系统，最后到达物流系统，整个工厂的生产运作全自动化、智能化、科学化。在这样一个体系里，小批量、多批次地定制生产才成为可能。

以消费者为中心的 C2B 模式，正在推动着越来越多的企业以柔性化生产去适应个性化需求。企业也必须加快柔性化生产的变革，以个性化、快速化、便捷化的柔性生产来获得核心竞争优势。

C2B 商业模式是一场产（B）消（C）双方的协同演化：C 端消费者的演进促进了 B 端实时协同的网络通道，随时获取、收集、分析 C 端的大数据技术；同时，个性化营销、柔性化生产、社会化供应链的不断升级，成为 C2B 模式不断发展的有力支撑和促进力量。

未来是一个“个性化定制，柔性化生产”的时代，阿里巴巴首席战略官曾鸣曾这样说：“所有管理者都必须警醒的是：在现代工商业发展史上，C2B 模式的大量浮现，是一个从未有过的事件。它不是转瞬即逝的浪花，而是塑造全球商业气候的巨型洋流。能否把握这一趋势，将决定谁是未来的商界领袖。”

数据是新零售的新引擎

你一定听说过一些奇妙的大数据应用的故事：奥巴马运用大数据成功连任美国总统，微软预测出了奥斯卡奖项，Google 预测出了禽流感等等。是的，大数据“无所不能”，只要你拥有数据，并善于运用数据。

未来由数据驱动

你一定听说过一些奇妙的大数据应用的故事：例如奥巴马运用大数据成功连任美国总统，微软预测出了奥斯卡奖项，Google 预测出了禽流感，等等。是的，大数据无所不能。

美国著名的信息管理学教授桑德拉·希尔表示：“这是一个非常激动人心的时代。有大量的数据可挖掘，以深入了解客户，了解他们的态度和他们在想什么。”的确，数据无所不在，工厂、车间、地铁、超市等场所遍布着摄像头；我们每天在网络上的搜索、浏览、购物等行为都会留下痕迹；手机 APP、GPS、LBS、各种可穿戴智能设备都可以对人类行为数据进行采集……这些数据经过收集和处理，分析和还原，可以迅速应用于各类活动。

现实世界在向数字化不断演进，而对于传统零售企业来说，要做到实体店与线上店之间的合理整合，还需要做到三点（如图 4-1）：

图 4-1 实体店数字化整合之道

1. 抓住碎片化消费

差异化竞争，便能解决消费者碎片化的需求。

如今，7-11、美宜佳、全家等便利店在中国随处可见。其之所以能够存活下来，就是因为抓住了碎片化消费。

在传统实体店萧条的情况下，为什么便利店却发展得如此快？因为，便利店里销售的都是生活必需品，品类虽然不多，但都最畅销；而且，还是24小时营业。而互联网却无法解决半夜口渴没有地方买水的烦恼，这就是所谓的差异化。半夜口渴的时候，任何人都不会到京东下单买瓶水，因为远水解不了近渴，而且购买成本太高。互联网做不到的而实体店却可以，这就给传统零售创造了发展机会。

2. 重视消费者的体验

体验经济的第一步是塑造一个体验场景，把消费者的需求和问题都利用场景形式展示出来，而不单单是展示服务种类。场景展示能够催生出消费者的潜在需求，而单一的服务展示却不会。

实体店的服务种类比不上线上，价格更是无法相比，要想吸引消费者，就要将自己可以体验的特点最大限度地发挥出来，在体验上下足功夫，这是互联网和实体店竞争最大的薄弱点。这方面做得最好的，当属宜家。

走进宜家，随处都能看到睡觉的人和试用产品的人，因为体验是它的最大特色。宜家非常注重消费者体验，虽然占地非常大，但宜家对路径的规划却很有讲究。其依据消费者的购买习惯，安排好先买什么后买什么，将所有的产品依次陈列在一条单向路径上，消费者不用回头就能一气呵成地购买上自己需要的东西，完成消费体验。

站在消费者的角度为他们着想，便能给消费者提供最好的服务和消费体验。

3. 建立新的消费者购买模式

互联网条件下，消费者的购买模式已经不是原来的单一的购买模式了，只有通过新的思路和方式来面对环境的变化，才能开拓客源。

从上面的分析来看，实体店也有很多优势，也能够做到很多互联网店做不到的事情，只要满足了消费者的情感和链接需求，依然能够将众多消费者保留下来。不要惧怕互联网，只要弄清楚自己的定位，借助智慧店铺，将互联网与线下实体店更好地融合在一起，便会具备更大的竞争力。

将数字化落到实处

随着数字化时代的到来，我们有理由相信，在未来各实体店肯定都会成立自己的数字化运营或人员。其实，如今很多实体店都已经做到了这一点，比如，Zara。

把消费者声音化成数字。在 Zara 实体店中，柜台与店内的许多角落都装有摄影机，店经理随身带着 IPDA。假如客人向店员反映：“这个袖口的图案设计得很漂亮”“我不喜欢衣领的样式”……店员就会向分店经理汇报，之后经理会通过 Zara 的内部全球资讯网把信息汇总并传递资讯给总部设计人员，最后由总部做出决策反馈给生产线，对产品的样式进行革新与发展。

实体店自身有着非常真实的体验优势，利用智能屏幕将店面与互联网相联系起来，就可以将线下的资源与互联网技术结合到一起，真正达到“互联网+”的效果。

通过对智能屏幕的灵活掌握与应用，不仅可以无限扩展店内 SKU（库存量单位），还能实现数字化运营，大大提高消费者的消费体验，降低运营及经营成本。而所有这一切的实现，都离不开相关部门和工作人员的运作。因此，在移动互联网高速发展的时代，一定要将数字化运营部门的建立提上日程，明确此部门的工作重点。

1. 通过功能划分实现店铺数字化改造

即使是一个非常小空间，不同区域的虚拟货架也有十分不同的定位与功能。比如，促销区的数字屏幕，一般用于展示促销信息，提示新品及促销活动；商品展示区的数字屏幕，作为一个虚拟货架，是为了展示更多商品、同款商品的更多颜色、相似款式商品、库存信息、尺码信息等，将货架进行最大程度的扩展与利用。

2. 采集、分析消费者数据，调整营销策略

在实体店或其他消费场景，数据采集的意义都十分重大。识别进店消费者的身份，并记录其关注的点及兴趣点、最终购买的商品，就能够对消费者的消费行为进行仔细分析，得出消费者的消费习惯和喜好，在合适的时机为消费者精准地推送最有可能购买的商品。

实体店每日的人流量、平均人次的停留时间、消费者对什么产品感兴趣……都有着很高的价值，一定要做好相关方面的数据整理和分析。

3. 利用云平台实现全渠道营销

通过支付的动作，将消费者积累下来，持续进行店铺的上新及促销活动的推送，也是数字化运营部门的一项重要工作。因此，一定要让营销策略进入消费者的移动端，并支持通过移动端来完成购买。

大数据赋能 C2B

在以用户为主导的 C2B 模式中，能否及时有效地搜集 C 端需求，并且迅速反馈到 B 端是考验零售企业运营能力的一个标准，也是 C2B 模式能否顺利实施的关键。只有 C 端需求信息被有效收集、分析和反馈，才能为 B 端开发设计、生产产品和营销等一系列经营运作活动提供依据。

数据无处不在，大数据应用广泛。通过大数据分析，不仅可以让商家了解到用户最真实的需求以实现 C2B 定制、C2B 营销等经济行为，还可以有效地帮助商家降低库存、提升销量，从而实现个性化需求和规模化供给之间的平衡。

利用大数据来为用户提供定制化服务和产品，可以应用到生活中的方方面面。因为每个人都是一组非常丰富的数据，商家可以通过对用户的数据分析为用户提供最契合他的商品和服务。比如服装行业，未来是否可以根据每个用户的高矮胖瘦、兴趣喜好来定制个性化的服饰？化妆品行业是否可以根据用户的年龄段、性别、皮肤、身体状况等推荐个性化的化妆品？旅游行业是否可以通过用户的职业、兴趣、出行目的的不同来定制用户专属的旅游产品组合？

企业要做到大数据 C2B 定制，需要具备这样几个条件：

（1）有海量的数据；

（2）能够从这些数据中挖掘出对生产商家有指导价值的结果；

（3）在技术上具备挖掘这些数据的能力；

（4）具有整合生产、流通和销售等关键环节的能力。

在移动互联网的世界里，收集用户数据更为便利，用户所有交互行为都会在网络上留下痕迹，存储在各个公司的数据库里，形成庞大的数据信息。在此基础上，大数据分析得以实现。

虽然现在大数据开发、应用还处于初级阶段，但不可否认的是大数据分析正在帮助越来越多的零售企业扩大规模，深入发展，设计、生产出“既能满足消费者个性需求，又可规模、可量化生产”的好产品。基于大数据分析下的 C2B 模式，是 C2B 未来发展的趋势所在。

戴尔通过直销网站，实现了用户先定制后生产；青橙百分之百推出了手机定制，用户可以选择手机配置、外壳、颜色、预装应用；在尚品宅配家居网，用户可以深度定制属于自己风格的家居产品；上汽的 MG5 极客版汽车，用户可根据自己的需求选择配置、座椅、系统、保险、车贷，甚至语音助手对主人的“称呼”，等等。

不少企业纷纷试水 C2B 模式，以更大程度满足用户个性化需求。但是，在企业进行 C2B 定制的同时，个性化与规模化之间的矛盾必然会出现。厂商为个体制作一款特定的产品，其生产成本会大大增加，尤其是一些复杂功能的定制，其成本之高，不是一般企业能够吃得消的。

如何从根本上解决个性化与规模化之间的矛盾，阿里基于大数据在 C2B 上做了有益的尝试。什么是大数据呢？天猫又是怎样通过大数据分析得出对企业有用的信息，指导企业进行生产的呢？

舍恩伯格在《大数据时代》一书中的解释是大数据指不用随机分析法（抽样调查）这样的捷径，而是对所有数据进行分析处理，并从中推理出相应的结论。其战略意义在于，通过对这些庞大的数据进行专业化处理，以实现数据的增值。

2013 年上半年，为了稳步推进电子商务本土业务，阿里包下了美的、九阳、苏泊尔等十个品牌的 12 条生产线，专为天猫提供小家电定制服务。其前提是，通过天猫自己所掌握的数据得出分析结果，去指导这些生产线的研发、设计、生产和定价。

此外，天猫还启动了数据共享计划，将收集到的行业数据例如价格分布、关键属性、流量、成交量、消费者评价等分享给厂商，通过大数据指导厂商研发、设计、生产，更多的厂商将受益于大数据的应用。

比如：天猫数据分析的结果，北京雾霾天气比较多，北京的用户对空气净化器的需求就更多，天猫根据这些结果为小家电进行特别的功能设计。天猫还可以根据地域和时间数据的分析结果，为生产线安排合理的库存。

在天猫包下生产线的方式中，用户的搜索浏览、驻留时间、商品对比、购物车、下单、评价数据都被天猫全程记录，同时用户的个人资料例如性别、地域、年龄、职业、消费水平、偏好也被记录，天猫通过对用户的这些资料进行分析，得出企业需要的数据。交叉分析、定点分析、抽样分析、群体分析……大数据的挖掘落地都得靠这些手段。

天猫在包下生产线之外，还做了其他方面的大数据 C2B 定制模式的尝试，比如：给企业有偿提供大数据成果。这种做法正被其他电商卖家和互联网巨头模仿、跟进。未来，C2B 将成为大数据应用的最大受益者。

天猫试水家电行业，可以说是阿里一次大数据分析的练兵。未来，这种基于大数据分析的 C2B 模式，将会扩展到各个行业，服装、3C、家居甚至一些长尾品类，都会加入到大数据 C2B 定制模式中。

五大类重要数据

从根本上来说，网络零售商与实体店需要争夺的重要资源是数据。电子商务之所以拥有独特的魅力，其部分原因就是每笔交易都能给卖家提供不错的了解消费者的机会。但是，如今这种独享信息的局面已被新的技术形式改变，新型的 POS 终端系统、为商家设计的管理工具、数字化的忠诚度软件都能帮助实体店做出最明智的决定。

实体店在数据时代取胜须掌握的数据有五大类（如图 4-2）。

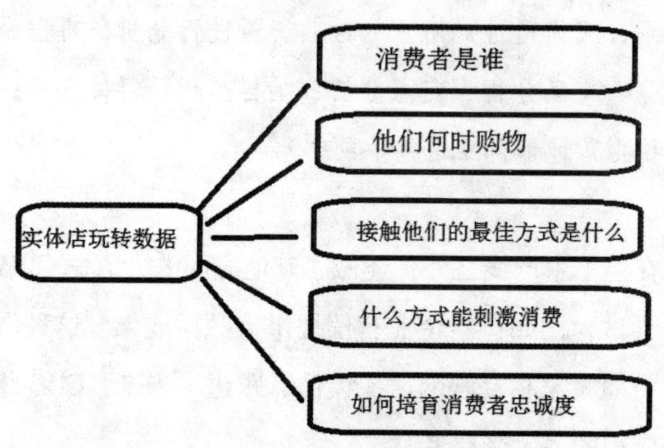

图 4-2　实体店在数据时代须掌握的五大类数据

1. 消费者是谁

要想为消费者提供有针对性的产品，实体店首先就要知道

潜在消费者都有哪些？这样，就需要深度了解消费者的购买习惯。比如，新消费者有哪些，谁经常来光顾，哪些老消费者正在慢慢流失……同时，实体店还要搞清楚购买之外的其他信息，比如，消费者大多使用什么社交网络、钟爱哪类媒体。整合所有的数据，就可以推出适合消费者的营销策略，实现商品利益的最大化。

2. 他们何时购物

网络销售与实体店销售的主要区别是，实体店只要开门营业，就会出现成本，如人力、店面等。通过新型的 POS 终端系统及数字化的忠诚度计划，商家就能够迅速知晓消费者流量的大小，并能根据流量的时间变化充分合理地安排员工、产品与服务，最大限度地利用高峰时间进行销售。

3. 接触他们的最佳方式是什么

一旦和消费者建立了联系，使用新型科技手段所带来的数据，就可以筛选出最有效的交流沟通手段，如电邮、手机或社交媒体等。

4. 什么方式能刺激消费

比如，一些消费者会被主菜单所吸引，一些消费者有希望尝试新的产品或服务。同时，每个人都有自己的消费习惯，一些消费者不愿意用实物消费券，有些消费者则不愿在高峰期使用消费券。使用新型科技手段的数据功能，实体店就可以快速截获这些信息。

5. 如何培育消费者忠诚度

消费者忠诚度对于实体店是个十分重要的营销支柱，假如采用数字化的技术，并不是所有的消费者都处于一个对等的位置，不同的忠诚度营销方式在不同地域及不同的群体所引发的反馈也是各有不同。

除此之外，这些数据可以向实体店提供包括实际数据与主观体验在内的忠诚度管理工具的整体影响。对于营销网站来说，数据分析变得越来越重要。

无数据，不管理

“大悦城”实施了“购物篮”的精准化营销：会员从最初办卡到不断使用，每个月的消费额皆不同，购买的商品大多不同，通过大数据能够分析出会员的一般行为习惯，如此就可以在合适的时间给会员推送一些他们需要的品牌优惠券、O2O 活动及艺术沙龙等信息，有力推进大数据背后的精准化营销。

“大悦城”将会员分为 21 个层级，为每个层级推送各自需要的信息；同时，还会通过“综合云数据中心”为消费者提供准确的独特化营销，便于管理层快递掌握各商户的销售业绩与市场状况。

此外，“大悦城”还为消费者提供免费的 WIFI，将微博、微信、App 连接成了信息量足够大的网络，让购物中心的全渠道零售管理慢慢从梦想变为可能。

利用数据进行具体化运营管理是购物中心的出路。

未来的商业竞争，既不是业态的竞争，也不是品牌的竞争，业态可以照搬、品牌可以分享，但真正的竞争是数据经营价值的竞争。那么，如何来处理、分析与挖掘数据？怎样利用数据背后潜在的商业价值？

1. 通过大数据明确消费者的行为特征

（1）供需精准化。大数据的最大价值就是，能够均衡供给与需求。实体店完全可以根据客流量及历史数据告诉各商家下时段大概会有多少消费者、消费者APP能够接收多少优惠券，引导消费者消费、均衡供需关系。

当然，在实现消费者标签管理的时候，也要把商家的部分商品、服务、套餐等进行数据化处理并标签化，以便与目标消费者精准地匹配推荐。

准确且具有独特性推荐的基础是消费者标签，如表1-1所示：

消费者年龄	男女、青年、中年、老年、孕妇、新父母
收入和消费观	实惠型、享乐型、品质型、潜力消费者
性格	口碑宣传、挑剔型、参与型、安静型消费者
生命周期	新消费者、忠诚消费者、潜力消费者、流失消费者
消费者标签和消费历史数据	喜好偏向

表1-1　数据分析让供需精准化

（2）提升消费者体验。大数据使得链接成本变低，可以实时准确地把优惠推送给最符合需求的人。比如，假如电影院的某些场次观众比较少，实体店就可以向周围有需要的会员推送免费电影票，用最小成本让消费者获得意外的体验。

2. 以大数据构建线上线下高效运营平台

随着高速无线网络及智能设备的推广，消费者能够及时并且轻易地得到想要的信息。O2O 的优势就在于，利用信息及数据的便利性可以让信息与服务变得更为对称，大大降低消费者得到服务的成本。

首先，用监控获得线下客流信息。如今很多实体店都在使用消费者的流监控系统，能够根据投资情况收集到相应级别的数据（如表 1-2）。

方案	布设点	低端方法	高端方案
一	实体店内外间的进出口	分时段出入实体店的人数	年龄、性别统计
二	楼间通道的出入口	统计各楼层、各时段的人数	
三	动线或动线的转折点	监控动线的客流引导效果	
四	计款台	统计不同时段收款台的队伍长度	
五	实体店门口	统计不同时段出入实体店的人数	

表 1–2 线下客流信息统计

其次，依靠 WIFI 采集客流数据。通过提供免费的 WIFI 对客流数据采集分析是目前实体店营销大数据的热门，因此要多收集消费者的行为模式、消费偏好及转化率等。

再者，利用其他数据。虽然说，一些实体店掌握的消费者行为数据比电子商务网站要少很多，但是只要利用好一些线下数据，例如，门禁数据、POS 数据、视频监控数据等，同样也能通过数据分析提高运营效率。

3. 大数据下的运营优化策略

首先，立足于“经营客流”。实体店的运营策略要立足于“经营客流”，对消费者的当日消费轨迹追踪利用的价值不高，影响最严重的是消费者的生命周期。通过对消费者整体的生命周期管理，能够清晰地看到消费者的维护节点期、高价值消费期、平台期及预计的流失期——唯有掌握这些规律，方可指导日常的消费者管理体系。

广州有一家实体店对消费者的偏好进行了认真分析，将忠诚消费者感兴趣的品牌作为积分兑换的主要目标，将活动信息发送给 10 万会员中的 1000 人。结果，有 100 多人参与了兑换，参与率为 10%。而同行业同类促销活动的参与率只有 1%。

其次，准确获取消费者的购物喜好。累积不同的消费者对品牌与折扣喜爱程度的数据，掌握成熟实体店的具体数据，再依据新开实体店所在城市的一般消费者分析，能够导出新开实体店组货及招商的客观意见。

银泰利用银泰网，打通了线下实体店与线上的 VIP 账号。

注册过账号的人只要走进实体店，其手机就会自动连接上实体店的 WIFI，后台操作便会立即认出来，其以往的互动记录、喜好都会呈现在后台数据中。通过对消费者的消费习惯、行走路线、停留区域、电子小票等进行分析，银泰就能快速且准确地判断出消费者的购物喜好，及消费者的购物频率和品类搭配习惯等。

3D 打印与工业革命

谈到数据经济，3D 打印不能不谈。这两者结合，能将数据经济发挥到极致，引发一场商业革命。

3D 打印机是近年来很火的一款产品，能根据 CAD 三维数字模型，通过材料逐层叠加最终生成产品。目前 3D 打印技术已广泛应用于国防军工、航空航天、船舶汽车等工业领域，在建筑行业、医疗卫生、人偶玩具、服装服饰、食品加工等民用级行业则刚刚起步。

2013 年，美国德克萨斯州的 SLS 服务供应商 Solid Concepts 成功制造出了全球首支采用金属材料的 3D 打印枪（如图 4-3）。成品手枪目前为止已经通过连发 50 多枪的耐力射击测试，可准确击中 27 米开外的目标。在此之前的 3D 打印枪都是塑料制成。

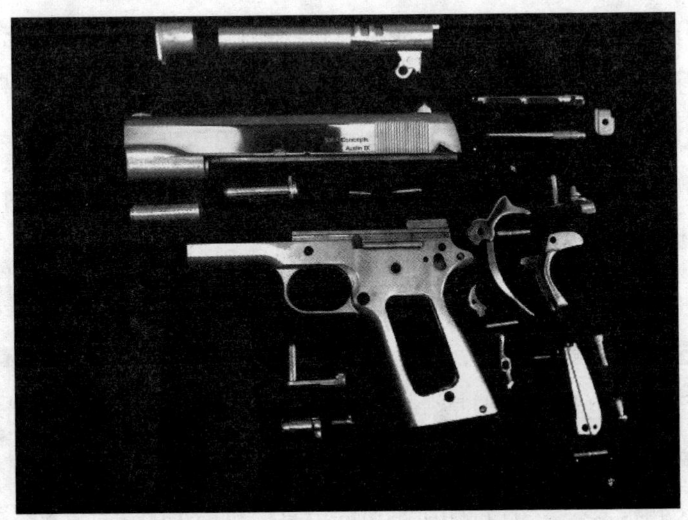

图 4–3　世界首款 3D 打印金属枪

除了弹簧和弹药是使用现成的成品之外，这款金属材质的枪均系打印而成，和真正的手枪没有什么区别。

我们不妨顺着这一思路展开想象：在未来，用户只需在网上下单，订单信息就会迅速传到云上，云立即将订单传送到离你最近的社区 3D 打印店。打印店打印出来成品，再送货上门，整个流程快捷高效。

如果再往前推一步，用户将 3D 打印机搬回家。那么整个过程将更加便捷。

尽管目前的 3D 打印机并不能打印万物，打印的成品的精度、速度与强度都不够完美。但技术总是在进步，在 18 世纪的西方，当时的高科技就是帆船。1802 年春天，美国发明家富尔顿制造了世界上第一艘蒸汽机轮船，但一场风暴就把它摧毁了。富尔顿重建了一艘蒸汽机轮船，命名为“克莱蒙特”号。1807年，“克莱蒙特”号在美国哈德逊河上试航。据说试航前，河边围观的人们纷纷大喊：“开不起来！开不起来！”看到船缓缓开动，人群又大喊：“停不下来！停不下来！”

当然，富尔顿的蒸汽船开得动也停得下，但是大家还是嘲笑这艘蒸汽船很可笑、很滑稽、很没有效率。它经常出故障，航行成本也很高。但是，到了1875年，跑运输的帆船公司都破产了，蒸汽船霸占了市场。

知古鉴今，3D打印机很可能就是摇晃前进的“蒸汽船”，在数据的推动下，劈波斩浪开新宇，商海横流扬新程。如英国《经济学人》中提到的那样：3D打印技术是第三次工业革命最具标志性的生产工具，该技术与其他数字化生产模式结合，将会推动第三次工业革命的实现。

下篇

实战篇

新零售就是更高效率的零售。我们要从线上回到线下，但不是原路返回，而是要用互联网的工具和方法，提升传统零售的效率，实现融合。

——雷军

05 传统地面店如何突围

如今，“互联网 +”已经成为传统零售企业转型、升级的巨大风口，站在这个风口上，诸多企业都将迎来自己的第二个春天，零售企业同样也不例外。对于零售企业来说，“互联网 +”不仅提供了一个新常态下的转型路径，同时也带来了更多发展的契机。

亿超眼镜：上门配镜颠覆传统

亿超眼镜的CEO李昌利竟然是一位60后“老人”。李昌利说他这个人最大的特点就是好奇心强，凡是新奇的东西都想去学习和尝试。早在20世纪90年代互联网进入中国的时候，李昌利便对互联网产生了浓厚的兴趣，他属于中国比较早触网的那一拨人。李昌利从16岁就开始从事眼镜行业。多年的从商经历和对互联网的敏感，让他意识到传统行业正在面临着一场巨变。而移动互联网的普及正在加速传统行业的变革。在这种形势下，如果不能与时俱进，探究新的商业模式，就会被时代所淘汰。

李昌利是一个热爱学习的人。他说：“一时间的成功或许相对容易，但持续的成功十分艰难。我需要不断地学习，这样亿超才能走得长、走得远。”随着线上线下的高度融合，亿超眼镜推出了线上下订单、线下上门配镜业务。这种模式不但节约了用户的时间，为用户带来便利，而且在一定程度上改变了人们的消费方式。

作为一名新零售O2O创业者，最重要的是选准切入点。只有那些能够满足用户刚性需求的产品才会有大的市场。比如餐饮行业，每个人都要吃饭，而且每天每顿都要吃饭，不但是刚需，还是高频次的刚需。所以做餐饮的商业才会遍地开花，而且从古至今，都存在着。这样的需求就是刚性需求。

从“刚需”“高频”这样的垂直领域进行切入，才能击中用户痛点，解决用户需求。因此，一个行业是否是刚性需求，是否是高频次的需求，几乎决定了一个商业行为的成败。

“对高频次项目来说，启动O2O相对容易。”李昌利说，“配镜虽然频次不高，属于慢频，但我认为，未来每个行业都会产生O2O，并且每个行业O2O的特点都会不同，一定要从行业的本质出发。”对于需要购买眼镜的用户来说，配镜的确是“刚需”，但似乎并非“高频”。一般用户配一副眼镜，就能戴上一两年，除非损坏或是用户视力出现了大变化，才会选择去重新配一副眼镜。但是李昌利不这样认为，他说用户之所以几年换一次眼镜，是因为配眼镜太贵，太麻烦。

用户的痛点就是商家的着眼点。小米手机用低价高配的战略征服了万千用户。在质量得以保证的前提下，低价格是对用户来说是最大的吸引力。所谓物美价廉永远是攻无不克战无不胜的商业利器。

互联网让行业信息更加公开透明。用户和商家之间不存在信息盲点。这就导致用户可以以更低的价格享受到同样的商品。亿超眼镜一直以来就秉承价格公开透明，“物美价廉”的配镜原则。

配眼镜在人们印象中除了价格昂贵，还是一件很麻烦的事。要去专业的眼镜店，而且要去好几次，经过好几道验光程序，用好长时间。很多近视眼的用户估计都有这样的烦恼。而O2O上门配镜，无疑帮助用户解决了这个问题。

亿超眼镜推出验光师上门验光的服务。配眼镜不用出门，只需要线上预约，就会有验光师如约前来，为您验光。无论你在哪里，什么时间都可以，验光师随叫随到，非常方便。这是因为亿超眼镜开发了“场景模拟2.0验光法”，打破了验光的技术壁垒。而且这一技术获得了国内权威部门的认证。

亿超眼镜上门验光自从2014年12月份推出以来，市场反应非常热烈，在短短的两个月时间就有一万多名用户预约此项服务。可见上门配镜的确是解决了用户的痛点。亿超在配镜的专业性，服务和售后方面都得到了用户的高度认可，有很多回头客，还有很多老用户介绍来的新用户。亿超眼镜上门配镜服务的O2O创举，引起了整个眼镜行业的关注和仿效。

专家指出，其实人们在看手机、开车等不同的场景下，应该佩戴不同的眼镜，才能更好地保护眼睛。每个人都应该配备多副眼镜。而且用户对于验光服务、眼科疾病的预防、眼科、筛查和康复等方面，都有很大的需求。眼镜市场潜力很巨大，可服务的内容也没有充分被挖掘到。传统的眼镜店虽然很多，但专业化的并不多，其实并不能充分满足用户的需求。现在，眼镜行业在O2O环境下，服务和价格的突破，将会刺激用户的需求，刺激整个行业的增长点，向专业化、服务的纵深化方向发展。线上眼镜服务带给消费者更好的用户体验的同时，也有望突破传统眼镜行业的瓶颈，带动行业的发展。

李宁："互联网 + 运动生活"的新体验

1988 年 4 月，"体操王子"李宁宣布退役。退役后没多久，李宁创立了"李宁"体育用品品牌。之后，"李宁"和中国奥委会合作，一起推动中国体育事业的发展。

2008 年 8 月 8 日，李宁在北京奥运会上点燃了鸟巢的主火炬。借助奥运会的强势传播，李宁公司也由此走向了巅峰。次年，以 83.7 亿元的销售额，成为中国市场上仅次于耐克（当年在中国销售额约为 120 亿元）的第二大体育品牌。

但是李宁公司的发展并不是一帆风顺的，在 2012 年至 2014 年的三年里，李宁公司连续亏损了 30 亿，被迫关店近 2000 家。

2015 年，李宁公司的定位变成了"互联网 + 运动生活体验"，同时重新启用了"一切皆有可能"的口号。2015 年 8 月 8 日上午 10 点开始，"烈骏"和"赤兔"两款智能跑鞋在李宁官方网站、天猫李宁旗舰店和京东李宁旗舰店同步发售。李宁公司表示，希望以智能跑鞋为切入口，开启李宁公司由体育装备服务商向"互联网 + 运动生活体验"服务商转型的大门，构建产品、渠道、营销等数字化生意平台。

9 月 7 日，距离开售刚刚一个月，李宁公司官方宣布李宁智能跑鞋全网销量突破 10 万双，可谓实实在在的爆品。复盘李宁智能跑鞋，我们发现除了高性价比之外，“互联网 +”的助力极大。

阿迪达斯的智能跑鞋售价 2000 多元，耐克的智能跑鞋 1000 多元起，而“烈骏”和“赤兔”分别定价 399 元与 199 元，高性价比一目了然。

推出智能跑鞋这事最大化发挥了李宁“互联网 +”战略的优势，打通了线上与线下。以跑鞋本身为例，智能芯片采集跑者运动数据并对跑姿和步态进行分析，同时收集的跑者数据及时反馈给李宁研发团队，可以最快改良和研发跑者真正需要的跑鞋。而在售卖模式方面，李宁首次尝试“线下体验线上购买”即 7 月 20 日起全国上千家李宁店铺将变身智跑互动体验中心，消费者享受专业指导、参与游戏互动、尝鲜体验李宁智能跑鞋，以及完成一键下单购买再由电商统一发货配送，可显著降低营销和渠道成本。

此外值得一提的是，李宁公司作为国内专业体育运动产品生产商，与小米公司强强联合，借小米庞大的消费群体为已所用，成功拓展了消费市场，尤其是年轻人市场；同时，小米公司也可以通过这次合作在现有用户基础上寻找新的用户群。二者各自专注于精通的领域，在产品和渠道上形成 1+1 大于 2 的效果。

小米社区酷玩帮是小米公司新品以及优秀产品的公测平台。在李宁智能跑鞋发布不久，酷玩帮便发起了李宁智能跑鞋新品0元公测活动，获得公测资格者可以免费收到一双由小米公司随机寄出的李宁智能跑鞋。活动要求获得公测资格者需要以“#李宁智能跑鞋0元公测#”为话题分别在获得资格、MARKETING营销、收到产品、开箱、体验报告五个阶段发送新浪微博并通知雷军、小米社区、小米手环、黄汪等人，同时在小米社区发送一篇精品评测，此外还需要加入李宁智能跑鞋公测米聊群。

在新浪微博上，“#李宁智能跑鞋0元公测#”话题收获数万讨论量。在小米社区酷玩帮，也有不少李宁智能跑鞋测评帖，详细展示了李宁智能跑鞋的实物细节，记录了穿着者的跑步体验，每个帖子都有数百人次的浏览量与跟帖评论量，而且绝大多数帖子都对李宁智能跑鞋赞不绝口。

这样一来，小米社区酷玩帮的测评活动成功积累了一大批李宁智能跑鞋的潜在消费者。李宁公司则顺势首次尝试“线下体验线上购买”的O2O线上线下融合模式。全国上千家李宁门店变成智跑互动体验中心，消费者享受专业指导、参与游戏互动、尝鲜体验李宁智能跑鞋，在完成一键下单购买后由电商统一发货配送。这种销售模式的改变，在迎合消费者猎奇心理的同时，显著降低了营销和渠道成本。

吸引消费者眼球的，是智能跑鞋低廉的价格和超高的性价比；撬开消费者钱包，则得益于李宁公司和小米公司策划的这一系列营销活动。

2019年8月14日，李宁公司宣布集团2019年中期业绩，多项核心数据一路奏凯持续向好。2019 年上半年公司收入达 62.55 亿元，较 2018 年同期上升 32.7%；权益持有人应占净利 7.95 亿元，同期大涨 196%；经营活动产生之现金净额 13.66 亿元，同比上升 107%。

——得益于“互联网 +”的助力，李宁交出了一份极为漂亮的答卷。

ZARA：快速时尚，以快制胜

时尚如同一只没脚的小鸟，只能永远往前飞。这让追逐潮流的消费者，总是陷于流行太快追赶不上的烦恼。对于主导时尚和流行的服装品牌，如何把握时代脉搏，引领时代风潮，就更是一场对能力和实力的考验了。ZARA 作为国际知名的服装连锁零售品牌，一直深受全球时尚青年的喜爱，它的经营理念就是快速时尚，以快制胜。

做服装生意很多企业讲究薄利多销，靠量的积累实现盈利。因此流水线作业，大规模生产，生产出来的服装千篇一律，毫无特色，这样的同质化产品使得撞衫概率倍增。也有少数的服装大品牌，拥有全世界顶尖的设计师，生产的服装的确够时尚、够品味，但是价格不菲，不是平民百姓所能消费得起的。两相对比之下，服装 ZARA 绝对可以算是服饰界的一个另类了，在整个行业要么同质化严重，要么价格高得让人望而却步的时候，它却打造出了一个少量、快速、平价的“快时尚”商业模式。

简单地说，就是让平民拥抱时尚。

1. 少量——造成“短缺”

“少量”就是多品类少量生产，对于企业来讲，这不仅有利于把握个性化消费潮流，同时也有利于造成一种短缺的印象。

ZARA 考虑到了一些消费者愿意为个性化产品买单的心理，提出了生产“与众不同”的产品的理念。多品类少量生产，在消费者心目中留下“短缺”的印象。

ZARA 一年大约推出 12000 种时装，但每一款的量都不大，即使是畅销款式在一家专卖店中一个款式也就只有两件，而且卖完了也不补货。因为 ZARA 不想看到所有人都穿同样的衣服，ZARA 的宗旨就是为你打造个性化的服装品牌。

爱好收藏的朋友都知道限量发行，这是因为物以稀为贵，只有发行数量有限的邮票、纪念币等才具有收藏价值。从这个角度看，少就是多。ZARA 通过“多款式、小批量”方式，满足了大家的个性化需求，在全世界拥有了大批的忠实追随者。

2. 快速——创造新鲜感

“快速”体现为款式更新快，紧跟流行，使消费者新鲜感加倍。

ZARA 的服装款式更新非常快，设计师团队经常出席纽约、巴黎、米兰、伦敦等国际大都会的时装发布会，借鉴国际上顶级设计师的设计理念，并且融合 ZARA 品牌的独特元素，设计出既时尚又独特的 ZARA 品牌服装。常常是时装周刚刚结束两周，普通人就可以在 ZARA 门店里发现含有当季最流行元素的服装。

其他时间，ZARA 每周更新一次产品，从设计生产到运输上架的时间不会超过 15 天，一般为 12 天——而中国服装业的前导时间一般为 6 ~ 9 个月，国际名牌一般是 120 天。

另外，为了保证服装款式的更新速度，ZARA 规定各家门店上货时间固定在每周三和周六，时间期限执行得非常严格：其中西班牙和南欧分别在星期三下午 3 点和星期六下午 6 点截止，其他地区分别在星期二下午 3 点和星期五下午 6 点截止。无论何时，当你走进 ZARA 专卖店，都会看到限量供应的新款。

产品是企业的生命线，对于服装产品，适销对路的关键是时尚和流行。快速更新，确保紧随潮流，符合消费者的品位需求，这样才能吸引消费者不断重复光顾。ZARA 的特点就是够流行，够时尚。这也为其吸引了众多的消费者。

3. 平价——让平民拥抱时尚

平价销售是 ZARA 品牌营销策略之一。平价就是以低价销售 ZARA 品牌服装，让平民拥抱时尚。

ZARA 的定价非常亲民，不到 50 美元的价格就能拥有一条融合当季最时尚元素的ZARA雪纺长裙。自从ZARA 2006年在上海开设了第一家门店，目前中国已经有了100多家ZARA的门店。其价格优势也是ZARA品牌在中国畅销的原因之一。例如白领女性的职业装，其他品牌动辄上千元、几千元，而在西单ZARA门店，一些具有时尚元素的职业装价格才几百元。

以最合适的价格、最快的速度享受时尚和品质，ZARA品牌服装很好地实现了这三个方面的结合。因为他们看重的就是渴求时尚产品，而又不具备消费高档奢侈品能力的消费人群。更新迅速的时尚低价产品正好可以满足这类人群的需求。

ZARA处处与服装业普遍行业规则背道而驰：其他服装商单一品种大批量生产，ZARA则多品类少量生产；其他服装商都把产品生产环节外包，而ZARA牢牢地把剪裁、染色、制衣各个环节控制在自己手中；其他大品牌都采取高价的高端路线，而ZARA则走的是低价亲民路线。

而这种“快时尚”的服装模式，依靠的则是从设计、购料、生产、物流、上架，甚至管理的每一个环节都能高效快速地反应。ZARA正是通过这条极速供应链，才使得“快时尚”由理念变成了现实。我们可以将ZARA与中国同行企业各项指标比较（见表1-3）。

比较内容	ZARA	同行企业
从产品设计到上架时间	10—15 天	中国服装业 6—9 个月，国际品牌平均 120 天
库存年周转次数	12 次	中国服装业 1.8—1.2 次，一流的服装企业 3—4 次
年均推出产品款式数量	12000 多种	中国服装业年推出上千款的非常少
顾客年平均光顾次数	约 17 次	行业平均水平 3—4 次

表 1–3　ZARA 与同业各项指标比较

那这样的成绩是怎样取得的呢？

1. 标准化的信息系统

ZARA 总部采用标准化信息系统。标准信息化管理保障设计团队的高效运作，他们可以根据时尚信息，最快地设计出新的服装款式，下达裁剪、生产指令。

ZARA 的设计师在全世界各个时尚中心和各种时尚场合，获取的最新的设计理念都被汇聚传输到 ZARA 总部办公室里。这些信息被分类存储在数据库各个模块里。这样就保证了 ZARA 的设计师对世界流行趋势的把握是及时准确的。而数据库信息模块是和原料仓储模块连接的，设计师们还可以比较时尚信息和库存信息，尽量利用现有原料设计服装款式，防止造成库存的积压和浪费。

2. 先进的国际管理系统

同时，ZARA 采用了国际先进水平管理系统，配置了远程网络度身定制 CAD（计算机辅助技术）系统，形成采购、设计、销售的一体化，以提高效率，满足客户需求。

ZARA 的零售只设专卖店，店长都有一台定制的手持式 PDA（个人数字助理），保证与西班牙总部的即时密切联系。PDA 内置总部的订货系统和产品系统模块，每个门店经理发现某种产品库存不足时，直接向总部发出订单。每隔半小时，ZARA 服装各部主管就会根据销售系统的信息，实现自动控制，实时补货。而总部也可以直接掌握每一家门店的情况。

3. 供应链的精准把控

ZARA 对供应链的控制非常精确，这样精确的控制是 ZARA 服装及时传递、快速更新的保障。

ZARA 只有极少数的服装款式在亚洲生产。在 ZARA 的生产基地西班牙，设有 20 个高度自动化的染色、剪裁中心，把劳动密集型作业程序分包给周边 500 家小工厂。ZARA 把整个生产基地方圆 200 英里的地下都挖空，架设地下传送带网络。每天新订单下单，原料备送、成品输送都通过地下传送带即时传递。在欧洲，成品两天内就可以保证送达。而对于美国、日本等远距离市场，ZARA 不惜成本坚持采用空运提速。

正是基于以上几点，如今，“快时尚”经营取得了巨大的成功，ZARA公司也成了全球排名第三、西班牙排名第一的服装商，拥有6000多家专卖店，遍布于全世界80多个国家和地区。ZARA成为全世界时尚者追逐的名牌。天下武功，唯快不破——ZARA创新商业模式的成功再一次印证了这个道理。

永辉超市：面对挑战勇敢转型

永辉是一家超市吗?

相信大多数人的回答是肯定的。但张轩松的答案却不一样，在2017年2月他明确指出：永辉的下一个5年目标是成为一家“食品供应链公司”。

近20年来，永辉靠着生鲜食品这“一招鲜”异军突起，跻身中国商超第一阵营，并成为新锐力量的代表。但是，当更为新锐的互联网大浪袭来时，传统零售商纷纷被拍到了沙滩上的边缘。

出路在哪里？朝线上发力去做电商，这是很多传统商家的第一反应。事实上，从沃尔玛到苏宁，都在电商上发力。但张轩松认为这只是战术，而非战略。永辉的战略是：深耕供应链，控制定价权。

移动互联网如烈火拂过干枯的草原，在这场大火中备受煎熬的是传统企业，特别是传统零售企业。在与传统电商苦战后，元气大伤的零售商不得不接受新一轮的挑战。高库存、反应慢以及落后的供应链系统，让传统零售商被动挨打。2016 年，美特斯邦威、百丽、万达百货等大型零售卖场关店不断。

而永辉超市逆势而上，在 2016 年度实现 492.22 亿元营业收入，较 2015 年增长 16.79%，归属于上市公司股东的净利润 12.42 亿元，较 2015 年增长 105.23%。

永辉超市凭什么成为点火的胜利者，而不是被烧焦的猎物？

2010 年 12 月，永辉超市股份有限公司在上海证券交易所上市。这是无数创业者梦寐以求的一天。

“我是农民出身，做传统企业起家，三五个人七八条枪还好领导，盘子大了，还是用农耕的做法，没有科学的体系、完备的数据作为支撑，肯定会出问题。”张轩松居安思危。

张轩松要变革。2011 年，他马不停蹄地见咨询公司、职业经理人。IBM、贝恩、奥美、埃森哲、GDA 这些全球知名咨询公司，都被他花大价钱请来做顾问。不少大公司的合伙人、高管，也被重金挖到永辉。

为了避免空降高管与老将在变革中发生冲突，张轩松预先将老将们安排到各个省坐镇，喜欢扩张的就去扩张，喜欢打仗的就去打仗。只有北京、重庆、上海与福建总部，由咨询公司坐诊，空降兵执行。

2011 年，永辉就搭建好了 SAP 系统、ERP 系统，实现了流程化、数据化。

公司运转变得有序起来，但业绩、利润连年下滑，人员流失也一年比一年高。

这是变革的阵痛，还是哪里有什么不对？

在 2013 年实施“合伙人制”卓有成效之后，2014 年，张轩松决定继续变革。他到处拜访引入过职业经理人的大企业，包括去日本拜访了索尼的董事长、CEO，寻求他们的成功之道。

一圈下来，张轩松的结论是：KPI（关键绩效指标）并不适合所有的企业，永辉可能更适合 OKR（目标与关键成果法）。他说：“我发现我们的团队，都不接受 KPI。他们觉得 KPI 太急功近利了，每次 KPI 都是公司要你今年做多少，他就努力去做多少。”

一直以来，KPI 都是大多数职业经理的信仰，他们相信每个企业都有一些“关键指标”决定了企业的大部分收益，抓住了这些关键指标，就抓住了业绩提升的关键。比如，电商只要盯紧了独立访客数、转化率、转化成本等几个关键指标，就可以把握企业的运行状态。

KPI 的理论基础来源于帕累托原理（也叫“二八原理”），即企业在价值创造过程中，每个部门和每位员工的 80% 的工作任务是由 20% 的关键行为完成的。按照绩效考核的二八原理，对考核工作的主要精力要放在关键的指标和关键的过程上，抓住了 20% 的关键指标，就抓住了考核的主体。

这很理性，也很科学，因此包括腾讯等大公司在内，多数公司实行的都是 KPI。但也有一些企业如美国的 Google、中国的中兴通讯用的是 OKR。

OKR（目标与关键成果法）是一套定义和跟踪目标及其完成情况的管理工具和方法。这里的目标，指的是可以量化、有点野心的目标，此外，这个目标需要让所有的同事知道。

因此，KPI 与 OKR 最典型的区别是：KPI 重指标，趋向于自上而下，对员工的约束较多，员工自由度较低，属于外在驱动；OKR 重目标，趋向于自下而上，对达成目标的行为途径没有太多约束，员工自由度较高，属于自我驱动。

张轩松认为，转型中的传统企业更适合采用 OKR。企业谋求转型变革，要打破旧有模式寻找增量市场，是一场翻天覆地的革命。这种巨大动荡，必须要有“上下同心”的整体配合，必须要激发起每一个员工的创新意识与闯劲，而 OKR 恰好更适合培育这种气氛：在目标公开透明的情况下，员工更清楚让自己的工作与企业战略相一致，相互协调寻找业务的突破点和创新点，带动整体资源实现转型变革。

2014 年，张轩松在原有的第一业务集群之外成立第二业务集群，在第二业务集群里实行 OKR。

根据永辉第二业务集群生鲜干货贸易商行合伙人吕飞学介绍，实施 OKR 后，商行更加开放、透明与扁平化，减少中间的沟通成本、内耗成本，提升了每一个参与者的主人翁精神与自驱力。在商品上，品类 SKU、盈利目标、毛利率策略等，以前主要是领导定 KPI，现在变成了商行合伙人共同讨论设定。

在营销上，以前为了完成 KPI，会为促销而促销，实施 OKR 后更看重的是中长期目标，营销工作变得有计划、更精准。

2013 年，永辉集团尝试在门店实行“合伙人制”：每家门店选一个代表参与合伙人计划，门店独立核算，在达到基础设定的毛利额或利润额后，由企业和门店进行收益分成；分成的比例也根据实际情况灵活多变，五五开、四六开，甚至三七、二八开开。店长、店长助理、四大营运部门人员、后勤人员、固定小时工，都在享受分成收益之列。

当一线员工发现自己的收入与部门利润（或毛利）紧紧挂钩时，就会主动提供更出色的服务去“开源”。此外，员工还会注意尽量避免浪费，尽量节省成本以“节流”。

以果蔬为例，国内同行的损耗率一般超过 30%，而永辉超市只有 4%~5%。因为作为合伙人的一线员工，就像在自家的店里一样爱惜果蔬。甚至员工的招聘、解雇都是由小团队来决定。到底要不要招人，一线员工最清楚。在合伙人制之下，大家组成了利益共同体，这极大地提升了员工的主人翁意识，调动了员工积极性。

实施合伙人制后，永辉员工的日均人效产出增加 19%，年度人均工资增幅 14%，年度离职率下降 2.46%，利润连续几年增长 20%。

需要指出的是：以店面为对象的“永辉合伙人”只享有分红权，不享有公司股权、股票，相当于总部与小团队的利益再分配。不过，对于生鲜专业买手，永辉给予了股权激励。这些供应链底端的代理人，熟悉村镇的情况，又对菜品的各种特征了如指掌。为了保证买手团队的稳定性，永辉给予他们的不仅仅只是分红权，还给予了股权。

2013年左右，伴随移动互联网的兴起，“电商消灭实体店”的预言横行。

在无孔不入的移动互联网覆盖下，线上线下出现了更大的交集与互动。张轩松非常清楚：移动互联网时代的终端不再局限于卖场，而是每一部智能手机。传统的购物过程是线性的，而移动时代的购物是互动的：利用快捷的通信技术，在线与实体零售商分秒必争地抢夺顾客。而另一方面，移动消费者拥有指尖上的权力，“用脚投票”在日益变成“用鼠标投票”，如果你抢不到终端，你再好的产品也是零。

如何应对电商的挑战，永辉用的是主动进攻而非被动防御。2013年5月，永辉试水O2O，上线了“半边天”电商平台。上线不到两个月，“半边天”因为数据不理想而关闭。随后，在微店热的2014年，“永辉微店”再次出击，但依然没有取得理想的收获。

在探索O2O的路上，永辉屡败屡战。2015年8月，永辉宣布与京东强强联手：京东以每股9元，共计43.1亿元入股永辉超市，京东占有10%的永辉股份。京东在线上以及物流配送上的优势明显，永辉则在实体店布局、生鲜供应链上的优势明显。两者优势互补，形成了“永辉超市供应链+就近的门店+京东的入口流量+京东最后一公里的配送”的O2O解决方案。

2016 年，永辉全年营收入同比增长 16.82%，归属于上市公司股东的净利润为 12.42 亿元，同比增长 105.18%。扣除非经常性损益的净利润为 10.87 亿元，同比增长 67.33%。

2017 年上半年公司业绩再次大幅增长，营收同比增长 15.49%；归母净利润 10.51 亿元，同比增长 56.94%。永辉超市的最新收盘价格为 7.68 元，两年差不多涨了一倍。

2017 年 12 月，永辉超市披露简式权益变动报告书称，实际控制人以约 42.16 亿元的价格转让 4.79 亿股给林芝腾讯，林芝腾讯占永辉超市 5% 股份。同时，腾讯拟对永辉超市控股子公司永辉云创增资，拟取得云创在该次增资完成后 15% 的股权。

近年来，传统线下企业在 O2O 上的探索，成功案例不多。同样，电商向线下渗透，也多以失败告终。永辉在试错之后与京东的联手，给传统企业与电商一个启示：线上线下企业强强联手、优势互补，是一条胜算更大的 O2O 之路。

海澜之家：信息化支撑品牌快速扩张

2019 年 8 月 28 日，海澜之家对外披露的 2019 年半年报显示，公司在上半年实现营业收入约为 107.21 亿元，同比增长 7.07%；净利润约为 21.25 亿元，同比增长 2.87%。

这份半年报意味着海澜之家依托多品牌布局、优化供应链和平台管理能力，进一步提升了当下复杂市场环境下的抗风险能力。

“海澜之家，男人的衣柜。”——这是海澜之家的广告（如图 5-1），也是其定位。在全世界服装商都把目光瞄准女人，在做女人的生意的情况下，海澜公司却棋走险招，以经营男装打出了一片新天地。海澜之家男装品牌自 2002 年推出以来，以全国连锁、超大规模、男装自选的全新营销模式引发了中国服装市场的新一轮革命，“海澜之家——男人的衣柜”这一鲜明的品牌形象也深入人心。海澜之家的壮大得益于其快速的规模扩张策略，那么海澜之家为什么要快速扩张呢？又是什么因素帮助它可以实现快速扩张呢？现在，我们就来探寻一下其中的奥秘。

图 5-1 海澜之家海报

2014 年 4 月 11 日，海澜之家上市。成为 A 股最大的服装企业。2014 年度海澜之家公司实现营业收入 123.38 万元，比上年同期增加 72.56%。2014 年全年新增门店 461 家，公司门店总数达到 3348 家，比 2013 年增长 15.97%，覆盖了全国 80% 以上的县、市。公司计划在 2015 年继续扩大规模，计划实现营收增长 20%~30%；计划新增门店 400 家。

在电商方面，海澜之家电商起步于 2011 年，不但建立海澜之家官方商城，其旗舰店也覆盖了国内主要电商平台，海澜之家采取线上线下同款同时同价方式销售，2014 年电商销售收入达 4 亿元；2015 年公司计划通过加大用户维护，打通线上线下的 CRM（用户关系管理）系统，来实现销售增长翻番。

因为海澜之家的模式属于服装业“轻资产”经营模式。所谓“轻资产”就是公司的经营重点在品牌运营、产品设计和供应链管理环节，而其上游的生产加工以包工包料方式外包给生产商，下游销售则通过加盟店、直营店、商场等渠道进行销售。这种“轻资产”的方式便于公司的统一管理：将复杂的生产环节外包，省心省力省成本，公司可以专心于品牌推广和产品设计，有利于更快地树立品牌形象，打开销路。加盟店的销售方式也可以让更多的社会人参与进来，实现规模的快速增长。

“轻资产”的方式为很多服装企业所采用。中国著名时尚产业经济研究专家李凯洛先生说，轻资产运营模式刚刚在国内出现的时候，受到了行业内外人士的普遍质疑，但是七匹狼、报喜鸟、美特斯邦威、搜于特等企业的成功证明了该模式的可行性和优越性。这一波品牌服饰公司大规模上市表明轻资产运营模式开始获得更广泛的认可，尤其是获得了资本市场的认可。2014 年 4 月 11 日，海澜之家上市，成为 A 股最大的服装企业。

轻资产经营方式之下，急速扩张才是业绩发展的保证，轻资产的模式也有利于企业的规模扩张。品牌管理、产品企划、供应链环节是利润产生的主要来源。海澜之家集中精力抓住主要环节。海澜之家自有200人的设计团队进行关键的产品设计，而将非核心的打样等工作外包给供应商的设计团队。

2009年初，海澜之家门店还只有655家，到2011年底，发展到1919家；而到了2013年底则达到了2887家；目前海澜之家有100多名专门的渠道拓展员，主攻二三线城市的核心商圈。2015年预计开店数接近4000家。海澜之家的开店数几乎是成倍的增长。这样快速的发展，其核心竞争力正在于海澜之家轻资产模式。

海澜之家通过独特加盟模式实现对下游的控制，是其实现增长的关键。传统服装企业普遍采用的是多级渠道销售模式，海澜之家采用的是类直营的加盟模式。即加盟者提供资金以及部分店铺，但没有经营权，由公司统一管理，这样“千店一面”，形成统一管理的高品质营销网络。这样的加盟模式因为降低了加盟商的从业要求，而迅速扩大经营；缩短了加盟模式的分利环节，从而降低了成本；因与加盟商的利益一致性促进了销售增长。

海澜之家通过互利双赢加固了与上游供应商的合作。海澜之家在采购环节采取赊购、联合开发、滞销商品退货、二次采购等模式，与供应商结合为利益共同体。这样产品规模越大，与生产商、原料供应商的关系就越紧密。海澜之家这种方式强化了对整个供应链的管理，降低了成本。

海澜之家的平价销售策略顺应行业趋势，是获得用户支持的基础。海澜之家门店产品齐全，无论是正装、休闲装等服装，还是丝巾、领带、皮带等配件、配饰，几乎涵盖了所有男性消费者的需求，其产品售价只相当于传统男装品牌的三分之一。实惠的价格，品质的保证，使海澜之家赢得了消费者的信赖。海澜之家的平价品牌发展战略顺应了产业发展机遇，通过对产品高性价比与电商销售形成差异化竞争，在竞争相对激烈的男装市场中独树一帜，有助于扩大市场份额，满足不同细分群体的消费需求。

在这些因素的综合作用之下，海澜之家才形成了快速增长的趋势，形成了规模效应，而随着海澜之家的持续扩张，其规模优势将得到持续体现。

海澜之家具备了快速的渠道扩张能力、强大的终端控制能力、与供应商的合作能力，这些保障了海澜之家模式的健康持续发展，而这些能力的具备，则得益于其信息化管理技术和水平。综合起来，海澜之家的信息化管理分为三步走（如图 5-2）。

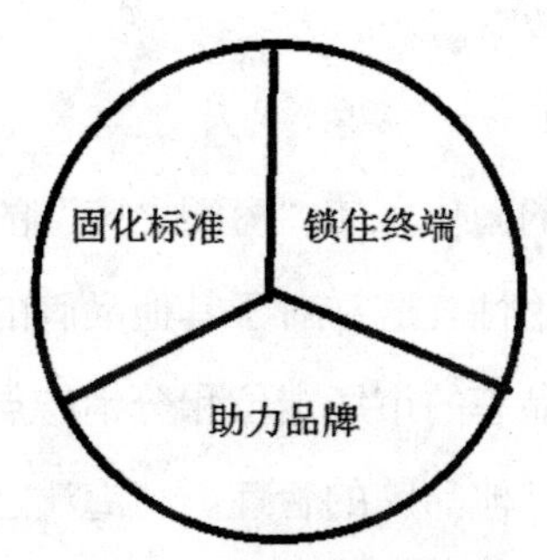

图 5-2　海澜之家信息化管理三步走

1. **固化标准**

海澜之家设立信息系统固化标准，实现可复制的扩张模式。海澜之家的全业务流程都进行了标准化，包括从市场信息、门店管理、物流仓储、产品设计、成品生产到品牌运作的所有环节。业务系统随着门店走，门店扩张到哪里，业务系统就部署到哪里，保证了海澜之家的任何一家销售门店都能以相同的规范进行运作，实现标准化、统一化管理。

2. **锁住终端**

实现连锁化运营就要通过信息系统控制住终端，海澜之家在这方面就做得比较完美，他们将品牌专卖店与总部通过分销系统联系在一起，完美利用互联网，在品牌销售的全过程不再因为把握不准时间，调动人员不便等不良因素而影响到销售量，他们每一个专卖店的库存状态、销售量及销售额等数据信息都实时与总部保持同步，这样品牌运作全流程都能够尽在掌握之中，大大提高了效率。

3. 助力品牌

信息化平台的固化，使“海澜之家”的卖场管理和分销系统具有高度的通用性。这样对于其他品牌的管理也可以轻松实现：只需针对各品牌的市场定位和分销特点进行个性化定制，就能应用于任何其他品牌的管理。“海澜之家”品牌经营过程中形成的通用标准和宝贵经验可以迅速分享到其他领域和品牌管理之中。

海澜之家通过强大的信息平台，充分发挥了其桥梁和纽带的作用：在财务管理方面，把财务核算、财务结算、供应商与客户管理结合在一起。特别是与供应商与加盟商的结算达到了准确高效，海澜之家在全国的 3000 多家加盟店每天都要进行资金结算，每个供货商只要达到结算额度就能立刻进行结算，保证了供货商和加盟店的利益。在供应链环节方面，将原料采购、服饰生产加工、物流配送、仓储管理、门店销售等各个分散的业务有机地整合起来，形成一套紧密联系的体系。总之，信息化提高了海澜之家公司的管理水平，保证了海澜之家对整个产业链的绝对控制权。

06 零售企业如何困境突围

传统零售企业之所以被认为“传统”，不仅仅是因为所处的行业传统，以及产业结构和盈利模型相对传统、更重要的是企业管理者思维认知上的传统。正是因为这种“传统”，让企业和个人深陷在一个无形的困境当中。这个困境可能是被传统束缚已久的思维困局，可能是战略困局，也可能是技术或市场困局。在本章，将为大家详细分析几家传统零售商是如何借助“互联网 +”，从困境突围的。

屈臣氏：零售困境中的逆袭

屈臣氏创建于 1828 年，是一个历史悠久的以经营保健和美容产品为主的品牌。

屈臣氏的业务遍布全球。2014 年底，屈臣氏在全世界经营超过 11000 家零售商店，其中在中国拥有超过 2000 家店铺。2018 年底，中国区店铺数量增至 3608 家，较上年新增 337 家，同比增长 10%。

与此对应的是其业绩稳步上升。根据屈臣氏母公司长江和记实业有限公司发布 2018 年财报，数据显示：2018 年屈臣氏集团实现销售 1689.91 亿港元（约合人民币 1440.79 亿元），同比增长 8%；其中中国区销售额 238.55 亿港元（约合人民币 203.07 亿元），同比增长 10%。2019 年，屈臣氏全球销售额为 1692.25 亿港元（约合人民币 1547 亿元），与上一年基本持平，中国区销售额为 245.91 亿港元（约合人民币 225 亿元），较上一年增长了 3%。

近几年来，地面实体店可谓哀鸿遍野。2016 年，屈臣氏中国区业绩首次出现负增长，全年营收同比下降 3.82%。为逆转颓势，屈臣氏中国启用高宏达为新 CEO。高宏达上任后，开始大胆探索新零售。

在高宏达认为，“新零售没有明确定义，对屈臣氏来说，新零售就是提供全渠道融合。”具体来说，他做了四件事。

1. 全渠道打通，线上线下一体化

在无孔不入的移动互联网覆盖下，线上线下出现了更大的交集与互动。虽然消费者一开始是以线上作为业务的出发点，通过线上的方式完成前期的认知和铺垫，最终还是有不少愿意在线下完成实体消费和体验。也就说，线下是基础，唯有基础扎实才能建起新零售的高楼。

IT 精英们已经无法仅仅靠互联网思维来革传统商业的命了，新时代的玩法需要落地，需要对行业资源的左右逢源，需要忍受旷日持久的琐碎。否则，就是一只没脚的小鸟。新一代用户的崛起改变了传统零售的一切，消费升级推动了更多高品质和个性化需求的出现，信息的透明丰富和智能也彻底改变了用户认知和购买行为，但没有线上和线下的融合，就谈不上新零售。

屈臣氏开始发力电商平台很快就开通了掌上商城，官网商城、天猫、京东以及亚马逊旗舰店，实现线上线下一体化。与此同时，屈臣氏还开通了各大电子支付渠道，如支付宝、微信支付等，实现支付无障碍。同时与微信强强联手，建立屈臣氏微信卡包服务，加强微信手机版会员卡的功能，推出美妆问答 App“莴笋”（如图 6-1），让消费者拥有便捷时尚的购物途径。

图 6-1　屈臣氏美妆问答 App“莴笋”

此外，屈臣氏还借力其他有互联网基因的企业——

2017 年 8 月，推出“亚朵 · 网易严选酒店”，之后与万科杭州合作打造“严选 HOME”，探索酒店民宿的异业合作。

2018 年 7 月，网易严选的专用货架及商品出现在内蒙古安达超市。

2018 年 12 月，网易严选在杭州开出第一家直营实体店。

2018 年 6 月，屈臣氏与饿了么将双方渠道系统进行对接，打通了订单推送、物流状况、库存数据等线上线下一体化智能系统。

2019 年 1 月，网易严选联手实体书店文轩 BOOKS，推出“新中产的书房”。

2019 年 1 月，网易严选联手屈臣氏推出“Watsons+ 网易严选”联营店。

2019 年 1 月，饿了么与屈臣氏正式宣布达成跨渠道深度协作关系，屈臣氏选择近 1700 种产品在饿了么上线出售，包含个护美妆、平时应急、洗护用品等。

2019 年 1 月 19 日，“Watsons+ 网易严选”新零售实体店正式开业。实体店在广州市的保利广场内，官方定位“生活美学馆”，有近千款人气产品。

这一套动作下来，屈臣氏的身上就流淌着互联网的血液了。

2. 门店升级，完成消费场景重构

传统零售讲究的是地段，只要占据了黄金位置，就不愁没有客流与生意。

新零售时代不同了，“地段”挪到了线上。有流量，就是好“地段”——线上了解的人们愿意线下多走几步去他们喜欢的店。

这就要求店铺要有特色。屈臣氏一改过去门店的标准化模式，开始大打差异化和个性化的牌。

此外，屈臣氏推出的“门店自提”和“闪电送”服务，打通了线上线下的配送服务。用户如今可通过 APP 线上下单并到指定门店自提取货，或选择“闪电送”4 小时内送货到家。这种体验深得都市年轻人的心。

3. 重新定位用户群，构建新会员体系

在传统零售时代，重在经营商品。到了新零售时代，重在经营顾客。十几年的美妆连锁耕耘中，屈臣氏建立起了一套行之有效的会员管理体系。屈臣氏以这个系统为依托，开始大力经营用户。

改革后的屈臣氏的会员系统，不仅能积分换购，还能提供跨商家的合作，实现积分共享。会员通过微信线上的绑定，可以有实时的积分变动状态，领取优惠券，个性化卡面。在线上会员方面，屈臣氏在天猫也实现了会员通，消费者在天猫的屈臣氏店消费也可以累积屈臣氏积分和享受会员的权益。

4. 大数据驱动升级，加速产品更新升级

新零售更加注重消费者的体验，依托线上线下一体化平台获得大数据信息，然后将大数据高效、精准、及时地反馈给生产企业，给消费者提供个性化的定制服务，更好地满足个性化、差异化、定制化需求。

实体零售的困局，本质上是对上游供应链缺乏控制、对下游消费者缺乏了解与触达。而大数据正是桥接企业和消费者“对话”的有效工具。

而屈臣氏正是利用大数据的佼佼者。在经营顾客当中，屈臣氏能够通过系统接触到消费者更多的生活形态，可以对会员精准画像，最终让精准营销成为现实。

2017 年，屈臣氏中国区业绩恢复正增长，实现 217.83 亿港元（约合人民币 185.72 亿元）。此后，屈臣氏中国区的营业额与利润稳步上升。

歌莉娅：用旅行文化引领时尚生活

2020年第一季度，受新型冠状病毒疫情影响，大批零售商纷纷闭店。以往期待的春节黄金假期，全部化为泡影。

截至2月3日，优衣库在中国暂停营业的门店数量已达到270家，约占其在中国门店总数的40%。客流、现金流、库存、供应链、租金，层层重压下的零售商，期望能找到一条生存之路。

活下去，成为零售商最大的渴望。

疫情期间，歌莉娅线下门店客流极少，但店铺租金、人工等维护正常运营的开支都需要支付。面对这种困境，歌莉娅通过企业微信的互通能力，把门店服务转为线上服务。导购与顾客加微信好友，定期在客户圈里发布商品信息，引流顾客到小程序商城消费。这样，实现了线上客户运营的闭环。

从2020年2月起，歌莉娅在企业微信商的日销售额过百万，甚至在2月7日高达300万。

把线下的流量转化为线上，更通过企业微信与小程序的互联，把线上流量转化成销售。成功的线上销售，让歌莉娅在困境中看到了希望。

同时，对于线上销售管理，歌莉娅的负责人表示："企业微信不仅帮助我们在微信上做起了线上生意，更帮助我们有效地对这些销售活动进行管理。通过在企业微信上搭建移动BI，我们的管理人员每天都能看到线上商城的情况，及时跟进调整市场策略。”

作为国内首个将环球旅行与时尚相结合的女性服饰品牌，歌莉娅是女性服装品牌中的“异类”。在 2001 年之前，歌莉娅只是一家服装批发商，品牌意识很淡薄，一样是靠出货量取胜，但从 2001 年下半年开始，歌莉娅的管理层意识到品牌价值对于企业竞争力的重要作用，便将重心开始从产品生产向品牌塑造转移，并用了两年左右的时间把批发业务向零售业务转移。

在公司成立之初，歌莉娅的目标消费群体是 20 岁左右的学生群体，但随着公司经营理念以及业务范围的转变，公司将 25~31 岁的女性作为了关键客户群，因为这一群体更加认同歌莉娅提倡的生活理念。

品牌建设是歌莉娅转型后最核心的工作，在歌莉娅的理念中，品牌认知度和美誉度提升了，销量自然就会上去。和其他服装企业重金砸广告塑造品牌的策略不同，歌莉娅选择在内容方面整体建设，而不是单纯地投放广告。歌莉娅最为人津津乐道的品牌建设案例非“环球发现”品牌文化莫属，在行走中发现世界之美，以旅游传达品牌文化成为歌莉娅最独特的标签。正是如此特立独行的发展之路让歌莉娅在 20 年间积累了厚重的品牌文化，形成了难以模仿的发展之路。

电商来袭让歌莉娅又一次看到了商机。早在 2008 年的时候歌莉娅就开始试水电商，将“精致美学”理念推广至线上，开设了官方网店，并在天猫商场、京东商城等开设了品牌旗舰店。

歌莉娅旗下拥有两个品牌，GOELIA 与 goelia。GOELIA 以 28 岁女性为核心顾客；goelia 基于电商平台，定位更为年轻的品牌，以 25 岁女性为核心顾客。双品牌的经营策略正是为了电商而诞生的。在没有做电商之前，歌莉娅的品牌只有一个——GOELIA，该品牌拥有较为稳定的客户群体和价格体系，如果做电商势必会对线下价格体系造成一定的干扰。此外，GOELIA 在线下的定位为 28 岁的女性，而线上的消费群体显然更为年轻。在此背景下，歌莉娅又开创了线上品牌 goelia，为年轻有活力的女性提供柔美精致的服饰，目的是为了和线下 GOELIA 相互区别。线上线下双渠道的经营模式为歌莉娅开拓了更为广阔的市场。

从 2011 年开始，歌莉娅的网络销售额从 7000 万元飞跃至 2013 年的接近 3 亿元；同时 2012 和 2013 年的“双 11”，歌莉娅在淘宝系平台皆排在女装品牌销售第 7 名。2014 年的“双 11”，歌莉娅以 6314 万居淘宝女装类第八。

女性服装品牌行业一向竞争激烈，很多本土品牌都面临着国外企业的强势竞争，比如 Zara、H&M、C&A 等国际时尚品牌的进入给了本土企业很大的冲击，但歌莉娅却对自己很有信心。虽然歌莉娅还不能像一些国际品牌那样整合全球资源，实现全球采购，但歌莉娅却在不断的探索中更好地把握住了中国消费者的需求，并坚持用旅行文化引领时尚生活的理念，这对歌莉娅来说非常重要。

目前，歌莉娅在全国各大中城市已开设了超过600家专卖店，但这仅仅只是一个开始，歌莉娅还将在品牌建设的道路上走得更远，其全球化的脚步正在不断地加速，目的就是为了让更多的女性消费者在服饰中感受最时尚的生活态度。

2015年4月21日，在广州南站出发大厅的淘宝会员贵宾体验厅出现了7位美丽的“旅神”，他们向现场媒体、时尚达人以及淘宝会员们展示在旅途中发现和分享美好的时尚生活方式。不明就里的人们可能会以为这是淘宝和哪家旅行社一起做活动，其实，这是女性服装品牌歌莉娅与阿里旅行——去啊联手举办的媒体体验活动，创造性地把旅行文化、跨界时尚、O2O购物三体合一，为消费者呈献最新潮最时尚的旅行购物方式。

对歌莉娅的文化理念不太了解的人可能会有疑惑：一个主打女性服饰的品牌怎么会和旅行搭上边？其实，自1995年开始，歌莉娅就坚持一个信念：旅行就是生活。歌莉娅诠释的“旅行”并不一定是真正的旅游，而是代表着一种开怀正面、乐意接受新事物，渴求新体验的生活态度。歌莉娅希望能和消费者一起探索发现生活的美好，把对时尚生活的灵感融入服装的设计中，透过分享与感悟，让人们活得更加美丽、时尚。“我们致力于成为美好生活的引领者和传播者。”歌莉娅副总裁林淑玲这样描述企业愿景。自2002年起，歌莉娅带着分享的精神开始了环球之旅，将时尚潮流与各地文化融合，创作出了别具一格的女性服饰，受到了消费者的热烈欢迎。

歌莉娅自 1995 年诞生以来，独家首创以世界旅游文化诠释品牌内涵，环球之旅的足迹从未间断，其足迹遍及泰国、澳洲、南非、法国巴黎、雅典、瑞士、法国南部、英国、西班牙、意大利、新加坡、巴厘岛等地。“环球之旅”的足迹已遍布全球 24 个时尚名城，每到一个城市都能给设计师带来无限的灵感。2014 年歌莉娅环球发现之旅的第 31 站来到了澳大利亚的袋鼠岛，其纯粹自然的环境为设计师带来了无限的灵感；2015 年，歌莉娅环球发现第 32 站，来到了被誉为“世界上最幸福的国家”—不丹，在自然山色与灯光相辉映的美景中带领嘉宾感受不丹的纯美之境。每一次旅程，歌莉娅都会把当地的风景、人文、生活气息带回来，通过当季的时装杂志、影片、专卖店内的陈列和网站展示出来。

经过了超过 10 年的环球旅行，歌莉娅拥有属于自己品牌的独有标识：在行走中发现世界之美，以旅游传达品牌文化。“旅行”已经成为歌莉娅品牌独有的标识。作为一个女性服装品牌，歌莉娅将环球旅行中发现的时尚生活灵感升华成为“精致美学”，歌莉娅对时尚流行独特的演绎方法让它成为服装界最具特色的品牌之一。“在生活中发现和分享美好，享受自然的礼遇”的时尚主张，引起了广大女性消费者的共鸣。作为精致美好生活引领者的定位与坚持，今天的歌莉娅依然在用旅行文化引领时尚生活，为女性消费者提供精致的时尚着装。

阿芙精油：因势而变，发力线上

2019年1~4月，阿芙精油在国货化妆品增长乏力的大盘下，增长28%，其中天猫增长73%，领先大盘20个点。根据阿芙精油官方的说法，是因为抓住了抖音这个流量风口，通过荷荷巴油和马迷纯露这样的爆品实现快速增长。

阿芙总裁张耀东说："过去我们的生意模式非常单一，门店接待的是走过路过的顾客，BA是被动销售，等客上门。新生意模式，明确新零售的发展方向，所有的流量通过CRM承接。有赞赋予BA一个新的销售工具，BA可以通过有赞激活自己朋友圈内的顾客，实现主动销售。抖音等网红经济带货打造爆款，形成线上闭环或到店消费。"

阿芙成立于2006年，创始人是花名为"雕爷"的孟醒。刚开始的时候只做线下，是一家传统的线下零售商，销量平平，名气也不大。直到2009年，阿芙正式从线下走到了线上，开设了淘宝店。仅仅用了两年的时间，阿芙就在淘宝网做到了精油品类第一的好成绩。2013年双11期间，阿芙精油成了淘宝最火的美妆品牌，阿芙成了无数中国人使用的第一瓶精油。淘宝每卖出3瓶精油，有2瓶就是阿芙。

阿芙精油的成功离不开其创始人雕爷的互联网思维，运用互联网思维，阿芙成功成为中国市场的精油及精油护肤品启蒙者和开创者。谈到阿芙的营销模式，雕爷曾经这样说道：

三年来，我的营销思想没变过，“全网营销，淘宝成交，独网试错”。对于渠道商而言，他们最关注的就是ROI（投资回报率），而品牌商恰恰要忽略短期内的效益，品牌拼的是试错。品牌不能把秒杀和打折挂在嘴边，否则不会受到良好的品牌溢价。做品牌商要看长期的目标，种品牌就像种庄稼一样，我从来不在乎淘宝ROI是几块钱买几个关键字，营销是品牌商不断试错的结果。

化妆品在电商渠道销售有一个劣势：缺乏用户体验的情景。人们在专卖店购买化妆品时，销售员一般都会提供一些小样供消费者试用，还会根据消费者的皮肤给出建议，但电商做不到这一点。为了解决这一问题，阿芙想了很多小妙招，比如大量送小样。雕爷深谙女人内心都渴望惊喜的小心思，所以阿芙的所有包裹里都必放小样，大丝瓜手套、瘦脸用的小按摩锤，这些小赠品成为阿芙间接营销的工具。试想一下，当你打开阿芙的包裹，一大堆样品出现在眼前的时候，心情是不是变得很美？阿芙的快递员在送货时还会拿着扑克牌让消费者现场抽奖，大王免费小王五折，如果仔细算算，抽中的概率并不高，但这种方式却让顾客觉得很好玩。

经过多年的发展，阿芙精油迅速覆盖到全国一二级城市的顶级商场，并设有上百家形象专柜，形成了一套独有的线下成立、线上扩张、全网营销的发展模式，并创下了连续四年全网销售第一的精油神话。

2019 年 11 月 27 日，在 2019 年中国化妆品产业领袖峰会上，阿芙精油总裁张耀东以“因势而变：从阿芙线下业务的突破看实体零售的数字化转型”为主题，对阿芙业绩翻倍增长背后的改变进行了详细的分享。

以下为张耀东分享的内容实录：

今天我要分享的题目叫“因势而变”，在这里，我跟大家一起探讨，在这个数字经济时代的大趋势下，阿芙是如何改变的，今天在座的渠道商较多，我将着重分享阿芙是如何做线下的。

今年，阿芙的业绩实现了翻番，尤其在天猫平台，业绩增长了三倍。在刚刚过去的双 11，阿芙全渠道实现了三个亿的成绩，在这背后，主要有三方面的突破：

一是抖音运营。阿芙的抖音运营，ROI 可达到 4 以上，成为行业的经典案例。

二是爆品策略。打造了一系列的爆品，比如马迷纯露，这款爆品目前月销量在 50 万 +，这是前所未有的。

三是社交电商的突破。社交电商是阿芙另外一个重要的突破。

阿芙线下业务的社交电商经过一年的探索，于今年五六月开始发力，近几个月很多地区已获得超过50%的增长，成功地实现了突围，为后续发展开拓了一条明确的道路。

在数字化大环境的趋势下，阿芙已经做了一年多的探索，今天我给大家分享这一方面的内容。

数字经济时代，品牌需要因势而变，因为所有成功的改变，都是植根于大趋势。移动互联网时代，最大的改变就是社会的连接从有媒介到没有媒介。

在没有互联网的时候，社会通过商圈进行连接，在PC互联网时代，社会通过网页进行连接，到了手机互联网的阶段，手机已逐渐成为生活的一部分，所有的社会连接关系都回到了人与人之间的关系。

所以，今天的大趋势就是“人是渠道、人是媒体、人是品牌”，正因为这一趋势，就有了社交电商的蓬勃发展。

通过在社交电商方面的突破，阿芙在线下业务上，实现了三方面的变革：

一是销售，门店和有赞一半一半。我们的生意一半是门店，一半变成了外卖，也就是社交电商。

二是产品，爆品和精品一半一半。因为销售模式的改变，使得产品结构也发生变化。

三是顾客，家用和到店服务一半一半。在销售和产品改变的基础上，阿芙创造了新的消费者价值，消费者在店内既可以得到家里用的产品，也可以得到店里的服务。

其实，对于阿芙来讲，一个非常关键的改变是加码社交电商之后，在获客成本方面得到了极大的优化，目前线下的获客成本达到了 70% 的下降。

解决了流量问题，才能对顾客进行精准营销，最后才有顾客的分享裂变。

那么，阿芙做了哪些改变，才实现了以上的三大变革？

第一，BA（Business Analys 缩写，即业务需求分析师）的任务，不光是销售，更是获客、服务。

BA 实现从卖货到拓客的转变。当下线下最大的痛点是客流的下降，BA 需要敢于“走出去”，有人的地方就是商场，把品牌触达的面从一个店扩展到所有的生活场景，只有这样品牌战线才能从根本上进行改变。

在这里分享一个非常神奇的数字“150”，有科学研究表明，每个人都有 150 个熟人，而这些人每人又有 150 个熟人，我们同时要求 BA 每月至少扫粉 150 个，然后层层裂变的方式去增加新的粉丝，从根本上解决了流量入口的问题。

举个例子，优秀的 BA 可以绑定 5000 个已经购买过产品的顾客，月销售额可以达到 12 万元，而这相当于是两个店的顾客数和一个店的销售量，所以这就能理解为什么我们的拓客成本下降了 70%。

第二，门店不再是终端，而是根据地。

门店价值 = 品牌形象和体验 + 顾客服务 + 产品背书。

BA 出去了，品牌战线自然就拉长了，所以门店不再是终端，而是一个品牌的根据地。

根据地是什么？根据地就是一个进可攻退可守的地方，门店的主要价值在于品牌的形象树立、顾客的服务体验，以及给产品背书。

在这样的背景下，门店不只是一个摆货架卖货的地方，其本身就是一个产品，需要高颜值，需要优质的服务，它能完全代表品牌。

第三，产品线延伸，保证新客增量，加深老客消费。

解决了流量问题，所以有更多的机会去招募一些新用户，同时也能让用户的试用更加深入，在过去的一年多时间里，阿芙的产品进行了大范围的拓展。既有 50 ~ 100 元降门槛招新用的睡眠喷雾、润唇膏、洗手液等产品，也有加深使用提升客单价的疗程产品、小产区精油等，价格区间在 2000 ~ 3000 元。而这样的好处是可以通过高频拉动低频，低价拉动高价，实现场景的全覆盖。把顾客拉进来不是目的，消费升级才是关键，这样才能将门店的作用最大化，顾客的价值最大化。

针对这一点，并不是所有的品牌都能做到，因为阿芙品牌的核心是精油，与其他品牌相比更多的独特优势是覆盖所有的生活场景，我们将阿芙变成一个生活方式的品牌。

在这基础之上，再结合获客手段的升级，最大限度地把顾客拉进店内，再通过高端的产品让顾客的消费升级，从而实现品牌效益的最大化。当然在这中间，则需要数据的支持。

第四，数据系统的连接保证增长闭环。

以前，线下品牌的数据系统就基本上只有一个会员积分，在社交电商时代，阿芙实现了数据全程贯通，从BA在商场扫粉，到顾客成为品牌的会员，再根据顾客的购买记录和行为习惯，对其进行精准的画像，然后开启一对一式的精准营销，最后推动顾客去分享裂变，形成增长闭环。

在这个方面，阿芙进驻了微信公众号、有赞、CRM等平台，实现全链路数据化，即营销的数字化。社交电商是基于数据生长出来的业务模式，对于线下传统的商业模式而言，这是一个非常重要的突破口。

第五，代理商角色的改变。

代理商不再是传统批发商、物流商，代理商的工作是要成为新零售落地的组织者，代理商不再是陆军，代理商是陆军航空兵了。

在这样的环境下，对代理商的要求有了根本的改变，要求代理商有零售经验、培训能力，更要有探索精神、开拓能力。

阿芙会要求代理商去做渗透，在全国各地开展新零售的落地实践，同时培训团队，带领团队在不同的环境中进行改变。

这是一个三浪并发的时代，既有传统模式的产品升级，也有互联网商业的流量争夺，更有智能商业的初露端倪，阿芙是一个全方位拥抱三浪并发的品牌，从产品的持续创新，到新媒体的运营，再到依托大数据的精准营销。

阿芙的线下模式是一个门店武装的社交电商，我们的目标是要在每一个县城都有个苹果店，以此为根据地发展新零售，我也借这个机会邀请未来有志于新零售突破，有志于弯道超车的商业伙伴，加盟阿芙，一起携手拥抱这个新时代。

张耀东总裁的发言，可谓干货满满，值得零售行业的从业者们仔细学习、领会与琢磨。

裂帛：世界时装之巅的他山滚石

裂帛创立于 2006 年，是中国最具规模的独立设计品牌服装集团之一。所谓“裂帛”，即撕裂丝帛，单从它的名字就可以判断出，这是一个个性化十足的服装品牌。如今，裂帛旗下的女装品牌有：裂帛、所在、莲灿、ANGELCITIZ、LADY ANGEL，男装品牌有：非池中以及裂帛童装及鞋品。正如裂帛的创始人唐大风所言，将来的服装品牌将是一片山峰构成的高原，而不是独自的顶峰，而裂帛作为翻腾在世界时装之巅的他山滚石，完成了一个品牌自我实现的蜕变。

淘宝网的诞生改变了零售业的格局和人们的生活方式，同时也造就了一大批成功的淘宝网络商户，裂帛服饰就是其中的一家。作为最成功的淘品牌之一，几乎很少有同行业能望其项背。裂帛创始人唐大风曾经预言，从淘宝起家的裂帛有朝一日也许会成为中国的 Zara，而如今，这个极具风格特色的中国品牌，正在以其独特的发展方式向着心中的目标迈进，成了中国服装品牌的一个神话。

裂帛诞生于 2006 年，成立 9 年后，完成了设计稿一万多张，制作成衣 503 件。裂帛每年销售额增长达到 200%，2014 年的销售额已经超过了 10 亿元。如今，裂帛已经发展成为了一个集团，旗下包含了 7 个子品牌，员工达到了 800 人。自公司成立以来，在 2015 年天猫 625 年中大促中，裂帛服饰天猫旗舰取得了当天单品销售额 1740 万 +，前 8 小时稳居女装品类第一，当天总成绩品类第二的辉煌战绩。裂帛已经成为成长非常快的国内本土服饰品牌。

在世界时装界的潮流之中，最不能缺少的就是风格。裂帛从成立至今，坚持走民族风的路线，通过服装营造画面感，从根本上触及文化之源，满足女性消费者对生活、对人生的幻想。关于裂帛的品牌，创始人唐大风这样解读："裂帛对咱们来讲是一种精力，咱们巴望的自在。裂帛即是可以来一场说走就走的游览。品牌最主要的是你要传达的是啥，有啥意义。"

坦白说，无论是从规模上、发展速度上，还是从产品的周期上来看，如今的裂帛都还不能与 ZARA 同日而语，毕竟，裂帛"民族风"的标签更为窄众化，但裂帛的巨大潜力还是让它成为中国服装品牌的一匹黑马。谙熟电商之道的裂帛，正在以迅雷不及掩耳之势攻城略地，开疆扩土。

2015 年上半年，裂帛密集展开了大幅度的营销动作，赞助《爱上超模》，与电影《横冲直撞》合作，利用新媒体推出《大小风世界游》系列文章……一系列的营销动作保证了裂帛与受众的持续沟通。

一直以来，裂帛坚持多品牌的发展战略，并计划继续扩充子品牌，以覆盖更多的服装风格及消费者。以淘品牌起家的裂帛，在经过了多年的发展之后，已经拥有了成熟的供应链系统、运营系统、优秀的产品品质及设计水平、日渐成熟的品牌经营理念，但是如果想要和国际品牌 ZARA 相媲美，裂帛还需要更多的努力，比如不断提高市场的应变能力、提高质量的同时降低成本、追踪时尚风潮等等。

九年的时间，说长不长，说短不短，但却足以让服装市场发生天翻地覆的变化。裂帛坚持多元化的品牌发展战略，让裂帛的子品牌在服装领域遍地开花。九年的时间裂帛拥有了裂帛、所在、莲灿、ANGELCITIZ、LADY ANGEL 等女装品牌，还拥有了男装和儿童品牌。裂帛的多元化品牌战略取得了令人瞩目的成就。

裂帛走的是“最炫民族风”的路线，裂帛的设计一向都非常张扬，但随着时间的流逝，裂帛发现，迎合消费者的需求和坚持自己的路线一样重要。在谈到裂帛子品牌莲灿诞生之路的时候，裂帛创始人唐大风很兴奋地说道：“我从 2006 年开始做裂帛，到现在也有 8 年时间了，当时的一批消费者跟我一起慢慢长大，可能体型会发生改变，需要遮掩手臂和肚子上的赘肉。同时，她们的心态和支付能力也发生了改变，她们需要更精致、更特别、更少量的东西，这是我和她们共同的需求，于是就有了莲灿。”虽然莲灿因为“成本高、毛利低、每个款的量又非常少”而没有让裂帛获得多少利益，但是，裂帛打造子品牌集群的做法却不失为一种很好的营销策略，即迎合早期用户的需求，然后不断地开发新品来满足用户需求。

裂帛不仅仅是一个服装品牌，还是一种生活态度。一直以来，裂帛被誉为离客户心灵最近的品牌，这是因为裂帛的品牌文化里包含了多元化的文化价值与美好的体验。裂帛每年从利润中取出一定百分比的资金建设裂帛文化基金与裂帛公益基金，用来关注公益事业，关爱弱势群体。传递爱，分享爱成为裂帛品牌文化的重要组成部分，也赋予了裂帛品牌更多的内涵。其实，裂帛的品牌建设之路从未停止，让裂帛的品牌文化更丰富、更有内涵是裂帛一直都在努力的方向。

裂帛的品牌文化十分丰富，甚至涉及电影、出版以及音乐等多个领域。裂帛出品的《电影作者》杂志已被哈佛大学及国内外多个机构收藏；裂帛的海报设计作品被收录于《亚太设计年鉴》；裂帛的《四相》《发光曲线》《大地迷藏》等多个音乐唱片制作成为国内独立音乐的里程碑式的作品；2015 裂帛独立电影制作项目也被选送多个国际电影节……丰富的品牌文化展现出了裂帛的生活态度，正如其创始人的自述：我们要和你们在一起，生活地更美好。无论是琐碎的生活，还是经常迷路的灵魂。

民族范，时尚范，文艺范。裂帛多元化的品牌文化让人欲罢不能，也使得裂帛成为时装品牌中最特立独行的存在。其实对裂帛来说，能不能成为 ZARA 并不重要，重要的是要坚持做自己，因为裂帛有着这个世界上最独一无二的品牌文化，可以为世界潮流和国际时装界输出着来自东方的多元文化价值与美好体验。这一点，是 ZARA 做不到的。

伊利：深度挖掘数据，满足用户需求

从 2014 年到 2015 年，“大数据”由一开始的“崭露头角”变为尽情释放，众多行业将跨入一个崭新的大数据时代，并且很有可能创新高。在众多行业中，零售业似乎更能博得“大数据”的喜爱，时下流行着这样一句话“大数据改变零售业”，其具体的“改变”可从伊利集团身上看出：2014 年，伊利联手全球最大的零售商沃尔玛，率先通过分析大数据来服务消费者，将伊利产品的总体销量提升了 18%。而大数据又是互联网的延伸，伊利在同年也联手腾讯，实现了 O2O 模式的完美闭环，使自己在本行业中再进一步。

伊利集团因 2014 年的佳绩赢得了全球零售业最具风向标性质的供应商奖项——沃尔玛 2014 年度最佳联合营销供应商伙伴奖，成为 2014 年获得该奖项的唯一一家乳制企业。伊利通过“大数据”与品类管理服务模式获得的该荣耀不光使其与沃尔玛的合作进入新阶段，并且标志着伊利将深度挖掘消费者的信息，以消费者为中心，以满足消费者的真实需求为目的，借助“大数据”、品类管理等举措来服务消费者，这将使伊利成为同行业的标兵。

1. 以消费者为中心是消费增长的重要因素

近几年，伊利已经成为中国奶制品行业消费增长最快的企业，而在大众追求个性化的今天，伊利与时俱进，深化自己与零售商的合作关系，将消费者个性化需求、消费体验等作为自己的服务目标，更加强调自己以消费者为中心，实时对消费者的兴趣爱好、消费频次等进行精准洞察，获取消费者的完整数据，接着对数据进行分析，从而能够最大化满足消费者需求及提供更加精准的服务。

因此，伊利集团与全球知名的大型零售商建立合作关系，对消费者及市场展开了积极调研，深度了解消费者的需求及目前市场形势走向，对“大数据”进行储存与分析，按月或按季度向零售商提供消费者数据及品类发展的分析报告，从而使自己的产品在零售商手里取得更好的销售成绩。同时，还可以对所调研到的 “大数据”进行深入分析，对消费者及电商深入分析研究，为零售商提供各种产品促销、产品陈列、产品营销方面的规划及建议；对市场、销售、供应链等方面的深入分析研究，可以为消费者提供更好的产品及消费体验。这样，能使伊利与零售商达到双赢的效果，从而拉动消费增长。

2. 个性化购物需求增加，顾客说了算

伊利对消费者及市场的大数据进行分析，通过大数据指导零售商，使伊利产品在零售市场的销售额大幅度上涨，取得惊人的成绩。

以 2014 年伊利利用“大数据”与沃尔玛合作为例：截止

到 2014 年 12 月 31 日，伊利在沃尔玛的销售同比增长 18%，其中液奶销售同比增长 19%，酸奶同比增长 21%，均领先于市场及沃尔玛整体品类增长，创下历史新高。

伊利集团表示“以前是消费者围着产品打转，但现在一切都不一样了，越来越多的顾客追求个性化购物，期待着为自己量身定做的产品出现，所以现在必须是顾客说了算，而伊利用大数据技术和品类管理率先实现了这一点。”

伊利通过对消费者与市场进行调研，获得大数据，对数据进行融合、分析，洞察消费者内心，了解自己的顾客，与顾客建立对话，这样能为不同顾客量身定做属于他们各自的产品，满足他们个性化需求；并且还能根据大数据来判断市场走向，具有“预知能力”，这能使得伊利产品达到最大化的畅销。

伊利取得的成效是在基于大数据的有利背景下，大数据技术为零售行业带来了新的机遇与挑战，“目光长远”的伊利紧紧抓住了“大数据”并且完美运用起来，自然在同行业中占了先机。

3. 强强联合，引导乳业发展新探索

伊利集团在 2015 年 3 月初举办的年会上对多个指标进行了考核，包括销售数据、消费者反馈、管理的领先性、对行业的引导性及双方的配合度等。沃尔玛通过伊利分析考核出来的数据，最终将“零售商和供应商最佳合作模式”的大奖颁予伊利，通过这个大奖项来表达其高度认可伊利在消费者服务与零供合作模式方面的探索和贡献。因为沃尔玛是全球零售业的领军企业，它在供应采购、消费服务、联合营销等领域的模式对全球零售业的运作方式产生直接的影响，所以，它给伊利颁发的“最佳联合营销供应商伙伴奖”被看成全球大型零售商与不同行业供应商合作模式的最佳指标，因此，获得至高荣耀的伊利成为同行业中的重要典范。

而伊利获得的荣耀正是源于其自身所探索而来的“大数据”，通过对大数据处理分析，与强大的零售商联手，给零售商合理的建议，以消费者为中心，提供最完善的服务，因而才能走远做大。

有乳业专家这样分析：“从乳企和大型零售商的合作模式看，‘沃尔玛 2014 年度最佳联合营销供应商伙伴奖’的意义已经远远超越了伊利和沃尔玛合作的双边范畴，而是世界乳企在中国市场和大型零售商之间建立新型合作关系，从而能更好地满足消费者对乳品的深度需求，进行了富有建设性的探索，并且具有重要的行业引导作用。”

2014 年 4 月 26 日，中国最大的乳品企业伊利集团和市值最高的互联网企业腾讯签署了战略合作协议，标志着传统零售企业与互联网企业的结合进入一个新的阶段。这次双方主要在大数据及健康产业、核心营销资源深度运用等领域展开合作，并就 O2O 领域的合作展开进一步地探讨。

O2O 的基本属性是闭环，指的是两个 O 之间要实现对接和循环。线上的营销、宣传、推广，要将客流引到线下去消费体验，实现交易，然后用户消费体验从线下再返回线上去，完成闭环。

闭环是 O2O 平台和普通信息平台的重要区别，也是很多传统零售企业作 O2O 面临的最大难题，而伊利这次与腾讯合作可以完美实现 O2O 闭环。

在合作中，线上部分交给腾讯，腾讯在线上的优势是先后通过 QQ 及微信平台建立起巨大的用户流量，腾讯所拥有的 10 多亿用户是其他同行企业所不及的，依靠巨大的用户流量为背景展开宣传推广，将消费者引向线下进行消费活动；而伊利在线下方面也一样强大，根据 2014 年 4 月 16 日国家商务部、国家统计局授权发布的 2013 年度中国市场商品销售统计结果，伊利集团占有 31.37% 的市场销售份额及 12.93% 的市场覆盖率，最终以 20.31% 的市场综合占有率拔得乳制品行业头筹，其具有庞大消费群体及完善的物流系统。消费者在线下消费后可以返回线上反馈等，从而使闭环系统趋于完美。这两家不同行业的龙头联手合作，无疑是 O2O 模式中最强大的的力量。

而在伊利与腾讯联手的过程中，始终贯穿着“大数据”，腾讯通过搜集分析伊利的大数据，才能更好在线上服务消费者，为消费者提供最合适最完善的信息，指引消费者购买最合适的产品；伊利通过对腾讯传来的大数据进行分析，才能生产出最合适大众的产品，以及为某些消费者量身定做的产品，通过分析大数据，指导物流、产品配备等，双方充分发挥自身的优势，完美利用大数据，实现价值最大化。

其实“大数据”一直都是存在的，假如伊利没有与腾讯联手的话，仅有一方使用“大数据”进行指引，那就很难完成

O2O 闭环，没法使大数据循环。因此有专业的人士称：“大数据还是那个大数据，伊利与腾讯合作中大数据技术的应用关键在于落地。物联网是大数据的基础，大数据是物联网的延伸，伊利扎实的物联网建设与腾讯的云计算优势结合起来，让大数据技术不再‘飘在天上’，而能成功落地。”

伊利与腾讯的战略合作将是对传统行业互联网基因的一次一体化整合，也将给业界明确传递一个信息：“传统行业的互联网化”与“互联网行业的实业渗透”靠的不是概念翻新，而是对“用户体验”和“产品价值”进行挖掘。通过充分使用大数据技术，为用户提供最好的体验，以及以最合理方式为产品价值增值，才能使企业在大道上平稳前行，同时获取最大的利益。

07 从点到面，再到全产业链

未来的商业模式将是生态圈的竞争。普通商业模式比的是单纯的企业内部核心竞争力，而生态圈模式更像是一场升级的战争——从点到面，再到全产业链。和其他商业模式相比，生态圈模式将会变得更加难以模仿，因为它的核心竞争力已经由内部到外部，由单方变成了多方。在“互联网 +”模式下，创新的思维、开放的心态和共享的理念变得尤为重要，企业不仅要打造内部生态圈，还要打造一个多方共赢的生态圈。

小米：布局生态，百花齐放

小米科技创始人雷军曾经说过：“站在风口，猪都能飞起来。”雷军成功地将他的“风口”和“顺势而为”理论运用到了小米的发展中，把小米打造成为中国手机界的一朵奇葩。小米成功的根本原因在于其独特的商业模式：硬件 + 软件 + 互联网服务。然而，随着智能机市场竞争日趋激烈，小米已经不再满足于单兵模式，而是要从单兵突破到搭建生态帝国，呈现出百花齐放的发展态势。如今，小米致力于打造的互联网生态圈正在加速生长。

2015 年，一家名为“21 克”的手机公司成为人们瞩目的焦点，因为这家公司是小米公司和雷军主导的“顺为资本”在手机行业内投资的唯一一家公司。2014 年 7 月，小米、顺为资本正式为 21 克手机注资几千万元。人们普遍认为，投资 21 克手机是小米布局生态圈撒手锏式的一环，21 克手机将会成为小米生态链公司成员之一。

雷军曾经表示，小米创造了互联网手机模式，用软件 + 硬件 + 互联网服务“铁人三项”，为用户带来良好的体验。小米致力打造的互联网生态圈正在加速生长。由此可以看出，建立一套自己的生态系统是小米的野心。实际上，小米的触角早已经从手机延伸到了其他领域。除小米手机外，小米还陆续推出了小米盒子、小米电视、小米平板电脑、小米阅读器，以及路由器、移动电源、随身 WiFi、耳机等诸多产品。接二连三地在智能家居领域布局，体现出了小米在细分领域制造产品热点的能力正在日益增强。

在一次世界互联网大会上，雷军曾畅想了手机未来十年发展的美好前景，但马云却反过来说："空气是不行的，水是不行的，手机再好又有什么用呢？"之后雷军在微博表示："的确整天琢磨做手机的我无语了……谁能帮我回答：手机再好又有什么用呢？"不知道是不是马云的话刺激了雷军的神经，小米空气净化器就这样诞生了，但人们更愿意相信，这是小米在智能家居领域布局的一次重要尝试，和马云的话关系不大。

小米空气净化器隶属于小米智能家庭系列产品，于 2014 年 12 月 9 日发布，这款空气净化器延续了小米性价比的优势，其售价为 899 元，滤芯价格为 149 元。内置双风机、桶形三层滤网，支持手机提醒更换滤网，一键订货送到家。雷军表示，小米空气净化器的净化能力可以达到 406m^3/h（CADR），PM2.5 过滤能力 99.99%，甲醛过滤能力 91%。

布局智能家居只是小米生态圈中的一环，互联网金融与移动支付是小米生态布局的重要组成部分。雷军坦言，早在 2014 年小米就投资了一些独立的互联网金融公司，了解"赛场"摸索经验。小米有自己的电商平台，平台上有大量的人群，做互联网金融是小米很自然的延伸。在互联网金融领域，小米虽然是后来者，但雷军坚信在未来三五年的时间里，小米会成为互联网金融的主要平台。

正如小米联合创始人洪峰所说：“做手机是为了什么？正是为了更大的一个生态圈，小米会成为一种智能互联的生活方式，它几乎能覆盖人们衣食住行各个方面。”2015年，小米逐步加快了生态布局的速度，呈现出了百花齐放的发展态势，一套庞大的生态圈体系正在一步一步地建立。小米用实际行动告诉同行业者：做好手机只是浮云，布局生态圈才是王道。小米生态到底能不能像小米手机那样给行业重新洗牌，还需要大家拭目以待。

小米刚刚诞生的时候，以高性价比的路线和铁人三项模式（硬件+软件+互联网服务）成为行业的搅局者，不但自己在中国手机市场成功立足，还在一定程度改变了行业发展的方向。经过多年的发展，小米成为竞相模仿的对象，大家纷纷做起了高性价比的手机产品，小米在手机市场的优势越来越低。雷军显然也意识到了这一点，他曾在内部表示，小米手机目前在国内的市场占有率超过15%，但增长到25%以后会遭遇瓶颈，因为硬件领域永远都不可能像互联网产品一样垄断。在此背景下，加快生态布局，是小米手机红利衰退下的新玩法。

据统计，小米目前投资的生态链企业已达25家。这意味着除了目前已经曝光的不到10家企业，还有十余款智能硬件正在酝酿之中。但小米最终的目标是在未来两三年内布局超过100家硬件公司，打造一个产品林立的“小米帝国”。

小米的生态圈并不是无边无界的。早有传言说小米要进军汽车行业和房地产，雷军对于这样的传言很是反感，他一再强调，小米的主业是手机、电视和智能家居三块，小米只做这三块产品，不会做汽车和房地产。雷军说："如果什么都做的话，很容易崩溃，很多大公司陷入困境就是因为什么都做。我们能把现在的三块产品做好就已经是了不起的成功了。"如今，小米加紧了在手机、电视和智能家居领域的布局，试图通过生态链企业在各个领域复制小米模式。

人红是非多，随着小米生态链的不断扩张，其"敌人"也越来越多。一向温文尔雅的雷军和业内业外的很多人打过口水仗，这其中就包括罗永浩、周鸿祎、贾跃亭、董明珠等等。四面树敌的同时，雷军还谦逊地表示："我们希望朋友越多越好，敌人越少越好，所以我们一直在克制贪婪。"从小米生态布局的速度来看，雷军这句话一点儿都不实在。成为靶子对小米来说并不是坏事，这充分证明小米的手越伸越长，大有到每个领域都横扫一片的架势，这也从侧面证明了小米的生态链布局比较成功。雷军也不用谦虚，商场如战场，与其浪费口舌，不如蒙头把生态圈尽早建立起来，到时候俯视群雄，岂不快哉？

说到底，小米的敌人不是乐视，不是360，更不是锤子手机，而是自己。正如雷军所言，小米正处在高速增长的时候，首先做的是稳住脚跟，夯实基础，追求更精细化的管理，只有这样才能把别人眼里的神话变成实业。“我们过去几年一冲锋，结果成了中国第一，但要把每一个基础夯实，不然被别人一冲锋，自己又下去了。”很显然，雷军很明白，解决好内部矛盾才是小米问题的真正所在。

布局生态圈，小米还有很长的路要走，毕竟，从点到面，再到全产业链，这是一个十分艰难的过程，并没有想象的那么容易。

海尔：构建智能家居生态圈

家居会说话，家居很聪明，这原本存在于科幻大片中的景象，如今正逐步在我们的生活中成为事实。眼下互联网对家居、家电领域的影响，不仅仅在于改变了传统家居、家电企业单纯靠出售硬件终端的盈利模式，更在于在整个领域形成了一种“终端 + 内容 + 增值服务”的新智能家居生态模式。

产品智能化升级、互通互联、渠道 O2O 和盈利模式再造，这些正是智能家居新生态的主要特点。未来，智能家居还拥有无限的空间。可以遇见的是，当下，“互联网 +”催生的智能家居行业正处于爆发式增长的前夜，因此改造传统模式，探索新业态，跨界合作也正成为智能家居领域的新常态。正是在这种情况下，传统家电企业海尔迅速出击，打造了自己的智能家居生态圈，同时也打破了行业的僵局。

智能家居如今已经成为家居企业眼中的蓝海。随着移动互联网的快速发展，将家居智能化、互联网化成为所有企业共同的战略取向。我们知道，要想真正实现“智能家居”，必须具备供应链、渠道、云服务、大数据等几个因素。在智能家居刚刚起步的阶段，单纯依靠一两个企业将无限拉长整个行业智能化升级的时间，因此，跨界合作和融合就成为产业快速发展的关键。

但是，在“互联网 +”真正到来之前，在我国智能家居行业，一直都是处在一个各自为战的状态，由于市场竞争激烈，家居企业都采用封闭的模式去运作，导致我国智能家居行业一直处在一个瓶颈的状态，整个行业也陷入了发展僵局。

2014 年海尔所推出的 U+ 平台（如图 7-1），彻底打破了我国智能家居企业各自为战的僵局，海尔所推出的 U+ 平台具有开放性，将许多有志于开创智能家居的企业连在了一起，其中不乏像苹果 HomeKit（苹果智能家居平台）、微软、百度、京东这样的龙头企业。

图 7-1　海尔 U+ 平台

在 2015 年 3 月的家博会上，“海尔 U+”平台推出首个以家庭为中心的智慧 APP，并且开创了以用户与智能产品交互为特点的人机交互模式（见图 8-1）。与此同时，“海尔 U+”平台还集结了大批精英厂商，覆盖了从硬件、内容到服务的各个环节，在家博会上，“海尔 U+”开放平台正式提出将要构建以智慧美食生态圈在内的七大生态圈，表现出将智慧生活带入 2.0 时代的美好意愿。

目前，“海尔 U+”开放平台已经走到智能家居行业前列，在引领传统家居互联网化的同时，也将打造出一个以智能生态圈为标志的生活模式。不仅如此，“海尔 U+”开放平台，还将助力“互联网 +”的经济发展，带领智能家居行业实现一个新的跨越。

目前，海尔的七大生态圈，已经对所有产品实现了全覆盖，海尔家电产业集团副总裁王友宁表示：“海尔之前是单个产品，现在转型为空气产业、健康解决方案商。”

海尔所推出的七大生态圈，可以为用户提供定制个性化的产品服务，从厨房美食、空气、洗护、用水，到安防、健康、娱乐，几乎囊括了用户线下所有的居家生活。

以空气生态圈为例，生态圈的构成大致分为三个部分，即硬件、软件、服务。其中硬件是指所有的智能产品，例如空调、空气净化器、空气盒子、星河等与空气相关的产品。

用户通过空气盒子或者星河可以与家中的智能家电进行互

联互通，然后就是软件，用户通过使用海尔为空气生态圈所打造的 APP 应用，可以实现自定义、自联动（自动启动家中的智能电器产品，例如空气净化器、空调等等）、自学习（用户无须自己设置使用习惯，套装会根据用户的使用习惯而自动设置）、自报修（智能产品一旦出现状况时会第一时间反馈给客户，与此同时还将反馈给服务中心）、云服务（智能产品获得用户数据后，为用户提供个性化服务，例如当智能系统感知室内空气质量低于室外空气质量时，系统就会提醒你开窗）。

最后就是服务，目前空气生态圈已经与众多企业合作，用户在使用该企业产品时，无须下载 APP 应用，就可以直接对海尔空气生态圈的产品进行控制，例如：魅族的用户可以对产品进行互通互联与控制，苹果用户可以进行语音交互，微信用户可以建立用户的交互，分享空气质量等，春雨医生用户，可以获得最新的医疗咨询、医生在线问诊的服务。

再以美食生态圈为例，海尔推出了智能烤箱、智能酒柜、干湿分储冰箱等智能产品，与此同时“海尔 U+”还与一号店、中粮、顺丰优选等企业合作，智能冰箱可以告诉你食品的保质期，并且提醒你哪些食品需要购买，哪些食品需要尽快食用。与此同时智能冰箱还与智能烤箱相连接，告诉你如何制作美食。

海尔所推出的智能家居生态圈，提供了技术规范和硬件支持，实现了从产品、系统到服务的互通，并且通过开放接口和云互联的方式实现了让各个厂商都可以为用户提供全方位产品服务的目的。从这个角度讲，海尔不仅推动了我们智能家居的发展，也由此激发出了用户对于智能生活时代的品位和需求。

在移动互联网时代，消费主体已经转向 90 后的年轻人，他们在对待品牌拥有自己的认知，他们喜欢评论、分享、互动。一些企业正是抓住了这些消费者的心理而快速崛起，例如：小米、魅族、乐视。这对传统品牌构成了威胁。

奥维云网总裁文建平表示："不主动拥抱互联网将被颠覆甚至是死亡。"尽管已经是全球家电领先品牌，同时拥有 7 万多员工的海尔，在移动互联网面前也是倍感压力。因此，即便已经在家电领域占有一席之地，海尔也仍旧在积极地寻求突破，以摆脱越来越岌岌可危的"硬件制造"身份，向互联网转型。

苏宁："智能 +"打造智能生活生态圈

自 2014 年开始，智能家居领域烽烟四起，不仅是传统家电企业，就连像 BAT 这样的互联网大佬都跨界加入到了这场混战中。他们使出浑身解数抢滩智能家居入口，或单打独斗，或结成联盟，最终的目的就是要打造智能生活生态圈，掘金智能家居蓝海。作为传统家电商，包括苏宁在内的传统家电企业自然不会眼睁睁地看着外行跨界闯入抢夺智能家居入口而无动于衷，到底谁才能独领风骚，笑到最后？这个问题目前还没有答案，因为大战才刚刚开始。

在格力和小米打得火热的时候，国内另外一家传统家电零售企业苏宁也没闲着，神不知鬼不觉的苏宁已经开始了在智能家居领域的布局，但和别人不同，苏宁打造智能生活生态圈，抢夺智能家居地盘，可不是盲目跟风，而是有着充分的依据。经过20多年的发展，苏宁掌握了海量的消费者大数据，由此判断出，未来三年智能空调市场占比有望达到70%，而非智能空调将逐步从一级市场退出，智能家居将会成为未来的趋势。

苏宁和其他友商布局智能家居的策略略有不同，它既没有选择单打独斗，也没有选择与跨界者强强联合，而是选择了与同样是传统家电厂商的美的抱团取暖，联手推出空调“智能+”计划布局智能家居，希望通过与美的的合作让“美的云”和“苏宁云”互联互通，实现“美局”和“云居”的双平台控制，共享双方大数据。

2015年5月28日美的空调与苏宁易购在南京举行“智能+”计划新闻发布会，宣布携手推动普及物联网智能空调。苏宁云商集团COO侯恩龙表示，与其他家电厂商试图建立的不可互相兼容的智能产品系统不同，苏宁推出的智能APP“苏宁云居”，核心就是拆除藩篱，去除信息孤岛，打造智能家居生态圈；可实现云平台之间的互联互通共享、多APP平台控制，以及与智能设备的智能交互。侯恩龙强调：“智能家居真正的蓝海，是真正的开放和连接，是实现不同品牌产品之间的互联互通。苏宁所提倡的智能家居，是将供应商和平台商的优势整合，供应商发挥在智能硬件研发方面的优势，苏宁则全面打通直面消费者层面的体验服务。”。

如今，智能家居最大的问题就是每个家电厂商都试图建立自己的智能产品生态圈，他们相互之间大多都不能兼容，这就意味着如果消费者的智能家居不是一个厂商的话，就不能实现互联互通。正如海信一位智能家居的负责人所言：“家电品牌之间目前都是竞争关系，无论是产品、市场份额，还是技术也旗鼓相当，谁会甘心为他人作嫁衣？”如今的智能家居市场还处在混战阶段，大家都希望成为这个领域的领军者，没有人愿意自己被别人整合。从这个角度来说，智能家居落地十分的困难。

苏宁与美的的“智能 +”计划，从一定程度上来说实现了云平台之间的互联互通共享，实现多 APP 平台控制，以及与智能设备的智能交互，真正为消费者提供一站式智能家居解决方案。然而，仅仅是苏宁与美的的互联互通还远远不够，想要真正拥有一个完全开放的智能家居平台，还需要传统家电企业和互联网企业的共同努力。

智能家居大战愈演愈烈，苏宁在智能生活生态圈的布局也加快了速度，一方面，苏宁与美的联合发布“智能 +”计划，推出的超级智能 APP“苏宁云居”，以实现拆除藩篱，去除信息孤岛，连接家电厂商和零售商，打造智能家居生态圈的目的。另一方面，苏宁加紧拉拢手机品牌，与手机厂商深度合作，争夺 3C 市场。从控股 PPTV 和入股锤子科技就可以发现，苏宁已经看明白，手机和与手机紧密相连的系列产品已经成为移动互联网入口的关键。

苏宁是 O2O 做得最好的零售企业之一，无论是线下门店还是仓储物流布局都已经相当成熟，对农村电商和跨境电商的探索也是最早的，但由于缺乏入口，导致这些优势难以发挥作用。通过 PPTV 和锤子手机，苏宁将会有一个入口矩阵，无限接近目标用户。

早在 2013 年的时候，苏宁宣布亿 2.5 亿美元投资 PPTV，成为第一大股东。当时很多人都不明白，苏宁为什么要买一个看上去业务相关性不大的视频公司，苏宁副董事长孙为民给出了四个理由，而排在首位的原因就是苏宁看中了 PPTV 在 PC、手机端、电视端均是不错的渠道，可以帮助苏宁丰富渠道，布局入口。事实证明，苏宁的这一步棋是对的，如今拥有 PPTV 股份的苏宁，一方面 PPTV 可以帮助苏宁弥补在数字内容消费上的短板，打通视频和在线购物、实现智能家居系统共通。另一方面，苏宁正致力于打造软硬家产业链模式，可以在 PPTV 中预置推广自己的应用。

2015 年 7 月 6 日，视频网 PPTV 宣布将发布自主品牌智能手机。据透露，该款手机是金属材质，超窄边框设计，屏幕或超过 5.5 英寸，并取消 HOME 键转而采用带有 PPTV 品牌 LOGO 的呼吸灯。从定位来看，考虑到 PPTV 自身主要运营在线视频服务，PPTV 手机或将和视频内容以及苏宁的智能客厅计划结合。

如今手机最大的价值在于它是移动互联网的硬件入口，正是看中了这一点，苏宁才会入股锤子科技。苏宁云商副董事长孙为民对于入股锤子一事进行了回应，“不管是代理，资本或是品牌租赁等等形式都不代表我们真的涉足制造业，苏宁不会过多涉足这个领域，但是，我们会建立那个方面紧密型的关系，达到我们对商品的认识和了解。”说白了，苏宁就是要依靠锤子手机作为先锋，去抢占移动互联网的入口。

智能家居领域的大战才刚刚开始，到底最后谁能笑到最后还是个未知数，但抢夺入口、抢滩智能家居市场是每一个想要在智能家居领域占据一席之地的企业的必经之路。对于苏宁来说，现在正处在最关键的布局阶段，其所有的设想暂时也未显露出成功的曙光，如果苏宁要想在这场战争中立于不败之地，还有很长的路要走。

七匹狼：布局时尚产业生态圈

作为国内男装界的翘楚，七匹狼曾经有过一时的辉煌，但近年来，单品牌的发展模式已经严重阻碍了七匹狼的脚步，其销售业绩不断下滑，陷入了高库存和关店危机。在此背景下，七匹狼试图借助“互联网 +”的东风重整旗鼓，建立全新的商业模式。如今，七匹狼转到线上积极进行 O2O、微店等新模式的尝试和探索，试图通过打通线上线下，布局时尚产业生态圈，参与线上线下的时尚消费业态，包含供应链、品牌、渠道、传播、资金等模块，致力于把七匹狼打造成为一家时尚、零售的平台公司。作为国内知名的男装企业，自2013年以来，七匹狼的发展就陷入了困境，短短两年的时间，七匹狼关店的数量就达到了一千多家，这一数字远远高于同类品牌。究其原因，一方面是因为国内男装遭遇困境，很多名牌企业都陷入了高库存、关店的泥潭，另一方面则是因为七匹狼现有的单品牌发展模式，有规模上限，已经不能适应商业模式的变化。根据七匹狼发布的2015年第一季度报告可以发现，第一季度公司营业收入6.38亿元，同比下滑2.33%，净利润为6780万元，同比下滑39.3%。与2014年整体业绩相比，公司业绩下滑幅度正在加快。七匹狼的转型已经是迫在眉睫。

业绩的下滑迫使七匹狼开始探索转型之路，其主要做法就是收缩线下门店和推动互联网线上业务，试图借助“互联网+”的东风，通过打通线上线下，布局时尚产业生态圈。截至2014年末，七匹狼拥有终端渠道共计2821家，线下店铺净减681家。七匹狼相关负责人明确表示，未来公司将构建跨越线上线下的时尚产业生态圈，线上部分关注几个方向，包括比如平台等商业渠道，以及大后台、产业金融等方面。线上主要通过参股入股形成生态。

2014年10月份，七匹狼携手苏宁在新浪微博发布了“一件极致的衬衫”，定价499元，这是一款专门针对网络发售的单品。这款衬衫发布当天，该话题的阅读量将近1000万，进入了热门话题 TOP5。人们普遍认为，这是七匹狼在传统生意危机重重下做出的挽救措施，也意味着七匹狼开始向互联网公司学习打造单品。

至于为什么选择衬衫，七匹狼电商总经理王永给出的答案是，在所有的服装品类里，衬衫是最接近“标品”的产品，每个男人都至少拥有一件衬衫来满足他的商务生活需求。据王永介绍，七匹狼做了两款产品，一款是“狼图腾 140S” 主打商务精英，定价定为 699，首发体验价 499，另一款产品名为 100S，在款式上与 140S 颇为相似，只是面料有点差距，这款面料稍微差点，不过在领子上增加了年轻时尚的元素，而且袖口上也下了功夫，变为水晶袖口，定价为 299，适用人群为都市白领及刚毕业的大学生。

七匹狼推出极致单品衬衫，尝试 C2B 预售模式，未来极致单品品类望拓展至整个男性消费领域。

七匹狼的转型之路已经略有成效。2014 年七匹狼电商业务实现营业收入约 4.3 亿元，比 2013 年同期增长超过 40%，而专门针对网络发售的单品狼图腾极致衬衫在多家电商平台上表现出了不俗的销售业绩。

根据七匹狼发布业绩报告显示：2018 年七匹狼实现营业总收入 35.17 亿元，同比上升 14.01%；营业利润 4.63 亿元，同比上升 17.53%。在 2019 年，实现营业总收入 36.22 亿元，较上年同期上涨 3%；利润总额 4.34 亿元，较上年同期下降 6.71%；

实现归属于母公司的净利润3.46亿元，较上年同期上涨0.18%。

总的来说，七匹狼目前转型的总体方向是对的，但零售市场持续低迷和终端需求不振依然是七匹狼未来业绩的主要风险，转型之路依然困难重重。2015年上半年的成交量还在下滑，就是最好的例子，所以，对七匹狼来说，前途很光明，道路很曲折。要想恢复"狼性"，还需要做出更多的努力才行。

对七匹狼这样的老牌企业来说，转型有难度，却也不得不转，面对日新月异的市场变化，不转型就只能等死，正是明白了这一点，所以七匹狼才会积极拥抱互联网，布局时尚产业生态圈。如今，七匹狼已经明确了"投资＋实业"的战略方向：一方面通过优化"七匹狼"品牌现有业务，重建"七匹狼"市场号召力，同时通过对大时尚消费文化领域的投资，搭建新的利润增长点，最终将公司打造成以"七匹狼"品牌为龙头的时尚集团。

总体来说，七匹狼的转型之路才刚刚开始，其主业也还处在调整中，在这种情况下，如果想要打通线上线下，布局包括供应链、品牌、渠道、传播、资金等多个板块在内的时尚产业生态圈，绝非易事，毕竟，这个生态圈跨界多个领域，涉及各行各业的不同环节，跨界难度相当的大。

08

高性价比是永恒的大杀器

不管是“互联网 +”还是其他更先进的技术，高性价比是零售业永恒的大杀器。

零售行业薄利多销的性质决定了价格永远是其敏感因素，因此，很多企业为了在竞争中占据优势地位，都大打低价牌。那么，便宜真的没好货吗？优衣库、宜家、蜂花、益丰药房以及沃尔玛等零售企业将用事实对此说“NO”，并用跌破人眼球的数据告诉你：什么是高性价比。

优衣库：便宜也有好货

优衣库成立于1984年，是日本老牌服装企业。30多年来，优衣库秉承“把优衣库服装卖给全世界每一个人”的宗旨，积极开展全球扩张策略。截至2014年8月，优衣库开设了1500多家门店遍布全球14个国家,成了一个名副其实的服装业巨头。那么，是什么样的经营理念让优衣库30年来在服装业界叱咤风云？又是什么样的产品策略让优衣库服装为全世界顾客所接受？那就是坚持做低价而优质的服装品牌。对于消费者来说，物美价廉永远是吸引他们购买的最直接的因素；但对于商家来说，让每一件商品实现物美价廉并不简单。现在，我们就来揭开服装业巨头优衣库的神秘面纱，领略一下它是如何把服装做到优质低价，并且坚持了30年。

“好货不便宜，便宜没好货”是每个消费者熟稔的一条购买规律。的确，如果要保证一件服装的高品质，就要采用优质的原材料，优质的设计，精细的剪裁、做工，这些都需要付出较高的原料成本、人力成本和时间成本才可以实现。综合起来，一件高品质的服装成本就会非常高，那么价格也就自然而然地提升了。

在服装业界，存在着两极分化的现象。一方面是大品牌高价格；另一方面是普通的流水线产品，毫无特色，但价钱很低。这种现象其实也符合商业的“中间必死”定律。就是说从商，要不就做最好的，金字塔顶端的；要不就做最低的，面向普通老百姓的，而那些定位不高不低，质量不好不坏的产品往往会被市场淘汰。可是，优衣库的成功打破了这一业界“魔咒”，缔造了“便宜有好货”的神话。

优衣库一款赤耳丹宁材质的牛仔裤，定价才 299 元。丹宁是高级牛仔面料的代名词，赤耳是象征细腻做工和高品质的锁边方式。在市场上，采用赤耳丹宁材质的牛仔裤都是些顶级品牌，价格也基本在千元以上。

就像优衣库创始人柳井正说的那样：我就想做中间部分，价格比较便宜、质量和品质都非常好。这也正是优衣库的商业模式，也是优衣库取得成功的秘密。那么优衣库的高品质服装是怎样炼成的呢？

1. 变态级的服装品质监控

优衣库要求工厂把次品率降到 0.3%，而业界平均次品率一般是 2%~3%，而且，优衣库评定次品的规则非常严格，比如在 T 恤上有一根 0.5 毫米的线头，也算次品。优衣库选择服装加工厂家一定是该地技术水准最高的，而且优衣库有一个专门的团队配合工厂改进生产流程。可以说优衣库完全是用奢侈品的标准生产一个平价产品，

2. 优衣库定位是一家“技术公司”

柳井正说优衣库不只是一家时尚公司，更是一家技术公司。因为他非常注意将技术应用到日常服饰上。这样生产出来的服装可以实现品质的差异化，并且有较高的附加价值。

优衣库的摇粒绒服装可谓家喻户晓。摇粒绒以前是贵族用品，手感柔软温暖，很受追求时尚的年轻人热爱。优衣库就一次又一次地改革摇粒绒，采用不同面料织法，触感和质地有了更多的变化，价格也更加亲民，顾客有了更多的选择。例如 2014 年冬天，优衣库的女装摇粒绒大衣有类似羊毛触感的奢华风。

优衣库的“技术商业化”路径都是把某方面性能比较好的原材料通过技术研发，进一步改进性能，降低成本。原先只是某方面性能具有优点，现在变得各方面都很优秀；原来价格高的变得价格低廉；原先应用比较少的，变成人们日常生活常见的服饰。

优衣库的 Heattech 面料服装也是风靡世界。在日本，很早就有类似 Heattech 的面料，这种面料做成的运动内衣保暖排湿效果特别好，但是外形和质感欠佳，一般在体育用品商店销售。优衣库看到了 Heattech 面料的潜在市场，与面料供应商东丽 (Toray) 一起，克服工艺障碍，将这款专业面料运用到大众服饰中，Heattech 的研发始于 2002 年，但直到今天，仍然在不断改进。

优衣库一次次地打造具有技术含量的“爆品”，从摇粒绒、轻羽绒，再到 Heattech，可以说优衣库的成长史，就是一个技术流爆品的发展史。

优衣库通过技术的不断改进和对品质的苛刻把控将优质低价模式玩到了极致。这种精益求精的产品理念，实际上为优衣库建立起了强大的技术壁垒，增强了其市场竞争能力。现在很多服装公司也都说自己的产品是优质低价，但像优衣库这样能真正落到实处的却少之又少。

3. 低价格是商品的最大卖点

如果在低价格的基础上还能实现高品质，那么对于消费者来说则是最大的诱惑了。但是商人是不会做赔本买卖的，优质低价，如何实现低价格？那就要靠严格控制成本来压低价格了。经过反复摸索，柳井正找到了适合优衣库的SPA模式（自有品牌专业零售商经营模式）。

SPA模式，即“Specialty storeretailer of Private-label Apparel”，意思是自有品牌服装专业零售商。也就是说服装企业拥有自有品牌，从设计、生产、到零售一体化运营。优衣库根据对消费者需求的分析，自己设计，自己生产，自己定价，通过自有商场直接销售。SPA模式最早是被美国服装巨头GAP提出的，现在已经成为很多服装品牌首选的经营模式。例如意大利的BENETTON、日本的无印良品、西班牙的ZARA等等。

优衣库SPA模式的具体举措包括：对新潮服装小批量垂直一体化的生产，以避免因为对潮流的把控不准而造成的决策失误；把最能够符合大众审美的服装外包给最接近市场的供应商，从而可以避免服装设计师的失误；非新潮服装在其他国家寻找廉价的劳动密集型生产厂商，而从国内挑选一些老技师来进行技术指导；在销售上建立仓储式销售模式，用仓储式卖场及自助购物的方式销售服装从而节约仓储成本和营运成本。

SPA 模式的作用，首先体现在取消了代理商、经销商等中间环节，降低了销售成本，提高了运营效率；其次，采用 SPA 模式，服装品牌自主生产自主销售，有利于用户信息的采集，设计、生产出更符合用户需求的服装；再次，SPA 模式更有利于对渠道的控制，无论对于服装加工商还是原材料供应商，都可以更好地控制成本和进度。可以说，SPA 模式是优衣库服装实现优质低价的有力保证。

随着互联网和移动互联网对零售业的影响，传统的线下零售正面临巨大挑战，很多服装品牌商都增加了线上销售渠道。优衣库也不例外，开发了优衣库 APP，但是有所不同的是，优衣库并没有因此减缓线下实体店的扩张，而是线上线下相得益彰，共同发展。

2014 年 8 月底，优衣库在日本以外门店数量为 633 家，到 2015 年第一财季，新增海外门店 62 家，总数达到 695 家。与服装低价策略相反，优衣库的实体店都是不吝投入的。尤其是全球旗舰店，选址都在繁华城市的黄金位置；另外店面面积很大，至少是标准店的两倍以上。例如在中国，优衣库把旗舰店开在上海寸土寸金的淮海路，营业面积超过 8000 平方米。优衣库说，“我们不谈服装设计，我们谈店铺设计”。这样的店面为优衣库树立了高品质的形象，在顾客心目中也留下了深刻的印象。无论你走在哪一家优衣库门店，那醒目的正红色 logo

都仿佛一个无声的广告，气势逼人。

优衣库推出其官方手机应用（如图 8-1），并以此为核心，向线下引流。这种推广方式成本低，而且更为直接有效。

优衣库一直在线下店积极推广 APP，从店长到店员，以及店内广播都在向用户介绍 APP 的安装。如果用户使用 APP 扫描商品二维码，可以享受到打折优惠；而且所有的产品二维码都是专门设计的，只能用优衣库的 APP 才能扫描识别。通过不断提升 APP 的安装量，向线下店导流；同时线下店也积极为线上店带去流量。优衣库这种线上线下双向融合的 O2O 模式，提升了优衣库品牌知名度，提高了优衣库产品的销量。2015 财年第一

图 8-1 优衣库 APP

财季，优衣库所属的迅销集团营业利润913.7亿日元，同比上涨39.9%；其中，优衣库海外部分营业利润243亿日元，同比增长57.2%。

谈到优衣库的服装，无论是日本本土消费者，还是中国、欧美地区的消费者，一致的印象就是性价比高。优衣库服装以优质低价为特征，那么要实现利润增长，除了SPA模式压低成本之外，还要扩大品牌知名度，增加销量。常言道薄利多销，即使利润空间有限，但通过扩大销售，通过量的积累形成规模效应，一样有“利”可图。

宜家：有价值的低价

宜家的产品以低价格而闻名，但是这个低价不是劣质的廉价，而是有价值的低价。那么，什么是有价值的低价？作为家具和家居产品，要满足以下三个特点。

（1）好质量的低价。在消费者心目中，低价格意味着低质量，偷工减料的产品，但是宜家家具的低价却绝不在产品质量上做文章，而是实实在在的质优价廉。宜家是来自瑞典的家具品牌，他承袭了瑞典家具实用、耐用的品质以及精致、美观的风格。为了确保产品质量，让用户买得放心，宜家会进行各种各样的产品测试。

宜家出售的家具从摆进卖场第一天就开始了质量测试，测试器会自动记录着家具的使用次数。例如宜家的一款橱柜，柜门和抽屉已经经过了 209440 次的开和关，但是仍然毫发无损地正常工作着。在宜家的任何一家商场里，都会设置产品的测试区，测试器上清楚地显示测试数据。这些测试充分说明了宜家的产品质量是可靠的。

宜家不但设置产品的测试区，还鼓励、引导顾客亲自体验产品。比如开拉柜门看看是否结实、坐在沙发上或者躺在床上感受一下是否舒服。很多国内家具店，怕顾客弄脏、弄坏样品，往往贴有“样品勿试”的标志。而宜家却反其道而行之，它希望顾客多体验，多感受。这本身就是一种自信和底气，说明产品的质量是经得起考验的。

（2）有设计感的低价。随着物质生活水平的提高，人们对精神层次的需求也越发苛刻。人们追求有品质的生活，家具不但具有实用性，还要符合个人的审美趣味，体现个人的品位。宜家的产品在这一点上丝毫不用担心。其人性化和设计感常常为你制造惊喜。

宜家的产品简约自然，精美时尚，处处体现着设计者的匠心。宜家有一种三被合一的“四季被”。什么是三被合一呢？就是一层温凉的夏季被，一层中暖度的春秋被，把这两层放在一起，就是温暖的冬季被。这种设计非常实用。

简约、精美、实用的设计理念和设计风格是宜家创立以来一直坚守的。为此，宜家一直坚持由自己设计所有产品并拥有其专利，宜家每年有 100 多名设计师在全力以赴地工作，确保“全部的产品、全部的专利”。正因为如此，宜家的产品才总是那么独特、新颖。也正是这几十年如一日的坚守让宜家产品总是能够引领时代潮流，在全世界确立了宜家的品牌地位。在现代工业化的流水线作业之下，富有设计感的产品更能满足用户的心理需求。宜家自主设计之路创造了独特的宜家家居文化，也赢得了用户的心。

（3）环保的低价。环保理念越来越深入人心。家具业甲醛超标之类的环保问题受普遍重视，购买一款家居产品，不但要实用、美观，还要绿色健康。

其实环保的理念体现在很多方面：例如在产品的生产制造环节，使用天然无污染符合标准的材料，确保所销售的产品不含有害物质。在原材料的选购阶段更能体现一个企业的环保理念，做家具产品不可避免的要用到各种木材，必须保证采伐木材的森林，能够维持自然换代生长率，不能乱砍滥伐。因此，宜家的木质原材料均取自经林业监管或 FSC（森林管理委员会）专业认证的林带。环保理念还体现在节约意识上，节约各种资源，充分利用各种“边角废料”。例如中国东北林区有大量的白桦树的树梢，被看作没有用的废料，可宜家却将这些材料制成了各款家具。这种举措在环保的同时还降低了成本，可谓一举两得。

做大事者不能鼠目寸光，只顾眼前利益而忽视长远发展。做企业同样如此，不仅在产品上赢得用户，还要在企业文化、企业道德上赢得人心。做一个对社会有责任感的良心品牌，才是企业的长远发展之道。

宜家能够坚持七十年如一日地“高质低价”的根本原因在于其节约成本之道。宜家在设计、生产、运输、销售等每一个环节上都以降低成本为核心。节俭文化已经成为宜家企业文化的一部分，他们认为浪费是“致命的罪过”。

（1）反向设计。大多数家具生产厂家都是先设计产品，然后再决定产品价位。但宜家采用的却是“反向设计”：先设定价格，再进行选材、设计，并且直接和生产商协商，如何在降低成本的同时不影响到产品品质。宜家采用的这种设计模式，兼顾低成本与高效率，这样设计出来的产品自然能够有效地控制成本。

（2）OEM 方式生产。宜家采取 OEM 方式（定点生产，俗称代加工）将产品生产环节外包给生产商，对生产厂商的质量与技术通过监督、审核，确保其质量能够达标。宜家鼓励 OEM 生产商之间的自由竞争，这种竞争使得生产商都争相通过“价低质优”的角逐来中标。另外，宜家所有的销售点都通过联网系统连接，世界各地的产品种类、销售情况、库存、订单等等一系列数据都可以及时上传总部系统，通过这些数据，宜家集团向生产商发送生产订单并对其生产加以管理，减少了库存，大幅降低了库存成本。这也是宜家产品价格能够不断下降的原因。

（3）首创平板包装。宜家首创了家具的平板包装。宜家产品都被设计成可分拆运输的结构，外包装是平板式，这样可以充分利用运输工具的空间。平板式包装使得宜家在运输中所使用集装箱的平均填充率达到 75% 以上，这样大大节约了运输成本。在节省运输空间方面，宜家到了近乎苛刻的地步，例如宜家的压缩包枕头会把产品内的空气排挤出来。宜家人经常说的一句话是“我们可不想花钱运空气”，这也表明节约意识已经深深植入到了每一个宜家人的心中。

（4）销售 DIY。家具销售一般都采用送货上门，提供安装服务。而宜家在销售中却采用 DIY 方式。宜家说：“我们做一些，你来做一些，宜家为你省一些”。在宜家商场，大部分用户都自已挑选家具、自已提货，自己动手安装。用户的 DIY 过程，一方面增加了用户的动手乐趣，提升参与感和成就感；更重要的是让宜家节省了大量的销售成本。当然对于那些没有时间的用户，宜家也提供送货和安装服务，不过要另外付费。

无论在欧洲还是北美市场，宜家都是一家典型的“家居便利店”，而这正是宜家产品的初衷。1998 年，宜家开始进入中国，也一直延续低价战略。宜家在哈尔滨、青岛、厦门、蛇口、武汉、成都和上海设立了 7 个采购中心，并在上海、大连、成都三地建立了生产基地。采购、生产、物流本地化以后，产品成本也随之逐渐下降，为宜家大幅度调低价格提供了较大的空间。宜家中国区公关经理许丽德说：“在中国市场为获得价格竞争力时，并没有以牺牲产品质量为代价。”例如宜家的传统产品角桌，售价由 200 多元降到了 99 元，同样都是全木料嵌制而成的。

宜家从创建时起，就选择了一条与众不同的道路，“我们决定与大多数人站在一起”。其实生产高档的家具并不难，只要多投入，让顾客支付昂贵的费用就可以了。但是宜家能把家具做得那么有档次，而且一直保持低价销售，这才是值得业界学习和借鉴的。

蜂花：“祖母级”产品长青

在我们的印象中，“蜂花”洗发水是“祖母”级的产品，他们像永久自行车、霞飞化妆品、白菊洗衣机一样，年代久远。随着时代的发展，这些品牌也相继伴随着上一辈人的回忆消失在我们的视线中，但是，只有“蜂花”还出现在各个大小商场的货架上，并且持续保持着旺盛的销量。“蜂花”是如何在众多的外国品牌、合资品牌林立的日化行业永葆青春的呢？诀窍只有 4 个字：物美价廉。

蜂花多年来稳固地占有三分之一的全国市场，而价格却比同类产品低 60% 多。蜂花中档品平均每百毫升 2 元，低档品平均每百毫升只有 1.5 元。蜂花产品平均毛利率 15%，而其他同类型品牌产品毛利率至少 40%。

物美价廉堪称产品制胜的王道，谁不喜欢好的商品呢？同类商品，质量好的必然受到欢迎；同样价格，还是质量好的占有优势。但是在质量好的前提下，价格低的，利润空间必然要小，这就引出了；另一条经济学原理——薄利多销。靠量的积累获得大的利润。

中国自古以来就有聚沙成塔、集腋成裘的道理。在浙江义乌小商品市场，有很多微不足道的小生意，他们就是靠走量实现盈利。例如生产批发牙签的商户，每 100 根签只能挣到 1 分钱，但是每天批发 1 亿根，就可以纯挣 1 万元，一年下来就是 300 多万元的纯利润。因此，毛利率低的商品，并不是不挣钱的商品。

蜂花 30 年来坚持走低价路线，就是在保证质量的前提下，将利润空间降到最低，以物美价廉打动消费者，赢得消费者，进而以销售量取胜。

蜂花东家——上海华银日用品成立于 1985 年，可以说蜂花产品走过的 30 年，正好是中国改革开放，发生沧桑巨变的 30 年。这期间，虽然物价翻了几番，人们的生活水平大幅度提高，在日化品行业，许多品牌更新换代，但是蜂花却以持续的低价稳稳地占据着洗护发类产品三分之一的市场。我们今天依然可以看到，450ML 的蜂花洗发精售价只有 8.3 元，蜂花营养护发素 450ML 的只有 8.9 元。蜂花的“不涨价”不是不与时俱进，而是反其道而行之的行销“利器”。

1．低价格的错位竞争

蜂花产品的市场定位主要着眼于低端市场，并且以持续的低价格牢牢把握住这一市场。蜂花作为行销多年的老品牌，一直拥有广大的消费群和坚实的市场基础，这部分消费人群多是国内二、三线城市消费者及一线城市低收入者。如今，蜂花实行产品多元化的策略，在占领国内市场的基础上，逐渐倾向于第三世界国家的消费者。

目前日化品生产企业主要面向城市中高端消费者，做的产品也是针对这一人群的中高档产品。而蜂花恰恰看到的是中低端的市场，这个市场虽然价格较低，利润空间有限，但消费人群的基数庞大，恰好可以实现薄利多销。

2. 不涨价也是一种自我保护

名牌产品价格高，利润空间大，往往会引起不法竞争者的仿冒，甚至带来一些负面影响。而蜂花的低价格则有效避免了这方面的问题。因为蜂花的利润空间比较低，依靠大规模生产和大规模的销量来盈利，而小厂家生产能力有限，如果仿冒往往得不偿失。

例如我们在购买名烟名酒时经常怕买到假的，而价格较低的地方特色烟酒反而没有假冒品。因为仿冒者会考虑到机会成本，既然同是冒一次险，当然会选择利润大的来做了。蜂花的低价位，低利润空间，在这方面有效地规避了仿冒风险，也是一种自我保护的手段。

3. 不涨价，赢得消费者

蜂花是上海老品牌，在上海及苏浙沪等周边地区护发品市场中占有绝对的份额。多年积累下的品牌优势在中国中低端消费者心目中根深蒂固。蜂花不做各类广告，就是靠消费者的口碑赢得市场。

我们每天都会看到关于洗护发产品的明星代言广告，这些宣传费用都将计入产品成本转嫁到消费者身上。而蜂花产品从不做这样的广告宣传，节约了大量的销售费用，同时也能够保证产品的较低价位，也就更能受到消费者的支持。这样也形成了一个良性循环。

4. 有创新的“不涨价”

在人们心目中，低价格意味着没有进步，没有改变，没有创新。但是，任何一款产品，如果要想赢得消费者，必须紧跟时代的步伐，不断地推陈出新，与时俱进。

蜂花的低价是在保证质量的前提下，有创新的低价。在国内，蜂花首先提出了“洗护分开”的产品理念，这一理念现在已经为广大生产商和消费者所接受。而且，蜂花在充分了解市场需求的前提下，不断地开发新产品，如植物精华、乳霜、蛋白质护发素等等，还赢得了相当部分的高端消费者。特别是蜂花护发素，获得了全国护发品中唯一一个中国名牌产品称号。

物美价廉，说起来容易，做起来难，坚持几十年如一日更难。在日化品领域，国外很多品牌都在觊觎中国这个崛起中的巨大市场，他们的崭新面貌对于中国消费者来说是一种巨大的吸引力，在这种背景下，老牌国内企业如何延续一贯的品牌优势，而不被市场淘汰？蜂花的做法值得我们深思和学习。

益丰药房：挥舞“平价”的撒手锏

益丰药房一路走来，不断发展壮大，得益于其一如继往的低价战略。在中国，一直存在以药养医的模式，医院药品价格居高不下，但是却占据了药品销售的绝对优势份额。药品零售店补充了药品的供应形式，因为价格较低，受到了越来越多患者的认可。一直以来，“药价平民化”就是与百姓息息相关的热议话题。在 2015 年的全国“两会”上，“药价平民化”仍然是代表们关注的焦点，因此，刚刚上市的益丰药房也受到格外关注。益丰药房可以说是“药价平民化”的践行者。

2001 年，益丰药房董事长高毅在湖南常德开了第一家药店。这个药店在当时与众不同之处有两点。

（1）当地第一家“平价药房”。益丰药房的药品价格“比国家核定零售价平均降低 45%”，一下子把行业毛利率从 30% 降到 6%，行业交易模式也由过去的“高毛利低周转”转变为“低毛利高周转”。益丰药房的平价销售策略迅速吸引了消费者。

（2）可复制的开店模式。益丰药房的店址选在三四线小城市，采用密集开店的方式。比如一个县城，益丰会开一家旗舰店，同时，再在周边铺两三个小店，这样，益丰药店就像连锁超市一样，能够立刻占领当地的药品市场，不给其他的竞争对手留一点儿机会。在益丰药房选购药品也像在超市选购商品一样，在货架上自行挑选。益丰创业初期，就是凭借平价的销售策略和可复制的开店模式，迅速冲进并且占领了医药市场。

益丰每到一处，就以低价优势吸引用户，打开销路；以可复制的铺店方式占领市场。益丰的模式带动了整个医药行业的改变。如今，连锁平价药店已经遍地开花，比如老百姓大药房、云南一心堂等等。市场的发展规律总是以消费者为中心的，垄断行业会在竞争的趋势下逐渐失去垄断地位，而价格更低的、更亲民的医药产品会更受消费者的欢迎。这样就催生了医药行业新的商业模式。益丰药房较早地以超市的模式经营药品，削低药品价格，方便患者购买，种种举措都是迎合市场发展趋势的，为它今天的成功奠定了良好的开端。

常言道，良好的开端是成功的一半。但是开局良好，半途失利的例子也有很多。例如诺基亚手机，曾经创造了连续十四年市场销量第一的业绩，但是面对智能手机的崛起，却逐渐失去了竞争能力，2013 年被微软收购。2014 年 4 月 25 日，创造了一代辉煌的诺基亚正式退出了手机市场。诺基亚轰轰烈烈的开场落得凄凄惨惨的收尾，其主要原因就是面对新的市场形势没有迎头赶上。无数的事实证明，创新才是企业长足发展的动力，谁停下了创新的脚步，谁就会被市场淘汰。

益丰药房开辟了医药连锁超市，这是个良好的开端。但是益丰站在成功的起点，却从来没有忘记探寻、追赶、引领市场的步伐。高毅表示益丰药房的成功缘于“三大纪律”，即：永远聆听顾客的声音，不断进行服务和商品模式的创新，通过精细化管理确保创新力。这三大纪律无一不是围绕着创新展开的。

“顾客就是上帝”是零售业的金科玉律，只有深入基层，深入一线，才能切实了解顾客的需求是什么，才能使经营策略不脱离实际，进而获得创新的原动力。可以说，益丰的成功是敢于尝试、善于创新的结果。益丰从小到大，从弱到强的发展之路为各行各业的发展起到了一定的示范作用。

“互联网 +”成为当今经济发展的主旋律，O2O 电商热潮犹如一阵飓风瞬间点燃了各行各业。阿里巴巴、京东商城、腾讯等互联网巨头也纷纷进军医药电商领域。据中国电子商务研究中心监测数据，天猫医药馆 2013 年交易规模达 20.4 亿元，占国内医药电子交易 47.89%，同比增长 172%。依据国家食品药品监督管理总局的数据统计，截止到 2015 年初，全国有 368 家药品企业有资格在互联网进行药品交易，而且趋势呈增长模式，其中这 368 家企业中有 270 家企业有资格以 B2C 模式进行网上售药。在这种大趋势下，惯于创新的益丰药房自然不会落后。

益丰药房早在 2013 年就已经开始启动电商平台，现已建成 B2C 模式的益丰网上药店官方商城。同时，益丰药房在天猫医药馆、京东商城都开设了旗舰店。益丰药房正在着力打造线上线下融合增长的 O2O 业务模式，凭借益丰庞大的会员基数，积极发展药事咨询、诊疗，慢性病管理，线下商品交付等线上线下服务功能，为消费者提供全新的互联网药事服务体验。

同时，益丰也认为药品不同于服装、电器等普通商品，消费者在购买时，更希望得到专业的指导和服务，这意味着实体药店不可能被电商完全取代。因此，益丰表示，实体店是“立身之本”，电商是“腾飞之翼”，线上线下，双翼齐飞才是长久的发展之道。当然习惯于以创新取胜的益丰药房也在不断调整自己的战略布局。在实体店方面，益丰正在尝试健康服务领域的产品延伸。在益丰药房，消费者不但可以买到需要的药品，还可以买到保健品、养生食品、健康护理品等等，总之，关于健康的，你所需要的一切，在这里都可以一站式购齐。

中国正面临着医疗体制的改革，“以药养医”的现状亟待改变；而另一方面，我国人口老龄化趋势明显，随着人们生活水平的提高，对健康更为关注，对医药的需求还在增加。因此，在高毅看来，药品零售连锁将是永不落幕的朝阳行业。“药品零售行业正站在整合的风口。药店不会被取代，只会有新的模式补充进来，医药分开政策一旦实施，将给药品零售市场带来几何量级的增长。”对于未来，益丰药房充满期待，将致力于打造一个顾客信赖和社会尊重的连锁药店领导品牌！

沃尔玛：严格执行"天天低价"策略

沃尔玛从建立第一天起，就把"天天低价"作为自己的价格策略和经营信条，沃尔玛的任何商品价格定得都低于其他零售商的价格，确保同样品质、品牌的商品，价格最低。沃尔玛的任何一位员工，如果发现某个商品在其他商店的价格更低，他就有权把沃尔玛同类商品的价格降低。这种授权可以督促沃尔玛的"天天低价"策略落到实处。

沃尔玛的天天低价不仅仅表现在同品类商品的价格最低，还在于其努力提高商品的附加价值，为顾客提供周到热情的服务上。沃尔玛的低价不代表服务质量差；相反，低价也有高质量的商品和服务。

沃尔玛努力为顾客提供优质服务，让顾客在购买商品的同时，享受到优质周到的服务。例如免费停车、免费咨询等服务内容。特别值得一提的是在沃尔玛设有"山姆休闲廊"，几乎是把将糕点房搬进了商场，顾客在购物辛劳之余可以享受各种风味美食、新鲜糕点。为了方便顾客，沃尔玛超市内还设有商务中心，为顾客提供复印、文件制作、高速文印等服务。

有这样两句话，你一定不会感到陌生：1. 顾客永远是对的。2. 顾客如有错误，请参看第一条。这两句话被演绎成各种各样的令人捧腹的段子。但是，你知道吗？这两条规定来自沃尔玛超市，而且沃尔玛超市是完全严格地执行这两条标准的。顾客是商家的“衣食父母”，任何一个成功的企业无一不是“顾客就是上帝”的践行者。低价格是吸引顾客、聚集顾客的最有效的方法，是第一步，以顾客为中心，为顾客服务才能维系顾客忠诚度和依赖感，是企业发展壮大起来的关键步骤。

“为顾客节省每一美元”是沃尔玛的原则。在为顾客节省每一美元的同时，就是节约了一美元的社会价值，就是沃尔玛又增强了一分竞争能力。可以说，沃尔玛能够始终保持强大的竞争力，更重要的一点就是这种节约意识。沃尔玛的低价不等于廉价，相反，低价是高质量的低价。沃尔玛绝不通过降低商品质量来实现低价，而是通过有效科学的管理手段来控制成本，从而降低商品价格。

1. 降低产品进价，控制采购成本

沃尔玛的商品都是从厂商处直接采购，避免任何中间环节的加价。另外，沃尔玛的经济实力是其具有强大的议价能力的基础，保证沃尔玛能以最优的进价采购商品。随着沃尔玛超市在全世界铺店，实现采购本地化也是节约成本的好办法。例如在中国，沃尔玛95%商品都是中国本土制造的。这样，既节约了成本，又照顾到当地顾客的消费习惯。当然，沃尔玛能够把采购成本控制得这么好，各个部门的采购人员也功不可没，他们认真地与供应商议价砍价，即使是只能便宜一分钱，也不会放弃。控制采购成本是沃尔玛实现“天天低价”策略的坚实基础。

2. 建立现代化的物流配送中心，控制配送成本

现代化的物流配送中心、完善的物流管理系统可以大幅度地提高效率，降低成本。沃尔玛斥巨资建立了卫星通信网络系统，这套系统使配送中心、供应商和每一销售点都能联网，几个小时内便可完成“填订单→订单汇总→送出订单”的整个流程。沃尔玛拥有高效率的配送中心，供应商会根据各分店的订单将货品送至沃尔玛的配送中心，配送中心85%都采用机械处理，完成对商品的筛选，包装和分检工作。沃尔玛的机动运输车队是其供货系统又一巨大优势。沃尔玛可以保证进货从仓库到任何一家商店的时间不超过48小时，沃尔玛分店货架平均一周补货两次，远远快于同行业的平均水平。这些策略，都大大节省了配送成本，构成沃尔玛“天天低价”策略的有力保障。

3. 勤俭节约，降低管理费用

沃尔玛的每一位员工都以“为顾客节省每一美元”为己任，厉行勤俭节约。在沃尔玛的办公室里，没有任何豪华的装修和用具；沃尔玛员工出差只能住两人一间的汽车游客旅馆；沃尔玛的高管从来不设单独的办公室，而是和下属们挤在一起办公。沃尔玛规定整个公司的管理费用不能超过公司销售额的2%，而该行业管理费用的平均水平为销售额的5%。

此外，沃尔玛不会放过任何一个可以降低成本的环节。例如仓储成本，库存成本，广告费用等等。在沃尔玛，对于任何提高成本的行为都会受到处罚，而相反，任何降低成本的举措也都会得到奖励。

奥地利经济学家提出了一条著名的“创造性地破坏”的理论。熊彼特认为，创新就是不断地从内部革新经济结构，即不断破坏旧的，创造新的结构。沃尔玛超市可以说是创造性地破坏了零售业的旧秩序，把零售行业从高价格、低效率的状况改变为低价格、高效率的状态。为顾客带来了实惠，也为自己赢得了利润。而且，沃尔玛的成功起到了示范作用，在全世界范围内形成了连锁超市的零售模式，带动了整个行业的改变和发展。

全方位运营

创意文案

CHUANGYI WEN'AN

朱 雁◎著

花山文艺出版社

河北·石家庄

图书在版编目（CIP）数据

创意文案 / 朱雁著 . -- 石家庄：花山文艺出版社，2020.6
（全方位运营 / 陈启文主编）
ISBN 978-7-5511-5152-8

Ⅰ . ①创… Ⅱ . ①朱… Ⅲ . ①广告文案 Ⅳ . ① F713.812

中国版本图书馆 CIP 数据核字（2020）第 079881 号

书　　名：全方位运营
QUAN FANGWEI YUNYING
主　　编：陈启文
分 册 名：创意文案
CHUANGYI WEN'AN
著　　者：朱　雁

责任编辑：卢水淹
责任校对：董　舸　郝卫国
封面设计：青蓝工作室
美术编辑：胡彤亮
出版发行：花山文艺出版社（邮政编码：050061）
（河北省石家庄市友谊北大街 330 号）
销售热线：0311-88643221/29/31/32/26
传　　真：0311-88643225
印　　刷：北京一鑫印务有限责任公司
经　　销：新华书店
开　　本：850 毫米 ×1168 毫米　1/32
印　　张：30
字　　数：900 千字
版　　次：2020 年 6 月第 1 版
2020 年 6 月第 1 次印刷
书　　号：ISBN 978-7-5511-5152-8
定　　价：149.00 元（全 5 册）

（版权所有　翻印必究 · 印装有误　负责调换）

前　言
Preface

创意文案是干啥的?

创意从何而来?

创意文案的“钱途”何在?

……

本书将会打破传统文案的刻板印象，帮助读者重新认识创意文案，并且让那些渴望成长的文案创意者找到成长的原动力。

在内容的设计上，本书不仅传授创意文案内容的创作技巧，还重点阐述了：体系化的创意文案知识框架，规范化的创意文案工作流程，用数据指导创意文案的内容生产，短期与长期相结合的职业发展规划。

之所以这样设计，是因为：

首先，内容创作不能为创意而创意，需要为企业的品牌发展及市场推广服务，这要求从业者有体系化的文案知识框架。

其次，由于创意文案的日常工作偏向琐碎，规范化的流程有助于提升工作效率。

第三，结合当下的 MarTech 及增长黑客的运营手段，创意文案需要借助数据分析来提升内容的品牌和推广的效果。

最后，低头干活，抬头看路。想要在职场上走得更远，当下的努力必须与长远的职业规划相结合。

基于以上认识，本书将通过六章逐一讲解。

第一章介绍创意文案的职责要求、类型、价值、知识能力要求及具体的工作内容。

第二章讲解创意文案在日常工作中的工作流程与步骤，并且紧跟时代发展需求，将内容投放及数据分析纳入了工作流程。

第三章讲述常见的广告创意文案的创作技巧。

第四章提供常见的品牌创意文案的创作技巧，另外增加品牌手册内容。

第五章介绍创意文案自我修炼与提升的技巧。

第六章阐述创意文案的职业发展策略。

开卷有益。本书贴近实际，实用性强，既有明确的技巧指导，又有相应的案例分析。对企业营销人员、创意文案及相关的从业者，都具有较高的指导意义。

朱雁

2020 年 1 月

01 创意文案必知的 5 个要点

02 创意文案创作的 9 条军规

03 广告创意文案的 5 个绝招

04 品牌创意文案的 5 大秘籍

创意文案修炼的 7 大技巧

创意文案职场成长指南

01

创意文案必知的 5 个要点

广告看起来就那么简单，而且为了吸引简单的人们，它也必须简洁明了。但是在这条广告的背后，很可能是大量的数据、大量的信息和好几个月的调查研究。所以，广告业不是懒人待的地方。

—— 克劳德・霍普金斯

要点 1：创意文案的职责要求

创意文案是什么?

通常有两种解释：是一种由文字作为承载体的表现形式；是一种职位的称呼。

当创意文案是一种由文字作为承载体的表现形式时，是指需要对所传播的信息进行设计，以新颖的形式和独特的表现手法，并在画面、视频和声音的配合下，使得受众能够从茫茫的信息海洋中，更加容易地发现、理解、记住甚至再次传播该内容。

究其根本原因在于，其存在是为了达成商业目标，如推广品牌、产品销售、广告促销等。

当创意文案是一种职位的称呼时，其核心词是文案，原指放书的桌子，后指在桌子上写字的人，现在通常用来指代公司或者企业中从事文字工作的职位，即以文字来表现已经制定的营销策略。又因为该岗位需要极强的创意思维和创新能力，并且能够以独具一格的文案内容引导用户关注企业及品牌，并形成一定的销售转化。

由于工作内容的相似和相近，创意文案在招聘时，也常以创意文案策划、品牌策划、广告策划、文案策划等职位出现。该职位通常多存在于广告公司、媒体公司、电商公司及互联网公司。

下面以两则创意文案的招聘信息为例，来进一步了解该职位的特点：

1. 某互联网公司招聘时的“岗位职责”

（1）协助完成品牌推广中文字创意部分；具有创意发想及逻辑思考能力和文字驾驭能力，能够独立完成创意文案撰写；

（2）广告主题、品牌推广、活动策划、H5、App 日常运营等相关文案创意发想；

（3）保证文案出品质量，确保策略在文案方面的落实；

（4）搜集行业相关的信息。

2. 某广告公司招聘时的“岗位职责”

（1）负责传播文案的创意和撰写；

（2）整合产品资料，挖掘洞察、深度挖掘卖点，提炼产品核心竞争力，形成海报文案；

（3）擅长广告语、slogan 等文案的撰写。

综合以上两个不同行业对于创意文案岗位职责的描述，我们会发现创意文案主要是负责挖掘创意卖点，制定营销策略，围绕品牌和产品撰写海报、广告语、App、H5 等内容，同时对于应聘者都明确地提出了有关创意能力的要求。

要点 2：创意文案有哪些类型

创意文案分为两大类。当创意文案是由文字作为承载体的表现

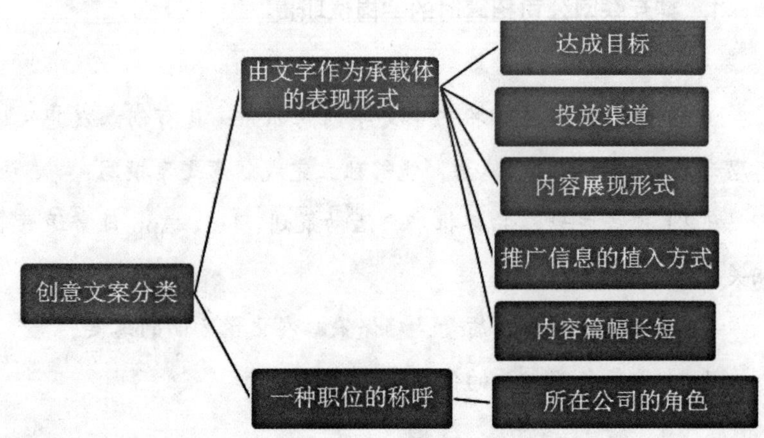

图 1-1 创意文案的类型

形式时，可根据5种维度进行划分：a. 达成目标，b. 投放渠道，c. 内容展现形式，d. 推广信息的植入方式，e. 内容篇幅长短；当创意文案作为一种职位的称呼时，则根据其所在公司的角色进行划分，我们把它作为第 6 种维度（如图 1-1）。

以下是对于这 6 种维度划分的详细阐释：

1. 根据创意文案的达成目标

（1）广告效果类：主要目标是通过广告等形式公开而广泛地向公众传递信息，进而完成转化，如带来注册用户和付费购买。常见的包括：广告语、邮件广告、短信广告、信息流广告等。广告类的更偏向微观，追求投入产出比，要求每次广告类的投放都能直接影响产品销量。

（2）品牌公关类：主要目标是为了推广品牌，提升品牌的知名度及维护品牌的美誉度。常见的包括品牌名、品牌 slogan、品牌故事、品牌热点文案、品牌新闻稿等。品牌类的更偏向宏观，因此通常无法直接较好的量化其效果。

2. 根据创意文案的投放渠道

（1）线上创意文案

主要是指以互联网为载体，且通过各类互联网平台进行传播的创意文案。常见的包括：微信公众号推文、网页广告、微博推文、App 文案及电商详情页等。

（2）线下创意文案

主要是指围绕线下场景，如地铁、公交、商场、展览馆等场所，结合图片、视频等形式而撰写的创意文案。常见的包括：电梯广告、地铁广告、商场 POP 广告、宣传折页、公交车身广告等。

3. 根据内容的展现形式

不同的传播渠道会影响创意文案的展现形式。

例如，同属微信体系，朋友圈的内容展现形式包括：纯文字、纯图片、文字 + 图片、文字 + 小视频。公众号的内容展现形式则包括：纯文字、图片、图文结合、音频、视频等。可见，针对不同的内容渠道，即便是同样主题的内容，创意文案的展现形式也需要随之改变。

4. 根据内容的篇幅长短

通常以字数作为划分标准，超过 1000 字的为长文案，低于 1000 字的为短文案。

不过创意文案的长短并不是衡量其是否有效、是否出色的一个标志。写长文案还是短文案是由创意、版面、时间、内容信息量、行业特性等诸多因素而确定的。

5. **根据推广信息的植入方式**

当推广信息的植入方式是直接的、明确的介绍其商品、服务和价格时，我们称其为硬文案；而与之相反时，我们称其为软文案。

以我们耳熟能详的某挖掘机文案为例：

（1）硬文案

挖掘机学校哪家强，中国山东找蓝翔，近百台世界各地先进设备供学员实习，试学一月不收任何费用，山东蓝翔高级技工学校！

（2）软文案

2000 年当第一次公开恋情时，王 ×31 岁，谢 × ×20 岁，王 × 年龄是谢 × × 的 1.55 倍。转眼到了 2014 年，如今两人破镜重圆，王 ×45 岁，谢 × ×34 岁，王 × 的年龄是谢 × × 的 1.32 倍。现在问题来了：一，求两人年龄倍数与公历年的时间序列收敛函数。二，这事给张 × ×、李 × × 留下了不小的心理阴影，求阴影面积是多少？三，如果用挖掘机填补阴影面积，那请问，挖掘机技术哪家强？

6. **根据创意文案所在公司的角色**

（1）甲方公司

很多企业为了方便自身品牌宣传、市场推广等工作的展开，都会设置内部的创意文案岗位。该岗位常常被放在品牌部、策划部、市场部等部门之下。

以某集团旗下物联网公司招聘创意文案的需求为例：

职责描述：

深度研究产品及行业情况，负责公司品牌宣传文案的策划、创意、撰写；

根据品牌营销的不同目标，独立撰写营销、新闻公关、市场深度等品牌相关和市场化文案；

结合品牌、社会热点和消费者认知，策划和撰写具有传播力的营销内容或话题点；

负责新闻稿件、公文、企业文化建设等品牌官方材料的撰写；

把控品宣输出的调性及准确性，对文宣内容进行审定；

针对活动要求，策划撰写策划方案、视频脚本等。

任职要求：

全日制本科及以上学历，中文、广告、新闻传播、汉语言文学等相关专业，3 年以上 3C 电子、人工智能、互联网、智能硬件等行业文案策划撰写经验；

文字功底强，具有较强的逻辑思考能力和策略思维，深度挖掘公司品牌产品的亮点和传播点，具备较强的洞察力，独立思考和分析能力；

对社会化传播与内容营销有较全面的认识，媒体编辑或记者从业人员优先；

善于从用户与读者角度出发，具有创新思维，具备较强的人际沟通能力，善于在公司内外部挖掘素材，态度积极主动，学习能力强；

热爱文字，创意策划工作，能适应长期以撰稿为主的工作。

通过上面的招聘信息可知，甲方公司所设置的创意文案岗位，其工作重心主要是围绕着公司自身的业务而展开，除了常规的创意文案知识，还必须掌握公司所在行业的业务知识。

（2）乙方公司

创意文案所在的乙方公司，主要是指4A广告公司、传媒公司、公关公司等，一般来说，在这样的公司，有机会接触到各行各业的创意文案需求。

以某知名广告公司招聘创意文案的需求为例：

岗位职责：

结合客户品牌发展战略制定营销方案规划；

根据品牌调性和客户需求，提出准确的创意策略，产出如slogan、海报、短视频等文案及创意；

能够清晰地向客户阐述和表达创意观点，能够策略性地说服引导客户。

职位要求：

本科学历，新闻、广告及相关专业；

3年以上数字营销、social文案创意策划经验，逻辑性强，可独立成案；

能快速了解品牌属性和价值，优秀的文案功底；

具有良好的职业素养，思维活跃，责任心强，有敬业精神及团队合作精神；

有电商经验为佳。

结合上面的招聘信息可知，对于乙方的创意文案来说，由于有机会服务不同行业的客户，因此快速学习客户的行业知识，运用专业能力搞定客户，赢得客户的信赖是其工作的重点。

要点 3：创意文案的价值在哪里

创意文案的价值在哪里？本小节将会分别从两个方面进行展开。

1. 创意文案作为一种职位的名称

作为一种职位的名称，创意文案是社会分工不断细化的结果，其主要价值是在于通过文案内容提升品牌认知以及销售转化。

由于其岗位价值更多是通过工作内容来展现，因此，这里着重讲解当创意文案作为一种内容的表现形式时其价值的所在。

2. 创意文案作为一种由文字作为承载体的表现形式

作为一种由文字作为承载体的表现形式，创意文案主要具有四类价值：引流价值、吸粉价值、变现价值和品牌价值。

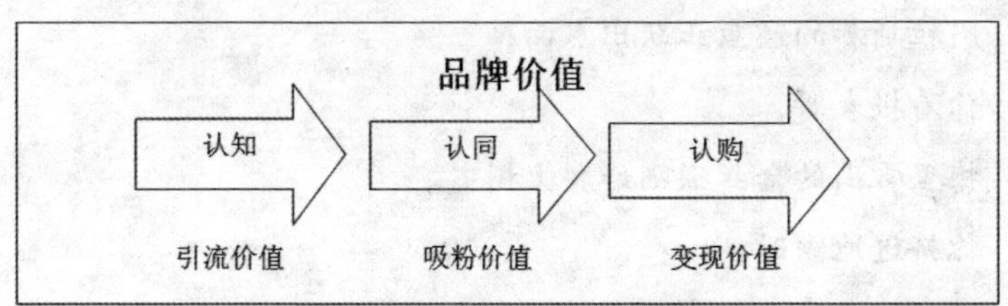

图 1–2　消费者的心理路径三部曲

我们围绕消费者的心理路径三部曲即认知、认同和认购进行展开。当创意文案作用于认知步骤时则体现了其引流价值；作用于认同步骤时则体现了其吸粉价值；作用于认购步骤时则体现了其变现价值；而同时作用于三个步骤时则体现了其品牌价值（如图 1–2）。

我们以女性服装品牌“步履不停”的创意文案为例（如图 1–3）：

（1）何为认知：即创意文案让用户对品牌产生认知，认识并知道。这里体现的是创意文案的引流价值。

图 1-3 “步履不停”的创意文案

对于大多数“步履不停”的粉丝来说，第一次知晓这个品牌都是始于如下文案：

你写 PPT 时，
阿拉斯加的鳕鱼正跃出水面；
你看报表时，
梅里雪山的金丝猴刚好爬上树尖。
你挤进地铁时，
西藏的山鹰一直盘旋云端；
你在会议中吵架时，
尼泊尔的背包客一起端起酒杯坐在火堆旁。
有一些穿高跟鞋走不到的路，
有一些喷着香水闻不到的空气，
有一些在写字楼里永远遇不见的人。

同样都是围绕着“世界那么大，我想去看看”，但是这段文字却格外的动人心弦，让人身在写字楼却开始向往在路上的生活，同时也开始关注并知晓该品牌。此时，这段创意文案就已经完成了其引流价值。

（2）何为认同：即获得公众信任、好感、接纳和欢迎。这里体现的是创意文案的吸粉价值。

是背包四方流浪，
还是留守格子小间？
是跋山涉水远足，
还是 K 歌狂欢宿醉？
有什么样的愿望，有什么样的人生。

“步履不停”将整体的品牌消费者定位于“明朗的文艺青年”“有行动力的文艺青年”，提倡“埋怨是没有用的，世界不会因为你的埋怨而改变”“人是自由的，起码心灵应该是自由的”等理念，并且通过文案不断强化其定位和理念，最终吸引了众多文艺女青年成为其粉丝，并在厮杀激烈的淘宝女装品牌中找到了一席之地。

（3）何为认购：即由于用户对品牌产生了一定的信任、承诺和情感维系，甚至是情感依赖，即已经对于该品牌产生了一种“认购”关系，表现为在相似的产品之间，能长期稳定购买。这里体现的是创意文案的变现价值。

这是“步履不停”淘宝店中一款棉麻文艺背带裙的推广文案：

生活总是有这样或那样的问题：
腿不够细，
胸不够丰，

男朋友不够帅。

就像两个小老板，

为了更好的鞋子。

更优雅的裙子，

更多的钱。

终日奔波，

没完没了。

闲时想想，

这是个大怪圈。

因为总是会有更细的腿，更丰的胸，更帅的男人。

假如全世界的钱都归了小老板，

小老板的一生可能就要忙死在数钱上。

淡定的生活，

很容易说的话语，

很难达到的境界。

祝每一个看到这句话的你都淡定。

该段文案以文艺女青年的日常迷思为切入点，阐释如何在不完美的现实中拥有淡定的生活，促使其在认同“步履不停”所传达的理念时，完成购买棉麻文艺背带裙的动作。通过这种方式，创意文案完成了其变现价值。

（4）何为品牌价值：指品牌在消费者心目中的综合形象——包括其属性、品质、档次（品位）、文化、个性等，代表着该品牌可以为消费者带来的价值。

以“步履不停”为例，凭借优秀的文案，该品牌不仅被称为“淘宝第一文案”。而且还由于其文案金句写得好，被消费者们拿来写朋友圈表达心情，突破了现有淘宝顾客的圈层限制，实现了全民传播。这导致潜在顾客，也会很快认识、信任并购买该品牌。

图 1-4　脑白金广告

同样，这样的例子很多：

脑白金将自身定位为礼品，常年如一日地宣传其广告语“今年过节不收礼，收礼还收脑白金”（如图 1-4），从而成功地将自己和送礼绑定在一起，这使得消费者们即便不喜欢脑白金的洗脑广告，但是在进入超市后，面对琳琅满目的礼品不知所措，最后还是选择了脑白金。

图 1-5　DR 钻戒广告

DR 钻戒（Darry Ring）作为珠宝品牌，规定其钻戒每位男士一生仅可凭身份证购买一枚，且这唯一的钻戒是用来送给他一生最爱的人，寓意一生唯一至爱（如图 1-5）。这种以“一生仅一枚”的独特定制来诠释“一生·唯一·真爱”的动人理念，使得其成为珠宝行业中极具浪漫的求婚钻戒标志。这样的品牌价值不仅打动了无数的情侣，而且更重要的是使其从无数大同小异的珠宝品牌中脱颖而出。

综上所述，当创意文案作为岗位名称时，其价值在于其能够更加专业地为企业开拓品牌及市场；当创意文案作为一种内容的表现形式时，其价值主要是引流价值、吸粉价值、变现价值和品牌价值。

要点 4：为什么说不是谁都能做创意文案

很多人认为做一个创意文案很容易，不就是写几个字吗？也有人认为做创意文案实在太难了，因为整天都要思考各种新创意，而创意又不是水龙头里的水，扭开了就有。那么，到底什么样的人适合做创意文案呢？

1. 创意文案的能力要求

创意文案最被关注的能力主要是：文案能力、创意能力和策划能力。不过，还有一项能力容易被绝大多数人忽视，即：数据分析能力。创意文案的能力要求如图 1–6。

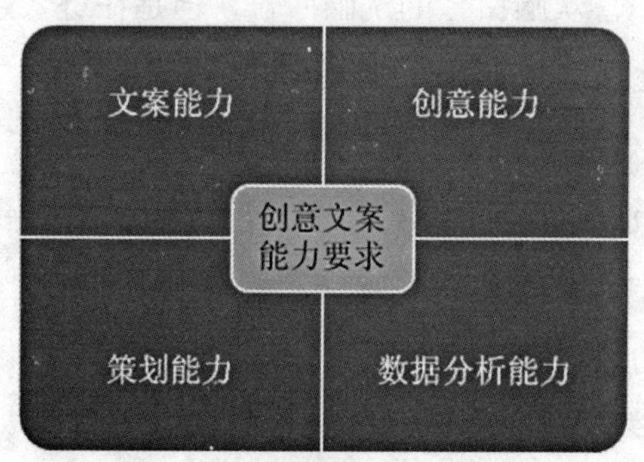

图 1–6　创意文案的能力要求

（1）文案能力

文案能力是创意文案最基础且必备的能力，不仅要求能写，而

且要求会写。具体要求如下：

①文案语言：表达流畅、逻辑清晰、无错字、无病句、无歧义等语法问题，能够和目标受众的认知水平相匹配，并且准确的传达内容主旨。

②文案风格：针对不同场景下的文案需求，正经、幽默、高冷、卖萌、搞笑、耍酷等风格均可手到擒来，提升受众对于创意文案的感知水平。

③文案技巧：由于创意文案的形式繁多，如品牌口号、广告语、电商详情页等，其写作技巧都不尽相同。如品牌口号要求用寥寥数字就能点明品牌核心亮点；广告语则要求能够快速吸引目标人群的注意力；电商详情页则需要结合图片，触达受众的产品需求，说服受众发生购买行为。因此，就要求创作者掌握多种不同内容形式的写作技巧，才能够更好地完成工作。

（2）创意能力

我们每天都要被无数的信息所轰炸，任何不能引发我们兴趣的内容，则会被我们忽视，其原本想要达成的品牌推广、产品促销等目标也会随之以失败而告终，还可能造成大量的推广资源的浪费。为了避免这样的窘境发生，就必然要求文案创作者具备较高的创意能力。

虽然很多人认为创意能力更多是天赋使然，但实际上也能通过后天的练习获得。在詹姆斯·韦伯·扬（James Webb Young）的经典著作《创意的生成》一书中提出，创意即旧元素的新组合。因此，需要在日常创意能力训练过程中，注重以下五个步骤：

步骤一：让大脑尽量吸收原始素材，特殊素材（和产品和受众相关）和一般素材（平日积累）。

步骤二：咀嚼搜集来的材料，直至充分吸收。

步骤三：放下这个事情，先做点什么事情都行，让它在脑子里慢慢发酵。

步骤四：晚上睡觉之前，把这个事情想一遍，让潜意识运行，等创意诞生，你只负责记录。

步骤五：将刚诞生、热乎乎的创意应用于现实，做进一步修正和发展，使之符合现实。

（3）策划能力

创意文案在工作中需要用文字来表现已经制定的营销策略，而营销策略的产生则需要其具备策划能力。

什么是策划能力？其指策略思考与计划编制等能力的统称。由于任何创意文案的工作，都是基于当前资源和条件的考量，那么如何才能将资源利用最大化，这一切都离不开策划能力。

以某创业公司的新品上市为例，因为推广费用极其有限，甚至可能为零，所以直接排除全网投放广告、重金聘请代言人这些需要烧钱的推广方式。那么，如何低成本地进行推广新品呢？是考虑开设微信公众号卖货，还是创始人上知乎撰写产品软文为自家产品代言？这些都是策划能力的体现。

（4）数据分析能力

创意文案作为一个文职类的工作，为何也需要数据分析能力？其实这与推广渠道的变化有关。著名广告大师约翰·沃纳梅克说：“我知道我的广告费有一半浪费了，但遗憾的是，我不知道是哪一半被浪费了。”当下的推广渠道特别是互联网渠道，都能够提供相应的展示数据、传播数据、转化数据和渠道数据等。这些数据都能够有效地反映创意文案的真实效果，进而促使创作者不断地优化内容。因此，掌握必备的数据分析能力必不可少。

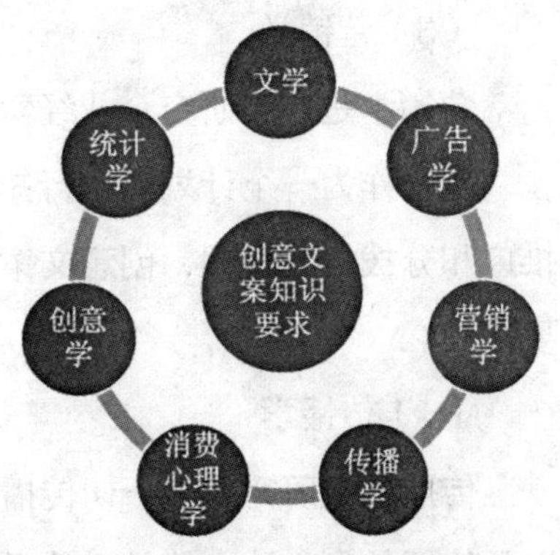

图 1–7　创意文案知识要求

2. 创意文案的知识要求

创意文案的知识要求是综合性质的，通常包括以下学科知识（如图 1–7）：

（1）文学

文学作为一种语言文字的艺术，是社会文化的一种重要表现形式，是对美的体现。创意文案则在撰写的过程中，大量使用文学的修辞手法（比喻、拟人、夸张、排比等）、表现形式（诗歌、散文、小说、剧本、寓言、童话）。同时，良好的文学素养，还有助于创作者更好的遣词造句和流畅表达。

（2）广告学

广告学是研究广告活动的历史、理论、策略、制作与经营管理的学科。

创意文案作为参与企业市场开发、品牌推广和商品销售的岗位角色之一，在日常工作中免不了需要广泛的利用广告来为工作目标服务。

（3）营销学

营销学是一门研究企业经营与销售活动的学科。

营销作为一个计划和执行知识、货物以及服务的形成、定价、推广和分拨的全过程，创意文案主要在推广和分拨的环节发挥着重要作用。

（4）传播学

传播学是研究人类一切传播行为和传播过程发生、发展的规律以及传播与人和社会的关系的学问，是研究社会信息系统及其运行规律的科学。

创意文案如果没有完成对其目标用户的传播过程，那么也就无法发挥其功效。

（5）消费心理学

消费心理学是心理学的一个重要分支，它的目的是研究人们在生活消费过程中，在日常购买行为中的心理活动规律及个性心理特征。

消费心理学帮助创意文案在日常工作中用一系列手段去挖掘用户需求，审视消费者如何从认识、认知、认可到认购的心理转变，从而更好地通过内容去打动用户，完成品牌与用户之间的沟通。

（6）创意学

创意学是从创意的整体出发，通过创意思维和创意行为来研究创意的内涵、功能、产生、发展规律的综合性学科，是一门新兴的边缘性交叉学科。

如何别出心裁地吸引目标受众的注意力，如何更好地呈现创意文案的内容，以上均需要依赖创意学爆发的能量。

（7）统计学

统计学是通过搜索、整理、分析、描述数据等手段，以达到推断所测对象的本质，甚至预测对象未来的一门综合性科学。统计学用到了大量的数学及其他学科的专业知识，其应用范围几乎覆盖了社会科学和自然科学的各个领域。

创意文案的工作，从表面上来看与统计学毫无关系，但是实际上却紧密相关。主要原因在于：创意文案们撰写了那么多内容，到底哪些是真正吸引了用户？哪些真的给用户留下了深刻印象？哪些真的带来了销售转化？只有明确的统计数据，才能够区分出哪些是真正优质的文案内容。

除了以上 7 门学科知识外，创意文案还需了解所涉及行业 / 公司 / 产品的基础知识。因为不懂这些基础知识，是无法撰写出合格的创意文案。为此，在开始工作前，仔细翻阅及学习相关的材料，是其必修课。

成为一名优秀的创意文案并不是一件容易的事情，因此如有必要可以根据本章节补充相应的能力和学科知识。

要点 5：甲方 VS 乙方，创意文案工作透视

创意文案的岗位遍布各行各业，按照其所在公司角色的不同，我们常分为甲方和乙方。

1. 身为甲方公司的创意文案

（1）最为常见的工作内容包括：

第一点，负责企业自媒体渠道内容撰写，如微博、微信公众号、今日头条等。

第二点，负责企业官网的内容更新，包括 PC 端、web 端、App、H5 等。

第三点，负责企业及产品的品牌宣传，如企业宣传册、企业宣传片、公司新闻稿等。

第四点，负责产品的销售转化，如淘宝详情页、门店 POP 海报等。

从以上甲方创意文案的工作内容不难看出，该工作的优点是能够了解本行业完整的市场策略和推广法则，缺点则是工作范围广、内容杂，容易陷入琐碎之中。

（2）对于甲方公司的创意文案，如何更好地提升工作效率呢？

第一点，工作清单化。

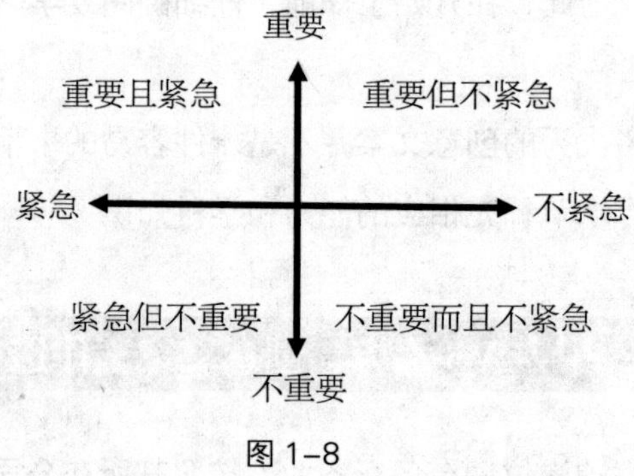

图 1–8

由于每天都面临很多工作任务，为了更好地完成，可以将手头上的事情按照四象限法则进行分类（如图 1–8）。

重要且紧急

这类工作任务具有时间的紧迫性和影响的重要性，必须立刻处理。对于甲方的创意文案来说，其主要表现为节假日大型促销文案、品牌危机时的公关文案等。

重要但不紧急

这类任务虽然很重要但是不要求马上完成，所以会被忽视，导致后续变成重要且紧急的任务，因此针对该类任务需要有计划地去做，例如规划下一季度的热点创意文案工作安排。

紧急但不重要

这类工作很容易和第一象限的工作搞混，很多人容易认为紧急的工作都是非常重要的，实际上这类工作可以授权给别人去做，例如更新品牌视频到官网。

不重要且不紧急

这类任务不重要也不紧急，提倡创意文案在日常工作中尽量少做，例如帮助 HR 撰写招聘文案。

第二点，常规工作模板化。

针对公司新闻稿、产品宣传册等常规工作，由于其具有重复高且含金量低的特点，为了节省精力提高效率，可以将其工作方法及工作流程模板化，以后遇到这些工作任务，就直接套用模板。

第三点，企业内容素材库。

对于甲方的创意文案来说，所撰写的内容都是围绕着企业自身的品牌及其产品展开，因此可以将企业品牌及产品信息整理成专门的素材库，每当需要撰写相关内容时，不仅可以从中寻找到明确的信息从而避免内容出错，而且可以从之前的内容中寻找灵感，优化出更好的创意文案。

2. 乙方创意文案的工作内容

（1）与客户对接，针对不同类型项目输出创意视频脚本、H5脚本等。

（2）撰写各类文案，涵盖且不仅限于：微博、微信推文、公关稿件、新闻稿件、活动文案、品牌文案、策划文案、网络文稿等。

（3）制定营销策略与传播方案，扩展及维护媒体资源。

相对于甲方的创意文案只能接触到本行业的业务，乙方的创意文案能够接触到各种各样不同的行业，快速提升自己对于不同行业的认知水平。除此之外，还可以了解完整的项目流程，对于个人的成长来说比较有利，后续想要跳槽到甲方也比较容易。

对于乙方文案来说，日常工作需要学会和客户沟通，并且与设计、摄影等其他同事保持良好的协作，在一个又一个项目中磨炼自己的专业水平。

02

创意文案创作的 9 条军规

文案的工作就是发现的过程，而至高无上的原理是遵循直觉，而非简报。文案的工作是汇集那些你知道迟早会用得上的无用之物，然后，以语言为催化剂，用这些东西将潜在消费者与产品结合在一起。对潜在消费者的了解比对产品的了解更重要。

——《全球一流文案：32 位世界顶尖广告人的创意之道》

军规 1：运筹帷幄，掌控项目全程运作

创意文案的工作都是围绕文案内容进行的，因此我们根据内容所处的状态，将一个创意文案项目的完整流程分为四个阶段：创作、投放、数据分析、内容优化及再修改。

1. 创作阶段

在创作阶段，创作者需要围绕三个模块进行（如图 2-1）Why——为什么要写这个创意文案；How——如何写这个创意文案；What——创意文案内容写什么。

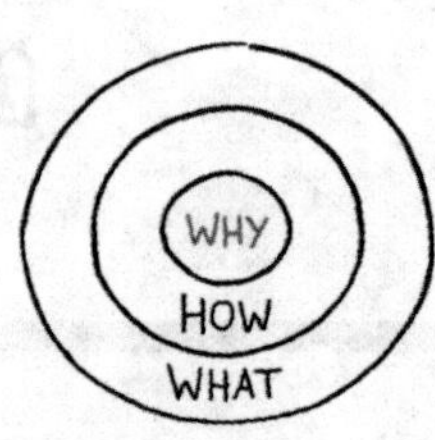

图 2-1

（1）Why——为什么要写这个创意文案

创意文案接到一项新任务时，不能立马就开始着手开始内容创作，而是必须和需求方明确，撰写该创意文案的首要目的是什么？推广品牌、产品销售或者其他？不同的目标，产出的创意文案也不尽相同。

（2）How——如何写这个创意文案

撰写创意文案前主要需要做以下准备步骤（如图 2-2）：

图 2-2　撰写创意文案的准备工作

第一步，明确用户需求。

没有需求，产品也就没有了生存空间。因此明确用户需求是整个创意文案工作的重中之重。如何更好地了解用户需求呢？主要的方法包括：

调查问卷、深度访谈、百度关键词挖掘工具、淘宝的生意参谋、爬虫数据抓取等。

第二步，明确品牌 / 产品定位。

针对新品牌 / 产品，是否已经明确了其定位？如果没有，就需要先明确该内容，如此才能够进入到后续的步骤。

针对老品牌 / 产品，是否已经充分了解其定位，并且理解品牌 / 产品选择该定位的原因。

第三步，明确品牌 / 产品形象。

品牌 / 产品形象与其定位也是息息相关的。

面向儿童的消费品牌，为了塑造活泼可爱的品牌形象，常常会以卡通小动物作为其代言人，例如高端少儿英语品牌芝麻街英语，在其课程内容中就穿插了不少这样的角色，像大鸟（一只 6 岁的身高二米五的黄鸟）、艾摩（3 岁半的毛茸茸红色小怪物）等。

面向高净值用户的产品，则更多倾向于选择成功人士作为代言人，以此标榜自己高大上的品牌形象，例如号称是中国最贵的手机 8848 手机，就选择了万科的创始人王石作为形象代言人。

第四步，明确内容投放渠道。

内容的投放渠道主要分为线上和线下两种，不同的投放渠道内容也有所不同。

例如，同样是线上渠道，投放网页广告，创意文案的内容主要包括标题 + 副标题，以及文字的配图，总字数也就不到 50 个。投放微信公众号，则可以撰写长达 1000 字以上甚至更长的图文内容。

第五步，寻找创意思路。

创意是提升文案内容感染力和说服力的关键因素，是决定文案内容成功与否的内在基础和基本要素。要使观众在一瞬间发出惊叹，立即明白商品的优点，而且永远不忘记。创意虽无定法，但却有路可循。

（3）What——创意文案写什么

创意文案的具体内容是由 Why（为什么写创意文案）和 How（如何写创意文案）共同决定的结果。

现在以刷爆社交媒体的网易云音乐地铁广告为例（如图 2-3），分析其在整个创作阶段的操作手法：

Why：想要提升网易云音乐的知名度。

How：如何写这个创意文案。

第一步，明确用户需求。

发现音乐、用音乐作为娱乐手段、音乐社交需求等。

第二步，明确品牌 / 产品定位。

定位于“音乐社交”，着重于不同的人之间，以音乐为介质，进行更多的情感交流。因此推出了 slogan“音乐的力量”。

第三步，明确品牌 / 产品形象。

贴心、我懂你。

第四步，明确内容投放渠道。

地铁广告。

第五步，寻找创意思路。

通过挖掘网易云音乐的高赞评论，寻找那些打动人心的音乐时刻。

What：这个文案写什么内容。

理想就是离乡。——50 号公路评论赵雷《理想》

我想做一个能在你的葬礼上描述你一生的人。——@ 醋溜 6 评论梶浦由记《*Palpitation!*》

多少人以朋友的名义默默地爱着。——@ 月海浪花 评论陈奕迅《十年》

十年前你说生如夏花般绚烂，十年后你说平凡才是唯一的答案。——@ 张小诅咒 评论朴树《生如夏花》

小时候刮奖刮出“谢”字还不扔，非要把“谢谢惠顾”都刮得干干净净才舍得放手，和后来太多的事一模一样。——@ 你好我是吉祥物 评论陈珊妮《情歌》

你说少年明媚如昨，怎知年少时光如梦。——@ 噼噼暮雨 评论许巍《时光》

“你还记得她吗？”“早忘了，哈哈”“我还没说是谁。”——@ _ Z _ S 评论 Pianoboy《*The Truth That You Leave*》

图 2-3　网易云音乐地铁广告（部分）

最怕你一生碌碌无为，还说平凡难能可贵。——@昂翌_评论白亮《孙大剩》

祝你们幸福是假的，祝你幸福是真的。——@似是而非或是世事可畏_评论好妹妹乐队《我到外地去看你》

多数人25岁就死了，但直到75岁才埋。——@我的球鞋有点脏_评论万能青年旅店《杀死那个石家庄人》

校服是我和她唯一穿过的情侣装，毕业照是我和她唯一的合影。——@卷烟童子_陈奕迅《好久不见》

手机上存满了分手的歌，好像我谈过恋爱似的。——@回忆已物是人非_评论李志《忽然》

你那么擅长安慰他人，一定度过了很多自己安慰自己的日子吧。——@黄昏鹿场_评论程璧《给少年的歌》

2. 投放阶段

根据内容投放渠道的特点，做好后续的数据监控。主要包括以下几点：

（1）投放平台是否自带数据分析后台，如微信公众号、今日头条等自媒体平台均提供了数据统计后台。

（2）投放平台是否可以进行AB测试，如在自身的网站或者App上可以在同一时间内让相同/相似的目标用户随机地访问两个不同版本的创意文案内容，从而通过数据的反馈来确认哪一个版本才是最优版。

（3）是否为创意文案的页面配置了统计参数。针对以引流转化为目标的线上创意文案，是否设置好了参数，将会在数据回收时影响推广者对于渠道优质与否的判断。

（4）投放数据的真实性判断。鉴于很多内容投放是投放到外部平台，如将软文投放到 KOL 的微信公众号，所涉及的阅读量、转发量、评论量等数据是否真实，均需要进行考察。

3. 数据分析阶段

在数据分析阶段，主要推荐两种分析框架：

（1）AARRR 模型

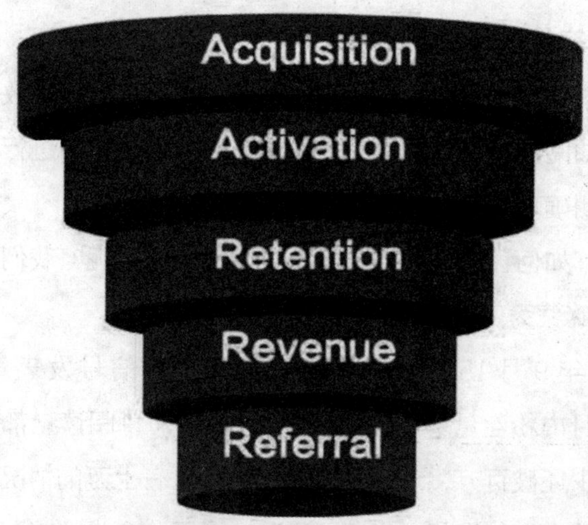

图 2-4 AARRR 模型

AARRR 是获取用户（Acquisition）、提高活跃度（Activation）、提高留存率（Retention）、获取收入（Revenue）、自传播（Referral），这个五个单词的缩写，分别对应用户生命周期中的五个重要环节（如图 2-4）。

（2）消费者心理路径

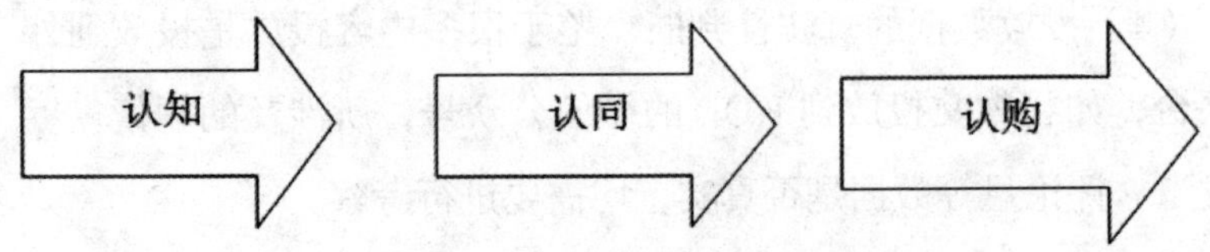

图 2-5　消费着心理路径

消费者心理路径分为三部：认知，认同，认购（如图 2-5）。其详细论述参见第一章《要点 3：创意文案的价值在哪里》。

4. 内容优化及再修改阶段

在经过前面的三个阶段后，创作者将拿到有关已投放内容的反馈数据，如阅读量、点赞量、转发量等，通过对数据进行整理和分析，即可明确现有的创意文案的调整和优化方向。

那么，如何让这些数据更好地为创作者所用呢？我们以微信公众号大 V 咪蒙为例：

2015 年 9 月 15 日，“咪蒙”的个人微信号发表第一篇文章，两个月内粉丝量暴涨到 40 万，且微信文章阅读量都轻松达到 10w+，不少还破百万，点赞量每每过千，甚至有上万的情况。不仅“咪蒙”本人被大家称为新一代“网红”，连同公众号“咪蒙”也被称为自媒体的“领军人物”。虽然其账号已因为舆论风波被关停，但是其在创意文案上的整体写作方法还是非常值得借鉴的。

咪蒙的写作爆款公式 =50 个选题 +4 级采访 +5 小时互动式写作 +100 个标题 +5000 人投票 +10000 字数据分析报告。即从 50 个选题里面选一个，4 级采访，5 小时的互动式写作，然后要取 100 个标题，同时拿到 5000 人群里投票，最后再给一篇文章做 1

万字的数据分析报告。这就是咪蒙一篇文章的整个公式。

从如上的写作爆款公式，可以看出作为一个创意文案，在创作过程中的每一个步骤，其实都离不开数据的支持。

军规 2：刨根问底，猜对用户心思的 3 大步骤

用户需求分析是创意文案需要掌握的一项重要能力。有多少人会认同创意文案内容传达的产品信息及产生购买需求，都取决于创作者对于需求的把握是否准确。如果把握准确，往往能够产生刷屏效应，为产品带来大量的曝光和销售转化。如果把握不准确，则白白浪费时间和推广资源。

为什么这样说呢？因为用户购买一件产品或者服务，是在于其能够满足自身的需求。

什么是需求？我们以卖水为例子：

你正在沙漠中走着，感到十分口渴想要喝水，因此就产生了喝水的需求，此时的沙漠中前不着村后不着店，如果有人卖一瓶水给你，即便是一瓶水 100 块你也会买，因为你不喝水你就会被渴死。当你喝完这瓶 100 块的水之后，立马再让你买一瓶，你可能就不会买了，为什么？因为你暂时没有喝水的需求了。我们就会发现，喝水前水对于你来说是一个需求，喝完之后就不再是一个需求了。

由于用户通常不仅仅只有喝水这一类简单的需求，根据马斯洛需求理论（如图 2-6），用户需求主要分为五大层次，即：生理需求、安全需求、社交需求、尊重需求及自我实现需求。

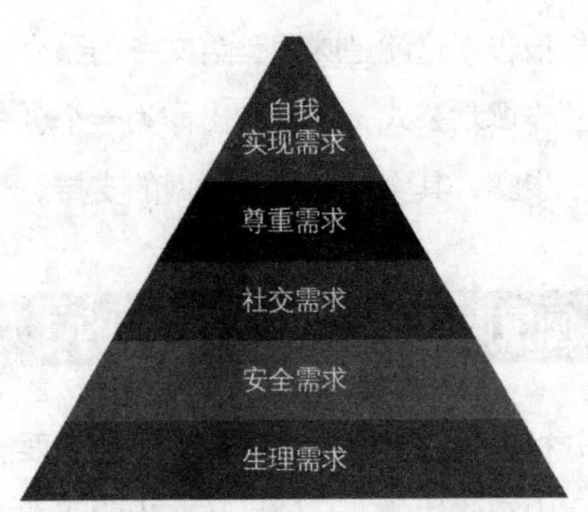

图 2-6　马斯洛需求理论

该模型为认识用户需求提供了一个可参考的宏观框架，但是却无法给出具体及明确的微观指导。为何这么说？我们还是以喝水为例，同样是满足生理需求，宝矿力水特围绕的用户需求是运动之后补充人体流失的水分和电解质，依云矿泉水则围绕的是天然、健康、纯净，希望能够满足用户对水质的严格要求。那么，对于一个产品来说，要怎样才能真正明确用户的需求呢？可以通过这三个步骤（如图 2-7）：

图 2-7　明确用户需求

1. 什么是用户需求

一般根据用户需求的特点，可以将其分为：痛点、爽点和痒点。

第一点，什么是痛点?

所谓的痛点就是恐惧，例如孩子怕笨、女人怕丑、男人怕穷、老人怕死。恐惧作为人类情绪中最有力量的一种，会驱使着人们赶快行动起来做出改变。因此只要抓住了目标人群的恐惧所在，也就抓住了他们的痛点。

正如前面沙漠买水的例子，如果不花 100 块买水，那么面临的恐惧就是被渴死。被渴死就是用户的痛点所在，因为害怕和恐惧，所以用户才毫不犹豫地做出了购买行动。

第二点，什么是爽点?

爽点就是即时满足。这类需求和痛点相比，不会让用户产生恐惧心理，但是会让用户感觉难受和不爽。因此，一旦被满足时，则会心情畅快。

例如在运动场上跑完一圈后，全身大汗淋漓。喝上一瓶宝矿力水特，快速补充了水分流失及电解质，整个人很快就会恢复了元气，这就是爽点。

第三点，什么是痒点?

痒点就是满足虚拟自我。什么是虚拟自我？就是想象中美好的自我。

例如同样都是喝水，为什么依云矿泉水就能够卖出相对其他普通瓶装水好几倍的价格呢？因为他们打造的是一种追求高品质生活的形象。能喝上它就代表你是成功人士。

2. 怎么发现用户需求

发现用户需求的方式，这里主要推荐以下五种方法：

第一种，问卷调查。

问卷调查作为一个常见工具，主要是通过制定一系列详细严密的问卷，要求被调查者进行回答，以此帮助调查者收集资料。

除了传统的纸质问卷调查，借助互联网的帮助来发放及回收调查问卷已经越来越普遍。目前市面上主要的问卷调查平台包括腾讯问卷、问卷星等。

第二种，深度访谈。

深度访谈是指由专业访谈人士发起的，在某一较长的时间内和被调查者针对某一个话题展开的一对一谈话。由于访谈的深度、细节和丰富程度是其他方法无法企及的，所以，深度访谈能够获取高质量数据。在营销领域，常常被用于了解个人是如何认识品牌、购买产品以及如何使用等。在《史玉柱自述：我的营销心得》一书中就提到了该方法的运用：

脑白金刚推出时，我带了几个人去公园实地调研，那个城市我们已经在销售了。一些老头老太太在公园里聊天，我就上去找他们搭话。我问他们对脑白金了不了解，他们说知道脑白金，有一两个说吃过。大部分人说有兴趣，但没吃过。后来我就问，为什么不吃呢？他们回答说，买不起。

其实他们的收入是够的，为什么觉得买不起呢？

后来我在聊天中发现，中国的老头老太太对自己是最抠的，不舍得给自己花钱。他们告诉我，除非儿子或者女儿给买，他就愿意吃。其中有一个吃过脑白金的人说，他每次吃完都想让儿子帮他买，就把空盒子放在窗台上面，提示儿子。

我们意识到，要卖脑白金，向老头老太太说没用，要跟他的儿子或者女儿说。在中国，给老人送礼就是尽孝道，这是传统美德。我们通过反复讨论得出结论：关于这个产品就说两个字——“送礼”，而且要对老头老太太的儿子女儿说。

从后续脑白金营销的成功，也能看出深度访谈在挖掘用户需求时所起的作用。

图 2-8 百度指数

第三种，百度数据分析工具。

这里主要指百度指数（如图 2-8）和百度关键词分析工具。为什么提到这两类工具？其实原因很简单。因为对于大多数网民来说，碰到问题习惯性会上网百度下答案，而这些需求都被百度记录下来。

图 2-9 5118 大数据

图 2-10 爱站网

百度指数是以百度海量网民行为数据为基础的数据分析平台，通过这个工具可以研究关键词搜索趋势、洞察网民兴趣和需求、监测舆情动向、定位受众特征。

百度关键词分析工具，除了百度自身推出的关键词分析外，5118 大数据（如图 2-9）及爱站网（如图 2-10）也能提供类似的功能。通过这些工具，我们就能看出网民对于哪些关键字的查询次数多，并且对于哪些长尾关键字感兴趣。

第四种，电商分析工具。

这里的电商分析工具主要是指淘宝的生意参谋。作为阿里巴巴商家端统一数据产品平台，其提供的市场行情模块具有 5 大功能，即市场监控、供给洞察、搜索洞察、客群洞察、机会洞察。借助平台提供的数据，运营者则能够很快地找到用户的需求点，尽快地实现引流变现。

第五种，爬虫工具。

如果想要单独了解某细分领域的用户需求，还可以使用爬虫工具，如八爪鱼采集器、火车头采集器等。这些工具能够抓取指定页面的指定栏目中的内容，并且导出内容，方便创意文案后续分析。

3. 如何衡量用户需求

前面五种工具所获得的数据都能用来衡量，哪些需求点是用户最为关注的。由于需求市场的大小决定了成交量，需求的强弱决定了成交的意向，而需求的精确性又决定了受众转成用户的可能性大小。可以参考以下表格（如表 2-1）：

需求	市场需求	需求的强弱	需求的精准性
需求 1	小	强	比较精准
需求 2	大	强	精准
需求 3	大	较强	一般

表 2-1　需求确定表

通过分析上表，就会发现需求 2 和需求 3 是主要的用户需求。在撰写文案时候可以重点描述与之对应的产品功能点。

借助如上的三大步骤，创意文案基本能发现用户的主要需求。

军规 3：占领用户心智，品牌定位的 8 大法则

1. 为什么要对产品 / 品牌进行定位

什么是品牌定位？主要是指为了能在潜在顾客的心智上与众不同，而采取在品牌层面上做出竞争区隔，建立独特的认知联想的品牌战略。定位的要素在于速度，最早抢占消费者心中的关键词以便形成品牌联想，后来者就很难扭转这种先发优势了。

通常，品牌定位一般会综合几类属性：①独特的产品属性；②相对的市场价位；③特定的消费人群；④差异化的品牌认知。

2. 如何进行定位

（1）分析品牌现状

在产生定位之前，需要明确产品 / 品牌现状，这里推荐 SWOT 分析法（如图 2-11）。

该方法又称为态势分析法，主要围绕企业的优势（Strengths）、劣势（Weaknesses）、机会（Opportunities）和威胁（Threats）进行分析，从而明确企业在竞争中的现状。

优势（Strengths）	劣势（Weaknesses）
机会（Opportunities）	威胁（Threats）

图 2-11　SWOT 分析法

如何充分利用 SWOT 法则来检查对于品牌的现状分析是否全面，推荐以下问题清单：

第一，优势。

企业是否有独特的背景故事或使命？

企业在哪些领域经常出类拔萃？（客户支持，营销，销售，履行等）

员工拥有哪些优势或独特技能？

企业资金充足还是拥有其可以依赖的其他有用资源？

企业是否拥有其他地方无法获得的独家产品或服务？

品牌在哪些方面有良好的感知？

品牌在哪些方面与企业的使命和业务方向保持一致？

品牌的哪些方面是真实的？

品牌中哪些元素与目标受众产生共鸣？

品牌的哪些部分沟通良好？

第二，劣势。

企业在哪些领域经常表现不佳？

员工是否遭受任何一致的弱点？（士气低落，缺乏训练等）

企业是否缺乏时间，人员或资金等资源？

业务目标重点明确吗？

品牌缺乏发展的策略吗？

品牌中有哪些元素是不真实的？

企业是否未能履行任何品牌承诺？

品牌的哪些部分沟通不畅？

任何品牌信息都无法与受众产生共鸣吗？

品牌的哪些方面被认为很差？

第三，机会。

品牌能填补目前空缺或代价不足的利基吗?

是否可以与其他企业合作以获得曝光,财务支持或消费者商誉?

产品或服务能否胜过竞争对手?

国家政策的变化会有利于品牌业务的发展吗?

经济趋势的改善是否会对业务产生影响?

品牌能否真正与任何流行的原因保持一致?

当前的趋势是否有益于业务或品牌?

是否有任何新的技术进步可以改善产品?

是否可以针对新的受众群体修改现有产品或服务?

可以突出显示品牌现有的五个方面吗?

第四，威胁。

竞争对手提供哪些自身无法媲美的东西?

下行经济趋势是否会对业务产生影响?

国家政策的变化会以任何方式阻碍业务吗?

任何经销商或供应商是否不可靠，价格上涨或停业?

是否存在可能损害业务或品牌的文化转变?

天气的变化是否会对业务产生负面影响?

是否有任何时事可能会使品牌中的任何元素成为负面影响?

品牌是否与任何负面实体，组织或意识形态保持一致?

是否有竞争对手试图诋毁品牌?

（2）常见定位方法

第一种，领导者定位。

定位理论之父杰克·特劳特说：“成为第一是进入心智的捷径。”很多品牌都喜欢用行业领导者的身份者来定位自己的品牌，例如，雷士照明占据照明行业的第一品牌。

第二种，细分品类定位。

对于很多新品牌来说，无法直接与老品牌相抗衡，此时就会选择切入一个细分品牌。例如，同样是洗发水，海飞丝主打去屑，飘柔主打柔顺，潘婷主打高效滋养，通过这些细化的特征标签形成不同品牌之间的差异化，实现了在用户心智上的区隔。

第三种，第二名定位。

所谓的第二名定位就是紧跟领导者，借助第一的影响力来衬托自身的产品价值。例如美国的安飞士租车公司，他们的广告语就是“我是第二名，我会更努力”，企业也因此赢得了更多消费者。

第四种，高级俱乐部定位。

如果品牌并非行业第一和第二，仍然可以借助大品牌的名气来提高自己的影响力，这种方法就是高级俱乐部定位法则。例如我国的新一线城市名单，实际上和北上广深四大城市差距很大，但是却借助了一线城市的名气提高了成都、武汉、重庆、苏州等城市的地位。

第五种，USP 定位。

USP（Unique Selling Proposition）即独特销售主张，主要是指在产品的所有特点中，找到一条最符合消费者需要的，且竞争对手所不具备的最为独特的部分，把它作为品牌的定位。例如宝矿力水特凭借其能迅速补充人体流失的水分和电解质而拉开和其他矿泉水的定位，形成了鲜明的特点。

第六种，空白定位。

该定位方法是指市场上存在空白区域，企业一旦推出了满足该潜在市场需求的产品即会占据第一。例如 Uber 打车，满足了城市打车难的问题，一推出就风靡全球。

第七种，反向定位。

反向定位，就是和业内知名品牌的定位截然相反。例如可口可乐定位为正宗经典，百事可乐则定位为年轻人的选择。

第八种，文化定位。

即将文化内涵融入品牌之中，从而形成文化上的品牌差异，例如快时尚品牌，以“快”为特点，主打低价、时尚的潮流，从而吸引年轻人的注意力。

军规 4：从内到外，打造品牌形象的两大方向

产品 / 品牌形象通常包括外在和内在两个方面即品牌视觉形象与品牌文化及个性。

1. 品牌视觉形象

主要包括企业名称、企业标志（logo）、标准字、标准色、象征图案、宣传口语等基本要素。大到企业品牌广告、品牌宣传海报、产品包装设计，小到企业名片，都是囊括在内。目的是通过统一的形象提升品牌的识别度，让大众更好地记住该品牌。

我们以运动品牌为例子进行说明（如图 2-12、2-13、2-14、2-15）：

图 2–12　新百伦　图 2–13　李宁　图 2–14　阿迪达斯　图 2–15　耐克

以上的 LOGO 一目了然依次属于新百伦、李宁、阿迪达斯和耐克，但实际上对于大多数消费者来说，只要看到了 logo 就知道是什么品牌，甚至知道品牌的产品定位及特点。

2. 品牌文化及个性

如果说品牌的视觉形象是它的脸，那么文化及个性则是它的灵魂。如何给品牌塑造一个有趣而独特的灵魂呢？玛格丽特 · 马克和卡罗 .S. 皮尔森的品牌著作《很久很久以前：以神话原型打造深植人心的品牌》提出经典的 12 种品牌原型这一概念。

（1）12 种品牌原型的划分规则

这 12 种品牌原型的划分主要基于人类的四大动机：归属 / 人际 VS 独立 / 自我实现、稳定 / 控制 VS 冒险 / 征服。

第一，什么是归属 / 人际？

是指希望自己能够被人喜欢，并且归属于某个团体。

第二，什么是独立 / 自我实现？

是指期待成为独立的个体，可以拥有自己独立的成长道路。

第三，什么是稳定 / 控制？

是指渴望获得安全感和稳定感，可以在既定且重复的日常生活中获得满足。

第四，什么是冒险 / 征服？

是指想要获得成就的喜悦，就必须做出冒险 / 征服的行为。

（2）12 种品牌原型详解

对以上四大动机进行划分，则可以得到如下 12 类品牌原型（如表 2-2）：

动机	品牌原型	消费者的恐惧	帮助人
归属 / 人际	弄臣 凡夫俗子 情人	被流放、遗弃或者吞没	得到爱、得到团体的归属
独立 / 自我实现	天真者 探险者 智者	被陷害或者出卖、空虚	找到幸福
稳定 / 控制	创造者 照顾者 统治者	财务危机、病痛、失控的混乱	感到安全
冒险 / 征服	英雄 亡命之徒 魔法师	无用、无能、无力	获得成就

表 2-2　品牌原型详解

原型 1：弄臣

原型特质：开心好玩才是最重要的

例子：杜蕾斯、M&M 巧克力豆

原型 2：凡夫俗子

原型特质：享受平常自在的生活

例子：优衣库、名创优品

原型 3：情人

原型特质：就是爱着你！代表着美丽、性感、魅惑及热情

例子：香奈儿、维多利亚的秘密、德芙巧克力

原型 4：天真者

原型特质：乌托邦一样的美好与天真

例子：迪士尼乐园、麦当劳

原型 5：探险者

原型特质：追求自我、敢于冒险

例子：雪花啤酒、Discovery 探索频道、陆虎汽车

原型 6：智者

原型特质：追求知识与真理

例子：知乎、得到 App、樊登读书会

原型 7：创造者

原型特质：热爱创造发明，拒绝墨守成规

例子：索尼、乐高积木

原型 8：照顾者

原型特质：温暖热情，慷慨助人

例子：舒肤佳香皂、佳洁士牙膏

原型 9：统治者

原型特质：乐意承担领导角色，发挥控制力

例子：王老吉、移动全球通

原型 10：英雄

原型特质：敢于拼搏和奋斗，在冒险中证明自己

例子：耐克

原型 11：亡命之徒

原型特质：破旧立新

例子：苹果

原型 12：魔法师

原型特质：蜕变、创造神奇时刻

例子：Uber、Airbnb

企业在打造品牌形象时，需要内外兼顾，达成和谐统一。

军规 5：摸透传播渠道，引爆文案不是梦

创意文案的撰写不是孤立的，而是需要同时考虑到传播渠道的特性，同样是品牌推广，针对以青少年为主要用户的传播渠道，风格偏向活泼生动；针对以老年人为主要用户的传播渠道，则需要偏向简单易懂。

根据传播渠道是否需要付费，将其主要分为两大类，即付费渠道和免费渠道，其中免费渠道又分为自有媒体（Owned Media）和赚来媒体（Earned Media）。

付费渠道：即付费媒体，原本指代广播电视、平面媒体上刊登的广告，在互联网兴起之后，又包括了百度品牌专区、信息流广告等形式。

自有媒体：企业自己的渠道，是由品牌自行管理的。例如官方微博、官方微信公众号、官方博客等等。

赚来媒体：消费者成为传播渠道，通过口碑扩散的形式为品牌带来良好的品牌传播效果。

通常，在了解传播渠道时需要考虑传播成本、传播素材要求、受众人群、流量大小、流量品质、转化效果及适合场景等因素，以下对三类主要传播渠道进行简要阐述：

1. 付费媒体

根据与互联网的相关度，将其分为非互联网媒体与互联网媒体。

（1）非互联网媒体

第一种，电视。

包括硬广、访谈、独家赞助或者是公益植入的形式，电视受众偏老龄化，以中等学历为主，渠道成本高、传播范围广、流量品质也低，转化效果也偏低。通常适合大企业用来做品牌宣传提升美誉度，不大适合中小企业。

第二种，报纸杂志。

以宣传海报、新闻稿和软文为主要形式，知名渠道包括《人民日报》《南方周末》及《南方都市报》等。渠道成本高，报纸覆盖人群广而杂志相对更少，流量品质也低，转化效果也偏低。和电视相似，更适合大企业用来做品牌宣传提升美誉度，不大适合中小企业。

第三种，电梯广告。

以宣传片和海报为主要形式，通过分众传媒等平台进行传播，流量中等，流量品质高，转化效果中等。大中小型企业都可以选择该投放方式，因为曝光度不错，所以能够迅速提升品牌知名度。

第四种，地铁广告。

主要以宣传片、海报及品牌专列为主要形式，用户人群广泛，以中青年为主，曝光度强，展示效果好，传播成本中等，流量大，流量品质和转化效果大多偏低。该方式更适合大公司用于品牌曝光。

第五种，公交广告。

主要以车身广告、站牌广告、海报及宣传片为主要形式。覆盖人群广，曝光度不错，传播成本偏低，流量品质和转化效果都偏低，适合功效类和暴利类产品投放广告，更多还是用于品牌曝光。

第六种，其他。

主要包括火车站、飞机场、电影院、高速路牌、广场液晶屏等，由于都具有极强的曝光度，且能够针对性地选择受众人群，例如飞机场是覆盖高端人群的重要选择。

（2）互联网媒体

第一种，搜索引擎。

常见的形式包括百度、360 搜索、搜狗等搜索引擎。以竞价的形式为主，流量大，成本与所在行业的竞争程度相关，流量品质较高，转化效果与企业团队的技术相关，大中小企业均可参与。

第二种，联盟广告。

主要包括百度联盟（如图 2-16）、谷歌联盟（如图 2-17）、360 联盟（如图 2-18）和搜狗联盟（如图 2-19）等，以 banner 广告为主要形式。这些渠道流量大，成本适中，但是流量品质和转化效果都偏低，中小企业不大建议这些渠道。

图 2-16　百度联盟

图 2–17　谷歌联盟

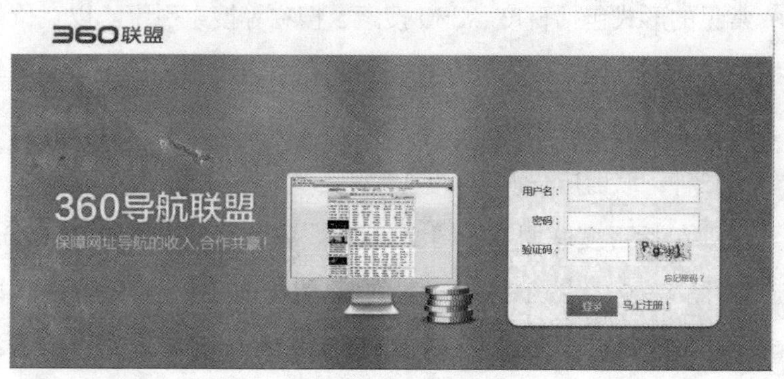

图 2–18　360 联盟

图 2–19　搜狗联盟

第三种，导航广告。

主要包括 hao123（如图 2-20）、360 导航、搜狗导航、2345 导航、UC 导航等，流量大，成本和位置相挂钩，流量品质和转化效果一般。

图 2-20　hao123

第四种，信息流平台。

主要包括今日头条（如图 2-21）、广点通（如图 2-22）、微博粉丝通（如图 2-23）等，以图文、视频为主要形式，流量的大小、品质和转化效果都偏中等，人工成本较高，需要运营人员精通平台的规则。

图 2-21　今日头条

图 2-22　广点通

图 2-23　微博粉丝通

第五种，自媒体大号。

主要包括微信公众号大号、微博大号等，流量的大小、品质和转化效果都和账号粉丝量、账号定位及推广素材息息相关。不同账号的投放费用不同，需要根据具体的情况而定。

第六种，视频广告。

包括爱奇艺、优酷等视频网站等，以贴片广告为主要形式（如图2-24）。传播成本高，流量大，用户较为精准，但是流量品质和转化效果一般。

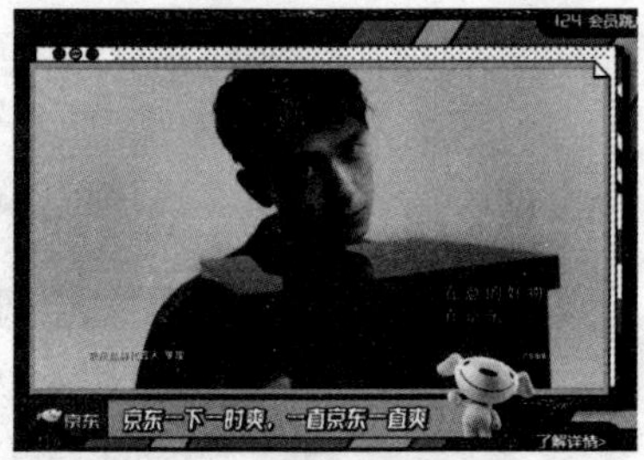

图 2-24　视频广告

2. 自有媒体

（1）官网及 App

以文章、banner、视频、弹窗等为主要形式，大中小企业均适合，特别是对于缺乏预算的小企业用于冷启动和内容营销。

（2）官方媒体

包括微信公众号、微博和社区等，以文章、宣传海报及宣传视频为主，流量精准，适合长期耕耘。

（3）新闻自媒体

主要包括百家号、头条号、搜狐号、一点号、企鹅号、大鱼号等（如图 2-25）。以文章、宣传海报及宣传视频为主。对于中小企业来说，传播成本低、内容质量够好且能带来大量曝光，适合冷启动。

图 2-25　新闻自媒体

（4）视频自媒体

包括优酷、土豆、B 站、搜狐等视频平台。同样适合缺乏预算的中小企业，成本低，内容质量高，可以带来大量的流量。

（5）SEO

主要包括知乎、贴吧、百度百科、百度知道、新浪爱问知识人等平台，适合组织专门的内容团队，整理相关的内容发到平台上，从而提升整体的品牌曝光度。

3. 赚来媒体

赚来媒体主要是指各类社交媒体，如豆瓣小组、微博、微信群、朋友圈、QQ 群、贴吧、博客和各类社区等，流量大小不一，但是普遍流量精准，有利于品牌转化。由于这些渠道往往很难控制和规模化运作，因此，企业可以通过加强对粉丝的运营，从而提升对赚来媒体的影响力。

以上三类媒体，对于每个企业来说，在传播创意文案时都会或多或少的用。其中，付费媒体可以用来引爆讨论点，快速拉升品牌热度，自媒体可以用来打造品牌形象，赚来媒体则可以用来争取用户的好感，从而争取更大的品牌效应。

军规 6：创意之道，不得不说的最高心法

在日常生活中，我们总是很容易会被各种创意文案所洗脑，然后购买其产品甚至是成为其粉丝，由此可见，创意不仅仅能够让用户对其印象深刻，而且更重要的是能够形成销售变现。

如何更好地寻找创意思路呢？这里分为两个步骤：

1. 用曼陀罗思考法打开联想

曼陀罗思考法就是同步运用水平思考与垂直思考来挖掘出思考的广度与深度的工具。水平思考就是加大思考的广度，突破自我设限的思考，其关键在于“联想力”，而不是“判断力”。垂直思考是提高思考的深度，其关键在于“判断力”，即讲究顺序严谨、逻辑推理的合理性。

举例，以黑色为中心词。

首先请大家在第一层的曼陀罗内，八个空白格子内填上跟中心主题相关的词语（如表 2-3）。

4　孤独	5　眼睛	6　幽默
3　神秘	黑色	7　头发
2　黑名单	1　黑夜	8　死亡

表 2-3　曼陀罗思考法

然后将刚刚的八个答案分别再延伸出下一层次的曼陀罗，接着把这八个答案分别作为八个曼陀罗的主题（如表 2-4）。

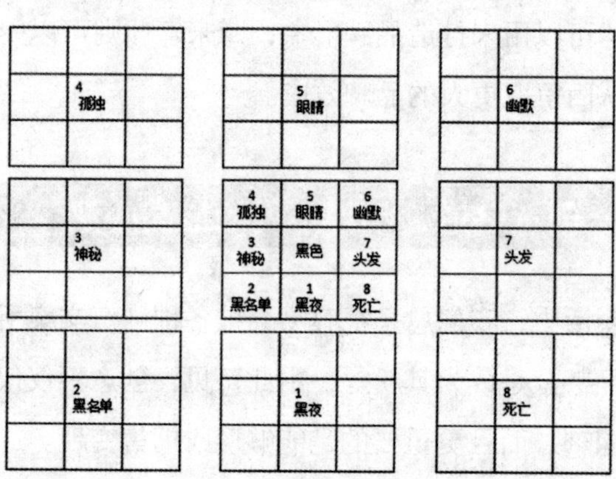

表 2-4　八个曼陀罗主题

夜生活	睡觉	黎明
白天	黑夜	鬼故事
恐惧	黑暗	月亮

表 2-5　以黑夜为中心的曼陀罗思考

在从黑色联想到黑夜，从黑夜联想到鬼故事等（如表 2-5）。按照这样的思路能够获得 8×8=64 个答案。如果你有兴趣的话，可以再用这样的方式进行 8×8×8=512 个答案！

这个方式叫作曼陀罗中的曼陀罗，可以同时训练水平思考与垂直思考，形成一种思考的网络。通过这样的联系就能打开我们大脑的联想能力：看到这个想到什么？联想能力就是举一反三的能力，也就是解决问题的能力，能不能想到别人没有想到的，比别人更早一步找到解决方法？当然这个方法对于我们在创意过程中也是非常重要的。

由于大多数情况下，创作者已经很明确要为一个具体的品牌 / 产品撰写内容，因此可以直接将该品牌或者产品放到第一层的曼陀罗中心，围绕其产品自身的形态（如产品本身、包装、商标、品名及功能情景）、产品 / 服务相关背景（如原材料、生产工艺、产地风情、悠久历史）等开始展开联想，从而关联不同的属性。

如果觉得曼陀罗思考法太麻烦，也可以考虑直接使用思维导图进行发散，两种方法的效果相似。

2. 运用坐标系组合法寻找创意点

所谓坐标系组合法，是将不同事物的关键字和元素进行分类，分别放置于纵坐标和横坐标，然后分别在横坐标和纵坐标上取一个要素，组合起来进行想象（如图 2-26），这样就能找到很多的创意灵感。

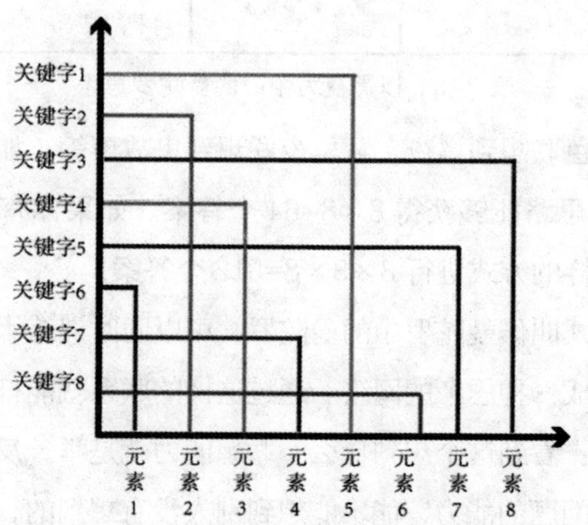

图 2-26　坐标系组合法

不过要素的组合并非简单叠加，而是在原有的基础上进行新创造（如图 2-27）。在看似熟悉的同时，却总有那么一点点“违和感”存在。因为绝对的陌生会让人不知所云或是抵触，而适当的“违和感”能让你既熟悉，又有记忆点。

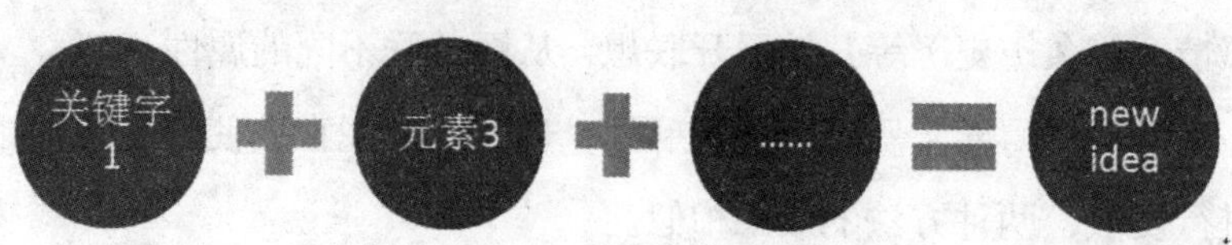

图 2-27　要素组合的方法

军规 7：下笔有神，文案变身印钞机的两大要点

经过前面的各个步骤后，我们对要撰写的创意文案已有了初步的了解，但是如何进行具体的撰写操作，这里分为两个要点：

1. 梳理思维逻辑

很多时候，创意文案在撰写内容的过程中，容易走向这样的一种误区：为了过度追求 10 万 + 的刷屏，或者是满纸金句的神文案，却忽视了对于文章底层思维逻辑的锤炼，导致文章出现明显的逻辑错误，从而无法赢得用户的信赖并完成引流转化的目标。为了避免这样的情况发生，建议创作者采取以下方式梳理思维框架。

（1）理清逻辑的三个方法

第一种，归纳法。即并列几个不同的事实，然后从这些事实中找到共同的属性。第二种，演绎法。即从假设命题出发，运用逻辑规则从而推导出另一命题的过程。第三种，递进法。即认识事物或者事理由由浅入深、由表及里、由低到高、由小到大、由轻到重，层层递进、逐步深入。

（2）使用金字塔原理梳理逻辑

该原理出自芭芭拉·明托的《金字塔原理》一书，是一项层次性、结构化的思考、沟通技术，帮助我们梳理文章层次、突出主题思想，从而使得文案内容更加清晰易懂（如图 2-28）。

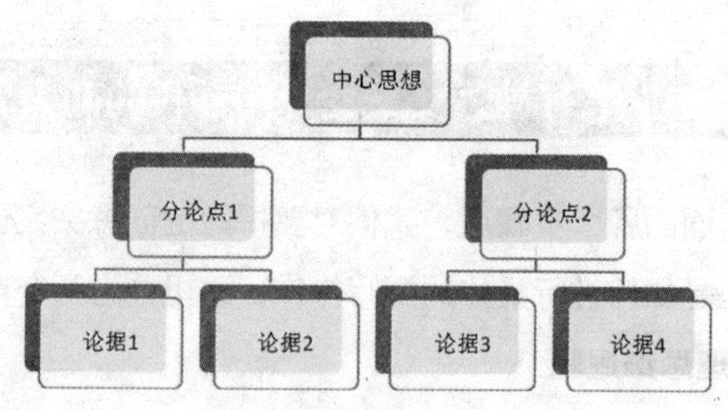

图 2–28 金字塔原理

那么，我们该如何搭建金字塔呢?

首先，寻找中心思想和分论点。将文章涉及的各个论点都罗列出来，然后按照上下结构把中心思想和分论点进行排列，再用线条将各个观点横向连接起来，完成了一个由点、线构成的简单三角形金字塔。然后将已有的各个论据分配到不同的分论点下，并依据各组分论点之间的逻辑关系，最后整理出最终的三角形。

2. 完善内容模块

通常一篇文章主要包括以下模块：标题、正文、结尾。我们依次对这些模块进行讲解：

（1）标题

第一点，标题的功能。

一个好标题通常具有以下功能：吸引注意力；筛选受众；传达完整的信息；引导读者进一步阅读文案。

第二点，标题的类型。

常见的标题包括 8 种。

直言式标题，即开门见山点明主题；

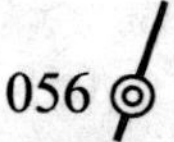

暗示式标题，即不直接做推销，而是先诱导用户阅读文章再做出解答；

新知式标题，即直接分享新消息新见闻；

如何式标题，即将“如何”直接放入标题中，等于直接承诺了文章会提供有用的建议和解决之道；

提问式标题，即围绕用户关注的信息引发其共鸣；

命令式标题，即直接告诉用户方法，催促其行动；

目标导向式标题，即罗列要点数字，提升读者的探知欲望；

见证式标题，即从某位顾客的口吻进行讲述，提升信任感觉。

第三点，标题的撰写技巧。

每个创意文案都想要写出好标题，这里分享一个由罗伯特·布莱提出的有效创作标题的四大公式，即 Urgent（急迫感）、Unique（独特性）、Ultra-specific（明确具体）以及 Useful（实际益处）：

什么是急迫感？

即在标题中加入时间元素，以此塑造急迫感，从而促使读者立刻采取行动，例如：现在预约免费接种，错过再等一年！

什么是独特性？

即以全新的角度讲解旧事物，从而吸引读者注意力。例如：如何向上管理领导？

什么是明确具体？

即点名该文章是一篇手把手的指导教程。例如女人 30 岁之前一定要做的30件事。

什么是实际益处？

即诉诸利益，提供实际的好处。例如：整整两个月，带上身份证这些景点免费游玩。

（2）正文

在拟定完一个好标题后，就可以开始撰写正文部分，除了行文框架需要注意梳理逻辑充分利用金字塔原理外，还需要特别注重正文开头的设计，推荐以下写法：

第一种，创造场景法。

主要包括呈现冲突场景和熟悉场景两种。

冲突场景用来激发读者联想，例如《我帮你，没有动机》的开头是：

“粉丝七七愤怒地跟末那说：叔，最近有个男人追我。”

当读到这个开头时，是否会激发读者的联想，引发继续阅读的兴趣呢？

熟悉场景是为了引发读者共鸣，例如有一篇文章的开头是：

安迪是1993年的，学日语专业，她刚来公司的时候，就是一个小可爱。

现在她变了，人称安迪姐，气场2米8。

其实，她来公司的时候，崩溃过3次。

第一次哭，是刚来公司的第一天，我让她写剧本，她完全是懵的，写不出来，回到宿舍大哭。

当读到这个开头时是否也会想起自己刚毕业时的场景，并且感同身受？

第二种，设置悬疑法。

通过这种方法，故意一下子不说透原因，诱导读者不断读下去。

举例，在《“为什么要炒掉在朋友圈晒加班的人？”答案太颠覆了》一文的开头：

最近我在紧锣密鼓地搞招聘，于是跟一个资深 HR 朋友 Carrie 请教，她突然跟我讲了一个招聘原则：

但凡在朋友圈晒加班的人，你都要小心。最好别要。

我懵了，晒加班不是首先得加班吗？那不是勤奋工作的体现吗？

她笑着说：你没听过“越炫耀什么，越缺少什么”吗？来，给你讲一下之前一个招聘经历。

看到这个开头是否很想继续阅读，看看到底是什么经历导致这位 HR 得出这个结论？

第三种，独白开头法。

这种开头方法是通过第一人称，敞开心扉，在拉近与读者距离的同时也提升了文章内容的信任度、诚意与真实感。例如这个开头：

“你要认命，这就是你的命。”

不知道为什么，我的脑子最近老是出现这句我妈当年说的话。我妈是一个非常传统的中国农村妇女，她叫我认命，其实现在想想也是为了我好。显然我妈不晓得“没有希望就没有失望”这句话，但是生活的艰辛让她懂得这个道理，她让我认命，其实也是为我好。

这样的开头，总是能够引发大家的同情。

第四种，故事开头法。

这种开头方法让读者无压力，且有代入感，很容易就能继续读下去。

知乎文章《怎么快速合法地挣到一百万？》的开头是：

我在 5 年前，花钱买了一本书，价格 680 元。

这本书讲的是一个新手如何利用身边资源，白手起家挣到第一个 100 万。

看到这个开头是否就会特别想要直接往下阅读，从而期待能从文章中找出赚到 100 万的秘密？

第五种，金句开头法。

想要文章被人记住，金句必不可少，甚至还能升华主题，被广泛传播。

例如，列夫·托尔斯泰的名著《安娜·卡列尼娜》的开头是：

幸福的家庭都是相似的，不幸的家庭各有各的不幸。

当读者读到这句话时，都会忍不住发出感慨，“对，是这么个道理”，甚至即便是没有读过该书的人，也都会知道这句话，这就是金句的魅力。

（3）结尾

当文章要结束时，一个优秀的结尾可以起到加深读者印象和引导读者行动的作用。主要推荐以下结尾方式：

第一种，总结性结尾。

这种结尾方式主要是用于加深读者的印象，让读者吸收更多的内容。

整篇文章读下来，最后也会被作者所传达的观点所打动，并且再次加深对于本文的印象。

第二种，关联读者。

这种写法的作用在于让人从文章原本所描述的观点，进而转入到对于自身的思考。

举例 Know Yourself 的文章《“愿你深谙世事，也拥有成熟的天真。”｜KY 秘籍：步入社会后，如何交到真心的朋友？》的结尾：

慢慢地你就会明白，没有那么多友情给我们挥霍浪费，你会明白，每个人都有缺点，你需要忍耐，也要学会包容。也许你需要的只是朋友身上的某一道闪光，但是，那已经足以陪伴你走过这漫长虚无的人生。

如果说年少时期的友谊是运气，那么，成熟后的抉择才更接近于本心。当你愿意走出自己构建的壁垒，愿意重新付出和相信的时候，就会发现你依然可以触碰并拥有全新的，同样珍贵的友情。

愿你深谙世事，也拥有成熟的天真。

在读完上述结尾后，每个人都会开始重新深思自己应该如何处理步入社会后的友谊关系。

第三种，金句引用。

这种写法的作用在于升华主题思想，又引发读者思考。举例，在文章《吴晓波读书：他什么都不相信，除了自由》的结尾：

在《通往奴役之路》的“结论”中，哈耶克最后说，“如果我们要建成一个更好的世界，我们必须有从头做起的勇气——即使这意味着欲进先退……我们几乎没有权利感到比我们的祖辈优越。我们不应忘记，把事情弄成一团糟的并不是他们，而是我们自己。”

在读完上述结尾后，作为读者是否也会被哈耶克的话所打动并且认同其观点呢？

军规 8：传播有术，推波助澜的 3 大因素

如何传播创意文案？想要真正发挥创意文案的作用，主要和这三个因素有关：第一，创意文案是否适合传播？第二，创意文案的传播策略是否正确？第三，当受众接收到创意文案后，是否愿意自发再传播？

1. 了解什么样的创意文案才适合传播

奇普·希思、丹·希思在《让创意更有黏性：创意直抵人心的六条路径》一书中提到了“SUCCES”原则即：简单（Simple）、意外（Unexpected）、具体（Concrete）、可信（Credible）、情感（Emotional）、故事（Stories）。

（1）什么是简单（Simple）

即毫不留情的区分主次，提炼精要的内容，使得表达简短且深刻。

例如“满招损，谦受益”，就是简单的典范，短短六个字就把骄傲和谦虚的结果点明，并教育了人们应该如何为人处世。

（2）什么是意外（Unexpected）

即打破人们的期待，通过出奇制胜的方式，来激发人们的兴趣和好奇心。

例如在 LV 讲述的品牌故事里，提到泰坦尼克号真实的历史沉船事件中，抵达现场的搜救队伍捞起了载浮载沉在海上的 LV 硬壳行李箱，打开来里面竟然滴水未进！通过这个故事，LV 就充分证明了其产品质量优良，引发了更多消费者对其追捧。

（3）什么是具体（Concrete）

即通过视觉、听觉、触觉、嗅觉、味觉和身体行为来阐释，使得受众接收到同样的观点。

例如德芙巧克力的“纵享丝滑”就充分调动了受众的触觉，让受众在读到该广告语时便会联想到巧克力在唇齿间如丝般顺滑的触觉。

（4）什么是可信（Credible）

即在面对某话题时，专业的人士、专业的背景更能促使受众相信其内容可靠。

例如同样是推广寿司店，寿司之神小野二郎的数寄屋桥次郎就远比其他的寿司店更受欢迎，因为本身小野二郎的料理水平就是这家店最大的背书。

（5）什么是情感（Emotional）

即人们更容易对具体的人而非抽象的事物产生情感，因此，创意必须能够引发受众内心的感情波动。

例如，当说出麦当劳的品牌口号“I'm lovin' it”时，每个人都能感受到该品牌传递出来的无拘无束的快乐之情。

（6）什么是故事（Stories）

即故事天然具有吸引人的作用，不仅更容易被理解、被记忆也更容易传达情况。当受众在听故事的同时回应也更加快速和有效。

据说在战争中有一名叫安东尼的士兵被子弹击中胸口，由于他口袋里放着一个 Zippo 打火机，子弹并没有对他造成贯穿伤，而 Zippo 能挡子弹的故事现今依然让人津津乐道。

由此可见，由一个传奇故事组成的创意文案是有多么巨大的传播力。

2. 创意文案的传播策略是否正确

当创意文案的内容符合了传播的规律时，企业的传播策略也是十分重要的。毕竟酒香也怕巷子深，没有正确的传播策略，只能白白浪费创意文案的撰写工作。

传播策略怎么做？在明确传播目的、受众情况和预算情况后，围绕维度、规模、力度和节奏这四个方面展开，这里以《史玉柱：我的营销自述》一书中脑白金广告的传播策略为例：

（1）传播维度

传播维度主要考虑传播什么和怎么传播两个方向。其中，传播什么是由传播目的和传播诉求决定的。例如想要通过传播创意文案达到提高品牌知名度的效果；怎么传播是由目标受众和传播创意决定的。同样是要推广品牌，针对年轻人可能需要选择抖音快手等App，而针对老年人可能就需要选择电视广播及报纸。对于脑白金来说，因为针对的是中老年人，因此选用的报纸和电视居多。这个也就是我们所看到的脑白金广告在电视上一连播了10年。

（2）传播规模

传播规模最主要在于曝光。因为曝光力度越大，才越有可能触达目标受众。为了让脑白金的广告得到大量的曝光，作为操盘者史玉柱不仅让广告在中央电视台播放，还在大量的地级电视台、县级电视台购买大量时段。

（3）传播力度

传播力度是传播穿透力度大小，保证了传播力度，才能保证自己的创意文案能够深植受众的脑海。

正如史玉柱在书中提到的那样：

“电视广告要在消费者脑海里形成印象，需要很长时间，需要持续。广告要么别播，你要播最起码有 1 年以上的计划。如果你播得少，这个钱就浪费掉了，就相当于你刚刚预热一下，预热了 3 个月、6 个月，你把火给撤了，你的水就永远开不了了，你前面烧的火白烧了。”

（4）传播节奏

正如美妙的歌曲节奏有快慢之分，传播节奏也是一样，一个传播周期分几个阶段？各个阶段的诉求是什么？是品牌宣传、产品推广还是蹭热点传播？不同的诉求针对哪些用户群体？需要多大规模的传播？这些都是节奏的组合和安排。

例如，针对不分旺季淡季常年在销的产品，一年的广告应该如何分布？史玉柱提出了一个概念：脉冲式播放。刚开始，导入市场时前 3 个月甚至前 6 个月密集地播；到后面，隔月播。播的这个月可以选择每天播，如果预算不够的话，就隔天播但播的那天力度要大。虽然隔天播放的费用比每天播放更低，但是它的效果只是略微下降。通过这种方式，不仅可以加强消费者对产品的印象，也能降低广告成本。

3. 当受众接收到创意文案后，是否愿意自发再传播

想要创意文案传播得更深更广，自然少不了受众的再传播。影响再传播的因素主要包括以下 3 个：

（1）利益驱动

传播该内容能够为自己赚钱和省钱时，相信很多人都会愿意转发。例如常见的“分享得红包”“帮我砍价”“集赞兑奖”等，所以千万不要小看了利益驱动的力量。

（2）社交货币

社交货币的概念源自社交媒体经济学（Social Economy）的概念，是用来衡量用户分享品牌相关内容的倾向性问题。简单地说就是利用人们乐于与他人分享的特质塑造自己的产品或者思想，从而达到口碑传播的目的。

例如分享网红店的攻略打造自己时尚潮人的形象，分享微信读书的笔记打造自己爱学习的形象。

（3）荣誉驱动

人们喜欢分享那些能够让他们看上去更聪明、更美好、更特别的事情。例如一些特别的头衔、称号、证书等。

通过本章节，我们会发现想要更好地传播创意文案，需要同时考虑：内容是否适合传播（即：创意文案是否符合 SUCCES 原则）、传播者的技巧如何（即：对传播维度、传播规模、传播力度、传播节奏的掌控情况）、受众对内容的反应（即：是否喜欢该内容并愿意再传播）。只要掌握这些技巧，创意文案才能达成梦想的传播效果。

军规 9：借助数据，改出好文案的两大步骤

任何创意文案的诞生都是为某一目标服务的，例如促销、品牌宣传等。因此为了更好地完成其目标，创意文案需要经过一次次的优化和修改，这背后离不开数据的支持。

图 2-29　需要关注的数据维度

想要通过数据优化创意文案，主要包括以下步骤：

1. 了解数据维度

对于创意文案来说，需要关注这些数据维度：展示数据、转化数据、传播数据及渠道数据（如图 2-29）。

（1）展示数据

展示数据主要包括覆盖人数、推荐量、阅读量、页面停留时长和阅读次数等。这些是最基础的数据，其存在的意义和价值在于展示了内容被点击和查阅的情况，提供了一个简单而直接的效果反馈，为创意文案后续的内容优化给予了支持。

例如，一篇推文在今日头条上用了双标题进行推送，A 标题的推荐量是 30 万，阅读量是 10 万 +，B 标题的推荐量是 10 万，阅读量是 1 万。

通过这样的分析，可以非常明显地发现 A 标题的质量明显好于 B 标题，因此后续打算在其他自媒体平台推送该内容的文章，就可以直接考虑使用 A 标题了。

（2）转化数据

主要包括付费链接的点击次数、付费人数、付费金额等。相对于展示数据，转化数据是更深层的数据，其往往用来判断内容是否利于用户转化。

例如，用来推广付费课程的微信软文，仅从付费链接的点击次数就能够了解在吸引目标受众时的转化效果。

（3）传播数据

主要包括转发人数、转发次数、二次传播带来新用户数等。该维度的数据用于表明内容的质量、趣味性等特征，方便创作者了解内容是否适合用于引爆社交媒体。

例如，我们常用“刷屏”这个词来形容爆红一时的微信文章，其实就是从侧面证明文章内容广受目标群体的喜爱，以至于纷纷转发朋友圈，引爆社交网络。

（4）渠道数据

主要包括月活跃人数、日活跃人数、男女比例、用户偏好、获客成本等数据。该维度的数据可以用来衡量不同渠道的投放质量及效果。这些都是由渠道本身的定位所决定。对于创作者来说，通过数据分析，可以了解特定渠道的用户喜好，从而针对性的撰写文案。

例如同样是推广理财产品，在虎扑这样以男性为主要群体的平台上，文案内容的切入点可以是某成功男性是如何 3 年买房，进而引导到理财课程；在小红书这样以女性为主要群体的平台上，文案内容的切入点则可以是为何女性天天剁手反而财富越来越多。

2. AB 测试

AB 测试是指为了同一个目标而设计两套不同的方案，并将两种方案随机投放到市场中，并让成分相同（相似）的用户去随机体验两种方案之一，再根据反馈数据来判断哪个方案更好。

该方法广泛运用于互联网领域，例如 Google 团队曾为什么颜色最适合某网页的工具栏而争论，设计团队选择了一种特别的暗蓝色，而产品经理主张偏绿的色调，两边都握有充分的理由。那最终听谁的呢？是选择暗蓝色还是偏绿的颜色？最后团队运用 AB 测试解决了该问题，在测试了 41 种不同的颜色后，终于找出哪种颜色才是用户更偏爱的。

对于创意文案来说，通过 AB 测试获取数据从而优化内容，也是同样适用。那么如何运用 AB 测试呢？主要分为以下 5 个步骤（如图 2-30）：

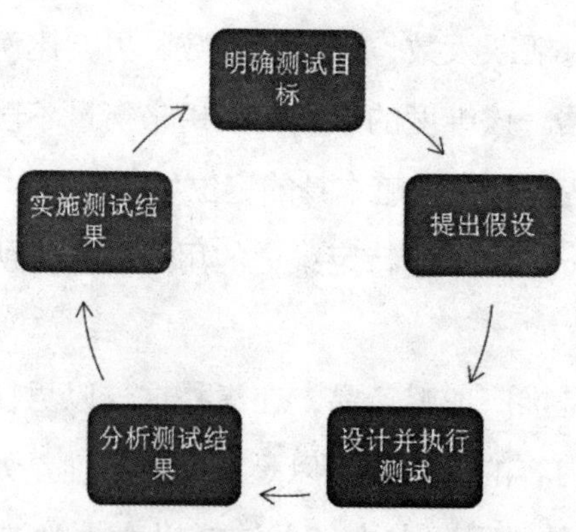

图 2-30　AB 测试的 5 个步骤

（1）明确测试目标

不管 AB 测试是针对微信软文、品牌广告、宣传海报或者是电商详情页，任何 AB 测试开始前都需要一个明确的测试目标，如提高微信文章的打开率，提升广告的点击率，提高课程的付费人数等。在明确目标之后，再思考实现测试目标时会涉及的关键指标，观察现有的数据情况，并设置好测试的环境及测试衡量标准（见表 2-6）。

测试目标	测试内容
提高微信文章打开率	哪个标题用户更有打开阅读的欲望?
如何提升广告的点击率	哪个广告图片的点击率更高?
如何提高课程的付费人数	那个渠道的目标消费人群更加集中?

表 2-6　AB 测试的目标与内容

（2）提出假设

假设是 AB 测试的基础，例如某个标题会比另一个标题打开率更高的理由是什么？为了更好地形成假设，可以提出问题或者做出推测——什么因素影响打开率？例如在标题中添加当下热点的关键词会提高打开率吗？这个假设应该包括你想要改变什么和改变之后的结果。

举例：

为什么用户不愿意点击广告图片呢？“我认为广告图片没有展示产品的利益点。”

为什么目标受众不愿意购买付费课程呢？“我认为该课程没有设置部分免费试听内容。”

（3）设计并执行测试

从单变量测试开始入手，只需要选择和测试目标相关性强、容易改变的做测试就能够找到优化结果和方法。以下是创意文案相关的单变量测试例子：标题、利益点、行动点、图片、表格。

第一，标题。

作为用户最早看到的内容，标题在长度上、语言风格、情感表达上的细微差别都会让用户做出不同的反馈。通常可以围绕以下几个方面进行测试：

长标题 VS 短标题

专业描述 VS 通俗描述

陈述句 VS 疑问句

行业热点关键词

积极消息 VS 消极消息

第二，利益点。

在利益点的内容表述上，任何品牌及产品测试时都可参考以下角度：

正面描述 VS 侧面描述

纯文字描述 VS 数字描述

使用场景 VS 实验对比

第三，行动点。

想要让用户完成预计的转化目标，就必须召唤其采取行动。那么如何让其采取对应的行动，如分享、下载、注册和购买呢？可以参考以下维度：

改变分享按钮的大小、颜色、形状及位置

更改下载按钮的文字措辞，如改为免费下载

价格的展现形式：现在价格 VS 原有价格

第四，图片。

创意文案搭配上图片，能够更好地吸引受众的目光，从达到对应的目标。可以参考以下维度：

人物图片 VS 产品图片

人物图片的属性：性别、年龄、种族、群体

摄影图片 VS 插画图片

美女 VS 动物 VS 婴儿

第五，表格。

在很多创意文案中表格也发挥着重要的作用，例如用于搜集客户信息、注册产品等。AB 测试时可以参考以下方面：

表格的必填区数量

表格的长度

表格填写框的大小

表格的字段长度

（4）分析测试结果

对于创意文案来说，一旦开始 AB 测试，就需要时刻监测测试情况，以保证数据的准确性。当测试完成后，就可以分析结果了。AB 测试会显示两个测试版本之间是否存在着明显的统计差别。

（5）实施测试结果

无论结果如何，都可以以该结果作为提出新测试假设的基础，以此来实现创意文案的优化与迭代。因为只有不断地测试才能带来进一步的优化，测试得越多，优化的程度也就越深。

通过以上方式，将能够帮助创意文案找到更好的内容优化要点，进一步提升创意文案的反馈效果。

03 广告创意文案的 5 个绝招

有能力的创意人员，不会认为他的工作只是做一则或一套广告，他一定会下功夫去了解影响产品销售的其他因素。

——李奥·贝纳

招式 1：广告语，靠一句话节省一半广告费

广告语（Slogan）是某产品较长时间内反复使用的特定商业用语，其作用是将产品的特性及优点浓缩成最简洁的文字并且传递给消费者，像“De Beers”的广告语——“钻石恒久远，一颗永留传”（A diamond is forever），就充分地展现了其强烈、鲜明的品牌特性，并以此吸引了大量用户。通常来说，广告语主要以广告海报及广告片等形式出现。

1. 成功的广告语通常符合以下原则

（1）简洁易懂

最经久不衰的广告语往往朗朗上口，易读易记，符合大众传播的基本要求。为了能让消费者轻松挂在嘴边，广告语要尽可能的短小精悍，核心诉求和信息点要单一，不用生僻词语，充分利用对仗押韵等语言技巧。例如某技术学校的广告语“挖掘机技术哪家强，中国山东找 ××”。前后两句对仗押韵，朗朗上口，一时间风靡大江南北。

（2）传达利益点

有效的广告语要强调产品及服务的利益点，明确地告诉消费者该产品到底好在哪里，能够为其带来什么好处和价值。不仅要戳中消费者在某一领域的痛点，同时还需要巧妙地突出产品的独特卖点，从而激发消费者的购买欲望。例如王老吉的广告语“怕上火就喝王老吉”，充分地将上火的痛点和降火气的卖点结合起来，给了消费者非常明确的购买理由。

（3）与产品相关

对于品牌来说，广告语是一个说服消费者完成产品购买的语言，因此必须和产品本身紧密相关。例如宝马的广告语是“终极驾驶机器”（The Ultimate Driving machine），可以让消费者从中感受到宝马汽车就是每个汽车爱好者们的终极选择。

2. 如何撰写广告语

撰写广告语时，需要结合品牌的需求进行。以下分享一些创作广告语的常见技巧。

（1）展现产品独特卖点 / 使用利益

对于那些拥有独特卖点的产品，应该用一句简洁的口语化短句将该卖点展示出来，以方便消费者能最快地感受到产品对其的好处和价值。该技巧不仅可以拉近消费者与产品的距离，还能增进消费者对产品的好感度和信任度。

例如《福布斯》杂志：资本家的工具（The capitalist tool）。

该杂志在资本家中非常受欢迎，因为它会及时更新各类投资信息和趋势。因此《福布斯》的广告语也就明确展现了其作为“资本家的工具”的重要性，即资本家们唯一需要的工具。

再如滴滴出行：滴滴一下，马上出发。

该广告语将其方便、快捷、及时等打车卖点一一呈现，告诉用户随时随地都能使用滴滴出行。

（2）展现行业地位

为了更好地说服消费者认可该产品，展现该产品的行业地位是最直接的一种方式。通常包括销售量、行业排名、消费者数量等不同侧面进行展现。

例如加多宝：中国每卖 10 罐凉茶，7 罐加多宝（如图 3-1）。以市场份额的方式展现加多宝凉茶在中国凉茶市场的地位，说服消费者它才是凉茶领域最好的选择。

再如拼多多：3 亿人都在“拼多多”（如图 3-2）。

通过数字引发从众行为，进而带动更多的人使用该产品。

图 3-1 加多宝

图 3-2 拼多多

（3）调动感官体验

从视觉、嗅觉、听觉和味觉等感官体验入手，营造产品使用时的氛围，通过沉浸式的感官享受，使消费者身临其境，从而更加认可产品的价值。

例如德芙巧克力：纵享丝滑（如图 3-3）。

该广告语展现了德芙巧克力的口感如丝般顺滑的感官体验，勾起消费者对德芙巧克力的美好想象，进而激发购买欲望。

图 3-3 德芙

再如农夫山泉：农夫山泉有点甜（如图 3-4）。

当念出该句广告语时，消费者似乎也品尝到农夫山泉的清冽甘甜，进而让消费者认可农夫山泉就是从大自然里搬运而来的，是真正的矿泉水。

图 3–4　农夫山泉

（4）从用户的情感切入，引发共鸣

将用户的情绪、感情融入广告语，说出其心里话，从而引发消费者对产品的共鸣。

例如百事可乐：热爱全开（如图 3–5）。

表达出了年轻人为了自己的热爱，展现出的激情与兴趣，同这种激情情感一致的便是：我们要在生活中放肆的去享受我们最爱的可乐。

图 3–5　百事可乐

再如锐步：I am what I am（我就是我）（如图 3–6）。

这条广告语不仅激励年轻人发出自己的声音，而且鼓励他们通过运动来拥抱和展现自己的个性。当然，该广告语的确打动了年轻人。该品牌现在是美国知名潮流运动品牌。

图 3–6　锐步

（5）专属关心，感性温情

对于身处红海的产品来说，无法通过独特卖点和竞品形成区隔，此时可以选择从情感切入，用跟情人或者老朋友说话的口吻，写出一句和产品相关充满感情的话。

例如欧莱雅：你值得拥有（Because you're worth it）（如图 3-7）。

每个人都值得被善待，也值得拥有奢侈的化妆品。通过这句广告语，欧莱雅想要告诉女性们应该好好对待自己。

再如雀巢咖啡：再忙，也要和你喝杯咖啡（如图 3-8）。

这句充满温情的广告语让人不禁联想起和亲友一起品尝咖啡的美好时光。告诉大家，再忙碌，也应该要抽空和亲友小聚交谈。

图 3-7　欧莱雅

图 3-8　雀巢咖啡

（6）号召行动，完成转化

任何广告语的目的都是为了让用户行动，如注册账号、使用产品和购买产品等。因此，直接号召大家行动，是达成目标最快捷的方式。

例如脑白金：今年过节不收礼，收礼还收脑白金（如图 3-9）。

过年送礼不知道选什么礼品好，那么，不要犹豫，脑白金就是你最好的选择。正是因为直接召唤大家行动，让大家在出现送礼需求时，第一时间就会想起脑白金。

再如百度：百度一下，你就知道（如图 3-10）。

百度作为搜索引擎，其最大的功能就是帮助用户搜索信息。因此号召用户“百度一下”这个行动时，也就让更多的用户使用上了该产品，顺利达成了目标。

图 3-9　脑白金

图 3-10　百度

（7）传递品牌价值观

通过向消费者传递普世价值观，以此达到激励的目的，从而获得他们的感情认同和喜爱。

例如锤子手机：我不是为了输赢，我就是认真。

从营销的角度，这句广告语是非常有创意的。通过传递一种追求极致的匠人精神，来赞美那些努力做着自己喜欢的事情的人，以此让每一个具有拼搏精神的人都和锤子手机的这句广告语感同身受，进而将其转化为品牌的粉丝。

再如 Keep：自律给我自由（如图 3-11）。

坚持锻炼的自律举动可以成就更加健康的自己，从而让用户更

图 3-11　Keep

好地享受工作和生活的自由。

以上就是有关广告语的创作方法，将会帮助创意文案更好地完成日常工作。

招式 2：邮件广告，实现低成本高回报的 5 大步骤

邮件广告是指通过互联网将广告信息发送到用户邮箱的网络营销手段，其具有针对性强、传播面广、信息量大等特点，相对于其他的广告形式具有节约成本、简单方便、反应快捷和覆盖率高等优势。

在邮件营销中，想要更好地提高营销效果，除了要定期更新客户数据库、及时去除无效地址与重复地址、选择合适的邮箱服务商之外，最重要的是撰写出有创意的邮件内容，进而提升转化率。

为邮件广告写出有效果的创意文案，主要包括以下步骤：

1. 设置发件人名称

发件人名称作为用户在收到邮件时看到的第一眼内容，极大地影响着用户打开邮件的意愿。因为一旦发件人名称给人不专业的印象，则会直接认定其为垃圾邮件，要么不看，要么删除。如果不够专业，就需要对其优化，改造成真实的人名或企业名。

2. 取好邮件主题

邮件主题和发件人名称一样重要，因此为了让更多的用户查看邮件正文，在撰写邮件主题时需要符合以下原则：

（1）内容简洁明了

用户在查看邮件正文前都会根据邮件主题来做决定，通常都是在 3 秒以内。因此在撰写主题时，需要用简洁明了的文字将主题表达完整，从而让用户判定是否需要即刻查看正文。

（2）概括邮件主要内容

邮件主题一定要体现出正文要表达的核心内容，从而避免主题与正文内容不相符合，导致用户认定其为垃圾邮件。

（3）合理使用关键字

邮件主题所涉及的关键字主要包括以下几类：

第一点，产品关键字：主要是为了方便那些未能在第一时间查看邮件的用户，后续可以直接通过产品关键字找到该邮件广告。对于产品关键字还可以同时匹配“新品”“视频展示”“销售”“警告”“新闻”“公告”“每日”等文字一起组合，提高用户的打开兴趣。

第二点，敏感词：为了避免潜在的风险，需要剔除各类敏感词如减肥、丰胸、彩票、办证和发票等。

第三点，品牌词：主要用来提高用户的信任度，通过自报家门，亮出自己的身份，从而提升邮件被查看的概率。

（4）谨慎使用标点符号

很多发件人为了吸引用户眼球在邮件主题中大量使用感叹号，但是感叹号一旦太多则会引起用户的反感，被认为是垃圾邮件甚至是病毒邮件。

3. 优化邮件正文

正文内容是整封邮件广告的重头戏，也是履行邮件主题中承诺的地方，因为不管邮件主题是如何吸引人，如果正文内容无法打动用户，那么就无法实现该邮件的转化目标。

通常推荐邮件广告的正文参考以下结构：

（1）列举用户痛点：唤醒用户需求；

（2）介绍解决方案：告知用户其需求会被如何满足；

（3）列举产品价值点：证明的确能帮助用户解决痛点；

（4）产品效果：用户使用产品前后对比图、用户证言；

（5）产品报价：原价多少、现价多少，赠品/服务是啥，优惠几天；

（6）行动号召：以按钮形式出现，使用显眼的颜色或图片，记得添加跳转链接，按钮上的文字需要突出紧迫感，例如库存有限、立即购买等。

除了以上六点之外，在撰写正文的过程中还需要注意：在内容中添加适合的图片，提高邮件的美观性及吸引力；对邮件进行响应式设计，从而方便用户在移动端阅读。

4. 正式发送并测试效果

在邮件的发送过程中会得到不少的数据信息，主要包括：弹回率、未弹回率，打开率、点击率和转化率。

弹回率和未弹回率主要与邮箱地址的有效性相关，如存在大量无效的邮箱地址，弹回率则越高，未弹回率则越低。

打开率、点击率和转化率则主要与邮件文案相关，因此，这里重点分析这三类数据。

（1）打开率

打开率是指在邮件营销活动中，目标受众打开邮件的数量占整个发送总数的百分比。如发送了1000封邮件只有20人打开，那么打开率就是 2%。

该数据通过在邮件上加一个透明的小图片，该图片被正常加载完成之后，就会触发一个打开的动作，并反馈到邮件服务商的服务器，在统计后台上即可查看到该数据。请注意：没有任何链接或图片的纯文本邮件是不可追踪的。

邮件打开率是衡量邮件广告效果的重要指标，主要受到以下两类内容的影响。

第一类，邮件主题。

在垃圾邮件泛滥的时代里，我们对于很多内容都感到厌倦。因此，是否打开或者删除邮件都是大脑瞬间的反应，这意味着必须为邮件取一个引人入胜的主题。

第二类，摘要。

当用户被标题吸引，打开邮箱，除了邮件主题，接下来要看到就是内容摘要，也就是邮件开头的前一两行内容。这里可以将醒目的关键字放在前面，重点在于引起兴趣。

（2）点击率

点击率是指在邮件中点击了一个或者多个链接的目标受众数占总体打开数的百分比。在邮件中点击一个链接会在追踪数据中显示为一个打开，虽然点击数偶尔会超过打开总数，但是点击率永远不会超过打开率，原因是在于某些用户在邮件中多次点击一个链接或者一次性点击多个连接。

通常来说，用户所点击的链接主要是落地页或官方网站的页面，点击率主要与邮件中添加了链接的图片或者按钮有关，即图片所展示的文案引导是否足够吸引用户，跳转按钮是否明显等。

（3）转化率

转化率是指针对邮件中某特定营销活动，收件人对该活动回应的比率。通常在该类邮件中都设有跳转到落地页或者相关网站内容的链接，使用百度统计或者谷歌分析都可以对此类数据进行跟踪及分析。

转化率的高低主要受到落地页或网站页面上图片、文案及企业活动力度等多重因素影响。

5. 内容优化及放大效果

创意文案可以根据以上三类主要数据进行内容优化，包括：

（1）根据打开率优化邮件主题及摘要内容。

（2）根据点击率优化邮件正文中带跳转链接的营销图片及按钮。

（3）根据转化率优化落地页等网页的图片、文案及活动策略等。

经过多次 AB 测试后，再将最优的版本发送给更多的用户，提升邮件广告的营销效果。

招式 3：信息流广告，15 秒拿下用户的 4 步玩法

信息流广告主要是指位于微信、微博等社交媒体用户的好友状态或者今日头条等资讯媒体内容流中的广告，形式多样，包括文字、图片、图文和视频等。因为其具有入口就是内容、原生不打扰、用户体验好等特点，成为营销界的宠儿。

当前，主要的信息流投放平台有：微博粉丝通、腾讯社交广告（即原来的广点通）、腾讯智汇推、百度 feed、今日头条、一点资讯等。在投放平台上，推广者可以根据标签进行定向投放，也可以根据自己的需求选择品牌曝光、落地页跳转或者是应用下载等。

想要实现信息流广告的效果关键在于能否实现“在正确的地点、正确的时间，向正确的人推送正确的信息”，为了更好地达成投放目标，以下是信息流广告的撰写技巧。

1. 正确的地点：根据投放平台特点区分文案风格及特色

信息流投放平台众多，根据其特点主要可以分为三类：社交平台、资讯平台和娱乐平台。社交平台可以更贴近互动性，如在微信朋友圈内投放广告，则可以贴近用户生活；资讯平台则可以偏向信息属性，文案内容可以往新闻资讯的描述上走；娱乐平台则可以结合网络热点，搞怪耍酷吸引眼球。

例如某技工学校在社交平台、资讯平台和娱乐平台的风格（如表 3-1）：

社交平台	资讯平台	娱乐平台
高考失败后，这条道路让他找到了人生的希望。没考上大学，人生就没有未来了吗?	学历低也不怕，这群青年靠着手艺月入三万！最新免学费保就业的技术学校名单。	你挖掘机开得这么溜，难道也是 ××× 学校出来的? 揭秘！这所震惊美国五角大楼的 ×× 学校的真实面目。

表 3-1　某技校在不同平台的广告文案

2. 正确的时间：结合用户的阅读时间提升即时感

这里的正确时间主要指两方面。

（1）用户每日的阅读时间

可以分为以下 3 个时段：

第一，上下班路途中：6:00—9:00、17:00—19:00。

上下班路途中，用户最主要浏览的是资讯类平台，如今日头条。对于创意文案来说，可以结合时事热点新闻撰写内容，从而吸引更多的流量。

第二，工作时间：9:00—18:00。

在工作时间，用户浏览最多的是搜索类平台，如百度搜索。创意文案针对该时段的用户，就可以提供较为专业的信息内容，说服用户信赖该品牌，进而完成转化目标。

第三，休息时间：19:00—00:00。

在休息时间，用于浏览最多的是社交平台和娱乐平台，如微信、微博、抖音。对于创意文案来说则需要撰写有关社交主题和娱乐主题的内容了，从而提升信息流广告的转化效果。

以某英语学习 App 在上述三个时间段的信息流推送为例：

上下班路上：在路上，用 ××App 也能学好英语。

工作时间：职场英语好不好，决定了你的未来能走多远。

休息时间：打开 ××App 学英语，甩掉字幕看美剧。

读到这里相信大家都明白该如何选择投放时间了，不同的行业工作休息时间各有不同，如果你想要获取精准的流量，可以根据目标人群具体作息时间来制定相应的时段策略。

（2）节庆等热门时间

除去每日的阅读时间段，每年的重大节庆如高考、春节等热门时间，创意文案也可以考虑进去。

例如同样是推广某技校：

在高考后的推送是：高考失败后，学这门手艺企业抢着要！

在春节期间的推送是：新年新计划，想要新年月入 2 万这门技术学一下！

3. 正确的人：区分消费者的所处阶段及属性

正确的人就是我们的目标群体，通常从以下两个维度进行区分：

（1）消费者的所处阶段

通常来说，消费者根据其购买阶段的不同，可以划分为：潜在人群、行业目标人群及品牌忠诚人群。针对这三类人群，信息流传递给消费者的信息点也有所区别。以英语学习 App 为例，我们给出针对这三类人群的文案策略（如表 3-2）。

潜在人群	行业目标人群	品牌忠诚人群
文案目标：挖掘和刺激潜在需求	文案目标：承接需求，强化优势	文案目标：强化品牌，销售转化
例如：为什么说每个人都需要学好英语？	例如：下载 ××× App 学英语，随时随地想学就学。	例如：××× App 特惠：圣诞抽奖，赠送 1000 元学费！

表 3-2　不同人群的广告刺激策略

（2）消费者的属性

消费者的属性主要是指年龄、性别、地域、学历层次、收入层次等标签。为什么需要根据不同的属性来撰写文案呢？因为这样的内容能更好地拉近与目标用户之间的距离，加强用户的代入感，从而让用户认为该条内容是为自己打造的，更好的触动消费者，进而完成信息流的目标。

例如：

年龄：12岁以下儿童免费抢票！经典音乐剧即将来袭！

性别：长隆乐园3月女士特惠！

地域：广东人太幸运了！这些A级景区全部5折！酒店交通也有优惠！

学历层次：本科以下学历的恭喜了！专属补贴赶快领！

4. 正确的信息：符合投放目标以及传播到位

（1）符合投放目标

信息流的投放目标主要分为品牌和转化两大类，其中提高品牌知名度时，需要强调口碑、行业地位；转化又分为促销、注册、下载，其中促销需要突出优惠力度、活动亮点，注册需要突出会员的特权，下载需要突出App功能等。

（2）传播到位

想要信息流广告传播到位，就必须在最短的时间内简单、直接、快速、有效地告诉受众：我是谁？我能提供什么好处？我和竞品有何差异？以此来吸引受众的注意力，完成传播的触达。这里主要分享以下几个技巧：

第一，通知用户。

这类信息流广告看上去和通知消息差不多，常常包含“新消息、通知、友情提示、今天、现在”等字样，让用户感觉这是一个重要的消息内容。

举例：

从今天起，自考本科仅需要 ×××× 元。

通知：这些人持身份证即可免费游玩 ×× 乐园。

第二，好奇探秘。

将有用的信息不在标题内一次说完，或者是将其包装成少数人才知道的秘闻，引发受众的好奇心，使其迫不及待地点开正文。

举例：

男友半夜不睡觉，竟然是在偷偷玩这个！

专柜的人不会告诉你，这里买鞋便宜这么多！

第三，制造稀缺。

为用户提供一个看起来稀缺的机会，不管是限定时间、地点还是特定人群，都会促使用户更加珍惜这个机会，加紧决策，做出行动。

举例：

剩 10 个体验名额，减肥仅 99 元！立刻预约！

距离自考报名结束还有 30 天，错过又要等一年！

第四，强调优惠。

通过提供特别优惠的价格或者是免费的机会，以此来吸引用户关注。

举例：

××牌跑步鞋，原价499元，现在只需199元！

厂家清仓，买二送一，现在下单，免费试穿！

第五，跟风从众。

每个人都不想自己脱离社会的节奏，因此很容易受周围人群的影响。这时可以告知其最新的时尚潮流，引发其关注。

举例：

腾讯正版手游，你有50名好友已经在玩，马上体验！

2019年深圳最热门的网红店，你也打卡了吗？

通过以上信息流广告的撰写技巧，将会帮助创意文案更好的达成投放目标。

招式4：着陆页，推广效果飙升的3大要点

什么是着陆页？

如图（3-12）所示，将官网、App中最希望用户看到的内容，通过不同的渠道分发出去后，由渠道带来流量，用户点击任意渠道的链接和内容（主要包括搜索引擎广告、信息流广告、朋友圈广告、应用商店的App广告、App内部的活动推广图等）后进入的第一个页面即被称为着陆页，又可称为落地页或引导页。

着陆页能够为企业带来用户/客户，主要起着承接流量、转化

图 3-12　着陆页的投放流程

用户的重要作用。

1. 着陆页的分类

通常来说，任何着陆页有且只有一个目标，着陆页里的所有内容都是为了服务该目标而存在的。根据目标的不同，着陆页大概可以分为：

（1）点击型着陆页

什么是点击型着陆页？顾名思义就是在着陆页上会有按钮项让用户点击跳转到其他页面（如京东、淘宝、企业官网、下载页等），这样的着陆页起到了流量承接的作用。当流量被接引到着陆页上，用户通过点击上面的按钮进行下一步操作，在承接整个流量的同时也为其他页面做分发和转化。

点击型着陆页又可以分为：

第一类，发展目标用户，即通过着陆页引导目标用户注册、下载、订阅及关注等。

第二类，促进销售，即引导目标用户下单购买产品和服务。

（2）线索生成型着陆页

什么是线索生成型着陆页？指的是可以通过该着陆页面搜集到企业需要的用户信息。通常，这类着陆页的页面设置是一个信息表，当推广带来的流量进入该页面时，就能快速的搜集用户信息如姓名、联系方式等，有助于下一步营销活动的展开，方便将潜在用户变成自己真正的用户。

常见的表现形式包括优惠券发放、直接注册、预约报名等。

2. 着陆页文案的撰写

着陆页主要是由图片和文字组成，一般需要选择较为精美的图片，在阐释文案内容的同时，整体风格保持和谐统一。针对着陆页的文案，我们从上到下将其依次分为：标题、卖点阐释、场景痛点、品牌信息、行动号召。

（1）标题

当用户进入着陆页时，要让其第一眼就能看到自己感兴趣的内容。这就是标题要发挥的作用，即承载流量。因此在撰写标题时，需要注意以下细节：

第一，着陆页的标题比广告标题的表述更加直接；

第二，文字简洁有力，直接突出本页面最大亮点；

第三，充满诱惑力，能激发用户向下阅读的兴趣；

第四，需要与产品关键词或广告内容相承接；

第五，第一屏的各个标题之间相互呼应与补充。

（2）卖点阐释

卖点阐释主要是解释“你有什么”的问题，即产品或服务能给用户的核心价值。在撰写过程中需要注意卖点是否匹配了用户的主要需求，通常可以从需求的市场规模大小、需求的强弱和需求的精准度三个方面进行衡量。

那么如何更好地阐释卖点呢?

第一点，凸显卖点，让用户第一眼就能看到关键信息。

第二点，尽量用数字的形式进行表述，因为用户对数字更加敏感。

（3）场景痛点

该部分内容主要描述的是“和我有什么关系”。为什么要在着陆页上突出场景痛点呢？主要是因为我们需要以场景重现的形式，尽快唤起用户疼痛感，进一步激发起需求，此时再结合卖点阐释，就能彰显产品 / 服务的价值所在。

例如某中小学英语辅导课程，如果只是单纯的对家长说：我们的课程很棒，经过多少老师的集体研发，多少次更迭，用户未必会买。但是如果对用户说：孩子的英语成绩怎么也提不上去，家长一辅导就鸡飞狗跳；孩子英语学不好影响中高考，而且还影响学习自信心。这两种描述方式很明显，第二种更能激发家长的购买欲望，从而产生想要购买的冲动。

（4）品牌信息

品牌信息主要是为了解决用户的担忧，提升用户信任度的问题。因此，可以通过以下形式解决：

第一，产品销量：通过销量情况证明产品 / 服务过硬，所以我们值得信赖，例如已经有 ××× 人成了我们的用户。

第二，用户口碑：以用户心声的形式进行展现，引发新用户的共鸣。

第三，权威认证：通过权威认证的形式，体现产品和服务的稀缺性和高价值。

第四，明星背书：明星认可，容易引发从众效应，同时又体现了公司强大的实力。

第五，达人背书：借助行业 KOL 的权威感，从而使用户相信企业的产品和服务受到业内的认可和好评。

第六，奖项证明：证明国家政府和知名机构都认可本公司的产品/服务，如荣获 ××× 奖项。

（5）行动号召

着陆页上所有的信息都是为了最后的行动号召所服务的，行动号召按钮上的文案即便是细微的差异，也会导致转化效果千差万别。建议在撰写该文案时需要注意：

第一，与标题内容相呼应。例如标题内容是注册有奖，行动号召则可以写成“即刻领奖”。

第二，号召的意图要明确而直接，让用户第一眼看到文字就知道自己应该做什么。

除了以上 5 点，这里再补充一点：表单。

对于线索生成型着陆页来说，页面中一定会有表单，为了提高用户填写的意愿，通常需注意：

第一，表单尽可能简短及贴心。作为企业，只需要考虑搜集哪些信息方便后续将其转化为用户，因为填写的信息越多，流失率也就越高。

第二，表单减少对必填项的要求。有的表单将所有的填写信息都设置为必填选，如未填写则无法提交，这样对于用户的体验来说也不够友好。对于非紧要内容，则设置非必填项。

3. 着陆页 AB 测试与文案优化

为了更好地提升转化效果，着陆页制作完成后，仍需要通过 AB 测试对其进一步优化。

在 AB 测试的过程中，选择什么去测试主要取决于目标，例如增加用户的注册量。为了达成测试目标，就需要弄清楚是什么在影响用户注册。是需要填写的表单数量过多？注册的提示不够明显？所展示的内容是否能提供足够的信任感？用户的隐私声明是否到位？行动按钮的措辞是否明确？这些细节都可以通过 AB 测试来获得答案。在获得明确答案后，即可对着陆页的创意文案进行有针对性的优化。

对于创意文案来说，掌握好着陆页的撰写技巧非常重要，直接影响效果的好坏。

招式 5：电商文案，实现高转化的两大要点

电商文案是为了销售产品而写，常见的电商文案包括产品详情页及产品海报。相对于品牌文案的精神传达，电商文案更加注重如何用最容易理解的方式向消费者传达产品的好处和利益点。

1. 电商文案判定标准

电商文案是否优秀，主要可以从以下 3 个指标出发：

（1）跳出率

该指标主要用于反映页面内容受欢迎的程度。跳出率高，代表着页面内容需要调整，文案细节还需优化。

（2）转化率

作为电商文案的核心指标，转化率是指在一个统计周期内，完成转化行为占推广信息总点击次数的百分比。在电商网站中转化率越高，说明其盈利能力也就越强。

（3）访问深度

访问深度是指用户在电商平台上一次性浏览的网页数量，其主

要与内容导航相关。通常来说，消费者在某电商平台上一次性浏览的页面越多，就说明该平台越能吸引他们的关注。访问深度越大，就说明用户体验也就越好、平台的用户黏性也就越高，电商文案的设计也越合理。

2. 电商文案撰写步骤

如何让电商文案在言之有物的同时又不像说明书一样古板，可以从3个步骤入手。

（1）产品定位

产品定位，是指企业提供什么样的产品及服务来满足目标消费者的需求。举例，很多女性想要购买防晒霜，其需求是在于防止变黑想要变白。

（2）产品功能

用户会购买产品，是因为其功能能够满足他们的需求。一般来说，优秀的电商文案在描述产品时须符合这些特点：

第一点，用词准确简单，能够用最少的文字把信息传递清楚，内容不要太过繁杂，用户不愿意阅读长篇大论。

第二点，尽量避免抽象专业词汇，为了帮助用户理解，可以用大家已经熟悉认识的物品去描述该产品的功能。

例如，某去除黑头的护肤品描述其功能时，用了一句“赶走毛孔里的千年钉子户”。对于那些黑头顽固的人来说，“千年钉子户”实在是太形象贴切了。

第三点，讲清产品所带来的利益点。

由于用户在看到产品的功能描述时，不一定能立刻理解产品对于自身的用处在哪里。因此，创意文案可以学着利用FAB法则，分别从属性（Feature）、作用（Advantage）和利益（Benefit）描述产品，从而更简单更直接地展示产品的利益点。

属性：产品所包含的客观现实，所具有的属性。

作用：该产品属性所具有的作用。

利益：产品能够为用户带来的利益。

举例：一件纯棉 T 恤的 FAB（如表 3-3）。

序号	属性（Feature）	作用（Advantage）	利益（Benefit）
1	纯棉质地	透气性好，吸水性强	吸汗，不刺激皮肤，容易清洗
2	人字布包边	不容易散口	耐穿
3	备用纽扣	配套纽扣	不用担心扣子掉

表 3–3　纯棉 T 恤的 FAB

通过以上的细节，从而方便说服用户这件衣服是不错的选择。

（3）使用场景

什么是使用场景？即通过不同的需求场景展现产品功能的使用，从而让用户相信该产品的确能满足自身需求。

使用场景主要分为两类，一类是如果有了该产品，将会怎样？一类是如果没有该产品，将会怎样？

在描述使用场景时，最重要的是如何让用户产生代入感。什么样的文案才能让用户有代入感呢？那意味着文案一定需要有丰富的细节。细节越丰富越真实，用户在脑海中才能自动勾勒出越清晰的画面，产生的代入感才会越强。

举例：

不知何时开始，我害怕阅读的人。就像我们不知道冬天从哪天

开始，只会感觉夜的黑越来越漫长。

我害怕阅读的人。一跟他们谈话，我就像一个透明的人，苍白的脑袋无法隐藏。我所拥有的内涵是什么？不就是人人能脱口而出，游荡在空气中最通俗的认知吗？像心脏在身体的左边。春天之后是夏天。但阅读的人在知识里遨游，能从食谱论及管理学，八卦周刊讲到社会趋势，甚至空中跃下的猫，都能让他们对建筑防震理论侃侃而谈。相较之下，我只是一台在 MP3 世代的录音机；过气、无法调整。我最引以为傲的论述，恐怕只是他多年前书架上某本书里的某段文字，而且，还是不被荧光笔画线注记的那一段。

——诚品书店的文案《我害怕阅读的人》节选

从以上的细节就能感受到一个很久不读书的人在面对他人高谈阔论时的惶恐与不安，从而让这段内容的读者也忍不住反思自己到底多久没有读书了。

当然，想要进一步放大电商文案的转化效果，也同样需要进行不断的 AB 测试和调整优化。

04

品牌创意文案的 5 大秘籍

品牌是一种错综复杂的象征，它是品牌属性、名称、包装、价格、历史声誉、广告方式的无形总和，品牌竞争是企业竞争的最高层次。

——大卫·奥格威

秘籍1：好名字，让品牌赢在起跑线上

品牌公关类创意文案，主要分为两个部分：一是品牌文案，一是公关文案。品牌文案主要包括：品牌名、品牌口号、品牌故事、品牌热点文案等，公关文案主要是新闻稿。

另外，为了协调统一整体的营销战略，还需要注意品牌手册的撰写。品牌手册的内容不仅适用于品牌公关类创意文案，广告效果类创意文案也同样适用。

相对于广告效果类文案来说，品牌公关类创意文案同时作用于消费者心理路径三部曲的每个步骤。例如某英国奢侈品新进入中国，通过品牌文案可得知该产品是英国皇家专供、拥有50年的经营历史且畅销海外，那么对于消费者来说，在认知、认可及认购三个步骤上，很快就能被一步步说服，然后成为该品牌的消费者。

不过，品牌公关类文案基本上不提供直接的购买路径，因此最终的营销效果通常较难直接测定。

品牌名是企业最核心、最重要和最需要记忆和传播的资产。可口可乐总裁曾说如果可口可乐在世界各地的厂房被一把大火烧光，只要可口可乐的品牌还在，所有的厂房也能在一夜之间从废墟上拔地而起。正是因为大家会相信这个品牌名背后所代表的一切。

1. 品牌名的作用

通常来说，品牌名有四大作用：记忆、识别、调性、传播（如图4-1）。

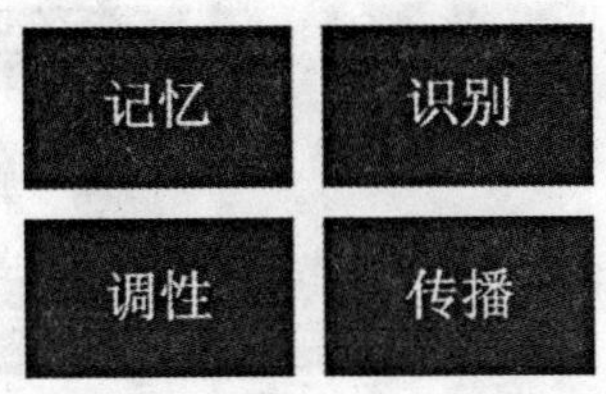

图 4-1　品牌名的作用

（1）记忆

记忆能降低营销成本，看一遍能记住和看多遍才能记住的营销成本相差巨大。例如丧茶（如图 4-2），对于深受丧文化影响的年轻人来说，这个品牌名，一次就记住了，无须进行反复的营销推广。

图 4-2　丧茶

（2）识别

识别，是指能够轻易地将品牌从众多的竞争者中区分出来。例如，同样是坚果类零食，三只松鼠（如图 4-3）和其他坚果品牌相比，很容易就打造出了自己的不同之处，从而进入消费者的视野完成购买引导。

图 4-3　三只松鼠

（3）调性

调性，指的是透过品牌名能够感受其文化气质和风格特点。例如，茶颜悦色（如图 4-4）、奈雪的茶（如图 4-5）、一点点奶茶（如图 4-6）。明显会感受到在调性上茶颜悦色偏向古典，奈雪的茶则偏向日式，一点点则偏向小清新。

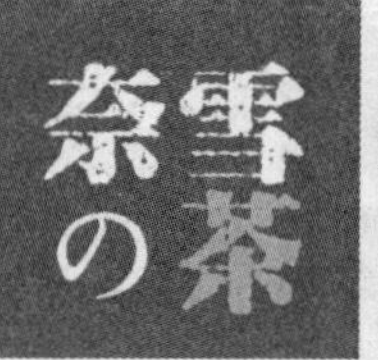

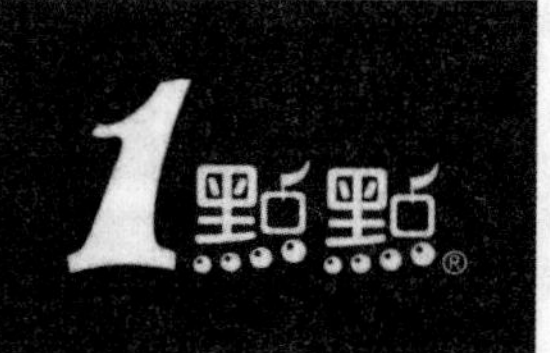

图 4-4　茶颜悦色　图 4-5　奈雪的茶　　图 4-6　一点点奶茶

（4）传播

传播是指品牌名自带流量和洞察。流量是指光是品牌名就能成为话题，引发社交讨论；洞察是指戳中了目标消费者的需求所在，解决了品牌忠诚度的问题。例如餐饮品牌“叫个鸭子”（如图 4-7），很容易就引爆了社交话题，并且能从品牌名上就能知道他们是销售鸭制品。

图 4-7　叫个鸭子

2. 品牌取名的原则

在为品牌取名的过程中，必须符合以下原则：

（1）传播成本低

第一点，识别成本低，一看就懂。

例如餐饮品牌太二酸菜鱼（如图 4-8）和真功夫（如图 4-9），从字面意思大家很明显就知道前者是做什么菜式的餐馆。

图 4-8　太二　　　　图 4-9　真功夫

第二点，记忆成本低，符合规律。

例如在线旅游公司，在记忆成本上携程（如图 4-10）> 飞猪（如图 4-11）> 去哪儿网（如图 4-12）。因为去哪儿网的品牌名称更加接近口语，同时又符合大家对于出门旅游的认知。

图 4-10　携程　　图 4-11　飞猪　　图 4-12　去哪儿

第三点，转述成本低，脱口而出。

例如家纺品牌一朵棉花（如图 4-13）和罗莱家纺（如图 4-14），明显前者在表述时简单得多，而后者在转述时可能要告诉别人"'罗'是'罗永浩'的'罗'，'莱'是上面一个'草字头'，下面一个'来往'的'来'"。

图 4-13　一朵棉花

图 4-14　罗莱家纺

第四点，搜索成本低，拼写方便。

例如英语学习品牌无忧英语在电脑上就能一次性就输入，而阿卡索外教网则需要停顿几次才能输入正确的品牌名。

（2）具有投资价值

好名字是具有投资价值的，每一次的广告宣传都是为这个品牌名在增加投资收益。为了方便品牌名后续的推广以及运营，必然需要注重以下几点：

第一点，品牌名是否被其他企业使用？

第二点，品牌名是否能直接用来注册企业？

第三点，品牌名的中文全拼是否能直接用来注册域名?

第四点，品牌名是否涉嫌法律、道德等敏感内容?

第五点，品牌名是否具有负面含义?

第六点，品牌名是否能正常注册商标?

（3）符合产品属性

好的品牌名需要与产品相辅相成，相得益彰。这里就需要在取名时充分结合所在品牌、市场定位来进行决策。因为一个品牌名一旦敲定，就意味着要长期使用，如果后续更改则浪费原本的积累。例如加多宝公司重金打造出王老吉这个品牌，在失去名称使用权后改名为加多宝则越发颓势。

3. 品牌取名的技巧

（1）用生动的符号说话：数字、动物

在《超级符号就是超级创意》一书中提到超级符号能够让品牌更具传播力。因此利用日常生活中常见的符号作为品牌名也更容易获得用户的关注和喜爱。例如坚果品牌“三只松鼠”、饮品品牌“四个核桃”、家纺品牌“一朵棉花”就充分利用了这种取名方法，让人从品牌名上就能感受到：三只松鼠包装袋里的坚果就是来自森林甚至可能是被松鼠藏起来的；四个核桃易拉罐里的饮品就是用四个核桃压榨出来的；一朵棉花的纺织品就是洁白无瑕的棉花制作出来的。

（2）采用叠词、重复的手法

这类品牌名通过重复的手法表达叠词，在朗朗上口的同时强化了传播力，便于快速占领消费者的心智，同时，也提高了品牌的亲和力。运用该手法的品牌很多，例如滴滴出行、旺旺雪饼、美图秀秀、钉钉、陌陌等。

（3）正面联想，寓意美好

取名时要注意名称、同义词、谐音是否会让人想到负面含义，从而给品牌带来不良印象。例如可口可乐的中文译名曾为“蝌蚪啃蜡”，这个名字也使得可口可乐在中国市场上一度遇冷，而如今的名字则让人联想到好喝、快乐，前后两个名字在联想和寓意上简直是天差地别。

（4）引用文化经典

因为文化经典广为人知，所以引用其作为品牌名，一定程度上降低了沟通成本和传播成本。

例如“阿里巴巴”来自《一千零一夜》中的故事《阿里巴巴和四十大盗》，这背后还隐藏着这么一个说法，“芝麻开门”是打开秘密宝藏洞门的咒语。

（5）展现产品卖点 / 功能

通过直接突出产品的卖点和功能，能迅速绑定消费者的需求，从而深化大众对品牌的认知和记忆。例如百词斩展现了其背单词的卖点，支付宝则展示了其支付的功能。

以上就是取名时的常见技巧，按照这些技巧取出来的名字都不会太差，最好是同时运用以上几个技巧，让品牌赢在起跑线上。

秘籍 2：取好品牌口号的 3 大诀窍

品牌口号是企业核心理念的浓缩，通过一句简短的话或者是精准的词，从而快速地向受众传达品牌内涵。它的作用是定义品牌，用以辅助品牌 logo、加强品牌的沟通力，被看作企业品牌形象的一部分，可以适用于企业营销的各个方面，通常是和品牌

logo 一起出现和传播的。企业一旦确定了品牌口号，是不会轻易更换的。

1. 一个优秀的品牌口号要符合以下原则

（1）简单

大多数成功的品牌口号的字数都在 9 个字以内，可以让用户快速地理解其含义。

耐克：Just do it（只管去做）

锐步：I am what I am（我就是我）

麦当劳：I'm lovin'it（我就喜欢）

中国电信：世界触手可及

（2）有意义

不能因为知名企业有一个品牌口号所以自己也跟风打造一个。一旦打算投入精力和营销预算来打造时，就要确保该口号能够真正为品牌带来价值。否则，宁可不做。

美的：原来生活可以更美的

果壳网：科技有意思

优酷：世界都在看

（3）清晰明了

不要让用户去猜测口号是什么意思，而要保证它能够清楚地说明公司的使命或者目的。

世嘉：Welcome to the next level（欢迎来到下一关）

莱卡相机：My point my view（我的镜头，我的观点）

淘宝：淘！我喜欢！

（4）展现利益

客户关心的是利益，而不是功能，因此要告诉顾客你的品牌或者产品能为他们带来的利益是什么。

宝马：Sheer Driving Pleasure（纯粹驾驶乐趣）

京东商城：多，快，好，省

阿里巴巴：天下没有难做的生意

2. 打造品牌口号的步骤

（1）以终为始

企业想要发展得越来越好，就需要为其设定一个目标，了解以下两个问题：

第一点，希望企业在未来的 5~10 年内达到什么水平？

第二点，希望企业应该主张什么？应该帮助谁？

（2）明确想要唤起什么样的情绪

厉害的市场营销会充分利用人们的情绪，在打造品牌口号时也不例外。因此，对于企业来说，就需要明确：当人们想到自身的品牌时，希望他们有什么感觉？比如快乐、骄傲等。

图 4-15 是有关各种情绪的普洛特契克的情绪轮模型（Plutchik' s emotion wheel），该模型有助于将情绪分类为：主

要情绪和对它们的反应。他认为，情绪最初是一种进化的产物，对每一种情绪的反应，都有可能带来更高程度的反应。

明确想要唤起的情绪，并且将这样的情绪通过文字传达出来。

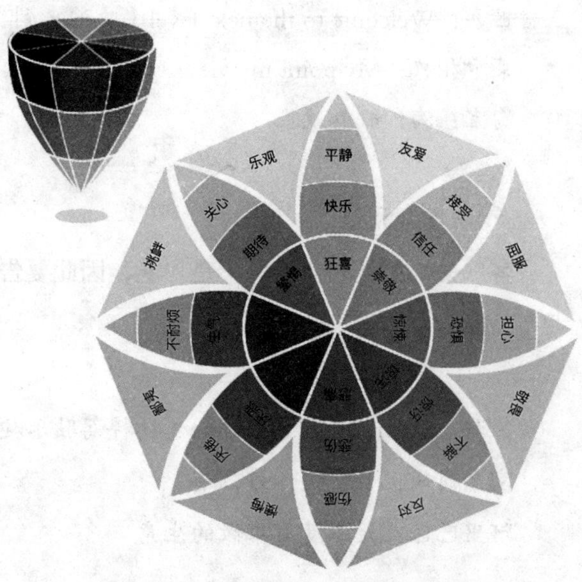

图 4–15　普洛特契克的情绪轮模型

（3）头脑风暴

在确认过企业的发展目标、目标用户及想要唤起的情绪后，下一步就是打造品牌口号。

例如，你想要成为某咖啡杯的大型零售商，设定的目标是在 10 年内卖出 1000 万个咖啡杯，当顾客拿出他们最喜欢的杯子时，你希望他们每天都能微笑一次。

那么一个好的品牌口号可以是：

爱是一只马克杯

每天一个微笑

坐下，抿一口，微笑

想要创造出这些品牌口号，就需要不断去想象顾客拿着马克杯时的感觉，并且通过词汇将其转化为文字。因此，为了能够找到更好的品牌口号，建议可以一次性罗列 10—20 个想法，即便刚开始质量不是很好也无妨，因为当你真的开始发散思维时，最完美的那个口号就会慢慢浮现在脑海中了。

3. 从经典的品牌口号中学习

下面将以几个经典的品牌口号为案例，通过分析其所承载的信息及发挥的宣传效果帮助大家更好地掌握打造品牌口号的方法。

（1）Taste the Feeling

图 4-16　可口可乐

自 1886 年以来，可口可乐（Coca-Cola）已经多次改变了自己的品牌口号。表 4-1 是他们曾经做出的 15 个改变：

年代	**品牌口号**
1886	Drink Coca-Cola
1904	Delicious and Refreshing
1905	Coca-Cola Revives and Sustains
1906	The Great National Temperance Beverage
1907	Good to the Last Drop
1917	Three Million a Day
1922	Thirst Knows No season
1923	Enjoy Thirst
1924	Refresh Yourself

1925	Six Million a Day
1926	It Had to Be Good to Get Where It is
1927	Pure as Sunlight；Around the corner from Everywhere
1929	The Pause that Refreshes
1932	Ice Cold Sunshine
1938	The Best Friend Thirst Ever Had; Thirst Asks Nothing More

表 4-1　可口可乐品牌口号的变迁

最新的品牌口号 Taste The Feeling（如图 4-16）中文意思是“品尝感觉”，简单明了，朗朗上口，便于推广。当大家听到该品牌口号，自然而然就会联想起饮用可口可乐时那种清爽放松的感觉了。

（2）Think Different

“Think Different”是苹果最为经典的品牌口号（如图 4-17），充分地展示了其价值观。Think Different 的中文意思是“非同凡响”，是那些具有独立的思想的人；是那些有勇气抛弃世俗的眼光特立独行的人；是那些具有空杯心态愿意学习新事物的人；是那些不甘庸庸碌碌、为了追求个人理想而不懈努力的人；是那些想改变世界的人。Think Different 的价值观决定了苹果公司的目标用户群体。而苹果公司则将全部精力放在那些“具有 Think Different 价值观”用户身上，满足他们的极致体验。

图 4-17　苹果

（3）GE imagination at work

这是 GE（通用电气）的品牌口号（如图 4-18），意思是“通用电气，梦想启动未来”。

图 4–18　通用电器

发明家托马斯·爱迪生于1878年创立了爱迪生电灯公司。1892 年，爱迪生电灯公司和汤姆森－休斯敦电气公司合并，成立了通用电气公司（GE）。经过 140 多年的发展，通用电气成为世界上最大的多元化服务性公司，从飞机发动机、发电设备到金融服务，从医疗造影、电视节目到塑料，GE 公司凭借着梦想的执着，为用户创造了更美好的未来世界。

图 4–19　小米

（4）为发烧而生

图 4–19 是小米手机的品牌口号。该口号充分地体现了小米手机，“低价格”“高性价比”这两个特点，同时也因其配置高深受手机“发烧友”的喜爱，以至于到了狂热的地步。

秘籍 3：讲好品牌故事的 4 大关键点

品牌故事是指对定位（针对竞争对手确立的差异化价值）的戏

剧化表达。如果说品牌的定位是它的核心，那么戏剧化就是表现形式。

1. 为什么品牌故事很重要

主要原因是：

（1）一个好故事除了能向受众解释复杂的内容，而且还能让受众自发传播。

（2）品牌故事不仅能够展现企业是如何经营的，而且还展示了企业为什么存在，以及企业是如何凭借其独特性来帮助客户解决问题的。

（3）品牌故事能够为企业带来活力，与客户之间建立起更有意义的情感联系，激发信任和忠诚度，带来销售、推荐和回头客。

以知名花店野兽派为例（如图 4-20）。

野兽派花店
2012-5-8 14:13 微博 weibo.com

数月前Y先生订花，希望表现莫奈的《睡莲》。当时托客服转告，没有适合花材无法创作。他回信说"美值得等待"。之后，他从未催促，我从未停止寻找。。。直到上月在地中美术馆得到灵感，昨天觅到花材，做成这盒"莫奈花园"。。。它是向Y先生的致敬之作，是所有对美心存执念的普通人，心中的秘密花园。

查看翻译

图 4-20 野兽派花店

与传统的花店相比，野兽派绝对算得上是花店中的奢侈品，因为其花卉礼盒少则三四百元，多则上千元，即便价格如此高昂，依旧广受追捧。这一切很大程度要归功于其充分地利用了品牌故事。

野兽派秉承的观点是每束花都是个故事，玩的就是浪漫煽情，在其成立之初，要买花，微博私信；要下单，使用支付宝。没有目录参考，顾客将自己的情感故事告知老板娘，老板娘根据故事，搭配鲜花，做成独一无二的花束。顾客的情感故事，该花店会以匿名的方式发到官方微博上，配上相应的花束图片。

这样的情感故事引起粉丝的共鸣，进行转发传播，让该花店品牌的名声，就在这一个又一个故事中打响了，并偶尔会获得明星转发。

2. 撰写品牌故事的切入点

想要撰写品牌故事，主要包括以下切入点：

（1）品牌的历史和故事

品牌虽然是新品牌，但是大多数情况下产品不一定是全新的，那么这个产品的品类一定是具有一定的历史和故事的。例如在 1911 年泰坦尼克号海难中，一件 LV 硬皮箱从海底打捞上岸后，竟没渗进海水，比那艘号称“永不沉没”的邮轮更靠得住。

（2）创始人的创业故事

很多品牌的故事都是创始人的创业经历，如讲述他曾经为这个品牌的发展付出了多少的心血，多么努力用自己的产品和品牌改变人们的生活，为消费者带去幸福和快乐。

例如褚橙创始人褚时健前半生打造了红塔山烟的神话，因经济问题入狱 12 年，出狱后花费 8 年的时间终于又打造出了褚橙这一产品（如图 4-21）。

图 4-21　褚橙

（3）品牌态度

用品牌态度来讲故事看上去有些空洞和不切实际，想要解决这一点，就需要这个品牌在其产品设计、功能、包装、销售、传播等所有范围都有秉承同样的态度。例如网易严选，秉承“好的生活没那么贵”的品牌态度，严格把控从原料、生产、质检、销售到售后等各个环节，与一线大牌制造商合作，每款产品在保证高品质的同时又符合中产阶级的审美。

（4）市场潜在需求

对于创新型产品的品牌故事，则可以从讲述满足市场潜在需求进行切入。例如北欧家具品牌宜家，其诞生就是为了满足大家动手组装家具的成就感。

3. 撰写品牌故事的原则

想要打造一个优秀的品牌故事，就需要秉承以下原则：

（1）有真实的故事来源，保证其可信度；

（2）短小精悍，方便记忆；

（3）情节曲折，富有戏剧性；

（4）和品牌定位紧密相连。

4. 撰写品牌故事的方法

（1）完整的故事要素

在撰写过程中，注意故事情节要完整，必须包括时间、地点、人物、起因、经过、结果这六要素。

第一点，时间：开头就需要点名故事发生的时代背景，增加故事的真实性。

第二点，地点：清楚地表述故事发生在什么地方，帮助读者尽快进入场景，在提升真实感的同时，突出创作者想要表达的主题。

第三点，人物：点名故事主人公的姓名，让人确信这个故事是真实存在的。

第四点，起因：阐述这个故事因何而发生，逐步引入读者进入故事。

第五点，经过：描述清楚主人公都经历了那些事情，需要具体化、细节化。

第六点，结果：讲清故事的结局，紧扣故事的主题，需要让人充分信服这个结局是真的。

（2）讲好品牌故事的技巧

如何讲好品牌故事，需要包括这四个要素：角色、悬念、情绪和细节。

第一点，角色。

故事中所涉及的人物角色需要符合其身份、个性及经历。这样才能够让人信赖该故事的真实性。

第二点，悬念。

悬念是折磨读者的利器。一个好的故事是不能缺少悬念的。只有在故事情节中设置悬念，才能够一步步引导读者继续阅读并且传播。

第三点，情绪。

在前面的部分，我们已经提到过品牌故事是用来与用户建立情感连接的。因此品牌故事中必须带有情绪，例如快乐、幸福、坚持等。

第四点，细节。

故事生动与否，与细节紧密相关，因此情节中必须有戏剧化的场景和细腻的描述。

综上所述，对于品牌来说，一个好的品牌故事意义重大，因此，创意文案可以有目的专门挖掘相关的故事，整理加工后再进行传播。

秘籍 4：3 个工具 +1 个技巧，追热点的正确姿势

对于创意文案来说，追热点是常见的工作内容之一。那么，什么是热点话题？热点话题是指一定时间、一定范围内，公众最为关心的问题。

热点话题主要分为两类，可预估热点和不可预估热点。可预估热点是指节日、节气和电影宣发等，不可预估热点是指突然爆发的新闻和八卦。

1. 如何及时捕捉热点话题

这里介绍三种常用工具：

（1）爱微帮每日热点

网址：zx.aiweibang.com/daily

爱微帮的每日热点板块（如图 4-22），对热点做了超级详细的整合，对每个营销事件作了分类和介绍，提供百度热搜、微博热搜、历史热点、未来头条、节日大全等多方面的资料参考。

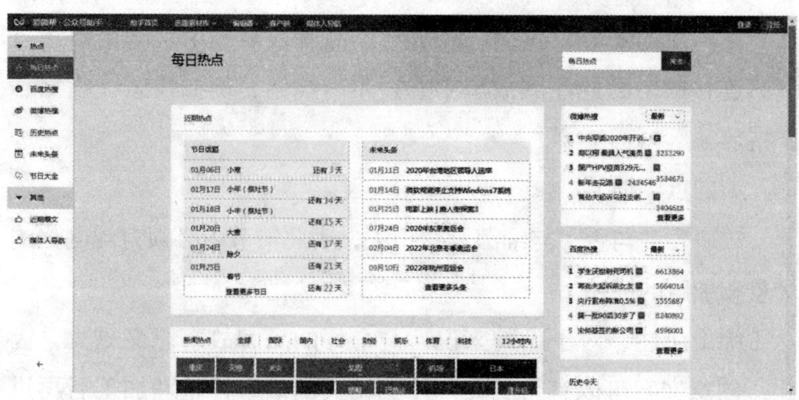

图 4-22 爱微帮的每日热点

（2）壹伴热点中心

网址：yiban.io/hot_articles

整合了搜狗微信、头条指数、微博热搜、百度指数、知乎精选等主流平台的热搜词条及文章，一个页面就可以浏览多个平台的实时内容（如图 4-23）。使用前，需要在浏览器安装壹伴插件（下载地址：yiban.io）。

图 4-23　壹伴热点中心

（3）新媒体管家营销日历

网址：calendar.xmt.cn

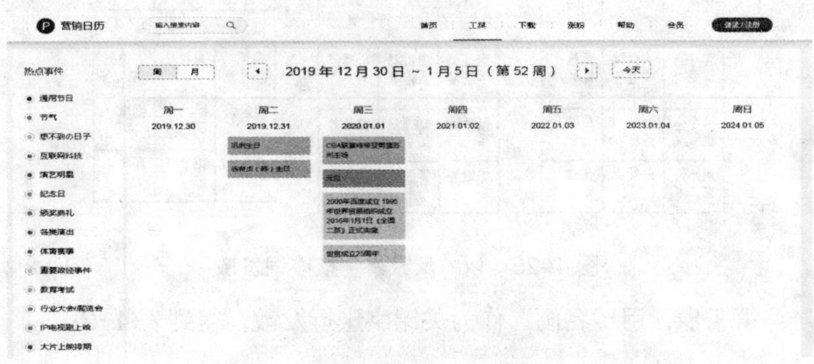

图 4-24　新媒体管家营销日历

游客状态下即可浏览全年营销事件，同时能进行指定日期收藏、分类筛选、日历定制等操作，有助于热点的及时跟进（如图 4-24）。

2. 如何撰写品牌热点创意文案

这里需要运用到我们在前面章节提到的创意方法：曼陀罗思考法和坐标系组合法。

这里以可口可乐在国际反家暴日的创意文案为例子。

用曼陀罗思考法打开联想。

第一步，用“反家暴”作为核心词，进行发散，得到 64 个相关的关键词（如图 4-25）。

家庭隐私	家务分工	用手掌柜	离婚	故意伤害罪	家暴告诫书	轻视	受虐者	失联
家暴	4 家务事	调解员	法律援助	5 反家暴法	人身安全保护令	疏远	6 冷暴力	煎熬
同居	家庭关系	公权力	妇联	反家暴日	报警	施虐者	冷战	正面冲突
管教	收集证据	抚养权	4 家务事	5 反家暴法	6 冷暴力	心酸	低龄化	抑郁症现象
虐待儿童罪	3 虐待儿童	幼儿园	3 虐待儿童	反家暴	7 抑郁	抑郁症自测	7 抑郁	治疗
身体虐待	精神虐待	性虐待	2 殴打	1 亲密关系	8 死亡	自杀	抑郁症	运动
殴打的认定	人体损伤鉴定标准	骨折	亲密关系恐惧症	回避型人格障碍	心理咨询	痛苦	抢救	心理创伤
治安处罚	2 殴打	瘀青	亲子关系	1亲密关系	非暴力沟通	安乐死	8 死亡	困境
意外死亡	治疗	伤痕	婚姻关系	情侣关系	归属感	自杀	绝望	猝死

图 4-25　以“反家暴”核心词发散

第二步，用“名画”作为关键字进行发散，得到表 4-2：

4　达·芬奇	5　梵·高	6　印象派
3　毕加索	名画	7　美国名画
7　美国名画	1　欧洲名画	8　中国名画

表 4–2　以“名画”发散

将其中的欧洲名画作再次发散扩展（见表 4–3）：

马蒂斯《舞蹈》	达·芬奇《蒙娜丽莎的微笑》	约翰内斯·维米尔《戴珍珠耳环的少女》
埃贡·席勒《速写作品》	1 欧洲名画	雅克·路易·大卫《马拉之死》
莫奈《撑伞的女人》	蒙克《呐喊》	列宾《恐怖的伊凡和他的儿子》

表 4–3　以“欧洲名画”发散

用坐标系组合法寻找创意点。

第一步，列出关键字。

反家暴：家暴、非暴力沟通，抑郁症，自杀，亲密关系、亲密关系恐惧症，回避型人格障碍，瘀青，意外死亡，虐待儿童罪，家庭隐私，离婚，法律援助，人身安全保护令，冷暴力，施虐者，抑郁症现象、家务事。

名画：蒙克《呐喊》、莫奈《撑伞的女人》、埃贡·席勒《速写作品》、马蒂斯《舞蹈》、达·芬奇《蒙娜丽莎的微笑》、约翰内斯·维米尔《戴珍珠耳环的少女》、雅克·路易·大卫《马拉之死》、列宾《恐怖的伊凡和他的儿子》。

第二步，组合。

最后得到以下组合（如图 4–26）：

蒙克《呐喊》+ 回避型人格障碍 + 非暴力沟通

莫奈《撑伞的女人》+亲密关系

埃贡·席勒《速写作品》+瘀青+自杀

马蒂斯《舞蹈》+伤痕+家庭隐私

达·芬奇《蒙娜丽莎的微笑》+家暴+抑郁症

约翰内斯·维米尔《戴珍珠耳环的少女》+人身安全保护令

雅克·路易·大卫《马拉之死》+意外死亡

列宾《恐怖的伊凡和他的儿子》+施虐者+意外死亡

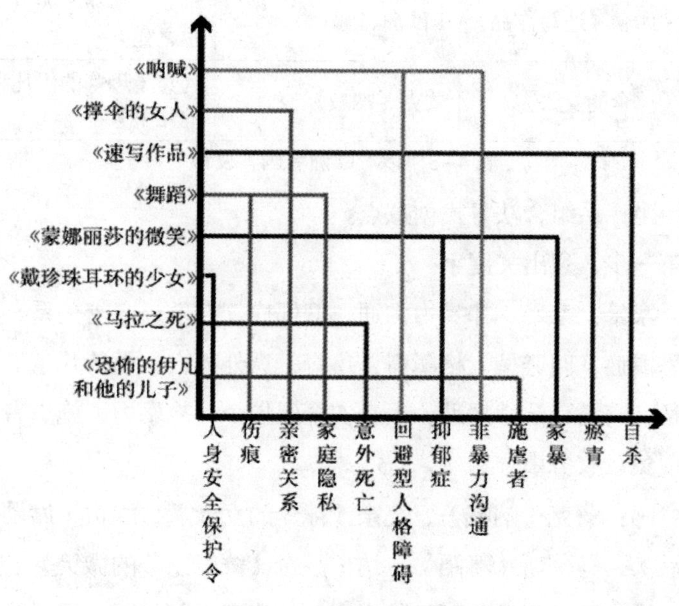

图 4-26　坐标系组合法

将创意组合转化为文字，以下是部分创意文案。

第一张海报，将达·芬奇的《蒙娜丽莎的微笑》与家暴、抑郁症相组合，得到创意文案之一（如图 4-27）：

在中国，每 7.4 秒就有一位女性遭遇家暴。

伤害就是伤害，不要自欺欺人，

它不是因为自己做得不好，

更不要把伤害假想为一种奉献和圣洁。

宁愿没有所谓完整的家，

也不要噙着泪水。

第二张海报，将莫奈的《撑伞的女人》与亲密关系相组合，得到创意文案之二（如图 4-28）：

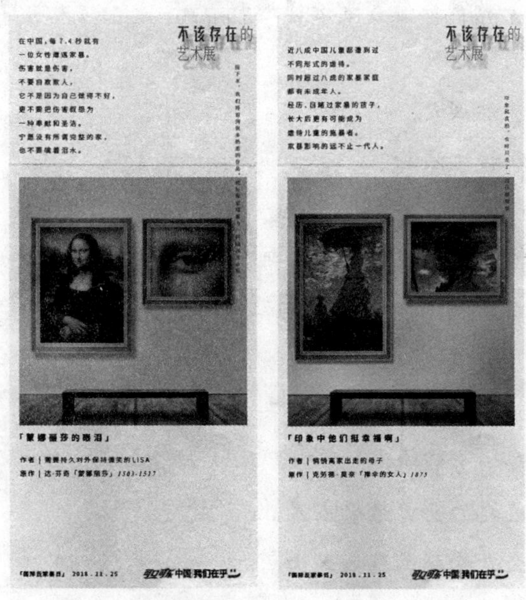

图 4-27　创意文案之一　图 4-28　创意文案之二

近八成中国儿童都遭到过不同形式的虐待。

同时超过八成的家暴家庭都有未成年人。

经历、目睹过家暴的孩子，
长大后更有可能成为虐待儿童的施暴者。
家暴影响的远不止一代人。

第三张海报，将埃贡·席勒《速写作品》与瘀青、自杀相组合，得到创意文案之三（如图 4-29）：

在中国，
每年有 9.4 万人因无法忍受家暴自杀。
而绝大多数家暴受害者选择逃避、
隐忍和沉默。
其深层次原因是
物质 / 精神无法独立。

第四张海报，将马蒂斯的《舞蹈》与伤痕、家庭隐私相组合，得到创意文案之四（如图 4-30）：

家暴不是“别人家的家务事”，
千万不要当旁观者。
30% 的已婚妇女曾遭受家暴。
忍耐越久，受到的伤害越大。
如果你察觉朋友或邻居被家暴，
一定要鼓励他 / 她，
及时用法律武器来保护自己。

第五张海报，将约翰内斯·维米尔的《戴珍珠耳环的少女》与人身安全保护令相组合，得到创意文案之五（如图 4-31）：

家暴不仅是对人身体上的伤害，

更是精神上的伤害。

橄榄球头盔能抵抗部分暴击，

却无法弥补对情感上的伤害。

展览结束后，请及时领取对抗家暴“护具”。

图 4-29　创意文案之三　图 4-30　创意文案之四　图 4-31　创意文案之五

通过以上例子，我们会发现其实创意并没有那么难。

秘籍 5：品牌手册，营销战略落地的重要工具

品牌手册，又称为品牌指南、品牌标准或者品牌工具包，主要是用来解释品牌身份及展示品牌规范。为什么做（我们的品牌定位）、怎么做（如何实现品牌定位）、做什么（为了实现品牌定位，不同岗位和场景下应该如何处理）都能在其中找到答案。

1. 为什么要撰写品牌手册

品牌手册能够帮助企业更好的运营和推广品牌。对于不同的设计师和营销人员来说，有了品牌手册，即便是面对不同的工作任务，对外输出的任何营销材料都能保持风格一致，从而避免出现品牌形象混乱影响可信度等问题。另外当有新成员加入企业或者项目时，品牌手册也会帮助他们更快地适应工作要求，降低其在工作中出错的可能性。

2. 创建品牌手册前应该知道什么

为了保证营销手册能够真正得发挥作用，在制定时就要考虑到其落地性，太过严格则限制员工的创造力，太过宽松则毫无用处。当营销手册制定完成，则需要保证其能够在全公司的范围内推广，并保证真正的执行到位。

3. 品牌手册由谁撰写

品牌手册的制定是需要公司的团队一起完成，通常情况下，管理层、设计部门、营销部门、运营部门都需要参与进来，如果企业有专门的品牌部门的话就更好了，可以由其来作为主导。在整个制定过程中，为了推动进度的展开，必须有一个专门的负责人来协调，要求其不仅精通品牌能够参与品牌身份的塑造，而且还必须有话语

权、决策权。

4. 品牌手册的内容应该多长

品牌手册的长短不一，从一页到几十页的情况都有，主要和公司的复杂性、视觉元素的多寡、营销材料的种类相关。

5. 如何设计品牌手册

创建一本真正有用的品牌手册是不容易的，需要遵循以下原则：

（1）了解品牌手册的目标读者

在创作一本品牌手册之前，需要清楚的了解谁将接收、阅读和使用这些指导方针。因为只有清楚的了解目标读者后，才能够有的放矢地创作内容。

（2）与企业风格保持一致

品牌手册应该真正代表公司形象、企业文化和工作风格。例如，对于一家健身公司来说，定位是充满活力和健康，那么，该公司的品牌手册就应该倾向有趣、开放和活泼的风格。

（3）内容详尽，贴近实际

品牌手册需要结合常见的场景来展开，务必为读者提供有用的、具体的、无歧义的内容，从而使其能发挥最大的作用。

（4）完善配套素材库

为了避免大家出现使用旧的或者错误的品牌素材等情况，需要建立一个专用的素材库，并且保证相关使用者都能够随时访问。在该素材库中需要包括所有的 logo、使用规则及其他材料。

（5）定期回顾及更新品牌手册

由于品牌不可能永久不变，因此定期的回顾及更新是有必要的。在更新品牌手册时，必须记得表明版本号以及更新相应的配套素材库，从而方便设计师、分销商等不同角色都能够按照最新的品牌手册的要求执行。

6. 品牌手册中应该包含什么

（1）关于品牌

主要包括使命、愿景、价值观、品牌个性及品牌故事。按照企业的目标及对内容的详尽要求，该部分内容可长可短。通常来说，简单陈述即可。

第一，使命。

使命是该品牌存在的理由，解释了品牌为了什么而存在。使命告诉品牌相关的每个成员，他们准备为这个世界做出怎样的贡献。例如某制造企业的使命是：弘扬工业精神，追求完美质量，提供专业服务，创造舒适环境。

第二，愿景。

愿景是对于品牌未来的设想及展望，是企业在整体发展方向上要达到的一个理想状态。例如格力空调企业的愿景是“缔造全球领先的空调企业，成就格力百年的世界品牌”。

第三，价值观。

价值观是企业所认可和推崇的价值评判标准，为日常工作的各个方面提供了行为准则，也为处理各种矛盾提供了判断依据。例如，谷歌的价值观是不作恶。

第四，品牌个性。

品牌个性即品牌的人格化，在前面的章节我们提到 12 种品牌原型，品牌可以借鉴参考，并塑造出自己独特的品牌个性。

第五，品牌故事。

品牌故事即品牌为什么会存在，包括为什么会诞生、为什么想以此改变世界、为什么很重要及为什么与众不同。对于品牌来说，需要找到适合自己的品牌故事，并通过传播品牌故事更好地驱动品牌战略。

（2）关于消费者

第一，消费者速写。

品牌的本质是产品，而产品的核心是消费者。因此了解消费者是谁，他们对于品牌的认知、认同、认购情况是怎么样的，这些都是需要在消费者速写中展现的内容。

第二，消费者洞察。

消费者洞察即用户需求，品牌的目标受众想要的是什么？品牌怎么样去满足这些需求呢？这些都会在消费者洞察中找到答案。

（3）视觉指引

第一，logo 的使用。

如何确保 logo 在任何环境下都保持最佳的状态，就需要描述清楚 logo 的颜色，logo 的大小，logo 的比例，logo 的用法以及 logo 的不同类型 / 风格。

第二，调色板。

在品牌手册中，一定要展示品牌颜色的样本（包括主色、次色和交替色）、色卡名称及其编号（包括 CMYK、RGB 和 Hex 编号），以此保证不同使用场景下品牌颜色的一致性。

第三，字体设计。

针对 logo 的字体及文档的排版（包括标题、副标题及段落），在品牌手册应该列出所使用的字体名称、使用方法及下载来源。从品牌的角度来看，可以决定是否需要一个字体家族还是多个字体家族。通常来说，建议 logo 和文档都使用同一种字体，这样有助于品牌形象的统一。

（4）品牌互动传播指引

为了保证品牌在不同社交媒体都以统一的形象出现，品牌的社交媒体资产如品牌头像、主页背景图、品牌内容及其文案风格等均需要保持一致性。在品牌手册中需要针对这些品牌资产给出范例，以确保能在日常的运营中顺利执行。具体包括：

第一，语法和格式：缩写、数字、大小写、缩略词、时间和标题；

第二，文案风格：偏向专业深奥还是通俗易懂等；

第三，沟通语调：偏向亲切友好还是疏远冷淡等；

第四，编辑风格指南：编辑文章时的指导方针、格式要求及架构特点；

第五，社交媒体推送指南：发布时间、发布内容及内容类型。

对于有些读者来说，在阅读或执行品牌手册的过程中，或多或少会碰到一些无法解决的问题，可以在书的最后部分设置专门的FAQ 板块用来回答常见问题，还需要提供相关的联系人及其电子邮箱，方便解答更细节和更深入的问题。

05 创意文案修炼的 7 大技巧

建立自己的风格与专业，把自己当作一项事业，当成个人品牌在经营，创造自己名字的价值，帮自己建一个别人拿不走的身份，而不是社会价值下的职位。

——创意人　李欣频

技巧 1：围绕能力模型，全面提升

创意文案能力模型主要包括两个部分（如图 5-1）：专业能力，通用能力。

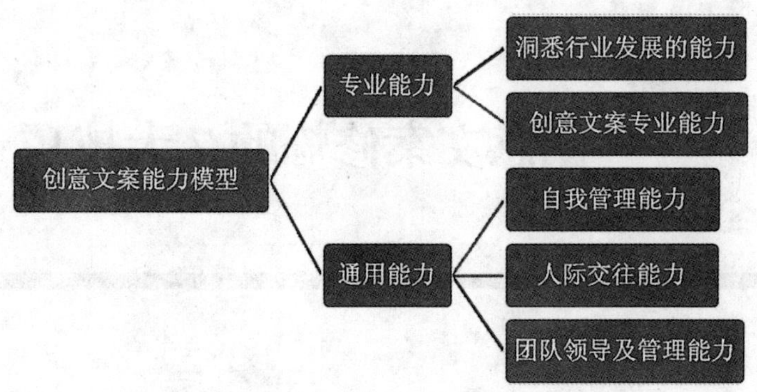

图 5-1　创意文案能力模型

1. 专业能力

不管身处甲方还是乙方，创意文案都是通过内容去和用户交流，以及说服用户。因此不仅需要了解自己所涉及行业的知识，而且还需要深耕创意文案的相关技巧。

（1）洞悉行业发展的能力

正所谓知己知彼，百战不殆，创意文案想要在职场上不断发展，就需要掌握洞悉行业发展的能力，其主要包括这 5 个方面：行业发展历史、行业上下游的发展情况、行业主要竞争对手的发展情况、所服务品牌的发展情况以及行业未来的发展潜力。

（2）创意文案专业技能

创意文案专业技能包括以下内容：

第一点，文案能力。

文案撰写能力，包括写作风格、写作速度以及针对不同题材、行业、表现手法时的文字驾驭能力。

第二点，创意能力。

创意能力作为创意文案这一岗位的基础能力，如何拆开思维里的墙，是一件需要持之以恒的能力训练。

第三点，策划能力。

制定营销策略，统筹推广资源，最大化发挥创意文案的效果，都是依靠着策划能力在发挥作用。

第四点，数据分析能力。

用数据指导创意文案的撰写和优化工作，就如同用定位卫星指导着船只在茫茫大海中前行。

第五点，PPT 能力。

这里其实可以拓展为 Office 套件的使用能力，但是鉴于创意文案工作的特殊性，使用 PPT 的机会比 Office 和 Excel 更多，因此 PPT 的能力水平更具有突出性。当然除了制作能力，同样对 PPT 的演讲能力也有较高的要求。

第六点，审美能力。

很多情况下，创意文案是需要与设计师 / 美术指导共同完成工作，因此需要具备一定的审美能力，才能在撰写文案时就形成一定的画面感，方便后续的配图或者制作成图片视频等。

2. 通用能力

什么是通用能力？是指无论在什么行业、公司、岗位，每个职场人士都需要掌握的能力。如果通用能力不提升，专业能力的发挥也会受到限制。因此培养良好的通用能力，才能更好地帮助职场人士在事业生涯上走得更远更好。

具体来说，通用能力主要包括以下三个层次：

（1）自我管理能力

主要包括个人特质和个人技能两部分。

第一点，个人特质。

主要包括两个部分：个人性格，如诚实、正直、善良和坚韧等；个人态度，如认真、负责、细致和耐心等。

第二点，个人技能。

个人技能主要包括 3 个部分：自我管理能力，如时间管理、目标管理和情绪管理。

时间管理能有助于提升工作效率；目标管理则是立足当下放眼未来，帮助自身做出最好的选择；情绪管理则是能量补给站，因为职业发展到一定阶段，尤其是到了职业晋升爬坡期的高压力状态下，要特别重视情绪管理和自我赋能，这样才能更好突破天花板。

（2）人际交往能力

我们在工作中不可避免地会和人打交道，因此人际交往能力越好，我们越能更好更快地完成工作。人际交往能力主要包括沟通交流能力、表达陈述能力、写作能力、演讲能力和谈判能力。

在提升人际交往能力时，需要注意以下两点：

第一点，充分了解人与人之间的思维、行为的差异性。

这里推荐如 MBTI、DISC、贝尔宾团队角色认知等测评工具，方便了解人会分成哪几类，各有什么样的特点，和他们打交道需要注意什么。这些都是最为基础的人际理解。

第二点，学会沟通与表达。

沟通与表达，主要分为听、说、写，就是不仅要听懂别人的意思，还要把自己的观点表达清楚。很多人因为不擅长沟通，导致在职业晋升中特别吃亏。不过这些能力都是可以通过训练快速提升的。

（3）团队领导及管理能力

团队领导及管理能力主要分为领导能力和管理能力两个部分。

第一点，领导能力。

主要包括学习能力、决策能力、组织能力、教导能力和感召能力。

学习能力是指其需要具有高速的成长能力；决策能力是指其需要具备在若干个方案中选出最优方案的能力；组织能力是指其必须具备选贤任能的能力；教导能力是指其要有带队育才的能力；感召能力是指其人心所向的能力。

第二点，管理能力。

主要包括任务管理、资源分配、绩效评估和协作执行。

任务管理是指其能够合理地制定任务目标；资源分配是指其能够将有限的资源配置到最能产生价值和效率之处的能力；绩效评估是指其能够充分合理的评估下属绩效、提高下属工作积极性的能力；协作执行是指其能带领团队一起高效完成工作职责的能力。

从整体上来说，团队领导及管理能力的目标是知人善任和整合资源，就是把合适的人放在合适的位置上，并为团队整合内外部资源，引领大家达成团队绩效目标。

对于创意文案来说，想要在职场上一路攀登，那么就需要有策略地兼顾专业能力和通用能力。

技巧 2：提高文案能力的 3 大步骤

对于创意文案来说，文案能力对其来说重要性不言而喻。那么如何提高写作能力呢？我们从写作的步骤入手，来详细阐述这个问题。写作可以分为 3 个步骤（如图 5-2）：输入、处理及输出。

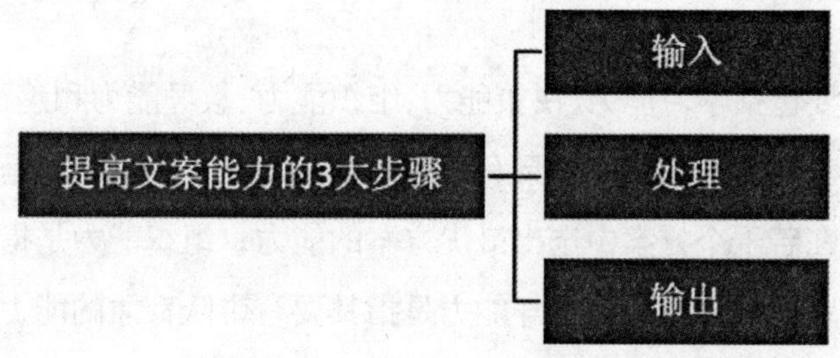

图 5-2　写作的 3 个步骤

1. 输入

何为输入？指的是创作者需要从日常生活、专业书籍等各种各样的渠道获取源源不断的信息。很多时候之所以写不出好内容，是因为输入不够，自然也无法输出优质的内容。

为了保证持续输入，可以采用以下技巧：

（1）制订输入的学习计划

作家格拉德威尔在《异类》一书中提出了“一万小时定律”，意思是说想要成为某个领域的专家，需要 10000 小时持续不断的努力。为了更好地保证输入效果，制订一个完整的学习计划就显得十分有必要。

该计划可以根据创意文案的职业成长路径来设计，如创意文案—资深创意文案—创意文案主任—创意总监，由低阶向高阶，梳理相应的里程碑，以此来考察文案能力的提升程度。

（2）完善输入的学习内容

在选择学习资料时，需要兼顾两个维度：一是数量，二是质量。

第一点，数量。

为什么要保证数量？因为在创作过程中会发现如果没有足够的知识水平，是无法写出像样的内容来。正如鲁迅所说的那样，不过只看一个人的著作，结果是不大好的：你就得不到多方面的优点。必须如蜜蜂一样，采过许多花，这才能酿出蜜来，倘若叮在一处，所得就非常有限，枯燥了。

如何保证数量呢？建议在制订学习计划中按照年、季、月、日，依次设定需要阅读多少创意文案相关的专业书籍、多少篇的行业分享，从而保证有足够的数量。

第二点，质量。

为什么要保证质量？在计算机术语中有一个词叫作“GIGO”，即“garbage-in， garbage-out”，意思是无用输入，无用输出，输出质量是由输入质量决定的。提高输入质量，最重要的是要对输入的内容进行筛选。因为在输入时，如果输入的质量不高，那么写作时候也就很难写出深刻的内容。例如，终日沉迷于娱乐八卦新闻的人，又怎么能写得出深刻文雅的文案呢？

2. 处理

当脑海中输入了大量的内容，就需要学会如何去处理这些材料。如何处理呢？如同有一句话所说的那样，要学着像海绵一样吸水若渴，像筛子一样披沙沥金。这里主要分为三个部分：

（1）整理

针对学习过、使用过后的学习资料，有必要对其进行分门别类的整理，可以包括：

第一点，打造专属创意文案资料夹。

请直接参考章节《1 个工具 +3 个步骤打造创意文案的灵感宝库》中的方法与技巧。

第二点，建立自己独有的灵感库。

灵感总是稍纵即逝，所以必须随时记录。

由于现在大家普遍随时携带手机，因此可以充分发挥手机的记录作用，考虑到后期的调用问题，建议统一整理至个人的印象笔记账号中。

（2）笔记

记笔记的方法有很多，这里主要介绍三种常见的方法：

第一种，思维导图笔记法。

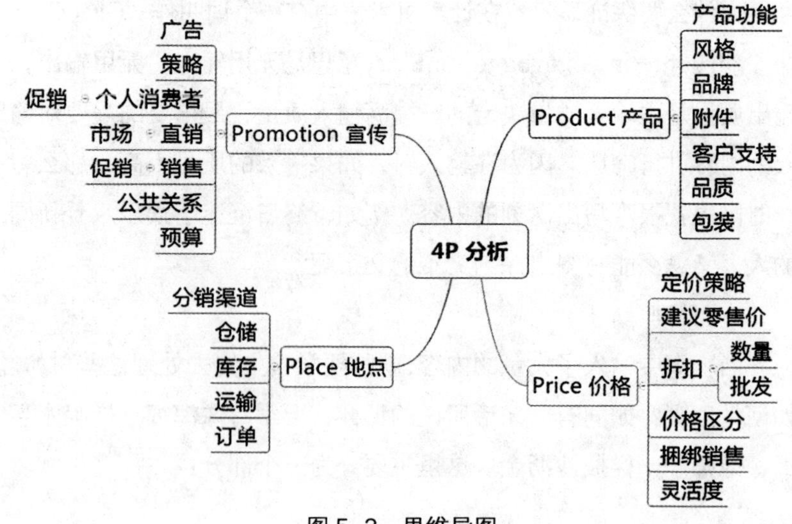

图 5-3　思维导图

思维导图（如图 5-3），又称为心智导图，是一种表达发散性思维的有效图形思维工具，通常以某一个问题或想法作为起点，以图形方式发散出去，形成树状图。

使用方法：找到关键词后以此为起点，列出下一级的细分关键词，并以此类推，直到囊括所有细分内容。

第二种，康奈尔笔记法。

康奈尔笔记法由康奈尔大学教育学教授 Walter Pauk 首创，后被美国中学生和大学生广泛使用。除了能够帮助学习记录内容重点，还能够强化理解记忆以及引发学习者的思考。

使用方法如表 5-1：

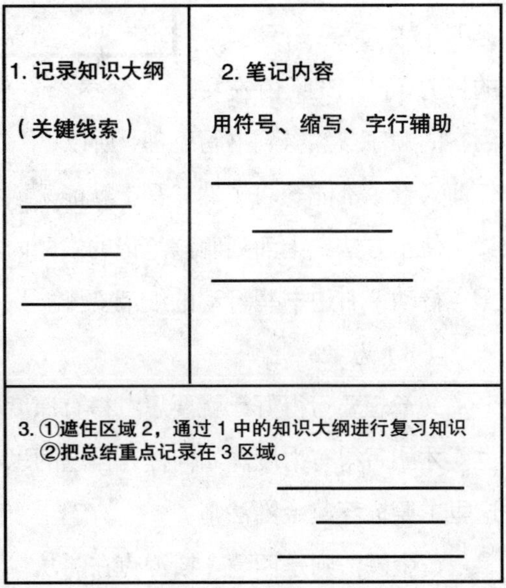

1. 记录知识大纲 （关键线索）	2. 笔记内容 用符号、缩写、字行辅助
3. ①遮住区域 2，通过 1 中的知识大纲进行复习知识 ②把总结重点记录在 3 区域。	

表 5-1　康安尔笔记法

首先，在第一部分线索中记录知识大纲或关键词，在第二部分用符号、缩写等记录笔记，第三部分写自己的总结和学习心得（及时把自己的想法和收获记录下来很重要）。

复习时，把右端的区域遮挡起来，仅根据左端区域里的知识大纲或者关键线索来进行回忆，试着复述出全部内容。

第三种，埃森哲公司的 Point Sheet。

该笔记方法是由埃森哲公司所使用的笔记方法（见表5-2），该方法将页面划分为三个部分，即上面的“题目”、左侧的“重点”、右侧的“行动”。其根本的目的是为了将事情的关键点提取出来，再细化执行任务。因为“重点→行动”的顺序可以按照由左到右的顺序自然得到书写整理，所以，“为何要采取这样的行动”，任何人看了都能一目了然，马上就能采取相应的行动。

题目：标明项目题目，方便在他人查阅或自己检阅的时候一目了然	
point	action
重点： 目的是提取关键点，确定工作重点，便于项目化整为零及团队分工	行动： 记录整理基于重点应采取的行动，即“谁、在什么时间之前、需要做完什么事”，将行动明确并落实负责人，高效运作

表 5-2　Point Sheet 笔记法

使用方法：上面列明该笔记的主题内容，左边书写应该采取的重点行动，右边书写行动的细节安排。

（3）思考

文章想要写得好，就要思考得有深度。思考得越有深度，内容也就才能写得有力度。如何提升自己的思考能力以及思考的深度，这里主要推荐黄金圈法则。

黄金圈法则是西蒙·斯涅克在《从“为什么”开始》中提出的一种思维方法。他用三个同心圆来描述人的思维模式（如图5-4），黄金圈从外到内依次是：做什么（What）、怎么做（How）以及为什么（Why）。

第一个层面是 What 层面，也就是事物的表象，我们具体做的每一件事。

第二个层面是 How 层面，也就是我们如何实现我们想要做的事情。

第三个层面是 Why 层面，也就是我们为什么做这样的事情。

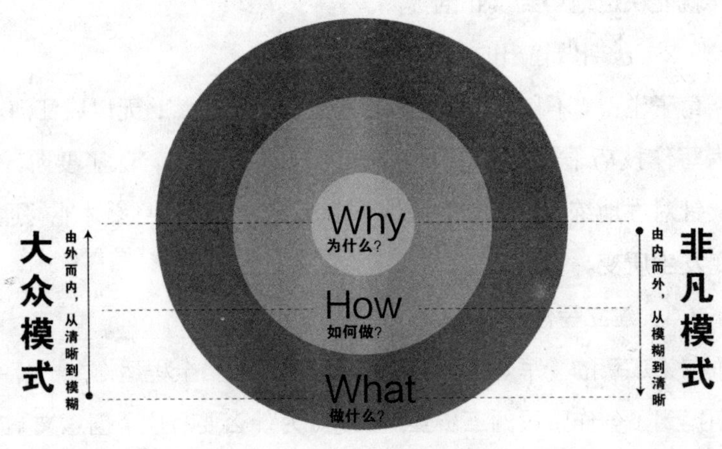

图 5-4　黄金圈法则

大多数人思考问题时仅仅只会从 What 出发，甚至不能深入到第二层，导致看问题流于表面，而如果真的想要深度思考，则需要从“Why”出发，只有弄清楚为什么，才能知道怎么做，做什么。写作也是一样，只有搞清楚了为什么而写，才能想清楚怎么写，写什么内容。

3. 输出

很多人的文案水平一直都无法提高，关键原因就是在输出这一点上练习得太少了。作为一项技能，写作能力必定是需要经过刻意的练习，才能熟能生巧妙笔生花。如何更好地练习，这里需要注意这几点：

（1）设定输出目标，有针对性的成长

考虑到精力安排的问题，因此可以一个阶段设置一个输入目标，例如这个月专门练习如何写产品销售页，那么就集中研究相关技巧，这样就能快速地得到真正的提高。

（2）长期做输出的练习

荀子说："不积跬步，无以至千里；不积小流，无以成江海。"因为写作技巧千千万万，不动手实践永远都是空，除了要阶段性地、针对性地练习，还需要坚持不懈地练习。日积月累才能够通过量变发生质变。

（3）建立写作流程

在第二章的《军规1：运筹帷幄，掌控项目全程运作》一节中，我们提到了创作阶段的三步骤：Why（为什么要写这个创意文案），How（如何写这个创意文案），What（创意文案内容写什么）。因此，我们需要熟练掌握这三个步骤，使得写作更加高效和流畅。

（4）建立输出反馈

输出反馈主要包括两个方面，一方面是反馈数据，训练者可以将练习内容发布在网络上，通过点击量、阅读量、转发量的数据来审视进步程度。另一方面是来自周围人的反馈，特别是有优秀老师或者同事的情况下，来自大牛的点评会让自己成长得更快。

总而言之，想要提高文案能力，就必须坚持输入、处理、输入三位一体的努力。原因在于，没有输入，就会脑袋空空，进入巧妇难为无米之炊的困境；缺乏处理，写出的内容未经提炼没有深度；缺少输出，输入再多也是低效努力，事后就忘记了。

因此，需要将输入、处理、输出，作为每天的必修功课来对待。

技巧 3：提升创意能力的 4 个维度

在前面的章节我们已经很明确地了解到，创意并非天马行空，而是有迹可循。同样，创意能力也可以通过练习提升，具体可以从 4 个维度入手（如图 5-5）：敏锐的感受力、深刻的洞察力、灵活的拆解组合力以及丰富的想象力。

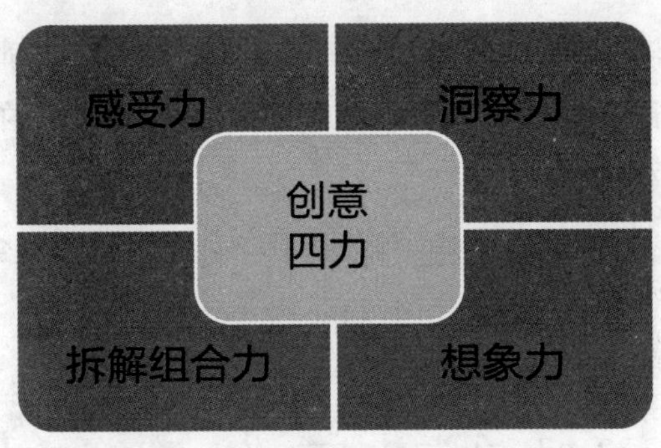

图 5-5　提升创意能力的 4 大维度

1. 敏锐的感受力

正如创意界的经典名言：创意是旧元素的新组合。在对旧元素进行新组合之前，那么意味着我们需要先收集大量的素材，形成创意的档案库。这些素材除了来自专业领域的各类资讯和资料外，还可以来自我们每天的日常生活。

如何更好地提高感受力呢？主要是培养自己的五感能力，即视觉、听觉、嗅觉、味觉和触觉。特别是视觉，大多数情况下我们都是通过视觉来获取新素材，如文字、视频、风景和人物等。

2. 深刻的洞察力

所谓的洞察力就是直达本质的能力。洞察力最直白地说，就是有先见之明，能察觉别人所不觉，眼光独到，却又预料正确。对于创意文案来说，拥有极强的洞察力，是日常工作少走弯路、做出正确选择的重要保证。那么，如何提高洞察力呢？

（1）好奇心

好奇心是人类认知世界的主要驱动。如果没有了好奇心，则容易对日常生活中的一切都熟视无睹，自然又怎么可能洞察到新鲜事物，并且不断去探究其本质、原理呢？为了保持旺盛的好奇心，可以遵循如下建议：

第一点，打消你想要把事物贴上“无聊”标签的念头。

第二点，转变思维，以有趣的心态来发现世界的独特之处。

第三点，接触到新事物时，要不断地问自己你真的搞清楚了吗？

第四点，多读书多出门，和不同的人来往，拓宽自己的视野。

（2）深入了解

前面的好奇心主要是获取知识的广度，因此还必须深入了解，仔细钻研，才能够发现不一样的东西。正如同寻宝一样，必定需要穷尽山河，越是人迹罕至的地方，才越可能发现宝物。因此，这也就是为什么很多创新都是由专业人士挖掘出来的。

（3）联想

所谓的联想就是指由于某人或某种事物而想起其他相关的人或事物；由某一概念而引起其他相关的概念。把不同的知识、见解和理论融合起来，才更有机会发现他们之间的关系与区别，进而得到新的知识、见解和理论。

如何拥有丰富的联想能力呢？这里主要推荐三种联想方法：

第一种，联想开花训练。

所谓的“联想开花”也就是以自己熟悉的某事物或者词组中的“中心主题”展开联想，所发散的主题内容不受任何限制，就像一朵绽开的花，花瓣向四周展开（如图 5-6）。这个其实就是思维导图的训练方法。

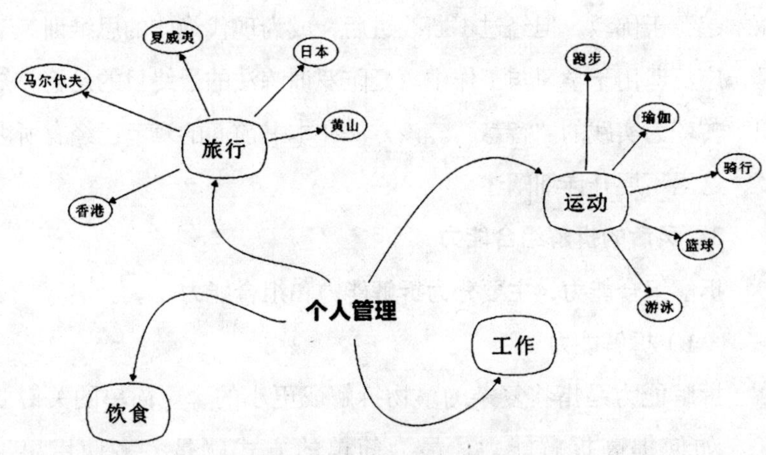

图 5-6　联想开花训练

第二种，联想接龙训练。

联想接龙就是指首先选定好某个事物、词或者词组作为中心主题，然后由中心主题激发一个联想，再将激发出的联想作为中心主题，用来激发下一个联想，从而像条长龙一样无限制地往下延伸（如图 5-7）。

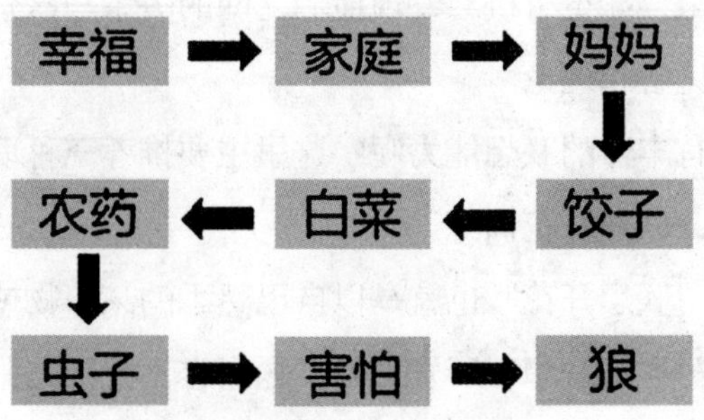

图 5-7　联想接龙训练

第三种，曼陀罗训练法。曼陀罗训练法也称为九宫格训练法，原本起源于佛教，但经过不断改进后，成为现代绝佳的思维训练工具，广泛运用于学习与工作中。曼陀罗训练法的最终目的是将“知识”转变为实践的“智慧”。该方法在本书前面的章节已经有所涉及，这里不展开详细阐述。

3. 灵活的拆解组合能力

拆解组合能力，主要分为拆解能力和组合能力。

（1）拆解能力

拆解能力是指将复杂的事物拆解成更小的、更简单的关键要素。如何提高拆解能力，最为简单的方式就是多多使用思维导图。

（2）组合能力

组合能力是指不同的要素两两组合或者三三组合从而产生新事物的能力。如何提高组合能力，这里推荐坐标系组合法。该方法在其他章节已经提到过，这里不再赘述。

例如清华大学录取通知书（如图 5-8）。

该通知书就是将普通的通知书与清华门的 3D 模型结合在一起，让大学新生在拿到录取通知书时，清华门也向其打开，示意着新生们打开了通向清华的大门。

图 5-8 清华大学录取通知书

4. 丰富的想象力

想象力是指我们在脑海中形成“图像、画面”的一种能力。爱因斯坦曾说：“想象力比知识更重要，因为知识是有限的，而想象力概括着世界的一切，推动着进步，并且是知识进化的源泉。”那么如何提高想象力?

对于创意文案来说，建议每天抽一定的时间来做想象力的思维训练。主要可以包括三种：

第一种，场景想象。

想象自己身处某个场景下，调动全身的感觉，去体验在该场景下的所见所闻。

第二种，事件想象。

回想某件往事，仔细地回想每一个细节，回味当时的感受。

第三种，概念想象。

读完某本书、看完某部电影或者是听完某首音乐后，在脑海中想象该内容所传达的画面，或者是带入作者的角度，去想象他的感受。

全方位锻炼上面四种能力，将会帮助创意文案更好地提升创意能力。

技巧 4：打造策划能力的 3 大步骤

策划能力是一项综合能力。对于创意文案来说，通常可以选择以下方式来提高自己的策划能力。主要分为 3 步走。

1. 借鉴经验

牛顿曾说过："如果我看得比别人更远些，那是因为我站在巨人的肩膀上。"对于创意文案来说也是如此，想要提高策划能力就必须充分借鉴前人的经验。

（1）广告效果类

广告效果类分为广告策划和产品策划。

广告策划就是对于提出广告决策、实施广告决策、检验广告决策全过程作预先的考虑与设想，是对广告的整体战略与策略的运筹规划。广告策划不是具体的广告业务，而是广告决策的形成过程。例如，明确在不同的场景如何推广不同的广告语、广告宣传片及广告海报等。

产品策划，产品策划主要是指如何更好地把产品卖掉，并在销售过程中，塑造良好的品牌形象。例如，完善产品卖点的包装、区隔产品定价层次、营造产品畅销的态势等。

（2）品牌公关类

主要包括品牌策划和公关策划。

品牌策划就是企业发现用户价值、传播价值，夯实用户认知的过程，即对消费者的心理市场进行规划、引导和激发，并通过科学手段把人们对品牌的模糊认识清晰化的过程。

对于创意文案来说，主要是结合品牌定位对品牌进行包装，从而提升品牌的知名度。

公关策划是指公共关系人员根据组织形象的现状和目标要求，分析现有条件，策划并设计公关战略、专题活动和具体公关活动最佳行动方案的过程。

例如，根据当前的企业所处发展阶段开展公关活动，如开发布会、发新闻稿等。

2. 实践运用

正所谓学以致用，为了真正的检验前人经验是否可行，创意文案可以利用日常的工作开展大量的实践，从而获得符合适用于自己的心得体会。

3. 复盘回顾

复盘，原是一个围棋术语，指的是在对局完毕后，复演该局棋的记录，以此回顾在对局中招法的优劣与得失关键，从而提高自己的下棋水平。

最早将复盘运用在管理领域的是联想的创始人柳传志，他认为一件事情做完后无论成功与否，坐下来把当时预先的想法、中间出现的问题、为什么没达成目标等因素整理一遍，在下次做同样的事时，自然就能吸取上次的经验教训。

复盘是最有效的自我学习方式。拉卡拉的创始人孙陶然说："如果我有所成就的话，一半源于天资，一半即源于复盘。"由于策划工作的复杂性，想要掌握其原理和规律，没有对项目经验和教训的不断复盘，就无法真正提炼出方法论。因此作为一个创意文案，想要提高策划能力就必须借助复盘这个工具。

（1）哪些事情需要复盘

复盘主要分为小复盘、中复盘和大复盘。

第一，小复盘是指每完成一项创意文案的工作如写一个广告语，都快速地回顾一下工作的经过以及有哪些地方做得不好、应该如何改进。如果下次遇到同样的问题，怎么处理可以做得更好。通过这样随时随地的复盘，从每次细微处开始进步。

第二，中复盘是指每个策划项目完成后，或者是每个月、每个季度，审视一下自己在工作上是否达成了目标，与目标相差多远；回顾一下过程，可以分为哪些阶段，每个阶段都发生了什么；分析下项目得失，哪些方面做得好，哪些方面做得不好；从而总结出规律，面对相似的项目时，自己应该如何做才能获得更好的效果。通常来说，中复盘比较适合长期性的、跨月份的项目，例如品牌推广、促销活动。

第三，大复盘是指每年或者不同的职业阶段，通过对过去个人成长的过程回顾，分析得失并且总结规律，就能够不断提升自己的策划能力及执行能力，进而保证自己的职业发展没有偏航。

（2）如何复盘

复盘主要分为 4 个步骤：回顾目标、过程再现、分析原因、总结规律（如图 5-9）。

第一，回顾目标：这个工作起初设定的目标是什么？对照现在的结果，是否完成了目标？如果没有完成，那么差距在哪里？

第二，过程再现：从项目的启动开始全盘回顾整个过程，包括

图 5-9 复盘的步骤

几个阶段？每个阶段都发生了什么？自己是如何操作的？为什么做出那些决定？

第三，分析原因：刨根问底，分析是什么导致了目标和结果之间的差距，思考自己作为创意文案在这个项目中，哪些地方做得好？哪些地方做得不好？背后的原因是什么？

第四，总结规律：需要明确所得出的结论是否是具体的、可复制、可执行，所找出的关键点是否真的起作用。另外，为了更好提高策划水平，在制定后续的工作计划中，怎样调整工作步骤和资源分配。

通过以上 4 个步骤，将会帮助创意文案进一步提升策划能力。

技巧 5：修炼数据分析能力的 3 大关键点

什么是数据分析？是指基于一定目的，有意识地收集、整理，加工和分析数据，从而得出有价值的结论。

为什么创意文案也需要学习数据分析？麦肯锡公司称："数据，已经渗透到了当今每一个行业和业务职能领域，成为重要的生产因素。"例如，撰写微信推文是创意文案的常见工作内容，可是撰写内容完毕并非工作的结束，因为通过推文的相关数据才能更清楚地了解用户需求，方便在下一次的创作过程中优化内容，打造 10 万 +

的爆款文章。

如何提高数据分析能力?

1. 掌握所涉及的业务逻辑

什么叫作业务逻辑呢?我们以某数据分析的学习平台 A 为例子，A 平台想要盈利就必须卖出更多的数据分析课程，那意味着必须找到有潜在需求的学习者，但是即便是找到了学习者也还不见得能够把课程卖出去，因为这些数据分析课程必须符合他们的学习需求。同样是数据分析类的课程，对于创意文案来说，掌握 excel 这门工具可能就足够，但是对于专攻大数据分析的程序员来说，还需要学会 Hadoop 体系、Scala、kafka、Spark 等更艰深的内容。因此整个业务逻辑如下:

找到目标学习者→分析其学习需求→制作符合需求的数据课程→推送到能接触到学习者的各类平台及渠道→学习者跳转至学习平台完成下单购买。

假设 A 平台的创意文案此时想要通过在多个粉丝数量相近的微信大号同一时间上投放软文《数据分析能力有多重要? BAT 等大公司都在高薪聘用，真的“前”途无限》，并且在文章内植入可跳转至 A 平台课程的购买二维码。

当软文推送完成后，通过分析曝光量、阅读量、在读量、评论量、转发量与下单人数之间的关系，就能看出哪一个微信大号最适合长期投放该软文。因为微信大号与目标学习者的匹配度越高，该文章的下单人数也就会越高。

从多个粉丝数量相近的微信大号中选出阅读量最高的账号后，再拟定 1 个新标题，随后投放在该账号，与原有的软文《数据分析能力有多重要？ BAT 等大公司都在高薪聘用，真的“前”途无限》进行分析对比阅读量、在读量、评论量、转发量及下单人数，就又能看出哪一个标题最吸引目标学习者的目光。

以上的数据分析均需要在通晓业务逻辑的情况进行展开，为什么这样说呢？因为投放软文的关键目标是为了能够完成转化。举例，同样是 10 万 + 的微信文章，一篇是针对有婚恋需求的用户，一篇是针对想要学习数据分析能力的用户，将课程信息植入到后者远比前者能转化更多的下单人数。

那么，对于创意文案来说，撰写内容时就需要围绕目标消费者的需求进行展开，这样才能够成功说服他们认可数据分析的能力更加重要，现在购买该课程就是最明智的选择。

2. 掌握分析数据框架

当有了一定的数据之后，就要开始分析数据，对于创意文案来说，主要会用到以下三种数据分析框架。

（1）AARRR（增长黑客的海盗法则）

这是精益创业的重要框架，从获取（Acquisition）、激活（Activation）、留存（Retention）、变现（Revenue）和推荐（Referral）5 个环节增长。

该框架最常适用于落地页文案、电商销售文案的分析。

（2）5W2H 分析法

何因（Why）、何事（What）、何人（Who）、何时（When）、何地（Where）、如何就（How）、何价（How much）。

该框架最常适用于自媒体等平台的推送情况分析。

（3）用户行为理论

主要包括访问量、跳出率、页面深度等指标。该框架最常适用于百度信息流的数据分析。

3. 掌握数据来源

在开始分析数据之前，就必须有数据可供分析，那么数据可以从哪里获取呢?

对于创意文案来说，数据的来源主要分为两种：

第一种，自有数据分析系统。

这是最可靠和最全面的数据来源，通常来说，有条件的情况下以内部数据为准。

第二种，第三方数据分析系统。

主要包括微信公众号等自媒体后台、友盟等 App 应用数据统计分析平台、百度统计等网页数据统计后台、百度指数等舆情平台、腾讯智汇推等信息流等投放平台。

获取数据的方式多种多样，最关键的还是通过分析数据，创意文案要了解到底是什么因素影响着内容的投放效果、推广效果和转化效果。

通常来说，掌握了以上 3 个关键点，辅助以学习基本的数据分析工具如 excel，就能从数据中得出相应的结论。

技巧 6：1 个工具 +3 个步骤打造创意文案的灵感宝库

正如前面所说，创意文案并非是一件天马行空毫无章法的事情，其中暗含着的各类规律、技巧需要从业者自己不断去思考、领悟并且内化成自身的能力。因此，打造灵感宝库就是其中不可或缺的一个步骤。

那么，如何进行具体的操作呢？这里推荐的方法是 1 个工具 +3 个步骤。

1. 1 个工具：印象笔记 / 有道云笔记等软件

在选择工具时，我们对该工具有这些期待：有足够的容量，还要兼顾其使用便捷性，例如是否支持随时都能搜集资料、是否方便内部检索、是否方便随时查阅、是否支持 PC 端和移动端同步、数据资料是否容易遗失以及是否后续整理等。

那么，传统的电脑笔记本、移动硬盘、U 盘都无法完美满足我们的需求，这里推荐印象笔记、有道云笔记这类的软件。

为什么就只要这么一个工具呢？主要是为了避免混乱。

2. 3 个步骤：搜集、储存和整理

（1）搜集

搜集资料前，则需要先明确 3 个要点。

第一点，我想要搜集什么资料？

搜集资料前，需要先明确自己想要搜索的是什么。我们以创意文案为核心，进行发散思维，得到创意、文案、文案策划、用户心理、营销理论、品牌广告、品牌文案等关键字。

第二点，有哪些渠道可以获取这些资料？

常见的渠道包括搜索引擎、专业 / 行业网站、专业 / 行业的微信公众号、博客及微博等。

第三点，如何结合工具让自己的搜集过程更加事半功倍呢？

此处集中讲解下如何利用搜索指令在搜索引擎上快速获取资料：

filetype 命令

用于搜索指定格式的文件，如：filetype 创意文案 pdf，搜索网上所有包含“创意文案”这个关键词的 pdf 电子书文档。

减号（–）命令

用户排除不想要的结果。我们可以把不想要显示的搜索结果放在减号后面。这里要注意的是：减号（–）前面必须是空格，而减号（–）后面没有空格，放的是需要排除的关键词如：创意文案 -案例，即查找包含“创意文案”这个关键词，但是不包含“案例”这个关键词的结果。

intitle 命令

用于查找标题中含有某个关键词的文章或网页，如 intitle: 创意文案技巧，查找标题中含有关键词:“创意文案技巧”的文章或网页。

inurl 命令

用于查询出现在 url 中的关键词，搜索出现的结果是包含在 url 中的，例如：inurl：创意文案，即可搜索带有“创意文案”的 URL。

双引号（" "）命令

用于精确查找内容。这里要注意的是，双引号一定要是半角模式的。简单说是英文状态下的双引号，而不是中文状态下的双引号。例如：“创意文案”。

未添加双引号时，搜索结果容易出现把“创意”“文案”两个字分开或者是顺序调换了的网页，像是：“怎样写出有创意的文案……”“史上最具创意的文案案例合集……”等等这样不是很精确匹配我们实际想要的结果。加上引号以后，“创意文案”，就会只查找跟引号里面关键词一模一样的内容，不要有拆分，不要有调换顺序。

（2）储存

前面我们已经提到了印象笔记这个工具，那么储存这个过程，我们应该如何充分发挥印象笔记的作用呢?

第一种，微信。

关注“我的印象笔记”公众号并绑定账号，将文章转发到“我的印象笔记”，即可保存到印象笔记中。

另外，微信聊天记录也可以保存到印象笔记中，长按消息，选“更多”，之后勾选所有你要保存的消息，再点右下角的三个小圆点，选“大象”图标，就会永久保存，再也不同担心微信清理缓存了。

第二种，微博。

关注“我的印象笔记”微博，在微博评论区 @ 我的印象笔记，即可保存到印象笔记中。

第三种，网页。

在浏览器上安装印象笔记剪藏插件，点击“大象”图标并选择剪藏内容后，即可保存到印象笔记中，同时还可在笔记上进行标注。

第四种，邮件。

在印象笔记的设置——账户一览最下面，找到自己的印象笔记邮箱：×××@m.yinxiang.com，将邮件发送到此账户即可保存到印象笔记中。

第五种，知乎。

把知乎和“我的印象笔记” 绑定，看到好文章即可保存到我的印象笔记。

第六种，手机录音。

平时肯定会遇到需要用手机录音的地方，打开印象笔记可以边录音，边在里面用文字的形式整理重点。

第七种，PDF 文件。

如果是在线的 PDF 文件，是可以直接通过网页剪辑直接储存到个人的印象笔记中的。

第八种，思维导图。

如果是初次使用会要求 Xmind 登录印象笔记账号，如果没有账号，可以先注册一个。然后勾选需要保存笔记的内容形式，可以复选，然后选择目标笔记本。等待保存进度完成即可。

（3）整理

第一步，设置内容框架。

要在建立之前，就先想清楚总体的框架，然后再进行细分，从而避免后面的文件夹下面的层级太多，导致查找不方便，反而更麻烦。

例如，我们以文案为例：

可以分别设置四个子笔记组：按照行业分类；按照表现类型分类；按照表现手法分类；按照品牌分类。

●当创意文案按照行业分类时，可将其分为 3C、地产、珠宝、汽车、茶酒、运动、快消、金融、奢侈品、工业、第三产业等等。

●当创意文案按照表现类型分类时，可将其分为广告语、折页、H5、电视文案、广播文案、企业宣传片文案等。

●当创意文案按照表现手法分类时，可将其分为比喻、比拟、拟人、借代、夸张、对偶、排比、反复等。

●当创意文案按照品牌分类时，可将其分为可口可乐、百事可乐、麦当劳、肯德基、特斯拉电动车、大众、丰田等等。通过长期的搜集，则可以帮助我们更好地理解知名品牌在做创意文案时是如何寻找切入点的。

第二步，建立目录并规范化命名。

建议将印象笔记的目录结果分为两级：笔记本组→笔记本→单条笔记，在建立清晰目录的同时，规范化命名，让这个目录便于我们查看和检索，如：按字母 + 序号的方式进行命名，字母和序号的大小即代表笔记的优先级。

举个例子：我按照自己的主题优先级，分别将笔记本组名称加上从 A → Z 的字母前缀进行排序；而对于笔记本，则按使用的频率用数字进行排序。

第三步，巧妙使用标签功能。

比如，当你看到了一篇很好的文章，如果它的内容同时包含你关注的两个主题，那么应该放在哪个笔记本呢？

这时候标签就派上用场了，你大可以只把它放到一个笔记本里，然后打上多个相关的标签，这样单独搜标签的时候也能查找到它。

正如上面我们对创意文案进行分类时，如果想一篇文章同时放在好几个笔记本里，就可以直接对文章打上标签。

第四步，对已有的内容进行归档。

明确了框架后，就可以将对应的内容填充到各个笔记本。由于同一个内容可能存在同时适合归入到不同笔记本的情况，我们可以充分使用印象笔记的搜索功能，查看是否有遗漏的情况。

把已经保存在印象笔记中的内容，依次归入到不同的笔记组中外，存储在其他平台的内容都可以导入进印象笔记，这样方便对所有内容的管理。

第五步，后续维持。

在整体的框架初具轮廓后，我们还会有源源不断的内容保存进入印象笔记，考虑到每次保存时，不见得有时间归入到对应的笔记本下，因此，我们需要每个月都安排出一定的时间，对印象笔记新增内容进行维护和归档，从而保持里面内容的条理性。

技巧 7：创意文案不得不知的 36 个工作利器

不管是在甲方还是乙方，创意文案的工作都偏向烦琐，为了提高工作效率，借助一系列工具就显得必不可少了。这里参考日常的工作流程，推荐以下 7 类工具（如图 5-10）：

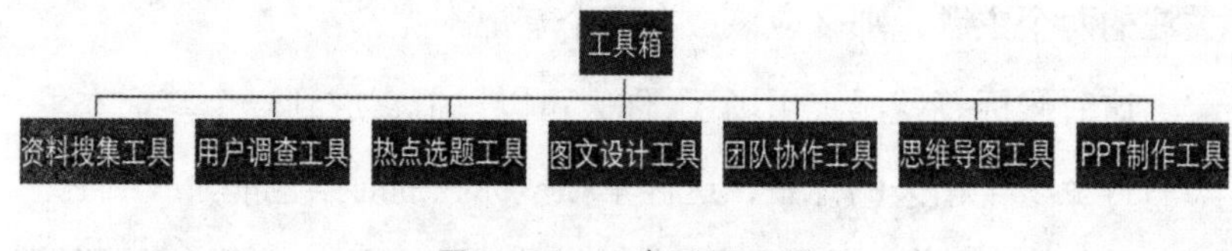

图 5-10　7 类重要工具

1. 资料搜集工具

撰写创意文案时，需要借助很多参考资料。推荐以下工具：

（1）百度搜索

全球最大的中文搜索引擎、致力于让网民更便捷地获取信息，找到所求。百度超过千亿的中文网页数据库，可以瞬间找到相关的搜索结果。

网址：www.baidu.com

（2）360 搜索

360 旗下搜索引擎服务，包含网页、新闻、影视等搜索产品，为用户带来更安全、干净的搜索体验。

网址：www.so.com

（3）搜狗搜索

全球第三代互动式搜索引擎，支持微信公众号和文章搜索、知乎搜索、英文搜索及翻译等，通过自主研发的人工智能算法为用户提供专业、精准、便捷的搜索服务。

网址：www.sogou.com

（4）知乎

大型的中文网络问答社区，连接各行各业的用户。用户分享着彼此的知识、经验和见解，为中文互联网源源不断地提供多种多样的信息。

网址：www.zhihu.com

（5）微信公众号

正所谓“再小的个体，也有自己的品牌”，绝大多数的企业都开设有自己的官方公众号，上面普遍会留存大量的品牌和产品信息。

获取方式：微信号中搜索品牌名或企业名。

（6）微博

一种基于用户关系信息分享、传播以及获取的，通过关注机制分享简短实时信息的广播式的社交媒体、网络平台，用户可以通过PC、手机等多种移动终端接入，以文字、图片、视频等多媒体形式，实现信息的即时分享、传播互动。

微博上除了有企业发布的官方消息，也会沉淀大量用户反馈信息，这些都会有助于创意文案的资料搜集。

获取方式：登录 www.weibo.com，搜索企业名、品牌名等关键字。

（7）企业官网

直接登录企业官网，进行浏览即可。

2. 用户调查工具

为了使得内容能够更好贴近受众的需求，进行充分的用户调查也就非常有必要了。主要推荐以下工具。

（1）腾讯问卷

由腾讯公司推出的完全免费专业的在线问卷调查平台。提供多种方式创建问卷，简单高效的编辑方式，强大的逻辑设置功能，专业的数据统计和样本甄别，让用户轻松开启调研工作。

网址：wj.qq.com

（2）金数据

一款免费的表单设计和数据收集工具，可用来设计表单，制作在线问卷调查，组织聚会，询问意见，整理团队数据资料，获得产品反馈等。

网址：www. jinshuju.net

（3）问卷星

一个专业的在线问卷调查、测评、投票平台，专注于为用户提供功能强大、人性化的在线设计问卷、采集数据、自定义报表、调查结果分析系列服务。

网址：www.wjx.cn

（4）百度关键词规划师

百度关键词规划师是目前最好用、数据最准确的关键词分析工具，只要注册百度推广账号即可免费使用。

（5）爱站网

爱站网站长工具提供网站收录查询、站长查询以及百度权重值查询等多个站长工具，免费查询各种工具，包括关键词排名查询，百度收录查询等。

（6）5118 大数据

5118 通过对 SEO 各类大数据挖掘，提供关键词挖掘，行业词库，站群权重监控，关键词排名监控，指数词、流量词挖掘工具等 SEO 工作人员必备百度站长工具平台。

网址：www.5118.com

（7）八爪鱼采集器

一款使用简单、功能强大的网络爬虫工具，完全可视化操作，无须编写代码，内置海量模板，支持任意网络数据抓取。

（8）火车头采集器

一款网页抓取工具，是用于网站信息采集，网站信息抓取，包括图片、文字等信息采集处理发布，是目前使用人数最多的互联网数据采集软件。相对八爪鱼采集器学习难度更大。

网址：www.locoy.com

（9）淘宝生意参谋

一款专业的数据分析产品，生意参谋的内容很丰富，它包括对客户行为、市场动态等等数据的分析与统计。

3. 热点选题工具

在撰写各类品牌热点创意文案时，如何更好地选择热点不错过风口？这里推荐：

（1）百度指数

百度指数是以百度海量网民行为数据为基础的数据分享平台。在这里，你可以研究关键词搜索趋势、洞察网民兴趣和需求、监测舆情动向、定位受众特征。

网址：index.baidu.com/v2/index.html#

（2）百度风云榜

以数亿网民的单日搜索行为作为数据基础，以关键词为统计对象建立权威全面的各类关键词排行榜。

网址：top.baidu.com

（3）微博热门话题

类似于百度风云榜，实时呈现微博用户在讨论的话题。

网址：d.weibo.com/231650

（4）知微数据

由知微大数据公司设计开发的微博传播分析平台，提供可视化的微博传播路径图，传播关键人物分析，转发粉丝属性分析、传播层级比例分析、传播情感分析、传播水军参与情况分析。

网址：www.weiboreach.com

（5）知乎热榜

上线于 2017 年底，知乎站内 24 小时热度最高问题合集，具体包括社会热点、舆论焦点、生活痛点、行业知识、校园职场、科学、数码、影视等内容，并按照内容在站内的讨论热度确定榜单顺序。

查看方式：登录个人知乎账号，首页选择榜单。

其实还有其他热门选题工具，请参考本书《品牌创意文案的 5 大秘籍》一章中的《秘籍 4：3 个工具 +1 个技巧，追热点的正确姿势》。

4. 图文设计工具

创客贴

一款多平台（Web、Mobile、Mac 、Windows）极简图形编辑和平面设计工具，包括创客贴网页版、iPhone、iPad、桌面版等。从功能使用上分，创客贴有个人版和团队协作版，提供图片素材和设计模板，通过简单的拖拉拽操作就可以设计出海报、PPT、名片、邀请函等各类设计图。

网址：www.chuangkit.com

5. 团队协作工具

（1）石墨文档

一款轻便、简洁的在线协作文档工具，PC 端和移动端全覆盖，支持多人同时对文档编辑和评论，让你与他人轻松完成协作撰稿、方案讨论、会议记录和资料共享等工作。

网址：shimo.im/welcome

（2）腾讯文档

一款支持随时随地创建、编辑的多人协作式在线文档工具，拥有一键翻译、实时股票函数和浏览权限安全可控等功能，以及打通 QQ、微信等多个平台编辑和分享的能力。

网址：docs.qq.com/desktop

（3）Teambition

一个简单、高效的项目协作工具，通过帮助团队轻松共享和讨论工作中的任务、文件、分享、日程等内容，可以在网页、桌面、移动环境随时使用。

网址：www.teambition.com

6. 思维导图工具

在前面的章节提到了运用思维导图来整理笔记，这里推荐：

（1）XMind

一款非常实用的思维导图软件，简单、易用、高效，风靡全球的思维导图和头脑风暴软件。

网址：www.xmind.cn

（2）百度脑图

百度旗下的产品，一款免安装的在线思维导图工具，支持在线编辑、自动实时保存，操作简单又极其直观的百度脑图将一些复杂的东西表现出来，让读者易于理解和梳理。

网址：naotu.baidu.com

（3）幕布

一款结合了大纲笔记和思维导图的头脑管理工具，帮你用更高效的方式和更清晰的结构来记录笔记、管理任务、制订计划甚至是组织头脑风暴。

网址：www.mubu.com

7. PPT 制作工具

在创意文案日常的工作中，总是少不了使用 PPT，想要 PPT 设计得又快又好看，这里推荐：

（1）iSlide 插件

一款强大易用的 PPT 一键化效率插件，丰富的数据表现，简单调节即可改变传统图表的平庸，一键获取 PPT 资源，100000+ 图标资源，4000+ 图示素材。即使你不懂设计，也能够创建出专业水准的 PPT 文档，并且效率惊人。

下载地址：www.islide.cc

（2）美化大师插件

功能和 iSlide 插件相似，提供专业模板、精美图示、创意画册、实用形状等，细致分类，持续更新，无论是何种美化需求，PPT 美化大师都可以满足你。可以完美嵌套在 Office 中，操作简单，运行快速。

下载地址：meihua.docer.com

（3）求字体网

免费提供上传图片找字体、字体实时预览及字体下载服务，本网站可识别中文、英文、日韩、书法等多种类字体。只要上传图片或输入字体名称，就可以帮你找字体。

网址：www.qiuziti.com

（4）字由

为设计师量身定做的一款字体管理软件，字由收集了由用户贡献的国内外上千款精选字体。不仅展示了每款字体的应用案例、字体介绍以及字体设计的背景信息，还将字体按标签分类整理，下载用户端后可以直接调用。

网址：www.hellofont.cn

（5）Pexels

免费素材照片，可以在任何地方使用。免费用于商业用途，无须注明归属。

网址：www.pexels.com

（6）Pixabay

全球知名的图库网站及充满活力的创意社区，拥有上百万张免费正版高清图片素材，涵盖照片、插画、矢量图、视频等分类，你可以在任何地方使用 Pixabay 图库中的素材。

网址：pixabay.com

（7）Iconfont

由阿里巴巴 MUX 倾力打造的矢量图标管理、交流平台，是功能强大且图标内容很丰富的矢量图标库，提供矢量图标下载、在线存储、格式转换等功能。

地址：www.iconfont.cn

（8）Easyicon

提供超过六十万个 SVG、PNG、ICO、ICNS 图标的免费搜索和图标下载服务。

网址：www.easyicon.net

06

创意文案职场成长指南

推动你的事业，不要让你的事业来推动你。

—— 富兰克林

指南 1：职业规划，通往成功的必经之路

每个职场人都渴望成长，期待更高的职位、更多的薪水。那么作为创意文案，又应该如何进行职业规划呢？

1. 明确职业规划的意义

职业规划是一个对于职业生涯乃至人生进行持续的系统的计划过程。

为什么要做职业规划？因为职业规划的目标并非只是让我们有一份工作赚一份工资，更多情况下是通过职业让我们获得更高的人生价值，以及更长远的发展。

2. 全面了解自己

（1）从哪些方面了解自己

主要包括：

第一，我更喜欢什么？

第二，我是什么性格特质？

第三，我更擅长的是什么？

第四，我有什么特别的职场资源？

第五，什么样的事情才会令我产生内在驱动力？

第六，我的优势特质最为匹配的职业是什么？

其中最为重要的是了解自己擅长之处和优势所在。因为从竞争策略的角度来看，是需要遵循“人无我有，人有我优”的原则。

（2）如何了解自己

推荐以下几个测试：

第一，MBTI 职业性格测试；

第二，霍兰德职业兴趣量表；

第三，盖洛普优势；

第四，DISC 性格测试；

第五，九型人格测试。

另外也可以向周围的亲友寻求意见，多角度了解自己。

3. 匹配行业，最大化自身优势

当明白了自身擅长之处和优势所在，选择行业时就更有目标性了。想要获取行业发展的情况，主要方法包括：

第一，搜索引擎上关键字搜索获取信息，如搜索“广告行业分析”。

第二，从专业数据网站上下载行业研究报告，如艾瑞网（www.iresearch.cn）、199IT 互联网数据中心（www.199it.com）、企鹅智酷（tech.qq.com/biznext/list.html）等。

第三，通过投融资及创业情况，了解行业发展情况，推荐网站：投资界（www.pedaily.cn）、36 氪（36kr.com）、创业邦（www.cyzone.cn）等。

4. 了解岗位

通过对行业的筛选分析后，考虑到不同行业对于创意文案的岗位要求略有差异，还是需要全面了解岗位，主要包括工作内容、岗位薪资、岗位技能、岗位重要性等。

在筛选行业和岗位的同时，需要秉承的原则是“盯需求，做稀缺”，意思是盯行业的未来需求，利用自己的优势，去到稀缺的岗位。举例，同样是做创意文案，但是在不同的企业中所发挥的作用是不一样的，例如在广告行业，创意文案是属于核心岗位，但是在电信行业创意文案则属于辅助岗位，因此，对于创意文案来说，选择去广告行业会好于去电信行业。

5. 明确职业计划

有句话说：机会永远垂青于有准备的人。卓越者之所以能和普通人拉开距离，最重要的是他们提前计划好了并能够应对各种情况。在职场上也是如此，明确职业计划总是能够成长得更快。

第一步，设定职业目标。

在开始行动之前，每个职场人都需要为自己做一份明确的计划，然后再去执行。这个计划包括了长期目标和短期目标。

例如：

长期目标：也就是我们所说的梦想。为了实现梦想，需要多少个步骤。

短期目标：即实现长期目标的步骤。

作为创意文案，长期目标可以是成为行业“大牛”，短期目标可以是 1 年内写出 5 篇 10 万 + 的微信公众号文章。

具体如何执行，可以参考表 6-1：

目标	技能	资源	培训	进展
短期 对于当前岗位非常关键(1年)				
中期 对于岗位晋升很重要（2年）				
长期 对于达成职业目标很有帮助（3—5年）				

表 6-1　创业文案的目标与计划

第二步，明确职业计划。

在明确职业目标之后，就可以开始明确职业计划了。为了让该计划更好的执行到位，需要遵循 SMART 法则，即明确性（S）、衡量性（M）、可达成性（A）、相关性（R）、时限性（T）。

具体操作可以参考表 6-2：

SMART	分项描述	备注
S		
M		
A		
R		
T		
最终目标		

表 6-2　遵循 SMART 制作职业计划

想要职场道路走得更快更远，一份适合自己的职业规划必不可少，拿起笔来，参考该章节的内容梳理一下自己的情况，

指南 2：打造优质简历的 3 大关键点

简历是个人能力的说明书，如果无法在 5 秒内抓住 HR 的注意力，很有可能就会失去进入面试的机会。因此每个应聘者都需要学会如何制作一份专业的简历？

1. 什么才是专业的简历

（1）篇幅一页

为什么要求简历的篇幅一页？因为这个长度刚好方便快速浏览并且判断候选人是否符合用人要求。内容太少就缺乏充足的判断信

息，太长了则重点不够突出。

（2）无格式错误

正确使用中英文标点符号、日期格式等，避免细节上的错误。

（3）排版清爽

合理划分简历的各个板块，保证页面简洁明了。

（4）重点突出

如何做到重点突出，关键是围绕着招聘需求进行。主要包括：

第一点，简历重点篇幅应该放在工作经历，其次是教育经历、获奖纪录、工作技能。

第二点，工作经历按时间倒序进行排列，描述文字中穿插招聘需求中的关键字。

（5）文字精练

针对招聘需求,结合自身的优势进行描述即可,无废话,无虚话。

2. 如何撰写一份专业的简历

（1）个人基本信息

个人基本信息主要包括名字，性别，照片，年龄，居住地，联系电话，邮箱。其中重点注意以下三点：

第一，联系电话。

填写时最好在手机号码中间空一格，以 123 4567 8999 这样的格式，或者是数字中间增加一个横杠 123-4567-8999，以此方便别人进行阅读。如果是给外企投简历，最好在电话的开头，加上 086。

第二，邮箱。

如果是投国内企业，常用邮箱都可，但是建议邮箱的名称改为自己的中文名字。如果是投外企，最好是用 Gmail。

第三，照片。

可以不放，如果非要放照片，专门去拍一张证件照。

（2）教育背景

主要包括毕业学校、专业、学历，填写清楚即可，如有证书也可添加进去。

由于某些岗位会要求某些专业优先，如果专业对口，则会加分不少，如果暂时不对口，自己又想要应聘该岗位，可以在简历上写上【正在备考 ××× 证书】【正在学习 ××× 专业】，提高简历的通过率。

（3）工作经历

工作经历的撰写是简历中的重点部分，这里主要包括以下几点：

第一点，应聘不同的公司，工作经历需要进行相应的修改。举例，同样是应聘创意文案，去甲方公司，则需要多挖掘自己过去工作经历中和其业务相关的工作经历；去乙方的传媒公司，则需要更多重点突出自己的专业能力。千万不要想着一份简历打天下，进行相应的修改是有必要的。

第二点，工作经历的撰写需要遵循 STAR 法则（STAR 法则：项目背景→如何明确任务→采取何种行动方式→结果）。尽量用动词来表述自己的工作经历，写主要业绩时，要用数据来讲依据，客观地表现自己所取得的成就。

第三点，对原任职企业进行简单的介绍，如行业地位、经营范围，以方便 HR 快速了解原有的工作背景，特别是原任职企业为行业龙头企业时，更能增加简历的含金量。

第四点，文字简洁，最好采用书面语言。分点列明，先总结概括后具体描述。

（4）自我评价

结合招聘需求，重点呈现自己的应聘优势，用事实来证明，你就是他们想要找的人。

（5）作品集

应聘创意文案是需要递交作品集的，考虑到诸多原因，如通过邮箱发送作品压缩包，HR 可能无法打开。在招聘网站上投送时无法附件发送，因此建议应聘者可以直接将所有的作品整理汇集到石墨文档或腾讯文档之中，然后在简历中添加该文档的链接和二维码，这样就能实时更新作品集，也不会影响到招聘地方查看了。

以上 5 个部分写完后，一份简历就基本上完成了。最后建议可以对照下面的清单检查优化一下：

◆工作经验是否符合招聘要求？

◆工作成绩是否有事实做支撑？

◆个人技能是否符合招聘要求？

◆个人评价是否有事实做支撑？

◆行文内容是否正确无错漏？

3. 如何做好简历的投递细节

（1）投递时间

每周二、三、四是主要的投递日子，具体可以选择在每天上午 9 点半左右以及下午两点投送，这样排在邮箱前面的邮件被打开的机会就更大。

（2）邮箱投递简历

第一点，邮件主题。

邮件主题应当使用【应聘的岗位 + 名字 + 一个亮点 + 个人联系方式】的格式来拟定。

另外发件人名称和邮箱地址最好填写自己的真实姓名，不要使用非主流网名，避免 HR 对你形成不好的印象。

第二点，邮件正文。

邮件正文不要空白。最好可以简单阐述下自己应聘该岗位的优势，或者是将简历贴进去。

简历作为附件，应该转成 PDF 格式，避免因为 office 的版本不同，导致可能出现乱码或者打不开的情况。当然附件的命名依旧要按照【应聘的岗位 + 名字 + 一个亮点 + 个人联系方式】的格式来写。

第三点，邮件发送。

在发送前，建议先发送给自己，保证邮件的内容完整及格式无误。等确定没有问题后，再发送给 HR。

参考以上方法，基本上保证能制作出一份中上水平的简历。

指南 3：准备面试的 5 大必备步骤

当简历通过筛选后，就会收到来自 HR 的面试邀请电话。要想面试成功，你必须要做 5 件事（如图 6-1）。如何才能准备面试呢？这里一共包括以下 5 个步骤：

图 6-1　成功面试需要做的准备

1. 搜集过往面试经验

由于不同企业的面试方式可能存在不同，为了准备得更充分，可以先了解以下 5 个方面的面试经验：

第一，单面与群面；

第二，正常面与压力面；

第三，面试轮数与对应面试官；

第四，专业面与简历面试；

第五，常备面试问题。

如何了解到这些过往的面试经验呢？主要可以通过以下方式：

第一，在网络上搜企业名、面试等关键字，特别是大型企业，一般都会有不少人将面试经验分享到网络上。第二，寻找在该企业工作的朋友或者前辈进行一对一咨询。

2. 搜集企业信息

正所谓知己知彼，百战不殆，因此提前研究企业的相关信息，才能保证面试时问答如流。

如何搜集企业信息，可以直接参考第五章《技巧 7：创意文案不得不知的 36 个工作利器》这一节中提到的资料搜集工具，包括：百度搜索、360 搜索、搜狗搜索、知乎、微信公众号、微博、企业官网。当然除这几个工具外，还可以登录天眼查（www.tianyancha.com）这一类工商信息查询平台、行业论坛等方式搜集更多的有用信息。

3. 重新熟悉简历内容

由于在投递简历时会针对不同的企业撰写不同内容的简历，因此在去面试前有必要再次熟悉自己的简历内容。

因为面试时，主要问题都是围绕简历内容展开，特别是简历上的项目经历、工作经验、项目职责和工作成绩等内容，所以需要对内容做到足够的熟悉。

4. 提前准备面试所有的问题答案

为了更好地提前组织好答案，将面试可能出现的问题划分为如下几类（如图 6-2）：

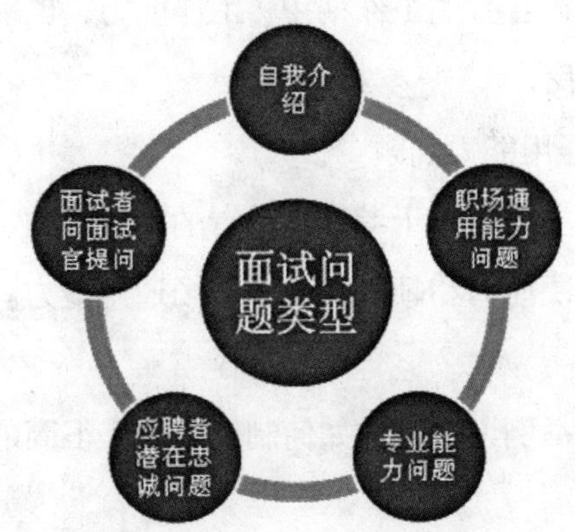

图 6-2　面试问题的类型

（1）自我介绍

自我介绍是面试里的必问题，很大程度上，你适不适合这份工作，面试官在你自我介绍的阶段，已经基本决定了。因此建议在面试前结合公司特点、岗位要求及自身经历，专门撰写一份回答，并且背下来。自我介绍一般包括四点：

第一点，个人基本信息：个人名字、工作年限、毕业院校、所学专业；

第二点，个人亮点：最好是和岗位要求相关；

第三点，相关经历/项目案例：参考STAR法则；

第四点，应聘这家企业/这个岗位的原因。

这里给大家举个例子：

个人基本信息：我叫×××，×××大学×××专业毕业。有×年的创意文案工作经验，其中我在×××方面的特长/我最大的特点是/我负责的……（给出相关经历/项目案例），应聘原因：企业文化/特色符合我的工作期望/工作能力，也很希望在这个行业/岗位成就自我。

（2）职场通用能力问题

该系列问题主要是用于考察面试者的反应能力、沟通能力、学习能力、问题解决能力和领导能力等职场通用能力。最为常见的是宝洁八大问：

第一问，请举例说明，你如何制定了一个很高的目标，并且最终实现了它。

第二问，请举例说明，你在一项团队活动中如何采取主动性，并且起到领导者的作用，最终获得你所希望的结果。

第三问，请详细描述一个情景，在这个情景中你必须搜集相关信息，划定关键点，并且决定依照哪些步骤能够达到所期望的结果。

第四问，请举例说明，你是怎样用事实促使他人与你达成一致意见的。

第五问，请举例说明，你可以和他人合作，共同实现一个重要目标。

第六问，请举例说明，你的一个创意曾经对一个项目的成功起到至关重要的作用。

第七问，请举例说明，你是怎样评估一种情况，并将注意力集中在关键问题的解决。

第八问,请举例说明,你怎样获得一种技能,并将其转化为实践。

针对这一类问题的回答技巧依旧是 STAR 法则，可以直接选取自己的项目经历来举例。

（3）专业能力问题

专业能力层面的问题主要包括两种：原有工作经历提问和未来工作情景提问。原有工作经历提问：面试官会从简历中挑选其感兴趣的内容进行提问，从而用来确认你从前工作的真实性。未来工作情景提问：面试官会假设你在未来的工作中面临某类困难，你会如何思考和展开工作。回答技巧依旧是可以用上 STAR 法则。

（4）应聘者潜在忠诚问题

这类问题通常以“你对我们公司了解多少？”“你以前知道我们公司吗”等提问形式出现，由于面试者普遍都是从搜索引擎上了解企业的信息，所以容易出现回答内容千篇一律的情况。那么如何才能够回答得出彩呢？我们要知道面试官之所以这样提问，除了想要考察面试者对于企业的了解程度，更重要的是想要问面试者“为什么你觉得我们公司最好？”因此，推荐的回答方法是“概况 + 细节 + 情绪”。概况围绕着企业的行业地位、发展规模即可，细节部分则是要选择经典故事中的闪光点，然后用深受感染的情绪进行描绘。例如“你们某某海报文案实在写得太好了，以至于有一段时间我都拿来做签名！我至今都还记得那句话：×××××××，真是太打动人心了！”

（5）面试者向面试官提问

这一部分基本上都是发生在面试快结束时，面试官会问面试者有什么要了解的。如何充分利用该机会更好地为自己加分呢？可以考虑从以下角度发问：

第一点，岗位：如果我能通过面试，我需要提前做什么准备工作呢？请问这个岗位后续的晋升机制是怎么样的呢？我的向上汇报对象是谁？这个岗位的 KPI 主要是怎么设定的呢？

第二点，部门：请问本部门的工作氛围如何？部门的人员架构如何？

第三点，企业：企业有专门的培训机制吗？企业是一种怎么样的文化风格呢？企业的发展目标是什么？

最后，记住以上五大类问题的回答要落实到纸面上，然后刻意牢记，面试才能表现得更好。

5. 在便携设备上保存完整的个人作品集

创意文案在面试过程中少不了要提到自己过去的工作案例，因此为了方便讲解自己的工作案例，可以将相应的文章、图片、视频等文件保存到自己的手机或者笔记本电脑中，等到面试阶段时方便调用出来。

这样，不仅能够向面试官展示自己对面试的重视程度，让其体会到自己的用心，而且还能够更好地展示自己出色的专业能力。

指南 4：搞定面试官的几大要点

如何顺利通过面试，这里建议从以下 4 个方面入手：

1. 面试问答

针对我们已经提前准备过的问题，按照原有的思考结果回答即可。除此之外，还有不少压力型的问题，这里直接可以参考以下答案：

（1）你对加班的看法

回答提示：

该问题主要是为了测试面试者是否愿意为公司奉献。

参考回答：

我觉得只要在职场工作过的人都是能够理解加班的，因为如果是工作需要，肯定是需要加班这样才能更好地完成项目。当然了，我觉得最重要的还是要提高工作效率和自己的工作技能，减少不必要的加班。

（2）谈谈你对跳槽的看法

回答提示：

该问题主要是为了考察面试者的稳定。

参考回答：

跳槽是挺普遍的现象。不过我觉得也要看什么情况，如果是正常的“跳槽”，特别是对于员工来说，在一个传媒公司 / 广告公司做了很多年，想要进一步完善自己的能力，然后选择跳槽去甲方，实际上也是合理的。如果是频繁的跳槽，隔着几个月就换一家公司，我觉得这样对于跳槽者本身和公司来说，都是不好的。

（3）你为什么离职

回答提示：

该问题主要是为了考察自身对于职业的规划和对于工作的态度，因为从面试官的角度来说，不希望面试者和前公司存在纠纷等不良原因，或者是面试者对工作热情不足，入职后没有几个月就又离职。所以建议面试者尽量挑一些主观上无法避免的原因，如公司的氛围和你想要的相去甚远（顺便夸夸新东家），家人生病自己回去照顾等。

参考回答：

在之前的公司氛围太压抑了，作为创意文案来说，还是更倾向一些活泼轻松的氛围，这样才会更有利于能力的发挥。

2. 着装

对于创意文案普遍不大需要西装革履的严肃着装，只要干净整洁即可。当然，如果不是特别确定，可以咨询下相关人士，保证自己的着装符合要求。

3. 简历

虽然大多数企业都会自行提前打印你的简历，但还是可以自己随身携带两三份简历有备无患。

4. 精神风貌

面试过程中，保持微笑和轻松的心情，以自信、乐观和诚恳的态度面对面试官，这样才能更好地赢得对方的喜爱。

全方位运营

爆品营销

BAOPIN YINGXIAO

钮诗桐◎著

花山文艺出版社

河北·石家庄

图书在版编目（CIP）数据

爆品营销 / 钮诗桐著 . -- 石家庄 : 花山文艺出版社 , 2020.6
（全方位运营 / 陈启文主编）
ISBN 978-7-5511-5152-8

Ⅰ . ①爆… Ⅱ . ①钮… Ⅲ . ①产品营销 Ⅳ . ① F713.50

中国版本图书馆 CIP 数据核字（2020）第 079876 号

书　　名： 全方位运营
QUAN FANGWEI YUNYING
主　　编： 陈启文
分 册 名： 爆品营销
BAOPIN YINGXIAO
著　　者： 钮诗桐

责任编辑： 卢水淹
责任校对： 董　舸　郝卫国
封面设计： 青蓝工作室
美术编辑： 胡彤亮
出版发行： 花山文艺出版社（邮政编码：050061）
（河北省石家庄市友谊北大街 330 号）
销售热线： 0311-88643221/29/31/32/26
传　　真： 0311-88643225
印　　刷： 北京一鑫印务有限责任公司
经　　销： 新华书店
开　　本： 850 毫米 ×1168 毫米　1/32
印　　张： 30
字　　数： 900 千字
版　　次： 2020 年 6 月第 1 版
2020 年 6 月第 1 次印刷
书　　号： ISBN 978-7-5511-5152-8
定　　价： 149.00 元（全 5 册）

（版权所有　翻印必究 · 印装有误　负责调换）

前言 Preface

在这个商品经济时代，唯有营销才是王道。

每一位企业经营者和营销人员都知晓这一事实，但困扰他们的是，如何打造出属于自己的一款爆品，以此在这激烈的市场竞争中占得上风。

困扰他们的是，什么样的产品才能成为爆品，打造这样的爆品需要从哪些方面着手，需要运用哪些策略、遵循哪些原则等。

笔者在市场营销行业多年，根据这些年的实践与研究，总结出了关于爆品营销的一些经验及见解，现将多年所得在这本书中分享给企业经营者和营销人员。希望每一位看过此书的读者都能有所收获。

本书共分为六章，分别讲解了什么是爆品、产品的燃爆点在哪里、如何利用广告引燃爆品、如何在不同的平台开展宣传推广工作、打造爆品需要遵循哪些原则以及如何让已经火爆的产品能够持续火爆下去。

全书采用理论与案例相结合的方式，深入浅出，好读易懂。从各个侧面逐步解析了打造一款爆品的全过程。

相信通过对本书的阅读，读者对于如何打造一款爆品也会有自己的心得体会。只要在实践中加以妥善运用，相信不久的将来，你也可以打造出属于自己的爆品，实现产品营销利润最大化！

作者

2020 年 1 月

01 得“爆品”者得天下

02 产品凭什么能爆

03 用广告引燃爆品

04 引爆销售的 5 大平台

05 打造爆品的 7 大原则

06 推动产品持续火爆的 8 大策略

01

得“爆品”者得天下

爆品之所以备受追捧，是因为爆品不仅可以迅速提升业绩、带来利润，还可以吸引大量客流，带动其他产品的销售，可谓一举两得。

什么是爆品

什么是爆品？

爆品即在销售环节中销量很高且供不应求的商品。这类商品享有很高的人气，无论是在线下商铺还是线上网店都有很高的销量。

打造一款爆品，是很多卖家都想要做到的事情，但也有不少人会产生顾虑：打造爆品是否真的如此简单，其中是否有规律可循？

其实确实如此简单，也确实有规律可循。爆品的规律其实就存在于买家的购买过程中。只要从买家的购买过程着手进行分析，就能轻易抓住其中的规律。

网购时，一般的买家会从五个阶段来完成交易。

第一阶段：搜索。买家在客户端寻找自己感兴趣的商品。

第二阶段：评估。买家根据收集到的产品信息，根据个人需求评估产品是否是自己所需要的。

第三阶段：决定。衡量商品的使用价值、所消耗的金额来决定是否购买。

第四阶段：购买。买家根据销售平台的步骤完成购买行为。

第五阶段：二次评估。使用商品之后，买家根据个人体验对商品进行再次评估，此评估不仅是其他人对于这一商品的参照，也将影响使用者下一次的消费行为。

想要解析爆品背后的规律，只有了解买家购买商品的这五个思想和行为阶段，才会简单很多。

但在平时的生活中，我们也会发现，某一款产品并没有做什么推广，但随着时间的推移，它的成交量在逐日提升。像这种成交量越来越大的商品，后期的销售就会更加容易了。这也就是我们所谓的“爆品”的“雏形”。

之所以会出现这种情况，就是因为消费者都有一种“随大流”的习惯，这种心理同时也被称为从众心理。在当代，线上销售多于线下销售，而线上销售消费者无法接触到实物，只能根据商品的描述和提供的产品图片了解商品，这也就导致消费者获得的信息相对于线下少了很多。

但是在线上的销售中，由于各家店铺对商品的描述和展示的图片大同小异，消费者更想知道的是第三方——其他消费者的意见，在他们看来，之前购买并使用过此商品的人的评价才是最中肯的，而且也不会有欺骗色彩。

所以销量高、评论多的商品更容易得到消费的青睐，这样也就能更快速地提高销量，如果能够得到更好的推广，就更容易形成“爆品”。

从理论上说，“爆品”的形成无法脱离消费者“随大流”的心理，但只能说这能使“爆品”更容易形成，要使商品成为真正的“爆品”，最重要的还是商家的营销方式。

打造“爆品”需要一整个营销过程，这个过程中的任何一点都是不容忽视的，其中最重要的就是前期工作。

可以说，前期工作决定了这个商品的发展方向。而在前期工作中，更为重要的则是产品的选择，如果选到的产品足以抓住一部分人的眼球，并能拥有一定的客户群，那这个产品就拥有了爆品的特性。那么，下面就为大家介绍一下打造爆品的前期工作（如图 1-1 所示）。

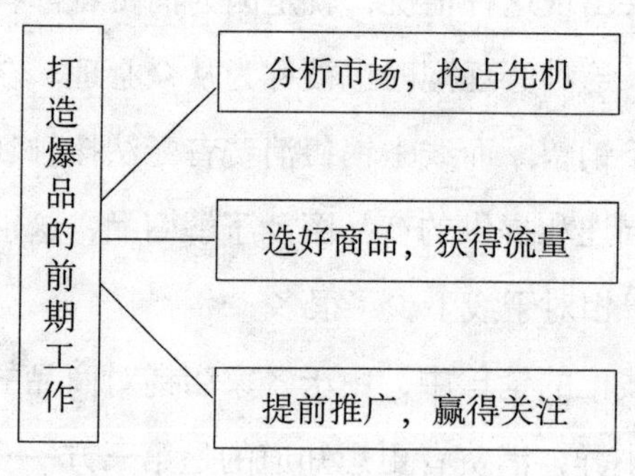

图 1-1　打造爆品的前期工作

1. 分析市场，抢占先机

在线上销售时，有很多小商家会选择跟随大商家，看看大商家销售的是什么，最火热的产品是什么，再根据这些产品找到货源，还有的会选择仿造类似产品，然后再在自己的店铺里销售。可是以这种方式进行销售的产品，并不能成为爆品。

因为这类商家在进行这类操作时，与大商家相比就明显地滞后了。当商品进行热销时，小商家进行仿制，当他们的商品能够上架销售时，这款产品的热度也随时间降低了。所以说这类跟随的商家的产品无法成为爆款，只能赶上余热，得到小小收获。这类商家就明显地处于劣势地位。

所以做数据分析时要有长远的目光，要有前瞻性，只有这样，所选择的商品上架时才能赶上销售的旺季，否则将失去成为爆品的机会。只有做到不早不晚刚刚好，这样所选的产品才有机会在众多商品中脱颖而出。此时结合商品营销，成为爆品的概率就会大大提升。

2. 选好商品，获得流量

有的商家为了节约成本，选择商品时会更多地考虑到成本。选择爆品时一定要注意性价比，因为一款产品想要热销，首先就是质量要好，其次是价格不可过高，所以性价比就显得尤为重要了。

在选择商品时不可忽视的还有款式。爆品的款式一定要符合消费者的审美趋势，要想抓住流行趋势，最好的方法是将所选的几个款式同时上架，并保证每个款式获得的流量是一致的。过一段时间后，选出成交量最大的产品，将其定为具有爆款潜质的产品进行推广。

3. 提前推广，赢得关注

当商品上架后，便可着手准备商品的推广方式，如此才能在后续的竞争中得到消费者的关注。

一般人认为，商品的推广应该有确定的时机，其实不然，商品的推广一定要提前，甚至要早于销售的季节，如此才能收获更好的效果。并且在推广的这个过程中，要随时关注各类热点，根据热点对推广方式进行调节，这样才能做到有的放矢。

爆品的规律都了解之后，商家就可以根据这些规律来进行营销了。

打造爆品的 3 个关键点

要想打造出一款爆品，了解其规律是必不可少的。但商家更需要知道的是，打造一款爆品，必须找到爆品的关键点。

只有了解了规律，并结合营销手段充分利用，抓准每一个节奏的关键点，才更有可能打造出爆品。

笔者根据爆品营销高手们的经验，总结出以下三个关键点（如图 1-2 所示）。

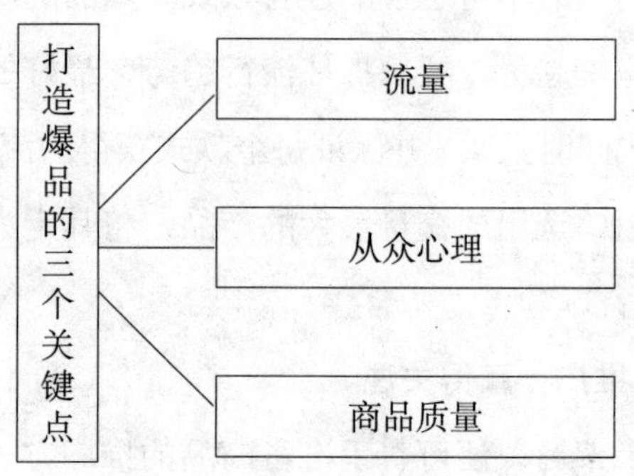

图 1-2　打造爆品的三个关键点

1. 流量

在信息飞速发展的今天，人人都在比拼流量，这对于商家

也是必不可少的，但仅仅拥有流量并不可行，最终要将流量转化成为有效的成交量。

在淘宝搜索中，热卖排行榜占据了三成流量。也就是说，一但进入淘宝的热卖排行，势必会引来巨大的流量，商品的好坏则与这些流量密不可分。消费者都有从众心理，所以选购的商品必然是销量高的。

2. 从众心理

无论是线下还是线上，消费者的心理活动都是不容忽视的。在前文我们提到，消费者在线上购物时有五个阶段，其中第五阶段即二次评价。这对于消费者的从众心理有较大的影响。在二次评价中，如果能更好地体现产品的价值，对于商品的推广有更大的好处。

大部分消费者在选择同样的产品时会选择人气旺、评价好的商品。所以抓住消费者的从众心理，着重推广人气产品，消费者虽然没有看到实物，但也会下意识地认为这款产品很不错，这也就是消费者的延续性的从众判断。

3. 商品质量

一款商品想要打造成爆品，最不可忽视的就是质量，只有质量好了，才能有更好的发展方向，如果质量不能保证，那前期的准备工作皆是无用功。

以上的三个关键点缺一不可，只有抓住这三个关键点，商家的主推商品才会引起一系列连锁反应，才能使商品的销量逐日剧增，以此成为爆品。

爆品的 7 大要素

销售一款商品很容易，但要使这款商品成为爆品，则需要具备以下要素（如图 1-3 所示）。

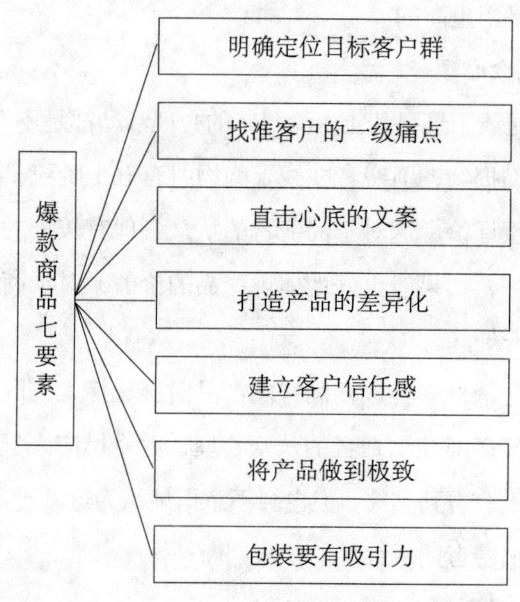

图 1-3 爆款商品七要素

1. 明确定位目标客户群

每一款商品都有不同的客户群体，要将商品打造成爆款，就要先了解这款商品的客户群，并且对其有明确的定位，如客户群的年龄、性别、价格等。先要有明确的客户群的定位，才能配合商品做出合适的营销方案，如此商品的初期才能有原始客户，并根据这些客户群的反馈适当调整商品的营销方式。只有这样，商家才能计算出此款商品能得到的大概收益。

目标客户群并不是根据个人的想象来确定，需要根据前期的数据进行严格筛选。唯有确定了目标客户群，这款商品才能进行前期的积累。

2. 找准客户的一级痛点

所谓一级通点，即针对买家对于品牌、品质、价格、性价比、售后服务的要求，只有了解这些要求，才能采取不同的策略。如此方能打动买家，促使他们做出购买的决定。

痛点可以说是一切营销的诱因，如果没有找准痛点，会导致前期工作付之东流。但如果找准了痛点，那将事半功倍。

3. 直击心底的文案

在平时的生活中，我们经常听到一些简单却让人忘不掉的广告语，如脑白金的“今年过节不收礼，收礼只收脑白金”，又比如“果冻，我要喜之郎”等。这些广告语通俗易懂，却又突出了产品的卖点，就算不买这些产品，也会记住它。而如果要买这类，首先脑海就会想起他们的广告语。这也就说明，广告文案不需要多么的有深度，首先要通俗易懂，读来朗朗上口，能够一次性就给消费者留下深刻的印象。

对于企业来说，做“爆品”并不单单是要赢得一时的销量，而是赢得用户，并且获得较好的口碑，这样对于企业才能长远发展。小米的 CEO 曾经说过这样一句话：“在互联网效率的一代，首先你有没有能力做出爆品，这是最关键的，就是因为爆品意味着流量，就意味着口碑，就意味着销售额，就意味着效率。”要想如此，在做爆品的这个过程中，任何一点都不能忘记，哪怕是一句广告语。

4. 打造产品的差异化

对于这个问题，肯定有人会好奇：为什么产品需要差异化？这个问题其实很好回答，商家的核心需求就是用户能够选择自己的商品或者服务，那么必然要为用户创造足够的价值。产品的差异化即在满足用户不同纬度的需求，创造产品“以弱胜强”或优中更优的局面，如此才能引导用户选择自己的商品。这个差异化可以体现在产品功能、价格、性能等多种角度上。

但是在打造商品时，也不可死磕差异化，而是要结合产品现状，建立出产品差异化的优势。

5. 建立客户信任感

信任感即个体对周围的人、事、物感到安全、可靠、值得信赖的情感体验。商家也需要为卖家建立信任感，肯定有人会好奇，为什么要这样？其实很简单，建立了信任感，卖家就会毫不费力地接受，一旦接受后，就算没有广告等出现，当需要这款产品时，卖家依然会第一个想到你。比如王老吉、老干妈等，想喝凉茶肯定会第一个想到王老吉，而想要吃辣椒酱时，很多人都会想到老干妈。这就是信任感，卖家相信，选择这些产品不用担心有任何风险。所以信任感是商家必须打造的，而打造信任感则需要从权威证书、消费者证言，以及相关的测试证明、数据、历史感，如果是入口的食品，最好还要有秘密配方。

6. 将产品做到极致

在日常生活中，我们会遇到事事追求完美的人，但在某样商品时，我们总会遇见一些无良商家，他们尽其所能偷工减料。拿到这样的商品时，一般人都会决定不再回购。所以商家想要打造一款爆品时，一定不能走这条路，而要将产品做精。所谓做精，并不是要投入很高的成本、很多的时间，而是在同样成本的情况下生产出品质更优的商品，如此才能做到人有我优，产品才能更有竞争力。

7. 包装要有吸引力

有的商家不看重包装，但其实包装也是非常重要的。现在有很多雷同的产品，想要凸显出它们的不同之处，就得在包装上下功夫。要使自己的包装更加有特色，这也是突出产品差异化的一方面。

线上销售的商品更应该讲究包装，因为当卖家购买了这款商品，它就需要经过运输环节，如果在包装上没有尽心，很有可能卖家拿到手时，这款商品已不是本来的模样。而如果这款商品有良好的包装，对于远途运输也有良好的承受力，并且包装的设计也非常有视觉冲击，那么卖家拿到手时的心情必然是不一样的。

出彩的包装设计能使商品更具选择性，能在众多商品之间留住消费者的目光并产生购买行为。

雷军曾说过这样一句话：“在这无尽的黑暗中，只有爆品才能绽放一朵烟花，被更多的用户看到。几朵小烟火都不行，都会很快被黑暗吞噬。”要想绽放一朵被更多人看到的“烟花”，就更要真真正正地做好产品，只有好的产品才能赢得用户，才能成为众人眼中灿烂的“烟花”。

爆品生命周期的 4 个阶段

爆品都有属于自己的生命周期，有的商品长达多年，但也有的商品只是持续短短的一个季度。一款产品每个营销周期的长短主要由商家的运营情况来决定。

在这里，笔者简要介绍爆品的生命周期的四个阶段（如图 1-4 所示）。

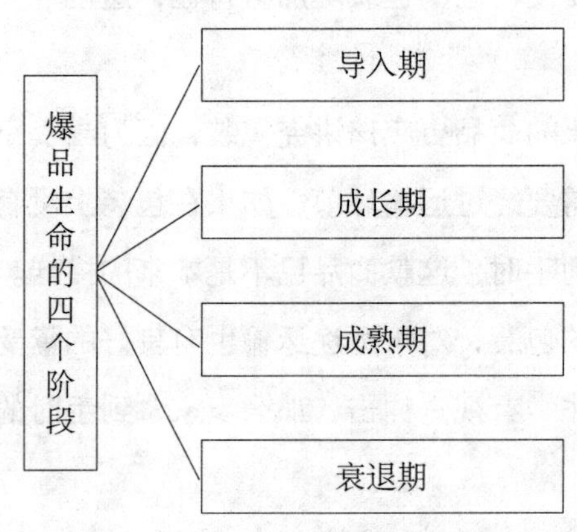

图 1-4　爆品生命周期的四个阶段

1. 导入期

导入期就是指商品刚上架的时候，这是个非常重要的时期。

导入期最主要的事情是检验消费者能否接受这款商品，并且确定这款商品能否成为爆品。在这个时期的转化率如果较高，那么就代表这款商品能成为爆品，接下来就可以为商品引入大量的流量。

这个时期最值得注意的是，一开始商家无须较大的投入来刺激流量，只需要保持基本的流量就可以了。

2. 成长期

成长期是商品流量和成交量增长最快的时期，商品能否成为爆品，主要看卖家在成长期的操作。

在这个时期，卖家需要增加在营销手段上的投入，加大对商品的推广力度，并且同时还要观察这款商品这个时期的成长速度，以免商品成长缓慢，而投入太多的情况。

3. 成熟期

在这个时期，电商平台系统会自动判定这是一款热销宝贝，电商平台的运营也会意识到这是一款爆品，会进行首页推广。在这个时候，卖家不能有任何松懈，在进行大力度的推广时，也需要留意一些活动，并尽可能地参加淘宝组织的活动，引入更多的流量，同时促进关联销售。

有很多商家在成熟期依然会专注于营销，但在这时也应该使顾客充分了解自己的店铺，留住回头客。

4. 衰退期

烟花绽放后总是会快速消逝在黑暗的夜色中，当爆品接近尾声的时候，成交量也会逐渐下降。在这个时候商家纵使维持前期的推广力度，流量依然会下滑。这就是商品的衰退期。

在这个时候，商家不能为衰退期的产品投入太多时间和精力，而要开始致力于挖掘新的、有潜质的商品。

02

产品凭什么能爆

爆品就是尊重消费者利益与精神诉求，做到极致的产品。时代在变，但人性从来没有变。那些令人趋之若鹜的爆品，其“身上”总是散发出迷人的光芒：或功能领先于市场上现有的其他商品，或“颜值”特别高，或具有超高的性价比，或恰好戳中了消费者的情怀。

总之，成功不是偶然的，爆品也不是偶然的。

填补市场空白

市场是指各方参与交换的多种系统、程序、机构，是法律强化和基础设施之一，是买卖双方进行交易的场所。

普通的市场有两种意义：一是交易行为的总称，既指交易场所，又指所有的交易行为；二是普通的交易场所，如传统市场、期货市场、股票市场等。

市场又有广义和狭义之分（如图 2-1 所示）。

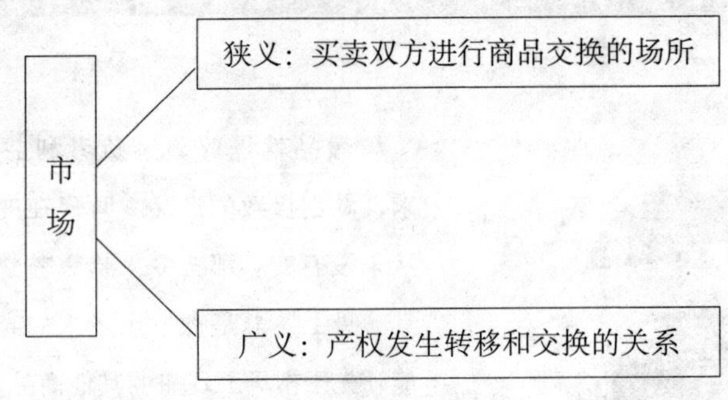

图 2-1　市场的狭义与广义

狭义的市场指买卖双方进行商品交换的场所。市场是商品交换顺利进行的条件，是商品流通领域一切商品交换活动的总和。

广义则是所有产权发生转移和交换的关系都可以称为市场。

市场会不断地发育和壮大，在这个过程中，将推动社会的分工和商品经济的进一步发展。通过信息反馈，市场又能直接影响人们生产的产品、产量，以及上市的时间，甚至是销售状况等。

与普通市场有所区别的就是空白市场。空白市场指没有人或很少人知道的市场，这样的市场往往大有所为。

无论是空白市场还是普通市场，决定其规模和容量的主要是以下三要素，即购买者、购买力、购买欲望。

空白市场最好的例子便是小红书 App。

截至 2019 年 7 月，小红书 App 的用户数已超过 3 亿人，价值超过 30 亿美金，入选美国《快公司》杂志评选的“世界最具创新精神公司”榜单，成为第三名，位居美团和阿里之后。

而鲜为人知的是，小红书也并非一夜之间有所成就的，它也是从极小的“点”开始做起的。

小红书 2013 年创建于上海，创始人是瞿芳和毛文超。那时，中文互联网各种如日中天的购物论坛又很多，做购物攻略稀松平常，几乎不会有任何出彩的机会。

在这样的情况下，创始人想进一步细分，做关于出境旅行信息的分享，结果发现这种平台也有很多，于是他们再进一步细分，认为购物信息分析这个极小的领域在市场上还是空白的。

就这样，小红书的第一个产品形态只是一份 PDF 文件，它的名字叫作“小红书出境购物攻略”。这份文档被放在小红书网站上供用户下载，不到一个月的时间，文档被下载了五十万次。

这突然的火爆，验证了两位创始人最初的猜想：出境旅游信息分享的平台虽然有很多，但是分享海外购物信息方面依然是空白。二人据此猜测，这会是一个很好的机会。他们决定放手一搏，于是，2013 年的圣诞节前，小红书 App 在苹果手机应用商店里上线了。它主要聚焦在海外购物内容分享上。

可以说，二人选择推出这款程序的时间点是非常好的，因为这时恰逢北美的黑色星期五（美国商场的圣诞促销），让这款 App 顺利完成了前期种子用户的积累。

春节是出境旅行的高峰期，在第二年的春节，也就是 2014 年，苹果应用商店推荐的海外购物相关的 App 中，第一个就是小红书。在七天的春节小长假里，小红书凭借其差异化的内容，迎来了第一次爆发式的增长。

就在这个时候，在小红书社区分享旅行与美食的用户也越来越多，更难能可贵的是，两位创始人经过细致认真的分析，克制了做“代购”和做内容延伸的诱惑，仍然聚焦于“购物类的内容分享”，为用户制造无可替代的购物体验。

这时恰好是网站 A 轮融资，须要众人觉得“漂亮的数据”。但两位创始人守住了底线，抵制了诱惑，以认真做好“海外购物内容分享”为基准认真经营着小红书。他们为了保证内容的质量，还设计了一款系统，将与真实购物体验不相关的内容降权、隐藏，甚至删除。

2014 年时，越来越多的精准用户加入了小红书社区，而小红书作为专业海外购物分享社区的口碑也被引爆了。它成为购物内容分享领域的一面大旗。

2015 年，创业不到两年的小红书进入了 10 亿美元估值的独角兽名单，也获得各路风险投资人的青睐。在 2018 年，阿里巴巴集团领投的超过 3 亿美元给了小红书，其估值甚至超过了 30 亿美金。

创始人毛文超曾说过这样一句话："未来小红书也许不会再是现在的样子，但它一定会取得成功。"从小红书这个例子，我们也可以看出，要取得成功，就要寻找市场的空白点，找准机会，这样才能做到人无我有，人有我精。

无论是互联网产品还是实用性商品，都要找准市场的空白点，并且寻找恰逢其时的机会，才能打造出真正的爆品。

单项功能特别突出

每一款爆品都有自己的独特之处，要么如小红书一般填补了市场的空白，要么有某项特别突出的功能，或者是明显优于其他产品的地方。Instagram（照片墙）即是单项功能特别突出的一款爆品。

Instagram 是一款移动端上的社交应用（如图 2-2 所示），它以快速、美妙和有趣的方式将你随时抓拍下的图片彼此分享。但最开始的时候，Instagram 并不仅仅是"照片墙"这一个功能。Instagram 的前身是一个叫作"Burbn"的基于位置的社交网络。

是由创始人之一的凯文·西斯特罗姆根据他最喜欢的波旁威士忌（Bourbon）命名的。

图 2-2 Instagram 图标

Instagram 也有两位创始人，一位是凯文·西斯特罗姆，另一位是迈克·克里格。两位创始人最开始的想法是，如果刚开始这款软件就有许多功能，就会让人有无从下手的感觉，于是西斯特罗姆决定，专注于这款软件的某一项功能，将其做精，做细。

他们通过前期的数据分析发现，这款产品的很多功能无人问津，只有一处例外，那就是照片。两人立即意识到，这可以成为这款应用的突破点。

就这样，两人将这款功能的照片、评论、点赞功能留下，其余的纷纷砍掉了。精简之后的 Burbn 有了新的名字，即

Instagram，简称 IG。

迈克·克里格说：“如果当时我们想要将各个方面的事情都做好，那么我们可能会因为什么也做不了而瘫痪。”也正是两人当时精准的目光、果断的决策才能有 Instagram 的今时今日。

Instagram 的案例告诉我们，当专注于某项功能的设计研发时，一定要集中精力，不能求多，而是求精。常言道，一心不能二用。一个人，就算有再强大的本领，同时做两件事，精力也会被分散，如此，将两件事都做不成。

专注研发设计的人更应该有如此的觉悟，只有专注于某项功能，才能让自己的产品有独特的闪光点，就这一点，或许就能成为众多商品中最与众不同的一点，就能赢得众人的欣赏。

唯有产品有突出的点，有与众不同之处，才能吸引大量的消费者，才能打造出真正的爆品。

外观设计点燃视觉审美

人是视觉动物，所以在设计产品时，还应考虑到外观的重要性。也有人会问：外观好看就一定实用吗？

虽然好看不一定好用，但一般的人会认为外观好看的更好用，还有的人会认为，只要外观好看，就算功能和质量方面有瑕疵，那也是能理解的。这就是“好看，即好用”效应。

“好看，即好用”效应解释了这样一个现象：具有美感的设计要比缺少美感的设计更加实用。

日立（HITACHI）（如图 2-3 所示）是日本的全球 500 强综合跨国集团，在中国已经发展为拥有 150 家公司的企业集团。1995 年，日立设计中心的研究人员黑居正彦和樫村佳织对 26 种 ATM 的界面进行测试，要求 252 位被试者对界面的实用性和美观度进行打分。他们发现，“感觉很好用”与“设计得很美”之间有着较强的相关性，而“设计得很美”与“真的很好用”之前的相关性则比较弱。

图 2-3　日立（HITACHI）图标

这使他们得到了一个结论，即用户试图评估系统的底层功能，但他们也会受到（任何给定）界面美观性的影响。

在《情感化设计》(Emotional Design) 一书中，唐纳德·诺曼 (Don Norman) 也深入探讨了关于“实用性”与“美的设计”的概念，因为这两点在日常生活中几乎涉及了方方面面。

但就一般情况而言，更具有设计感的产品会让人觉得有较强的实用性，这也就使这个产品在生活中被频繁使用，但实际上是否是这样的，就不一定了。而与之相反的是，实用性强，但设计感差强人意的产品的接受度会降低许多，甚至它的优点——实用性，也会遭到一定的质疑。

也有研究表明：第一印象较好的产品会影响用户对质量和使用的态度。这种认知甚至会在随后与产品的交互中产生偏见，通常不愿意被改变。

也就是说，一个产品想要得到用户良好的使用体验，优秀的外观设计是必不可少的。

这一点在心理学中有一个类似的现象，叫作“首因效应”。首因效应由美国心理学家洛钦斯提出，指交往双方形成的第一次印象对今后交往关系的影响，即先入为主带来的效果。虽然第一印象并不一定是正确的，但却是最牢固、最鲜明的，并且决定了以后双方交往的过程。

虽然首因效应多指人际交往，但在人与物之间，也会有一定的影响。

比如消费者大多喜欢好看的商品，就算这个商品由一些微小的质量问题，但它拥有具有设计感的外观，就可以被消费者包容。最明显的例子就是苹果公司推出的系列产品，虽然它们都或多或少有一些缺陷，但消费者却愿意花更多的钱去购买它们。如果将其他外观设计逊于苹果公司的产品相比，这些缺陷均是无法忍受的。

虽然具有较好的设计感能促使消费者消费，但不能忽略的一点是“实用”，虽然“好看即好用”，但不能将所有重心放在“好看”上，而忽略产品的本质“用”。“好看即好用”只是说，打造一款爆品时，外观设计也是很重要的，比如苹果公司的产品，外观好，虽然产品也有微小的缺陷，但其“实用”功能也不输其他产品分毫。

一款产品想要成为爆品，并不仅仅是需要外观而已，而是在质量、性能等有所保障下，再有比较好的外观设计。如果性能和质量无法满足消费者，仅有外观，那这产品没有任何生产、销售的意义。

企业需要做的，则是根据市场数据分析，生产出能够满足消费者使用要求，且质量好的产品，满足以上条件，再为它设计一款姣好的外观。只有这样，才能在同类型的竞争中脱颖而出，才有可能成为爆品。

让用户尖叫的超高性价比

性价比指的是性能值与价格值比，是反映物品可买程度的量化的计量方式。性价比又被称为性能价格比，也就是性能与价格的比例，二者间的具体公式为：性价比 = 性能 / 价格。

一般情况下，性价比是建立在消费者对产品性能要求的基础上的，所以只有先满足了性能要求，才能看价格是否符合消费者的心理定位。

对于消费者来说，购买某样产品，性价比是比较重要的。当消费者要购买某样产品时，会预先对这个产品的价格、类型、使用范围等进行了解，经过多方对比筛选，最后再结合自身的情况选择一款最适合的产品，这款产品必定是质量好、使用范围广，对于消费者来说也是最划算的。这就是所谓的性价比。

关于这一点，小米的插线板就是最好的例子。

插线板在当今是高频使用的物件，但是它的技术含量却并不高，而小米的这款插线板却能在小米产品中起到“高频打低频”的作用，这就是突出它性价比的一点。

小米公司为了做这款插线板，特地与北京突破电器公司进行了深度合作。突破电气是插座行业 20 年的老品牌，产品的品质和研发的能力一直处在行业地位，并一直保持高品质、高质量。此次和小米公司在 2013 年，共同投资小米公司的生态链青米科技做插线板。

雷军一直提倡智能梦想家居，他希望能做出一款性价比超高、外观精美的插线板。这款插线板不仅要有 USB 接口，还能直接接入电子产品，当作充电器使用。而小米的这款插线板自从 2015 年 4 月 8 日“米粉节”首发以后，不到三个月的时间，销量高达 100 万只。

这款插线板具有优秀的研发团队及产能支持，可谓是拥有着超高性价比，一上市便抢占了插座市场的鳌头。正是这种产品，对于消费者才有非常强烈的吸引力。

同样具有高性价比的产品还有宜家家居。

宜家家居的产品不仅仅性价比高，而且还有着独到的美学主张，能吸引很大的客流量。比如宜家家居的煎锅售价仅 9.9

元（如图 2-4 所示），拉克桌最低时的售价仅 29 元。

图 2-4　宜家施德佳煎锅

同样以超高性价比吸引客源的还有美国一个叫 Hukkster 的网站。

Hukkster 的最大优点是满足消费者“货比三家”的心理。当消费者需要在网上购物时，安装 Hukkster 浏览器插件，再去平台选择中意的产品，添加收藏，之后这款产品价格浮动消费者都能收到通知，然后在最优惠的时候选择购买。它就像一个购物追踪器，能让消费者把握住价格浮动，等待最优惠的时间。

使用 Hukkster 的人数高达数百万。我们由此也可以看出消费者对于性价比的关注度。

要想所做的产品成为爆品，就一定要有超高的性价比，这样才能在许多产品中脱颖而出。就如小米公司的插排，明明是很普通的产品，但是它的性能满足了大众需求，性价比也非常合适，再选择适当的时间推出，如此才能赢得一定的市场。

打造一款产品，性价比是重中之重。

刺激消费者为情怀埋单

今天人人都在谈情怀，但是否有人知道，情怀究竟是什么？它存在的意义是什么？它究竟有什么样的作用？

每一代人都有属于自己的情怀，小时候玩过的游戏，读书时学校周围的美食，青春期喜欢过的人，那些年自己走过的路……当这些过往某一天突然在脑海中出现，如电影一般在眼前一帧一帧地闪现时，你的鼻子会突然发酸，眼睛会突然湿润。这，就是属于你的情怀。

情怀是属于自己的那份记忆，是能让这个世界显得更加美好的愿望。而眼下，情怀是一种营销手段。在很多产品的文案里，我们都能找到与情怀有关的字眼。

现在就拿当下较火的产品来举例。

江小白的文案：美好的爱情大都相似，不幸的爱情成了故事（如图 2-5 所示）。

网易云音乐线下体验店的文案：我不喜欢这世界，我只喜欢你。

甚至就连杜蕾斯也来插了一脚，它的文案是这样的：你在时，你就是全世界；你不在时，全世界都是你。

图 2–5 江小白宣传海报

都很唯美，有一种淡淡的文艺腔。抛却商品不谈，光从文案上来看，是有一定吸引力的。

现在同类商品越来越多，消费者对此也开始审美疲劳，于是，情怀开始频繁出现，以情怀为支撑的商品更容易受到消费者的青睐。而情怀的主题，则是迎合现代消费主力军的 80、90 后，去迎合他们童年和青年时期的记忆，唯有如此，才能促使他们消费。

就拿之前火遍北京、广州、珠海、厦门等城市的“旧物仓”，打出的口号即“每一件旧物，都有一个故事”，号称是最具情怀的展览。

小时候奶奶家客厅的皮沙发、爷爷的大茶缸，家里的旧缝纫机、大衣柜、爸爸骑着的二八自行车，还有花瓷盆、旧电器、装饰品等，据说收集了上万件城市旧物，全是 80、90 后的童年回忆。

大白兔奶糖是中国大陆上海冠生园出品的奶类糖果。1959 年开始发售以来深受各地人民欢迎。它的商标是一只跳跃状的白兔，形象深入人心。在 2019 年，大白兔奶糖进行了 60 周的全国巡展，进入各大购物中心，延续了国潮情怀。

大白兔奶糖作为中国几代人的童年记忆，在 60 周年这个大前提下，自然引起了几代人的回忆，大家也就理所当然地为自己的情怀埋单。而大白兔的周边、展览等，则被各大集团的购物中心争先抢购版权。

腾讯 QQ 也与大白兔奶糖一样，伴随一代人从童年走向了中年。QQ20 周年时，也策划了主题展览。

在 2019 年 5 月，虹桥南丰城携手腾讯 QQ，打造了 20 周年特展——Let’s QQ Party。QQfamily 六位成员全体登陆虹桥南丰城，QQ 携手呆萌 BabyQ、暖男 Dov 多福、傲娇 Oscar

奥斯卡、歌手 Anko 安子、捣蛋鬼 Qana 卡纳打造“甜蜜、梦幻、趣味”的甜甜派对，吸引了大量 80、90 后前去打卡。

而 2019 年的 6 月到 10 月，“QQ 更好玩”20 周年主题展在深圳福田星河 COCO Park 落地。现场恢复了 QQ 与童年时期的记忆，并且还有时空隧道，使经历了那一时期的人再次体验回到过去的那些日子，使“情怀”得到再一次展现。

可口可乐拥有百年的历史，它也能促使一大波消费者对此进行情怀消费。比如 2019 年 7 月，澳门威尼斯人举行的“年代故事经典回味”展览，庆祝可口可乐在澳门成立 70 周年。

并且在 8 月 17 日到 10 月 7 日，可口可乐的世界展又空降到成都的悠方购物中心，打造了三大主题世界，在此展示可口可乐的百年演变形态。

旺旺集团的旺仔在 2019 年 6 月也举行了旺仔 40 周年展览，56 个民族图案设计的巨型牛奶罐在广场排列，还有各种经典零食、周边、新品，不仅引发了一批人的怀旧情绪，还引起了众多孩子的关注的。

以上这些案例均是以“情怀”为出发点，但并不仅仅是引起“情怀”而已，而是以此来推动产品销售。这些具有“情怀”的意义，能使人在一瞬间为其感动，或许对于别人来说，它只是一颗大白兔奶糖，只是一罐旺仔，但对于那一部分人来说，它是回忆，是青春，是那忘不掉的曾经。

虽然流行的元素在不断变化，但消费的主旨不会有变化，作为商家，更需要去研究消费群体，了解消费群体的兴趣，并从消费者的角度去考虑，只有如此，才能为消费者提供更好的产品，才能拉近商品与消费者之间的关系。

当商家真正地了解了消费者的想法，那么距离打造爆品就不远了。所有的爆品均不是轻易得来的，譬如旺仔，想要赢得这样的市场，不仅仅是抓住已有的消费者，更要开拓新的市场，如此才能引发商品的爆点，才能带动商品的火爆销售。

03

用广告引燃爆品

“酒香不怕巷子深”的时代早已过去，任何一个产品想要获得市场的认可，甚至获得消费者的追捧，都要做大量的广告。

广告就像一条导火索，吸引消费者沿着它找到心仪的商品。引燃一个火爆的广告，也就等于引爆了广告背后的产品。

广告做得好，产品火得早。

那么，什么样的广告才能够最大限度地点燃爆品呢？这一章我们就来解答这一问题。

用标题吸引人关注

在信息飞速发展的今天，越来越多的人将内容总结为一句话，于是，就有了“标题党”，无论是手机还是网页，都有各种各样吸睛的标题。令人惊讶的是，有的标题几乎用几个字就涵盖了整件事情的脉络，也有的内容与热点无关，但标题却巧妙地将二者关联了。

这便是吸引读者注意力的一种方式——利用标题和各种劲爆新闻吸引读者点进去。因为如果以传统方式就事论事，几乎很少有人会选择点进去看。

注意力在今时今日是比较稀缺的资源，当一个人上一秒专注于一件事时，很可能下一秒就被其他事情分散了注意力。但也有人解释过，吸引是情不自禁的。而对于产品的文案来说，最重要的就是标题，标题具有一定的吸引力，才能使消费者情不自禁地去阅读内容。

当下是信息爆炸的年代，读者并没有很大的耐心去寻找触动他们的点，有人总结过，打开一篇文章，如果在两三秒之内没能留住读者的目光，那么就算你的文章精彩绝伦，他们也不会留下来。所以做文案宣传，首先要有留住消费者的点，这个点便是标题。如果一篇广告文案，不能在三秒内使人点开，那么这篇文案永远没有上场的机会。

有美国广告大师这样分享过自己的观点：如果给我五个小

时写文案，我会花三个小时想标题。这就是对于注意力稀缺时代最好的注解。我们也可以从中看出标题的重要性。

但其实在我们的日常工作中，有很多从事文案写作的人并不注重标题，他们可能用两个小时写了这篇文案，但标题在几分钟内就解决了。这留住读者眼光的可能性少之又少。

既然标题如此重要，那怎样写标题才能抓住读者的眼球呢?

在这里，我们总结出五种标题类型（如图 3-1 所示），并写出这些标题的句型。根据经验总结，使用这些模版写出的文案的阅读量会高于普通文案的百分之三十以上。

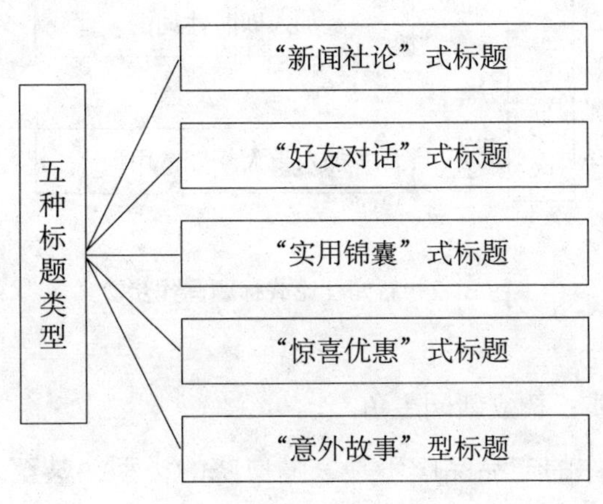

图 3-1　五种标题类型

以下是这些标题的介绍。

1. “新闻社论”式标题

相比五花八门的广告，人们对于新闻总有一种先天的信任感，对其也多了一分喜欢。所以在做文案宣传时，我们可以给文案穿上新闻的外衣，使文案在有趣、及时之外更多一分权威感，以吸引更多的关注量。

要想写出新闻感，且能得到一定阅读量的广告标题，仅需做到以下三步（如图 3-2 所示）。

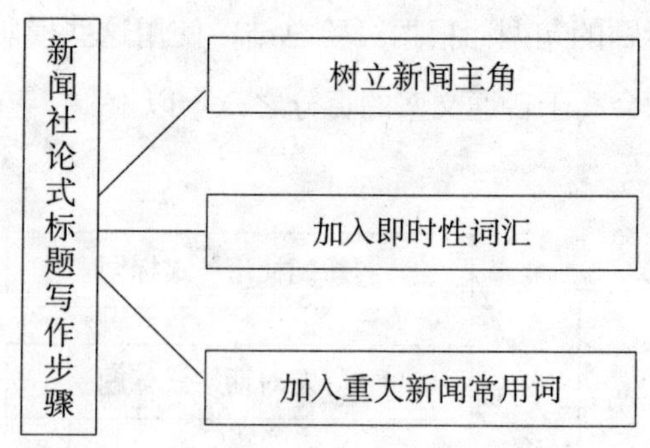

图 3-2　新闻社论式标题写作步骤

第一步：树立新闻主角。

如果你的产品品牌不是家喻户晓的类型，甚至是不太有名，那最好不要将自己家的品牌作为文案主角，而是要根据自身产品类型去捆绑其他的热点事件或者是热点人物。如，将自己的产品与明星人物、明星企业，或者是新闻焦点等关联起来。

第二步：标题中加入即时性的词汇。

所谓即时性词汇，如今天、现在，也包含当年的年代、节庆假日，甚至是当时等等。之所以这样，是利用人们关注时事热点这一方面。

第三步：加入重大新闻的常用词。

重大新闻常用词会使读者有“大事将要发生”的紧迫感，在标题中加入这样的词汇会使读者在第一时间绷紧自己的神经。这些新闻常用的词汇包括新款、全新、最新到货、上市、宣布、引进、蹿红、曝光、终于、突破、发明、发现等。

2. “好友对话”式标题

在一般情况下，当一个人对另一个人讲话时，普通人都会根据对方的问题做出回应，这是每个人的基本礼貌和素养。而文案广告中的“好友对话”则正是利用了这一点，掌握好提问的方式与内容，能更高地激发高阅读量的广告标题。

那么要怎么样才能写出这种“好友对话”式的广告标题呢？在这里我们也分成了三个步骤（如图 3-3 所示）。

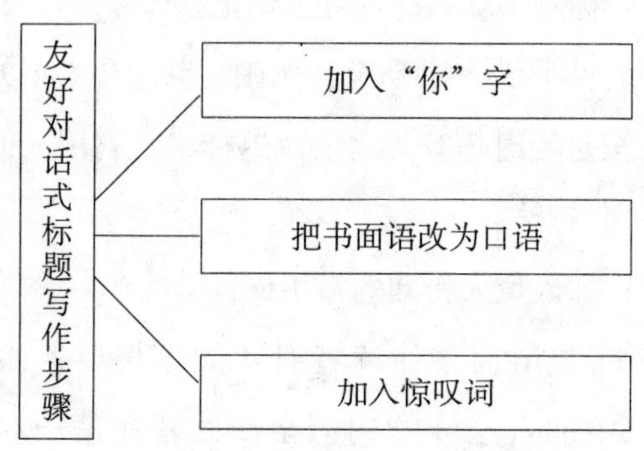

图 3-3　友好对话式标题写作步骤

第一步：加入“你”这个词。

在日常对话中，几乎所有人都会更加在意谈话的内容与自己的关系。所以适当加入“你”，会让读者觉得与自己的切身利益相关，能够容易引起读者的关注和兴趣，以此将他带入文章中会更加容易。但需要注意的是，加入“你”的方式需要注意，而不是随便加入，要以能引起人的兴趣为前提条件。

第二步：把所有的书面语改成口语。

聊天时一般人不会使用书面语，过多地使用书面语甚至会被人排斥，因此在标题中，要适当使用“好友对话”式的标题，而且要配合口语，这样能快速拉近与读者之间的距离，对于文案能有助益。

第三步：加入惊叹词。

对于惊叹词的使用能够起到很好的传染和吸引的作用。这便是惊叹词的功效。因为人都是有好奇心的，当标题中加入惊叹词，能引起一定的注意力，读者会情不自禁地将目光移动过来。如“小心！”“注意！”“牛！”“羡慕吧！”“我惊呆了！”等等，这些词一般搭配感叹号，适当地搭配能起到加分效果。

3. “实用锦囊”式标题

在日常生活中，我们每个人都有着自己的烦恼，而更多的烦恼源于自身原因，有可能是个子矮，也有可能是趋于肥胖，还有可能是皮肤黝黑或者是表达能力不强。没有人的生活是十全十美的，也没有人一切都是称心如意的。这个时候，在广告标题中如果能直接切入要害，直指读者内容的烦恼与困惑，就能迅速地引起他们的注意力。

让读者意识到“这说的不就是我自己吗”，在这个时候，他们有可能就会带着这样的想法去点开文案，而标题这个时候需要做的，是立即给出解决的方案。这样会使读者点开内文的概率大大提升。

这类标题给人一种“雪中送炭”的感觉，让遇到问题的人有“解决问题”的机会，这便是“实用锦囊”的功效。但是，具体的“实用锦囊”应该如何写就呢？怎么样去挖掘它才能具有一定的实用性呢？

我们分成了两个步骤进行解答（如图 3-4 所示）。

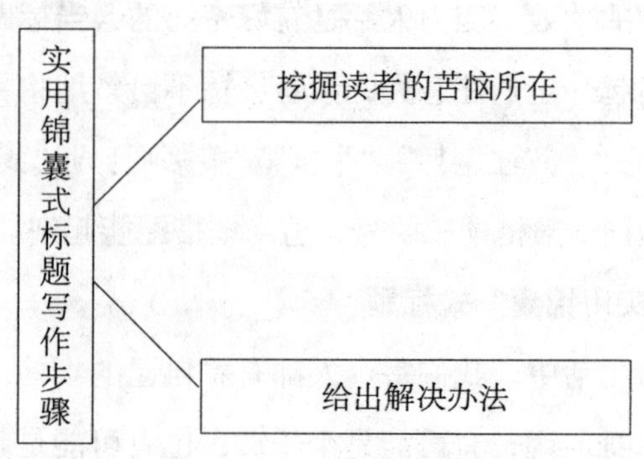

图 3-4 实用锦囊式标题写作步骤

第一步：挖掘读者的苦恼所在。

文案要直至痛处，那么就需要去挖掘，不仅要去挖掘，还要将它以最直接的方式描述出来，要让读者有一种没有余地的迫切感。就以表达能力不强为例，在标题中描写这一点时，不能说“演讲不好”，这会使读者觉得“没关系，每个人都有缺陷”或者“这也没什么”，要清晰明确地说“一上演讲台就紧张忘词”，这样鲜明直接会让有这类缺陷的人不自觉地对号入座，会情不自禁地去寻找答案。再如针对身体发福这种类型，不可以说“身体发福”，而是要说“肚子上一圈又一圈赘肉”，这样才能有画面感，才能让读者有切身的体验。

第二步：给出好的解决办法。

对于这种“实用性的锦囊”，当你挖掘出了读者的痛点，并且直指痛点后，一定要让他有“我的烦恼有人懂”这种感觉，并且让他明白，看下去能得到更好的解决方式。只有这样，读者才有兴趣将注意力完全地放在文案中来，而不是看过就忘记了。

写作文案时需要记住的是，当你提出问题，引发读者的兴趣后，一定要让读者知道，唯有读下去，才能知道解决的方式。

在这里，你可以给读者一个解决问题的方式，并且为他描述问题解决后的效果，甚至还可以为他列举你所知道的解决方式。

最好的方式是引用权威专家的方式来解决读者的苦恼，这样才能持续性地引发读者的兴趣。面对具体问题 + 破解方法这种标题，万不可泛泛而谈，也不可以根据自己揣测去写一些可有可无的结局，一般的读者对于无根据的结论会选择相信权威专家。

4. “惊喜优惠”式标题

现在不论什么行业，每逢节假日都会有促销活动，甚至没有节假日，也会创造活动搞促销。这类关于促销的标题是我们最常见、也最常写的类型。

在写这类标题的时候，很多人会在标题里加煽情的口号与促销的政策，但这样做实践证明效果并不理想。

人都有一种占便宜的心理，但人也都是精明的，在滞销产品和旺销产品之间，大多数人都会选择旺销产品，所以只有畅销的产品在做优惠时才能引起人们购买的欲望。基于这一原则，当你在写这类广告标题时，一定要按照以下步骤进行（如图 3-5

所示），不要盲目加入促销的政策与口号。

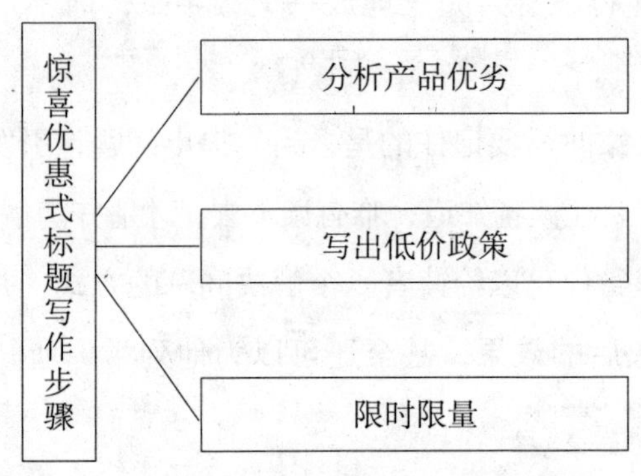

图 3-5　惊喜优惠式标题写作步骤

第一步：分析产品优劣。

有促销，那么首先第一步应该要告诉消费者产品的亮点，即销量、功能等，并在产品的类型、人气及代言等方面做宣传。并加一些修饰性的宣传词汇，如年度人气王、销量冠军、畅销十年等。一定不能小看这些修饰词汇，合理运用能为文案加不少分。也有一些消费者他们会在意是否有名人推荐，如果这个产品有，这一点一定不能漏掉。

第二步：写出低价政策。

在写优惠力度时，不能笼统地写“大促”“优惠”等词汇，而是要直接写出具体的优惠政策，甚至与平时的折扣做对比，直接写出现在的价格。这样会显得更加直观。这类词汇可用“100元抵200元花”“省80元”等有冲击力的，这更容易让客户将心动变为行动。

第三步：限时限量。

有了前面两个步骤，可能勾起了消费者的购买欲望，但可能还没有确定是否要购买。相对于得到，人们更在意的是失去。针对这一点，就需要在广告标题里营造出产品的稀缺感，这就要告诉消费者，这样产品不仅是限时的，还是限量的，如果不马上行动，可能就会被别人抢了先，或者是错过了优惠的时间，就此错失机会。这会使消费者有一种“害怕失去”的情绪。这类可以参考淘宝的“今日包邮”与定时折扣。

5. “意外故事”型标题

英国文学批评家泰瑞·伊格顿说过这样一句话：“大多数人阅读小说和故事的理由在于：读起来轻松愉快。这个事实昭然若揭，所以几乎不曾被提起过。”

是的，人类喜欢读故事。这是一个保持了数万年的兴趣。人之所以喜欢读故事，并不是因为没事干，也不是因为无聊，而是根植于故事对我们的特殊意义。

可以毫不夸张地说，人类离不开故事。正因为如此，我们的广告标题也可以包装成故事标题，这样对读者的吸引力将会增大许多。

可能有人会问，那我们需要怎么样的故事？是不是需要现编？

故事来源于生活，关于产品的故事，我们可以采访品牌创始人，或许在有的人看来，那就是千篇一律的创业故事。

其实不然，在他的创业的这段经历中，必然有离奇的故事存在。还可以采访这款产品的忠实客户，了解他一直以来的支持背后是否有更深的原因，挖掘他使用产品后的一些感想。当你收集了这些素材，便可将它写进标题里。

这类故事标题一般存在两种写法，这两种写法分别是两种来源，即源于创始人的创业故事，源于顾客的使用感想。

关于顾客的故事有可能会使读者生出疑问，并急于在同类人身上去验证。这就需要你写出一条精彩的关于顾客的故事，如此才能使故事更具有信服力，才能拨动读者的情绪。

描写这类故事依然氛围两个步骤：第一步，描述糟糕的开始；第二步，展现完美的结局。“糟糕开局”与“完美结局”形成了强烈的反差，之所以这样写，主要有两个好处：一是有反差才能推动故事的情节，才能引发读者的好奇心；二是当读者开始“糟糕开局”后，会情不自禁地产生一种优越感与怜悯感，从而有看下去的欲望。所以用这类手法来写文案时，要突出以上两步。

但也有一些产品使用顾客的故事得不到很好的效果，甚至有可能起到反效果。所以写故事时，还是需要根据产品的类型来决定写哪一种故事，如果不适合写顾客的，那么就可以写关于创始人的创业历程。

故事写得好能直接影响产品的销量，但有一点必须注意，创业故事与顾客的故事不同，创业故事最重要的就是在标题中制造强烈的反差。反差越大，越有读者愿意一探究竟。那么，究竟该怎么制造反差呢？我们从以下几处分析。

一是创始人学历和职业反差，比如“北大高才生卖烧饼”。

二是职业与收入的反差，比如“卖煎饼大妈月收入三万”。

三是创始人年龄反差，比如“50 岁开始创业，65 岁身家过亿”。

四是创始人境遇反差，比如“曾经的富商沦落到睡天桥下”。

上面讲到的几种反差看似噱头，实则会让读者产生各种各样的疑问，在疑问的推动下，他们会情不自禁地点进正文寻找答案。这就是创业故事标题中反差的威力所在。

要激发读者的兴趣，就需要有好的标题，如此才能留住读者三秒钟的时间。只有被标题吸引了，读者才愿意点进正文浏览。这样才算是实现了爆品的第一步。虽然这只是标题，但它并不仅仅是标题，在这里，标题等于爆品的第一步。只有读者点击标题，才有成功的机会。

用内文打动消费者

什么样的广告文案能改变企业的命运？文案真的可以成就一款爆品？文字真的能够掌握消费者的情绪？文案的力量真的有那么强大吗？

顶尖文案的关键处在于让消费无法轻易走开。今天在这里，笔者将和大家分享如何用文案激发消费者的下单欲望，留住消费者的手与眼，让消费者“心理长草”（如图 3-6 所示）。

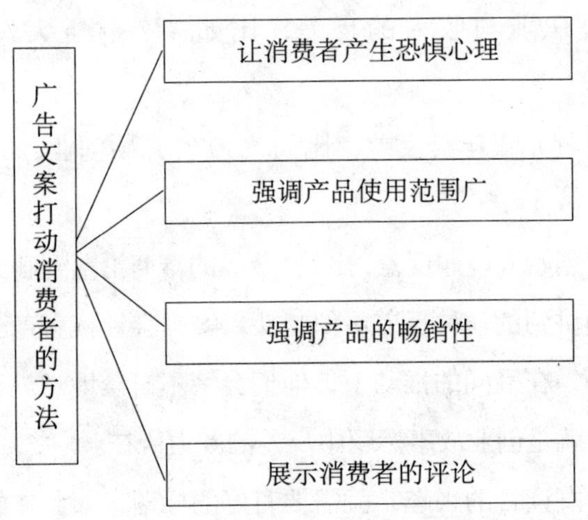

图 3-6　广告文案打动消费者的方法

1. 让消费者产生恐惧心理

在这里我们以除螨产品为例子。如果我们要做一款除螨产品，那么首先需要给消费者讲述螨虫对人物的危害。

螨虫侵入人体首先会引起局部异物反应，然后局部便会发炎，甚至病变，如毛脂器官堵塞，毛囊扩大、毛囊营养不足、毛发脱落等，甚至还会刺激角质层增生，引起一系列问题。还会导致皮脂过度分泌，整个人看起来就会油光满面的。

当螨虫侵入睫毛毛囊和皮脂腺内时，则有可能造成眼睑缘发炎，导致睫毛脱落。螨虫对头发也有很大的危害，毛囊螨会吃掉发根的毛根壁，吸取共给毛根的营养成分，使头发的根部变细、动摇，直到开始脱发。并且头屑还会增多，导致头部瘙痒、头发粗糙等原因。

螨虫的危害还不仅仅于此，它还会对皮肤造成危害。它会在皮肤里吸取营养成分，刺激毛细血管以及细胞组成，使皮肤一步步走向恶化。皮肤里的螨虫会加速黄褐斑、雀斑、黑斑等色素的沉着，甚至会加速细小皱纹的产生，还会导致粉刺、痘疤、痤疮，会使皮肤变得粗糙、角质层变厚，最终还能形成瘙痒症、红血丝等症状。

螨虫还能引起一系列的过敏性反应。我们生活着的室内空气中，每一克空气中能有数十甚至数千只螨虫，种类高达四十种。有人为了找出过敏性皮肤炎的原因，经过测试结果发现，百分之五十以上的人对螨虫呈阳性反应。

当细数了螨虫的种种缺点之后，再提出一般人对于螨虫的处理方式。

除螨最常见的方法便是在晴天晒被子，但这并没有科学依据。晒被子能得到的好处是将被子中的湿气去除，并不能将螨虫杀死。但晒被子也并不是对螨虫毫无影响，被子里的湿气去除后，螨虫就没有了生存的环境，所以会选择逃离。但是单纯依靠晒被子除螨虫并不可行。

列举了一般家庭除螨的方式后，再使用推荐的除螨产品进行多方面的描述。

在这个时候，这种写法必须具有相关专业的学科背景，且提出的解决方法要有一定的权威性，有专家证言或者是科学依据，万不可泛泛而谈。唯有如此才能真正打动读者。

2. 强调产品使用范围广

在强调使用范围时，为读者描述多种使用场景，会让读者有惊喜的感觉。这便是场景描述的魅力。这有助于刺激读者购买产品。

多场景会给读者一种“这里不用那里还能用”的感觉。很多人购买了某样东西不久后就会闲置，而多场景的描述就能给读者这产品很有用、不会闲置的感觉。当他的购买欲望被刺激后，他会幻想自己使用这款产品，从中收获到快感。

产品推广还应推测出这类产品使用者每日的行程，譬如他的工作完成后、周末、小长假等会做些什么，再将产品植入这些场景，使读者在看产品文案时能将自己置于其中。最好的例子便是喜之郎果冻。

喜之郎果冻的广告词是：“休闲娱乐来一个，婚庆节庆来一个，开心时间来一个，全家团聚来一个，喜之郎，多点关心多点爱。果冻，我要喜之郎。”喜之郎不仅将产品植入了平时的生活场景中，并且它的广告词也有着朗朗上口的韵律看，使人很轻易地将自己带入其中，甚至是在相应的场景下会不自觉地想到喜之郎的产品。

喜之郎果冻就是一个成功的广告文案。

3. 强调产品的畅销性

在本书的第一章，我们提到了消费者的从众心理。这种心理无处不在。当一种产品十分畅销的时候，人们无论是否会用到这个产品，都会不自觉地产生想要购买的欲望。就连心理学试验也证明了这一论证，百分之七十四的人会受到从众心理的影响。

恰当地利用人们的从众心理，不仅可以激发消费者购买的欲望，还能在后期产品的销售中得到消费者的信任。

而不同的企业对于从众心理的利用也是不尽相同的。中小企业想要很好地利用从众心理，那么最好的方式就是描述产品热销的局部现象，如以回头客多或者销量高、产品被同行模仿等方式为消费者营造出一种火爆的销售氛围。大企业则列出产品的销量、用户使用量、好评等数据，从这些数据中体现自己是行业领军的地位，能更好地激发出消费者的购买欲望。

4. 展示消费者的评论

从已购买的订单中精选出几条能够打动人心的评论，以此来激发潜在客户。精选的评论最好是能够展现产品的优势，让消费者感受到产品的优点，并且能让人为之一动。

已购订单的评论能促使潜在顾客消费。因为消费者对于同样的消费者有一定的信任感，当看到别人留下好评时，犹豫中的他们能更加容易下定决心购买。

用流行热点为爆品加把火

流行热点，即因特别因素引起全民关注讨论的某种现象。对于某些企业或品牌来说，加入流行热点，能与用户产生互动，增加品牌的存在感，使销售量得到一定增长。

1. 借助流行热点打造爆品的方法

关于如何借助流行热点打造爆品，以下的两个方法均值得借鉴（如图 3-7 所示）。

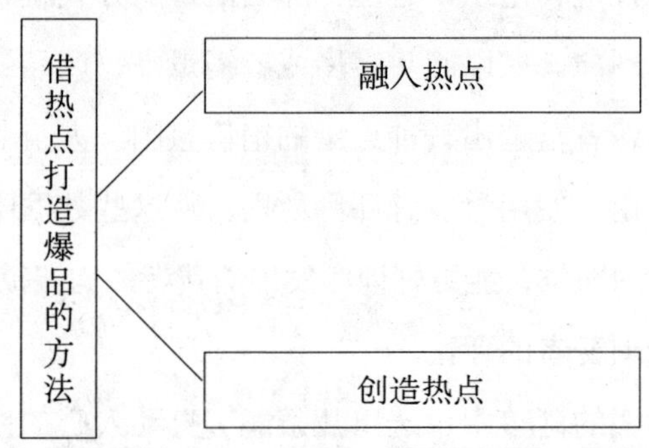

图 3-7 借热点打造爆品的方法

（1）融入热点

在当下，每一年都有很多热点，所以要提前做好产品的预设，否则遇到合适的热点时产品的特点还没有准备好，这就会错失机会。所以对于热点，一定要有“机不再失，失不再来”的心态。

就拿每一年都有的开学季和高考季来举例。每年这些时候都会出现相关的热点，这些热点几乎也是全民参与。所以对于这类热点要有一定的把控度，产品是否要参加这类热点，是否会关联宣传，预期是什么，产品的特点等都应提前有所计划。

关于这类热点，晨光文具几乎包揽了这些节日的热点，并且每一次都能给人耳目一新的感觉。每一次都成功地将品牌文化和产品性能完美地推广给消费者，并促使消费者主动消费。

晨光文具借助热点的方式也是非常巧妙的，它选取了学生和父母的共同经历，将二者的回忆相结合，利用怀旧营销的方式引起二者的共鸣。但它也并不是主打怀旧，在这个过程中，还凸显了产品的优势和功能。

2019 年年初的开学季，晨光文具还推出了“开学前一夜”的系列主题活动，并且还将它延续了两季。也正是因为晨光文具的市场把控力使其成为开学季必不可少的品牌，并且其稳稳地把握住了这一热点，将时机与品牌完美融合，对于品牌的宣传有着必不可少的作用。

众所周知的是，品牌借势营销并不仅仅是与用户产生互动，增加品牌的存在感，最重要的是创造利润。晨光文具的营销活动不仅将品牌很好地融入热点之中，还增加了家长和学生之间的联系，而利润和存在感均有所收获，但他们的成功之处不仅于此，而是还引起了全民关注和讨论。而晨光文具就是很好地利用了产品和热点事件的吻合度。

（2）创造热点

对于热点，有的品牌处在“等”的状态。有时候，对产品有了提前的谋划，但是却有了突发的热点事件，将突发事件和产品结合，却发现一直处在被动状态，热点的流量几乎没有运用上。但其实，如果做好了产品谋划，有一些热点是可以自己创造出来的，不一定需要苦苦等候。而且等来的，未必就是合适的。

这一点，我们可以参考阿里巴巴、京东和华帝。

阿里巴巴的双十一狂欢节源于淘宝商城 2009 年 11 月 11 日举办的网络促销活动。自从这一年开始后，每一年的 11 月 11 日便成为阿里巴巴大规模促销活动的固定日期，甚至成为中国电子商务行业的年度盛事，还逐渐影响了国际电子商务行业。

而京东的 6·18 则是京东店庆日，这“火红六月”都会推出一系列的大型促销活动，并在 6 月 18 日这一天的促销力度是最大的。

阿里巴巴的“双十一”和京东的“6·18”遥相呼应，是全民网购的狂欢节。但无论是阿里巴巴还是京东，这两个节日都并非原有的，而是根据自己的品牌创造的。

在创造热点这一点上，比较成功的还有华帝。华帝股份有限公司成立于 2001 年 11 月 28 日，它的前身是中山华帝燃具有限公司。华帝的产品以抽油烟机、燃气灶具、壁挂炉等家居系列产品为主。在 2018 年世界杯开赛初期，华帝在官网发布了一条消息：法国队夺冠，华帝退全款。

这则消息吸引了不少吃瓜群众与球迷的注意力，迅速引燃了一波热潮，而华帝也站在了热点的顶端。

但值得注意力的是，华帝的“退全款”是有要求的：凡是在 6 月 1 日到 7 月 3 日之间，购买“夺冠套餐”的用户才可以享受。

世界杯在众人感叹华帝“亏大了”的声音中落幕。看似华帝“亏大了”，但其实并不。法国队夺冠，华帝的热点再次得到了增长，可以说，这一次他们用最低的广告成本撬动了最大的营销收益。最重要的是，在这一时期，华帝的名号更加为人所知。

并且通过“退款”这一事件，华帝品牌的魅力也定然有所升值，必将吸引一批粉丝对其进行忠实用户。所以说，华帝并不“亏”，实则“赢”。

有人说这“热点营销已死”，但也有人将华帝奉为传统企业互联网营销案例，不管从哪个方面看，华帝、阿里巴巴、京东创造的热点流量都是不容小觑的，并且都能持续性地带来收益。今时今日是互联网时代，要想做好营销，就得借助流量，甚至是创造流量，又何谈“热点营销已死”呢？在这个流量为王的时代，唯有热点，才能成就品牌。

2. 借助流行热点打造爆品的注意事项

在最近的几年里，借助流行热点的流量进行产品宣传，是十分流行的一种宣传方式。但是借助流行热点打造爆品，则有以下几个问题需要特别注意（如图 3-8 所示）。

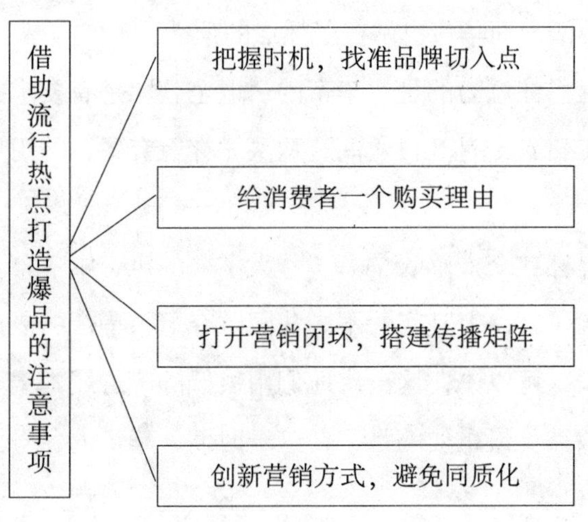

图 3-8　借助流行热点打造爆品的注意事项

（1）把握时机，找准品牌切入点

借助流行热点宣传很容易，但想要找准关键点却是不容易的。打造爆品最重要的就是要找到二者的关联点，并将其与公众的关注点、品牌诉求点等三点合一，才能使流行热点与所做的产品相融合。如果有所偏差，那将得不偿失了。乐天的事件就是如此。

乐天集团是韩国五大集团之一，也是世界五百强的跨国企业。主要经营范围是零售、食品、旅游、石化、地产及金融等。

在 2016 年 9 月 30 日，韩国国防部宣布确定乐天集团的星州高尔夫球场为萨德系统最终部署地点，而在第二年的 2 月 27 日，乐天集团董事局决定为部署萨德供地。这一事件点燃了国人的爱国主义情绪，引起大范围自发性抵制。

（2）给消费者一个购买理由

借助流行热点营销最重要的就是赢得消费者的注意力，使其产生购买行为。但并非借助了流行热点就一定能够为企业带来利润。消费者也会根据自身的情况购买产品，所以最重要的是要给消费者一个购买的理由，让其心甘情愿地去为某款产品付款。

虽然这是低成本的营销方式，但最终的目的还是汇集社会舆论，将公众的关注点移到产品上。所以要借助流行热点，必须要关注舆论，了解舆论导向，否则很有可能会重蹈乐天的覆辙。

（3）打开营销闭环，搭建传播矩阵

确定了要借助的流行热点，就得根据热点的特点及受众的特点选择合适的营销平台，同时利用媒体的优势，与相关媒体进行策略沟通，搭建更加便利、快捷的网络传播方式，扩大传播的效果。

一般的流行热点是从微博慢慢开始发酵的，当发酵到一定程度就会被人民日报微博点名。在这时，阅读量和点赞量都会得到很大提升。随着人民日报点名，其他相关的媒体也会竞相报道，如搜狐、腾讯等。

随着流行热点的发酵，找准时间点，将产品与热点合二为一，当流行热点覆盖全网络，形成了极高的热点氛围时，产品宣传的流量也将达到一定的氛围。

（4）创新营销方式，避免同质化

在借助流行热点宣传的这个过程中，产品的特点也应得到展现。在这个环节中需要避免的是同质化，以免给消费者造成“差不多”的影响。还需要注意的是，并不是所有的产品都可以借助流行热点，而是要根据产品的类型和特点去借助不同的热点宣传。

品牌做营销时借助热点时很好的事情，这在当下算是投入较少的营销手段，并且如果使用得当，能够利益最大化。但需要谨记的是，做营销时，所提到的保障需要一一落实，否则借助的热点同样会给品牌自身带来损害。

猛击消费者痛点刺激下单

消费者的痛点是什么？

要促使消费者消费，就需要找到消费者的痛点。消费者的痛点即消费者的基本需求与潜在需求。基本需求是吃穿住行以及心理、价值、文化等，而潜在需求则是在基本需求上衍生出来的，譬如快乐、兴奋、安逸、享受、舒适等。要想销售产品，就需要知道消费者有哪一些痛点，找准这些痛点，下一步就是将痛点扩大，并使痛点转坏为需求。

我们就拿最简单的“吃”来举例。有的人喜欢吃辣，但是因为吃辣太多导致上火，随后上火又引出了一系列问题，譬如咽喉痛、牙痛、口角糜烂、眼睛红肿等，严重影响人的身心健康。王老吉就在这个时候成了爱吃辣的人的最爱。

2017 年，王老吉的广告词是“180 余年正宗秘方，王老吉从未更名，购买时请认真王老吉凉茶，怕上火，就喝王老吉。”从此，“怕上火，就喝王老吉”就成了众多人吃火锅时必须念叨的一句话，甚至王老吉也成为吃火锅必备的饮品。这就是王老吉找准了消费者的痛点。

同样以“吃”为痛点的还有斯达舒。相信很多人记得斯达舒的广告词：“胃痛，胃酸，胃胀，就用斯达舒！”它直白、简单的广告让人听一遍就能记住，且不容易忘掉。一般当人胃不舒服的时候，就会想起斯达舒，但可惜的是，2012 年，斯达舒将广告词修改为“良心药，放心药”，从此慢慢地淡出消费者的视野。

可能有人会说，它慢慢淡去与广告词有什么关系。其实不然，以“药”为主，那么就脱离了痛点，“良心药，放心药”会使听众一时不明白它的疗效究竟是什么，而“胃痛，胃酸，胃胀，就用斯达舒”则直指痛点，显得有力多了。

而以“用”为痛点的例子则是 360 安全卫士。很有可能没有人注意过，现在很多人的电脑都装着 360 安全卫士，甚至想起杀毒软件，只能想到它。但是 360 安全卫士之所以能做到今天这个模式，并不仅仅是因为它的免费盈利模式，还有一个最重要的原因，它的广告语——一个“安全”胜过 n 个“杀毒”，并且也很明确地维护并解决了电脑安全中的一部分问题。

在“用”上，还有一个非常成功的案例——脑白金。脑白金寻找的消费者的痛点是“用”，再挖掘，发现送礼是很多人都很纠结的事。逢年过节时，许多人在超市里寻找送人的礼物，实在不知道该送什么好。而脑白金的广告：“今年过节不收礼，收礼只收脑白金。”就这样简简单单的一句话，让人在要送礼时自然而然地想起它。并且脑白金将这句话循环了多年使用，会给人一种“送礼首选”的印象。

从以上的例子我们可以看出，只要找准了痛点，营销其实没有那么难。

其实在我们每个人的生活中也会遇见各种各样的问题，有的时候，稍微挖掘下，就能发现商机。

叫车软件的兴起，不就是如此吗？是否有人想过，如果有一款能用手机叫车的软件就好了？

2008 年的圣诞前夕，巴黎有一个名叫特拉维斯·卡兰尼克的青年，他刚从欧洲最大的互联网科技大会 Le Web 的会场走出来，此时正在等待出租车，但他也和很多人一样，等了很久都没有等到一辆空车。就在这个时候，他萌生了一个念头——开发一款手机叫车软件。

2009 年，一家名为超级出租车（Uber Cab）的公司在美国成立了。它就是前几年炙手可热的优步的前身。

优步探索出的手机叫车模式，自此改变了人们出行的方式。在优步的客户端有电子地图，地图上可以找到最近距离的车辆，并且为其派发订单。

接单后，司机会打电话跟乘客确认车辆到达时间。司机还必须在车上备有充电器、瓶装水等供乘客使用。当车辆靠近顾客时，乘客的手机能收到短信提醒，并且在地图上还能看到车辆的具体位置。

在乘客到达目的地后，系统能自动从乘客的信用卡上扣除车费，直接性地省略了付钱、找零、给小费、拿发票等环节。乘客还能对司机进行评级，如果司机的态度不好，可以直接给差评，这样对乘客和司机双方都有了约束。

优步的兴起从全方面改变了出租车这种垄断型服务行业的顾客体验，人再也不用苦苦等待出租车，想要出行时，轻点手机，然后等待即可。既节省了时间，也让出行变得更加方便。

正是卡兰尼克在等出租车时发现了消费者的痛点，并想到了解决的方法，才有了优步，甚至是直接性地改变了人们出行的方式。

虽然说“痛点即商机”有些疯狂，但不能否认的是，人的需求即痛点，而解决了痛点，就能带来莫大的好处。

所以要打造一款爆品，不仅是要打造这款产品的方方面面，还需要根据产品的特性去寻找消费者相关的痛点。就比如加多宝一样，同样是饮料，但加多宝在“吃”上找到了“上火”这一痛点，更改了广告词，成功打造了爆品。无论是做品牌还是做产品，只有找准了消费者的痛点，才能带动产品的火爆销售。

04 引爆销售的 5 大平台

有了导火索还不够，还要将导火索一条一条铺设出去。哪里有你的目标客户群，导火索就要往哪里铺设。

当然，人流量最大的地方是必不可少的，比如微博，比如微信，比如直播平台，等等。

不同的平台需要不同的运营方法，这一点需要营销人员做到精准把控。

当你在各个平台都做好营销推广，还担心产品成不了爆品吗?

微博营销：辐射粉丝的精准投放

中国的互联网已经全面进入了微博时代。目前新浪微博、腾讯微博、搜狐微博的注册用户量已经突破了六亿，而每天登录的用户数已经超过了四千万。

而微博的用户群主要集中在中国互联网使用者中的高端人群，虽然这部分用户群只占了互联网用户群的百分之十，但他们是对新鲜事物最敏感的人群，也是互联网上购买力最强的一群人。

在这样的大势下，微博营销也逐渐兴起了，微博营销指通过微博平台为商家和个人创造价值的一种营销方式，也指商家或者个人通过微博发现并满足各种用户的各类需求的商业行为。

微博营销也是互联网新推出的营销方式，企业可以利用更新微博像每一位用户传播企业及商品的信息，并可以通过微博树立产品和企业的形象。在每天更新内容时，还能就热点信息、产品等各方面跟大家交流互动。在微博上，每一个用户都是潜在的营销对象，甚至每一条微博都有可能使产品的推广更上一层楼。

但是微博影响也有需要注意的地方，比如要有准确的定位、价值的传递、系统的布局以及内容的互动。正因为微博的营销效果显著，更需要注重以上几点。比如定位，有了明确的定位才能根据用户的不同发表不同的观点，以此来提升产品及企业的形象。

在微博上营销的范围主要有开放平台、话题、名博、认证及粉丝、整体运营等。相对于其他平台，微博的营销范围更加广。

1. 微博营销的分类

在这里，我们将微博营销分为三类进行讲解（如图 4-1 所示）。

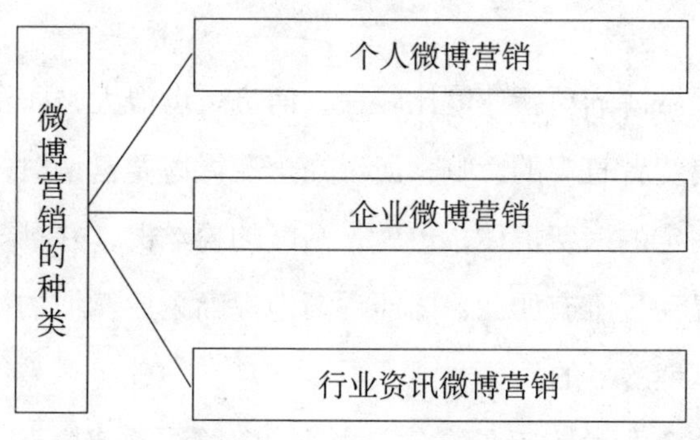

图 4-1　微博营销的种类

（1）个人微博营销

个人在进行微博营销时也有经验和技巧可以遵循。

普通的个人微博功利性并不是很明显，有一些人主要是为了发表平时的生活和心情，在他们的手中，微博仅仅是一个平台而已。而有的人能进行微博营销，是因为他们具有一定的知名度，能够利用自身的优势获得较多的粉丝，这类型较多的一般是成功人士或者明星等，他们主要是通过微博这个媒介来展现自己，以使粉丝更进一步了解自己，并喜欢自己。还有一部分个人的微博是实现营销目的，这就包含了一些明星，他们会将平时的工作发布在微博，再由粉丝们跟踪转帖宣传，以此来达到营销效果。

（2）企业微博营销

企业经营微博的目的一般是为了盈利，但一般的企业微博进行营销难度较大，而且相对于产品，企业更难吸引一定的粉丝。

个人微博的更新速度比较快，信息量也很大，而企业微博无法给消费者直观的影响，所以当企业微博要营销时，首先需要建立固定的消费群体，也就是活跃的粉丝群，并且要加强与粉丝的互动，唯有如此，才能逐渐地提高企业微博的粉丝量，以达到营销的目的。

运营企业微博还有一个方法是，多关注微博热点，并且时不时“蹭”相关的热点，以此也能扩大一定的知名度，但无法在这个时候进行营销。提高知名度，拥有粉丝群后，才能进行营销。

（3）行业资讯微博营销

个人微博、企业微博、行业资讯微博三类中，比较容易吸引粉丝的是行业资讯为主要内容的微博。这类微博的订阅用户数量决定了行业资讯微博的网络营销价值。这类微博类似于通过电子邮件订阅的电子刊物，而微博内容则会成为营销的载体，订阅的用户越来越多，营销就会更加容易。

但行业资讯微博要营销时，也需要在内容策划及传播方面下一定的功夫，如此才能将已有的粉丝利用起来。

2. 微博营销的个性特征

微博营销具有 4 大个性特征，具体包括以下几方面（如图 4-2 所示）。

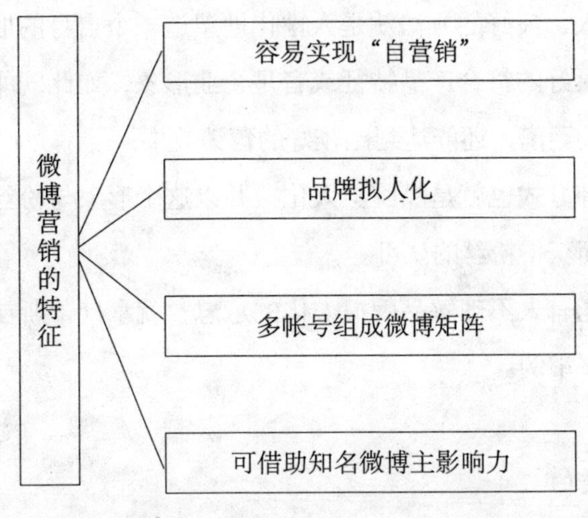

图 4-2　微博营销的特征

（1）注册简单，操作便捷，运营成本低，容易实现“自营销”

微博具有较强的媒体属性，能以最短时间将信息广而告之，但与其他媒体相比，微博无须费用便能注册、操作的界面相对比较简单，而操作方法也非常建议，又有多媒体技术能使信息以多种多样的方式呈现出来。并且运营微博无须太多，一个账号足以。相比建构网站或者是拍广告，或报纸、电视等媒介做宣传，微博的花费是比较低廉的。

（2）微博营销的“品牌拟人化”特征更容易受到用户的关注

在微博上，企业用户和一般用户很少使用类似新闻稿的方式做宣传，而企业微博如果用官方的方式去管理微博也会显得格格不入，最好的方法就是人性化地塑造一个自身的形象，这个形象最好的符合产品特征或者是企业形象，如此既能拉近粉丝之间的距离，还能达到比较好的营销效果。

这种方式也就是品牌拟人化。并以这个形象与粉丝展开互动，从而获得粉丝的认可。

可能有人不理解品牌拟人化的意思，就拿杜蕾斯在感恩节的文案来举例：

亲爱的

箭牌口香糖：

感谢你。

这么多年，感谢你在我的左右，成为购买我的借口。

你的老朋友

杜蕾斯

而在这个文案的右边，又将绿箭口香糖拟人化，做出回应：

亲爱的，

杜蕾斯：

不用谢，

有我

尽管开口

你的老朋友

绿箭口香糖

杜蕾斯将品牌拟人化，在营销创新上可谓又上了一个新台阶，最重要的是，杜蕾斯这拨新奇的操作，不仅一时引起其他品牌纷纷回应，掀起一波热潮，而且还给粉丝们留下了亲切、有趣的品牌形象。

（3）多账号组成的微博矩阵，保持整体协作的企业文化的同时针对不同的产品进行精准营销

微博矩阵是指一个企业微博开设好几个不同功能的账号，不同的账号与不同层次的网友进行沟通，以多方面塑造企业品牌。也就是将内部资源拆分为几个不同的点，并在微博上进行排布，塑造不同的账号形象，以达到最好的营销效果。

（4）微博造星，借助知名微博主的影响力进行营销

微博也有传播机制，一般是建立在人际传播理论基础上的。微博的影响力从某种程度上说，也代表了一种关系的信用值，

一般活跃度、传播力和覆盖度三者越高，那么影响力也就高了。一般情况下，产品营销也可以借助影响力较高的博主进行推广。也有一些企业会选择明星作为代言人或者以“带货”的方式为产品做推广。而借助拥有高人气的微博红人做推广，一是能与潜在客户有更多接触，达到广告告知的效果，并能通过红人的宣传扩大产品的宣传力度；二是微博红人有一定的知名度，能够得到较多粉丝的认同，在消费方面，他们有着引领的能力。

有一些微博红人具有较强的专业性，比如时下比较红的微博红人李佳琦，他又被称为“口红一哥”，据说带货赢过马云。经李佳琦推荐的彩妆大部分都能成为爆品，还有的甚至会被“秒”光。李佳琦的专业性就在于美妆，如果要找家居、美食方面的微博红人，那么当属李子柒。二人的所属领域不同，带货的能力也有所区别。

在企业微博进行爆品营销的过程中，最大的误区就是盲目地选择微博红人，一定要根据自己的产品来选择，切不可随意选择或谁红选谁。

3. 微博营销爆品时需要注意的问题

微博营销爆品时需要注意的问题主要包括以下方面（如图4-3所示）。

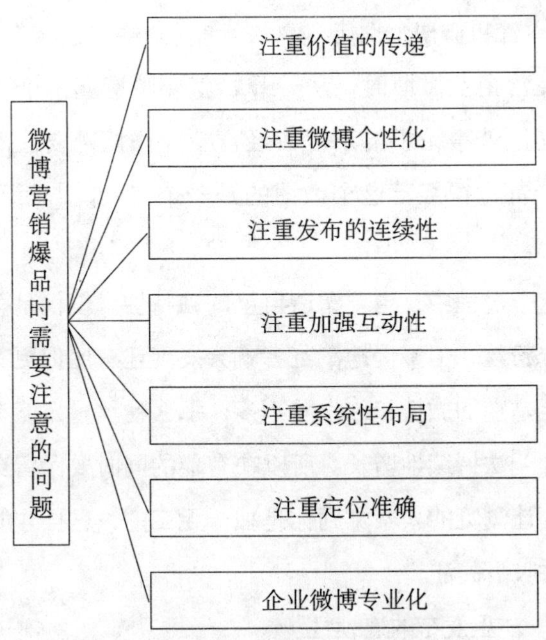

图 4-3　微博营销爆品时需要注意的问题

（1）注重价值的传递

企业要在微博营销爆品，首先就要认清自身的类型，在微博中属于“索取”这类还是“给予”这一类，认清了这一点，才能有更好的营销方式。企业微博一般属于“给予”的平台，即向粉丝给予。那么，怎么样的微博才能创造价值呢？可以对浏览者创造价值的微博，这种才是有价值的，企业微博想要从中盈利，就必须要明白这一点，只有了解了其中的因果关系，才能在微博进行营销，并从中受益。

（2）注重微博个性化

在经营企业微博时，从一开始就要塑造属于个人的个性化，切勿以就事论事的态度去经营企业微博，要让每一位浏览的用户都觉得经营这个微博的是一个“人”，而不是一台“机器”。

在这个过程中，更要塑造自己的独特性。仅仅是有趣能吸引一部分粉丝，但慢慢地浏览者就会发现还有比你更有趣的微博，甚至是别的微博和你也差不多，那么粉丝量只能是暂时性地提升，无法持续性增长。所以在有趣的同时要保留自己的独特性，要让浏览的人察觉到你是独一无二的，这样才能继续积累粉丝并吸引关注。

（3）注重发布的连续性

微博的更新切不可轻易断更，要像一本随时都会更新的电子杂志，每日都需要定时、定量、定向地发布新的内容，这样才能让粉丝记得有这样一个微博。粉丝都是善于忘记的，轻易断更会使粉丝忘记还有这样一个博主，久而久之，前期的所有工作也将白费。所以要养成每天登录微博更新的习惯，这样也会使浏览者养成每天都看看你是否有新动态的习惯。如果能达到这个地步，那距离成功也就很近了。

（4）注重加强互动性

发布微博后，一定要随时跟粉丝互动。微博的魅力就在互动，如果有一群粉丝，但是不互动，他们慢慢地会就变成僵尸粉，最后就会离开你。所以经营企业微博，持续性地更新并时常与粉丝互动是最关键的事情。

在企业微博上，还需要注意的是宣传的信息不要超过微博的百分之十，最佳的比例是百分之三到百分之五，如果超过，浏览量必然会降低。在互动的次数多了，活跃的粉丝数量大了之后，可以再通过一些途径进行产品营销。

在微博上，与粉丝的互动一般是以“活动内容 + 奖品 + 关注”“转发、评论”等抽奖的方式进行的。奖品则一般是企业想要宣传的内容。在这里需要切记的是，除了赠送奖品之外，一定要在微博上认真地回复粉丝的留言，要让粉丝有被重视的感觉，这样才能得到粉丝的持续性关注。

（5）注重系统性布局

策划任何一个营销活动，如果单纯当成头脑发热时的点子来运行，几乎不可能成功，这是因为缺乏系统性。微博营销看似简单，甚至有很多人觉得这可有可无，其实不然，如果做好微博营销，将系统性全面地运用，可以用微小的成本换来巨大的收益。

企业想要利用微博营销，就要将整体规划纳入营销中来，而不是突然有一个小点子，然后这样经营。无论是微博还是其他平台，都不可小觑。

（6）注重定位准确

企业微博在微博上一定要明确自己的定位，比如玩具行业，那么就要围绕这类用户来进行每日更新；美妆行业则是每日定时发美妆方面的信息。切不可盲目随意而已，这样就算有了很多粉丝，但这些粉丝并没有商业价值。有不少人抱怨，微博粉丝都几十万了，可转载、留言的很少，一旦互动发奖品，大家一窝蜂抢奖品，对实际的宣传没有半点作用。这就是企业微博没有定好位，一旦定位，那么就围绕你的目标客户来发布相关信息吸引关注，而不是只顾着吸引眼球，如果一味地吸引眼球，粉丝量会上涨，但这只能成为死粉。

很多企业微博在起步阶段就会陷入大量吸粉的这个误区中，以吸引粉丝为目的，最后就是有很多粉丝，但是没有消费群体。这就得不偿失了。

（7）企业微博专业化

企业微博有了明确的定位后，就需要凸显专业性了。在这时，就会在微博上遇见同行业的人，同场竞技，只有更专业才能超越对手。所以在微博上，不仅要有专业性的眼光，还要对自己的行业有一定的了解。

微博不仅仅是一个渠道，更是一个平台，唯有做到专业，才能在这个平台上有所展现，才能与消费者搭建一个零距离的交流平台。如果有粉丝提出问题，也能用更加专业的手段来进行解答，否则如果问题都解答不了，消费者对于企业就更加没有信任感了。

4. 微博爆品营销原则

在微博进行爆品营销需要坚持的原则主要包括以下方面（如图 4-4 所示）。

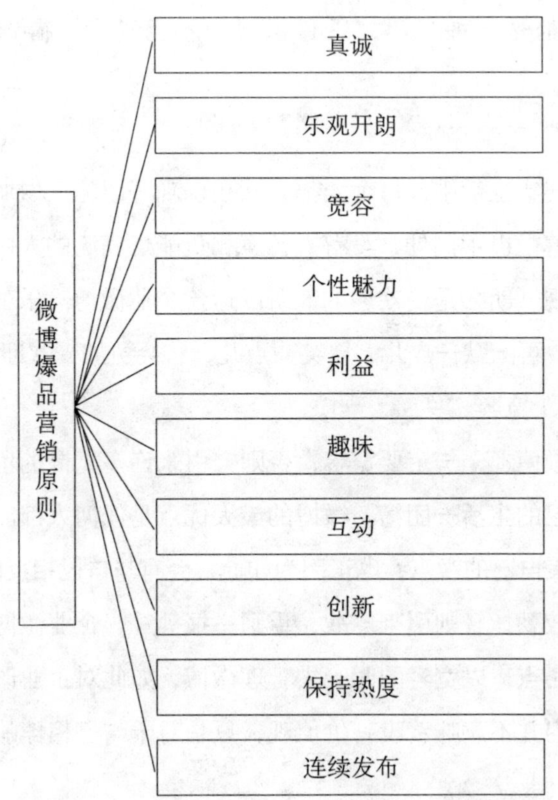

图 4-4 在微博进行爆品营销需要坚持的原则

（1）真诚

真诚是人与人交往的原则，虽然在微博上大家没有办法见到面，但也要以真诚为基本原则，只有这样，才能建立长期的关系，才能积累良好的信誉。

也有人觉得反正大家都见不了面，无所谓。但企业要做爆品，就要从最基本的做起，做到真诚待人，这样对企业、对产品都是一种积累，只有积累，才能使产品得到更好的推广。

（2）乐观开朗

在现实生活中，每个人都喜欢和乐观开朗的人做朋友。其实在微博上也不例外，没有人愿意和负能量满满的人做朋友。只有乐观开朗才是受欢迎的，所以运营企业微博，乐观开朗是必需的，再幽默一点儿、搞笑一点儿，将会更加受欢迎的。

（3）宽容

在微博上，一定要宽容，否则会引来许多无谓的争执，也会让自己的生活一团糟。微博的最大优点是任何人都能畅所欲言地发表自己的观点，也正因为如此，会有与自己相反的观点，如果去较劲，轻则引来骂战，重则举报等等，企业微博更应该注意这一点，以宽容的眼光去管理微博，如此对企业形象才有利。宽容并不意味着没有价值观，只是对于与己相悖的选择忽略罢了。

（4）个性魅力

微博上各种各样的人都有，而同样做企业推广的也不少，竞争可谓相当激烈。既有千篇一律的营销号，也有个性魅力得到充分展现的账号，企业微博要怎么样做才能使自己脱颖而出呢?

在前面我们曾说到定位，在这里我们要说的是，在做好定位的时候，也要展现经营者独特的个人魅力。微博上的账号其实就相当于企业在现实生活中的品牌，所以最重要的是要展现品牌的个性魅力。

（5）利益

一味地更新微博固然有趣，但企业微博不能忘记的最终目的是盈利，所以在微博上可以经常发一些打折信息和秒杀信息，这样有助于提升关注度，增加粉丝的活跃度。

（6）趣味

无论是在国外的网站上，还是国内的微博上，幽默的段子、恶搞的图片、滑稽的视频总是会有很高的转发量和点赞量，并且这种类型男女老少都很喜欢。所以纵然是企业微博，也可以适当地在微博上发布以上类型的内容。但在发布这类信息时要注意是否有广告等营销信息。这类内容只能当作趣味性来发布，不能当作广告发，否则会起反作用。

（7）互动

在前文我们也说到经营微博要注意互动。但其实很多粉丝专注的并不是互动的内容，而是互动时的奖品。所以在这时，企业微博赠送的奖品一定要是将要打造爆品的产品，或者是相关产品，并且在进行互动时，不可随意赠送，要增强趣味性，譬如通过抽奖等方式。在互动的这个环节还有至关重要的一点是，与赠送奖品相比，和粉丝之间的互动在于评论区，这样一则提升微博的评论数，二则增加与粉丝之间的黏性。

（8）创新

微博才开始商用化，并且具有很强的扩展性，所以企业微博使用微博推广还具有很大的探索空间。在日常更是要抓住机会，并且把握有效时机进行创新，就能从众轻松获得收益。

（9）保持热度

运营企业微博一定要持一定的热度，可以在微博中设置一些热点选项，引用户参与，偶尔还可以根据时事设置一些辩论，也可以设置一些问题，让用户来答疑。一定不能让微博沉寂，一旦沉寂，再想引入流量就会难。

（10）连续发布

微博用户多，更新速度也很快，所以企业微博也要每天定时、定量地更新微博，与浏览者有互动，这样才能不被各种各样的推送淹没。

以上便是企业微博需要注意的事项。企业微博经营者需要知道的是，关于微博，并不是只要每日去更新、去记住注意事项就好了，一名真正的微博运营者还需要了解微博固有的特征。

微博营销主要是以转播学理论为基础，以营销学经典理论及案例为指导，并集成以往的网络媒介营销手段的一种途径。

5. 微博营销爆品的误区

在微博进行爆品营销存在一些常见的误区，具体包括以下几方面（如图 4-5 所示）。

（1）目标不明确，导致活动效果不明显

策划活动时，一定要有明确的目标与计划，并且需要详细到方方面面，比如活动的细则、目标人群、活动海报、文案以及前期后期的宣传及总结等，如果没有明确的活动目标，只是顺其自然，那么只会事倍功半。要想提高产品的关注量，并且要通过活动进行销售，就需要提前做好所有关于活动的计划。

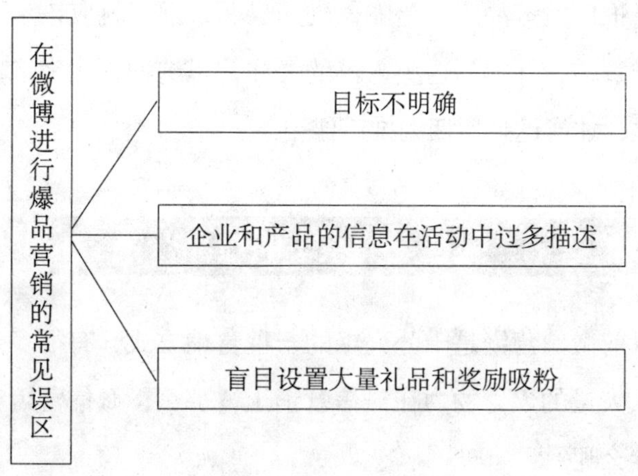

图 4-5　在微博进行爆品营销的常见误区

（2）企业和产品的信息在活动中过多描述

切记不要在活动过程中过多描述企业和产品，要记住心急吃不了热豆腐。在微博做爆品活动，在向用户传播信息时，要学会精简，如果加入企业信息和产品信息，会导致文案部分的字数过多，浏览者会失去看下去的心情，直接性的减少参与活动的想法，会大大削弱活动的影响力。如果是进行产品促销，也需要掌握促销的技巧，切不可开始就盲目地向大众介绍企业、推广产品，而是要带有趣味性地推广。

（3）盲目设置大量礼品和奖励吸粉

有的企业做活动时，会有意设置大量礼品或奖励，以这样的方式达到吸粉的目的。但这并不会产生任何效果，只能增加一批无用的“僵尸粉”。企业在微博做宣传应该是定向的，也就是所推广的产品大概是哪一类人会买，那么就应该定向对这类人做宣传，并得到这类人群的关注，以这种方式来培养自己的粉丝，才能达到后期的推广作用。

微信营销：强社交关系下的爆品营销

目前微信营销是十分火爆的一种营销方式，有很多企业甚至投入大量的人力物力在微信营销上，那么，微信营销究竟指的是什么呢？

微信营销是在微信上进行网络营销。营销的方式是通过朋友圈推广自己的产品，以此来实现点对点的营销。

微信营销的优势是只要有手机或者平板电脑，就能实现营销目标。并且这种方式相较于微博针对性更强，微信营销属于一对一营销，这种关系在社会学中被认为是较为私密的一种关系。

1. 微信营销的特点

微信营销的特点主要包括以下几方面（如图 4-6 所示）。

（1）点对点精准营销

要实现点对点的精准化营销，就需要借助个人社交和移动终端，进行不同的信息推送。而微信恰好满足了这一功能。并且微信营销的特点即：每一个人都可以成为营销者，只要拥有自己的朋友圈，就能实现点对点的精准营销。

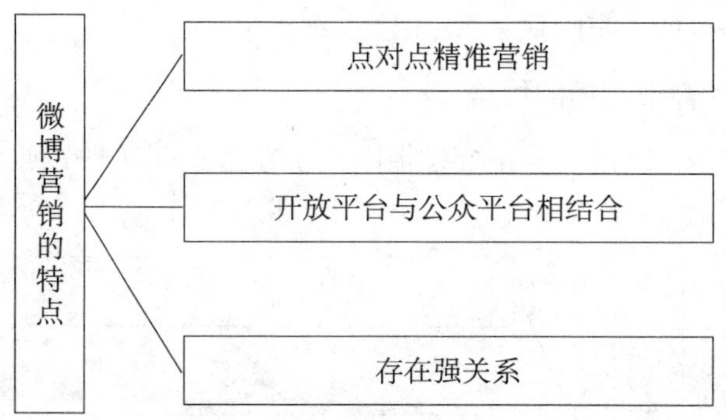

图 4-6　微信营销的特点

（2）开放平台与公众平台相结合

开放平台：微信的开放平台是第三方移动程序提供的接口，使用的用户可以将第三方程序的内容分享给好友或者是朋友圈，以使内容能够在微信平台得到更好的传播。

公众平台：微信的公众平台又被称为微信公众号，商家可以利用公众账号平台进行一些自媒体的活动，比如通过二次开发展示商家的微官网、微会员、微推动等等。这在目前已经形成了一种主流的线上线下微信互动营销方式。

（3）存在强关系

在微信进行营销时，一般是熟人或者是朋友。只有建立了联系的人才会相互加微信，而微信的使用一般是聊天或者解疑答惑，在微信进行销售最大的优势就是，面对这样的熟人关系，一般人都会选择相信。通过这种熟悉的关系，再将产品的形态通过互动的形式推送，还有可能增加企业与消费者之间的关系。

这便是微信带来的强关系。

2. 微信营销的优势

微信营销的优势主要包括以下几方面（如图 4-7 所示）。

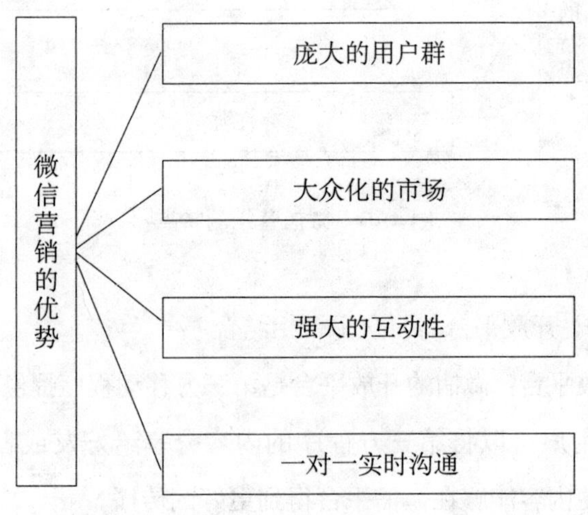

图 4-7 微信营销的优势

（1）庞大的用户群

据可靠的数据显示，腾讯的用户基数非常庞大，而微信的用户数已高达七亿，这个增长速度、发展空间非常大，甚至有赶超腾讯之势。可以毫不犹豫地说，当下微信已经成为最火热的互联网聊天工具，在使用微信的人群日益增长的今天，可以确信用户量已经不只有七亿了。从这庞大的用户群体中，我们可以预测到微信营销的发展空间。

（2）大众化的市场

有人做过这样一个预测，说微信已然成为互联网聊天工具的霸主。其实随着今天智能手机的普及，这一说法基本能得到证实。微信也早已不是高收入群体的独享软件，现在已走向了大众化。

（3）强大的互动性

微信的一大优势是具有较强的互动及时性。不管你在哪里，只要有手机，只要手机有电和信号，你就能够轻松地与客户进行实时互动。虽然几年前的博客营销也很火爆，但博客营销与微信营销最大的差异就在于互动性，博客营销无法及时回应客户需求，但微信营销不仅能随时随地回答，甚至还能通过图片、视频等方式进行在线沟通。

（4）一对一实时沟通

微信营销的一对一实时互动能更好地进行交流，商家能第一时间了解消费者的需求。有一些商家将微信当作移动的微博，只是在朋友圈无限次地发产品或者是品牌信息，但当消费者私聊沟通时，商家要么不回复，要么设置快捷回复。这类缺乏人性化的沟通方式，不仅会损害用户的体验，也会导致品牌降低信誉度。所以在微信营销时，一定要守住其特点，即进行快捷有效的回复，并且要让消费者觉得自己所面对的商家是一个具有专业化的工作人员。

3. 微信营销的运作模式

微信作为一种新兴的营销方式，有多种操作方法，有的商家在做微信营销时会用小号，并细心地将个性签名改为广告，再在程序里寻找附近的人进行推广。虽然这种方法对产品宣传有一定的效果，但对打造企业品牌没有什么用。

商家利用微信推广最好的方式是注册微信公众账号，在粉丝达到一定的量之后，在微信平台以申请认证的方式进行营销，这样更有利于商家的品牌建设，在推送信息和解答消费者疑问时也显得更加真实可信。最重要的是，商家依据微信公众号可以有一个针对广大用户的平台。这便是微信的“大号”，而小号则是个人微信。个人微信可以辅助大号进行推广，并且个人微信也能用各种各样的方式为微信公众号寻求更多的关注。

经营微信公众号一定要有企业意识，即深度了解企业的商业模式，并确定目标消费人群，不能做公众号就脱离企业本身，开始自嗨式传播。企业微信公众号一定要通过品牌传播。品牌传播是为企业公众号基础打法，对内容创作的要求比较高，这也就是很多企业没能将微信公众号做好的原因。在这个快销时代，好内容是稀缺品，所以当微信公众号开始确定时，就要生产好的内容。

运营是企业公众号的核心，而公众号作为流量池的阵地，需要做的是给用户提供优质、便捷的服务。在这个时候切不可一味地为了吸引粉丝而丢掉自己的底线，在这一点上，微信公众号与微博运营有相似之处。如果一开始就为了吸粉而做大量转发、抽奖，只会引来占便宜的人，这些人不会成为最后的“消费者”，只能成为粉丝中的一个“数”而已，当转发抽奖之类的活动变少了，这类人也必然会取关。所以做微信公众号，一开始一定要用内容来吸引粉丝，用优质、便捷的服务来留下粉丝，并将粉丝变为消费者。

直播营销：视觉盛宴中的爆品销售

随着移动互联网的提速以及智能手机的普及，人们逐渐摆脱了对于无线网络与电脑的依赖，开始直接通过手机和移动网络进行日常的一些行为，这在很大的程度上丰富了直播的场景，也给企业及品牌方带来了更加立体化的营销方式。直播营销则是新时代的营销方式之一。

直播营销不同于微博和微信以图文并茂的内容，而是以直接传播的方式立体地完成品牌文化及产品的展示。

在当下，直播营销在语境中是一场事件营销，因为直播营销除去广告效应，直播这个新闻效应反而更加明显，关注度也会比较高。一个事件或者一个话题，可能都会有相关的直播。直播能更容易地收到关注，也能更直接地进行传播。

直播主要是根据个人的浏览类型和关键词来进行推送，所以有较强的精准性。现在有各种各样的主播，每天会定时地进行直播，而用户在一个特定的时间进入播放页面，就能收看直播。这其实与互联网视频所提倡的“随时随地性”背道而驰，但也因为每个主播的直播时间的限制，能够识别并留住精准客户。并且通过直播，还能与用户实现实时互动。这是传统的营销方式无法达到的。实时互动不仅能够满足用户多元的需求，还能增加用户与主播之间的黏性互动。随着互联网的发展，现在实时互动的花样更是繁多，献花打赏是一种方式，发弹幕吐槽也是一种方式，甚至主播还能根据用户的一些反馈进行临时性的沟通。直播营销不仅具有真实性，还具有立体性，这是微信营销和微博营销都无法达到的。

直播营销有一种四两拨千斤的效用，因为这种与观众直接性的互动能够使双方在情感中达到共鸣，在这种氛围下做营销有一种恰到好处的推波助澜效用。并且因为其定位的特殊性，吸引的都是志趣相投的人，更容易在情感层面寻找到相似性。

今时今日是一个碎片化的时代，在这个时代里，人们日常生活中的交集越来越少，可以说的话也变得较为单薄，而直播的出现，能以带有仪式感却又相对简单的方式来沟通，更容易渲染用户的情绪，也必然会有比较好的营销效果。

利用直播推销产品也需要提前做市场调查，了解到用户的需求，再选取适当的点进行推荐。在今天，有许多同质化的产品，所以在做直播营销时，做好精确的市场调研，才能避免同样的产品宣传的方式也是千篇一律的，要根据用户的喜好来进行推销。

互联网发达的今天，任何人都可以做直播，但并不代表所有人都有丰富的人脉资源。所以品牌或者是产品要通过直播去做营销时，一般有两种方式，一是自己积累人脉，二是有充足的经费，可以寻找拥有丰富的人脉资源的人进行产品推广。

一般的企业会选择自己积累人脉，但也有许多企业会直接选择一些网络红人进行推荐。如果是自己做直播，又没有足够的资金和人脉，那么就需要充分发挥产品的优点的来弥补，也就是在直播时放大产品的优点。

但无论是微博还是微信，或者是直播，都需要了解受众，了解他们的需求，只有了解了受众的需求，才能找到合适的营销方案。

现在有各种各样的直播平台，可以根据自己的产品去寻找特定的领域，再在其中寻找产品合适的受众，相比会容易许多。比如有做电子类的直播，也有做服饰搭配的，还有做化妆品的，商家只需要根据自己的产品的类型去寻找合适的直播平台，再进行定向分析就可以了。

在做完上述工作后，就可以开始策划具体的直播营销方案了。

在直播的营销方案中，需要销售策划与广告策划的共同参与，这样才能使产品的营销更加丰满。而在直播过程中，切记不能过度营销，否则会引起用户的反感，最终适得其反。虽然直播简化了营销的这个过程，但依然需要把握营销效果和视觉效果。

因为营销最终依然要落实在实际的数据上，并且也只有这些数据才能看出其真实的效果，并根据数据及用户的反馈来进行调整。

据相关数据显示，平均每四个小时就会出现一款新的直播应用。肯定会有人好奇，在这些五花八门的内容背后，主播的真面目究竟是什么，作为用户，应该怎么样看待直播呢？

下面笔者就以这些问题为基准，简要介绍一下直播，以便企业主在经营直播之时能有一个基础的认识。

网络直播虽然是从 2016 年兴起的，但对于大众来说，网络直播已经不是陌生的事物。然而目前无论是学术界，还是互联网媒体自身，都还没有为网络直播做出简介又准确的定义。所以在这里，我们参考新闻传播理论及传统电视直播的概念为网络直播做一个简单的定义。网络直播指的是通过互联网展示的，并且具有双向流通性，传播过程和实际过程同时进行的事件发布方式。

1. 网络直播的特点

网络直播与电视、微博、视频等传统载体的新型互联网传播方式不同，而网络直播本身也具备了这些传统媒体所不具备的特点（如图 4-8 所示）。

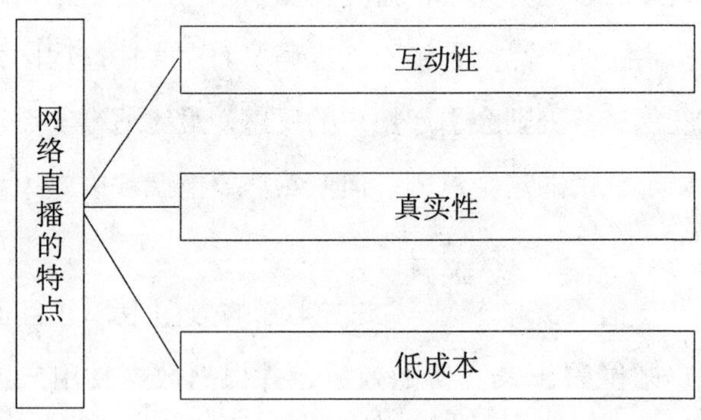

图 4-8 网络直播的特点

（1）互动性

网络直播与观众有着极强的互动性。二者通过网络，即可通过打赏、弹幕等方式进行实时沟通。这也被称为双向性，即是信息从主播端传至观众端，也可以从观众端传至主播端。这种及时沟通能够增加主播与观众之间黏性，双方即使在现实生活中相隔很远，也能在直播的过程中畅所欲言。

（2）真实性

网络直播还具有一定的真实性。网络直播不会有剪辑，也无法重来，观众眼中看到的即是最终的，所以网络直播具有真实性。这在很大程度上压缩了观众和主播之间的界限，使直播的过程比较单一。

（3）低成本

与传统传播形式相比，网络直播的成本比较低。一是直播平台大多不收费，而用户看直播也无须再付费用，这不仅能省一定的成本，而且因为用户看直播是免费的，所以有较大的人流量。在进行直播时也无须太多的设备和人员配置，只要有一台电脑或者一部手机就可以了。

也正是直播的这些特性，使直播得到了很大的发展，并且逐渐发展成个体，而且还吸引了越来越多的企业参与。我们经常看到的各类发布会，一般在现场也会进行网络直播，并且抽奖等环节中，网络抽奖也是其中的一部分，例如苹果手表发布会、淘宝光棍节嘉年华等，并不是能从网络上看到这些视频，而是打开手机就能参与进去，能提问，也能去抽奖领礼品。这也给了企业主一个非常重要的信号，网络直播是产品营销和品牌营销必须经历的一个步骤，甚至可以说，要营销，网络直播是必不可少的。

2. 直播营销的优势

随着中国当前经济社会呈现出的最新态势，企业参与网络直播的优势越来越明显。

在我们的日常生活中，直播也是随处可见的，比如淘宝直播。顾客在淘宝看直播时，根据主播的操作和解说，如果有意购买，根据主播提供的链接点击就可以购买。这也是直播备受观众喜爱的一个原因，具有较强的互动性。

而企业在进行网络直播时，可以使用户能够快速增加对产品和企业的了解，并且还能直接引导用户在直播界面就完成产品交易。这能使企业的转化率快速得到提高，对企业的宣传也会有明显的效果。

可能会有人觉得要取得客户的信任是一件非常难的事情，但网络直播就能让这件事变得容易许多。通常我们在直播中看到的都是比较真实的场景，因为直播具有时效性，能将企业信息真实地展现在用户面前，甚至是产品生产的加工线等，都可以通过直播的方式展现，这样能更容易取得顾客的信任。

对于那些安全性较为敏感的产品，比如食品行业，如果通过直播方式将产品制作的过程公开化，用户看到生产过程，还能消除对食品安全的担忧，并能对品牌产生信任度。

在实施“互联网 +”的今天，有效利用互联网，并将其与公司营销相加，必然会为企业创造更大的价值。但是对于网络直播，也有一些争议，有人曾这样评价它：“稳固于垂直，正名于态度，得益于价值导向。”对于网络直播，如果有较好的导向，便能为企业创造收益。所以经营网络直播，也需要有职业精神，可以没有过硬的才艺，但不能没有过硬的专业知识；可以没有原创作品，但要以高标准严要求来规范自身，唯有规范了自身，才能将所有的计划落到实处，才能为企业带来更好的效益。

网络直播是新兴的一种营销方向，企业利用网络直播进行营销，只要主播有正确的导向、产品有明确的定位，就一定会有一个光明的未来。

短视频营销：分分秒秒点燃爆品

在互联网兴起的今天，短视频也是内容传播的一种方式，甚至可以说，短视频已经成为整个创业圈的新风口。越来越多的企业也非常重视短视频，还有很多企业已经加入了短视频这个创业大潮。但要做好短视频，并期望将其变现，则并不是一件容易的事情。

经营短视频，不仅需要短视频相关的新媒体运营者对平台日常的经营，还需要他们对流量、视觉、转化率三者的细致把握与融合。

要理解流量、视觉、转化率三者与短视频之间的关系，我们必须首先明白这三者的内部关系。流量的重要性不可替代，只有吸引了流量，才能谈营销。视觉即感观上的享受，也是短视频自身品质的直观体现。在互联网兴起的今天，用户对于感官享受的要求是越来越高，要想使用户满意，首先视觉上要满足他们。而流量则是用户在看完视频后，其视觉呈现最终带来的一种自然而然的副产品。而转化率即流量的变现，引入流量后，要将其变现，企业才能有所收益，如若不然，就算一条短视频拥有上百万的浏览量，不能变现，它也只是数据而已。

1. 流量之于短视频：促进自身发展的能量来源

互联网行业最重要的就是“流量”，很多专门从事互联网的企业，奉行的原则即“流量为王”，这对短视频新媒体来说是同样重要的。现在是粉丝经济时代，只有拥有庞大的粉丝，才能带来巨大的流量和超强的变现能力。庞大的粉丝意味着关注或者了解短视频新媒体的用户非常多，这能直接性地提升短视频的知名度和影响力。而且在向粉丝推送短视频时，也可以进行广告投送和企业宣传，这便能为与其他的新媒体同行的竞争时打下物质基础。

从这两个角度看，流量对于短视频，可以说是促进自身发展的能量来源。正因如此，任何一家做短视频的企业，都必须通过短视频为自己带来流量，可以说，这成为衡量新媒体企业的一项基础。“流量”在这里明确地体现在两个方面：一是“务实”，即实现变现。二是“务虚”，即增加名气。

得到 APP 的创始人罗振宇在演讲时曾这样说过：中国国民的总时间到了今天，已经达到了饱和，从今往后很难再有新增的流量了。根据数据统计，当下短视频创业领域的实际情况也正好印证了罗振宇这一悲观的说法。短视频领域的流量开始逐渐向内容深度化、专业化的新媒体转向，这类新媒体更能得到用户的喜爱。这一严峻的现实，是新媒体用户必须面对的，并且也必须采取一定的措施来应对，以争得有限的流量。

就以目前的形势来分析，想要获得一定的流量，短视频的运营人员至少需要做到以下两点（如图 4-9 所示）。

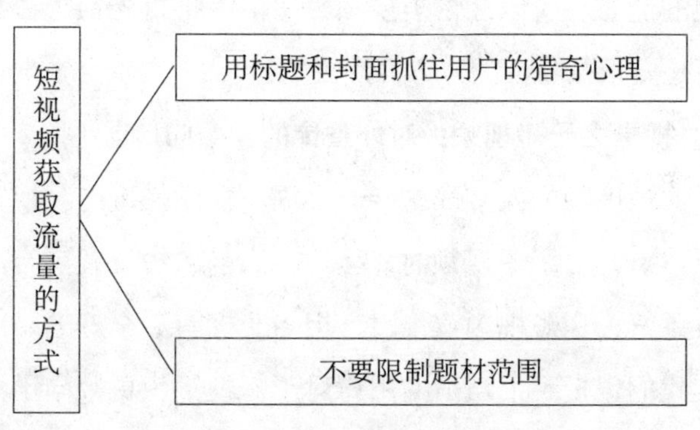

图 4-9　短视频获取流量的方式

（1）用标题和封面抓住用户的猎奇心理

每个人都有一定的猎奇心理，而在互联网时代的今天，很多人决定看某条视频，基本上只根据两个要素，即封面和标题来决定。所以当短视频的标题和封面具备了神秘感或者是悬念时，用户必然会生出好奇心，想要一探究竟，就这样，流量便产生了。

（2）不要限制题材范围

有的人为了赢得用户的喜爱，会制作大量以情景喜剧为主的短视频，相同的题材太多，反而会引起用户的反感。还有一些经营短视频的人员，为了跟风，甚至在短视频里表演一些搞笑的段子。这只能起到相反的效果。其实在做短视频时，也可以根据人的基本需求出发，譬如人们和自己生活息息相关的美食、健身等题材，只要短视频的内容有一定的趣味性，就能获得可观的流量。所以经营短视频，切不可将目光锁定在某一处上，而是要根据生活的方方面面去取材。

2. 视觉之于短视频：对外宣传的“敲门砖”

经营短视频的人常说这样一个词“视觉呈现”。视觉呈现即当用户点开一个短视频时，呈现在眼前的短视频内容。视觉呈现效果好，在短视频宣传时，相当于拥有一个好的敲门砖。在前文我们也提到，当下的用户对于短视频，更倾向于具有深度化和专业化的新媒体，短视频的视觉效果好，即是专业化的体现，只有这样，才能给用户极大的视觉冲击。

好的视觉呈现在短期和长期两个方面均能取得较好的效果。从长期来看，好的视觉呈现能够促使短视频在用户心中形成比较特别的印象，能增加短视频与用户之间的黏性，并且能通过这一方式塑造品牌的个性，对于打造企业品牌有一定的优势。而从短期来看，则是能在较短的时间内吸引一部分用户的关注，这对于临时启动的新媒体企业有着特殊的效果。可以说是企业进入新媒体行业的第一仗，如果因为有较好的视觉呈现效果，引起较多关注，那么起码首战告捷。

短视频是很多企业走向新媒体的第一步，那么在这个过程中，运营人员在对视觉呈现进行优化时，有哪些需要注意的呢？下面我们从以下两个方面进行分析。

（1）“简”

这里的“简”不是指视频要拍摄得简单，而是指拍摄视频的环境。需要知道的是，短视频的拍摄与电影不一样，拍摄短视频不需要曲折离奇的情节，也不需要宏大的场景，而是简单的背景，仅此而已。

需要注意的是，这里的“简”也并不是简陋的意思。而是为了呈现出良好的视觉效果，拍摄的背景简单即好，简单且富有质感，这样的环境更受用户的喜爱。

（2）“快”

这里的“快”即指情节轻快，又指节奏进展。用户较多都喜欢轻快的画面，这一点需要迎合用户。而情节轻快的同时，也要快速切换画面，这能给用户带来目不暇接的感觉。短视频与纪录片不同，观看短视频的用户比较缺乏耐心，不会用很长的时间来了解视频里要展现的故事，所以把握好节奏，做到“快而不乱”是运营者的基本修养。

要使短视频更具有吸引力，就需要同时把握住“简”和“快”。

通过技术手段把短视频的画面做到精致又富有画面质感，并且要使视觉呈现的效果更加生动。

运营短视频更要关注热点，进行实时创新，比如有的用户能将显示场景和虚拟动画场景结合出来，使画面呈现出来的视觉效果更加与众不同。新媒体用户掌握了“简”和“快”这两个特点之后，也应该根据自己的经验和热点，进行一些创新。

3. 转化率之于短视频：将关注变成盈利

据统计，在网页端互联网时，有视频的网络媒体的流量转化率要高于没有视频的网络媒体两倍多，而在今时今日的移动互联网时代，各种资讯异常发达，信息也极度过剩，短视频更是各类新媒体获得流量转化的标配手段。在这样的背景之下，短视频媒体运营者应该思考的是怎么样转化，才能适应这个时代，并且能够获得更高的转化率，才能走在时代的前端。

企业经营新媒体，想要盈利，那么就必须考虑到转化率。这一点和传统媒体是相同的。盈利的最终结果，就是短视频存在的意义。要想实现这一最终目的，唯有将短视频合理利用。

短视频也被称为“离钱最近的媒介形式”，其在流量转化、内容变现方面具有不可比拟的优势。短视频之所以有这样的优势，主要在于和传统的文字、图片等媒介相比，短视频通过多维度和低成本与用户建立连接，与直播相比，用户在短视频上所消耗的时间比较短，并且用户有时间就能看，不必定时去看，具有较高的灵活性。所以短视频被称为“离钱最近的媒介形式”，并且备受企业的青睐。

从短视频领域目前所处的发展阶段来看，短视频还没有形成一套成熟稳定的流量转化体系，但这并不会影响短视频企业对商业变现套路的探索。也正因短视频的火爆，侧面反映了移动互联网从早期的工具属性转变为平台属性的趋势，这正好为多样化的变现模式创造产生和发展的条件。新的变现模式也会逐步影响传统变现模式的升级换代。可以说，短视频依然处在移动互联网“领头羊”的地位，并且随着企业的逐渐探索，短视频的发展也会逐渐扩大。在这一点上，一条、二更两家短视频可谓是新媒体的典范代表。

一条是一家拥有短视频平台、电商平台和线下店，并且综合了媒体、电商和新零售的公司。在2016年8月，一条旗下的“一条生活馆”正式上线。一条生活馆是一个手机购物平台，用户通过这个平台可以购买各种商品，无论是家具还是日用百货，或者是电子产品、护肤用品，甚至是线下的培训课程和旅游产品，均能在一条的生活馆买到。这时的一条已经和线下的五百多家供应商达成了合作。

通过搭建电商平台实现流量变现，这是当今短视频领域最直接也是最常见的变现方法，而一条与一般电商的不同之处在于，一条生活馆是依托生活美学性的短视频建立起来的，它更像是兴趣电商，而不是一般的电商。

二更则是国内知名的原创短视频内容平台，诞生于 2014 年的 11 月。之所以命名为“二更”，是因为创历时，在每天晚上的“二更”推送一部原创视频。二更又于 2015 年的 4 月正式注册为杭州二更网络科技有限公司。二更和一条的不同之处在于，二更在流量变现方面，使用的方法是和短视频内容制作息息相关的商业定制广告之路。

在广告定制方面，二更已经完成了对CK和太平鸟两家的商定制定广告和制作播放任务。二更通过和这些知名品牌合作，不仅获得了可观的收益，而且还提升了二更这个品牌的知名度，可谓名利双收。

其实不管是兴趣电商模式，还是广告定制模式，对于经营短视频的新媒体用户来说，从短视频的角度切入，并且内容获得流量后，再将其变现都是标准商业化的方式。无论从哪一种方式开始，只要能够实行高效率的转化，都是可行的，并且也都值得一试的。企业选择用何种方式，目标都只有一个，就是实现高效率的转化，即完成流量的转化。

流量、视觉、转化率三要素融合的具体体现即在用户的体验上，对于用户来说，初次观看短视频仅仅是因为好奇，随后慢慢养成习惯，有些短视频不会点进去看，而有的看过即忘，但也有的视频看后会选择关注，并且还会常看。能让用户达到这种境界，就是三要素完美融合的具体体现。

用户在观看短视频时，首先在视觉上形成了震撼，随后便是具有深度的内容吸引用户留下来。在这个过程中，用户的身份从初识用户到核心用户的转化也得到实现了。所以流量、视觉、转化率三要素必须相互促进、互相影响，才能使短视频能够吸引到用户、并且留下用户。

我们所处的商业环境是逐步上升的，所以短视频的生产也要随着环境的改变而与时俱进。

弹幕营销：让炸雷满天飞

弹幕是指在网络上观看视频时弹出的评论性字幕，它源于日本弹幕视频分享网站，国内首先引进的网站是 AcFun 和 bilibili。弹幕现象是当今社交网络发展的必然现场，它所具备的实时评论和即时互动的特性吸引着大批的网络用户。弹幕的火爆也引起了弹幕广告的出现，并且通过弹幕广告还能实现企业产品的营销和推广。

目前出现的弹幕广告包括视频弹幕广告、电视弹幕广告、影院弹幕广告、户外弹幕广告以及海报事弹幕广告宣传牌等等。在这一节，笔者将以视频弹幕广告为主要的研究对象。

弹幕以前是电脑上的一种射击游戏，当大量的子弹飞向屏幕上方时，形成弹幕景观。而现在，弹幕被理解为“字幕像子弹一样飞”，它与网页评论中的用户评论有所区别，当用户在观看网络视频时，用户可以通过播放器实时发出文字和符号的评论，这些评论字母会被系统保存下来，当视频被再次点播时，评论字幕就会和播放器加载视频文件的同时被载入，并在对应的视频的时间点出现，有的时候，这些评论就如“子弹雨”一样多。雷军和罗永浩都曾经借助直播平台亲自销售自己的产品，并且对网友的弹幕提问进行了开放式的回答。

弹幕兴起时，被归结为即时归属感与二次创作成就感，随着90后的成长，他们成为弹幕的热衷者。但随着互联网的发展，弹幕已经脱离了小众文化。

因为弹幕所具备的即时性和随心性，可以使用户的快感有“同步”的感觉，这在一定程度上满足了用户的社交欲望。

在观看视频时，随着情节的展开，上方的弹幕也会随之变化，这使用户的观感体验更强，虽然是独自看视频，但因为各种各样的弹幕，也有与许多人一起看的感觉，并且也能随意地抒发自己的观点。也有的用户会将自己置于“二次创作者”的地位，将短视频与自己的某些想法相连，或者是随意地吐槽，将这些观点也写在弹幕里。

视频上方的弹幕虽然有各种内容，比如吐槽、抒发感想，甚至也有无意义的灌水内容，还有一些广告。但是弹幕拥有强大的随意性，如果用户不喜欢在看视频时出现弹幕，也可以关掉。

这一点基本上也就实现了精准营销里的“物以类聚，人以群分”，根据弹幕，可以确定用户的兴趣点。譬如有的人愿意开着弹幕，那么就是在寻找自己喜欢的弹幕内容，通过弹幕广告等便能轻易将之吸引过来。

这一点，我们可以参考某些电视剧，有人会将电视剧的某些片段进行剪辑，比如女主角的服装、首饰甚至是化妆品等较好的片段剪辑出来放在视频网站上，再在弹幕上标出这些服装或者化妆品的品牌，甚至是链接，通过这种方法，就能实现精准营销的目的。

并且这种方法也不会使用户反感，他们对此会欣然接受，对于屏幕中的广告也会选择去看一看。

现在越来越多的人喜欢在视频播放时发表弹幕，许多品牌也希望能够拥有这样一个互动平台，在这样的状况下，弹幕摇身一变，成为品牌与消费者互动的品牌。

随着弹幕广告的发展，很多传统的广告也开始出现弹幕式画风，比如，手游《大主宰》的户外弹幕广告，甚至飞到了美国纽约。

户外广告之所以会出现弹幕画风，是因为很多的户外广告在利用弹幕原本所拥有的强烈的互动性和情绪化的表达模式外，还能通过数字技术连接手机和大屏展开实时互动，这样能增强每一个人对品牌的参与感。

参考弹幕的不仅仅有户外实体广告，还有很多的互联网媒体，他们也采用了弹幕广告的形式，比如腾讯 QQ。

弹幕广告的兴起使用户在观看视频时不仅仅投入到剧情中，还需要关注弹幕。但也有网友认为弹幕广告是见缝插针地植入广告，比如有的影视题材色调变暗时，vivo 在弹幕中插入"vivo X7 柔光前来打光"，这一条弹幕与网友吐槽视频色调的弹幕相互呼应，成为一种趣味式互动吐槽调侃。并且这条弹幕广告出现在电视剧后半段，随着这条弹幕被众多用户看到，且主动转发，vivo 的这个弹幕已经成为一个梗。

也有人认为 vivo 的这种广告是可遇不可求的，其实并非如此，只要去关注网友的吐槽点，并找到合适的场景，就能有相同的效果。

寻找网友的吐槽点，则有很多种方式，在这里笔者以常用的三种方式来举例：第一种，在较有热度的作品播出前，先去相关的贴吧、论坛或者话题等地方刷一刷，看看网友都有哪些担心点和期望点；第二种，看同类型影片，注意网友会在哪个情节点吐槽，或者是吐槽哪一个环节；第三种，看主演演过哪些影视剧，而在哪些影视剧中被吐槽的地方主要在哪里，寻找过往热度的梗。

在找到合适的吐槽点之后，要怎么样才能使自己的梗成为具有热度的梗呢？并且要使这个梗适用于弹幕呢？

1. 制造弹幕艺术

制造弹幕艺术的好处是，可以避免直接贴上图片显得尴尬，又便于网友复制模仿，传播效率高。弹幕艺术可以理解为将文字拼成一幅画，再发出去。比如有的文字组成弹幕形象，并给动漫角色加戏，还有的在弹幕给《甄嬛传》中的皇帝加绿帽，甚至还有人利用弹幕给《还珠格格》中的尔康加鼻孔等等，各种各样的弹幕眼花缭乱，而方法也是千奇百怪。通过这些弹幕，我们也可以不用文字的方式给品牌或者产品加一些“料”，不仅能让用户耳目一新，同时还能得到广泛传播。

2. 为弹幕加戏

这类弹幕一般出现在一些特定的角色出场时，比如当电视剧的女主角出现时，她的妆容搭配就能在弹幕区引起热潮，比如“她的口红是某品牌的某色号”，就会有弹幕对此进行回应，这时便产生了有利于美妆品牌切入的契合点。而某个满脸痘痘的演员出现时，就有弹幕会说“好想帮他去掉痘痘，给他推荐某款祛痘产品”等，这些如果后续跟上文字，打赏“某某祛痘产品好用”等，弹幕里大家必然会讨论哪种品牌的祛痘产品更好。这些方式都能使品牌得到高效率的推广宣传。

3. 预警式弹幕广告刷屏

在看视频时，我们常常看到这样的弹幕“弹幕护体”“前方高能预警，非战斗人员请撤离”等。这一般是惊悚片和一些较为惊险的片段出现之前会出现的预警弹幕，这种高能预警弹幕解救了一批批有探索欲望，却没有探索的胆量的好奇用户。企业便可以灵活运用这类预警弹幕打自己的广告，比如将弹幕护体换成比较具有趣味的弹幕广告护体，让用户在接收到预警的同时也不会产生厌恶。

比如前文提到的梗便可以在这里用作刷屏的弹幕，也有一些品牌会制作大篇幅的弹幕图来遮盖高能部分，完成趣味式的刷屏，通过这种方式来博得用户的好感。

归根结底，弹幕文化的兴起是随着时代发展的，曾有人认为这是属于 90 后特有的一种娱乐方式，但这现在已经成为互联网传播的一种手段。因为要做好品牌，要打造自己的爆品，就要学会利用弹幕，并在恰当的时候通过弹幕来与网友进行互动。

05

打造爆品的 7 大原则

一般来讲，做很多事情都有着一些特定的原则需要遵循。只要你的行为符合相应的原则，那么事情则很容易成功。

做爆品营销也不例外。只要企业的行为符合了打造爆品十大原则的要求，就一定能够创造出属于自己的爆品。

打造品牌要适应粉丝喜好

随着经济的发展，产品的知名度和美誉度越来越重要，几乎决定了企业的敬业质量。品牌的概念也逐渐成熟，然而产品是否能受粉丝喜欢，依然由知名度和美誉度来决定。

中欧商学院的李善友教授曾经这样说过，随着粉丝在市场营销中的地位越来越重要，品牌开始成为产品和粉丝之间的“合谋”，谁的品牌能够吸引粉丝的眼球，让他们参与其中，那么谁在市场竞争中就能赚大钱。

品牌在一般情况下指消费者对产品和产品系列的认知，它是代表商品，并能反映商品综合质量的标志。

而在今天，品牌这个词也经常被消费者挂在嘴上。

当人们看到某样产品，或者是某个文化时，总是会联想到一个品牌，这便代表着人们对这个企业，甚至是对它的产品，都有一种信任感。企业奋斗的目标，便是拥有这样一群用户。他们对企业，及其产品和文化价值、售后服务等都存在一种评价及认知。

市场对于品牌的认可和接受度来源于品牌文化，而品牌文化则体现在产品的质量上，只有产品质量得到了保证，并且随着市场的需求，不断升级和变化，品牌才能逐步从低附加值向高附加值转变，才能产生应有的市场价值。

但是对于企业来说，品牌的转变是为了呼应消费者潜在的需求。品牌来自产品本身，但是它又必须具有比产品更高的属性。

品牌可以与消费者建立更加深层次的联系，品牌真谛我们可以理解为“解开灵魂密码”的钥匙，因为品牌可以与消费者的思想、精神、心灵形成共鸣。而产品的需求则是让消费者产生思考和选择。

也正因如此，企业不仅需要在市场上开展满足消费者物质需求的营销活动，还要去发现并回应消费者的精神需求。只有将消费者的物质层面和精神层面都满足，才能将品牌做得更好，并且成为具有故事和信念的标志性品牌。

比如我们都知道的哈雷摩托，它正是有这样一个经历。

1903 年，二十岁的威廉·哈雷和二十岁的戴维森，他们在一间屋子里鼓捣出一辆摩托车。二人兴奋地将它命名为“哈雷 - 戴维森”。这便是哈雷摩托最开始的样子。

在随后的一百多年里，哈雷摩托逐渐崛起，并拥有了自己稳定的客户群，在全世界两百多个国家拥有了自己的销售点。

在第一次世界大战时，哈雷为美军生产了大约两万辆军用摩托车。可以说，哈雷兄弟的传奇发展与特定的历史环境产生了密切的关系。

而到第二次世界大战结束时，哈雷已经为美军生产了九万辆 WLA 型军用摩托车。就在哈雷摩托车和美军的朝夕相处中，哈雷也逐渐成为军人日常生活中不可或缺的那一部分。

而在哈雷摩托上找到自己精神领域的则是 20 世纪 60 年代

的嬉皮士。在嬉皮士眼中，哈雷摩托的大油门、大排量带来的发动机轰鸣声和高温排气管等与他们狂热的反叛，以及宽大的牛仔裤和粗犷的皮靴等相互印。他们甚至在手臂上印着哈雷标志的文身。在嬉皮士的眼里，哈雷代表着狂热的爱国之情。

随着时代的发展，到了20世纪90年代，许多公司白领的工作压力也越来越大，他们渴望有一种方法能够释放工作和生活中的压力，于是，他们扔掉出门必备的套装和皮鞋，开始穿上象征个性的哈雷套装。他们通过哈雷装扮，来消解平时的压力。哈雷不仅在60年代满足了嬉皮士的精神需求，20世纪90年代，也满足了白领的需求。

我们常在美国电影中看到这样一个场景：一群人坐在巨大的哈雷摩托车上，在引擎的咆哮中，那些人穿着黑色皮夹克，脚蹬牛仔靴，满脸的自豪感。这是哈雷带给一代人的幸福，甚至随着时代发展，哈雷还通过它的方式，影响着下一代人。

哈罗之所以有这样的成就，并不是因为它的速度快，也不是因为它的性能好，或者是具有先进的发动机等，而是它代表了一种独特的生活方式，并且成为一种特殊的行为，它凝聚了激情、野性、叛逆、自由，而这些，是每一个时代都有人在追逐的东西。对于喜欢哈雷摩托的人来说，要去什么地方、到达什么样的目的地不重要，重要的是哈雷拥有的人生态度，以及骑哈雷本身这件事。这便是品牌效应。

一开始，企业参与市场竞争是以产品为手段，但随着产品的发展，最终却是以品牌为手段。

但是，消费者对于某些产品的追求首先是物质，随着一定的发展，最终才能延伸到精神层面。所以无论对于企业来说，还是对于品牌来说，发展不是一蹴而就的，它需要一个过程，并且这个过程是漫长的，毕竟“罗马不是一天建成的”。

在这个过程中，企业需要创造品牌标识、精神内涵等一系列的传播符号，以此来触动人们，并且还要通过营销手段满足消费者群体最基本的需求，使品牌效应能够渗透到客户的心中，成为客户文化的一部分。

有一首诗今天被广泛引用，即“真金不怕红炉火，酒香不怕巷子深”，有人将“酒香不怕巷子深”与今天的网络营销相结合，可谓非常贴切。今天是一个不同于工业时代的社会经济，昔日产品好自然有人来买变成了“酒香也怕巷子深”，宣传手段多了，酒再香，也没有人有心情闻了。

在这个商业时代，如果没有铁粉，没有社区，那么品牌酒没有未来，产品也不会有销量。有人做过这过这样一个公式：社群势能 = 产品质量 × 连接系数。这个公式意味着社群和产品质量在本质上是一样的，而这个公式也清晰地表明了社群的巨大威力。企业也只有从产品或者社群出发，相互转化，才能将“酒”摆在消费者面前。

反之，如果公司仅有一个连接系统，只是生产出产品，其余的什么也不做，那么就算拥有铁粉，也得不到任何发展。

企业要做品牌，就必须拥有粉丝，只有这样，才能有所进步。粉丝不仅是消费主力军，也是监督者，他们能根据市场发展给企业好的建议，并且在这个过程中督促企业，有助于品牌更好地发展。而企业要想发展，就必须和粉丝携手向前，这样才能树立品牌，打造爆品。对于企业来说，粉丝是品牌的建设者和参与者。

好的产品自己会说话

在这个移动互联网时代，依靠巨大的传播效应，有不少企业认为，营销做得好，粉丝数量大，就算是成功，其实并非如此。营销很重要，但最重要的依然是产品。或许能够因为一些噱头，或者是一个炒作点积累一些粉丝，但能否实现粉丝的转化率，最关键点就是产品。

产品是一切的基础，没有任何一家企业，在产品不过关的情况下，通过营销做成规模，且能将品牌做成长青。以前没有过，在互联网时代，更不可能。粉丝和产品相辅相成，就算拥有粉丝，产品不好，也留不住粉丝。

以往是“得渠道者得天下”，但那只能说明当时中国的通信体系不完善，并且终端造价成本高昂，使一些生产商无法直接面对终端消费者，必须通过渠道商的帮助来完成与消费者之间的产品交付。但在今时今日的消费市场这一点早已被化解，强大的互联网将生产厂商与终端消费者直接相连，产品的性能更是能直接呈现在消费者面前。

移动互联网的出现使生产商与终端消费者之间的不对称性

完全化解了，现在新兴的电子商务企业逐渐渗透到居民消费的观念里，销售渠道也由原来的多层级开始逐渐变为扁平化。

现在很多行业都出现了产品过剩问题，厂商也开始转变思路，从产品的复合和本身出发。这从一定程度上改变了他们原来的低头生产产品的做法，开始主动去了解消费者的兴趣，以及购买欲望。

可以说，许多营销也改变了自己的思路，“渠道至上”已经改为“产品至上”了。消费者现在成了互联网营销的主角，企业需要做到的，则是满足消费者的需求。企业经营者也更加明确地知道，要做到“产品至上”，还需要得到消费者的支持，这样做就必须培养一种极致的思维，将产品与消费者进行合理链接。但“产品至上”中的“产品”，并不只是指物质上的产品，还代表着精神上的产品，但无论是物质，还是精神，都需要做到极致。

只有对产品的质量有了极致的追求和专注，才能有产生好产品的欲望，这是每一个研发者的内核。这种极致思维里又包含着一种精神，就是今天我们所说的匠人精神。

谈到匠人精神，就必须提一提美国苹果公司的联合创始人——已故的史蒂夫·乔布斯。乔布斯可谓是匠人精神的典范，他对产品的极致追求和专注的精神，将苹果公司从绝境带到了世界的巅峰，甚至还引领了国际高端智能移动产品的潮流。也正因为有乔布斯，移动互联网时代的产品的生产商更应该具有匠人精神，并将其融入自己的工作中。

在今天移动互联网时代，就有这样一个类似的、特殊的存在，它就是魅族。在2003年3月，魅族科技有限公司在珠海成立，这时的魅族是一家从事电子产品研发、生产和销售的电子科技研发公司。最开始的几年里，魅族主要生产的是高品质的 MP3 音乐播放器。魅族从 2007 年开始研发手机，有很多“魅友”也正是从这个时候开始追逐魅族的脚步。

在中国消费电子厂商中，魅族是一个名副其实的完美主义者，也正是魅族对产品品质的完美追求，让消费者感受到它是一家拥有远大抱负的企业，愿意一路追随。在生产 MP3 音乐播放器，为了得到更好的音质效果，魅族换掉了合作多年的音频解码芯片供应商，也正因为如此，魅族改变了国产 MP3 音乐播放器品质低廉的形象。换掉供应商时，魅族说过这样一句话：“有更好的芯片，我为什么不用呢？”从这句话中，我们不仅可以看出魅族完美主义者的内在，还有追求更好品质的决心。

在互联网时代的今天，在网络上，有很多人会拆机电子产品，来分析其硬件配置。在很多的拆机评测中，我们可以清楚地看到，魅族的手机硬件配置均来自国际一流的供应商。纵然如此，在宣传时，魅族也并没有将此题为卖点，对比其他企业，有很多电子厂商，习惯性地用虚假宣传的方式吸引消费者。

在魅族科技公司，研发人员无比清楚，“产品”远比“收益”重要。甚至可以这么说，对于研发人员来说，艺术家追求艺术，而研发人员的追求就应该是产品，而企业，更应该像对待亲人一样对产品倾注热情，才能俘获消费者。魅族科技公司的研发人员是对科技与技术痴迷的一群人，他们对技术有着精益求精的追求，也正因为如此，他们能对产品投入百分之百的热情。

在当下的互联网时代，几乎实现了“产业媒体化，人人都是媒体”，所以不管是什么样的公司，都会拥有一些固定的粉丝，区别只是数量而已。企业的传播一部分是依赖粉丝，而这些粉丝也就是企业的固定客户，通过他们也能进行产品的分享，可以说，粉丝其实就是产品最好的代言人。

现在还流行一种说法，即“好的产品会说话”，可能有人会好奇，为什么会有这种说法呢？其实就是因为粉丝效应，在这个“人人都是媒体”的时代，好的产品通过粉丝去宣传，即实现了“人人都是媒体”。

在这样一个时代，传播的方式已经不同于传统意义上的传播了，产品做好了，粉丝才会愿意去传播。

在互联网上，企业不需要有广告投入，只要产品好，就有用户愿意去分享，这其实才是企业最好的广告。在网络上，只要你有一个账号，就可以如媒体一般，进行自己的分享与宣传，无论是具有大量粉丝的微博红热，还是微信上的公众账号，抑或是非常普通的一个微博用户，抑或是宣传者，都有成为新媒体的机会。

现在的网络，正是通过这种不断传播，不断转载的方式自由、快速地传播各种信息。企业在其中扮演的角色，并不是大量地投入，而是将产品销售给用户，再通过这样的用户去宣传。

苹果公司和小米公司就有固定的粉丝群，苹果公司的粉丝被称为“果粉”，而小米公司的则是“米粉”，这些粉丝便自发地去拥护各家的产品，甚至主动去帮各自品牌的产品呐喊助威。那么必然有人好奇，为什么他们的粉丝愿意这样呢？

答案很简单，在果粉和米粉看来，他们所用的产品的性能等各方面都是比较好的，都是值得去推荐的。

企业只有在满足了消费者的需求，并且让用户产生了极致的体验，用户才会心甘情愿地去分享产品，他们则能从中获得快感和荣誉感。当分享的数量达到一定的程度，就能吸引更多的人成为这一品牌的粉丝。这便是所谓的“引爆潮流”。分享用户体验而引爆潮流的关键点，即用户之间的信任。无论是与陌生人的交流，还是与朋友、亲戚等的坚实关系，都是基于当代消费者感性消费的主流特征。譬如一个朋友或者网友说了某样产品非常好，那么就会使其他的用户产生一定的好奇心，并且主动去关注这一产品，当此人再次遇到这个产品时，或许就会主动去购买这一产品。

这便直接性地提升了产品的体验指数。所以要看产品的优劣，从产品用户在网络社交平台上的评论和转发的数量即可窥知。

毕竟在今时今日，传播速度和范围都是可见的，营销最终是要依靠产品来决定的，而能对产品进行评论的，唯有用户。如果没有好的产品，将无法提升产品的消费价值，那么再好的营销都是一句空话。

而如果没有营销，产品的优势将无法得到体验，对于企业来说，口碑是生命，而对于产品来说，质量就是生命。产品与质量相辅相成，就好比双刃剑，消费者关注的是质量，得到了消费者的关注才能提升企业的口碑。产品在其中，关乎企业的命脉，而质量不好的产品，则能让企业步入危险的境地。

所以企业的产品，要想在粉丝经济时代取胜，就必须生产好的产品。正如管理学家迈克尔·哈默所说的那般："豪华大巴司机的微笑永远不能替代汽车本身。"消费者注重的和乘客注重的是同样的东西，都不是"微笑"。所以企业主必须铭记的是，口碑营销最终还是需要产品来说话。

要输出产品，更要输出价值观

今日今时，人人都在谈论营销，那么肯定有人好奇，营销的最高境界究竟是什么样的？其实营销的最高境界不是由销售量决定的，而是要看通过价值观的输出是否能抓住用户的心。

消费者对于产品的外观和功能是变幻无常的，可能某一段时间流行这样的外观，会引起消费者的疯抢，但或许没有持续多久，同样的产品就无人问津了。所以商家应该做的，是去探求消费者头脑中所蕴含的价值取向，或者是去寻中用户内心的某种情况，并将自己产品的核心价值传播给消费者，引起消费者的共鸣。

现在的产品一般含有三种属性，即物质产品、精神产品，以及辅助前两者的周边产品。那么，在定义产品的核心价值观时，就需要从这三种属性出发，并展开分析（如图 5-1 所示）。

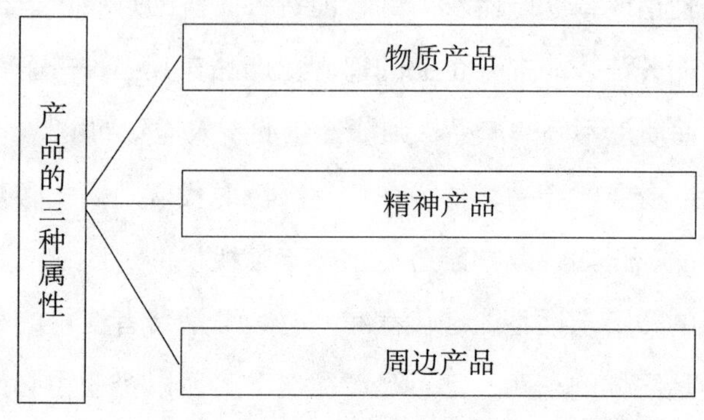

图 5-1　产品的三种属性

1. 物质产品

所谓物质产品，即指具有实体外观，精神产品能得以实现的介质，也就是企业向市场所能提供的实体产品服务的具象物。也就是消费者能看到或者是拿到、用到、感受到的产品。一般情况下，这些产品的样式、外观、质量、包装、名称等，都是物质产品的表现。

2. 精神产品

精神产品往往表示消费者通过购买产品所能获得的真正需求，也是消费者在购买产品时所追寻的内在价值。它在产品的整体概念中，属于最基础、最核心的部分。比如女生购买化妆品的目的，她们想要看的是，用了化妆品后自己的容颜更加美丽。又比如有的人在健身房中投入许多金钱，他们要做的并不是去健身房体验器械，而是在健身房中塑造自己的体型，或者是减脂等。

这类产品所蕴含的精神层面必须是让消费者能产生切身的感受，并且感受要足够强烈。企业切不可为这类产品随便编造卖掉，因为这样反而吸引不到消费者。消费者之所以选择这类产品，均是因为有明确的追求。

3. 周边产品

周边产品可以理解为消费者在购买某产品时，产品附带的增值服务，比如质量保证、售后服务、免费送货等等。也就是消费者购买产品时所能得到的附加的服务。

当物质产品、精神产品和周边产品三者组合在一起时，才能算是一套完整的产品概念。虽然在这三种产品中，周边产品是附属属性，但在移动互联网时代，它依然有存在的意义。

在移动互联网时代，销售某样产品时，如果商家不能将产品独特的价值观体现出来，那么消费者很难在众多产品和品牌中去选择。纵观当下的网络销售，有的企业之所以做得很好，就是因为在精神层面投入了许多，才体现出了品牌的附加价值，才使产品在众多商品中脱颖而出。消费者在选择商品时，也并不只是注重某样产品，而是要根据多方面来考量，最后选择某样产品。

我们所熟知的星巴克，它之所以能有今天的覆盖面，并不是它的咖啡有多么纯正，而是因为星巴克将口味转移到了环境上。星巴克的环境受到很多白领人士的喜欢，使“星巴克体验”

成为时尚追逐。企业在做产品营销时，也需要考虑产品的多样性，不能仅从产品的物质出发，而要更多地考虑产品的精神层面。

营销的最高境界不是铺天盖地的广告，而是通过具体的输出俘获消费者。消费者喜欢某样产品，也并不是因为它的广告打得多，更不会是因为它耐砸、扛摔，而是因为它能给自己带来精神上的愉悦，譬如哈雷摩托和星巴克咖啡。喝星巴克咖啡，并不是想要迫切地去追求它的味道，更多的人是喜欢那闲适的环境，也正因为如此，星巴克拥有了自己的粉丝。所以在对于产品的外观、功能、品质等物理属性宣传时，还需要在消费者头脑中灌输产品独特的价值观，引发消费者内心的共鸣。

当消费者真心喜欢某样产品时，会不自觉地为其宣传，甚至带动身边的人为其宣传，这才能提升品牌的价值。

超值，是比较的结果

相信很多人都听过这样一个故事：在某个小城里，有两家经营衬衫的服装店。第一家经营的主要是欧洲风格的衬衫，而第二家则是以北美风格为主。两家店的价格都是不相上下的。同样，他们的营业额也都差不多。没过多久，在这个小城开了第三家服装店，它经营的也是欧洲风格的衬衫，但是这个店的价格却要比第一家店贵很多。

显然，第三家店门可罗雀，而第一家店的营业额却得到大幅增长。顾客买衬衫时，对比了两家店铺后，会毫不犹豫地选择第一家店的商品，而第二家的营业额也受到了影响，相比之前，这家店的顾客少了许多。

令人惊讶的是，原以为没有营业额的第三家店会垮掉，结果这家店不仅没有垮，反而开了很久。直到有一天，小城里出了一张转让广告，转让的恰好是第一家店和第三家店。这时人们才发现，原来这两家店铺的老板是同一个人。也就是说，第三家店只是第一家店的“陪衬”。

在这个故事里，第三家服装店的作用其实是“诱饵”，而第一家服装店才是销售的“目标”，竞争者其实只有一家，即第二家店。

这就是行为营销学中的“价格诱饵”。当人们在两个各方面不相上下的选项之间犹豫时，加入三个选项，会使某一个旧的选项更具有诱惑力。这就是“诱饵”衬托“目标”。其实在日常生活中，这样的例子随处可见，比如在超市的货架上，并排摆放的可乐 2 升和 2.5 升的价格都是五元。

我们去餐厅吃饭时也会发现，有的菜单上总会有一个或者几个贵得离谱的菜。并且这道菜，就算你点了，商家也会说恰好卖完了。这道菜存在的原因其实并不是吸引顾客去点，而是诱导顾客去点与之相比稍微便宜一些的菜。因为当你看到某样特别贵的东西之后，再看到比它便宜一些的，心里就会产生“物美价廉”的感觉。

这类营销手段存在各种各样的商品销售中，比如网费套餐、手机套餐、家电促销等等。但有的时候，“诱饵”其实并不存在。

在一些营销活动中，还有一种营销手段，被称为“幻影诱饵”。这类营销一般在汽车、化妆品、手机等产品目录中，商家以“顶级配置”“豪华套装”等字眼吸引消费者，并且以此来提高消费者对相关产品的期望价位。

我们在生活中常见的“降价促销”其实也属于“幻影诱饵”。商家会特别强调“原价”与“现价”，然而价格其实差不多。这就是幻影式的诱饵。被商家广泛使用的“价格诱饵”，在营销心理学家还没有总结出来前，就已经兴起了，可见它适用的范围之广。现当代兴起的还有“秒杀”，其实这也是一种营销手段。

要知道，消费者需要的不是“便宜”，而是“感觉自己占了便宜”。

只要有效利用这一大众常见的消费心理，在价格上给消费者造成超低折扣、物超所值的感觉，距离销售火爆也就不远了。

重要的是用户的感受

用户体验是指用户在使用产品的过程中建立起来的一种纯主观的感受。这里的用户即消费者。用户在使用某样产品时，最关注的是这样产品能为其带来什么的感受，这感受是好还是坏。用户无论产生什么样的体验，都会反过来作用于企业。因此，企业在为用户提供产品的时候，应该从用户的角度出发，寻找用户的需求点，这样才能提供相应的内容及产品，才能使用户有较好的体验。

其实，用户体验，企业也可以针对性地“设计”，即从用户的角度出发，提供相应的体验方式及内容，让用户能够产生好的用户体验。这样做，企业更容易抓住用户的心，从而刺激消费。

在设计用户体验时，企业不仅需要天马行空地去寻找方法，还需要根据用户的特征来切合实际，策划出与用户密切相关的体验，使用户在这个过程中，能够更好地感受到企业的产品的优点。只有这样做，才能使用户从整体上有所感受，对产品才会有全面地了解。所以企业要将用户的体验落到实处，并且让用户从不同的阶段去感受产品。这种方式能扩大吸引用户的市场面积，从而使更多的用户了解到产品。

在用户体验的这个过程中，有几个关键点需要把握住（如图 5-2 所示）。

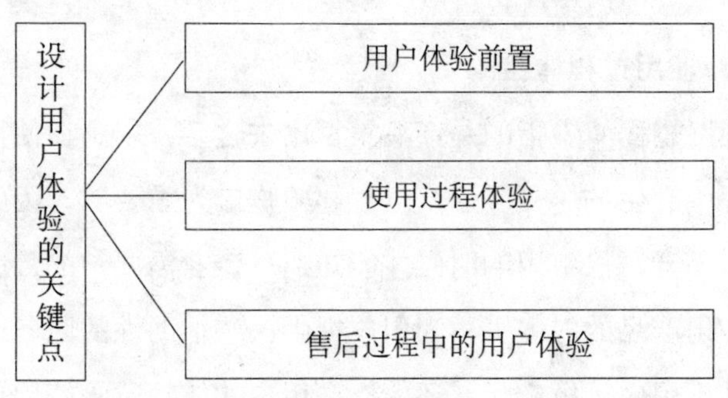

图 5-2　设计用户体验需要注意的关键点

1. 用户体验前置

很多人认为，用户体验就是消费者拿到产品之后产生的感受，所以用户体验是从拿到产品的那一刻开始的。其实不是，对于企业来说，用户体验是在企业确定要生产这件产品时，就应该让用户能够感受到企业和产品，并使用户与企业和产品之间发生一些联系。这就是用户体验前置。

互联网时代的企业，更应该想办法让用户对产品产生一定的兴趣，并将这种兴趣传达给别的用户，使用户体验和营销过程都前置。互联网企业和传统行业的区别之一，即虽然产品经过了包装设计，技术指标等也都达标了，甚至营销的力度也大、广告也投入得非常多，但用户就是无法感受到这个产品，也不了解这个企业做过什么，经营的领域是什么，又或者企业的发展历程是怎么样的。这些与用户可以说既没有关系，他们也不知道。也正因如此，他们在没有拿到产品之前，更难以对产品有较好的用户的体验，所以互联网企业，更应该想方设法将一些用户体验传达给这类用户。

2. 使用过程体验

使用过程体验指的是产品销售出去之后，用户在使用的这个过程中产生的感受。这个过程体验是最为重要的，因为产品究竟怎么样，只有用的时候才能知道。企业需要做的，就是在用户使用产品的时候，再为用户提供一些辅助性的服务，这样既有助于用户了解产品，还能提高用户的体验感，使用户的体验感能够得到再次放大。

关于这一点，我们就拿“雕爷牛腩”来给大家举例。

雕爷牛腩是中国第一家“轻奢餐”餐饮品牌，其烹饪牛腩的秘方，是向周星驰的电影《食神》中的原型人物——香港食神戴龙，以五百万元购买而得。雕爷牛腩与其他的餐饮业最大的区别是，他设置了一个餐饮行业没有的职位——CEO，即“首席体验官”。雕爷牛腩的 CEO 需要从客户的角度来体验餐厅的服务水平，还需要管理食客对餐厅的意见反馈，并且随时观察食客的表现，全心全意地为食客服务。CEO 还有权为客户免除小菜和茶水等服务的费用，并且还为慕名而来的客户提供惊喜和感动等等。

很多餐厅和工业企业一样，产品卖出去，结了账后，就不会再管用户了，之后如果有任何问题，都让用户自行解决。甚至有的餐厅，上菜后就算有任何问题，也不会搭理食客，而有的工业企业也是如此，产品销售之后，用户不了解注意事项及使用方法，他们也会不管不顾，任由用户自己自去琢磨。这样做明显得不到用户的青睐。雕爷牛腩的 CEO 其实就是为了增强用户的体验过程，且不论雕爷牛腩后来的发展与方向，起码就这个过程赢得了大批用户的赞誉。做企业也应该这样，在卖出去产品的同时，还要为用户答疑解惑，这样产品在受到用户欢迎的同时，企业的口碑也能上涨。

3. 售后过程中的用户体验

在互联网时代，以互联网经营为主的企业，更应该关注顾客前期的感受和消费意向，并且在销售完产品后，也应该对商品质量进行调查，询问用户对产品是否满意、产品是否存在质量上的问题等等。

如果企业能保持对消费者的重视，就能和消费者建立超过买卖关系的信任感，久而久之，不仅对产品的销量提升有帮助，还能通过消费者扩大企业的宣传面。企业这样做，在消费者中，就能获得更高的评价，这对于产品销售和品牌推广，都有莫大的助益。

在互联网时代的营销中，用户体验最为重要。很多企业明白了这一点，于是将发展的核心放在用户上，关注用户所关心的问题，了解客户的需求，如果客户在使用产品时，遇到任何问题，都能立即帮助解决。这在满足用户的同时，还能实现自我价值，并且间接加强了用户对于企业的依赖和信任。有的企业觉得这些都是无所谓的，这类企业，可能产品会一时火爆，但因为不注重用户体验，不把握用户潜在的需求，在后续的销售环节中，产品的热度也会逐渐降点，对于品牌的影响也是莫大的。

与用户体验相关的例子比比皆是，比如奇虎 360 公司。

奇虎 360 是北京奇虎科技有限公司的简称。主营 360 杀毒为代表的免费网络安全平台和拥有问答等独立业务的公司。主要依靠在线广告、游戏、互联网和增值业务创收。

在 2006 年，几乎当时所有的互联网公司都瞄准了“流氓软件”的制作。因为这样更容易赚钱，而且是赚大钱。在这样的形势下，奇虎 360 打着“用户体验才是王道”的旗帜，依然站出来阻断了“流氓软件”。虽然这使奇虎 360 被很多互联网公司攻击，并且在网上，也有很多互联网大佬发大字报，联合声讨奇虎 360 不地道。奇虎 360 差点因此而倒下，它之所以没有倒下，是因为有海量的用户支持，助它转危为安。用户支持奇虎 360 的原因非常简单，因为它的产品给用户提供了便利，并且解决了实际问题。这极大地提升了用户使用产品时的体验。

在这之后，奇虎 360 更是将用户体验放在首要位置上，而用户也开始成倍地增长。在这个过程中，奇虎 360 也逐渐变得更加强大了。

这个例子也说明，企业只有将用户体验放在首位，将用户遇到的问题解决了，才能赢得用户的关注。只有这样，才能在市场占据一片天，就算因此被同行抵制，也没有关系，在这条路上，用户才是最重要的。

奇虎 360 正是秉持这样的宗旨，才顺利跨过了遇到的问题，才有了今天的 360。

经营企业，切不可小看用户。用户都有自己的辨识能力，他们能分析产品的优劣，只要产品做得好，企业能解决用户遇到的问题，那么，这些用户能成为企业最坚定的拥护者。获得了用户的支持后，企业才有发展的基础和保障，在这个时候，更应该明确地去分析用户的需求，并据此生产产品。

有很多互联网公司，当获得一批流量时，就会被迷惑，便一味追求“利”。这样做，迟早会被市场及用户淘汰掉。当企业获得用户和流量后，更应该将用户体验放在首位，才能成就自己的时代。就是奇虎 360 一样，如果在赢得用户的时候，奇虎 360 也开始追求利，那它怎么会有现在的辉煌。奇虎 360 其实给广大的互联网企业上了一课，在这个互联网时代，没有用户体验，就不会有未来。

在互联网时代，想要成功创业，一定要记住，要竭尽全力满足那些行业内无法满足的客户需求。只有做到了这一点，才能成为客户心中最好服务的提供者，和最具有竞争力的企业。要塑造用户心中的良好形象，要满足用户的使用体验，就需要做到这一点。这是互联网环境下塑造的企业文化，也是互联网时代企业必须追逐的高峰。

要想企业和产品不被用户淡忘，就只能将用户体验做到极致，并赢得用户的依赖和信任。有人说，现在是一个以消费者为核心的时代。确实是这样，以消费者为核心，以前的信息时间和空间层面的不对称性也被打破了。在这个时代，用户转移成本变得非常低，甚至用户不必接受一些企业不好的服务态度。用户可以随意选择自己喜欢的产品，如果不喜欢，甚至可以通过多种渠道影响这个产品的销量。企业能做的，只有做好产品，利用好的用户体验留住客户。

这样的例子有很多，曾经 MSN 就是最好的例子。

IM（即时通讯服务）工具是互联网时代最受人们重视的应用之一，腾讯的建立，就是凭借即时通信工具 QQ 的成功。

而 MSN 曾经是全球用户最多的 IM 工具。MSN 的全称 Microsoft Service Network，是微软公司（Microsoft）旗下

的门户网站。MSN 是微软公司发布的一款即时通讯软件，可以与亲人、朋友、工作伙伴进行文字聊天、语音对话、视频会议等。曾经的 MSN 是白领人群首选的高端 IM 工具，而用 QQ 的人不仅是少数，还会被看不起。转折点出现在 2012 年，这一年微软公司发布公告，将在全球范围内以 Skype 全面替代 MSN。但中国的 MSN 却没有发生迁移，原因就在于腾讯 QQ 崛起了，它打败了 MSN，并且占领了中国 IM 市场。

MSN 之所以失败，原因并不全在它的迁移上，很大一部分原因在于其自身。用户在使用 MSN 时，发现了很多实际性的问题，如垃圾信息多、文件传输限制、频繁掉线、信息丢失、病毒链接无所不在等等。因为 MSN 这些实际性的问题，有的用户将注意力转到到了 QQ 上。而 QQ 则一直根据用户体验在不断改善。如，为了显示新消息，QQ 会闪动；利用邮箱发超大文件时，如果中断了，还支持断点续传；在工作时，还可以隐藏面板等等。

这些优点，让使用 QQ 的人留下了，并且通过他们的传播，将 MSN 用户也引到了 QQ 上，

可以说，正是 QQ 注重用户体验，才赢得了 IM 市场。用户体验效果，可以直接决定一款产品是否能成为爆品。所以企业要打造爆品，最重要的是提升用户体验感，只有这样，才能带动产品销售，并将销售量提高。

建立和消费者之间的最短路径

今天，我们常听到企业主感叹，经营企业是越来越困难了。确实如此，企业的路越走越艰难，但要想使企业顺利走下去，就必须掌握市场。这一点，我们在前文也曾提到过。企业想要顺利发展，就必须掌控终端渠道，并在参与市场竞争中胜出时争取到发展的基础条件。

那么，企业需要如何掌握终端渠道的长度、宽度和密度呢？又要如何掌握呢？这个问题，我们在下文中将做出解答。

渠道的长度在这里主要指渠道的层级。渠道的长度越长，那么企业对渠道的掌控力就会越弱，这也会直接性地导致反应变慢，成本也就随之变低。而企业的宽度，指的则是企业拥有渠道的类型的数量。当渠道宽的时候，它所覆盖渠道的类型也就越多，而其在市场上的能见度也就随之相应地变高了。渠道的密度指的则是渠道成员的数量。一般情况下，渠道密度越高表示渠道的成员非常多，而覆盖的终端数量也就越多了，这也就使企业对渠道的掌控也变强了。

企业要掌握终端渠道，其实这也正好印证了一个成语——鞭长莫及。有的企业的品牌很响亮，产业也不错，但是经过经销商、代理商、零售店等一系列渠道的传递之后，企业和消费者的距离也就随之变远，用户的体验也随之受到影响。产品销量上不去，但企业主却不知道是在哪一个环节受到了影响，其实这就是因为终端渠道距离企业太远，企业主无法直接面对消费者。

所以在消费者和生产线之间，不能没有最短的路径。但随着互联网的兴起，有的企业也通过自己的方式将流程简化了，建立起了与消费者的最短通道。最明显的例子就是小米。雷军已经通过小米的成功证明了“零门店”模式的销量。相信这必然会引起更多企业的追随和效仿。

在这以前，手机销售走的一直都是传统的实体店销售模式，就连一直拥有强大粉丝群的苹果和三星等都是如此。而传统的实体销售一般包括两种方式，一种是与移动运营商合作，推出合约机型；另一种则是门店销售，即是通过全国各级代理商，在商场、手机城、专卖店等地方进行销售。

在这里，渠道对于传统的手机制造商是一个非常高的门槛。手机制造商只有拥有强势的品牌，才能构筑自己的渠道，但相对的是，如果没有渠道，就算是手机再好，也无法进入消费者的视野。就算是通过各种方法，消费者知道了这一款手机，也需要经历物流、仓储、国家代理、省级代理、地区代理等一系列中间环节。

这些中间环节，对于企业而言，不仅意味着需要投入较大的人力、物力、财力和巨大的时间成本，意味着手机到达消费者手中时，价格已经不是最初的价格了——它经历了层层加价。传统的销售店面看待消费者的方式是“抓住一个，消费者就算一个”，这也就导致，消费者想要购买的，或许并不是最适合自己的，甚至性价比等也不是最好的。就好比企业销售的本是一种高浓度的酒，而到了销售店面里，它变成了一瓶酒精含量非常低的饮品。

而小米总裁雷军做的，即是省掉手机行业中间的所有环节。他颠覆了传统手机的销售模式，并且给了小米手机新的定位：不设置任何线下销售渠道，只通过电子商务的方式在互联网上卖手机。

雷军的这一方法，直接性地颠覆了传统手机行业的销售路径。他通过互联网销售手机的模样，将购买小米手机的费用从渠道上省了下来，并将它回馈给“米粉”。这也是小米能打造“千元智能机”的原因之一。小米能成功还有最为重要的一个原因，节省了渠道上所耗费的成本、时间及精力，这样一来，小米也就直接性地控制住了成本，而在产品上，则能投入更多的时间和精力。

小米的成功引起许多企业的学习和效仿，这些经典的案例也告诉每一位企业主，产品不进入层层渠道，也能使企业有所收益。但需要注意的是，之所以成功，是简化了流程，在企业与消费者之间，直接性地建立了联系。

这一点，值得参考的还有我国 B2C 市场最大的网购专业平台——京东。

京东是中国自营式电商企业，旗下设有京东商城、京东金融、拍拍网、京东智能、O2O 及海外事业部等。2014 年 5 月，京东集团在美国纳斯达克证券交易所正式挂牌上市。京东商城是我国的电子领域最受欢迎，且最具影响力的电子商务网站之一。京东商城的成功，与其良好的经营模式是密不可分的。其中，最值得称赞的是京东庞大的物流体系。

相信曾有人产生过这样的疑问：京东为什么要自建物流？

在 B2C 兴起之时，很多企业都将物流外包出去。对于这些企业来说，物流体系耗资巨大，在这上面投入，实在没有必要。但是，京东不仅没有将物流外包，而且还创办了自己的物流体系。京东之所以这么做，就是为了能使商品以最快、最简单的途径，直接到达消费者的手中。目前，京东的物流配送系统已经有两套了，一套是与第三方合作的，而另一套，就是京东自建的。

在 2010 年的 4 月份，京东商城在北京推出“211 限时达”服务。“211 限时达”，即当日上午 11 点前提交的现货订单当日送达；当日 23 点前提交的订单次日 15 点前送到。与 211 限时达同时上线的，还有对全国做出“售后 100 分”的服务承诺。“售后 100 分”，即产品如有质量问题，京东售后在 100 分钟之内解决。

随着不断地调整，如今京东商城的服务正在越来越快，现在只要购买的是京东自主供货的现货商品，从下单到准备发货只需要一个小时左右，并且用户还能随时在线查看订单进程，跟踪物流信息等，除去特殊情况，用户基本上上午 11 点前下单，当天就能收到货物。

京东商城备受用户赞誉的还有一点，即退换货。在很多

B2C 平台上，退换货是一大麻烦事，无论商品是否有问题，退换货都要备受商家的刁难。而在京东商城，退换货的流程则非常简单。京东商城有这样一个规定，产品售出之日（以实际收货日期为准）起 7 日内可以退货，15 日内可以换货。用户收到产品后，如果存在质量问题，在京东商城提交退换货申请，根据京东商城的“售后 100 分”条款，售后服务部的工作人员在 100 分钟内就会处理好所有问题。其实虽然是“100 分”，但实际不会超过 50 分钟，用户就会接到京东商城的电话。当工作人员了解了具体的情况后，三天之内就会有京东的工作人员免费上门提供退换货服务。

虽然京东自建物流时可能并没有人理解，但随着这几年京东的发展，也越来越多的人明白，通过自建物流，京东实现了与消费者之间的最短路径。正如有人评论说，京东商城让消费者享受到了足不出户，坐享其成的便利。也正是这“便利”，在网购时，越来越多的人愿意选择京东。

今天的京东商城市值 400 亿美元，不仅整合了腾讯旗下的电商资源，还与天猫并列成 B2C 两极。我们甚至可以大胆预估，此时的京东商城，是十年来最辉煌的时刻。

而它之所以能有这样的成绩，就是因为缩短了与消费者之间的距离，并建立了最短的路径。

简化流程，建立和消费者之间的最短路径，无疑是打造爆品的一项重要原则。

从京东和小米的案例中，我们也可以看出，打造爆品最重要的一项原则，就是建立与消费者之间的最短路径。

营销需要碎片化

在经营中，企业在市场投入营销的资源如果用百分比计算，那么投入将是百分之百，但是，信息在传播过程中需要以碎片化的方式来进行，在这样拆分后，投入的百分百的资源中，只有百分之一被消费者接收了，而其余的百分之九十九的资源，则被浪费了。而作为企业，要如何利用资源？要怎么样做，所投入的资源能够全部被用户接受呢？

针对这一点，我们可以利用“碎营销”的方式来应对。

互联网信息时代，已将人们的信息彻底碎片化了，作为企业，就一定要适应这一趋势，并以此为契机，开发出新的营销模式。也正因为人的信息碎片化了，企业行之有效地进行“碎营销”。“碎营销”是根据网络断开的特点，将企业的营销也断开，并分散到用户的碎片中，与用户的碎片进行彻底的融合。

在这里，我们可以将企业的营销碎片看作是磁铁，它会将用户的碎片吸引过来，并紧紧地吸附在自己的身上。“碎营销”其实也是企业一种自我打散的营销方法。这种方法也可以看作是从小处着手，这也符合移动互联网思维的创新点。既然旧的方法投入百分之百的资源，只有百分之一被吸收，那么，就应该寻找更加符合这个时代的新的方法。作为企业主，要随时跟紧时代的步伐，不能盲目追求更大规模的感官冲击。

也正因为用户的时间基本上已经被碎片化，很少有人能在一件事情上投入过多关注，也不会去关注比较长的事件，对于那些花哨的广告，也开始产生抵触心理。越来越多事实证明，当用户察觉到某样事件其实是企业刻意的宣传时，他们会下意识地去屏蔽这个企业的信息。

这也说明，传统的广告行为不会有助于企业提高产品销量，更不会对品牌有任何帮助。当用户选择屏蔽某个企业时，不管它的产品有多好，他们都不会去购买。在用户看来，反正类似的产品还有很多。

也正因为这种情况，企业在做营销时，需要采取“化整为零”的方式，这样不仅可以将品牌信息传播到各个角落，还能在无形中渗透到人们的生活中。把品牌形象以润物细无声的方式植入消费者心中，而不是以传统的营销方式强加给消费者。在现代，有很多电影、电视剧中都有很多“破碎营销”，这种广告植入，也是一种破碎的营销手段，但如果为了达到目的，在影片中投入过量的广告，那么必然会起反作用。

但是，如果某样产品的营销做得非常好，甚至到了潜移默化影响别人的状态，那么就算是这个人不用这样产品，但是他身边的人有需要时，他也会尽其所能地进行推荐。譬如有的人买电脑时，对于电脑的了解并没有那么深入，就会更加愿意听信身边人的介绍。当其他人介绍某个品牌的电脑时，一般会从这三个方面来进行推荐：一是使用时是否流畅；二是售后服务；三是外形等等。

如果进行碎片化营销时，能够将这些传达给消费者，就算是接收到信息的人不购买这一款电脑，他也会关注这一信息，当需要时，这些信息就能成为他与产品之间的纽带。

碎片化营销并不是直接卖产品，而是进行更深入的营销。传统营销向市场输入百分之百的资源，但用户仅能接收到百分之一。而碎片化营销则是输入百分之百，且要使用户能够接收到百分之百。二者的区别是传统营销和碎片化营销的区别，还有的区别则是卖产品以及卖品牌的区别。

06

推动产品持续火爆的 8 大策略

当你打造出了一款爆品之后，一定不希望它像流星一般转瞬即逝。任何一个企业都会希望自己的产品能够持续火爆下去，创造出更多的利润，但是很少有人知道该怎样做才能令产品持续火爆。

本章将就这一问题展开详细的讲解，希望可以为广大的企业营销人员提供指导和帮助。

病毒营销：高效率的复制传播

病毒营销 (Viral Marketing) 又被称为病毒式营销。营销方式是利用已有的社交网络，去提升品牌知名度，或者达到其他的市场营销目的。之所以被称为病毒营销，即因为其具有类似病理方面和计算机方面的病毒传播方式，也就是说，具有自我复制的病毒式的传播过程。

从经济学方面来看，病毒营销像病毒一样，主要利用快速复制的方式将信息传送到以百计，甚至是以千计的受众。它有一种滚雪球式的传播效果，因为这种营销一开始是信息源，再通过用户自发的口碑宣传，随着雪球越滚越大，它的传播速度也会越来越快。

但病毒效应最开始的时候，并不是用来形容营销，它是由任天堂的前社长山内溥提出来的。山内溥提出病毒效应，指的是一些在发售之初不被人关注的优秀作品，随着时间的推移，这些作品也逐渐走红被人关注，即病毒效应。但是到了现在，病毒效应成为营销的一种手段。

病毒营销与山内溥最初用来形容作品的病毒效应其实并没有多大的差别，病毒营销也是通过一位用户传播给另一位用户，随着用户的不断传播，知晓的人越来越多。这种传播方式，在以前还有另一个名字，叫口碑行销（word-of-mouth communication），到了 2013 年之后，又被称为耳语（buzz）。

艾利朗·卡茨（Elihu Karz）和保罗·拉沙非（Paul Lazarfeld）在他们的著作《个人影响》（*Personal Influence*）一书中，提出以策略观点来思考耳语的动机。在这本书中，他们声称，比较消费者对消费者接触时的力量，与其他形式的大众传播,并假设该过程透过一种两级流动(two-step flow)运作。

比如某个人具有一定的影响力，而吸收资讯并将其传播给他接触到的一些人，其中最为重要的，则是影响人物的影响力，这来自他们与社群还有其他人的关系中。除此之外，这些人比较难以接收或者是吸收到资讯。

在了解了病毒营销的详细定义之后，我们再来谈论病毒营销的方式及其需要主要的要点。使用病毒营销，最为重要的是寻找到营销的引爆点，即如何打动消费者，如何让消费者愿意深入了解产品及品牌。还有一个最为关键的问题，即如何找到既能迎合目标用户，又能正面宣传话题的关键。

找准这些关键点之后，才能正式开始进行病毒营销。病毒营销能直接性地切入主题，寻找到营销的核心问题，这也是病毒营销是网络营销中性价比最高的原因。

正确使用病毒营销，对于引爆企业产品具有非常显著的效果。但是，如何正确使用，使用时需要遵循哪些要素，则是我们即将讲到的。

美国有一个著名的电子商务顾问 Ralph F. Wilson 博士，他将病毒营销战略归纳为六个基本的要素（如图 6-1 所示）。虽然营销战略不一定要包含所有的要素，但包含得越多，营销的效果可能也就越好。在这里，我们将一一为大家分析。

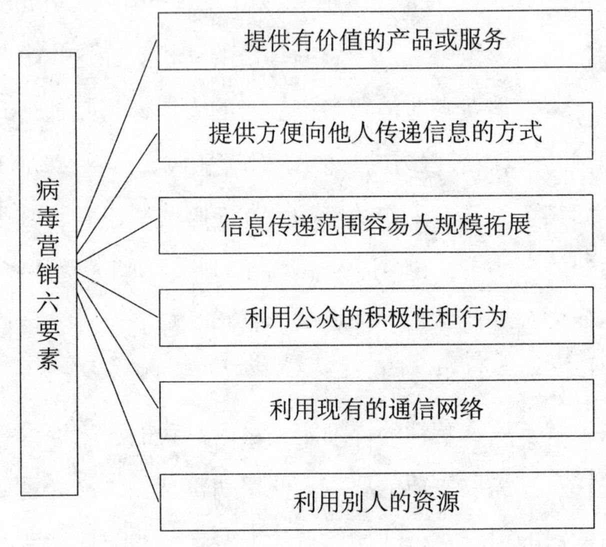

图 6-1　病毒营销六要素

1. 提供有价值的产品或服务

今天我们常见的营销策略中，有这样一个词频繁出现在大众眼前——免费。并且有的时候，虽然是免费的产品，但性价比却是非常高的，比如免费的 e-mail 服务和信息，甚至还有一些具有强大功能但是却免费的软件。这是因为，经过市场营销人员统计，“免费”是人们最喜欢的词语，所以大多数的病毒性营销计划，都是以免费的产品或者服务来引起人们的注意。

免费并不意味着没有收益，当免费的商品放出后，便能吸引客户，之后进行其他产品的再消费，这便是免费的妙用。合理利用这一妙招，能够刺激消费者高涨的需求。

还能根据不同的产品进行不同程度上的免费，比如一些耗材型的产品，可以使用商品免费，而耗材资费的方式。这种方式就可以使消费者能够免费获得产品，但是该产品引发的其他产品则需要付费。而有的产品则可以免费体验，得到了客户的信任，再进行成交。

这里需要注意的是，在以免费的方式做营销时，切不可选一些可以有也可以没有的产品，一定要与企业自己主打的产品息息相关，而且是对消费者有价值的产品。只有这样，免费才有自己的“价值”可言。

2. 提供方便向他人传递信息的方式

病毒式营销有一个特点，即和普通的病毒一样，容易传播。病毒式营销之所以能在互联网广为传播，就是因为在网上，它能极好地发挥作用，因为即时通信工具让这些信息变得更为廉价，数字格式也使复制等功能变得更加简单。这从营销的角度来分析，即，营销必须简单，且越简短越好。

在流感时期，大家都会记住这些劝告“远离咳嗽的病人”“经常洗手，不要触摸眼睛、鼻子和嘴巴”。这些劝告看起来很随意，且通俗易懂，病毒式营销也应该遵循这种原则，要让人能够轻易记住，在传达给别人时，被传达的人也能瞬间铭记。

3. 信息传递范围容易大规模拓展

要使营销内容能够像野火一样扩散，就必须将内容变得更加容易被理解。这同样可以拿病毒来举例。如果病毒在扩散之前主体就被扼杀了，那么也就谈不上扩散了。但很多病毒都能得到扩散，就在于它自身的存在很小，小到不被人注意，但却有一定的覆盖面，并且随着环境的变化能够主动调整自己。病毒式营销需要注意的同样也是这一点，要将产品的细节拆分，不仅是做到易传播，并且还要将最为重要的产品优点融合其中。

4. 利用公众的积极性和行为

人都是好奇的，所以早期网络上的 Netscape Now 按钮需求数目能够激增。不管是什么样的人，对未知都有好奇的心态，并且当拥有一样产品时，会希望能够拥有更好的，这也就是人类的驱动力。正如人们对于通信的需求，甚至驱动了数以百万计的网站和数以十亿计的 e-mail。使用病毒性营销时，也要巧妙地利用公众的这一特点，这样才能更容易使营销战略取得成功。

5. 利用现有的通信网络

社会学家总结出这样一条数据，每个人都生活在八至十二个人的亲密网络之中，这些人可能是朋友、同事，也有可能是家庭成员。每一个人根据社会中的不同位置，在自己的网络中甚至可能有几十甚至上千人。

最简单的例子，即，一个服务生在一周之内，可能会定时与数百位顾客产生联系。而网络营销人员需要注意的是，熟练使用这些人类网络，不论是亲密的网络关系还是松散的网络关系，将其运用起来，便是一条完整的营销链条。

6. 利用别人的资源

病毒式营销中，最具有创造性的是利用别人的资源达到自己的营销计划。例如，在别人的网站上上传自己的图片或者文本的链接，当用户在浏览网站时，就会发现这些图片或者文本，并被好奇心引导点进去。也可以在一些网页上发布一些营销信息，只要有人看到，这些信息就会为你带来资源。

饥饿营销：不断刺激消费者购买欲

饥饿营销一般指商品的提供者有意调低商品产量，以调控供求关系，制造出供不应求的假象。这样做的目的，是维护产品形象，并维持商品的较高售价和利润率的一种营销策略。这种营销方式一般运用于商品或服务的商业推广中。

饥饿营销存在我们生活的方方面面，但是并不一定能被人注意到，比如买房时，需要先登记，并交诚意金，买车则是交定金并且排队等候，而各种“秒杀”“限量版”更是层出不穷。可能也有人好奇，今天物资丰富，为什么还会存在这种供不应求的现象？一般得到的解释都是，这是刚性需求。那么，它究竟是刚性需求还是商家的营销手段呢？什么样的产品才适合这种饥饿营销呢？这一点，我们在下文将展开分析。

饥饿营销的常规方式是，商家生产某样产品时，会投入大量的广告为其宣传，全面激发顾客的购买欲望，然后通过各种手段来营销这个产品，并且还会拉长产品上市的时间，让用户有等待的心情，进一步提升用户的购买欲望。

这么做的目的，就是无限地激发顾客的购买欲望，再通过调节供求两端的量来影响终端的售价，以此达到加价的目的。合理利用饥饿营销，能够将产品的定价提高，并且限制供货量，造成供不应求的热销假象后快速将产品售出，还能够吸引潜在的消费者。

但饥饿营销的最终目的，并不仅仅是为了得到较好的收益和吸引一批粉丝，而是通过这种方式，为品牌树立起更高价值的形象。

企业要使用饥饿营销时，需要注意的是，当产品综合竞争力和不可替代性较强、市场竞争不充分和消费者心态不够成熟时，饥饿营销才能更好地发挥作用。因为饥饿营销与产品的替代性、市场竞争度、消费者成熟度密切相关。如果三者没有达到要求，或者说某一要素没有达到要求，那么最好不要使用饥饿营销。

这一点也就说明，饥饿营销比较适合不容易形成单个商品重复购买的行业，而且产品的单价比较高。而有的产品或者服务也有一定的差异化和优势，能够在一定的范围内引起品牌的黏性。所以使用饥饿营销时，要根据产品和市场来进行分析。

当企业决定了要使用饥饿营销这一手段时，可以根据以下步骤进行（如图 6-2 所示）。

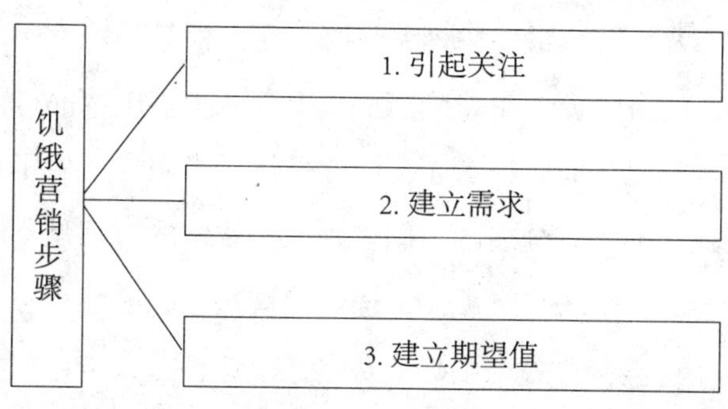

图 6–2　饥饿营销步骤

1. 引起关注

要进行饥饿营销，就必须有用户关注，或者是有方法能够引起用户关注。如果做饥饿营销，没有用户关注，那么就无从谈起“饥饿”一说，饿的只会是企业自己。

在引起用户关注后，要引导用户对产品有初步的了解。在这个时候，可以使用免费赠送小样等方式来吸引一部分用户。

2. 建立需求

需要注意的是，一定不能仅仅是吸引用户关注。如果只是吸引用户关注，但并没有激发用户的需求，那么这还不能算是成功。在得到用户的关注后，要进一步激发用户的需求，要使用户产生“想要拥有产品”的需求。

3. 建立期望值

饥饿营销最重要的一点，即使用户建立期望值。当用户有了一定的期望值，对于产品的兴趣才会越来越强烈。

产品好不好，最终由消费者来确定。但是饥饿营销的特点就在于，消费者还没有拿到产品，就要认定这个产品很好，不仅会适合自己，而且还有超高的性价比。当用户产生了这种想法，饥饿营销才有施展的空间。企业需要做的，则是不断地激发消费者，在这场持久战中，通过品牌形象、品牌个性、产品的功能性利益等方式去引导消费者，以这种方式告诉消费者，这个产品不仅值得他等待，对市场更会产生一定的影响。

在这个过程中，如果企业有任何盲目的，或者是自我膨胀的经济行为都将注定这场营销会以失败告终。如果企业一味高挂消费者的胃口，那么注定消耗一部分人的耐心，一旦突破了消费者的心理底线，这场营销就注定一场空。所以企业需要把握好尺度，并且随时关注营销进展。市场存在诸多的不确定性，如果出现任何意外，企业却没能做到提前预测或者是忽略了，必然就会影响最终结果。

饥饿营销在一些固定的行业会备受企业关注，比如有的名牌汽车新款上市时，一般都会采用饥饿营销的方式进行促销。

在这个时候买新车，不仅要排队等候，有的时候还需要交完钱再排队等候，甚至有时还会加价销售，更有甚者还需要找人托关系才能买到。

这就是厂家利用饥饿营销的方式，将消费者对于产品的拥有度无限地放大了，但消费者并不会察觉到，他们会执着地想要拥有某款产品。商家则能趁机提高价格进行销售，或是保持原定的价格销售，但是销售的速度却比普通的车辆要快很多。

与汽车行业相同的还有房地产行业。

有的楼盘在开盘前后，开发商会大量地发布广告宣传，吸引人群前去看楼。而看楼的人不仅仅是去“看”，开发商的销售会在这个过程中激发消费者的兴趣，促使消费者登记，并交付一定的诚意金，或者登记成为 VIP。

还有的开发商还会张榜公布销售情况，造成楼盘即将售完或者是临时性缺货的假象，给消费者带来恐慌。

房地产对于饥饿营销的方式非常多样化，在楼市旺季还会有两种捂盘惜售的方式来制造饥饿营销。一是当已有房子销售到一定程度时，开发商会立即停止销售，把一些相对较好的房子留到下一期一起卖，这样做的目的是为了之后能卖个更高的价格；二是放慢销售速度，拉长整个销售周期，如果销售周期是一年，那么这一年中，就会有多次机会可以调整价格。

不同的开发商有不一样的营销方式，比如有的一次只开卖一栋楼，或者只有几十套房子，如果不能一次售罄，那么就继续延期开盘。这样不仅可以制造出热销的气氛，使消费者的拥有欲更大增长，还能继续提高价格。

饥饿营销的最终目的就是让消费者无法控制自己的购买欲望，想要在最短的时间内拥有某样产品。苹果公司也是擅长使用饥饿营销的企业之一，它也无数次使消费者为其产品疯狂。

在苹果 4s 手机上市时，相信有很多消费者对于苹果授权经销商地贴出的“近期 iPhone 没货”的公告已经习惯了，当去体验店体验产品之后，再去苏宁、国美等商店以加价抢购的方式购得苹果 4s 手机。这种限量销售营销其实就是饥饿营销。

《每日经济新闻》的记者梳理了苹果 4s 手机发售前后的市场情况，发现苹果公司在中国市场上推行的正好就是饥饿营销策略，并且整套流程紧凑，如精心布局的影片一般。

与 4s 相同的还有苹果的平板电脑，使用的方式和 4s 一模一样。一些人为此还特意去找店长预留商品，还有的人花高价买高仿产品。这种方式在无形中也加大了苹果的知名度，并且激发了更多人的购买欲望。

经分析，苹果产品使用的饥饿营销的方式是这样的：发布会公布上市日期，消费者等待，产品上市时会有新闻报道，消费者们开始通宵排队，正式开始销售，接着全线都会缺货，最后就是黄牛涨价。

随着苹果一成不变的销售模式，业内人士认为，这种方式是“产能不足、饥饿营销、黄牛囤货”。这也就使苹果在中国市场的份额开始一步步加速。

苹果公司通过饥饿营销的方式，在中国市场持续呈现出了火爆的现象。可以称其为使用饥饿营销打造爆品的典范。苹果公司的这种营销模式值得企业营销人员学习和借鉴，但是需要记住的是，苹果公司的营销之所以能火爆，并不仅仅是因为其手段高超，还因为苹果的产品好，能够拥有扎实的用户。所以产品与营销方式是需要相结合的，二者缺一不可。

事件营销：主动出击增加曝光

事件营销是企业通过策划、组织和利用具有新闻价值、社会影响和名人效应的人或事件，来吸引媒体、社会组织和消费者的兴趣和注意力，以提高企业或产品的知名度和美誉度，树立良好的品牌形象，最终达到提升产品或服务销售目的的手段和方法。

也就是说，事件营销其实就是通过把握新闻的规律，制造出具有新闻价值的事件，并且通过具体的操作让这一新闻事件能够得到广泛传播，使之达到广告的效果。近年来，事件营销是国内外都十分流行的一种市场推广手段。

因为事件营销集新闻效应、公共关系、广告效应、形象传播及客户关系于一体，并且还能为新产品进行推荐，为品牌创造展示的机会、奖励品牌识别和品牌定位等，形成了一种快速提升品牌知名度与美誉度的营销手段。

一些主流的商业管理课程及常见的市场营销课程中，都对事件营销的方法及其流程有所介绍，在这里我们将不再着重介绍。

事件营销的兴起点是互联网，在 20 世纪 90 年代后期，互联网的飞速发展给事件营销带来了巨大的契机。在网络上，一个话题或者一个事件就能引起用户的传播和关注，而事件营销也随之兴起。

那么，事件营销有什么用的特点呢？事件营销主要有九个特点（如图 6-3 所示），即目的性、风险性、成本低、多样性、新颖性、效果明显、求真务实、以善为本、力求完美等。之所以有这些特点，是因为事件营销具有的特殊性，在这里，笔者根据这些特点来做以下分析。

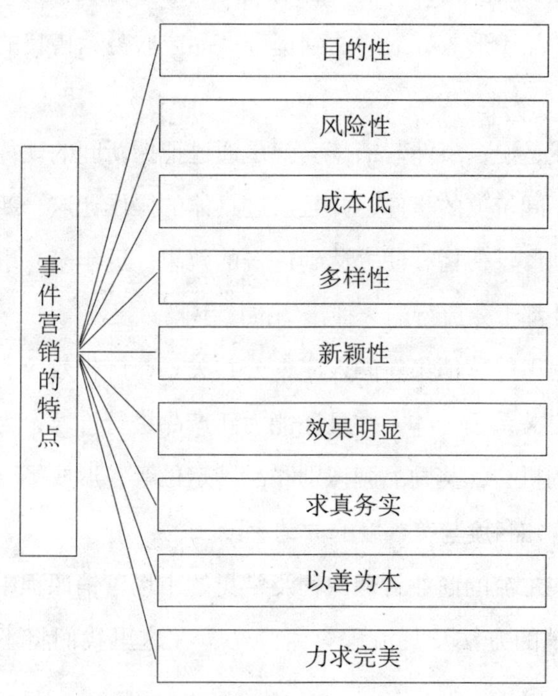

图 6–3　事件营销的特点

1. 目的性

只要是营销，都是有目的的，这一点无须质疑。但是事件营销与众不同的是，在第一步时，就需要确定自己的目标，是为了品牌宣传，还是为了产品销售，在最初就需要确定下来，然后才能选择以什么样的新闻事件使接受者接受这篇新闻报道。

一般情况下，某一领域的新闻只能引起某个特定领域的人关注。确定了特定的领域，再进行报道。这样做的目的，是为了确定读者群。

2. 风险性

事件营销存在一定的风险性。这风险性一般来自媒体的不可控制，以及新闻接受者对于新闻的理解程度。通过事件营销虽然能够提升企业的知名度，但是如果内中真相一旦被公众得知，那么必然会对该企业产生一定的抵触情绪，从而影响到企业的发展。

3. 成本低

事件营销一般是通过软文的形式来表现，在通过互联网平台传播，所以相对于媒体广告等成本要低很多。

事件营销还有一大特性，即利用现有的非常完善的互联网平台，来达到传播的目的。而现在的互联网平台，传播新闻时，几乎都是免费的。而且在新闻的制作过程中，也并没有利益倾向，所以制作新闻时不需要任何费用。

并且事件营销在企业里，一般被归为企业的公关行为，而非广告行为。虽然有很多企业会列出媒体预算，但当发生某件意义足够大的新闻时，事件本身就能引起媒体的关注和采访的欲望，很少会在这个方面有所支出。

4. **多样性**

事件营销可以集合新闻效应、广告效应、公共关系、形象传播及客户关系于一体，进行营销策划，这便是事件营销的多样性。这也使事件营销具有很大的特殊性，可以使其在营销传播过程中成为不可多得的一种方式。

5. **新颖性**

事件营销一般是通过当下的热点事件进行营销，这就使得当下最热的事情能够以多角度的方式来展现给读者。随着互联网的发展，越来越多的人对新奇、变态、反常的事情抱有极大的兴趣，对于一些较为平和的广告反而没有什么探寻的心思，事件新闻也正好满足了大众这一喜好。

也正因为事件营销总是与热点新闻同时出现，更具有了新颖性，能够受到更多用户的点击。

6. **效果明显**

一般情况下，一个事件营销便能将很多用户聚集在一起，大家共同来讨论这件事。关注的用户越多，热点也就会逐渐上涨，便会引来更多的门户网站进行转载，由此营销的效果自然会更好。

7. **求真务实**

纵然是事件营销，在营销时，事件也要是真实的，这是企业网络事件营销最基本的要求。真，即事件策划本身要真，由事件衍生的网络传播也要是真实的。如果事件营销并非真实，那么就不是营销，而是恶意炒作了。这是要进行事件营销的企业必须关注的问题。

8. 以善为本

无论是进行哪一种营销，在互联网上，都应该自觉维护公众利益，用于承担社会责任。企业更应该如此，这即是以善为本。

企业在发展中，会遇到各种个样的问题，如果企业只是一味追求一己私利，必然要投入更多的精力去应付各种麻烦。也正因如此，面对越来越激烈的市场竞争，企业的营销管理也要以成熟的方式去应对各种障碍，在推广产品时，更要走出“私利”的误区，不仅要强调与公众之间的“互利”原则，更要维护社会的利益。

只有自觉维护社会及公众利益，才能维持现代网络事件营销工作的基本信念，才能扩大事件新闻的宣传力度。

9. 力求完美

这里的完美，指的是网络事件策划不仅要注重企业和营销人员自我的完善，还要注意网络传播时的热度，并且展现出策划创意人员的智慧。

进行事件营销时，企业需要安排专门的营销人员来负责这一工作，负责的人员不仅需要把控网络信息的传播，寻找适合的热点新闻，还需要掌握企业的详细情况，并且根据这些情况，巧妙地运用网络媒体的特性，将其付诸到营销事件本身中。在后续的工作中，工作人员还应尊重公众的感情和权利。

口碑营销：让用户帮你传递导火索

小米创始人之一的黎万强说过这样一句话："社交媒体是当下口碑传播的新渠道，是口碑传播的加速器。"确实如他所说，在大数据的今天，口碑就像一个雪球，在各种各样的社交媒体的道路上越滚越大。无论是论坛还是微博，甚至是微信和QQ空间，不管是企业主还是普通人，又或者是明星，都可以在社交平台上表达自己的声音，通过自己的方式去影响其他的人。

在中国曾有这样一句俗话"酒香不怕巷子深"，这是没有社交媒体之前的状态。那时，产品的口碑主要是在很小的范围内口口相传。但切不可小看这口口相传。虽然这种方式在今天看来很老套，但是对企业口碑的建立却有重要的作用，只是所消耗的时间比较漫长而已。

现在随着互联网的发展，大数据的兴起，微博和微信等社交平台出现之后，任何一个消息放到网络上，在几分钟内就能传遍整个世界。这与昔日的口口相传千差万别，但是，虽然能够很快速地将某一新闻传达出去，却不能快速地将产品销售出去。这便是大数据的两极分化。昔日的口口相传有助于提升品牌，而今日的互联网上销售产品，看似容易，实则困难了许多。也正因为如此，社交媒体口碑营销案例成了许多企业革新的方式，而这些案例，也逐渐地改变了人们的生活。

在美国，有一家比萨店，叫 Flying Pie。虽然 Flying Pie

的官网做得不好，但其凭借有趣的在线营销，俘获了许多消费者的心，并且还持续了很多年。在整个城市里，说到 Flying Pie，几乎无人不知，无人不晓。

Flying Pie 在线营销的方案名叫“It's Your Day”。每一天，Flying Pie 都会喊出一个名字，然后邀请五位叫这个名字的消费者来他们的厨房里免费制作比萨，并将他们制作比萨时拍的照片放在 Flying Pie 的官网上。比如 2 月 16 日，在官网喊出的名字是“Ross”，而 2 月 19 日则是“Joey”。每一天都会不一样，但每一天都会喊出一个人们比较熟悉的名字。

Flying Pie 的官网上，每周都会公布新的一周的名字列表。于是，经常有消费者会浏览这个表，看自己或者是朋友的名字会不会出现在表上。

Flying Pie 用这一方式调动了消费者的积极性，使大家随时都关注着 Flying Pie 的官网，如果看到自己或者朋友的名字，就激动地参与其中。而 Flying Pie 还有一点很具有新意，即在接待客户时，Flying Pie 会请每一位来参加活动的客户提供一些人名，再通过投票，决定哪一些名字会成为下一周的幸运儿。

Flying Pie 这样做的目的，是能顺理成章地邀请更多的朋友去参加，这就激励了网站的用户，而且随着时间的推移，Flying Pie 的顾客群体也会越来越大，并且每天都有人参加，他们参加时还会不断地提供名字。

而更为有趣的是，有一位专栏作者知道了这一事件后，便去 Flying Pie 调查。一开始的时候，是他的朋友告诉他，

Flying Pie 将在某天叫到“Armando”——正是这个专栏作者的名字。他对此感到非常惊讶。他的朋友说，他吃过这家店的比萨，味道还不错，而且他觉得他们官网的这个活动也非常有意思，所以时常浏览着，当更新列表中有自己的朋友时，他就会去提醒。

Flying Pie 以这种方式，通过用户将这个品牌及官网传播了出去。被提到过名字的会主动帮忙传播，而未曾列出的名字的人，他们会随时关注，还有一部分不知道 Flying Pie 的人，他们会通过身边的朋友、亲人知道这个店铺。

这是一个非常好的口碑营销案例。Flying Pie 仅仅利用自己的官网，就扩大了自己的影响力，并且这个影响力还在持续着。虽然这是 Flying Pie 的方式，但是这也并不会影响微博、微信等社交平台为其做宣传。Flying Pie 的精妙之处在于通过一个点，为顾客编织了一张网。在顾客为其口口宣传时，网在不断地扩大。

在传统口碑营销时代，一家小小的比萨店想要做到全城人尽皆知，似乎难度很大，但是在互联网发展的今天，它做到了。Flying Pie 的案例也说明，企业如果不利用网络来进行传播，那么很难在当下的竞争中取得胜利。我们最为熟悉的小米，之所以能够成功，就是因为它能充分地利用社交媒体。

在前文我们也曾提到过小米的四个营销通道，即论坛、微博、微信和 QQ 空间。可是，四个社交平台，每个都有其优势，而小米则充分利用了每一个平台的优势，集众家之所长，为其产品做了很好的宣传。如 QQ 空间和微博具有较强的媒体属性，而微信则更适合做客服平台，但是随着微信群功能的不断发展，口碑宣传的能力也随之增强了，论坛则以专业性见长。

根据数据统计，目前微博和微信上，小米的用户已经高达 450—500 万人，小米论坛的用户量也高达 1000 万人，QQ 空间则 1500 万人。从这些数据我们也可以看出，虽然小米紧跟互联网的脚步，但口碑传播其实也并没有被小米抛弃，甚至可以说，小米包揽了整个口碑传播的通道。

小米论坛每天的流量超过了 100 万，而发帖量更是多达 25 万条，是同类型厂商的 10 倍。

而在一些时间节点上，只要打开微博或是微信，又或者是 QQ 空间，就会看到小米的信息可谓是铺天盖地，而身边的人，也都在谈论着小米的电器，小米的插线板，小米的手机。

这就是小米经营的方式，但是每个企业也都有自己的方式，小米是这样，而华为崇尚的却是狼性。这两家公司的经营方式也说明一个问题，在利用社会话网络渠道建立口碑时，其做法也是不同的。甚至一家企业，在不同的发展阶段，借用的社交媒体也是需要进行选择的。

小米的核心用户是发烧友，这也就决定了小米在利用社会化网络渠道建立口碑时，必须将自身结合这一特点。也有很多服务，如使用 MIUI 给手机刷机等，门槛相对比较高，如果仅仅依靠微博来传播，则太过于碎片化，于是小米创建了小米论坛。当小米通过论坛沉淀了几十万的核心用户之后，才开始转向 QQ 空间和微博、微信等，才开始以这几种方式扩散小米产品及口碑。

小米最为典型的方面，是利用社会化网络渠道建立口碑，但是有很多商家和企业不必一定要学习小米，而是应该根据自己的产品，制定相关的社交媒体口碑营销策略。

今天是网络化力量兴起的时代，如果作为企业主，还没有认识到社交媒体已经成为口碑传播的新渠道，那么企业是无法得到更好发展的。但如果能根据自己企业的特点和产品的类型，来选择合适的社交平台进行传播，那么必然能快速建立自己的口碑，并且为产品做好宣传。

成功的标准并不是合格就好，而是达到预期，甚至是超越预期。在今天，市场上有很多同类产品，而粉丝也有选择权，如果你的商品仅仅是合格了，那么他们有可能会选择，但也有很大一部分粉丝不会选择。因为相信一个从没有使用过的品牌，还不如继续支持自己一直在使用的。但是如果你的商品超越了预期，在各方面都要优于同类产品，那么，必然能得到众多粉丝的追捧。所以企业想要在同质化的市场脱颖而出，就必须达到更高的层次。

而关于超越预期，奇虎 360 的董事长周鸿祎先生在讲到用户体验时，曾经举了这一个非常形象、非常精彩，并且也能回答这个问题的案例：

“假如华夏银行请我吃饭，我打开一瓶矿泉水喝，喝完之后，它确实是矿泉水，那这叫体验吗？这不叫体验。

“只有当你把一个东西做到极致，并且超出预期，那才叫体验。我开一个玩笑：比如有人递过来一个矿泉水瓶子，我一喝，发现里面全是 50 度的茅台。这就超出我的体验了。那么假设它是一个体验，我就会到处去讲：‘我到哪儿吃饭，我以为是矿泉水，结果里面是茅台。’如果我将这个经历写成微博发出去，那绝对能转发 500 次以上。”

关于超越预期，雷军也曾经这样讲过：“口碑的真谛是超预期，只有超预期的东西大家才会形成口碑。”众所周知，小米是一家非常看重用户体验和口碑效应、粉丝营销的企业，雷军这么说，也同样表达出他们真实的内心感受。

我们在前文也说过，当雷军确定小米的方向是互联网手机，他们在产品思维上确定的目标便是“让用户尖叫”。那么，要如何做超能超出这个预期呢？

雷军寻找到的是一个非常直接的切入点——把手机当电脑做。他对此这样说过：“我们做了 30 年的 PC，PC 最后胜出的招只有两条，高性能、高性价比。”既然如此，在用户的预期当中，高性能的手机自然价格就高，而性能较低的手机价格也就上不去。所以“高性能，高性价比”也就超过了用户的预期。

也正因为如此，小米从创立到现在，每一个人都在产品开发的细节和服务方面努力，目的就是为了超越粉丝预期。据说雷军每天大多数时候都在各种产品会之间奔波，而且每周都会定期与各个部门的同事进行产品讨论。这样做的目的，就是为了使产品能够超越用户预期。雷军还这样说过：“我们每个人都知道，小米是一家很‘变态’的公司。为了代码质量好一点点、为了用户体验好一点点、为了产品品质好一点点，我们每个人都不惜加班加点，一天工作十几个小时，甚至通宵达旦。”

也正因为如此，小米推出的产品，几乎每一款都能使消费者感到满意。但是，在做好产品的同时，雷军也深切地知道，一个产品或者企业的口碑好或者不好，并不单纯地体现在这个产品或者品牌的质量上，而是体现在用户对其的期望值上。期望值越高，那么说明这个产品值得用户去期望，而品牌也就更加值得信赖。

我们都知道，迪拜的帆船酒店是全世界最好的酒店之一，雷军也去体验过，但是他体验完之后却感到无比的失望。他之所以失望，并不是因为帆船酒店不好，而是因为帆船酒店有很大的名声，他因此寄予太高的期望。这样也就导致他的期望落空，在给朋友做宣传时，他没有底气说这个酒店有什么特色、还值得去等等。

但是有一家餐饮企业，却让雷军觉得超出了他的预期。这家餐饮企业就是有名的海底捞。在雷军看来，海底捞与五星级酒店相比并没有什么特色，但是当他体验过海底捞的服务之后，却觉得它不错。这就明显与用户预期有关，当他知道海底捞时，它就在一个看似非常不起眼的地方，但是走进去后，却发现这个看似不起眼的火锅店却有着么好的服务。也正因为如此，海底捞超越了他的期望值，当他在给朋友介绍时，也会大加赞扬。

其实雷军对海底捞的体验超出预期是很正常的事，所有去过海底捞的消费者都有这样的感受。在餐饮行业内，海底捞的服务甚至被称为“变态”。但正是因为这种超出人们想象的服务方式，才赢得了良好的口碑以及消费者的口碑传播。

海底捞的官方网站上，有一个板块是特色服务，叫“欢乐专区”。在这里，以图文并茂的方式罗列了被海底捞列为标准项目的特色服务，相信去过海底涝的人都深有体会：

当顾客走到海底捞门口时，迎宾会上前与顾客热情地打招呼。进入海底捞时，遇到的每位员工都会热情地与顾客打招呼。我总觉得这一点海底捞与其他餐饮店不同，后来我才想明白，差别在于海底捞员工的热情都是发自内心的。

如果需要等位，顾客可以免费享受到如美甲、免费饮料、免费零食、擦鞋、上网、玩棋牌游戏、观看表演等服务。

如果有顾客带着小孩来用餐，海底捞会主动提供婴儿椅、婴儿床、睡袋等。

当病人、残疾人或年龄较大的顾客到海底捞用餐时，海底捞会主动提供方便轮椅。

海底捞会为带手机的顾客送上一个透明的小塑料袋，用来保护手机，以免被食物弄脏。

如果有女性顾客散着头发，为方便其就餐，海底捞会送上一根小橡皮筋。

如正好有顾客过生日，海底捞会派员工为其唱生日歌，还会送上一份特殊的礼物。

顾客如果在下雨天用餐时没带伞，海底捞会借伞给顾客。

雾气较大或冬天，海底捞会及时为戴眼镜的顾客送上擦眼镜的布。

顾客在海底捞就餐时点的酒没喝完，可以存放在酒架上等下次享用。

当顾客从洗手间走出时，海底捞员工会及时送上热毛巾，如果女性顾客有特殊需要，海底捞也会热情地提供帮助。

…………

可能也有人会问，海底捞是怎么样做到让消费者超越预期的呢?

其实答案很简单，正是因为他们想得很周到，而且比消费者还要周到。但这些也并不是海底捞的管理者们凭空想象出来的，而是在经营过程中逐渐发现和创造出来的。当海底捞考虑得比消费者还要多的时候，他们自然也就超越了用户的预期，只要用户有需要，他们都能实现。有人将海底捞的服务员形容为哆啦 A 梦，即能随时从口袋里掏出你所需要的一切。其实这都是海底捞的工作人员通过日常的工作总结出来的经验，并将这些经验用于实践中而已。

在日常生活中，有人也会对海底捞的服务产生一种叛逆心理，当听到很多人都在评论海底捞的服务时，这些人会想“真有那么好吗”，他们会想去试试，而试了之后，别人所描述的体验即便全部都是真实的，也只能使用户的预期持平。这时，就会有用户自然而然地生出挑毛病的心理，认为这“不过如此”。

关于这一点，雷军就把控得很好。在他看来，用户的胃口不能被吊得太高，一旦期望值过高，产品很可能无法超出用户的心理预期，那么口碑也就无法形成。但是如果前期低调一些，那么后期就更容易超出用户预期了。

但人们对于雷军的期望值怎会降低呢？雷军曾经加盟金山软件公司，而且还作为中国大陆著名天使投资人投资过卓越网、逍遥网、凡客诚品、UC 优视、尚品网、乐视社区、拉卡拉、可牛、好大夫等在内的二十多个项目。他早已是业界名人，人们对他的期望值不会降低，也不可能降低。

这样的雷军要想超越预期会很难，很不容易做到，但是他却做到了。他是这样做的，在他开始组建团队时，面对大众，说得最多的一句话是：“这件事情暂时保密，严格保密！”雷军知道，在产品还不成熟时，大肆宣扬只会提高用户的期望值，这对企业是非常不利的，所以他便选择了保密的方式。所以当小米手机上市时，仿佛横空出世。而雷军这样做，也有他的目的，小米手机上市即赢得了用户的目光。

小米的第一款产品没有按常理去宣传，而是在论坛里发帖子，就这样，将小米成功地推向世界。但是，当初没有人知道小米会在这个领域称霸，也没有人会想到这款默默无闻的产品和系统会有好评如潮的时候。不得不说，小米的成功逆袭，米粉的数量扩大，说明雷军对最初的用户预期的把握是准确的。如果他第一款手机就高调宣传，那么或许就没有今天的小米了。

核心的口碑永远都是超越客户预期的体验，当小米要求员工用心去帮助用户的时候，小米的神话就这样开始了；当海尔洗土豆的洗衣机开发出来的时候，世界名牌便出现了；而当IBM为客户安装好设备，并且在开出支票后，仍然保持与用户的热切联系时，IBM的传奇也开始了……

这些案例告诉我们，粉丝是营销口碑传播的核心，超越粉丝的预期，即能超越用户的预期。雷军在做小米的时候，他的核心理念就是做出超越用户期望值的产品，能让用户拿到手时会尖叫，他做到了。但是当用户开心期待有一次超越预期体验的时候，粉丝营销也就开始了。

情感营销：有温度的商品更火爆

不管社会发展得有多么快，人有一个特征永远都不会产生变化，即对情感的牵绊。这也是人与动物最大的区别。在这个时代，人们的生活水平整体上升到一定的水平，人们对物质生活的需求已经大幅下降了，但是对于情感上的需求却越来越重要了。这也就说明，人越来越喜欢感性消费了。

这对于销售行业是一个挑战，销售无法再像以前一样提供物质就可以了，而是要将产品与情感融合，再进行销售。虽然对于某些商家来说这并不难，商家需要做的，仅仅是在销售时，为用户真情实感地打造一些特殊的服务，使用户在购买产品的时候，精神也能得到满足。当用户在消费时，精神得到满足后，便能产生愉悦感，更加利于商家销售。

这一点在餐饮行业最为显著。但是，有很多商家虽然打着

"顾客至上"的旗号，可是实际的效果却并不理想。甚至在众多餐饮行业中，众多品牌中，唯有海底捞一家做到了"顾客至上"，并且也得到了顾客的赞誉。

海底捞品牌 1994 年创始于四川简阳，自 1999 年起逐步开拓西安、郑州、北京等市场。海底捞是一家很普通的川味火锅店，它的不同之处在于注意每一个服务的细节，让消费者从进门那一刻到出门那一刻，一直享受五星级的服务。

在海底捞，停车时有代客泊车服务，而在等待排位的时候，可以免费享用不限量的水果、豆浆以及各种小零食，并且还提供了免费擦鞋、美甲和无线网等，甚至有的地方还有供大家娱乐的各种棋牌。

在点餐的时候，可以点半份菜品，只为了能让顾客吃到更丰富的菜品。服务员还贴心地为顾客准备了围裙，避免汤汁溅到衣服上。还为顾客准备了手机袋，为戴眼镜的顾客准备了眼镜布，为长头发的顾客准备了橡皮筋等。当顾客饮料快喝完时，服务员会主动续杯，甚至会主动帮顾客下菜品，并根据食材的不同提醒顾客食用时间。

在洗手间门口也有专门的服务员，为顾客递上擦手纸巾，或者提供其他用品。

吃火锅时，服务员还会赠送顾客水果。就算有顾客提出能否赠送菜品时，服务员也会爽快地答应。

服务员不仅对老顾客的姓名十分熟悉，还会记住一些老顾客的生日以及结婚纪念日。并且送上小礼物、长寿面，还会唱生日歌等等。

海底捞服务员五星级的服务，使每一位去光顾的消费者都愿意再去第二次，并且愿意分享给身边的亲朋好友。还有消费者主动在微博和朋友圈分享在海底捞享受到的待遇，替海底捞宣传。或许有人会问，为什么海底捞能使消费者为其付出这么多呢?

原因很简单，就因为其管理者和员工都付出了真实的感情，正是因为他们给予消费者多方面的照顾和信任，消费者也愿意用自己的真心去回报他们。

海底捞的服务源自人性化管理的真情服务，也正是这种服务，能让顾客感受到他们的感情，并被他们打动。任何企业，团队不可能什么也不做就能让消费者心甘情愿为他们做宣传，要想打动消费者，必须要有真实的、真诚的服务热情。就如海底捞的服务员一般。他们每一位员工，都是真心实意地“为了顾客”，而不是“为了薪水”，这一点，从他们服务的态度中就能感受得到。

海底捞的服务员之所以能真诚待人，这主要源于海底捞的董事长张勇。张勇对待海底捞的员工，也如家人一般。

他曾这样说过：“人心都是肉长的，你对人家好，人家也就对你好；只要想办法让员工把公司当成家，员工就会把心放在顾客上。”这也就是海底捞的工作人员愿意为了“服务”而工作，并且能将所有的热情都用在工作上。而与之相同的是，顾客也能体会到海底捞员工的真心，这也就是海底捞有很多回头客的原因，因为客人只要去过海底捞，都会感受到真情实意的情感。

用户体验其实是用户的主观感受，但是这主观感受却是用户在接触产品或服务时的综合体验。要想用户能有更好的体验，就一定要注意细节，并且从细节着手。将细节贯穿于用户对产品或服务的体验过程中，并且让用户获得的感知远远地大于预想。如果能这样做，那么必然能给用户带去惊喜。海底捞便是从真情实感的细节入手，并且可以说，在这一点上，海底捞是非常成功的。

企业要想在这个互联网时代发展下去，或者是想要让产品火爆，就必须把客户的满意度放在第一位。客户在接受了这个企业或者是产品时，抓住客户怦然心动的那个点，其实才是最关键的事情。

在 2014 年年底时，有一款漫画软件非常火爆，叫快看漫画。快看漫画曾经一度跻身 iOS 系统应用商店免费下载榜的第一名。那么，这款漫画软件为什么这么火爆呢？

随着移动互联网的到来，80 后和 90 后已经逐渐成为新时代的主题人群。而 80 后和 90 后中，有很大一部分人从小接受二次元的世界，漫画深受他们喜爱。并且在这款快看漫画的背后，还有一个动人的故事。

快看漫画的创始人陈安妮介绍说，她从小就喜欢画漫画，在大学期间，还曾做过画漫画的兼职。她在微博上连载的漫画《安妮与王小明》得到了很多用户的喜欢，并且还获得了中国动漫金龙奖。这让她觉得，自己的人生只有 1% 的成功就足够了。

陈安妮毕业后，出于对漫画的热爱，她选择了北漂，开始自己的创业生涯。她将自己的事迹通过漫画的方式发表到微博上，引起无数网友的共鸣，许多网友纷纷表示，她的漫画戳中了他们的泪点。也正因为如此，快看漫画软件的下载量因此而得到保障。

但是，当时的漫画软件并非只有快看漫画，其他类似的软件也层出不穷。那么为什么快看漫画能够超越其他的同类软件呢？这其实还是应该归功于漫画的情感部分。快看漫画拥有的真情实感感动了用户，得到了用户的同情与赞扬，因此它的下载量高居榜首。

这一点在今天很明显，虽然人们的生活节奏变快了，但是人的情感并没有产生变化。只要拥有情感，那么就能引起其他的深思，甚至得到共鸣。企业想要营销，就更应该抓住这一点，适当地打感情牌，在感动消费者的同时，将品牌和产品顺势推出去。

在 2015 年年初，伊利携手网易，推出“热杯牛奶，温暖你爱的人”的主题活动。这次活动是以网易新闻客户端为载体的。伊利将活动的内容以 H5 的方式展现在网易新闻 APP 上。并且为了使活动更加形象，还设置了让用户打开网易新闻客户端，就会看见手机屏幕突然像哈了气的玻璃一般，用户擦拭屏幕，模糊的玻璃上就会逐渐浮现出几行字:“在这个寒冷的冬天，给你爱的人热一杯牛奶，为 TA 送去温暖。”

不仅如此，当用户将手掌心贴向手机屏幕时，就可以在手机上加热牛奶。加后的牛奶可以发送到朋友圈、微博和 QQ 空间等。并且发送的人还可以指定一位他要送牛奶的人。

参加活动的人还能邀请其他的人来参加，为更多的人加热牛奶、传递爱。并且参与这次传递活动的人，都有机会获得伊利免费赠送的一箱牛奶。

伊利的这一活动一出，网友纷纷参与其中，而网易的用户也随之暴涨，伊利牛奶的销量也直线上升。消费者迎来暖冬的同时，伊利也过上了属于自己的暖冬。

伊利这么做，只是在正确的时间，使用正确的方式，打了感情牌而已。但是对于消费者来说，这些都不重要，重要的是，在这个冬天，用这种独有的方式传达了心意。伊利利用人的情感，在提升品牌知名度的同时也提升了牛奶的销量，而网易则是提供了平台与技术，但是却在短短几天内，得到了大批的粉丝。这便是通过人的情感促进消费的最好方式。

对立营销：有对比更显优秀

企业在发展中，会与同行业中的许多企业产生竞争关系，而对立营销，则是企业的产品在推向市场时，竞争阶段中的对立者。这个对立者不仅是品牌，也可以是产品，甚至是企业或者个人。企业根据对立者的营销策略体系，建立起对立的营销策略体系，以跳出同质化的竞争市场，或者是阶段性地打击竞争对手。

每一个企业经营的产品，最终的目的都是通过市场运营来获得商业价值，但是，有很多的企业或者产品会面临这样一个重要问题，在市场上，同质类产品占有很大的比重，但是产品又不可能完全创新。这时，在消费者的心理层面，对于目标消费品，就会进行对比。这也就导致产品多维度同质化，最后就是品牌同质化。而新生的品牌或者是产品，便更容易被淹没在市场之中。

对立营销策略的出现，即是由目标市场、对立者与对立策略三者来组成的。根据目标市场，企业需要设定主要竞争对手为对立者，再针对对立者来建立企业或者是产品自身的营销策略体系。

在品牌或者是产品选择目标市场的市场，必须综合企业、产品、品牌市场总体状况，再根据自身条件选择合适的目标市场。也就是说，确定目标市场的前提是：对自身要有准确的定位。

在这里，我们可以举例说明。

在市场竞争中，消费者一般是关注产品的两极化，即产品的高端和低端。再根据自己的消费能力与产品价值之间的匹配关系来确定目标消费产品。但是，一般在市场经济发展过程中，消费者的消费能力往往处于持续上升的状态，如果 A/B/C/D/E 来确定价格从高到低时及产品端次时，那么 E 就是端次产品，会成为消费去参考，但是不会消费的产品。随着这种划分，产品的销量会根据 D-C-B-A 的递增逐渐减少。在这个时候，对人群和市场的细分，也按端次划分切割完毕。

这在企业内部，一般 A 类产品会被当作概念产品，B 类则是形象产品，C 类则是利润产品，D 类以走量产品而存在，那么 E 类则是补充类产品。企业内部资源一般情况下会集中在 C、D 类上，利用 D 类来抢占市场份额，而 C 类则是用来实现企业盈利。

这个案例也就说明，如果对产品的定位不够准确，那么在选择市场时，就必然会出现误差。

在目标市场存在的对立者，也就是拟定的主要竞争对手，它可以是一个，也可以是很多个。企业在确定了对立者后，只需要考虑产品，可以暂时忽略掉企业运营中的其他因素。但是对立者必须拥有和自己的企业相类似的产品或者服务。这也就说明，对立者有可供选择性，选择的方式则是以漏斗的形式来进行筛选。

当企业确定了对立者后，就需要深入了解对立者的营销策略，并且根据其营销策略，建立自己的对立模式，并且要有自己的对立的营销策略体系。

对立的模型一般包括对立产品策略、对立渠道策略、对立价格策略和对立促销策略、对立服务策略等。

对立营销的方法一般有三种（如图 6-4 所示），分别是向上对立法、向下对立法、覆盖对立法。在这里，笔者将着重分别介绍对立营销的方法。

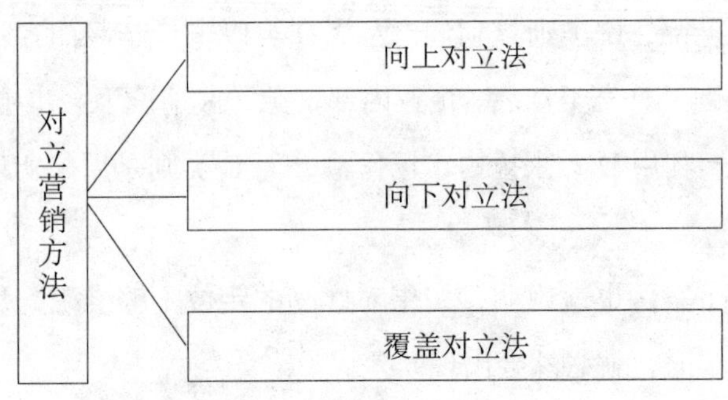

图 6-4　对立营销方法

1. 向上对立法

在这里，我们先来举例：

A 品牌生产奶粉，在市场上，售价是 20 美元。销售的情况比较好，在市场的占有率也比较高。而 B 公司也是生产奶粉的，并且 B 公司的品牌、产品、工艺和功能基本上与 A 品牌相同。那么，B 公司的奶粉，就能成为 A 品牌的对立形象。而 B 需要做的，就是建立相反的标准体系，如价格体系，即售价 120 美元，那么 A 品牌产品和 B 公司的产品在市场上同时存在时，并且在宣传、促销等主观因素情况相仿时，消费者的选择比例则会成为 A:B=80%:20%。

这样做的结果是，B 公司虽然前期的销量比较低，但是盈利却会比较高。并且，在后续的服务及建立完善的营销体系机制后，B 公司产品的销量会逐渐增加，挤占更多的市场，甚至盈利能力还会超过 A 品牌。

2. 向下对立法

以向上对立法为基础，集中企业的资源，通过一个点来打破对立者的固有体系。当争取到基础的市场份额后，再通过产品结构来调整及改善营销体系，以做到提高企业的盈利能力。

充分使用对立营销，不仅可以通过价格体系应用、渠道、包装、销售模式及品牌诉求等，还能利用任何商品元素，只要充分使用，营销的效果会随着消费营销的变化而变化。

3. 覆盖对立法

覆盖对立法中，对立策略会直接性地覆盖到企业或品牌的整体。这种情况一般应用于完全类似的品牌或者企业。比如生活中常见的可口可乐和百事可乐，蒙牛与伊利等。在营销策略的制定中，会在营销策略的每一个部分都进行对立策略的制定。

经过数据统计发现，当消费者在选择产品的时候，即使是完全同质同量的产品，或者是相同的品牌，但是价格却有所差别。在这样的情况下，就算有“贵即是对”的消费心理影响，消费者的初选比例一般是高价格：低价格 =20%:80%。但值得注意的是，这个概率并不是这两个产品就能 100% 地瓜分产品市场，而是在 100 个人中，有 80 个人会选择低价格产品，有 20 个人会选择高价格的产品。如果高价格的选择者中，消费之后，他们能够获得匹配价格的其他增值服务，如售后服务、惊喜、保质期等等，那么这 20 个人，会成为这个产品的忠实消费群体。他们也会认为价格高是对的，价格低的产品必然在产品、服务和其他方面存在瑕疵。这也就说明，越感性的消费群体，结果越是明显。

当前产品质量可谓是危机频繁，而在这种情况下，这类判断最容易使消费者主动发起口碑传播。

粉丝营销：让喜欢你的人更喜欢你

在价值投资哲学中，流传着两个非常经典的四字箴言，一是“少就是多”，意思是，投资质量一般情况下都会好于投资数量；二是“慢就是快”，这个意思也与中国的一句古语相关，即“欲速则不达”，慢往往能得到快回报。

在这里提到这两个四字箴言，并不是要谈论哲学，而是要谈粉丝营销。

对于现代的企业来说，粉丝是非常重要的。与粉丝同样重要的，则是产品的质量。无论是生产产品，或者是服务，无论价格是贵还是便宜，都有一个目的，即满足所有消费者的需求。

但也有这样一句话流传至今，即“众口难调”。那么要怎么样做，才能满足所有消费者的需求呢？这很难做到，所以企业需要做的，就是满足那些愿意相信你的人。这些人会逐步成为企业的粉丝，而随着产品的优势越来越强，甚至均能超过粉丝期待，取得满意的用户体验，即满足了越来越多粉丝。

当企业拥有了众多粉丝之后，虽然可以采用粉丝营销的方式，但需要注意的是，企业切不可简单地把粉丝当成赚钱的工具。有人曾这样强调过，粉丝是真实存在的人，他们也有自己的性格、感情、思想，他们会去思考。如果企业想要得到粉丝的支持，必须真诚地与他们沟通。不能一味关心数据，而去忽略这些拥护者的感受。

有很多企业，在拥有了粉丝之后，便将营销目标着重放在了粉丝身上，忽略了粉丝原本具有的价值。这样做是不对的，粉丝之所以会聚集在一起，是因为有某一个他们共同喜欢的点，他们之所以选择关注某个企业，或者是某个人、某个产品，是因为他们喜欢，并且愿意支持。

企业要做的，即是通过粉丝去了解市场，并且去激发企业自身的价值，寻求更多不一样的点。在这本书中，我们也曾提过一些营销方式与粉丝有关，在众多企业中，这一点做得最好的是小米公司。但是每个企业所属行业不同，粉丝的类型也不同，但是小米公司的方法，值得每一个企业借鉴。

在拥有粉丝时，不能轻易将粉丝当作商品，也不能吸引更多的关注而轻易改变自己，而是要想办法抓住这些已经确定的核心用户，并通过他们，去满足更多的用户。

在这里，我们不得不继续以雕爷牛腩来举例。

雕爷牛腩在得到大众的喜爱之前，只是餐饮业的门外汉。但是这并没有影响其在餐饮业发挥自己营销天才的天分。虽然决定雕爷牛腩的成功因素有很多，但是他在一开始就明确自己的消费群体才是关键点。

在雕爷牛腩开业之前，雕爷就先一步确立了目标消费者，即面向那些月收入较高的白领们。白领主要集中在一线城市，他们的收入可观，个人素质较高，注重生活质量。而他们在意的也与普通民众不同，他们在意的是就餐的环境与服务，所以在选择餐厅时，他们会选择具有创意性的餐厅。

在雕爷看来，这些都市白领的消费能力虽然不足以负担五星级酒店的费用，但是他们愿意为看起来令人赏心悦目的消费买单。于是他抓住了这个群体的特征，比如消费面广、追求新鲜感等，制定了一系列的精品菜单。并且每一个季度都会及时更新菜单，以满足老顾客在新鲜感方面的追求。

一般的餐馆都觉得消费者越多越好，在这些经营者看来，人越多，代表收益越高。但是，在雕爷看来，人多并不是好事，有舍才有得。

雕爷在这方面做出的“舍”有很多，比如，不接待 12 岁以下的儿童，因为儿童会产生噪音，而这些噪音会影响整个就餐环境；雕爷也不挣酒水钱，经营餐饮行业的人都知道，酒的毛利并不低，但如果在酒水上不加以克制，那么翻台率就很难得到保证，也正因为如此，雕爷在这方面直接省略了。但与众多餐饮业有所区别的是，雕爷牛腩在菜肴、环境和服务上不断改进，并且因此吸引了一大批目标客户。这也就使今天的雕爷牛腩拥有了一批非常稳定的顾客群。

有一段时间许多企业的营销方式是“来一个坑一个”，而随着竞争越来越激烈，这种营销已经一去不复返了。

现在想要成功，取决于是否细分了消费者群体，以及是否拥有明确的目标消费者群体。因为竞争的本质和核心即内容必须体现出一定的差异化。

对于消费者有了准确的定位，并为消费者提供的产品和服务能够满足他们的期待，并且超越了用户体验，便能将利益最大化，还能提高消费者的回头率。

企业只有对目标消费者的界定越明确，才越能凸显出品牌的个性。因为目标人群的定位，即有助于准确描述这类人群相同的特征，并且能够通过这个群体，了解消费者喜欢的是什么、期待的是什么。

企业在定位时，切不可盲目地将消费者确定为“所有女人”或者是“所有男人”，在男性和女性之中，应该有更明确的划分，因为每个年龄段，甚至是每个阶层的，他们的追求和喜好都是不同的。

雕爷牛腩就是依靠明确的目标消费群体成功的，同样的例子还可以参考星巴克。星巴克的咖啡对于普通人来说价格不算低，但是它依然在中国市场取得了巨大的成功。虽然星巴克没有做很多广告，甚至也没有明确地进行营销，但很多人要选咖啡时，它依然是首选。

星巴克之所以能做到这样，就是因为其有非常明确的消费者群体定位。星巴克针对市场的分析，也是非常明确。在城市里，有很多人，在这些人中，有一些人从事时尚行业，是潮流引领者。这类人对于外国的饮食文化很感兴趣，并且愿意接受。随着经济的发展，上班族领域也逐渐拓宽了，而这，其实就是星巴克重视中国市场的原因之一。

也就是说，星巴克的消费者定位，从以前的潮流引领者，变成了上班族。

再看那些受大众欢迎的产品，其实可以看出，它们很多曾经都是小众产品，只服务于小众消费者。随着市场经济的发展，它们逐渐服务于大众消费者。这种开发模式也被称为滚雪球模式。而第一批尝试和接受产品的用户，一般被企业称为核心种子用户。正是这类种子用户，推动了消费趋势，并且扩大了产品的用户规模。

正因如此，在企业成立之初，不必要贪图太多，也不必想着突然就有很多消费者，而是要寻找到自己的核心种子用户。为这一批种子用户提供更好的服务，便能使之成为扩散的基础。

雷军曾说，他的忠实客户其实不多，也就十几万。但是，这十几万的客户，却帮小米卖出了一千多万部手机。据 2018 年人口统计，中国大陆总共有 13.95 亿人，但这并不是说，这近 14 亿的人口能成为一个企业或者是产品的目标消费者，也并不是说，都能成为企业的粉丝，而是在这些人中，有哪些人会成为核心种子用户，然后通过他们，形成传播效应。

在进行传播效应时，想要自己的粉丝进行传播，就必须随时观察粉丝的变化，消除其负面的影响，并在产品的基础上做出创新，以做到粉丝能更加拥护产品，并且能心甘情愿，且自信满满地向周围的人传播产品。做到这一点时比较难的，但是，只有付出更多，才能超越自己，而超越了自己，用户在使用产品时，才能产生超越用户的体验，粉丝群才能随之扩大，品牌的知名度也能随之上涨。

企业在拥有粉丝时，也应该和粉丝建立一个属于企业和粉丝的情感桥梁。通过与粉丝的情感融合，培养出自己的铁粉。这一些人，即是产品销售和宣传的中坚力量。

需要注意的是，粉丝是比较情绪化的。明星们会通过“带货”来向粉丝宣传，这在粉丝看来，是情感的表达，但企业与粉丝之间的品牌传播，则要使用与明星们完全不同的方式，即能引起粉丝的情感共鸣，又能使粉丝心甘情愿为之宣传的方式。

服务营销：把阶段性爆品变为长销爆品

在这个时代，想要成功打造爆品其实并不难，难的是让商品持续火爆，给企业带来持续性的利润。这也就说明，商品在短时间内爆红容易，但持续性保持高销量则难。想要打造持续性的爆品，只有维持阶段性的销量，使其在相当长的一段时间里，持续保持火爆的态势。这样才能实现营销利润的最大化。

那么，要怎么样做，才能使阶段性的爆品成为持续性的爆品呢?

这里我们就要提到服务营销。服务营销能回答如何使阶段性爆品成为持续性爆品这个问题，而这也是我们将要讨论的话题。

服务营销是企业在充分认识并满足消费者需求的前提下，为充分满足消费者需要，在营销过程中所采取的一系列活动。

西方学者从20世纪60年代开始研究服务营销问题，直到20世纪70年代的中后期，美国及北欧才陆续有市场营销学者开始正式开展服务市场营销学的研究工作，并且逐步创立了较为独立的服务营销学。但是服务营销真正引起人们重视是20世纪80年代后期，这时由于科学技术的进步和社会生产力的提高，产业升级和生产的专业化发展日益加速，一方面使产品的服务密集度日益增大，另一方面随着劳动生产率的提高，市场转向买方市场，消费者收入水平也显著提高，消费需求开始发生变化，需求层次也相应提高，并向多样化方向拓展。所以服务营销学的发展经历也经历了以下这几个阶段（如图6-5所示）。

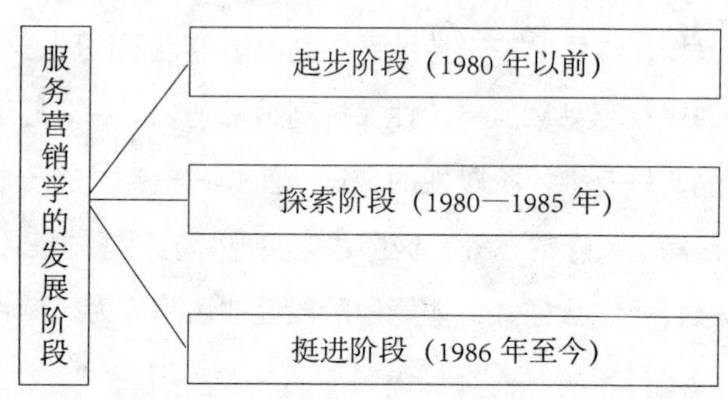

图6-5　服务营销学的发展阶段

1. 起步阶段（1980年以前）

这个阶段的研究主要是探讨服务与有形产品的异同，并且试图界定大多数服务共有的一些特征，比如不可感知性、不可分离性、不可储存性和差异性、缺乏所有权等。

1977 年时，美国银行的副总裁列尼·休斯坦克撰文指出，泛泛而谈的营销观念已经不适合应用于服务营销，服务营销的成功需要新的理论来支撑。如果只是把产品营销理论改头换面，并应用于服务领域，那么服务营销的问题仍然无法解决。从 1977—1980 年，营销学者的研究则主要是基于服务与有形产品的比较，并识别出界定服务的特征。这时，以贝特森、肖斯塔克和贝瑞等为代表的人，准确地归纳出和概括出了服务的特征，即，不可感知性、不可分离性、不可储存性和差异性、缺乏所有权。

2. 探索阶段（1980—1985 年）

这个阶段的研究主要是两个方面：其一，探讨服务的特征如何影响消费者的购买行为，尤其是集中消费者对于服务的特征及优缺点、潜在风险的评估；其二，探讨如何根据服务的特征将其划分为不同的种类，不同种类的服务需要市场营销人员，运用不同的市场营销战略和技巧来推广。

1981 年时，美国的营销学者们开始转移服务营销的研究重点，将其移到服务的特征对消费者购买行为的影响上。其中，美国市场营销协会会议上，西姆斯所发表的《顾客评估服务如何有别于评估有形产品》一文为当时的代表作。

在这项研究中，大家肯定了服务特征对消费者购买行为的影响。由此营销学者们便达成了共识，即，服务营销不同于传统的市场营销，服务营销需要新的市场营销理论的支持。与此同时，还有不少营销学者就此探讨了服务的分类问题。

例如，萧斯塔克根据产品中所包含的有形商品和无形商品的不同比重，提出其著名的“从可感知到不可感知的连续谱系理论”。并且他还指出，在现实经济生活中，纯粹的有形商品和无形的服务都是非常少见的。戚斯则根据顾客参与服务过程的程度，把服务区分为“高卷入服务”和“低卷入服务”。虽然营销学者们的分类各有不同，但是，营销学者们认为，针对不同的服务类型，营销人员需要采用不同的营销战略来进行对待。

3. 挺进阶段（1986 年至今）

在这个阶段，研究的成果主要是探讨了服务营销组合应该包括哪些因素，并对服务质量进行了深入研究，提出了有关服务接触的理论，还有则是服务营销的一些特殊领域的专题研究等，比如服务的出口战略、现代信息技术对服务产生或者管理，以及在市场营销过程中受到的影响等等。

在 20 世纪 80 年代后半期，营销学者们集中于研究传统的营销组合能否有效地用于推广服务，以及在服务营销中，需要用到哪些营销工具？

在这个阶段，营销学者们逐渐认识到“人”在服务的生产和推广过程中所起到的作用，并由此延伸出大量领域的研究——关系市场营销和服务系统设计。

在这一阶段，研究者们的观点依然是不同的，其中，杰克逊提出了要与不同的顾客建立不同的关系；塞皮尔强调的是关系营销才是服务营销人员应该掌握的技巧；以萧斯塔克为代表的营销学者们，则是对服务系统设计的研究做出了重要的贡献；包文和钟斯利则是利用交易费用理论，研究顾客在何种情况下，才愿意参与服务生产过程这一问题。

萧斯塔克在 1984 年、1987 年、1992 年发表了多篇论文，从多个角度阐述了“蓝图技术”对于分析和设计服务，以及服务生产过程的作用。

但是，在这个阶段关于“服务接触”和“服务质量”这两个方面的研究更富有成果。随着感知质量、技术质量和功能质量等概念的提出，服务质量差距理论也应运而生，它们都为后来的服务质量问题研究奠定了非常重要的基础。而在“服务接触”方面，服务人员与顾客在沟通过程中的心理与行为的变化，还有“服务接触”对顾客服务感知的影响，以及如何利用服务人员和顾客双方的控制欲、对服务过程和结果的“期望”、角色转换等于提高服务质量等课题，都在这一时间被研究者们纳入视野。

从 20 世纪 80 年代后期开始，营销学者们开始在服务营销组合上达成了较为一致的意见，即，在传统的 4Ps 基础上，又开始增加“人员”（People）、“有形展示”（Physical Evidence）、“服务过程”（Process）三个变量，从而实现了 4Ps 到服务营销的 7Ps 组合。

并且随着 7Ps 的提出和广泛认可，服务营销理论的研究也开始扩展，内部市场营销、服务企业文化、服务企业核心能力、全面质量管理、顾客满意、员工满意、顾客忠诚等领域也包含其中。这些领域的研究恰好代表了20世纪90年代以来，服务市场营销理论发展的新趋势。

我们分析了服务营销发展的阶段，那么在这里，我们将分析服务营销的特性。

在企业充分认识并满足消费者需求的前提下，企业需要采取一系列的活动，这便是服务营销兴起的起因。在今天，服务营销的方式是多种多样的，有我们常见的网络广告营销、报纸杂志营销。在以前，相比网络营销，传统营销方式更为大众所熟知。而现在随着互联网大数据的发展，网络营销也随之兴起，甚至可以毫不犹豫地说，网络营销已经赶超了传统营销。而服务营销在今天依然是企业需要运用且应熟知的一种手段。了解了服务营销的特性，并根据其特点进行针对性的营销，对于企业的品牌提升，产品打造都有着决定性的优势。

服务营销的研究主要有两大领域，即服务产品的营销和客户服务的营销。

服务产品的营销本质是研究如何促进产品服务的交换，而客户服务营销则是研究如何利用服务作为一种营销工具，以促进有形产品的交换。但是，无论是产品服务营销，还是客户服务营销，二者最终的理念都是顾客满意和顾客忠诚这两点。只有通过顾客满意和忠诚才能促进产品有力的交换，并且实现营销绩效的改进，以及企业的长期发展。

服务营销主要包含服务产品（Product）、服务定价（Price）、服务渠道或网点（Place）、服务沟通或促销（Promotion）、服务人员与顾客（People）和服务的有形展示（Physical Evidence）、服务过程（Process）七个要素。每一个要素都有着更能发展其特长的领域，比如“服务过程”这一要素在美容院时，就是一种复杂程度比较低，但是差异度比较高。

也就是说，不同的要素，在企业运用时，需要根据自己的优势来决定突出某一要素。

传统营销与企业营销也有较大差别。传统的营销方式只是营销的一种手段，但是企业营销的则是具体的某样产品。服务营销对于传统的营销是一种理念，但是企业营销的却是服务。二者的区别，使营销的方式也不一样。在传统的营销方式下，消费者购买了产品意味着这一项合作彻底结束了，虽然有的产品也有售后服务，但售后服务只是解决产品售后的一项技术。

但是对于企业来说，消费者购买了某样产品，意味着二者的合作才刚开始。因为企业关心的并不仅仅是产品的成功销售，而是消费者在企业购买这一产品时，通过产品为消费者提供的服务，消费者是否满意。这也可以从马斯洛的需求层次理论来理解，即人最高的需求是自我实现需求和尊重需求，服务营销则正是为消费者提供了这一需求。但是传统营销方式则只是提供了简单的，能够满足消费者安全方面和生理的需求。

随着社会的进步，人民的收入也日益提高，消费者的需求并不仅仅是一个产品，而是这种产品能够带来的特性需求和个性化的服务，从而使消费者有被尊重和实现自我价值的感觉。

当企业做到了这一点，能得到的就是顾客的忠诚度。

从这一方面来说，服务营销并不仅仅是营销行业发展的一种趋势，而是社会进步下的必然的产物。

企业要想做好服务营销，就必须用更好的服务去打动消费者，唯有打动消费者，提升了消费者的忠诚度，才能使消费者的口碑传播效应得到扩散，阶段性爆品才能成为长效爆品。

全方位运营

新媒体运营

XIN MEITI YUNYING

黄权旺◎著

花山文艺出版社

河北·石家庄

图书在版编目（CIP）数据

新媒体运营 / 黄权旺著 . -- 石家庄 : 花山文艺出版社 , 2020.6
（全方位运营 / 陈启文主编）
ISBN 978-7-5511-5152-8

Ⅰ . ①新… Ⅱ . ①黄… Ⅲ . ①传播媒介－运营管理
Ⅳ . ① G206.2

中国版本图书馆 CIP 数据核字（2020）第 079879 号

书　　名：全方位运营
QUAN FANGWEI YUNYING
主　　编：陈启文
分 册 名：新媒体运营
XIN MEITI YUNYING
著　　者：黄权旺

责任编辑：卢水淹
责任校对：董　舸　郝卫国
封面设计：青蓝工作室
美术编辑：胡彤亮
出版发行：花山文艺出版社（邮政编码：050061）
（河北省石家庄市友谊北大街 330 号）
销售热线：0311-88643221/29/31/32/26
传　　真：0311-88643225
印　　刷：北京一鑫印务有限责任公司
经　　销：新华书店
开　　本：850 毫米 ×1168 毫米　1/32
印　　张：30
字　　数：900 千字
版　　次：2020 年 6 月第 1 版
2020 年 6 月第 1 次印刷
书　　号：ISBN 978-7-5511-5152-8
定　　价：149.00 元（全 5 册）

（版权所有　翻印必究 · 印装有误　负责调换）

前　言
Preface

新媒体是一个宽泛的概念，可以说是利用数字技术、网络技术，通过互联网、宽带局域网、无线通信网、卫星等渠道以及电脑、手机、数字电视机等终端，向用户提供信息和娱乐服务的传播形态。严格地说，新媒体应该称为数字化新媒体。

我们知道，新媒体的特征包括交互性与即时性，海量性与共享性，多媒体与超文本，个性化与社群化。

2012 年以来，移动化和融合化成为中国新媒体发展与变革的主旋律。在移动互联网和网络融合大势的助推下，中国新媒体用户持续增长，新媒体普及程度进一步提高。新媒体应用不断推陈出新，产业日趋活跃，新媒体的社会化水平日益提升，频频引发热点，受众与媒体之间开展了更多更深层次的互动。所以说，新媒体几乎占据了人类所有的空间。

在这一大背景下，如何做好新媒体运营工作，成为摆在每一位新媒体人面前的一个重要课题。

本书针对这一课题进行了深入的研究和探讨。

全书共分为八章，分别介绍了新媒体运营必知的五大要点、做好内容运营的四项原则、做好活动运营的五大秘籍、做好用户运营的七个视角、做好产品运营的五条军规、新媒体文案写作的五项秘诀、新媒体美工设计的四类干货以及新媒体运营需要躲避的四个雷区。最后，以附录形式详细叙述了如何从零开始为一家企业做全面的新媒体运营方案。

本书通过讲解，希望大家能够加深对新媒体运营的认识和了解，掌握新媒体运营的各项方法和诀窍。如果能够对各位新媒体运营人员起到一些帮助，将是笔者最大的荣幸。

作者

2020 年 1 月

01 新媒体，新生态，新机会

02 新媒体内容运营的 4 项原则

08 新媒体运营要躲避的 4 个雷区

附　录

01

新媒体，新生态，新机会

理性把握传播环境的变迁，深入分析移动互联网下半场的特点，校准运营策略的方向。弄清新媒体矩阵的来龙去脉，掌握新媒体生态培育和布局的技巧，并且充分地利用运营新工具，绕过运营的暗坑，全面扫除运营道路上诸多障碍，为新媒体运营奠定扎实的基础。

企业即媒介，平台即生态

新媒体指的是，利用数字技术，通过计算机网络、卫星等渠道，以及手机、电脑、数字电视机等终端，向用户提供信息和服务的传播形态。

从空间角度来说，“新媒体”与当下“传统媒体”是相对应的，特指以无线网络技术和数字压缩技术为支撑，利用其大容量、实时性和交互性，可以跨越地理界线，最终得以实现全球化的媒体。

中文的“新媒体”一词是翻译于英文“New Media”，因此，只有了解了“New Media”一词的来源，才能真正读懂“新媒体”的含义。

“新媒体”一般被认为是作为传播媒介的一个专用术语，是由美国一个叫 P. 戈尔德马克（Peter Carl Goldmark）的人最早提出来的。

作为 LP（留声机唱片）和 EVR（电子录像）的发明者，P. 戈尔德马克还是参与制定彩色电视 NTSC 标准的重要成员，他也曾担任过美国 CBS（哥伦比亚广播公司）技术研究所所长。

在 1967 年，他曾经发表了一份关于开发 EVR 商品的计划，“新媒体”一词首次出现就是在这份计划当中。

此后，在 1969 年，美国传播政策总统特别委员会主席 E. 罗斯托（E.Rostow），向当时的美国总统尼克松提交的报告书中，也多次使用“New Media”（新媒体）一词。从此之后，美国社会便开始流行起“新媒体”一词，直到它逐渐成为全世界的热门话题，成为一种全世界的流行趋势。

新媒体在广义的角度上被分为两大类：一是媒体形态在技术进步的影响下所发生的变革，尤其是基于无线通信技术和网络技术出现的媒体形态，如数字电视、手机终端、IPTV（交互式网络电视）等；二是虽然以前已经存在，但随着人们生活方式的转变，现在才被应用于信息传播的载体，例如楼宇电视、车载电视等。狭义的新媒体仅包括基于技术进步而产生的媒体形态。

新媒体实际上可以被视为新技术的产物，新媒体出现必须具备的条件包括数字化、多媒体、网络等最新技术的发明和广泛应用。媒介传播的形态在新媒体诞生以后发生了翻天覆地的变化，诸如写字楼大屏幕、地铁阅读等，都是在全新的传播空间中对传统媒体的传播内容进行了移植。

这种变化包含以下几项技术的更新。

首先，基于数字化的出现，新媒体的阵营中加入了大量的传统媒体。这一改变传播方式的数字化，同时也是内容存储的数字化，主要表现为媒体的技术变革，也使媒介的传播效率得到了大幅度的提升。

其次，新技术的诞生使得媒介形态呈现出多样化趋势，在网络广播、网络电视、电子阅读器等新的媒介平台上，均对传统媒体的内容进行了一定程度的移植。

新媒体的概念可以从以下四个层面来理解（如图 1-1）。

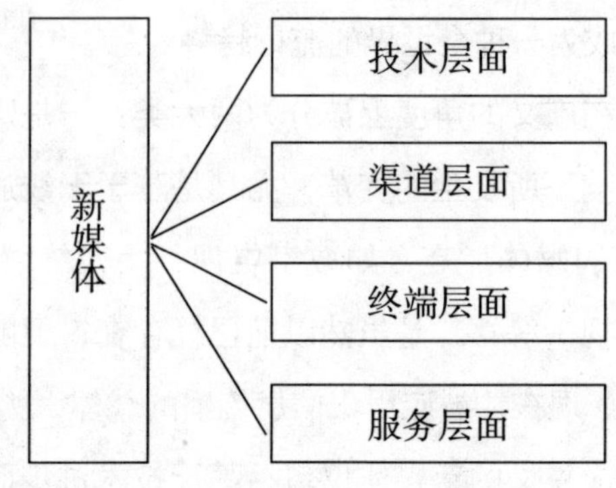

图 1-1　新媒体的四个层面

一是利用数字技术、网络技术和移动通信技术反映出来的技术层面。

二是通过互联网、宽带局域网、无线通信网和卫星等反映出来渠道层面。

三是以电视、电脑和手机等作为主要输出终端的终端层面。

四是向用户提供视频、音频、语音数据服务、连线游戏、远程教育等集成信息和娱乐服务的服务层面。

新媒体以数字技术为代表，打破了媒介之间的壁垒，消融了媒体介质之间，地域、行政之间，甚至传播者与接受者之间的边界。

新媒体利用其交互性极强的网络介质独特性，使信息传播者与接受者的关系变得平等，受众不再单纯被动地接收媒体信息，而是与新媒体在互动的过程中让自己的声音影响到更多的传播者。

新媒体产业不仅会呈现爆炸性成长，另一方面也会造成内向“崩溃”的效果，即所有的企业都会投向同一个市场，也就很容易说明了每个企业都在谈论跨界，都在开通自己的媒体平台，尝试从互联网中找到存在的位置。

互联网将会以内容为本体通过服务融入大众的生活和市场当中，这就意味着互联网的变革将会更加深刻，内容的作用更加重要，内容是为市场服务的，也是为了服务而服务。随着消费升级，个性化的体验需求会更加强烈，新媒体的模式将会以市场为导向、以服务为中心形成雏形，互联网的运营策略需要以这种趋势为基础，建立开放的运营思路。

在新媒体产业研究上，国内外研究侧重点有别，国内关注新媒体如何服务于市场，满足人民日益增长的各方面需求，而国外的研究重点集中在新媒体产业所关注的技术角度，即媒介融合的研究上。

有人总结了美国存在的五种媒介融合，分别为“所有权融合、策略性融合、结构性融合、信息采集融合、新闻表达融合”。媒介融合有以下过程，即“组织融合—资本融合—传播手段融合—媒介形态的融合”，媒介融合的最高阶段是媒介形态的融合。新媒介有可能融合了几种，甚至全部媒体的优点。实际上，新媒体产业所描述的产业深度融合是媒介技术、生产形态和终端融合后更深层次的信息产业各个领域的融合。

可以设想，现在每一个出色的公司都将会是一个媒介平台，拥有自己的麦克风，企业即媒介，平台即生态。每个企业都需要有自己的内容生产团队，根据市场的风向制定个性化的运营方案和传播策略，这种情形目前已经日趋涌现，万达集团就是其中的佼佼者。

2016年3月，万达集团为了实现科学、有效的新媒体投放，万达文旅项目管理中心调研了主流新闻客户端、地方网络平台、社交媒体、视频平台、BAT及DSP平台等九大新媒体投放渠道，其他新媒体（VR等），基本做到了全网覆盖。在这些矩阵中，其中有腾讯广告平台的多个产品矩阵，如广点通、智汇推、朋友圈，其中明显推广产品非“智汇推”莫属，备受市场青睐。

也就是说，万达集团所有业务要向新媒体转变，加强新媒体在项目营销推广工作中的比重要求，他们还制作《2016年新媒体投放蓝皮书》，全面解读市场主流新媒体投放渠道，这份蓝皮书成为业内的宝典，从一定程度上影响着广告投放的生态，也促成了新媒体矩阵的形成。

其中提到，增加新媒体在项目营销推广中的比重，新媒体推广费用达到媒体推广费用的70%以上。互联网广告投放价格偏低，各类平台化广告、移动端广告精准可控，让更多的传统企业看到了广告投放的更多可能性……这不仅仅是媒介投放策略，也是战略调整，更是媒体界势不可挡的转型与趋势。

此外，万达新媒体日益走向新媒体矩阵方向。2016年9月，正值合肥万达城盛大开业，一场颠覆新媒体生态的峰会在这里隆重召开。包括新浪新媒体平台、搜狐新媒体平台、网易新媒体平台在内的六大新媒体平台大佬，100 位新媒体大咖亲临，见证一个覆盖 1.5 亿粉丝的联盟诞生。

万达集团旗下公司 600 家新媒体集体入驻企鹅号等六大新媒体平台，同时万达等 9 家企业共同发表《企业自媒体合肥宣言》。这标志着万达新媒体传播进入新阶段，由自身能力建设为主向着社会化整合、平台化应用的新模式发展，将对企业与新媒体生态产生重要而积极的影响，这也预示着大企业正在朝着新媒体矩阵的方向布局。

据介绍，万达自媒体联盟由万达集团各系统的超过 600 个自有微信公众号、官方微博和外部首批 100 家新媒体组成，总粉丝量达到 1.5 亿，万达自媒体联盟实行平台化运作，联盟成员全部入驻线上平台，平台将通过传播大数据挖掘、粉丝画像绘制和传播路径监测等技术，实现内容和新媒体大号的精准匹配传播。

我们对 1.5 亿这个数字非常感兴趣，可以说 1.5 亿的总粉丝量相当可观，这也是新媒体矩阵的一个特征，媒体之大不仅仅是企业大联盟，更重要的是粉丝众多体量大，试问现在有几个企业的新媒体平台有这么多粉丝?

我们再回到联盟平台的探讨，这也是新媒体矩阵的一个碉堡。在集结万达集团各系统和公司传播投放需求的同时，联盟平台也将逐步向社会和企业开放，不断增加、丰富企业和新媒体供需资源，使更多的新媒体，尤其是中小新媒体有更多机会参与投放资源分配，建立可持续的内容商业化发展模式，从而实现新媒体生态重构。

换言之，万达正在宣扬一种崭新的传播概念，实践一种全新的传播方式，可以这样认为，在新媒体的潮流下，资源即背景，内容即手段，传播即营销，企业即媒介，平台即生态。

传播学家麦克卢汉认为，媒介即讯息，媒介是人的延伸，媒介是社会发展的基本动力，每一种新的媒介的产生，都开创了人类感知和认识世界的方式，在传播中的变革改变了人类的感官，改变了人与人之间的关系，并且会开创出新的社会行为类型。

从这个意义来看，无论是万达自建媒介联盟还是打造自身新媒体平台，本质上都是人的延伸。人需求资讯，需要营销产品创造利润，从这个意义来说，新媒体布局是人的延伸，也是营销的延伸，恰好满足了以上的需求。

新媒体运营 PK 传统媒体运营

大多数企业新媒体运营之所以不理想，源于他们依然在用传统思维运营新媒体。传统企业想要做好新媒体，首先需要的是思维上的转变。传统营销方式和新媒体营销方式有很大的差别，只有真正从思维上意识到这些差别，并对其进行理解和接受，传统企业才有可能在新媒体运营上大展身手。

通常来讲，传统营销方式有以下五个弊端（如图 1-2）。

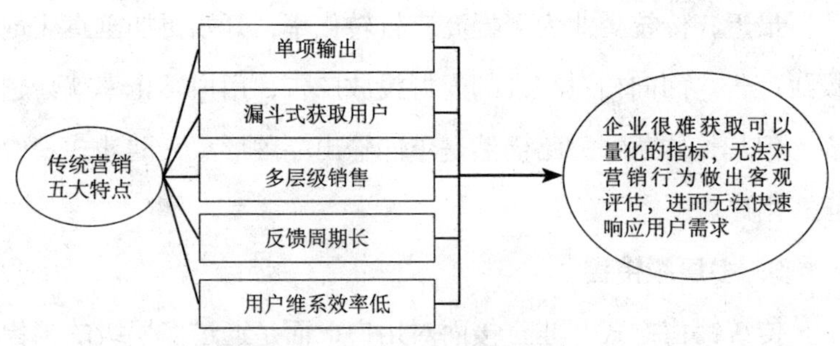

图 1-2　传统营销方式

1. 单向输出

无论是报纸、杂志、广播，还是电视、户外广告，传统营销都只能做到单向输出，这种缺少实时互动的“自说自话”，如“王婆卖瓜”一样难以让消费者信任。消费者无法参与其中，很难激发购买冲动。而且渠道的数据是不透明的，很难监测投放之后的效果，价格也巨贵无比，企业知道广告是被浪费了，但是很难知道浪费在哪里。

2. 漏斗式获取用户

传统营销思路是撒大网，捕大鱼。常言说“有枣没枣打一竿子”，就是让更多人知道、了解你的品牌，再从中获取有需求的消费者。这个过程犹如大浪淘沙，很像漏斗的方式，扩展面大，而最终漏下来的是极少的一部分。因此传统营销在品牌广告制作方面很下功夫，比如广告的立意，定位的准确与否，是否请大牌公众人物加盟，广告宣传语够不够响亮等等，都是需要考虑的内容。

最近，传统企业为了提高广告转化率，开始更加垂直化地投放广告。面向相对精准的人群投放广告，用户转化率就会越高，但其整体营销思路仍然是单向输出品牌形象，漏斗式获取正式用户。

3. 多层级销售

传统销售方式并非直接面对用户，而是通过多层级的销售网络来销售商品。很多品牌产品都有代理商，全国代理，省级代理，地区级代理商。例如汽车销售是通过全国各地的经销商网络来出售的，用户直接面对的是汽车经销商，而不是生产企业，企业在这个过程中只起到培训和考察经销商销售流程与服务的作用。

4. 反馈周期长

用户购买行为发生后，由经销商保存用户信息，企业无法准确获取用户反馈。即使获取了反馈，整个反馈周期也很长，企业根本无法根据用户反馈做出快速调整。传统企业的产品研发虽然会做一些市场调研，但用户基本不会参与到产品研发的具体过程中。

5. 用户维系效率低

企业与用户的延续性交互少，用户的忠诚度几乎完全依赖产品质量和售后服务。

新媒体之所以“新”，是因为新媒体开启了一种不同于以往任何媒体的新的运营逻辑，新兴企业运用微信公众号等新媒体营销更为得心应手。传统企业要做好新媒体营销，要彻底改变新媒体的营销思维，从新媒体端的用户需求和用户价值出发，进而实现传统商业运营思维的整体转变。

相比传统营销方式，新媒体营销具有五大鲜明特点（如图1-3）。

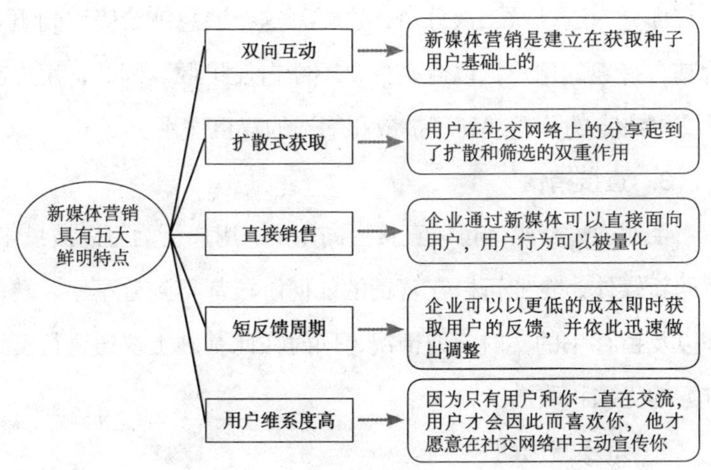

图 1-3　新媒体营销方式的五个特点

1. 双向互动

基于移动互联网的营销，不但可以让传播方和接受方实时进行双向互动，及时获得反馈，数据也是可视化的。企业可以清晰地知道接触到了多少用户，带来了多少转发和扩散，传播时间线和传播量是怎样。

2. 扩散式获取

互联网时代，每一个用户都可以被看作社交网络中的一个节点，而这个节点又可以通过各种形式成功链接到更多的节点。如果从这种角度来看，理论上如果企业传递的信息能够引起一个用户的兴趣，那么该信息就会被用户分享到其社交网络中去，从而吸引更多对该信息感兴趣的用户。所谓“物以类聚、人以群分”，通常围绕在一个人周围的朋友更容易对相同的人和事引发情感共鸣，而在这个同样对这个消息感兴趣的人群中，又会有部分人选择做二次分享，这样，这个消息就会吸引到更多对其有兴趣的用户，以此类推，不断自发扩散。因此，用户在社交网络上的分享起到了扩散和筛选的双重作用。

3. 直接销售

企业通过新媒体可以直接面向用户，用户行为可以被量化。借助新媒体，企业可以在营销的任何阶段都得到分享率、转化率以及留存率的实时获取情况，同时在此基础上快速进行营销方案的优化和改进。

4. 短反馈周期

移动社交的最大特点就是可以帮助企业实现和用户的即时交互，而这也同样意味着企业取得用户反馈的成本可以得到大幅度的降低，并随时根据客户意见进行相应方案的调整。另一方面，这种与用户的即时交互可以应用到企业运营的整个流程中去，甚至于产品的设计工作用户都可以间接性地参与进来，而这种参与感无疑会使得用户的品牌自豪感得到最大程度的提升，从而使得用户在产品宣传上更加主动、卖力。

5. 用户维系度高

新媒体一改传统营销中高高在上的、冷冰冰的、单向强迫式输出的角色，而是向平等的、亲和的、双向沟通式的新媒体营销角色转变。用户通常更愿意自发为一直和自己有着交流活动的企业和产品进行宣传。同时，不定时的交流也会使得客户在产品质量和售后服务都给定的条件下，对企业和产品的好感度以及忠诚度得到提高。

新媒体运营的 5 个特点

新媒体运营，指的是利用微信、微博、贴吧等新兴媒体平台工具，通过现代化移动互联网手段，进行产品宣传、推广等一系列运营手段。通过对品牌的优质内容，以及高度传播性的内容进行策划，并开展线上活动。为提高客户的参与度，向客户广泛或者精准推送消息，充分利用粉丝经济，从而提高品牌知名度。

媒体作为传承人类文明、推动社会经济发展的重要手段，拉近了人与事物之间的距离，广泛拓展了人际交流领域。新媒体在科技快速发展的背景下，以一种新生媒体的形态，以它的开放、真实、无处不在和英勇表达，展现出雨后春笋般的速度，对传统媒体（报刊、电视、广播等）的信息垄断情况进行了遏制。

据相关数据显示：如果想让一种传播媒体达到 5000 万人的普及率，收音机需要用 38 年，电视需要用 13 年，互联网需要用 4 年，而微博只需要用 14 个月，惊人的数字对比显示出了新媒体的发展速度。

新媒体基于它的草根特性，在短时间内迅速吸引大量受众，让“人人都是新闻传播者”这句口号得以实现。

新媒体在这种特性下，让人们的思想观念甚至是生活方式渐渐得到了改变。这种新的方式也让社会一些新的领域得以开启，让一些长期“保持沉默”的草根群体的表达欲望得以激发，他们亲自参与社会进程的诉求欲望得到了唤醒。这些草根成为新媒体能够迅速崛起的重要力量，也对社会进步起到了良好的推动作用。

如今，互联网新媒体运营已经成为近年来十分普及和流行的运营方式，相对于传统报刊、电视、广播媒体而言，新媒体主要是基于移动互联网运营的新传播形态。

即使和传统媒体在传播形式上有很大的差异，但它们还是有这个共同的本质，即主要针对的对象还是媒体。只不过新媒体的传播形式更多样化，包括了文字、图片、视频、语音等形式。

一名优秀的新媒体运营人员一般具有以下特质：懂产品、有网感、懂用户、懂传播、善于整合。

如果想要掌握新媒体运营的特点，我们必须对新媒体进行充分的了解，才能很好地利用新媒体。新媒体运营主要有以下五个重要特点（如图 1-4）。

1. 双向化的传播方式

传统媒体信息传播的方式具有单向、线性、不可选择的重

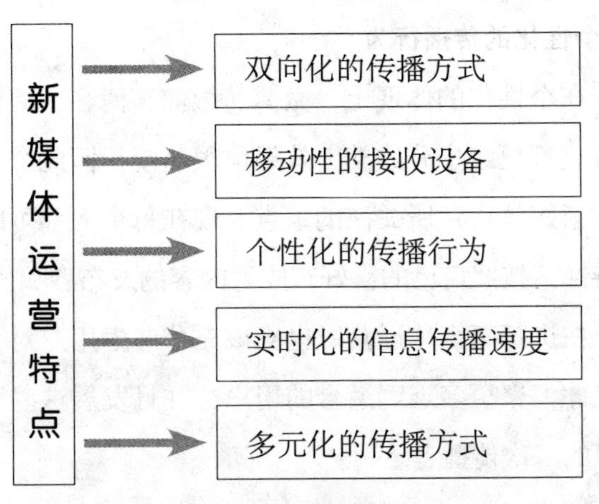

图 1–4　新媒体运营的特点

要特征。无论是信息的发布，还是信息的接收，都规定在特定时间内，显得尤为被动，也缺少信息的反馈。这种静态的传播由于信息流畅性弱，因此得不到很好的传播效果。新媒体出现后，传播方式由之前单向的改为双向的，每个受众既是信息的接收者也可以是信息的传播者，具有良好的互动性，带来很好的传播效果。

2. 移动性的接收设备

企业的运营依靠移动技术的发展，不再局限于台式电脑。新媒体的运营主要是针对移动设备，用户接收企业发布信息的方式都是依靠移动设备。这就需要企业根据移动设备的展示效果来设计内容，以达到最优质的浏览状态。当企业发布的任何信息都可以被用户随时随地接收时，用户对企业信息的反馈也能被企业更及时地处理。

3. 个性化的传播行为

如今在个性化的体现上，微博、微信、博客、播客等新型的传播方式都已经十分成熟，效果也很可观，因此个性化传播应该作为新媒体运营所关注的重点。现在每个人都可以利用新媒体的特性，按照自己的喜好，成为内容的发布者和传播者。

企业在进行新媒体运营时也应该充分考虑用户对个性化的需求，以此汇聚更多志同道合的用户，并且发展这些用户成为企业信息的二次传播者。

4. 实时化的信息传播速度

新媒体的信息传播速度已经可以实现到，信息几乎在发出去的同时，就能被用户看到，这一现象充分体现在微信的朋友圈功能中。

企业想要采用新媒体对信息进行传播，可以利用好信息传播速度实时化的特点，通过新媒体，及时将用户想要了解和掌握的信息发布出去，同时也能更快地接到用户的反馈。

企业在做线上活动、市场调研或是与用户互动等行为中，都可以利用新媒体的这一特性。

5. 多元化的传播方式

相对于传统媒体，新媒体在进行信息传播时有着更加多元化的传播方式，可以结合文字、图片、声音、视频等多种行式于一体，让用户对内容的体验更加真实。同时，信息的内容量和信息的广度通过传播内容的多元化也得以提高。

新媒体运营的布局与培育

新媒体兴起的缘由有三：环境因素、传播因素、营销因素。

一是媒介环境改变，受众注意力分散。也就是说，步入了移动互联网时代，人们捧着手机读屏成为主流的媒介方式，人们的注意力已经逐渐远离了传统的电视、报刊和广播，这是时代不可逆转的潮流，也可以说，技术改变了媒介环境，媒介环境不是一成不变的。

二是传播方式改变。在当今，传统媒体要竞争，广告新闻化是一个显而易见的情况，甚至发展到“悬念广告”，即广告悬念化。传统纸媒刊登广告，不是直接用广告语加图片，而是给你一个悬念，激发你去找到谁投放了广告，大家觉得很新奇，纷纷拍照上传到微信朋友圈或者微博上。这种方式激起大众探索的热情，当然有时也玩过火，违背基本的风俗良俗被监管部门警告。

三是营销早已进入了新阶段。新媒体生态下的广告投放与运营策略也将会随之发展。新媒体的触角延伸到各行各业，就像大森林里的参天大树，根系复杂，遍布在地层深处，不断地吮吸着水分，与一切有关的事物建立关系。

由于公众获取信息的方式日益拓宽，企业提供专业、高效、及时、娱乐化的信息，才能保持曝光量。大企业大品牌的曝光量，相当于当年遍地开花的传统媒体广告投放。随着社会化媒体平台崛起，为品牌推广提供便利，也为企业营销做了最基础的工作。对于品牌营销来说，这是最好的时代，也是最坏的时代。

当今六大新媒体平台是继微信公众号之后新崛起的内容分发平台，对于企业宣传和品牌推广同样重要（如图 1-5）。

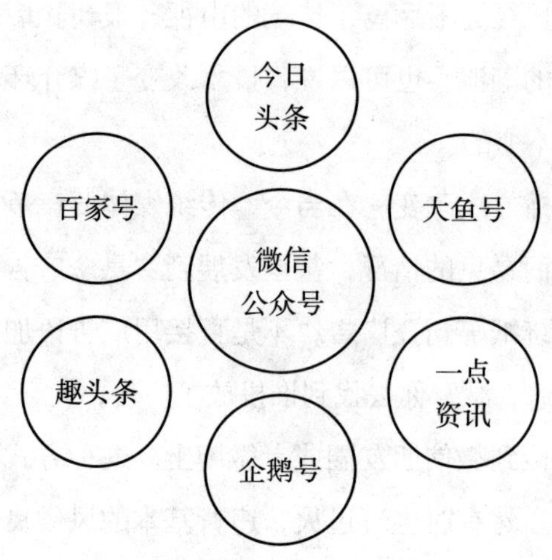

图 1-5　新媒体矩阵的七大平台

1. 今日头条

优点：平台流量大、易申请、粉丝少也可获得高流量。

2. 百家号

优点：推荐百度首页、百度新闻源、作者分成。

3. 企鹅号

优点：多平台（腾讯新闻、天天快报、手机腾讯网、QQ

浏览器、腾讯新闻插件、手机 QQ 新闻插件、QQ 公众号）一键分发与推荐。

4. 大鱼号

优点：内容垂直度高，粉丝精准。

5. 趣头条

优点：门槛低，对于新手要求不高。

6. 一点资讯

优点：平台流量大，粉丝少也可获得高流量。

由此可见，社会化媒体平台崛起，为营销探索提供了舞台。

一是新媒体是企业品牌传播和社会化营销的重要渠道，他们探索建立互利共赢的全新合作模式。

二是探索建立平台化新媒体商业模式，与广大新媒体在信息共享、资金投入和传播创新等方面深化合作，提供更多的企业和新媒体供需资源，促进新媒体行业发展。

三是建立和完善企业间新媒体的协同发展机制，形成资源合力，共同提升企业新媒体应用的整体能力和水平，传播正能量，使它们相得益彰。

笔者曾经为某个项目做新媒体生态布局的方案。这个项目是一个研究项目，旨在从媒体的视角、从文本的重构来观察目标城市近年来的政策沿革、经济发展和城市进步，一方面通过采集全球媒体报道，来分析全球主流媒体对城市的关注程度和关注角度变迁；另一方面，通过挖掘报道文本，识别被重点关注的企业、人物、机构等信息，经过科学分析研究，为城市治理者提供参考。

笔者提出了培育新媒体矩阵，以此发力抢占舆论高地，构建强大的媒体发声渠道。

理所当然，新媒体生态培育也涉及内容策划，不仅是微信公众号还包括外部平台的内容与形式，需要借助社会化媒体营销进行网络推广。也就是说，目前微信公众号推广需要有特色的内容与有趣的创意来全网发力。

广泛布局新媒体生态，前期目的主要是大规模曝光品牌，让受众都知道有这么一个项目，后期持续深耕优质与专业的内容，通过不断产出内容，慢慢做出影响力。内容生产方面，不是就事论事，而是相互交融，结合财经、政经、历史等内容展开。

在平台上，比如音频平台、视频平台、短视频平台、问答平台、微信公众号平台和写作平台上等等都要有所涉及，组成强大的传播矩阵，形成一个媒体生态，通过内容、形式与创意来培育，坚持下来就可以见到曝光量与影响力。

然后争取做出几次影响力大的文章与创意来引爆，再结合一些新闻营销，与高端媒体合作推出品牌。

值得指出的是，一旦新媒体矩阵建立后，粉丝会累积起来的，将来全网平台成生态后，粉丝数会上升到几十万、上百万的，不只局限于微信公众号的增粉，因为微信红利期已过，增粉不容易，单一的平台很难做出影响力，所以将视野拓展到新媒体矩阵。

实际上目的是一样的，做大曝光量，做出影响力，让客户感兴趣，促成客户交易。经过运营一段时间后，会逐步发现哪些平台、哪些渠道效果明显，受众活跃，然后总结经验得失侧重发力。

当然，新媒体生态布局与大规模分不开，比如大内容、大联盟，大平台，大矩阵，大流量，大团队等，但重点还是以内容为主。高效和持续地提供优质内容（包括内容策划与营销、活动方案创意与执行），将会成为新媒体运营最大的核心竞争力，考验着内容生产能力。

没有建立起新媒体布局的企业必将营销乏力，同样没有内容的品牌是没有生存力的。因此，对于新媒体布局，需要全网布局，重点运营，有的放矢；结合产品和服务来构建新媒体矩阵布局。

战术上需要精兵强将，哪怕前期效果不太理想，从长期来看在优质内容上必须舍得大投入。

新媒体生态布局需要结合线下布局，新零售持续发力，让品牌大面积曝光，让新媒体运营带动品牌联动，走出新媒体运作的特色。

新媒体运营必经的 3 个阶段

新媒体的演进历程根据使用主体及受众群体的变化，大致可以分为这几个阶段：精英媒体阶段、大众媒体阶段以及个人媒体阶段（如图 1-6）。

图 1-6　新媒体演进的 3 个阶段

1. 精英媒体阶段

在新媒体诞生之初，由于其具有一定的门槛，因此能有机会接触新媒体的群体数量很少，更不用说用新媒体传播信息。

这个时期采用新媒体的大部分为媒介领域的专业人士，他们一般都处于较高的社会阶层，具有很高的文化素养，因此这一时期又被称为精英媒体阶段。

在 17 世纪的法国，最早出现了“精英”一词。特指在智力、性格、能力、财产等诸多方面都十分卓越的，经过社会精挑细选出来的优秀人物，他们在社会发展中起到了很好的推动作用。

那些最早使用新媒体的受众群体，大多属于少数派团体，掌握着更为丰富和先进的媒介资源，也具有十分前卫的媒介传播意识，因此他们也是新媒体最先受益的那群人。

2. 大众媒体阶段

新媒体在经过大规模发展和普及后，进入了大众媒体阶段。如今，我们无论身处在世界上任何一个角落，几乎都可以通过新媒体，接收和传递知识和信息，新媒体已经成为大多数普通人生活中的一部分。

媒介技术的进步，也带来了传播成本的下降，这是精英媒体向大众媒体发展的一个重要原因。传播成本更为低廉，传播方式更为便捷，传播内容更为丰富，这使新媒体在成为大众媒体后，迅速改变了人们对媒介本质的理解以及人们的生活方式。

3. 个人媒体阶段

在过去，一些具备媒介特长的个体，也随着新媒体技术的不断发展及普及，开始占据媒体资源和平台，逐渐通过网络来发表自己的言论和观点，个人平台的逐渐增多以及个人信息展示分享行为的增加，标志着新媒体进入了个人媒体阶段。

在新媒体运营的发展中，主要经历了下面几个阶段。

第一阶段：在 2000 年及以前，新媒体运营的侧重点是用户运营，重点做到与用户不断地沟通产品体验并保持联系。这个阶段被称为用户运营阶段。

第二阶段：在 2000—2005 年间，新媒体的侧重点就在于产品运营，主要工作是围绕新品研发、及时与客户沟通反馈、现有产品的更新优化等一系列围绕产品所开展的工作，目的是给客户提供更好的产品和服务。这个阶段被称为产品运营阶段。

第三阶段：在 2005—2012 年间，这个阶段新媒体运营以设计具有创意性的活动为主，为了给公司网站带来流量（由于微信公众号正式出现是 2012 年 8 月以后，因此这个时期还是以网站为主要平台），而开展了一系列线上线下的活动，并保证活动的执行过程及效果。这个阶段被称为活动运营阶段。

第四阶段：在 2012—2019 年间，这个阶段新媒体运营的主要工作涵盖面更广，内容更加丰富和多元化，出现了一些为分析用户喜好，撰写具有吸引力的标题，对文案内容进行走心的设计，加工制作优质的短视频，图片及 H5 的精心设计。这个阶段被称为内容运营阶段。

虽然这四个阶段与四大基础模块并不能完全相互对应，但有一点值得肯定的是，这四个模块互相联系十分紧密，缺一不可。很多的公司和机构专门设立了单独部门，来开展新媒体工作，这体现了这个市场环境对新媒体运营的重视程度。即使在如今还存在传统的网络推广方式，但很显然那种方式与新媒体运营带来的流量无可比拟，因此，新媒体运营将会成为大势所趋。

02

新媒体内容运营的 4 项原则

毫不夸张地说，所有新媒体运营几乎可以归结于内容运营，无论是传统媒体还是新媒体，无论是“大号”还是“小号”，“内容为王”的铁律依然有效。因此在新媒体运营中，需要找到内容运营的核心在哪里，如何通过内容运营取得市场的主动权以及如何通过内容增加黏性。

原则 1：明确内容运营的具体职责

运营者通过新媒体的渠道，采取图文或者视频的方式，把企业的信息完整地呈现在用户面前，并且能够激发用户参与其中，分享或传播的一整个运营过程，我们称之为内容运营。

数字新媒体的出现，让广告变得越来越难以界定，许多业内人士觉得传统大众媒体会和网络、移动以及社交媒体逐渐融合在一起，诞生出一种能够更加精确地吸引目标顾客群体的个性化互动方式。

越来越多的公司比如阿里巴巴、腾讯、宝尊等当下都抓住了这个转机，许多中小品牌公司也开始采取“内容运营”的方式，也就是创造及散播大量令人信服的信息来吸引顾客，通过建立品牌与顾客之间的联系，从而最终促使他们购买产品。

品牌要想适应当下数字媒体以及社交媒体的发展，需要与顾客保持对话，在传统平台与数字平台上，都要持续产出新鲜的内容给顾客。其实不管采取怎样的沟通渠道，能够最大限度地沟通品牌信息和强化顾客品牌体验方式才是关键。

有一种就是在 ugc 社区里，把用户产出的高质量内容，通过一系列编辑、整合以及优化等方式对其进行加工，再辅以其他手段进行传播。这跟用户运营往往是相辅相成的。

比如，你在知乎回答了问题，你的回答非常的精彩，那么就会有人将你的答案与别人的答案整理在一起，通过微博、日报或者周刊这些方式进行传播，这就是一种以内容为中心的运营方式。

还有一种就是一些媒体产品，例如澎湃新闻、钛媒体以及36kr 这些媒体，同样也是以优秀的内容作为核心来运营的，与上面说的那种最大的不同，就是需要自己采编、整理、撰写，里面的内容不一定都来自用户。

内容运营的主要职责就是创造、分享以及展示运营内容（如图 2-1），展示的内容中就包括他们自己的，当然也有消费者和其他人员创造的。

图 2-1　内容运营的主要职责

内容运营提出了一种不同于传统媒体的分析框架，主要划分方法是根据创作者以及它是如何创作、控制和传播运营内容的。

根据这种新的分类框架，主要分出了 4 种媒体类型，它们分别是付费媒体、自有媒体、赢得媒体和分享媒体。

付费媒体，英文专业名词为 paid media，是一种运营者需要付费才能使用的媒体渠道，传统媒体中的电视、广播、平面以及户外广告，还有数字媒体中的付费搜索广告、网页及社交媒体展示广告、移动广告以及电子邮件运营，再加上网络，这些都属于付费媒体。

自有媒体，英文专业名词为 owned media，通常指的是由公司自己所有并管理的媒体渠道，公司网站、博客、官方社交媒体账号、品牌社群、运营人员、促销活动等，这些都属于自有媒体。

赢得媒体，专业名词写作 earned media，是一种基于公共关系的媒体渠道，运营者完全不需要为此付费或进行控制，观众、读者以及用户会基于兴趣为其注入内容。主要有电视、报纸、博客、视频网站等。

分享媒体，英文的专业名词为 shared media，主要指的是在消费者之间传播的媒体。比如社交媒体、博客、移动媒体、病毒式营销以及传统的消费者口碑等，这些都属于分享媒体。

原则 2：做好内容运营的 5 个要点

一个优秀的新媒体内容运营，必须做好以下 5 个要点（如图 2-2）。

1. 了解所在行业

行业垂直度越高，读者也就会越挑剔，对内容的专业程度要求也就要更高。因此，当运营者要涉及一个全新的垂直领域时，第 1 步要做的就是快速了解。了解所在行业的最快途径有两种，一种是逛垂直论坛，另一种是关注领域大号。

垂直论坛最大的优点是可以提供足够专业的内容。例如运营者要做的是汽车之类的新媒体的时候，每天要做的就是逛逛

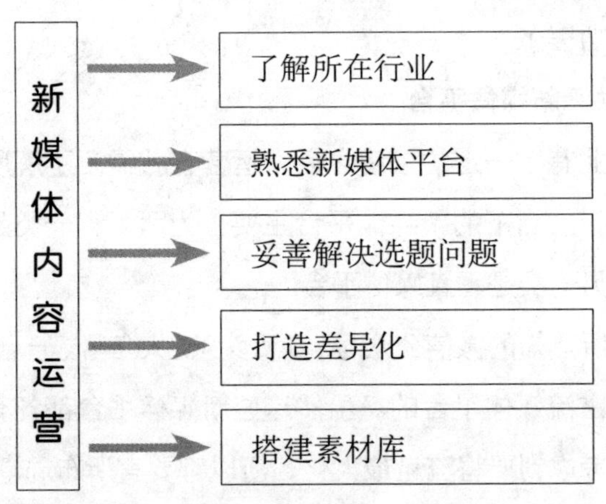

图 2-2　内容运营的 5 个要点

汽车之家、易车、爱卡汽车这些论坛，看看其中有什么热门话题，以及关注度高的帖子都是些什么内容，还有就是论坛的车友都会讨论些什么。

除了关注垂直论坛，运营者还要密切注意那些领域大号。大号之所以能成为大号，一定有其独到之处。

现在互联网上一切数据都公开化，想要快速了解一个大号非常简单，通过平台的榜单功能，筛选出那些与所要运营的号重合度非常高的大号。重合度要从两个方面考虑，一是用户重合度，二是内容重合度。接下来就是获取大号历史记录三个月之内的文章，最后慢慢分析出选题方向以及用户的喜好。

当然，不能只是一天天地混论坛、看大号，这样对运营的理解只能停留在表面上。在做这些事的时候，要带着问题和思考，以学习的态度去做，最后还要有所总结，不然一切也只是在做无用功罢了。

2. 熟悉新媒体平台

对行业有了一定的了解之后，运营者就需要了解所在的新媒体平台了。当下的新媒体平台主要分为两类，一类是主流媒体平台，另一类是垂直媒体平台。

众人所熟知的微信公众号、今日头条、大鱼号、一点资讯等，都是属于主流媒体平台的。虽然这些新媒体平台都各有优点与缺点，但考虑到要将流量最大化，所以都要有所布局。

当然，除了主流媒体平台之外，也不能忽视了垂直媒体平台里的种子粉丝。为什么称他们为种子粉丝呢？因为这些平台的粉丝非常精准，还能保持较高的忠诚度。因此被称为种子粉丝。

那么垂直媒体平台具体指的是什么呢？

比如说，要做一个关于汽车的新媒体账号，那就一定要了解车家号与易车号，因为它们分别是汽车之家和易车网旗下的新媒体平台。而如果要做一个电商的新媒体账号，那么相应地就要去了解淘宝号、什么值得买、小红书之类的平台。

那么到了这里，运营者就要思考一下，自己当下的工作需要去了解哪些媒体平台。

3. 妥善解决选题问题

很多新媒体在开始运营的时候，都抱怨选题难找。接下来就有三个方法可以解决选题的问题。关于内容的选题主要有三大来源，一自身定位，二竞争对手，三用户需求。

自身定位指的就是要在账号定位的垂直领域中挖掘出选题，选题的内容要保证和平台的定位相符合，切记不要盲目跟风。

因此，当一个公众号的定位是健身教学时，就需要保持对健身知识的分享，不能每天总推一些健身撩妹的视频。然而有许多的新媒体运营者，并不知道怎样才能做好定位，在这里教给大家一个简单的方法。

要为新媒体账号做出定位，有两种快速细分的方式，一是对目标用户人群进行细分，二是对行业产品进行细分。

再拿汽车新媒体账号举个例子，如果根据目标用户人群进行细分的话，可以分成学车、买车、换车和卖车。而如果是根据目标用户人群的爱好进行细分的话，则可以分为越野、超跑、改装和自驾。最后，还可以根据汽车产品来进行细分，可以分成 SUV、MPV、豪华车、新能源车、跑车、皮卡等等。

上面提到的这几种细分方式都可以作为汽车类新媒体账号的定位。

通过竞争对手来做选题的方法就简单许多，主要就是通过账号收集，加上文章筛选，加上素材库分析等几个步骤来分析领域大号的高数据表现文章。

账号收集就是通过各大第三方平台的榜单以及各种新媒体的官方榜单来收集同行业里的竞争对手的账号。然后就是批量爬取他们的历史文章，对其进行数据分析，根据他们的数据表现筛选出高质量的文章。

根据用户需求来做选题，获取用户需求的方式主要有百度指数、热点话题以及直接反馈。

通过百度指数可以了解到很多关于所在行业的信息，其中包括趋势的研究、需求图谱、资讯关注以及人群画像等。

热点话题就是我们通常所说的蹭热点。集中的热点又分为可预见的热点和突发的热点。

可预见的热点通常会出现在每个月的营销日历里，百度一下就可以获取很多。

突发性的热点通常来源于微博、知乎这些平台。那么在蹭这些热点的时候，要坚持两个原则：第一，负面的热点不追；第二，热点的指数开始下降时不追。

上面提到的这些都只是在间接地了解用户需求，想要直接获得用户的反馈，需要用到一些运营技巧。

比较常见的就是在公众号里设置一些环节，会对用户提出的问题进行一个收集，然后固定在某个时间段对其进行解答。

而且如果有粉丝社群，那么收集反馈的方式就更是多种多样了，精确的同时成本也能做到更低。QQ 群、微信群甚至是朋友圈都可以成为获取反馈的渠道。

4. 打造差异化

在这个人人都可以成为新媒体的时代，表现得最为明显的问题就是内容同质化，要想最为有效的抢占用户阅读时间，就需要从内容差异化入手（如图 2-3）。

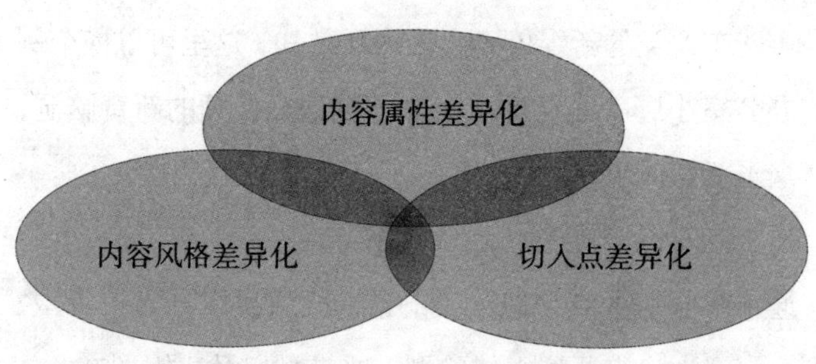

图 2-3 新媒体内容差异化策略

（1）内容属性差异化

这里的内容属性具体指的是文字、图片、音频、视频等这些表现形式。

那么怎么才能打造出差异化的内容属性呢？做到一点即可，那就是敌无我有。

“夜听”和“一条”就是在别的公众号都在做图文的时候，选择了音频和视频作为切入口。“同道大叔”坚持用漫画 IP 产出内容，这就是“敌无我有”。

（2）内容风格差异化

内容风格上的差异化其实非常好理解，就比如说要做一个关于汽车评测的公众号，通过分析国内相关领域许多优秀的账号，可以发现不同的汽车账号之间的风格存在很大的差异。

例如：38 号车评和 Y 车评的风格就是一本正经地说车。而 90 后侃车和李老鼠说车的风格则比较偏向趣味搞笑。还有玩车 TV 和车若初见，专门打造出女司机 IP 说车。

可能车评类的新媒体不太为人所熟知，这里可以换个例子，比如办公室小野就是凭借着有别于普通短视频的新奇脑洞，从而在众多新媒体中脱颖而出。

（3）切入点差异化

通常根据切入点来做分类的话，大致可以分为干货型、观点型、资讯型、点评型、体验型、采访型以及集锦型文章。

比如在2017年就有一部非常火的片子，叫作《人民的名义》，它在播出期间就产生过许多不同切入点的10万+爆文。

5. 搭建素材库

搭建属于自己的素材库，是从事内容运营的相关人员一定要养成的习惯，丰富的素材库资源可以起到事半功倍的效果。

搭建素材库时通常建议要包含以下这些内容：

爆文库，在里面放上自己的账号，或者是竞争对手的账号产出的爆文。

标题库，在里面放上收集到的能够让人忍不住点击进去查看的标题，不管是不是与自身行业相关的文章，都要收集起来。

图片库，用于收集许多高清的无版权图片，切记不要因为图片侵权而惹上官司。

工具库，用于存放新媒体运营的相关工具。

名词库，专门负责将垂直行业里的专有名词解释记录下来，用于提升专业度。

随想库，这个库的作用主要是将平时的灵感记录起来。

原则 3：内容运营不是“运营内容”

我的朋友 H，是一位比较标准的传媒人，文字功底扎实，几乎对于各行各业的新闻事件能写能评，采访突破功力深厚，出过专著拿过大奖，曾经做过成功的报道案例，在媒体圈他算是一枚精英人才。

但是，由于传统媒体行业日渐衰落，收入锐减，他的事业不太顺利，恰逢互联网时代崛起，媒体人转型水到渠成。他心想自己在传媒行业打拼多年，一直以文字打交道，做互联网内容运营应该是不错的选择，凭着自己过硬的功力，谋求一个内容运营经理或者总监的职位应该是没有问题的。

后来，我的朋友 H 很快被猎头推荐去一家互联网公司应聘。这家互联网由摄影论坛起家，目前做“时间电商”（注：“时间电商”概念来源于 Uber、Airbnb 带来的共享经济。共享经济模式盛行以来，“大规模业余化”日渐成为趋势。共享经济的语境，也已经从最初 Uber、Airbnb 等共享有形资产，逐渐发展到共享虚拟物品，如时间、人力资源、脑力劳动等），专注于个人在业余时间分享和打赏自己的技能。

该“时间电商”公司缺少的是内容运营方面的人才，于是开出不错的薪水，朋友 H 很快就与公司创始人面谈，聊得也开心，从天文、地理、历史聊到媒体行业发展大势，从如何做出让人惊艳的标题到如何通过谋求内容打赏盈利，从媒体生涯到如何通过品牌运营拓宽公司影响力……天马行空，聊得甚是兴起。

创始人自始至终都很用心地倾听，而且不时对媒体花边新闻做出回应，我的朋友很开心，认为这个年薪几十万的运营总监岗位稳操胜券，后来面谈结束后，迟迟没有下文，猎头后来才跟他道出了真相。

猎头说我朋友的功力相当不错，如果继续做媒体，他可能将会是一位很出色的媒体人，但是同样是做内容，做“时间电商”可能不太合适。

一是时间电商关键在于兴趣爱好广泛，对于各品类要有自己的理解和运营，比如他们做的是知识技能，摄影、绘画、手工、运动、舞蹈、美食、健身等等，而且这方面的内容运营不同于传统媒体运营，何况 H 在面谈中从来没提及过以上任何一个领域的内容和阅历；

二是缺少互联网内容运营的经验，所谈论的内容规划运营的实操设想是传统媒体的套路，无法适应新兴的新媒体运营发展趋势，虽然文字功底和知识水平很重要，但是如何对新媒体运营有深刻的理解才是重中之重。

也就说，如果世界已经进入了蒸汽年代，别浪费精力研究如何让马儿跑得更快更远。

经过猎头这么一点拨，朋友最后才恍然大悟，原来互联网所谈的“内容运营”跟传统媒体所谈的内容运营根本不是同一回事，这个内容运营更加倾向于生活格调，生活美学，而不是社会新闻和热点评论。

因此，这个案例也给传统媒体人提个醒，无论你在传统媒体的能力有多强，真正要跨界朝着互联网方向迈进，还需要不断地更新知识体系。

我们不妨回头看看这家时间电商的公司，他们的发展背景就是经营时间电商平台，从模特服务开始切入市场，然后一直拓展到约模特、约场地、约化妆、约摄影和培训，延伸到由各类达人提供的约有趣爱好、约活动服务。

除了已涵盖的技能服务、商业服务、娱乐服务和生活服务四大品类外，新开设的服务已覆盖到亲子乐园、时尚白领、玩转校园和礼品定制领域。

综合以上所谈到的领域，好像跟传媒的差别还是有点大的，他们追求的内容运营并非是传统意义上的内容运营，比如通过生产优质的内容扩大影响力并且实现广告盈利；而这家公司需求的内容运营，是为服务品类扩展而努力，力求让不同领域的需求都能找到解决方案，让用户能更便捷地约到需要的服务。

换言之，内容运营不在于能够生产多少内容来填充平台，而是如何拓展服务品类，让用户便捷地寻找到服务。内容运营类似于传统媒体的内容策划与编辑，但是不尽然。当然，媒体人在内容运营上是有优势的，比如文案的策划与撰写、信息整理与搜索、品牌推广与传播、项目的推进和落地等等，具有其他行业不可替代的能力。

互联网产业发展方兴未艾，进入移动互联网时代后，互联网公司的种类覆盖到所有的生活中，所有的互联网公司都需要内容运营，互联网内容运营更是千差万别，不妨对比一番（见表2-1）：

互联网平台类型	代表机构	内容运营倾向
门户类	新浪，搜狐	内容的编辑与发布；页面的日常维护更新；撰稿人的维护与拓展；策划专题；新媒体（微信、微博等）等综合业务
电商类	唯品会，蘑菇街	文案撰写、页面管理、创意策划、活动支持
知识类	知乎，果壳网	热点追踪、选题策划、文案策划、拓展媒体渠道、内容生产与编辑
社区类	天涯，凯迪	挖掘社区原创内容、项目执行落实、编辑与生产内容、新媒体运营
直播类	映客，YY	挖掘和培养网红、通过内容包装和推广主播、保证直播质量、策划内容方案、数据分析、维护用户关系
游戏类	腾讯，网易	内容策划、文案撰写、创意发掘、游戏体验与测试、网络推广、客服维护、新媒体运营
图片类	POCO，昵图网	文案撰写、市场调研、产品规划、用户维护、数据分析、内容整理与搜集、项目运作

续表

互联网平台类型	代表机构	内容运营倾向
视频类	爱奇艺，优酷土豆	对频道的规划与调整；内容策划、推荐、推广和专题的创建和维护；开拓行业优质内容合作资源；数据收集与监测；日常内容的推广与维护；配合活动运营
音频类	酷狗音乐，蜻蜓 FM	图文信息采集、图文编辑、审校、图文内容维护、日常更新推荐、外管团队的引导； 挖掘优质主播（媒体、公会）图文作品并撰写推荐文案，有效提高星讯频道流量； 收集和分析频道内各项数据，及时对频道内各版面的功能进行分析、总结和改进
行业类	马蜂窝，妈妈网	内容策划、撰写、运营、推广；为本地用户提供最实用最接地气的信息资讯；作为话题推动者，挖掘当下热点，洞察用户需求，通过策划引爆社区活跃度
广告类	有米科技，友盟	文案撰写、广告投放、市场合作、创意策划、新媒体运营、客服维护、媒介拓展、活动策划

表 2–1　不同平台的内容运营倾向

以上内容运营的工作烦琐复杂，根据企业发布的内容运营岗位总结而成。互联网公司的技术、产品和服务不断地交汇融合，跨领域、综合性工作诸多，几乎找不到单纯专注于内容生产的互联网公司，只不过通过列举来认知互联网内容运营的差异而已。

互联网公司的内容运营虽然千差万别，但是也有一丝规律可循。我们不妨从内容运营专员，运营经理到运营总监的要求与能力来看一看。

一般来说，除了基本的表达能力、沟通能力和协同能力等共同的职业素养外，对运营专员的要求最基础的是能够结合行业热点，编辑和撰写相关文案文章。这就要求对行业情况了解，并且文字基础要扎实，同时能够做一些策划和专题，能够收集到数据，并且能够总结和反思内容的得失。

对于运营经理来说，能力方面也在运营专员所要掌握的能力上升几个阶梯，比如关切热点，带领团队创造、编辑、组织原创内容制作和专题生产；对平台内容运营数据的整理、分析，定期提交分析报告，负责平台的优化、升级，提升相关数据指标。要求是熟悉互联网思维模式，有资深的运营经验、深厚的文字功底、专题策划、市场推广和品牌包装实力，更加侧重于创新精神、统筹规划能力、组织协调能力、学习沟通能力。

而对于内容运营总监来说，又是一个更高的进阶。总监的岗位不在于具体的实践操作，更侧重于管理，比如协助制定公司产品运营计划、宣传策略，提高产品知名度和影响力；协助制定、完善、实施公司线上平台的相关管理制度，不断优化工作流程；对互联网行业产品进行研究，了解市场需求，分析竞争对手、产品和市场生态，为公司产品结构优化提供参考，让公司线上产品符合当前的市场发展趋势；与线下团队协同合作，将公司的优质线下资源转化为线上产品，等等。

当然，以上列举的内容运营岗位与级别并非一成不变，而是一般意义上的内容运营架构与要求，每家互联网公司情况不一，他们都会根据公司在行业所处的位置，运营情况和市场变化而做出适当的调整。对于普通的运营实战人来说，这些能力是不可忽视的。

1. 熟悉互联网发展大势

在诸多行业中，发展最快的是互联网，新零售、IP 运营、网红直播、粉丝经济、知识电商、共享经济和区块链蜂拥而至，一不小心就错过了风口，现在很多传统企业转型困难原因很多，但归根结底是遇上了互联网时代。

互联网时代变化得很快，很多人的思维仍然停留在传统里面，比如很多人看到马云和电商发展的峥嵘岁月，看到了门户网站的广告坐等收钱，后来者还想通过电商和门户来发大财。

殊不知，电商和门户也成为传统行业，马云开始从 2017 年放弃“电商”的说法，这个“传统行业”不是核心的业务，阿里巴巴也将会成为科技互联网公司；

比如本节开篇朋友 H 的求职经历，无法把握住时代的大潮，大到公司小到个人，不管是高层管理还是基层运营，倘若不懂大势，公司没有优势，个人没有前途。

2. 文案能力和富媒体实操能力

文案能力，是所有工作的基础，但是在互联网时代，文案能力更是不可忽略，今天的新媒体发展得如火如荼，优质的新媒体微信公众号，文案能力是让人惊艳的，从标题上来看，不再是传统中凝练浓缩的短标题，而是悬疑戏谑娱乐化的长标题；从内容来看，除了传统意义上的图文并茂，还融合了富媒体；在广告运营方面，广告内容化，与信息无缝对接……所有的这些内容生产的背后都是文案能力和富媒体综合执行能力的结果。

微信公众号“吴晓波频道”，有一篇《为什么你的生活还在按部就班走流水线？》，心灵鸡汤式的标题一下子击中了很多粉丝的痛点，实在忍不住点击进入看，文章一开始就是一本正经地谈论描述普通人僵固的生活轨迹，一直谈到生活的“舒适区”，然后配上图片，解决方案是：这般一成不变的流水线式生活，才应该尝试插入“第三空间”，走出舒适区。于是广告就从“舒适区”内走出来了，一气呵成，对接巧妙推广吴晓波的新书和阳澄湖牌大闸蟹，让人被广告“虐”得如此舒畅。

网友不得不给这个广告点赞。在新媒体时代，类似这样的广告“赤裸裸”地植入不胜枚举。

这样的广告内容化是新媒体最流行的广告植入和品牌植入的方式之一，从事内容运营的读者不妨多一点留意和收集这些

“套路”，这是值得借鉴的地方。

3. 数据分析能力

很多内容运营的人员忽略了数据运营的能力，通过数据的变化来调整内容运营方向，这是新媒体运营中最常见的一招。比如 APP 的下载量、微信公众号新增粉丝数、阅读数、掉粉率等等；平台网站的 PV、UV、IP 等等；在结合内容的广告投放中，分析投放数据（游戏、渠道、广告素材）以及监控投放效果（点击率、转化率、成本等），通过数据窥视到运营的得失，挖掘出运营中的漏洞，开发出更好的运营思路。

网络流行的一个典型例子，现摘录如下：

以 GrowingIO 的技术博客为例，该博客属于 PGC 模式。博客中的内容有不同分类，为了降低用户获取信息的成本，运营方在博客首页设计了不同板块的入口，包括左侧分类导航、中部文章推荐和右侧热点推荐。

后来他们发现用户主要通过左侧的导航栏和中间的推荐阅读文章，较少点击右侧的热点推荐。所以，在移动端，他们取消了右侧的热点推荐，仅保留了分类导航和中间的推荐。既节省了空间，又最大化满足了用户的内容需求。

同时，他们也对分类导航栏的内容进行了分析，发现用户对“案例分析”的内容最感兴趣，立即调整，这对我们今后的内容选择是一个非常好的启发。

在运营实践中，有人这样强调，产品运营是发动机，数据运营是指示表，内容运营是油，用户运营是驾驶员，活动运营是催化剂，市场运营是油门。由此可见，整个运营体系是紧密联系在一起的，缺少任何一环，整个车子就动不了，因此既然内容运营是“油”，那么开车狂奔，却没有数据运营这块指示表，不知道开了多少耗油多少，车子还能爬行多少，有没有其他的油料问题等等，车子行驶自然不会顺畅。

做内容运营，不仅仅是基于产品的内容进行内容策划、内容创意、内容编辑、内容发布、内容优化、内容运营等一系列与内容相关的工作，还要看看数据，数据不仅直观地反映了内容运营效果，而且还能够更加明确地反映平台和文章的质量。如果质量有问题，找到对策，相当于给车子加满优质的燃料，车子自然会跑得更稳当。

我们先看看一个网站（APP）的相关数据（见表 2-2）。

序号	指标名称	指标定义	指标反映含义
1	页面浏览量（PV）	用户每 1 次对网站中的每个网页访问均被记录 1 次。用户对同一页面的多次访问，访问量累计	评价网站流量。PV 越大，流量越多，人气越好
2	独立访客（IP）	即 Internet Protocol，独立 IP 是指访问过某站点的 IP 总数，以用户的 IP 地址作为统计依据。00:00—24:00 内相同 IP 地址只被计算一次	表示拥有特定唯一 IP 地址的计算机访问您的网站的次数，因为这种统计方式比较容易实现，具有较高的真实性，所以成为大多数机构衡量网站流量的重要指标

续表

序号	指标名称	指标定义	指标反映含义
3	独立用户数（UV）	是指不同的、通过互联网访问、浏览一个网页的自然人	独立访客是指某站点被多少台电脑访问过，以用户电脑的 Cookie 作为统计依据。 00:00—24:00 内相同的客户端只被计算一次
4	重复访问量（RV）	重复访客的数量	主要反映出平台的内容受欢迎的程度
5	平均访问页面深度	访问深度，是指用户一次连续访问的店铺页面数（即每次会话浏览的页面数），平均访问深度即用户平均每次连续访问浏览的店铺页面数	反映出页面的布局、内容和排版等受关注的程度，深度越大，受关注的程度越深
6	页面停留时间（TP）	即是 TP（Time On Page），受众在页面所停留的时间	反映用户体验分析及流量质量监控的重要指标
7	页面跳出率	跳出率是指仅阅读了一个页面就离开的用户占一组页面或一个页面拜访次数的百分比	网页的跳出率是一个权衡网站用户体验的重要指标
8	回访人数比率	即再次访问的人数比总访问的人数	反映网站的内容质量，用户体验重要指标
9	忠诚用户访问比率	即忠诚用户访问的人数比总访问的人数	反映出网站内容对用户的价值

表 2-2　网站（APP）相关数据

此外，还有以下的数据名词或者互联网专业术语，对于内容运营者不可不知道的名词：

TS（Traffic Sources）：流量来源渠道

SEO（Search Engine Optimization）：搜索引擎优化，通过优化页面上的标签，内容，内外链等提高搜索引擎的搜索结果排名

SEM（Search Engine Marketing）：搜索引擎运营，竞价排名

ASO（App Search Optimization）：应用市场优化，通过app 名称，介绍文案等去覆盖热词

ROI（Return On Investment）：投资回报率

DAU（Daily Active User）：日活跃用户，对“活跃”的定义应与 APP 的核心业务有关

ARPU（Average Revenue Per User）：用户平均收入，只反映收入情况

CMS（Content Management System）：内容管理系统

UGC（User Generated Content）：用户创造内容

PGC（Professional Generated Content）：专家创造内容

人们常言数据是互联网世界的石油，掌握了数据这个战略资源便掌握了全局。从个体来说，如果在数据分析中，还懂得常用数据结构和算法，熟悉一些统计软件工具和编程语言，那

么在运营中你将会更有竞争力，因为现在是人才复合的时代，懂得越多，优势越大。

4. 高阶能力的锤炼

想成为高阶人才，不妨听我说一个人的成长履历。

有一个朋友的朋友 K，有着 12 年以上 IT 及互联网行业工作经历，她对自己的评价是：

①具备融合“线下”与“线上”运营管理的能力，能灵活地把线下管理方法论契合线上管理场景。

②拥有互联网新媒体内容领域初创企业（Pre A 轮百万量级内容平台）首席运营官背景，能承担新商业环境下挑战，拥有高质量流量合作资源。

③对微信公众号的品牌定位、用户运营及商业变现拥有丰富实战经验，能够从战术角度制定内容定位、团队搭建以及用户增长路径的策略；经过多年大型领先企业的历练，养成了敬业高效的工作习惯，积累了丰富的行业客户资源。

我们看到，既具有宏观的行业布局和战略规划能力，又同时具备高度的组织统筹和落地执行能力。有较好的商业意识，强烈的市场觉察力和沟通协调能力；对数据敏感度强，清晰严谨的逻辑思维能力和分析能力；通过大量实战的项目经验积累了专业的商务谈判能力；负责初创企业建立高效开放的组织体系，建立完善、优化业务运作体系和工作流程，辅助和协同创始人进行初创企业“找钱、找人、找方向”……

这样的人才是屈指可数的。我们可以推断，这样的人才在运营中会多么受到企业的追捧。因而，如果在运营上要想往更高的层次发展，可以参考这位朋友 K 的“撒手锏”，比如擅长于战略布局或者团队搭建等能力。

例如，在战略规划方面，首先，需要了解行业动态，通过 SWOT 方法做出商业判断，并结合产品迭代节奏，制定运营战略和规划；其次，可以根据运营战略，运用 milestone 理念制定阶段性目标和计划，沉淀高效的运营流程、方法，协调各部门落地执行；最后，善于运用丰富的新媒体、KOL 渠道合作资源和头部流量合作、广告、产品端的资源，完成销售渠道开拓指标，进行产品上线推广。

5. 懂得团队搭建

负责帮助公司建立高效开放的组织体系，建立和完善业务运作体系，使用精益管理理念，持续优化工作流程，完善招聘、面试、入职、培训流程；根据人效产能规则，从个位数人员开始搭建业务团队到小规模的团队，包括买手团队、设计团队、编辑团队等；设定团队工作范围、业务流程以及业务绩效考核。

所以说，内容运营不是运营内容，除了懂内容，还要懂得其他各种相关问题，才能做好新媒体内容运营工作。

原则 4：提升原生内容的运营能力

从技术的角度来看，内容运营需要运营者掌握的技能包括文案撰写、富媒体实操能力、数据分析，那么从“基础理论”

的角度来看，内容运营的核心到底在哪里？

我们知道，众多科技新媒体在微博时代崛起，内容以原创和独家赢得了市场的回应：36 氪关注创业；雷锋网偏技术、产品；虎嗅网偏商业和公司，而且虎嗅重评论；Social Beta 偏重社会化媒体；Ping West 认为他们和硅谷更接地气，资讯更加第一手；钛媒体注重深度报道。内容差异性竞争让这些科技新媒体依照内容生产规律迎来了微博时代内容创业的春天。

现在互联网创业仍然如火如荼，内容创业迎来了又一个繁华美丽的春天。比如“今日头条”成为基于机器算法的内容个性推荐，成为这个领域的佼佼者，资讯定制推送成为新的方向；同时，以内容原生的内容创业更是赢得了市场的青睐，知识付费逐渐成为时髦。

比如“在行”“小密圈”“值乎”平台进入了时代的大潮中；在线碎片化教育项目“熊猫书院”，付费学员系统性学习推荐书单中的精髓内容；各大网络视频平台进入会员收费模式，浏览自身平台独家内容；由腾讯众创空间孵化的“千聊”，是国内领先的在线知识社区，各领域精英每天直播分享彼此的专业知识和经验，实时互动交流。千聊是一个专注于知识分享的平台，通过直播的形式让您直接找到各个领域的专家、老师、达人……

实际上，付费是对内容最好的尊重，也是对于互联网有为者的褒奖。知识电商和内容付费骤然兴起，归根到底，原生内容将是这场内容创业大战中最核心的能力。

笔者曾经在某互联网媒体社区从事过内容运营的工作，对于原生内容有一些心得可以分享（如图 2-4）。

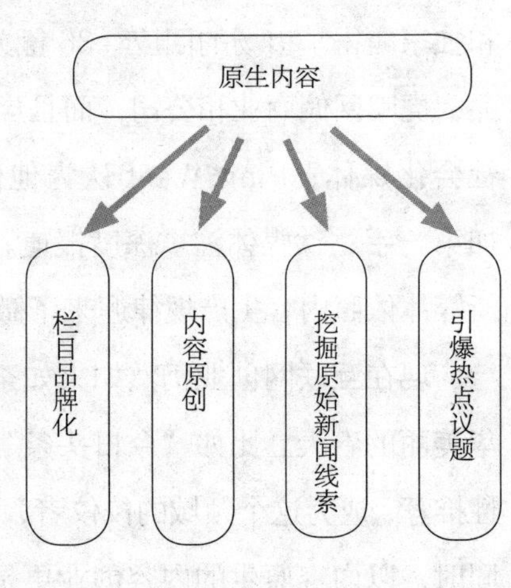

图 2-4　打造原生内容的四个要点

一是栏目品牌化。社区经过策划与运作，打造了“大家谈”“新闻说法”“财经评论”“国际视点”“舆情观察”“翻书观影”“政经早报”等原创品牌专业评论置顶栏目，通过不同的视角去剖析新闻事件，赢得了不错的口碑。

二是内容原创。编辑的日常工作有一项就是原创内容，内容生产能力也体现了内容运营者的功力，因此不断加大了优质文章评选，编辑们优质评论源源不断地贡献内容，引起了网友的热捧。

三是挖掘原始新闻线索。这算得上是当年社区最核心竞争力的内容运营。2012 年 11 月，笔者在全国范围首次曝光贵州毕节五亡童的新闻事件，引起了举国媒体跟进报道，掀起了关爱留守儿童的热议，这也算是职业生涯中较有影响力之作。

另外，广州公民区伯的系列新闻与评论。最早于任职某地方网站期间，以发起某热点人物请保镖事件，引起电视媒体关注，并以嘉宾身份出席讨论；2015年，追踪新闻热点人物嫖娼案，赢得了全国新闻的关注与赞许，树立了良好的品牌效应。

四是引爆热点议题。2015 年，在社区官方微博中首次质疑三大运营商“提速降费”无诚意的观点，引发媒体跟风热议。随后，长江客轮倾覆事件，追问七大疑问待解，引发舆论关注。

当然，以上的内容运营核心操作手法是根据平台的具体情况和目标定位而执行。曾服务的论坛社区是属于时政社区，有十几年的积累，用户画像是“关心时政的网友”，相对于其他互联网平台来说，评论和打捞原始新闻线索是最具竞争力的法宝。

通过这些案例来看，内容的原创或者说是内容的原生能力，是内容运营的核心。当明确了受众是谁后，那么要解决内容来源，一般来说，内容来自：传统媒体生产的内容；专业期刊图书产生的内容；微信公众号上产生的内容；知乎上产生的内容；其他论坛社区里产生的内容；KOL 产生的内容；自己原创生产的内容等等。

从内容原生的角度来看，有专业和业余之分，因此出现了 UGC（User-generated Content，用户生产内容）。随着移动互联网的发展，网上内容的创作又被细分出 PGC（Professionally-generated Content，专业生产内容；也称 PPC，Professionally-produced Content）和 OGC（Occupationally-generated Content，职业生产内容）。

UGC 和 PGC 的区别，是有无专业的学识、资质，在所共享内容的领域是否具有一定的知识背景和工作资历。

PGC 和 OGC 的区别相对容易，以是否领取相应报酬作为分界，PGC 往往是出于“爱好”，义务贡献自己的知识，形成内容。OGC 是以职业为前提，其创作内容属于职务行为。

对于 UGC，激励用户创造内容的手段：给予荣誉感和物质奖励，提高参与感和归属感。

也就是说，这些手段既能够满足用户的物质需求，也可以让用户觉得自己被重视。

因此，在面试内容运营岗位的时候，招聘单位可能还要求应聘者有内容运营的成功案例。在 BBS 时代，看的是文章点击量有多少；在微博时代，看你的创意文案的转发量和评论数有多少；在微信时代，看作品的阅读数和点赞数有多少。所谓成功的内容运营案例，主要还是侧重于内容的影响力，传播广度和热度，尤其是题材跟风模仿者的多寡。比如：

主流社交网络上比较流行的网络流行语——“友谊的小船说翻就翻”，它来自漫画作家喃东尼最开始创作的“友谊的小船”。“友谊的小船，说翻就翻”，其实就是两个朋友之间，委婉地说出：哼，我不想跟你玩了，寓意友谊经不起考验，说变就变。

“友谊小船”最早的说法来自英文友谊一词“friendship”，而说翻就翻的说法来自曾经流行的一张恶搞配图“让我们荡起双桨，小船儿说翻就翻”。friendship 读起来就像翻的 ship。真正火起来的是韩剧《太阳的后裔》，调侃剧情的段子“说分就分耿直无双”衍生出来的“友谊的小船说翻就翻”等一系列内容。

然后，一系列“友谊的小船说翻就翻”的内容恶搞大行其道，品牌和行业模仿不断，成为网络运营的佳话。

我们可以看到，互联网的各方面运营是系统性的。成功的内容运营不只是传统意义上文字有多少人点击，视频有多少人收看，而是有多少人模仿跟风。

同样，网络流行的“凡客体”和“陈欧体”，也是内容运营中的杰出佳作，内容运营突破了一般意义上的稿件撰写，他们不在于内容的优劣，而是在于出色的传播以及能够引起网友的模仿，而这些内容都体现了原生性。互联网颠覆、解构和嘲弄精神无孔不入，构成了内容生产新生态。

微信公众号中，从内容运营脱颖而出的微信公众号不计其数，其中不乏通过心灵鸡汤的方式来搅动社会躁动的情绪，简单粗暴地博取眼球，最富有争议的“咪蒙”微信公众号便是典型的案例。后“咪蒙”公众号文章涉嫌造假被运营者主动注销。

如果从内容发展态势的角度来看，内容平台众多分解了人们的注意力，因此只有低俗粗暴，简单直接的言说方式能够强烈地黏住网友的眼球，这也是备受人们质疑的内容运营原因之一。很遗憾，目前内容运营要“杀出一条血路”，这种方式貌似还是奏效的，不过也无异于饮鸩止渴。

随着新媒体的增多，平台矩阵越来越多，分发的渠道增多，内容尽可能铺遍网络平台，成为内容运营最重要的发展策略，从文字、图片和视频类内容来看，铺开内容的广度和热度，需要从媒体矩阵上布局。与此同时，我们也要看到，没有独家的内容就没有独立的竞争力，对于个人来说，失去了原创能力将会失去核心竞争力；对于平台来说，提高内容原生能力会让平台走得更快。

在人们的印象中，曾几何时互联网公司总会有他们的标签，阿里是电商的杰出代表，腾讯是社交的杰出代表，百度是搜索的杰出代表，天涯社区是爆料的代表，土豆网站是视频的代表，微博是新媒体的代表……

这些刻板的企业形象主要是由于前期核心运营能力所决定的，也是他们内容原生衍变的结果。即使这些企业随着市场不断地开拓进取，已经实现跨领域多元化的经营，但是要想在残酷的市场中立足，创新精神，以及内容原生仍然是战胜市场的不二法宝。

内容的形式不断地进化，内容已经不仅仅停留于文字与图片、视频上，出现了新的趋势。那对内容运营提出了新的要求，我们不妨先从直播和 VR 谈起。它们是当今最热门的话题，也是互联网发展的奇葩。

先说直播。现在的直播局面有点类似于当年的团购网“打团大战”，竞争到白热化的阶段，“你丑你先睡，我美我直播”，直播快成了网络看美女的代名词了，在直播这个领域，啼笑皆非的事情多不胜数。比如：

一名游戏直播网站女主播凭借超强的“睡功”不仅获得万余名观众，还引发了王思聪的关注，并被打赏了价值 7 万元的红包，她所做的仅仅是睡了 3 天觉。

山东威海某男子直播去市场购买海鲜并下厨烹制到最后吃掉的日常，竟然也能成为网红，高峰时段甚至超过 26 万人关注。

北京一个男子在地铁里直播撩妹，网友兴致勃勃地留意发展态势，但男子靠近目标的时候，发现女孩子身边站着男朋友，于是在地铁上做起了俯卧撑并直播。

主打“泛娱乐”化内容的平台占据了一大半，直播平台上，吃饭、睡觉、聊天、跳舞、发呆、化妆、唱歌都能成为直播的内容，何其单调乏味，缺乏内容创新，娱乐至死。所以，有论者发出疑问：直播的未来，到底是模式的创新还是内容的创新?

再说说 VR。2015 年，伴随着 VR（Virtual Reality，虚拟现实）与 AR（Augmented Reality，增强现实）技术以日益逼真的沉浸式体验风靡全球，相关产业开始初现端倪。2016 年更是被业界公认为“VR 元年”。如今，VR 已不再是科幻小说中的素材。

据有关数字统计显示，2015 年，全球 VR 出货量为 220 万部。而花旗银行预计，2020 年 VR 硬件、网络、软件和内容市场规模将达到惊人的 2000 亿美元。

目前 VR 几乎点燃了整个互联网行业的激情，各大分析机构纷纷将 VR/AR 列为未来科技发展的重要技术趋势，不过，VR 硬件投资已过，内容领域有更大发展空间。很多 VR 应用在游戏、旅游和医疗上，但是应用到影视上还是比较少，因为缺乏内容才是症结。

有人分析，在 VR 内容领域，可能更大的一个应用体现便是在跨越地理位置限制方面，提供实际物理空间难以达到的体验。比如无人机也在高科技中脱颖而出，将来可以带着 VR 设备体验到凌空飞翔的感觉；又或者虚拟电影出现，符合 VR 观感的影视内容被开发出来，带来全新的体验。

更富有想象力的是，网络虚拟购物，带着 VR 设备，连接设备，像真实场景一样走进超市商店选购商品；配合 VR 设备开发一款网上验货的传感器，客户在网上可以触摸到产品的质感和重量、厚度，登录相关的后台和系统来远程监测，质感传递，将来还可以开拓到其他的领域，比如超市，虚拟购物，服装店和商场等等。而且，还需要有内容互动，这也是内容运营新的方向。

03 新媒体活动运营的 5 大秘籍

无活动不运营，在如今这个社会，没有一些相应的活动策划来吸引人群，都引不起多大的关注。所以新媒体运营中需要通过不同的活动达到产品曝光、销售转化、用户拉新等目的。活动运营不能局限于线上，还需要衍生到线下。

秘籍 1：活动运营的 10 个流程

围绕目标而系统地开展一项或一系列活动指的就是活动运营，完整地包括了以下全部过程：阶段计划、目标分析、玩法设计、物料制作、活动预热、活动宣发、过程执行、活动结束、后期发酵、评估总结（如图 3-1）。

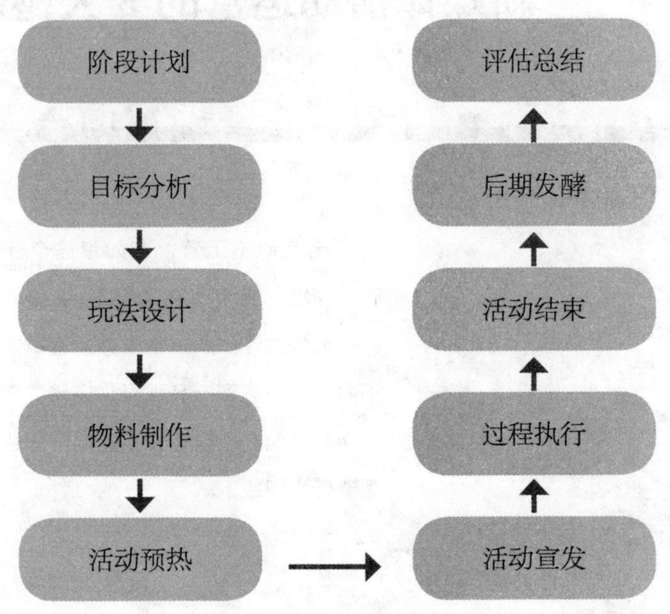

图 3–1　活动运营全流程

1. 阶段计划

运营者在每年年底结合第二年节假日、周年庆等热点，制定第二年的年度活动计划。

2. 目标分析

运营者在每次活动开始前，先明确活动目标，根据活动目标设计活动过程和细节。

3. 玩法设计

玩法要紧紧围绕活动目标，在设计玩法时，还要同时充分考虑到用户特性、渠道特性、品牌特性。此外，内部还要对玩法设计过程进行充分验证，将玩法漏洞进行多方挖掘，对玩法漏洞带来的风险及时规避。在设计玩法的同时，运营者在玩法中植入目标数据，方便对活动全程进行监控。

4. 物料制作

活动物料包括线下物料和线上物料。线下物料又分为易拉宝、宣传单、条幅等，线上物料又分为活动海报、活动视频、活动文字等。这些物料的制作都必须在活动发布前完成。

5. 活动预热

活动预热指的是在活动正式发布前的一系列工作，包括宣传、引流、聚客等。活动预热一般通过设置悬念、透露细节、发布优惠等方法开展。在预热时间的控制上，没有一定要求，但一般情况下不超过一周。

6. 活动宣发

准时在方案预定时间发布，发布内容包括活动的完整玩法、规则解释、注意事项等内容。

7. 过程执行

按照预定方案逐步执行。密切监控活动过程中的各项数据，一旦发现未达到预期目标或出现突发状况，要及时启动预案，调节活动进程，化解风险。

8. 活动结束

发布活动结束信息也要及时，同时，及时对活动中涉及的需要对外公布的信息（如中奖名单）进行发布。如果不能同步发布的，要对外给予明确的发布时间和渠道。

9. 后期发酵

对活动照片、视频、留言截图等活动内容进行整理，对部分内容进行二次传播，确保活动后期发酵工作的效果。

10. 评估总结

对活动整体效果进行评估，并带领团队对活动各个环节进行复盘，对活动经验进行总结归档，对后期活动的持续改进提供帮助。

运营者在运营活动的十大环节中，有四个关键环节需要重点关注：阶段计划、玩法设计、过程执行及评估总结。

秘籍 2：制定年度活动的 3 个步骤

在实际操作中，年度活动整体框架的制定，可以减少运营的随机性，以防止运营者出现“临时抱佛脚”的情况，以及只有不断追热点而没有运营主线的情况。

年度活动安排提前规划出来，对相关执行者在时间安排的灵活性上也有益处，可以让他们合理规划工作，对活动海报、活动文案等素材进行提前筹备。具体操作，可以通过以下三个步骤（如图 3-2）。

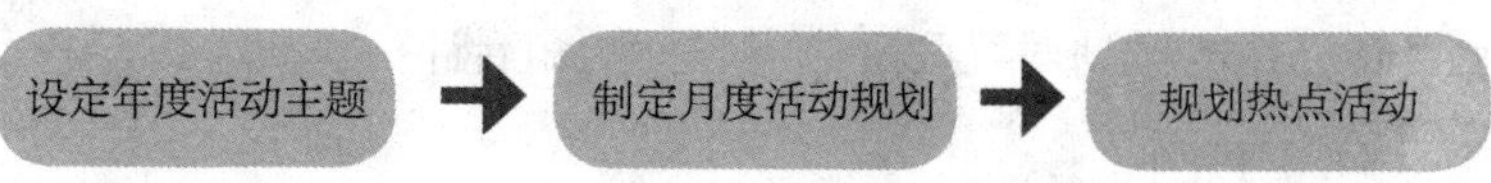

图 3-2　制定年度活动的 3 个步骤

1. 设定年度活动主题

要设计年度活动主题，必须结合企业下一年的整体目标。

年度活动主题，包括了企业全年的新媒体活动主线与整体调性。如果想让企业全年的新媒体活动成功举行，并且不那么零散，那么一定需要围绕活动主线展开。

一个好的新媒体活动，包含了在细节执行中的海报、文案、视频等内容的风格，它们都在围绕整体调性来设计。在设计企业年度活动主题前，还需要对企业的整体目标，包括产品目标、品牌目标、销售目标等内容进行了解。

2. 制定月度活动规划

一般情况下，企业新媒体部门会提前规划出第二年的运营工作，例如：某时间段计划在线上发布新品，某时间段计划进行降价促销，某时间段计划推出会员新福利等活动。这些内容都需要纳入新媒体整体运营规划范围内，对每个月将要进行的活动主题、活动形式、活动玩法进行设计。

3. 规划热点活动

一旦撰写的文章或者策划的活动是围绕着某个热点，很可能就会达到比平时效果好数倍甚至数百倍的曝光效果。因此，准确把握互联网热点对于运营者而言十分重要。然而，新媒体运营者还是要做到对互联网热点先预测和后评估。

（1）预测

互联网热点主要有两个类型，分别为突发热点和常规热点。突发热点的产生一般情况下没有任何征兆，如明星事件、社会事件等，运营者遇到此类热点只能随机应变。而常规热点的产生一般情况下具有周期性，运营者可以对此类事件提前预测。

（2）评估

对于某一个企业来说，面对全年五花八门的热点，而未必所有的热点都适用。因此运营者要结合企业的自身情况，对热点的相关性进行评估，并根据最贴切的热点开展相关活动的策划。

小米公司对于活动运营向来十分重视。如果对小米运营进行深入研究就会发现，米粉这个重要的群体也是小米运营的重要组成部分。

小米所成就的神奇之处之一就是，不仅仅让用户成为产品的购买者，更是成为小米活动的参与者。

小米公司在 4 月 6 日（也是小米成立的日期），独具匠心地设置了米粉节，来回馈广大的用户，这个节日顾名思义就是小米粉丝们的节日。

这个所谓的“米粉节”，其实就是将粉丝聚会和新闻发布会进行糅合的活动。2012 年首次举办米粉节。此后，小米每年都会在这个时候开展持续好几天的盛大的粉丝狂欢活动，并对米粉进行答谢。截至 2020 年 3 月，“米粉节”已经连续举办 8 次，虽然在规模上有所变化，但是小米与用户的深度互动一直未变。

小米的第一届米粉节于 2012 年 4 月 6 日在北京 798 的 D-park 举办。雷军在现场与粉丝展开了热烈的互动，他将贺卡赠送给了米粉，贺卡上由他深情地写道，“小米的哲学就是米粉的哲学”，现场的气氛一度被点燃。雷军还在这次米粉节上，公布了几项小米即将回馈给客户的活动，如：第六轮开放购买数量将达到十万台；全场所有配件六折，让利 3000 万；与电信共同合作推出合约机，将给用户奉献出极其优惠的套餐。

小米在这次米粉节上的回馈活动，令许多粉丝十分狂热，而粉丝对小米的回馈方式也十分显而易见：小米在米粉的支持下，当日就创造了 6 分钟销售完 10 万部手机的纪录。

“米粉节”对于米粉来说，就是一场盛世欢聚。科技博客爱范儿在第一次米粉节后发文称：“从现场来看，小米又发明了一种刺激肾上腺素的方式——米粉节。”不过，实事求是地说，这次米粉节的规模实在不大，而 2013 年的米粉节对于不少米粉来说，才是给粉丝留下印象颇深的一次。

小米到了 2013 年已经显示出了“财大气粗”的气势，他们直接包下了国家会议中心，举行了一场声势浩大的发布会和粉丝狂欢盛典。

2013 年米粉节上，有四款新品连续发布，其中包括了 MIUI V5 正式版的发布，后续又对小米手机 2 增强版 (2S)、小米手机 2 青春版 (2A)、小米盒子的核心细节进行陆续曝光。

雷军在此次米粉节上还透露了普华永道会计师事务所出具的小米 2012 年度的审计报告，在审计报告中，2012 年小米公司纳税总额达 19 亿元，这一纪录再创了新高。小米所取得的成绩令米粉们一同欢呼。

小米官网于 2013 年 4 月 8 日晚 8 点，首发了 20 万台小米 2S，而小米 2A 手机发布两周后上市，并于三周后开始销售。

小米 MIUI V5、小米 2S/2A 在 2013 年的米粉节上横空出世，再加上晚上的新机首发，凑足了软件、硬件、抢购的“一箭三雕”模式。小米与米粉在这次米粉节上在进行了充分的互动，在此基础上既凝聚了米粉们的心，完成了一次盛世欢聚，又促进了小米产品的销售。

2014 年 4 月 8 日的米粉节与前两次不同的是，小米公司这次并没有举行线下发布会，但这次线上发布会却成就了小米公司史上最大的一次销售活动。

米粉节在 2014 年采取了电商销售的方式。小米公司在备受关注的米粉节拉开帷幕时，宣布为庆祝公司成立四周年，全线产品都将参与购物狂欢活动。

任何企业在制定活动运营计划时，一定要按照步骤有条不紊地进行，只有这样才能有效保证活动的结果符合运营人员的预期，通过活动为企业创造利润，实现价值。

秘籍 3：活动运营 6 大法则

企业为推动信息流动扩散，更多地吸引用户注意力，经常在微博、QQ 空间、微信上展开各种活动，这是企业进行活动运营最常采取的策略。

现实及现有渠道中的各类活动中，有许多好的策划，值得参考和借鉴。

加多宝曾经在春节期间，在北京西单大悦城放置了自动贩卖机，活动规则是，往来的购物者只要大喊一声“过年来罐加多宝”，只要贩卖机所识别到的声音足够大，贩卖机里就会自动掉下来一罐加多宝。有很多在商场内穿梭往来的消费者被这个好玩又免费的小活动吸引过来，并积极参与其中，大家玩得不亦乐乎。

这种活动现象立刻引起了一定的热度，出现在了微博当中，自然而然得到了更多人关注的目光。

在企业活动运营中，可以将活动信息推送到不同的新媒体平台，实现线上线下之间的流动。也正是由于活动推送信息跨平台流动，所以才产生了在社交网络的发展过程中“竞争对手消失了”的现象。

一个企业如果想用更低廉的成本来取得更好的运营效果，那么活动运营就是一个很好的解决方案。

关于趣玩网 CEO 周品的一则活动策划案例一直被广为

流传：

在趣玩网的创办早期，为了获得更多注册用户，趣玩网专门策划了一个关于用户注册有奖的活动：想获取抽奖的机会，只需要在新用户注册中填入自己的地址、邮编及其他联系方式等内容即可。

大众对趣玩网的印象是，它本身是一家以创意家居用品为主的网站，准备的小礼品自然十分有创意。因此抱着试试看的态度，很多用户参与了进来。令人意想不到的是，竟然能真的收到小礼品，人们参与到此项活动中的热情马上被激发了起来。

除了设置填报信息的方式参与抽奖的活动以外，在抽奖结束后，还能通过再邀请新的好友进来的方式，获取新的抽奖机会。每个人最多可以累计获得三次抽奖机会。这就造成了一种现象，很多人在成为新用户的同时，又成为新用户的推荐者，将这种链式反应持续进行下去。

一般情况下，一个网站想获得新用户必须付出非常高的成本，想要用户再推荐新人，并填写真实的邮箱、地址、手机等联系方式就更是难上加难，周品在解决这个大难题时只付出了小小的“利益”。同时，赠送的精心准备的创意小礼品，也获得了第一批体验用户。

在活动展开后，趣玩网直接将行业内同类网站公认的平均花费 20 元才能获取一名新用户的成本，直接下拉到 0.5 元 / 人的水平，这个效果是很多企业和团队都奢求不到的。

2013 年 5 月初，支付宝也发起了一个名为“十年记忆，淘宝时光”的活动，对用户在支付宝中花费的数额进行测算和统计。

很多用户被精彩个性的消息文字描述与图片结合吸引过来，并参与其中。参与到该活动中的很多用户，由于文字的幽默性，在与好友分享自己信息的同时，也感受到了其中的乐趣。

这些活动充分利用了用户的好奇以及希望获利的心理，也利用了关系链的传递作用，便于在社交网络中流动。

通过对新媒体平台上活动运营特点的观察，总结提炼出 6 大法则（如图 3-3）。

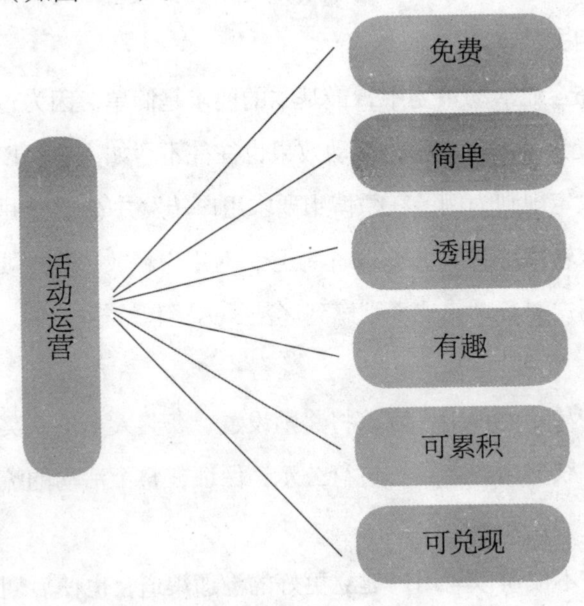

图 3-3　活动运营的 6 大法则

1. 免费

免费既包括免除费用，也包括可以让用户获得更多的条件，以便降低参与活动的门槛，让参与活动的人群覆盖面更广，这样就能发现与获得更多的目标用户。

上述活动案例，都没有对用户附加更多额外的参与条件。

2. 简单

活动的规则在轻量原则下，也要尽可能地简单设置，因为用户会对多且复杂的规则感到不耐烦。

例如：通过对一些微博活动的观察我们可以发现，尽管一些企业对规则的设置十分详尽，但是往往参与的用户只是根据自己的理解去做，而不仔细研读规则，导致了最终结果与企业目标相去甚远。

在企业活动策划中，最基本的要求是简单。因为过多的规则设置会令用户分心，活动效果也往往不尽如人意。以常见的企业设定规则为例，在微博中要求用户转发并 @ 多个用户，它既要求转发，又要求 @ 多个账号，对用户释放了多层要求，这会让用户对复杂化的规则感到迷茫、迟疑和抗拒。

3. 透明

在活动过程中，应该将奖励设置、获奖人员的获奖条件以及最终获奖用户名单等进行公示，保证在整个活动的流程中有证可查、公开透明。

这不仅可以与用户建立更好的沟通渠道，也使后期投诉量得到极大降低。

由于获利冲动使然，一些“刷奖党”被催生出来。因此，用户出于自身利益的考虑，经常会怀疑活动是否有黑幕、奖项是否提前内定等等，因此非常有必要建立公开透明的流程。

4. 有趣

自娱在社交媒体中是一种十分典型的现象，社交网络就像一个充满趣味的游戏一般，各种玩法总是层出不穷。游戏能激发用户新的自娱创造，吸引更多用户参与到有趣的活动当中，也能够让信息迅速得以扩散。

5. 可累积

用户的积极性往往会被利益的累积性充分调动起来，就如同周品在邀请新用户注册活动中所做的一系列推广一样。但是，这种规则也要有一定条件的限制，比如“最高三次”的界限，而不是完全没有上限。

6. 可兑现

和社交网络中的互动激励一样，奖品的兑现要及时下发，只要用户达到了兑奖条件，就能够以此获得奖品。奖品可以是一罐饮料，或者是其他小礼品，不一定非要设置成大奖。

只要能保证兑现，在符合承诺的情况下，稍微地超出一些用户对奖品的预期，就能有更好的效果。

这 6 大法则继承了传统互联网、论坛运营中的经验，但是如今可以十分恰当地运用到活动运营当中。

只要牢记活动运营的 6 大法则，并加以有效运用，必然能够让企业的活动运营达到更好的效果。

秘籍 4：活动运营的 4 条铁律

新媒体行业进行活动运营，有一些规律是必须要遵循的。这是以往的活动运营人员在长期的工作中总结出来的经验，值得每一个企业学习和借鉴。以下我们就活动运营的 5 条铁律展开阐述。

1. 所谓做活动，一定要强调“做”的过程

如果活动没有取得令人满意的效果，很多人都认为预算不够、流量不够、创意不够是核心问题。而在整个活动部署工作中，几乎也将申请推荐位、沟通协调资源、申请更多的现金奖品、设计更好看的活动页面作为工作重点。

这么做虽然没有错，但这一定不是一个活动成功的唯一条件。

首先，这些工作还无法满足活动取得成功的全部条件；其次，并非没有了这些活动，效果就一定不好；最后，不要认为活动一旦举行就能万事大吉，这种等着用户来主动参加的想法十分不可取。

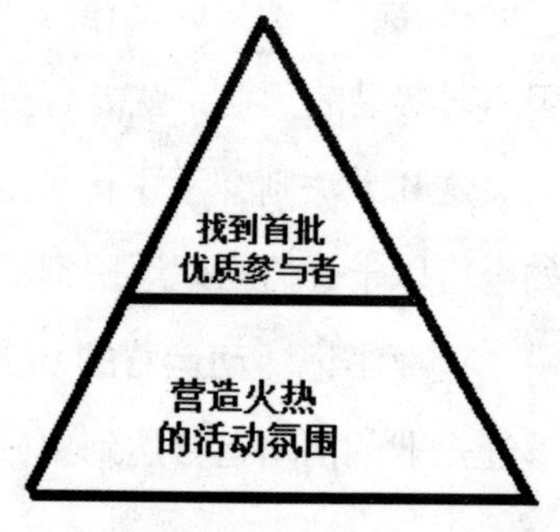

图 3-4　做活动的两个技巧

我们常说“做”活动，一定要强调“做”的过程，在做的过程中可以采取以下两个技巧（如图 3-4）。

（1）找到首批优质参与者

活动引导是活动运营中的一项非常重要的工作。也就是说，在活动信息发布之前，找一些优质的首批参与者，来做好活动引导工作。

比如一款游戏正式上线之前，往往会进行所谓的“内部公测”，这种公测活动的参与者，也就是我们所说的“首批参与者”。通过这些首批参与者，可以将活动信息迅速传递出去。

比如，通过参与这项活动，可以获得什么奖品，获奖率有多高，等等，以便吸引更多的参与者。

如果你能找到水平高、咖位高的“首批参与者”，也就为活动的顺利开展奠定了强有力的基础。

（2）营造火热的活动氛围

在整个活动过程中，活动氛围的营造是一项贯穿始终的重要工作。

例如，在很多活动的参赛作品中，都设置了评论、点赞等功能，也有很多类似的功能体现在活动页面上。

在活动过程中，为了营造火热的活动氛围，也让参赛者能感受到整个活动的人气，那么就要把整个气氛烘托起来，这样才能吸引到更多的用户参与到活动当中。

例如，当年的超级女声评选活动，通过网络投票等方式，打造了一场全民参与的视听盛宴，其活动的火爆程度可谓空前绝后。

2. 要少做或者不做低门槛的活动

一些抢楼、灌水或者几个字就能参与的活动，往往并不能达到预期的效果。究其原因，是因为这些活动门槛太低，参与用户大多并不是质量很高的用户，也就是无效用户。

一旦这样的活动开展得太多，用户就会形成惰性，久而久之，就会拉低整个平台的用户档次。

而一个平台之所以可以取得成功，主要取决于头部用户的支持，那些底部用户永远无法对一个平台的品牌调性和未来起到决定性的作用。

相反，运营者应该在活动规则与活动流程设置上适当地增加门槛。但同时，一旦将门槛设置得太高，参加人数就必然大幅度减少。

因此，在活动举办之前，首先要思考，对于平台来说，什么样的用户能帮助到自身发展，此次活动的目的是吸引到什么样的用户。

对目标受众有了更加清晰的认识之后，就应该始终围绕着这个目标和原则开展活动。活动聚拢用户的目标不在于多，而在于精。

3. 活动不是一蹴而就的法宝，而要做到细水长流

很多运营人员策划活动只是为了完成绩效考核，获得年终奖。但是在运营人员皆大欢喜不久后，一泻千里的数据，又让这些人不得不将活动重新来一遍。

千万不要指望可以靠开展一次活动就对企业或品牌产生广

泛而深远的影响，无论任何活动，其热度都会随着时间的推移而不断减少直至消失。因此，保持一个固定举办活动的频次是最合适的办法。

例如，在一个季度组织一次大型活动，这里的大型活动是指线下准备时间超过一个月，线上周期超过 20 天的活动。在一个月组织 1—2 次的中型活动，这里的中型活动是指线上周期超过 7—10 天。

如果活动频次太低，就显得平台人气太低；但是活动频次太高，也会使用户产生疲劳感，员工也会为了应对各种活动而降低工作热情。

比如说，2016 年，魅族手机开展了多达 30 次以上的发布会，却没有起到很好的效果。

把每次活动的目标用户服务好、积累好，就算是一次成功的活动。成功的活动做多了，目标用户日积月累自然可以成为宝贵财富。

4. 仅仅靠奖品、钱堆出来的活动往往效果很差

在早些年，开展活动相对来说非常奢侈，但是如今采用虚拟货币、虚拟勋章可以节省很多的预算成本。

活动运营在新媒体行业兴起后，渐渐不受控制，很多运营人员大手大脚地发放奖品，完全不计成本似的广撒福利。活动组织成为一件必须有很多预算、很多奖品才能开展的事情。

但这也导致一批薅羊毛的人由此产生，也称作活动党，他们专门在各个平台参与抽奖活动，这让很多奖品被这些职业马甲给赢走了，因此让组织活动的人没有了信心组织，让参与人员也没有了信心参与。

活动运营的要义是用小成本做大事，达到四两拨千斤的效果。

秘籍 5：用线下聚会黏住线上粉丝

日常生活中越来越普遍的网络社区，为人们创造和提供了一个全新的社交模式。但是，由于网络社区的虚拟性，企业很难仅通过线上的网络社区，去凝聚用户与企业之间的感情。这就需要企业将线上的活动延伸到线下，通过组织线下活动来黏住线上粉丝。

在这方面，小米公司的做法具有非常大的借鉴意义，值得广大企业的运营人员学习与参考。

小米及“米粉”之间的关系，并不是仅仅依靠在线上维系。小米在微博、社区论坛等线上的社交平台上，已经有千万级的“米粉”聚集在一起。小米论坛不仅仅是一个网络社区，也成为与粉丝进行线下互动的发起点，从多方面强化了小米与粉丝之间的感情。

小米同城会、“爆米花”和 MIUI 社区论坛极客们的线下聚会，成为小米社区论坛线下活动的三种大致形式。接下来具体讲述一下，小米是如何与粉丝进行线下活动，提升粉丝和企业之间黏性的。

1. 小米同城会

“小米同城会”的理念来源于黎万强在“车友会”的经验。黎万强认为，我们中国人购买手机有些是通过先去论坛，然后参加线下活动来实现的，这种方式和买车时的行为模式十分相似。

小米同城会的规模约为 50 人左右，采取一个线上小米用户的线下聚会形式，基本属于“民间形式”的一种。在这种组织形式里，每个同城会都会选取资深的“米粉”担任“会长”。据悉，在全国范围内的小米“同城会”会长有 130 多名。

每个城市在小米论坛里都会有一个单独版块。米粉在社区论坛发起活动后，小米会查看活动的发起帖，如果活动主题符合要求，小米将对该活动赞助品牌周边的“米粉”T 恤、手机壳、小米手环等产品。活动结束后，同城会的会长将在小米社区论坛上发布活动总结，将活动情况反馈给小米公司以及米粉。

2. 爆米花活动

“爆米花”与民间组织的同城会相比，更像是小米的官方活动。它往往比“同城会”的规模大得多，参与者多达上千人，少则几百人，是一场“米粉”的互动交流盛典。

说到郭军，很多小米社区论坛的用户都很熟悉他，他是小米社区论坛的运营经理，负责小米社区与“米粉”的互动，也是“爆米花”的主持人。小米官方每个月在不同的城市举行两次“爆米花”同城会。

活动开始前，小米会根据后台不同城市的用户数量来确定举办爆米花派对的顺序。确定后，小米将在论坛上登出宣传帖，用户可以报名参加。在每一次活动中，小米都会邀请 30 到 50 名用户在现场与小米工程师进行密切沟通。

在整个活动中，粉丝们通过交换手机使用体验、做游戏、唱歌、跳舞等增进了感情，还有抽奖、游戏、才艺互动等诸多环节烘托活动气氛。小米的联合创始人也来现场与小米粉丝互动，甚至还送出了雷军亲笔签名的手机……使整个活动的气氛达到高潮。

小米每年在全国各地定期举办多场爆米花活动，这种活动让米粉们紧密地联系在一起。

3. MIUI 社区线下聚会

与小米社区的“高调奢华”相比，MIUI 线上社区的线下活动显然低调许多。由于受众不同，MIUI 网络社区的用户群体集中在手机极客和“发烧友”，群体的特殊性决定了他们的聚集规模较小，主要围绕在手机技术上。小米在组织 MIUI 社区论坛的线下活动时，通常以研讨会的形式进行，让“发烧友”和手机极客们充分互动以拉近彼此之间的距离。

实际上，网络社区的线上交流可以在很大程度上促进产品和品牌的推广，但只有通过加强线下粉丝的互动和联系，才能真正地将他们之间的情感统一起来，提升企业品牌形象和粉丝的参与度。这也是小米从线上的网络社区运营到线下的活动运营都值得广大企业学习和借鉴的原因。

04

新媒体用户运营的 7 个视角

用户是企业生存发展的基石，维护好用户，也就等于为企业的发展打下了良好的基础。

用户运营的本质，即产品与用户群之间的情绪管理，也可以称为这款产品的公共关系管理。运营人员以“管理员”虚拟角色和用户进行沟通，从而代言了产品形象，可以在为高端用户或群体用户提供客户服务的过程中，投入的资源更少，且情感附加值更高。从某种意义上，极大地提高了用户的忠诚度，也提升了产品的品牌形象。

视角 1：新媒体运营的 3 大关键

诚然，在移动互联网迅猛发展并向二级细分市场深入渗透的大背景下。微信公众号对于今天的广大企业来说早已不再陌生。君不见上至纵横全球的跨国公司，下至自产自销的网店店主都建立了属于自己的公众号，而中小企业的公众号更是多如牛毛、数不胜数。然而奇怪的是，纵然有数量如此之多的企业公众号，但是其中真正在用户群体中树立巨大影响力并获得用户认可的“公众大号”却总是屈指可数。究其原因，就是因为大部分的企业只是意识了对企业公众号的组建，而在后续的运营过程中却有意无意地忽视了应当把握的关键。

俗话说：鼓要打到点子上，笛要吹到眼子上。既然掌握关键环节对于企业新媒体的发展成败如此重要，那么相关运营人员应该怎样做呢？从实践的角度来看，企业新媒体运营人员要把握经营中的关键，应当从以下三个方面下手（如图 4–1）。

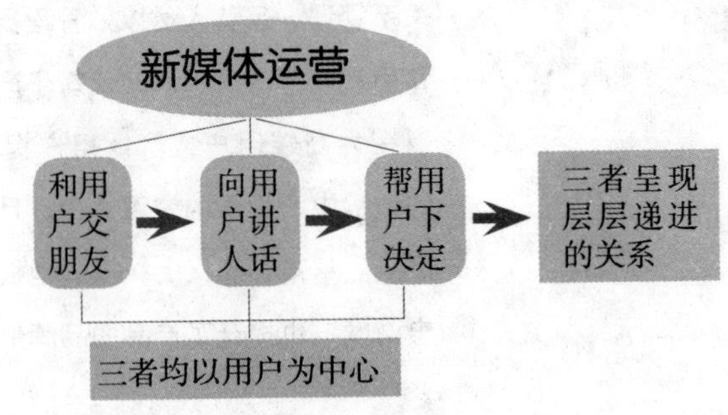

图 4–1　新媒体运营的 3 大关键

1. 和用户交朋友

正如雷军所说："只有真正与用户成为朋友，才可以真正得到用户的喜爱和良好的口碑。"无论是微信固有的社交属性，还是当今社会体验性消费的发展大趋势都要求广大企业通过官方公众号和用户交朋友。有很多企业公众号的运营者错误地认为：我的品牌响亮，我的产品过硬，所以用户应当主动来"求"我沟通，而我自己为了维护品牌形象和神秘感，应当和用户保持一定的距离，这是典型的传统企业营销的做派。

或许在营销的纸媒和电视时代，企业保持适当的矜持还可以激发用户的兴趣，但到了微信营销的时代，高高在上而不和用户交流的姿态只会让自己在消费者群体中越来越孤立。相反，只要广大企业能俯下身子，以交朋友的姿态与客户沟通，就可以在极短的时间内迅速激发用户的兴趣，获得用户的好感。在这方面，"芥末微报"可以说做出了有益的尝试。

芥末微报成立于 2015 年，目标人群为年轻人。之前，只要打开微信，使用"添加朋友"功能找到芥末微报的公众号，就可以赫然看到其名称下面的一句话："几个年轻人的生活和梦想"。这句话读来让人倍感亲切。在点击完关注之后，芥末微报公众号又会第一时间弹出一段欢迎语："20×× 年 × 月，你关注了我们，这件事对于你一定微不足道。可是你说会不会有那么一天，你真的喜欢上了'芥末微报'，喜欢上了这几个 20 多岁的人，想和他们一起做有趣的事情。欢迎你，奇怪而有趣的人。"这段话看上去更有温度，就好似一位挚友的问候一般。

事实上，这种心照神交的感觉会伴随着用户对芥末微报公众号关注的过程：曾经每天晚上十一点多，芥末微报会准时发布一篇文章，主题多以心灵治愈为主，而此时往往是年轻人最孤独寂寞的时候。在编辑团队的设置方面，芥末微报更是做到了贴近年轻人，无论是马先生，还是鱼小姐，不管是朱先生，还是芥末学姐，这些编辑人员都是在现实生活中活泼好动、思维活跃的年轻人。为了和用户直接交流，芥末微报还创建了自己的专属社群——“奇怪星球”。该社群在年轻人中有着不小的影响力。

成立距今五年的芥末微报在早已杀成一片红海的微信领域可谓是不折不扣的小字辈，但它却在短短的几年内迅速成长为了每年广告收入达到百万级的公众号。倘若深究其中的原因，“和用户交朋友”肯定是其中的首要因素，无论是最开始的公众号展示，还是日常的信息推送，用户都能在享受服务的过程中感受到朋友般的问候和温暖。这既是芥末微报把握住了“和用户交朋友”这个新媒体运营关键点的表现，同时也是其他企业公众号所应积极学习的经验。

2. 向用户讲通俗易懂话

和传统的电视、广播等新媒体交流格局固化，且主要由内容的发布者来主导不同。以微信公众号为代表的新媒体行业目前总体还处于摸索阶段，行业内并没有形成一套固化的交流机制，无论是这边内容的发布者——公众号编辑人员，还是对面内容的接收者——用户，都是具有相同话语权的沟通主体。所以为了能让用户对内容产生较大的兴趣，并认可相关人员对企业公众号新媒体的运营工作，企业就必须在发布内容以及和客户交流的过程中说一些通俗易懂的话语，而不应自顾自地将产品说明书和企业内部文件上的文字原封不动地抛给客户。

例如以“知识分享”作为主要经营内容的公众号，应当在创作文章或解答用户疑问时而把不为大众所知的专业术语转化成人们在日常生活中经常会用到的词语，把一些在实验室中才能模拟出来的景象和人们在日常生活中经常会遇到的现象联系在一起，从而更好地帮助用户理解知识。

从目前企业公众号领域内部的发展分化趋势来看，能够受到用户热烈追捧的企业公众号无一不在注意弱化自己在发布内容和对外交流时的专业性。那些标榜自己专业性很强的公众号往往会在运营中受限于自己过于复杂的理论知识，放不开手脚，最终没办法打开局面。而一些不怎么强调专业性的公众号由于思维的自由度较大，在日常运营中很可能会打破一些条条框框的限制，继而更务实同时也更富创意地发布内容。

广大新媒体运营人员在对相关微信公众号的日常运营中，应当积极践行互联网行业的“草根精神”，唯“接受度”是举，而不应唯“专业性”是举，只要能够为新媒体增加关注，只要能让用户赞同并喜爱，无论内容自身的专业性是否突出，都应当被纳入重点推送、重点宣传的考虑范围内（如图 4-2 所示）。

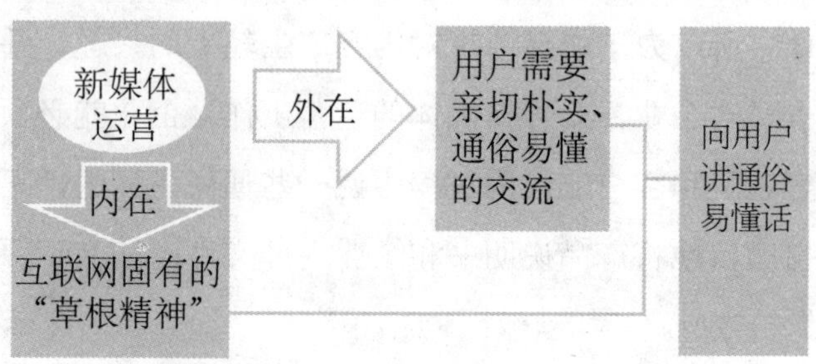

图 4-2　新媒体运营向用户讲通俗易懂话的内在逻辑

3. 帮助用户下决定

企业通过官方公众号进行营销推广，看上去只是多获取几个人的关注，或是多加几位在线好友那么简单。但实际上要想真正让公众号的用户为企业创造价值，提高公众号的运营水平，还需要相关的新媒体运营人员在实际工作中有敢于出击、敢于为客户做决定的勇气。广大企业公众号运营人员要在运营过程中时刻牢记一点：抓住一切可以抓住的机会让客户为公司的产品或服务买单。因为只有不断地帮用户下决定才能在运营中主动把客户“推着向前走”，而不是碰运气似的消极等待。

例如对于一个做书画收藏业务的微信公众号来说，其运营团队在向该领域的资深藏友和有收藏书画的潜在客户发送了书画界的最新资讯之后，就应当在第一时间试探这些用户的购买意向。对于有意下手的收藏者来说，与之沟通的公众号运营官应当明确告知：现在就可以购买。以便趁着用户对发布资讯尚有兴趣的时候购买与之相关的藏品。在完成了对客户购买意向的确认之后，相关的书画收藏微信公众号才应继续推送下一篇内容。

值得注意的是，无论是和用户交朋友，还是向用户讲人话，抑或是帮用户下决定，都是围绕着“用户”这个中心开展的。因此，相关企业公众号运营者应当在这三大关键的过程中时刻以用户为出发点和落脚点，这样才能让自己的日常运营纲举目张，同时让自己发布的内容阅读量猛增。

视角 2：吸引用户的 6 个方法

在当今这个移动互联网络高度发达的时代，众多新媒体平台如雨后春笋般萌芽并发展起来。因此，如何从众多的新媒体平台中脱颖而出，吸引到更多的优质客户，就成为广大新媒体从业人员需要认真思考的问题。

一般来说，新媒体平台想要吸引用户的关注，主要有以下 6 种方法（如图 4-3）。

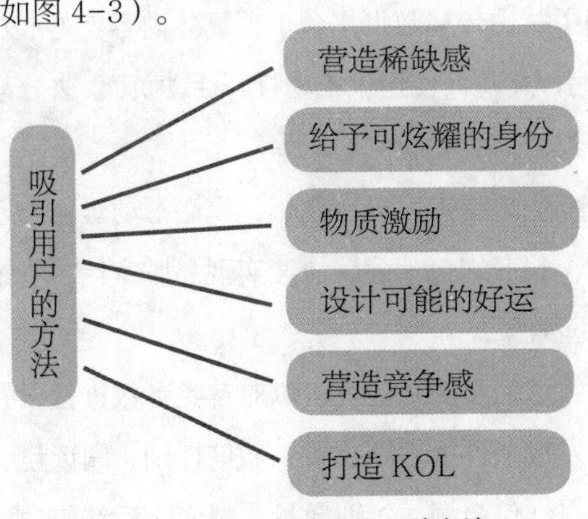

图 4-3　吸引用户关注的 6 种方法

1. 营造稀缺感

说到营造稀缺感，想必所有人都深有体会。我们经常都可以看到某某电商平台推出限时降价、限量销售以及会员限额领取之类的活动，正如一句话所说的“物以稀为贵”，稀缺的东西总能给用户带来巨大的吸引力。

2. 给予可炫耀的身份

人们通常都是这么认为的：不同寻常的身份，可以享受到特殊的权益。例如一句“凡是参与本次活动的用户，即可尊享 VIP 权益”，这样能够让用户体会到更高的价值，从而让他们产生去秀、晒、炫耀自己的欲望，最终他们将自发地把它分享到社交媒体上。

3. 物质激励

有一种最直接有效的方法，那就是物质上的激励，它可以让用户主动参与到运营活动里面。最好的例子就是脉达的红包裂变营销（脉达传播数据平台），具体内容就是通过红包对用户产生吸引力，从而使用户主动打开活动页面，去分享、去传播，最终参与到营销活动当中。

对于那些想要扩大分享规模，提高活动影响力以及传播程度的活动，裂变红包就能够快速实现品牌宣传、店铺促销、活动吸粉这些效果。

而且脉达的裂变红包还可以对各类参数进行设置，其中就包括红包发放条件的地理位置、微信性别、阅读量、留电这类要求；还有红包金额、领取数量、裂变之后红包的持续时间等等数值，都是可以进行设置的。获取可以通过推文、海报等渠道，通过这类形式可以让用户更加深入到品牌活动之中。

4. 设计可能的好运

和买彩票这种可能性事件一样，人们通常都会希望自己可以碰到好的事情，拥有好的运气，因此一定概率的可能性事件，对用户来说有着非常大的吸引力。

比如许多的筛选选拔、好友助力，以及抽奖活动，等等，它们本质上都是对用户有着巨大吸引力的可能性事件，即用户可能通过参与该事件而获得某些好处。在不会产生任何损失的情况下，用户通常都会选择去尝试一下，心存一丝侥幸，也许“天上的馅饼”就恰巧可以落在自己身上。

在设计可能性事件的规则时，也是需要注意一下技巧的，得奖的概率相对要大，让用户可以真实地获得，这样更具说服力。

5. 营造竞争感

有一个现成的例子，那就是在 keep 里边，用户个人中心的等级中，可以看到和当前用户同等级的人数，比如现在这个等级有 154392 人，而更高一个等级只有 85188 人。那么每当用户看到更高一个等级比当前等级少了近一半人时，就会激励自己努力成为这能够脱颖而出的另一半人。

同时，那些微信步数排行榜之类的，以及主播之间打赏数量，等等，都是竞争感在发挥作用，是竞争感在驱动着用户主动参与进各种活动当中。

6. 打造 KOL

许多的社区都会培养出一个关键意见领袖，简称 KOL，这样做的目的就是要让那些高质量的用户感受到被尊重、被重视，让他们的自我价值可以体现出来，最终自愿地产出更多的内容，为平台进行免费的口碑传播。

所以，需要找出你的用户之中的 KOL，让这些 KOL 成为你的目标用户的代表，从而吸引更多目标用户。

通过以上介绍的六种方法，相信能够使新媒体平台吸引到更多的优质客户，助力企业的新媒体运营。

视角 3：用户运营的 3 个要素

直接与粉丝接触的人通常被称为用户运营人员，一般来说，所有的运营工作内容都是一样的，从吸引新的用户关注，到增加他们的活跃度，直到最后进行转化。

通常我们所知道的后台客服人员、微信群的管理员以及从公众号衍生出来的个人号，他们都属于用户运营。

要想做好用户运营的工作，必须做好三点：了解目标人群，清楚用户的生命周期，与用户建立关系（如图 4-4）。

1. 了解目标人群

如何了解目标人群——建立用户画像，这是用户运营工作的第一步。

要想建立用户画像，需要有大量的数据支撑，它们共分为

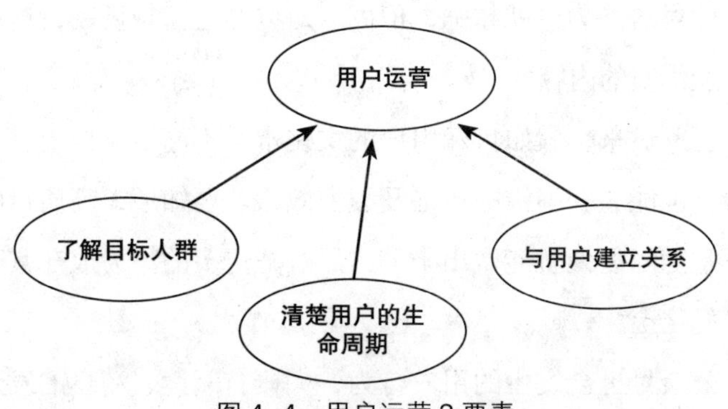

图 4-4　用户运营 3 要素

两个维度，一个是用户属性，另一个是用户行为。

一个用户的性别、年龄、地域、学历、收入、职业这些信息，都属于用户属性。

要知道，用户的性别往往决定着公众号的调性，也就分为理性和感性两种。

例如：一个公众号若是 80% 的用户都是女性，那么它的调性一定是感性的。因此在做关于公众号的选题、行文、排版、语气上都要做到感性。

除了这些，公众号还要和用户进行适当的沟通，注意用户的年龄，根据年龄选择相应的内容。

而且用户要是有线下方面的需求，用户地域数据也可以为企业提供一个重要的参考指标。

同时，用户的学历、职业和收入情况也是内容变现的一个重要参考。

这里面存在一条鄙视链。大致上讲，用户的知识水平越高，相应的付费能力也就越强，但同时对内容也就越挑剔，这就需要打造优质的内容。

而反过来，假如目标用户的文化水平不高，哪怕内容做得一般，也能收获不错的传播及裂变效果。要知道，高质量的内容不是随随便便就能做出来的，最好把更多的精力放在其他方面的优化上。

公众号上会发生的用户行为，大概有阅读、消息的发送、关注、菜单栏的点击、取消关注、收藏、转发、点赞、打赏、分享到朋友圈、点击阅读原文、分享公众号名片等等。

其中还有一对一的互动以及群互动，这些都属于用户行为。不过，这些暂时用不到。之所以要收集用户的行为数据，其目的就是要给用户贴标签。

贴标签的第一步就是要给用户分类，在这一步要弄清用户的结构。

用户结构一般都是根据年龄或是兴趣来划分的。当然，不同的账号，划分人群结构的标准也是不同的。

在给用户分完类之后，接下来就是要依照用户的行为数据，为每一个细分出来的用户类别贴上标签。

这样的行为在公众号上主要表现为选题、标题的关键词。

比如说要做一个母婴号，在前期整理出这样一份用户标签清单就显得尤为重要。用户最关心的那些问题，就是以后要做的选题。

至于那些关于电商、购买转换率之类的用户数据，在普通人看来会比较复杂，就不举例说明了。

只需要了解到一点，用户画像并不是用户周围围着一堆数据的图表，它并不是那么的死板。它对于你排兵布阵、纵横沙场可以起到指导作用。

2. 清楚用户的生命周期

关于微信公众号的运营，有一个“三个月魔咒”。具体来讲，就是一个微信用户从关注一个公众号到取关这个公众号或者是再也不打开它，通常只需要经历三个月的时间。

这也就意味着，微信公众号在这段时间内如果不能挣到这个微信用户的钱，那么三个月过后，也就永远地失去他了。

因此，了解一个用户的生命周期，以及转化、变现的步骤设置，在这里就显得尤为重要了。为了帮助用户更好地将生命周期延续下去，就需要为他扫清障碍，甚至设置一些陷阱。

所以需要了解每个阶段的工作内容，现在的工作重点是什么，哪些事情要放到未来去做，等等。

对用户的生命周期有了全面的了解之后，就需要围绕用户的生命周期，设置一条成长路径，以解决用户在不同阶段会遇到的不同问题。你能为用户带来价值，用户也会给你带来回报。

当你针对用户会遇到的那些问题，提出了许多解决方案，设计出了一条完美的用户成长路径之后，并不意味着就结束了，还需要每个运营人员都进行配合，一起来帮助用户解决问题。

3. 与用户建立关系

“商业的本质就是关系”，英文叫作“Business is

relationship”。其实对于用户运营人员来说，与用户建立关系也是极为重要的。关注你的用户人数，就是一个最为直观的指标。

许多拥有着微信大号的运营者都没意识到一个重要的问题，那就是收集大量用户的微信号，对于今后的发展会起到非常关键的作用。

在账号创立之初就需要将它纳入计划当中，这是为了以后考虑。至少要导入公众号 1/10 的粉丝到自己的个人微信上。乍一看似乎比较难操作，但只需要每天做一点，执行起来并不难。

牢记用户运营的三要素，并将它们应用到实际的运营工作中去，相信会对你的新媒体运营工作大有裨益。

视角 4：依附大平台开展用户运营

互联网是将注意力高度垄断的一个行业，所以大多数的企业都要依附于大平台。企业想要生存下去，都得走出这一步。

在这方面，爱彼迎无疑率先做出了有益的尝试。

爱彼迎是一家联系旅游人士和家有空房出租的房主的服务型网站，它可以为用户提供多样的住宿信息。爱彼迎成立于 2008 年 8 月，总部设在美国加州旧金山市。爱彼迎是一个旅行房屋租赁社区，用户可通过网络或手机应用程序发布、搜索度假房屋租赁信息并完成在线预定程序。

据官网显示以及媒体报道，其社区平台在 191 个国家、65000 个城市为旅行者们提供数以百万计的独特入住选择，不管是公寓、别墅、城堡还是树屋。Airbnb 被时代周刊称为“住房中的 EBay”。

但是，在爱彼迎成立之初，拥有着海量用户基数的克雷格列表无疑令人心生向往。

什么是克雷格列表？它是一个关于生活分类的网站，跟 58 同城有点像。1995 年，克雷格创立了这个免费分类广告的大型网站。虽然网站上的各种生活信息都是用文字密密麻麻的标注，但它依然是美国人最喜欢的网站之一。

有研究数据表明，手机用户最常浏览的网站就是这个网站，平均每个月都会在这个网站待上 1 小时 39 分钟。

时间截止至 2007 年 9 月份，该网站的服务范围已经涵盖到了 50 多个国家的 450 多座城市。

爱彼迎的三位创始人都清楚，现有的用户数量决定着他们所提供的订房服务是否能被潜在用户选择。

供方要发布信息，往往会选择那些潜在消费者最多的平台。同时消费者们也会倾向于在那些拥有着充足货品的市场下单。

因此爱彼迎想要从克雷格列表引流，以此作为基础用户的来源。

于是爱彼迎的工程师开发出了一个功能，能将用户在爱彼迎发布的信息同步到克雷格列表的网页上。具体流程如下：用户成功发布了信息之后，电子邮箱会收到一封邮件，告知用户如果将信息发布到克雷格列表上，每个月可以增加大约 500 美元的收入，只需点击一个链接，就可轻松完成。通常用户都会选择点击链接，这还能为他们省去多次发布同样信息的麻烦。

然后爱彼迎的人工智能会执行一系列操作，在拷贝用户内容的基础上，还会对内容进行一些加工，比如说输入当前所在的地理位置信息，还有将内容放在克雷格列表里合适的分类下。

爱彼迎的这次技术运营为其带来了丰厚的回报：许许多多的用户通过克雷格列表来到了他们的网站，他们在网站上注册了账号，网站上的信息也因此越来越多；还有许多原本是在克雷格列表发布信息的用户，也都转投爱彼迎的怀抱，因为在这个网站发布信息，最终也会出现在克雷格列表上；而原本的用户会变得更加依赖爱彼迎，因为在这里他们还能获得更多的收入。

爱彼迎在克雷格列表上还有一些特殊的操作，比如他们会利用克雷格列表的电子邮件通知系统来为自己打广告。爱彼迎会时刻检测每一条发布到克雷格列表上的招租信息，他们会模拟客户给屋主“留言”，目的是推荐自己的服务。

于是，克雷格列表的邮件通知系统就会向屋主发送这样一封电子邮件，内容如下：您发布的这则招租信息中的房间我非常喜欢，您可以试着把它发布到爱彼迎上，这样您每个月可以获得超过 300 万次的页面浏览量。

比起之前的技术运营，爱彼迎这样发送垃圾邮件的操作，显得有点降档次，但却让早期的爱彼迎，凭借着几乎零成本的优势快速成长了起来。

不过这样的操作很快就被克雷格列表发现了，立即展开行动将其封杀。

但不可否认的是，爱彼迎这种在没有资金做宣传的情况下，凭借着技术手段分享对手现有资源的做法，不失为一种攀附大平台的低成本扩张策略。

但寄生在大平台之下，终究不是个长久之计。无论规模如何，仍是要尽早搭建属于自己的平台。

爱彼迎在失去了克雷格列表这个“宿主”之后，其用户数量仍是呈现出惊人的增长趋势。

爱彼迎在 2014 年 5 月到 2015 年 5 月期间，仅用了一年的时间，就将用户的数量从原来的 1500 万，提升到了 3500 万。在到 2015 年夏季的时候，全世界已经有接近 1700 万人使用过这个点对点借宿平台。在过去的 5 年时间里，爱彼迎夏季的租客数量达到了原来的 353 倍。

谁能想到，这个在 2008 年夏天推出时，仅仅只接待了三名租客的平台，数年后能达到这种成就。

爱彼迎于 2015 年 7 月在官网发布了一篇文章，解释了公司的 Referral 系统是如何搭建与运营的，正是得益于这个系统，网站每天新注册的用户人数以及下单量增加了 300%。

让已经注册的用户邀请朋友前来注册，是很多网站以及软件常用的一种增加用户人数的方式。可爱彼迎的发展过于迅猛，它的邀请系统不足以支撑它充分的利用现有的用户和数据资源，而且只有网页端能使用邀请功能，移动手机端作为它的重要阵地，却存在缺陷。正是基于这种情况，爱彼迎的工程师开始对邀请系统进行全方位的改造。

正是得益于依附大平台，才使爱彼迎的用户量得以迅猛增长，而这一方式也为其他企业进行用户运营提供的新的思路，值得广大新媒体运营人员深入思考。

视角 5：给“死忠粉”更多福利

什么要给予“死忠粉”更多?

因为人的交际是分圈子和分优先级的。即使有 10000 个人对你抱有一点儿喜欢，也比不上哪怕 100 个人爱你。

小米的论坛刚刚建立的时候非常的粗糙，他们的后台只有一个工程师，只是将开源论坛的代码简单配置一下，就在 2010 年 8 月 16 号上线了。

第 1 个月，在论坛注册的用户总共只有 100 多人，不过这 100 多人的种子用户却构成了小米论坛的基本盘。

小米在对粉丝进行管理的时候，做出了一个微创新，那就是 F 码。这里的 F 来源于英文单词“Friend”的首字母，目的是让小米的死忠粉们在未来能够第一时间体验到他们的产品。

这就是所谓的“死忠粉”优先。小米之所以设计这个 F 码，也就是为了解决这个问题。F 码其实也是朋友邀请码，英文写作 FriendCode。小米还为这个 F 码特意开发了后台系统，小米的用户可以通过这个系统领取到 F 码，然后到小米的电商平台，优先购买小米的产品。

在这之后就有一些企业开始跟风，不过却学不到其中精髓，效果非常不理想。

最初是为了让“死忠粉”优先，才创造出 F 码。没有理解“死忠粉”这层关系，就去发放什么码，是培养不出用户与企业的这种关系的。

要真真切切提高粉丝的参与感，就必须要设置用户特权。在保留住基本盘的基础上，其他的一切自然会慢慢有的。

广义上我们所说的粉丝一般指的是关注数量，那么对微信公众号这种新媒体来说，什么才是“死忠粉”？

只是订阅账号，但却不打开文章的叫作路人。

订阅了账号，但只是偶尔看看文章，却不留言的，我们称其为观察者。

经常查看文章，同时也经常留言互动的，才能被称作关注者。

经常查看文章，而且还愿意为之赞赏付费的，是追随者。

经常赞赏，还添加了私人微信，甚至愿意付费购买你提供的服务，这是真粉丝。

会花费大量的金钱购买你的服务，同时还会进行线下交流的，这是“铁粉”。

会主动为你做推广，而且非常推崇你的产品、服务以及观念的，这才是“死忠粉”。

那么对于一个产品而言，怎样才算“死忠粉”？一个问题就可以见分晓：他会有多大程度主动向他身边的亲戚朋友推荐你的产品？分数从0~10，0分是完全不可能去推荐，10分是百分百会推荐。只有达到9分或10分的才算是“死忠粉”。而对产品进行褒贬，那是真买家才会有的行为。在进行调查时，不要担心有埋怨，这是买家希望产品能够得到改进。

100个“死忠粉”中每个至少能吸引三个“铁粉”，而300个铁粉就能吸引来将近1万个“墙头草”。在此基础上就能够进行“种群繁衍”了。种群开始繁衍之后，就能够保证新增“粉丝”速度远远超过掉粉的速度，产品就能够在市场上占有一席之地，找到自己赖以生存的基础。

所以，你看那些网络红人，哪怕他们的社交媒体账号被清理了十几次，仍是能在近百粉丝的簇拥下“重生”，紧接着在很短的时间内又聚集起上万的粉丝。这种人在网络上的生命力，甚至比那些坐拥上千万粉丝的明星要来得更加强大。

由此可见，在新媒体时代，“死忠粉”的力量是极其强悍的。如果能够拥有一批“死忠粉”，那么对于品牌的运营来说将起到事半功倍的效果，因此，给“死忠粉”更多福利，吸引更多的“死忠粉”，就成为做好新媒体运营必不可少的一个步骤。

但是还有一个关于粉丝质量的悖论，你要想拥有足够多的“死忠粉”，在此之前必须要先有一个庞大的追随者基数。

视角 6：微博吸引用户的 4 条铁律

在微博刚刚兴起的时候，它是作为论坛的一个非常好的补充。而发展到现在，微博已经成为世界上最强大的中文社交媒体，称得上是社会化媒体的第一网站。

所以，我们需要将微博账号当成一个网站一样去运营，也要像运营网站里的频道一样去运营微博话题。具体来说，可以从以下四个方向下功夫（如图 4-5）。

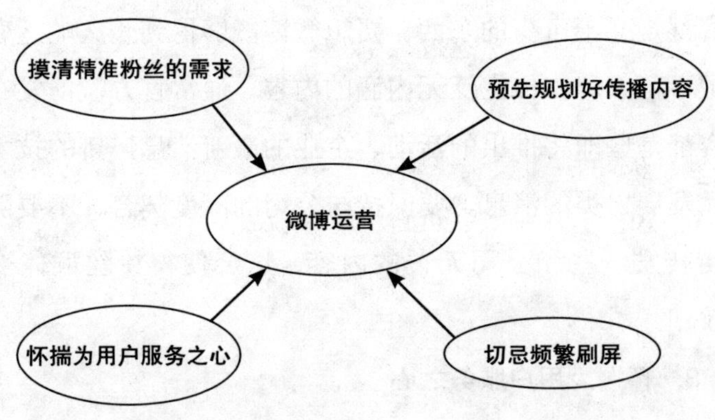

图 4-5　微博运营 4 铁律

1. 摸清精准粉丝的需求

微博这个平台其实非常适合运作官方微博，来进行产品展示、销售，让客服和用户交流。如果利用得好，你将以最小的成本向数以亿计的用户推广你的内容，在他们生活中形成热点话题。

即使你卖的是服务器、芯片或者光纤这些比较小众的产品，一切也还是基于你的粉丝。只有拥有足够多的粉丝，你所生产的内容价值才能得到体现。而你的粉丝之所以被你吸引，关注你、追随你、拥护你，是因为：你提供了他们所需要的东西。

而你要提供他们想要的、需要的，你显然得摸清楚他们的需求。

2. 预先规划好传播内容

不管你选择的是走渠道还是做内容，要想成为微博热门，内容都是必不可少的东西。要想微博能够得到长久的运营，切记不可大肆宣传空泛无内涵的内容。通常官方微博发布的内容都是些即将推出的活动、企业的最新消息、新的技术和产品发展之类的消息。要保持与公司的高度契合，不要随随便便转发一些和公司无关的内容，这会使得粉丝群体变得分散。

3. 怀揣为用户服务之心

端正好心态，用饱满的热情真诚地服务用户，胜过一切转发抽奖。只要做好这些，哪怕你从来不搞什么转发抽奖活动，也能积累起口碑，缓慢但却能稳定的增长粉丝。

而如果你从来不与用户进行互动，对于他们的投诉也爱答不理，只是时不时搞个抽奖，粉丝是不会对这样的官方微博抱有忠诚的。虽然在短时间内可以靠搞活动来提高粉丝数量，可只要活动一结束，刚刚获得的粉丝数就会立即下滑，花再多钱也是没用的。

另外，对于粉丝的每一次 @ 以及每一条评论都要认真对待。

4. 切忌频繁刷屏

人与人之间的交往需要遵循一些基本的礼仪，在微博上也有这样的基本要求，那就是不要刷屏。

许多企业在刚刚开始做微博运营的时候，都很难做到不刷屏，就好像不频繁地发微博，就没有存在感一样。其实很多微博上的意见领袖都早早地把这样的企业拉黑了。

而小米在刚刚开始运营微博的时候，就设置了一条红线：任何账号每天都不可以发超过 10 条微博——除了遇上有发布会直播这样的大活动之外。

微博具有媒体属性，你一个小号所发的内容，可能经过大号的转发，让成千上万的人都能知晓。

举个例子，你可以利用事件营销，花费极少的代价，将微博作为主战场，迅速在全国打开知名度。

不过微博上的关系毕竟较弱，还是需要微信来沉淀品牌以及和用户进行沟通，而且微信还较为私密，许多的运营活动，更适合在微信进行。

你也可以通过实时监测微博的关键词搜索，及时发现自己企业出现的问题。为此，一些企业还设置了“首席微博监测官”这个职位。一旦发现任何问题，就通过微博联系相关负责人，马上做出改进。

所谓的人类进化史，其实就是一部关于工具的发展史。

所以我们要善于利用最新的工具，来达到吸引顾客，转化顾客以及服务顾客的目的。

视角 7：QQ 空间用户运营的 3 大诀窍

QQ 是 00 后、05 后常用的社交软件，在近年来越来越受到重视。QQ 空间的产品形态和微博有着高度相似，同样具有转发与传播的属性，非常适合用来做用户运营。在运营 QQ 空间时，要需要注意三个方面（如图 4-6）。

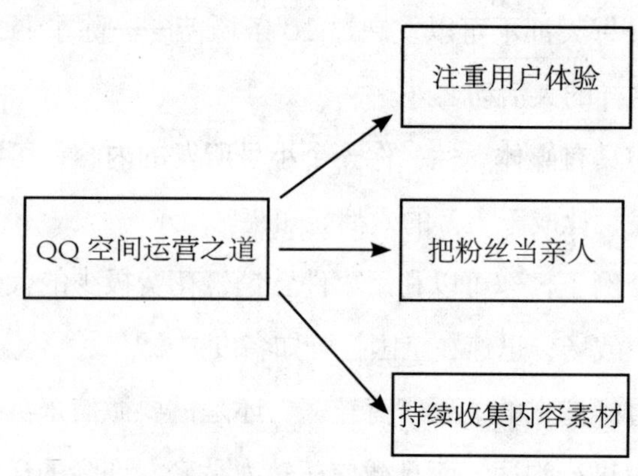

图 4-6　QQ 空间运营之道

1. 注重用户体验

通常一个粉丝进入你的空间后，会先看你的个人资料，然后看相册，看说说，看日志。这些都要事先设置好，塑造一个充满正能量的形象，让人感到真实可信。

专业的运营人员，要能站在用户的角度思考问题。如果空间里出现了恶俗的广告，要立即删除它，要营造出一个拥有良好生态环境的空间。

当把用户体验做到极致之后，自然而然会形成良好的口碑。

2. 把粉丝当亲人

QQ 空间积累起一定的人气以后，要时不时地开展评论有奖活动，以此鼓励粉丝们评论转发，以提高他们的黏性。粉丝不进行互动，就不能被称作流量。设置的奖品不用太贵，但必须要新奇有趣，或者经济实用。

记住：互动的出发点，就是要把粉丝当作亲人一样来对待。

在日常当中互动也很重要，具体到每一条回复。一开始，尽量每一条留言都去回复。发展起来之后就挑选一些留言重点回复。积极的分享内容，热情的回复留言，你就能和粉丝慢慢成为朋友。

3. 持续收集内容素材

QQ 空间主要就是三个内容，说说、相册和日志。说说和相册都是能够在短时间内收获大量流量的，轻轻松松就能成百上千。而日志如果能达到几百的浏览量，那么就证明你已经有了几千的粉丝了。

要想利用 QQ 空间做到病毒式营销，关键是得用好转载和分享功能。把内容做好，自然可以让别人疯狂转载。想想看，我们平常看到好的图片、幽默的段子，是不是会立即把它从平台上复制下来？平时生活中要多积累图片作为 QQ 空间的内容配图，这样可以有效地减少寻找素材的时间。

红米手机在上市的时候，就利用了QQ空间的用户运营，取得了非常火爆的销售成绩。

使用QQ空间的用户群体大多是25岁以下的。有数据表明，QQ空间的用户非常喜欢上传图片，其中有70%都是他们自己拍摄的照片。而红米手机的定位恰巧就是年轻人，靠着定价和同价位中较高的硬件配置吸引年轻用户。

QQ空间在当时已经在国内运营很久了，有着异常庞大的年轻用户群体，远远超过了同时期中国互联网上的其他应用博客类产品，覆盖的人群高达1.3亿。

小米的新媒体运营在那之前，仅仅是在自己的论坛和新浪微博上展开。很快他们就发现QQ空间上，同样聚集了很多对价格以及性能敏感的年轻群体，恰好属于红米手机的目标用户。

QQ空间面对如此庞大的用户群体，对于如何探索新的业务，发掘围绕SNS的新商业模式，就差一个很好的引爆点。因此QQ空间并没有得到营销业内应有的重视。

小米为了能直接面对红米的目标用户群体进行营销，与腾讯达成的合作，在QQ空间首发红米手机。在2013年7月29日的下午，一张关于“小米千元神秘新品QQ空间独家首发”的图片被突然发布到了网上。

整个业界都对这个悬念展开了关注与猜想，甚至有媒体在当时猜测腾讯是否要入股小米。

这一场营销活动让红米一举创下了1500万人次的网络预

约新纪录，仅仅过了半个小时，就有超过 100 万的用户参与到了红米的价格竞猜活动当中。红米手机借助 QQ 空间彻底引爆了市场，成为现象级的产品。

红米开放预约后的第 3 天，就累积超过 500 万的用户参与预约。到了 8 月 12 日，红米手机的第 1 次发售日之前，已经有超过 745 万来自 QQ 空间的用户预约了购买红米手机。

于是整个 QQ 空间用户上传照片中的安卓机型，排名第一的手机变成了小米。小米手机在红米手机发售之前，QQ 空间的粉丝数量为 100 万。

到了红米手机 8 月 12 日发售结束之后，小米手机在 QQ 空间的粉丝数量已经突破了 1000 万。

到了 2014 年 3 月，小米与 QQ 空间再次合作，发布了红米 note 手机，预约人数多达 1500 万，同时小米手机的 QQ 空间粉丝数量也突破了 3000 万。

微博上的大多数用户都觉得自己是意见领袖，喜欢到处发表观点。而 QQ 空间的用户更喜欢通过点赞，单纯地表达自己对某件事物“知道了”或者“还不错”的感觉。

QQ 空间还具备一个特点，那就是比较开放，里面用户对外部链接的点击率非常高，通过大量的点击链接导入到销售官网，可以为公司和企业带来直观的流量。

05

新媒体产品运营的 5 条军规

把一个产品推广出去，这不叫产品运营，叫商品销售。对于新媒体运营人员来说，产品运营是非常重要的一项内容。很多内容型的产品，不管是网站还是 App，都需要产品运营。

军规 1：好产品需要运营人员参与策划

如果把产品比作一个孩子从出生到成长的过程，那么产品经理则相当于孩子母亲的角色，运营人员相当于孩子保姆的角色，承担了养大一个孩子，并让他茁壮成长的责任。所以说，好的内容型产品，一定离不开运营人员参与策划。

首先，产品运营必须建立起内容的标准，明确区分哪些是被提倡的好内容，哪些是不被提倡也不受欢迎的内容。

图 5-1　建立标准的方法

可以通过两种方法来建立标准（如图 5-1）：第一个方法是审核，过滤掉不适合的内容；第二个方法是推荐，将优质的内容通过人工筛选的形式，使其呈现在重要的位置，从而增加曝光率，以达到传播产品的内容价值的目的。

不同于以往的编辑工作，除了流量之外，产品内容价值观的普及也是运营人员追求的目标。这一点类似于通过内容价值观将用户群筛选出来，将趣味相投的人聚在一起的网络模式。

内容型产品主要分为两大类，一种是包括微博、论坛、SNS 等的 UGC（用户生产内容）型，另一种是传统门户网站等媒体型。

不管是针对哪一种类的内容型产品，都需要运营人员采取“两板斧”（审核 + 推荐）的形式对产品内容加以掌控。

运营人员在针对 UGC 型产品进行运营时，需要在维护符合产品价值观的内容氛围下，引导用户群自发产出合适的内容。

最好的测试工程师除了做好自身岗位之外，他还必须是一个很好的开发工程师；同理，最好的产品运营人员也一定是一个非常好的产品设计师。

运营人员之所以能在这一方面为策划人员带来很大的帮助，是因为他们既能理解用户的需求，又能理解产品的结构。基于这一立场，他们可以提升产品设计上的可靠性。

我曾经做过一项调查，把策划部门的每个设计，都事先提给运营部门去做效果预测，最后得到的结果是：质量很高的产品，都是运营部门提出建议后加以修改的。

因此，当策划部门无法准确把握住用户需求，或出现了意见分歧，都可以依靠运营部门的用户访谈内容，作为客观的裁决依据。

军规 2：发掘产品的话题属性

苹果公司出品的某款 iPod 播放器，只有口香糖大小，颜色也花花绿绿，像极了口香糖。

该项目的产品经理灵机一动，在说明书的最后写了四个字：请勿吞服。这下子引爆了社交媒体，整个网络都在议论这件事，无论是博客、微博，还是视频网站。

说明书上短短几个字，却在各大新媒体平台引发了一场大讨论，这正是深入挖掘产品话题属性的结果。

并不是所有话题都能激发人们分享和讨论的冲动。通常，我们会比较倾向于分享那些可以使我们的形象看起来好玩、有趣的内容，因为分享本身就代表并定义了我们自己。

崂山“白花蛇草水”，是一种被网友称为有“馊了的草席子味”的暗黑饮料，却在互联网世界火了一把。

为了赚取外汇，中国在1962年批准崂山汽水厂出口矿泉水，同时针对东南亚市场需求开发了全新的一款草本饮料——白花蛇草水。

在夏天用白花蛇舌草泡茶或者加入凉茶中饮用，是中国两广、福建以及港澳、新加坡华人的习惯。这款饮料还加入了车叶草、鸡屎藤等中药成分。因此，直到2013年，卫生部才同意白花蛇草水可以作为普通饮料向全国销售。

“史上最难喝”成为关于这款饮料最具共鸣的“饮后感”。随着这个话题在网络上被引爆，崂山矿泉水公司也因势利导，顺水推舟，将这个话题推向一个新的热度。更多的顾客开始关注这款饮料，带着好奇与挑战的心态尝试这款饮料。

很多大品牌也热衷于“玩”，比如海尔通过洗衣机立币大赛（在高速运转的洗衣机上将硬币立起来），泸州老窖推出了一款外观像香水瓶的香水酒，可以喷还可以喝，可口可乐推出的化妆品套装，肯德基推出的炸鸡味唇膏……

这类好玩有趣的产品，人们热衷于在朋友圈分享。而分享的过程，就是传播的过程。

军规 3：产品细节决定运营结果

“泰山不拒细壤，故能成其高；江海不择细流，故能就其深。”细节看起来微不足道，但做好每一个细节就能成就完美；小事看起来可有可无，但做好每一件小事就能成就大事。完美的用户体验也是如此，体现在产品的主要性能指标上，更体现在每一个细枝末节上。

雷军创建小米时，团队成员仅有 14 人，但发展到现如今，小米旗下的员工已多达几千人。但让业内很多人不解的是，雷军依然用小公司形式运营着小米。为什么？最重要的一个原因就是雷军希望以小项目团队的方式把产品的细节打磨到极致。

雷军是一个十分注重细节的人，雷军的朋友、也是百度前市场总监毕胜描述首次见到雷军的印象时用了四个字来形容：“一尘不染”。毕胜注意到，雷军会在抽完一根香烟后，用手将散落在桌上的残余烟灰拂进烟灰缸里。

雷军的不少朋友都承认，雷军做事一丝不苟，关注细节，追求完美。对于小米手机，雷军更是有着近乎极致的完美主义情节。就拿小米手机的包装盒来说，看似只是硬纸皮的包装盒，其实并不简单，其能承受的载重达 85 公斤以上。很多人不知道，小米手机的包装盒采用的是整体绿色环保包装，内包装为白色纸浆硬架，外面采用的是极厚的牛皮纸工艺，所有外壳能100%降解回收。更重要的是，这样的包装盒能保证小米手机在运输过程中不受到任何外力的损害。

仅仅一个手机包装盒就将细节做到如此完美，这让很多小米用户赞叹不已。当然，不仅是包装盒，如雷军所说："小米手机的每一个细节，每一个螺丝，每一个配件都会做到极致！"当然，小米的用户体验也做到了极致。

如今有很多产品改变了我们的生活方式，但真正改变世界、真正有影响力的品牌却不多。而纵观那些有影响力的品牌，都离不开对细节的雕琢。

苹果完美的用户体验同样是从细节开始的。当很多人都在探究乔布斯这个"改变世界的天才"成功的秘诀时，美国一家投行资深分析师保罗说："近乎变态地注重细节才是乔布斯的成功秘诀。"

据与乔布斯一同工作过的人说，为了 OSX 系统界面的重新设计，乔布斯经常会将鼻子贴在电脑屏幕上一个像素一个像素地进行比对。乔布斯对产品的所有细节及其带给用户的体验十分关心，他对工作的伙伴说："要把图标做到让我想用舌头去舔一下。"乔布斯就是这样，不管是产品设计还是软件、硬件，抑或是系统运行等，任何一个细节他都不会放过。

为了制造工艺上的完美，苹果规定 iPhone4 主要零件的合缝间距不得超过 0.1mm，以免打电话的时候夹到用户的头发；为了运营推广中的完美，乔布斯曾亲自让广告代理商改掉某个广告文案第三段中的一个字；为了让用户走进店面时有更好的体验，他曾 3 次改变所有苹果店内灯光的布置，以使产品看起来熠熠生辉……

在管理当中也是如此。《财富》杂志曾授予乔布斯“十年商业人物”的桂冠，并将他的管理风格称赞为“难得地将细节管理和全局视野结合起来”。据乔布斯周围的人描述，与其说他是公司的 CEO，不如说他是公司的最终顾客，苹果公司描述说“他是一个让人最为发怵的顾客，一个咄咄逼人、要求极高、有权冲你吆喝，甚至当场炒你鱿鱼的顾客”。

的确，乔布斯是一位咄咄逼人、要求严厉、高度重视细节的管理者和控制狂，但他所做的一切都是为了提升与公司顾客有关的细节及其带给顾客的体验，他说，“我们对用户体验负全责”，在他看来，企业战略从顾客走进店面就开始了，当然，用户打量产品包装、打开包装然后试用产品等等细节都包括在内。

乔布斯对世界的评判永远是极端化的，在他看来，产品要么“酷毙”（insanely great），要么就是狗屎（shit）。乔布斯高度关注产品的细节以及与产品相关的任何东西的细节，确保苹果产品人见人爱的，正是他近乎极致的细节完美主义。

乔布斯天才的细节设计以及他对顾客产品体验细节的痴迷关注甚至引起整个行业的变革，深受影响的人当中就包括雷军。

这是一个精细化管理的时代，更是一个精细化运营的时代，一个产品，只有在细节上做到完美，在用户体验上做到极致，才有可能成为伟大的产品。一家企业，只有把小事做好，把小细节做好，才能成就大事，成就完美，才能在用户认同的基础上获得良好的信誉和口碑。

军规 4：产品运营需要工匠精神

基于移动互联网时代巨大的传播效应，运营过程被很多人、很多企业放在了空前重要的位置，以为有炒作的空间和话题，就能完成用户规模的积累。

实际上，粉丝数量对于运营而言，只意味着有一个好的扩散的基础，如果想要形成真正的扩散，产品才是最重要的。

世界上从来没有任何一家企业能在产品质量不过关的情况下，仅靠运营就做成规模，做到基业长青。历经沧桑的百年老店做不到，互联网时代下的新兴企业也不能做到。产品是一切因素的基础，这一点毫无疑问。

电子产品竞争的核心在以往来看，常常是指对渠道资源的占领。当时企业最真实的写照就是“得渠道者得天下”，这一方面印证了当时中国物流通信体系的不完善和高昂的终端造价成本，令生产厂商无法做到直接面对终端消费者，企业与消费用户之间的产品交付必须借助某些渠道的帮助才能完成。

但是，移动互联网的出现及其迅猛的发展势头渐渐纠正了信息的不对称性，为这一情况带来了转机，厂商能直面终端消费用户，销售渠道由原来的多层级渐渐变得扁平化，让产品随着新兴的电子商务企业的发展，逐步渗透到了居民消费的观念里。此外，厂商们越来越需要从产品和服务的本身出发，解决或多或少的产品过剩问题。用主动去迎合消费者的方式，取代以前只顾着低头生产产品的做法，也可以更好地激发消费者的购买欲望和兴趣。

运营在互联网时代，“产品至上”已经逐渐替代了曾经的“渠道至上”。

当消费者成为新媒体运营的主角时，他们的需求欲望可以快速得到释放和满足。

这里所说的产品，不仅仅是有形的物质产品，还包括精神层面的产品。

只有在产品上培养出一种极致的思维，企业才可以在“产品至上”的时代获得大量消费者支持。

工匠的精神就是极致思维的内涵，他们对做好产品有着强烈的欲望，对产品质量有着极致的专注和追求，这也成为产品研发者精神的内核。

美国苹果公司已故的联合创始人史蒂夫·乔布斯，是充分发挥了工匠精神的典范，苹果公司在他追求极致精神的带动下，从绝境中达到了成功的巅峰，引领了国际高端智能移动产品界的潮流。

这种工匠精神应该更多地关注到移动互联网时代的产品中，并且在工作中也保持这种专注和追求极致的精神。

在中国消费电子厂商中，魅族品牌是一个特殊的存在。

魅族科技有限公司于2003年3月在珠海成立，是主要从事电子产品研发、生产和销售的电子科技研发公司。

在最开始的四年时间里，魅族的主要产品是高品质MP3音乐播放器。直到2007年，魅族开始拓展手机研发工作。就在这个时候，魅族聚集了一批粉丝“魅友”，开始一路追随魅族的脚步。

魅族是一个名副其实的完美主义者，也正是魅族对产品品质的完美追求，让消费者感受到它是一家拥有远大抱负的企业。

曾经在生产高品质MP3音乐播放器时，魅族就换了与其合作多年的音频解码芯片供应商，对此魅族给外界的理由就是：“有更好的芯片，我为什么不用你呢？”

就这样，魅族在国内率先采用质量优越的芯片，改变了国产MP3音乐播放器品质低价廉的形象。

随着电子产品市场的飞速发展，很多电子厂商，都采用虚假宣传的方式吸引消费者，而魅族从来就没有宣传自己的产品是采用国际五百强企业的硬件，但是我们在很多网站的拆机评测中可以清楚地看到，魅族的手机硬件配置均来自国际一流的供应商。

在魅族科技公司，研发人员对他们制作的“产品”无比热爱，“产品”对于他们来说远比收益重要，研发人员是对科技与技术的痴迷与热爱的一圈人，对研发人员来说精益求精只是最基本的素质。

换个角度来说，研发人员对“产品”就如同艺术家追求艺术一样，企业就是要像对待亲人一样对产品和服务倾注感情，才能俘获消费者的心。

只有把用户体验做到极致，让用户体验之后不会淡忘，才能赢得消费者的信任和依赖。

Web 3.0 时代是一个以消费者为核心的时代，互联网的特性让信息时间和空间层面的不对称性被打破，让用户的转移成本变得非常之低，不再有用户不得不接受企业的服务态度，用户可以随意选择自己喜欢的产品，企业也只有做出好产品，给用户好体验才能留住客户。

IM（即时通讯服务）工具是互联网时代最受人们重视的应用之一，腾讯帝国的建立就是凭借即时通信工具 QQ 的成功。

MSN 曾经是全球用户最多最大的 IM 工具，源于微软的贵族血统，是业界典型的“高富帅”，白领人群首选 MSN 这一高端 IM 工具，而用 QQ 的人会被瞧不起。

但是随着时间的流逝，2012 年，微软公司发布公告，将在全球范围内以 Skype 全面替代 MSN。而中国市场 MSN 产品却不会发生迁移，原因就在于腾讯 QQ 的崛起，打败了 MSN，占领了中国 IM 市场。

与 QQ 的客户体验相比，MSN 在用户体验上做得很失败：频繁地掉线、信息丢失、文件传输限制、病毒链接多、垃圾信息多等。

MSN 存在的这些让人头疼的问题逐渐让用户的注意力转移到 QQ 身上。

腾讯一直在改善用户体验，为了方便工作时聊天，QQ 可以隐藏面板，有新消息时会有闪动提示，而且用 QQ 邮箱能发送超大文件同时还支持文件的断点续传。

如此多的新体验让许多 MSN 用户看到了新的选择，于是纷纷投入腾讯的怀抱。

只要是公司都或多或少会有一些顾客，较为优秀的公司将会拥有比较大量的用户群体，最为优秀的公司则拥有着一群忠实的粉丝，而会说话的粉丝对于好产品而言就是最佳的代言人。

为什么会有“好的产品是会说话的”的说法？因为互联网时代已经是“产业媒体化，人人都是媒体”。在这样的时代，媒体传播的方式已经不再是传统意义上由上而下的传播，而是逐渐地扁平起来。

在网络上任何有独特影响力的用户，都会如同一个媒体一样，无论是认证名人、有大量粉丝的微博大号、微信上的公众账号，还是非常普通的一个用户，都有着成为新媒体的机会。

网络让人们通过不断转载的方式自由快速地传播各种信息，互联网企业不需要广告投入，只要有好的产品，让用户满意，用户就会成为企业最好的“广告”。

果粉（苹果公司的忠实粉丝）和米粉（小米公司忠实的粉丝）为什么会自发地为苹果或者小米产品去助威呐喊，帮助其扩大影响力呢？原因就在于他们认为他们所使用的是一个非常好的产品。

企业只有在关注点、满足点、兴奋点等方面解决了用户的需要，并且让用户有极致的产品体验，用户才愿意愉快地和网友们分享满足需求的快感和荣誉感。当分享的数量累积到一定程度，就会吸引更多的人成为这一品牌的粉丝。

而分享用户体验“引爆潮流”的关键就是用户之间的信任背书，无论是朋友圈的坚实关系，还是各类微博、贴吧的陌生人之间的交流，都是基于当代消费者感性消费的主流特征。

假如有一个朋友或网友说某个产品好，那么就会在其他用户心中留下好奇的种子，促使其主动关注这一产品。而再次遇到这个产品的粉丝，也许就愿意去购买或使用这一产品。

对一个产品的体验指数，只需要看产品在用户的朋友圈或其他网络社交平台评论和转发的次数就可以窥知一二。

在这个网络经济的时代，消息的传播速度和范围都是空间的，再好的运营终究还是要靠产品来说话，靠用户体验来说话。没有好的产品，不提升产品的消费价值，产品运营就是一句空话。

对于产品来说，质量就是生命；对于企业来说，口碑就是生命。产品好比是一把“双刃剑”，既卡着用户的需求，更卡着企业的命脉，而不过关的产品只能让企业生命岌岌可危。

正如管理学家迈克尔·哈默所说：“豪华大巴司机的微笑永远也不能替代汽车本身。”

随着互联网经济的不断发展，消费者更重视他们所得到的最终结果，产品运营最终还是要靠产品品质来说话！请记住，商场如战场，产品才是终极武器，要想在新媒体经济时代取胜，就必须从让好的产品自己去说话开始。

军规 5：优秀的用户体验是终极目的

随着社会化运营的普及，很多企业都开始在运营传播上下血本，但所取得的效果却并不理想。

那么，为什么品牌和产品已经摆到了消费者面前，消费者却不买账呢？

究其原因，很大程度上就在于在用户体验没有做透，所以，即便广告狂轰滥炸，消费者仍旧会因为没有体验到产品或者产品体验不佳而拒绝购买。

不管你相信与否，我们所处的社会正在逐步走向体验经济时代。消费者的消费行为已经不仅仅是购买产品，他们同时也是在通过时间和金钱的消费来享受企业所提供的一系列值得记忆的事件，毫无疑问，“体验”已经成为一种新的价值来源。

所以，对于企业来说，要想吸引消费者，首先就必须与他们建立一种值得记忆的、个人化的联系，即营造一种体验的氛围。

“用户体验”也是雷军经常挂在嘴边的一个词，一切为了用户的体验，这是雷军在很多场合对小米产品的阐释，当然凭借着“体验做透，方案优雅”的理念，小米大大拉近了与粉丝之间的距离。

业内人士评论说，小米最值得一提的运营秘籍就是为客户打造的“可感知体验”。

据说，小米 3 在上市前经过了严密的测试，为了保证触摸屏的高灵敏度，小米产品团队购买了各种材质和厚度的手套一遍一遍地测试。

还有一个小故事。很多人都知道，黎万强曾是狂热的摄影爱好者，为凸显小米电视的外观色彩设计，他从摄影的角度想出一个办法，专门将发布会的体验区进行了装潢，并根据用户的不同使用场景设计了八种色调，这就在体验上给用户以身临其境的感觉。

当然，这些都是小故事，米粉们看到的只是光鲜亮丽的发布会，看不到这些万众瞩目背后的故事。但是，用户体验时米粉是可以触碰的、是可以感知的，而小米团队这些尝试最大的意义也就在于此，它在悄无声息当中就提升了产品的用户体验，赢得了米粉的信任和尖叫，同时也拉近了与粉丝的距离。

显然，将用户体验作为运营利器比强调多少个核、性能能跑多少分等冷冰冰的指标杀伤力要大得多、强得多。

在这里，我们不妨总结一下雷军做小米产品的方法论。

第一，清晰的定位，典型的就是“低价高配”“首发”“最快”。

第二，疯狂的定价策略，小米的定价一度“把自己逼死，把对手逼疯”。

第三，也是最重要的一点，那便是成功黏住用户的可感知体验，也正因为如此，小米产品才拉近了与消费者之间的距离，引发用户不断尖叫。

不过，小米并不是首家基于用户体验设计产品的企业，即使是雷军的偶像乔布斯的苹果公司也不是。但是，苹果公司的客户体验升级模式在果粉乃至大众眼里都构成了更好的用户体验，也让用户离苹果更近。

苹果素来以科技感受和用户体验为主，即使是一款小小的耳机，也会在设计上力求提供完美的音质和低音效果，确保用户体验的安全舒适，即使在嘈杂的地方也能继续享受至纯的音质。

进入过苹果店面的人应该都有这样的感受，苹果直营店内的环境设计与其他 IT 电子产品的店面不太一样，里面的桌架看起来朴实无华，但细看各种产品的展示和使用，没有人不觉得恰到好处。

很多人说，即使是用户在直营店中购买了苹果产品后的手拎购物袋，同样能带给顾客一种绝无仅有的体验……

这就是苹果升级的用户体验模式，在设计方面更简洁，用户的界面更友好，产品的外观更高雅，使用场景更方便快捷，持有感更舒适和彰显尊贵，等等。

苹果产品良好的用户体验基于卓越的产品设计，同时也全面地囊括了企业与客户接触沟通的每一个触点和触面，真正拉近了企业与用户之间的距离。

那么，如何才能提升用户体验呢？雷军一直将乔布斯视为典范，不妨看看乔布斯为“用户体验设计”定的几项基本原则：

第一，一定不要浪费用户的时间。例如，巨慢无比的启动程序；又如，让用户一次次地在超过50个内容的下拉框里选择。减少用户的时间，减少用户鼠标移动的距离和点击次数，减少用户眼球转动满屏寻找的次数。

第二，一定不要想当然，不要打扰和强迫用户。

第三，一定不要提出“这些用户怎么会这样”的怀疑，一定不要高估用户的智商。

第四，一定不要以为给用户提供越多的东西就越好，相反，提供越多就等于没有重点，有时候需要做减法。

第五，一定要明白你的产品面对的是什么样的用户群。

第六，一定要尝试去接触你的用户，了解他们的特征和行为习惯。

“体验经济”正在取代“产品经济”，而在体验经济时代，真正能切实拉近用户和产品之间的距离的，无非是用户体验。

只有良好的用户体验才能真正赢得粉丝对企业、对产品的热爱和忠诚，并且用户体验一旦能够超越粉丝的预期，粉丝也容易成为品牌传播的忠实力量，甚至让粉丝把企业的事情当成自己的事情，出谋划策、用情用力，最终成为品牌建设的忠实力量。

诚如雷军在互联网大会上所说，“竞争的目的是为了给用户更好的体验”。

这就要求企业在产品运营当中所做的工作不仅仅是通过媒体和技术无限拉近与消费者的物理距离，更重要的是通过用户体验来拉近与消费者之间的心理距离。

06

新媒体文案写作的 5 项秘诀

可以说，文案的优劣直接决定新媒体运营的成效。只要掌握新媒体文案写作的 5 项秘诀，写出爆款文案不是梦!

秘诀 1：围绕用户的 5 种心理做文章

在当下这个时代，文字泛滥，充满了太多各式各样的文案，但触动人心或是留下深刻印象的很少。

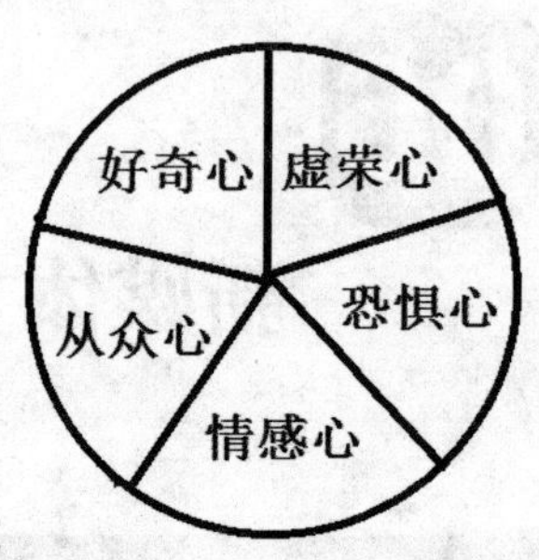

图 6-1　用户的 5 种心理

文案要走心，需要充分了解用户的心理，这样才能把握住用户的内在需求点。围绕用户内心需求所创作出来的文字，才能满足他们的心灵欲望，填补他们心灵上的空缺。

一般来说，用户常见的有五种心理（如图 6-1）。

1. 好奇心

文案创意要别出心裁，让用户有强烈的探知欲望。

人们天生就会有好奇心，它存在于每个用户的内心深处，不需要任何的引导，人们往往会对那些日常生活中很少看见的、独特的、不同寻常的事物产生浓厚的兴趣，而且还伴随着非常强烈的求知欲，会迫切地想要让这种需求得到满足。

生活中就有个常见的例子，当人们在朋友圈看到那些被多次转发的文章，往往会在好奇心的驱使下，产生一探究竟的想法，想知道能够让那么多人主动去转发的文章，到底有着怎样吸引人的内容。而人们打开文章之后却发现，整篇文章只有一个标点或者是一个字，那么就会形成巨大的反差，能够给人留下深刻印象。

那么我们在写文案的时候，就可以利用好奇心适当地制造一些悬念，也可以采取暗喻这种形式，给人留下一些想象的空间，可以让他们产生联想，甚至大开脑洞。

通过这种让用户与文案产生互动的方式，能够加深文案在用户心中的印象。

当有些文案字数过长时，为了不让用户失去耐心而放弃阅读，最有效的方法就是勾起读者的好奇心。

首先，在文案开头的地方，最好能用一句话就建立起矛盾，或者是设计一个谜团，又或者是营造一股氛围，通过激发用户对下文探求的心理，从而使他们继续往下阅读。

同时，在设置标题的时候，若是能创造出有新鲜感、有悬念、不同寻常的标题，也能快速地勾起读者的好奇心，从而使他们产生一种想要阅读正文的冲动。

2. 从众心

当多数人都倾向于做出某一种行为的时候，会对单个用户产生一股压力，要让这股压力转变为动力。

一个人通常会尽可能地让自己的行为与众人的行为保持一致，这是由于人们需要消除与他人之间的矛盾、不安、风险，或是寻求认同与归属等。从众心理的主要表现就在于，会把在群体影响中所产生的那股压力转化为动力。

同样的，用户更容易信任那些已经被群体认同了、肯定了的文案。所以，利用好从众心理，能够为新媒体运营文案注入新的活力。

大部分的畅销书在封面文案的设计上，就充分利用了用户的从众心理。

例如《小王子》这部享誉全球的儿童文学短篇小说的封面文案设计，就通过放大显示“全球销量超过2亿册”这样的字眼，使巨大的读者群体在无形中给潜在读者施加压力：全球有这么多人都看过这本书，你要是再不去阅读，可能就要被淘汰了。读者在无形之中就被激起了购买的欲望。

3. 情感心

用情感来打动用户，从而留下深刻的印象。

情感心理主要体现为情感的需求。人们都渴望能够拥有那些美好的友情、亲情以及爱情，渴望在各式各样的情感中获得幸福、感动和愉悦，也渴望得到他人的尊重和理解。通常讲，要想给人们留下深刻印象，调动起他们的情感是最为有效的方法。

要想缩短与用户之间的距离，就需要文案以人性化和带有温度的文字，用情感来打动他们，这样才会触及他们内心深处那些最为脆弱和柔软的地方，在引起他们心灵深处的记忆和向往的同时，产生情感上的共鸣。

所以，文案的主题可以是那些温暖的亲情和纯洁的友情，也可以是浪漫的爱情，还可以是强烈的爱国情怀。

4. 恐惧心

当人们处于十分害怕的状态时，会产生危机意识。

当面对某种事物或者是某种特殊的情境时，会产生强烈的害怕情绪，这就是恐惧心理的主要表现。那么，人们为了对抗或者消减这种心理状态，就不得不采取某些措施，做出一些举动。

比如：人们之所以会去购买某些抗衰老的产品，就是因为害怕衰老；而又因为害怕生病甚至死亡，就会选择购买保险。

当下的广告、文案设计都会大量运用恐惧心理。为了能够影响用户的态度和行为，会制造压力来直戳他们的痛点，让他们意识到危机并感到紧张。

而对于恐惧心理的运用，在公益性的广告中尤为常见，通常都会取得显著的效果。

在日常生活中，除了公益广告外，一些企业和产品同样会运用类似的恐惧心理。

5. 虚荣心

人在有些时候往往会无条件地顺应某些事物，这是人性的一个弱点。

这种具有极强自我表现欲望的心理，通常被称为虚荣心。

人在虚荣心的驱使下，不仅十分注重他人对自己的看法，同时也爱与他人进行攀比或炫耀。

无法否认的是，这种虚荣心理是人性上的一个缺陷，人人都会有一颗或大或小的虚荣心。如今，尽管人们在基本需求上得到了满足，但男人还是会不自觉地追求权力、金钱、房子和车子，等等；女人依旧渴望美貌、名牌产品和伴侣。

在新媒体运营中，文案创作如果想做到优秀，可以适当地利用用户们的虚荣心理。通过顺从用户渴望表现自我的心理，提高文案的档次，渲染出一股美好的气氛，合理地说些好话使用户产生优越感，从而带动产品销售，实现新媒体运营效益最大化。

秘诀 2：瞬间提升浏览量的 6 种标题

标题作为文章的“文眼”，对于整篇文章往往起着提纲挈领的作用。

一个恰到好处的标题对于文章能够起到锦上添花的作用，而一个不合时宜的标题则可能会使创作文案的心血付之东流。一篇内容良好的文案再加上一个含义隽永的标题，就好比一位本就武功高强的侠客同时拥有了帅气的面容，其在江湖中的影响力可以得到双倍的提升。

为了便于精准阐述，我们以公众号的推文为例。

决定读者是否阅读一篇文章的关键点往往就是文章标题的好坏，当读者意识到某篇文章的标题有意思、有内涵时才会点击进行关注。好标题的重要性显而易见，总体来讲，优质的标题可以产生以下三种作用（如图 6-2 所示）：

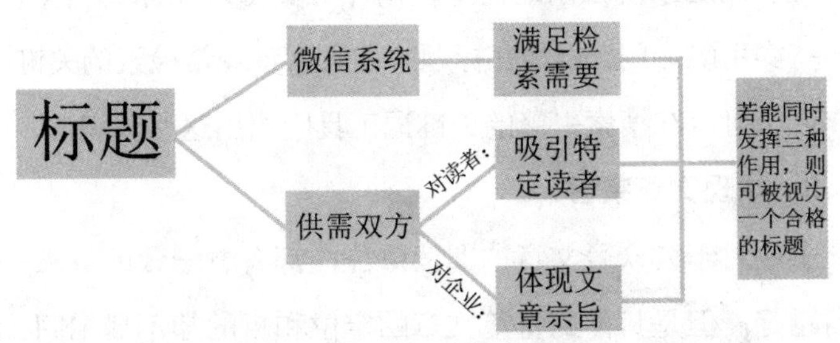

图 6–2　微信公众号推文标题的作用

1. 吸引特定读者

人与人之间的喜好往往不尽相同，而一个人的喜好往往也会因时过境迁而发生改变。精彩的标题可以让喜爱文章内容的人们得以在最短的时间内了解这篇文章的中心议题以及对自己的益处。从更高的层面来讲，美好的题目还能够直接给读者带来愉悦感并激发读者内心的情感共鸣。

不仅如此，标题自身还能够作为区分依据发挥读者分类的作用，当兴趣爱好、价值观、理想等都彼此相通的人看到符合自己需要的标题时，自然会聚拢在一起，这对于企业公众号有针对性地进行用户管理也有促进作用。

2. 满足检索需要

成功的标题设置不只能够吸引读者，同时还能满足微信搜索工具对文章内容的检索需求。当系统后台通过准确、到位的标题得以在第一时间搜出优质的文章并做出排名时，相关企业公众号的曝光率和知名度也能得到极大的提升。

为了满足系统检索的需要，创作人员可以在标题创作中运用一些实用的窍门，例如在标题中加入读者经常检索的关键词。创作人员可以在搜索引擎的关键词工具中找出这些关键词。

3. 体现文章宗旨

企业对于公众号文章的阅读量往往都有着一致的诉求——越高越好。但是具体到每篇文章的定位和目的却不尽相同，有的文章写作目的是为了展现产品卖点，有的文章写作目的是为了提升企业形象，而有的文章则是纯粹为了企业的某个活动进行宣传造势。文章目的区别必然要求文章的题目也要体现一定的针对性，体现文章的主旨。

国内某知名白酒企业曾在其品牌公众号上发表了一篇名为《喝酒不伤身，从低度酒开始》的科普类文章，本文的标题直接切合了人们普遍关心的“健康饮酒”这个热门话题，但是这篇文章的主要写作目的是宣传该公司的低度酒，所以从题目中“低度酒”这个关键词已经可以看出作者宣传产品的目的。

行文至此，许多人也许会对文章的标题有了全新的认识，同时也对究竟该如何拟出一个出色的标题产生了新的疑问。其实，为文章取一个出彩的标题并不难，只要做到以下六点，你会发现，创作好标题并不难（如图 6-3 所示）。

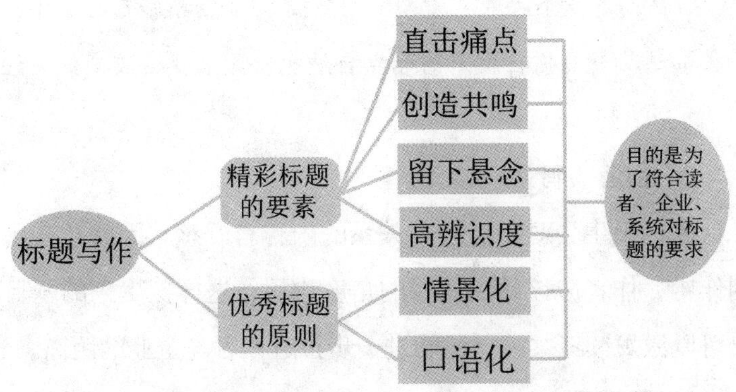

图 6-3　企业公众号标题创作的一般方法

1. 直击痛点

一篇好文章肯定会包含很多有价值的信息，这些信息不可能全部都呈现在标题上，因此需要提炼要点，然后选择用户最关心的那个痛点呈现在标题上。

当图书《失控》风靡整个互联网界时，一些解读该书内容的公众号文章也开始如雨后春笋般涌现，但这些文章的反响却不尽相同。例如《如果你读不完〈失控〉，至少可以读完这 50 条书摘》，这篇文章在两日之内就获得了超过一万人次的阅读量，而《〈失控〉书摘 50 条，精华都在这里》在相同的时间段却只有三百人次的阅读量。二者对比极为悬殊。

其中的原因就在这两篇文章的标题上，《如果你读不完〈失控〉，至少可以读完这 50 条书摘》，这个标题直击读者阅读时间紧、畏难的痛点，读者看到这样的标题能有如释重负的感觉。自然愿意读下去而《〈失控〉书摘50条，精华都在这里》，这种标题却没有抓住用户的痛点自然也就无法获得较高的关注。

2. 创造共鸣

人们天生会对和自己有关系的内容有好感。因此，在题目创作中，作者应该站在读者的角度构思，这样拟出来的题目不仅可以激发读者共鸣，还能进一步拉近读者与企业的距离。

3. 留下悬念

创作者可以在标题中制造一些悬念，这样就可以在一开始就激发出读者的兴趣。倘若作者将文章中最主要的内容在标题中和盘托出，那么读者在获悉了重点信息后，也就很难产生往下读的兴趣了。

4. 高辨识度

创作者应在题目中加入一些人们耳熟能详的标签化字词，这样可以在第一时间吸引那些对文章相关内容比较熟悉的读者。

如果企业公众号要推一篇介绍埃隆·马斯克的文章，直接以“埃隆·马斯克”为题目，倒不如以“特斯拉创始人”为题，后者明显有更高的辨识度。

5. 情景化

创作者在题目创作过程中加入一些诸如起床、吃饭、打车、加班、大扫除等这些贴近日常工作生活的场景，接着用简明的词句写成标题，往往能为读者带来强烈的代入感，使之对标题产生亲临其境的感觉，这样也能增加文章的点击量。

示例：《那些年，被老板呵斥过的前台》

解读：这个标题能让很多前台人员感慨万千并积极点赞、转发，在世人的眼中，前台这个工作很轻松，没有业绩考核，更无须加班应酬。但实际上，他们的工作往往充满着外人不知的艰辛与不易。

6. 口语化

所谓口语化就是指人们平日里闲聊时的语言风格，在题目中运用口语化的表达方式可以带给读者平易近人的感觉，由此产生的轻松感有助于读者继续往下看。

以上虽然为围绕公众号文章的标题而展开，但具体到其他新媒体的标题，这些原则依然适用。

秘诀 3：爆款文案必备的两个特点

许多写手一写文案就感到苦恼，不知道怎样写出好的文案。其实在解决这个问题之前，需要做一番了解。

好的文案通常具有以下两个特点——简短和直接。

今日头条就曾经发布过这样一则数据，通常 1000 字的文章平均的跳出率是 22.1%，而当字数达到 4000 字时，跳出率则达到了 65.8%。

这个数据表明，文案的字数越多，读者读完全文的概率也就越低，媒体传递信息的完整度就会受到损伤。

许多人会在文案后面加上策划两个字，觉得这样很高档，显得很有格调。但这样的做法会导致很多人在写运营文案的时候，会莫名产生一种迷失自我的恐慌。

一个优秀的文案不应该仅仅只是写在文章上面，而是要让人说出来印象深刻。

互联网上的产品和网络运营中，优秀的文案往往都是口语化的。因为口语化具有一个最大的优点，那就是利于传播，不会对大众的记忆造成任何负担，方便他们做出一系列的反应。

如果只是单纯地想要传递信息，就应该将文案内容进行压缩，清晰且明显地呈现重要的信息点和关键词。

而如果是撰写长文案，例如软文、产品说明这样的文案，就应该先“做加法”，再“做减法”。首先写好提纲，然后将素材进行全面的填充，最后砍掉 50% 的内容，只让用户看到最精华的部分，从而让他们能够完整地读完文案，避免受到多余信息的干扰。

那些刚刚入行的文案小白们，在写文案之前最重要的就是做好积累。

正所谓熟能生巧，当你对事物有了一个深刻的理解后，就能对事物进行更加深入的剖析，也就能产出更加有深度的文案作品，读者也能从中看到你的用心。

作品都是来源于生活当中一些小小的灵感，你需要做的是将生活中的灵感都积累起来当作素材。

其实具体地说数据和案例比单纯地讲抽象概念来得更直观。在写那些短文案，比如口号和标题时，最有效的表达方式就是数据。

而在撰写那些长文案时，清晰的结论则更为直观，要尽量把那些结论放在文章的开头、段落的开头，或者是写个小标题来对它进行突出。

可以通过唤起场景来提升用户对文案的记忆度，不然你花费了大量力气写出来的文章，用户转头就有可能把它忘掉。

广告的创意往往需要极大的吸引力，能够让人对此产生深刻的想法。现在的文案发展潮流已经不同以往，不是简单地编首口水歌就能作为广告创意。

要想做好广告文案，需要时刻寻找创意与写作灵感，到处获取新鲜的资讯和一些有趣的参考案例，还有那些个人分享的作品，我们从中可以学到许多东西。

文案要想做到 90 分以上，就得像一只锚一样，深深地勾住用户的记忆。加拿大的心理学家图尔文研究过，长期记忆分为两种，一种是情景记忆，一种是语义记忆。

例如泰国的广告，就常常为人们打开不一样的思路。他们在广告方面的创意让人叹为观止，用户通常都是把他们的广告当成短片一样来欣赏。

所以说，做文案不单单是依靠经验和技巧，还需要进行思考。在文字上面的推敲以及敏感度，还有对于新鲜事物的接触，都有利于我们总结发掘文案的内容。

“语义记忆”需要更高的成本，往往需要进行较长时间的逻辑演绎和重复记忆，所以对于那些带有营销目的的文案来说，要想打通和用户之间的交流隔膜，应该采用“情景记忆”的方式。那些让人印象深刻的情景记忆，通常都与一个具体的场景有关。

在此基础上，就要开始尝试用自己的思维模式去写作。

文案写作的重点并不在于用词要多么的华丽，而在于要学会怎样自然地去描述这个过程，以此打动别人。

就好像第一次做饭、学游泳的时候，人们要求文案有画面感的目的就在于和用户产生共鸣，同时也让其在用户心里留下更加深刻的印象。就像知乎曾经通过这种典型的场景化方式，在地铁里投放的那组广告一样。

真正的完美与平衡，是介于支离破碎和泛滥成灾两种语言之间的，其中的任何一个都是不完美、不充分的。大部分时候人们需要的都是感情，并不是事物的本身。如果想要成功，就要能够引起人们的共鸣，这时候你就需要一个感情的铺垫。

坦白说，考验你裁剪的能力是“简短”，同时考验你提炼和表达能力的是“直接”。只要具备了这两点，这个文案基本上就优秀了。

秘诀 4：高转发率文案的 3 个语言特点

在当下的这个时代，我国的经济结构在不断转型和优化，同时也受全球信息网络浪潮的影响，处于黄金时期的新媒体产业正不断发展，新媒体语言具有商业赢利的目的，同样也是新媒体产业的产物之一。

如果想要实现效益的良性发展，那么新媒体的运营者们就要形成一种长期共存平等互利的模式，这就要求他们充分运用新媒体语言，让上下游企业合理对接。就像之前网上流行的那些“踩雷”“种草”“买它”“爱用品”之类的热词，网络主播通过将自身的体验告诉消费者，来激起他们的消费欲望。

在新媒体产业的平台下，这种类似的词语会间接推动经济的增长，但同时，像这样的新媒体语言，其影响力也是十分巨大的。转发率较高的新媒体文案，在使用语言方面，一般具有三个特点（如图 6-4）。

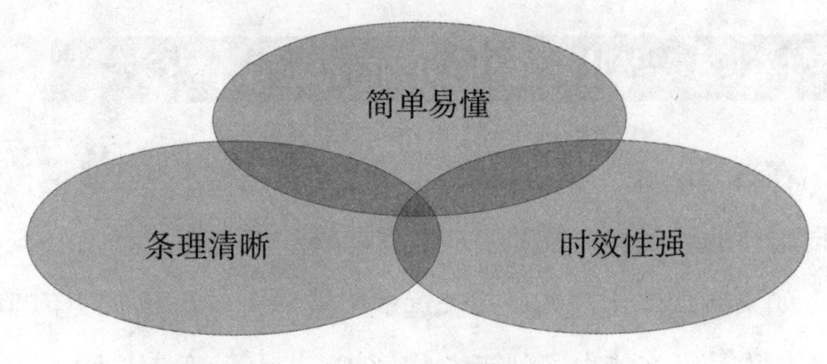

图 6-4　高转发率文案的语言特点

1. 简单易懂

因为这种语言的接受对象在个体间存在的差别较大，且整个群体特别广泛，所以这种新媒体语言的风格具有简单易懂的特点，也很少出现隐晦的内容。

2. 条理清晰

这种公共类新媒体语言条理比较清晰明了，因此具有较强的逻辑性，所以这种类型的语言在整个新媒体语言中有引导和示范的作用。

3. 时效性强

为了获取关注度和利益，网站的运营商或广告的发布者使用这种公共网站的语言会特别注重时效性，而同时也让语言充满吸引力。

要想了解新兴事物的发展，或者是把握时代发展的大致趋势，研究新媒体语言的词汇就是一个很好的选择。而以上高转发率文案所普遍具有的三个语言习惯，同样是新媒体运营人员所必须熟悉和掌握的。

秘诀 5：提升新媒体写作能力的 4 个方法

在当下，新媒体文案的数量由于市场的需求正逐步增长，同时对行业环境和岗位的要求也逐渐严格和规范。

如果新媒体运营人员想长远地坚持下去，就要有以下四种基本能力：文案能力、创新能力、审美能力、学习能力。

1. 提高文案能力

提高文案能力就是提高文案的写作技能，具体包括注意文案的语法和逻辑，注意把控语言的风格，以及文案技巧的合理运用。

（1）掌握文案的语法和逻辑

在写作时都需要运用正确的语法，而且在表达方式上要注意语言的逻辑性，要使文案条理清晰，如此一来，文案便能充分地表达出原来的意思，使读者更加容易理解。

（2）把控文案语言的风格

驾驭各式各样风格的文字，是一个文案工作者的基本素养之一。在面对不同风格的文案内容时，他们也可以根据具体的要求去撰写，这些语言风格可以是含蓄委婉、平实质朴的，也可以是绚丽飘逸、幽默讽刺的。

（3）运用文案技巧

使用标题海报和主题广告可以快速引起人们的注意；软文和具有感情的品牌介绍，则更要使人们产生代入感；商品介绍类型的销售文案就要求人们能够产生信任，并能够快速地做出购买决定和售后反馈；如果是品牌传播文案，那么它会在信息简单的基础上，更加有利于口头间的交流传播。

同时，在进行文案写作训练的过程中应该多加思考：自己认同的那些优秀的文案，它们的优点表现在哪里，并换位思考自己应该如何去做。

2. 提高创新能力

要想使广告能够打动人心并与人产生共鸣，创意就是关键。要想看到那些富有创意的广告，只需要在网络上搜索即可。广告创作需要文案创作者具有一定的创新能力。

创新能力离不开天赋，但也可以经过后天的练习得到。通过以下方式也同样可以让思维更加的活跃。

（1）大胆体验跳出常规

罗伦斯·凯兹——一位杜克大学神经生物学的教授，他曾经提出，通过举哑铃能够帮助我们锻炼那些不发达的肌肉，就好像是用新奇的方式去思考和观察世界，这样有利于使人脑中那个呆板的部分活跃起来。比如尝试生活中不曾做过的事情，体验新的生活方式，尝试新的事物等。

（2）保持一个好奇心

好奇心是人生来就有的，有些人会随着长大而抑制自己的好奇心。坚持思考和询问，保持对事物的新鲜感，可以使人的好奇心得以保持下去。

要想有效地锻炼自己的思维能力，就需要在自己的努力下去解决问题，这样也有利于自己在工作和生活中更加有效地处理问题。

（3）要尝试侧面思考

可以抱着解决问题的目的，将毫不相关的事物一起融合联想，这样也有助于提高自己的创新能力。

3. 提高审美能力

审美能力就是清楚美的定义，同时也要求能够欣赏事物的美，所以审美能力也是艺术鉴赏力。

就好像在日常生活中，一个简单的文字排版工作，有些人可能排版成豆腐块风格，让字与字之间紧密相凑，字体颜色甚至是五花八门的，最终的感觉是零散的、无格调的；而有审美能力的人就会做到风格统一和整洁，字体间的搭配、字与字之间的距离、行与行之间的距离，都会让人感觉舒服。

以下两个方法可以训练和提高审美能力。

（1）要对美有一个基本认识

事实上，美的事物之间都会存在共性和通性，而美是没有绝对标准的。就好像在穿衣搭配的时候，身上的颜色最好不要超过三种。除此之外，这个道理同样可以适用于文字排版和图文设计上。

（2）广泛欣赏优秀作品，总结并运用其中能够体现美感的规律

欣赏那些优秀作品中的颜色、布局和风格，用心感受优秀文学作品中的文字和语言韵律等，或者不过是欣赏一部优秀电影中的画面色系和设计，诸如此类的方式可以在潜移默化中提高文案工作者的审美能力。

4. 提高学习能力

通过较短时间，能够快速地对一个陌生事物从了解到最终掌握，并有自己的理解和认识，这就是学习能力的基本含义。

学习文案写作，有3个主要途径（如图6-5）。

（1）阅读

要求对一件新的事物有基本的认识，例如对专业书籍、网络资料以及相关案例的研读。在这个学习的过程中，需要花费较长的时间和精力，对文章进行理解后分析，最后得出自己的认识。

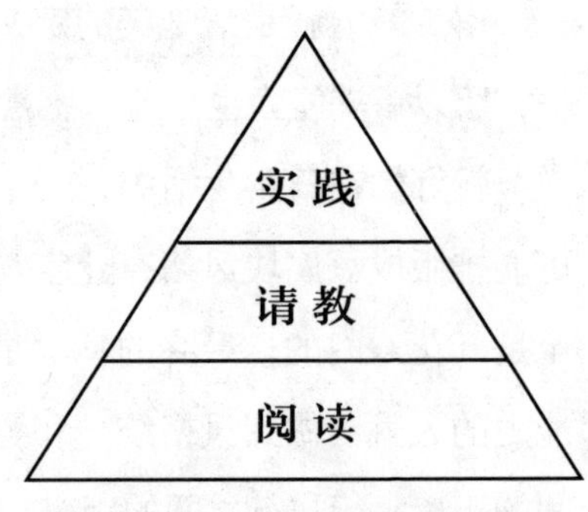

图6-5　文案写作的3个途径

这样一来，在学习成本低的前提下，也可以让人系统地了解并掌握相关知识。

（2）请教

通过对所需学习领域的专业人士请教，是耗时最少、效率最高的学习途径。专业人士由于具有专业的知识基础以及大量的成功经验，向他们请教学习，能够在最短的时间内快速的学习。专业人士可以是自己的领导上司，也可以通过知识付费平台约见咨询，如在行。

（3）实践

学习是在大量的实践中逐步探索的。实践出真知，知识是从实践中来，再到实践中去检验，即使通过阅读、通过向专业人士请教，最终还是要实践，将知识运用到自己的实际工作中。

只有真正的实践过，才能对知识认识更深刻，知识才能逐步转化为自己的能力。

07

新媒体美工设计的 4 类干货

人类是视觉动物，新媒体运营离不开美观的设计，其中主要包括四大方面——版式设计、色彩设计、字体运用、图片搭配。本章将就这四个方面进行一一讲解。

干货 1：版式设计必会的 3 个原则

随着新媒体的诞生，信息传播方式发生了很多变革，在这种情况下，设计法则也随之而变化。与此同时，版式设计也被注入了新的内涵，这就需要我们在传统技法上结合新的载体，对静态、动态、文字和音频进行合理的编排。

我们的生活随着计算机、平板电脑、智能手机等硬件的不断提升，以及互联网模式、移动通信平台的成功嵌入，变得越来越便捷，获得信息、传递信息已经越来越快速。

如今的新媒体市场份额越来越大，消费者的眼球被各种声、光、图、文充斥着，也被各种信息所刺激着。

这些信息广泛传播的目的，都是为了吸引更多消费者的注意。

在这种竞争激烈的环境下，版式设计也同样遇到了新的变革、数字化变革，如果不创新，就无法满足当今挑剔的消费者。

版式设计对于平面设计来说，是最基础的环节，它就相当于人体的背脊，组合起了各种艺术元素。

在版式设计中，通过设计师将图像、文字、色彩进行合理安排，打造出有新颖度的视觉感受，从而使纸版印刷的页面看起来更加合理，信息阅读更加有序，还能给消费者提供美的享受。

新媒体版式设计，需要贯彻 3 个原则（如图 7-1）。

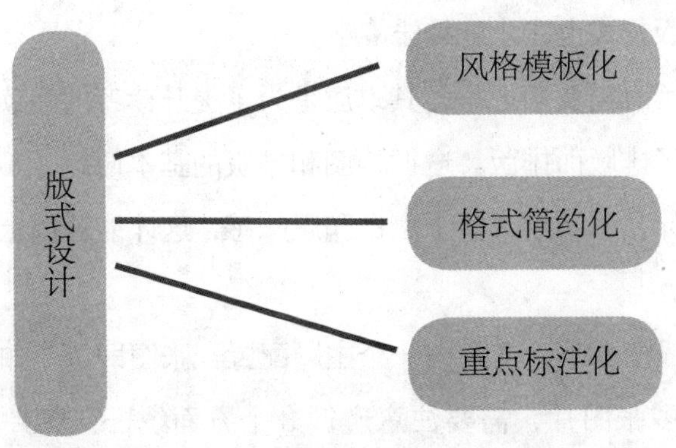

图 7–1　新媒体版式设计的原则

1. 风格模板化

如果是做公众号的话，建议每个账号及早确定一款标准模板，并且在使用过程中不随意更换。

这是因为，稳定的排版样式和风格会带给阅读者真实性和专业性。同时，确立一套标准模板还可以让每一次推送排版都更加省心省时。

标准模板包括但不限于字体、颜色、字号、小标题样式、二维码样式、分割线样式、题图样式等内容。

2. 格式简约化

不论你的新媒体账号是从什么时候开始运营的，是一个新媒体小白还是一个经验丰富的老手，排版格式都应该以简约自然为基础，能够让人一目了然，一下子就能抓住主题和重点。

如今是一个信息大爆炸的时代，人们每天被大量的信息所包围。相比去盲目追求“炫酷”“华丽”的排版方式，简约整洁的排版方式也许才是最佳策略。

排版时需要切记是，其本质是为了提升读者的阅读体验，不要为了排版而排版。遵循构图和排版的基本原则，不强加多余的设计，也不给人留下空白和乏味感，这才能算得上是优秀的排版。

一般情况下，文章内一个主题配置一张图即可。如果要同时插入多张图片，需要注意遵循 3 个方面统一：图片风格要统一，图片主色调要统一，图片宽度要统一。

3. 重点标注化

对于一篇内容来说，必然会有需要重点强调的部分，这样就可以使用其他排版格式来进行标注，标注的方式有加粗、下划线、着重色等等。

但同时需要谨记的是，画重点也要克制。一定要记住一句话：过多的重点，等于没有重点。

此外，还要多去对好的排版格式进行研究参考，提炼优秀的排版格式，运用到自己的内容中。在学习过程中，看待自己的排版风格要多站在用户的角度上，因为从用户角度能看到问题所在，也能提高自己的排版能力。

干货 2：新媒体色彩设计的 4 个步骤

作为一个新媒体运营人员，不能只会写文案和策划，有时候想打造出一个成功的话题，还需要在一定程度上运用一些色彩搭配的技巧。

在很多方面，例如二维码、文中标题、Logo、正文、海报等，需要用到色彩的地方几乎涵盖了方方面面。从视觉感受的先后顺序来看，用户会首先感受到色彩，然后才是文字，这也是塑造品牌形象的好机会。

许多人在新媒体运营过程中忽略色彩的重要性，实际上，很多地方都需要运用到大量的色彩搭配，如果在这些细节上做得不够到位，那么就无法给用户提供美好的观感。

所以，如果想让用户从第一眼就能喜欢这个设计，那么就需要从视觉上开始，形成用户的第一印象。具体来说，可以通过 4 个步骤来实现新媒体色彩设计（如图 7-2）。

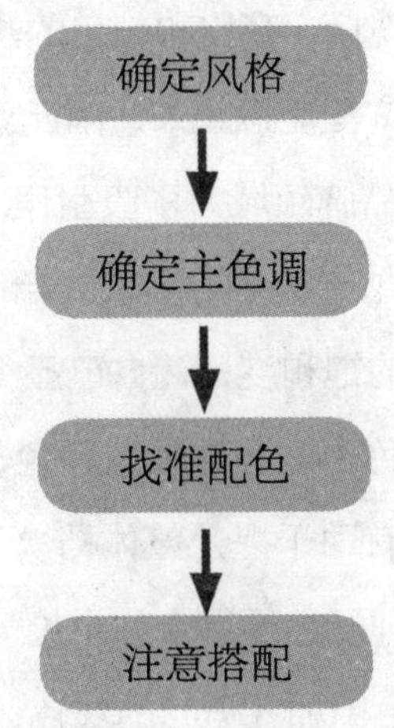

图 7-2　色彩设计 4 步骤

1. 确定风格

在同一色调里，可以通过增加黑色和白色（改变亮度），或者增加灰色（改变饱和度），而形成完全不同的风格。如果想要营造出清新、天真、朴实的感觉，可以适当添加更多的白色；如果想要营造出稳重、成熟、厚重的感觉，可以适当添加更多的黑色。

纯色是所有色调中最鲜艳，最吸引眼球的色调，它是指不混杂黑色或白色的色调，也是 PPT 文字颜色中的标准色，在儿童产品和老年产品中，经常可以看到高饱和度的纯色。

可是，如果大面积使用高饱和度的纯色，会造成俗气的感觉。这是因为，颜色和其他东西一样，物以稀为贵。在人工染料出现以前，染料只能依靠人们从自然界中提取，因此，可以穿到鲜艳的衣服只能是皇室贵族，而普通百姓，也只能穿“素衣”。当人工染料出现后，高饱和颜色的制作随着价格的走低，和制作的简单，开始广泛流行起来，因此就变得越发俗气。

同样的道理，在品牌领域为了吸引眼球，将高饱和度色作为品牌主色，已经被越来越多的品牌开始大量使用。有一些品牌刻意降低品牌色彩的饱和度，让自己显得更加高级。

加入白色：在纯色中适当地加入白色，会使整体风格显得更加清新、有质感，有助于提升整体档次。在大部分的时尚、文艺类新媒体中，这种配色显得十分常见。

加入灰色：在纯色中加入适当的灰色，可以形成古朴风格。有着复古需求的新媒体可以尝试一下这种风格。

加入黑色：在纯色中加入适当的黑色，可以形成比较个性化的深沉风格。这种风格比较适合主打深度内容的新媒体。

2. 确定主色调

品牌内涵和产品特征都需要通过色彩来加以展现。因此，市面上大部分的成功品牌，都有着专属主色调。甚至能做到，让你听到其品牌名称，就能马上联想起它们的颜色。例如，可口可乐的主色调是红色，百事可乐的主色调是蓝色，麦当劳的主色调是金色，蒂芙尼的主色调是蓝色。

在 12 色色环中，暖色调在红色顺时针旋转到黄色的区域，而它的相对部分属于冷色。暖色能够让人感觉到温暖有活力，在自然界中常见于阳光、火焰、血液等，一般可以描写感性、欢乐、喧闹、热情、女性化等感觉。

大多数情感类新媒体，采取了以红、黄等为主的暖色系（HUGO 的主色彩偏冷，但使用了红、黄等暖色调和在封面中）。红色也适用于主打女性用户的时尚类新媒体。同样，美妆类新媒体也可以按照这样的选色逻辑。

常见于海洋、天空、植物等冷色系，可以描绘出理性、自然、安静、内敛、男性化等感觉，让人感觉到清新和宁静。

蓝、绿等冷色系比较适合金融理财类新媒体。除了冷暖色的差异外，颜色也在不同国家，不同文化上得到了不同的体现。

3. 找准配色

有一种十分常见的配色方案，叫作互补色搭配。

例如：

红色与青色互补，绿色与品红色互补都属于颜色的互补。两种颜色能被称为“互为补色”，是指在光学中两种色光以适当的比例混合而能产生白光。当两种补色并列时，会引起色觉上的强烈对比的，感到绿的更绿、红的更红。

例如：

互补于蓝光，等量的红光 + 绿光 = 黄光。

互补于绿光，等量的红光 + 蓝光 = 品红光（也称洋红，即较浅的紫红）。

互补于红光，等量的绿光 + 蓝光 = 青光。

两种色光能称之为互补色光，是说三原色光中的某一种色光与某一种三原色光以外的色光等量相加后形成白光。在互补色光之间，能够形成相互阻挡的效果。例如：黄光与蓝光、红光与青光、绿光与品红光，就是三对互补色光。

色彩中的互补色进行相互调和会降低色彩纯度，形成灰色。但是，在两种颜色互为补色的时候，一种颜色所占的面积远大于另外一种颜色的面积的时候，就可以增强画面的对比，使画面能够很显眼。

4. 注意搭配

在正文部分，首先要注意的就是保证主要内容的清晰易读性，因此在颜色搭配方面，需要在保证辨识度的前提下，尽量在正文部分采用较低饱和度的颜色，这样不会造成眼睛的不适感，从而延长用户阅读的时间。例如，#595959 颜色的字比 #000000 颜色的字看起来更舒服。大红色背景和淡红色背景相比，显然第二种更容易令用户接受。

此外，当 3 种色彩搭配在一起，就会显得十分混乱，如果将红色、黄色、蓝色、绿色放在一起，效果可想而知。

在统一大面积文字颜色的前提下，利用强调色突出重点内容，用强对比色突出需要强调的内容，可以采取色相的对比的方式。

干货 3：新媒体运营必知的字体设计

传统的视觉传播设计门类中，也包括了字体设计，旨在掌握字体字形的结构间架原理，培养书写美术字并能设计特定主题创意性字体的能力。

字体设计是可以帮助企业和产品信息得以有效传播的重要条件。

字体设计的实践成果，会针对各种媒介自身的特点，应用于不同传播媒介和场合，因此对字体风格也有着不同的要求。

网店、公众号等新媒体环境下的平台，有着较高要求的视觉传播设计，这些平台采取用字体设计作为品牌形象的情况比较普遍。

一方面，在品牌识别效果上，以字体设计作为视觉形象较为容易，也容易让人记住其造型特点，比较符合现阶段新媒体行业创业短、平、快的特性。

另一方面，新媒体行业由于起步晚、社会普及面大、发展速度快、从业人员素质也良莠不齐。

因此，在设计过程中有很多相互模仿和抄袭者跟风而上，但一些优秀的设计仍能经过市场和各种环境检验，并且随着品牌一起成长。

在新媒体传播时代，每个人都可以享受到广泛快捷的互动通畅渠道，成为信息的发布者和受众，大大增强了互动能力和主动性。

同时，由于新媒体行业从业人数多、发展快、服务层面广，让小众化传播变得更容易。

因此，传播企业和产品形象的字体设计在这样的大环境和背景下，具有多样性的设计风格。

现阶段的新媒体行业竞争较为激烈，因为很多品牌尤其是小品牌，为适应不断变化着的受众的欣赏习惯，字体设计更新较为频繁。其中也包括，一些行业特点并没有被新媒体字体标志很好地突显出来，更多的设计是为了求变而变。设计师需要在快速更新的新媒体行业的字体设计中，让自己的设计能力得到充分锻炼。

鉴于在电脑、手机等大小不一且相差较大的终端上，展示出一致的新媒体传播的视觉形象，因此新媒体的字体设计和新媒体显示的字体造型，不宜有太多的细节，这样无论在不同场合中进行放大缩小都可以适应显示的需要。

例如，在手机桌面上的 APP 图标显示的字体造型大小，与启动项和链接项当中的图标，虽然形状相同但显示大小不同，想要品牌形象在显示出来能有很好地识别效果，就必须让字体设计可以满足在大小不同状态下的需求。因此字体造型的识别必须符合易于分辨、一目了然的特征。

以下几款免费字体适合推荐给新媒体使用，仅供参考。

1. 思源系列字体

（1）思源黑体

思源黑体（Source Han Sans）是 Adobe 与 Google 合作开发的字体家族，支持繁体中文、简体中文、日文及韩文。属于无衬线黑体。

（2）思源宋体

思源宋体是 Adobe Type 发布的泛 CJK 字体，支持四种不同的东亚语言，还包括多个西方字体。是对应于思源黑体的宋体字体。

（3）思源柔黑体

这款字体虽然是由部分日本语修改而来，但也可以在中文中得到使用。这款字体分为三种不同圆角程度的版本。

2. 方正系列字体

免费的方正字体包括：方正仿宋、方正黑体、方正宋体、方正楷体。

3. 华康系列字体

为方便阿里巴巴集团旗下平台的商家对字体的使用需求，华康字体公司与阿里巴巴集团达成合作，华康系列字体的商用部分仅限于阿里巴巴旗下平台商用，华康字体公司为阿里巴巴集团旗下的平台提供多款华康字体，供商家免费使用。

4. 庞门正道标题体 2.0

庞门正道是阿门发起的公益字体，这套字体比较扁平，圆滑，字体由字游空间设计师免费设计，设计的可塑性很强。

5. 郑庆科黄油体

郑庆科黄油体这款美术字体比较偏儿童化，带有复古又带点时尚的特点，是一款让人第一眼看起来十分普通，但又非常耐看的中文字体。

6. 濑户字体

濑户字体，支持简体中文、繁体中文、日文，包含 CJK 常用汉字、平片假名，共 30000 余字，是一款偏可爱风的字体。

7. 明朝体系列

（1）源界明朝体

这款字体是在思源宋体的基础上，加入了破坏效果，使其接近可读状态，可作为大字或者图片内的标题使用。

（2）花园明朝体

这款字体几乎对所有汉字字形都有囊括，但也有一个缺点，它的字形以日本字形为准，因此有一些字不符合中文书写规范。

（3）装甲明朝体

这个字体是在思源宋体的基础上修改而成的，使用了超细的水平横线笔画，让文字表现显得更有张力，在军事领域或者是表现阳刚气息的设计上尤为适用。

8. 站酷系列字体

（1）站酷高端黑

该字体由站酷网字体的 100 多位字体设计师共同设计完成，其中包含了 6763 个汉字、数字和英文字母。

（2）站酷快乐体

在酷高端黑之后，发布了这套风格轻松活泼的字体。第二套由酷友集体创作完成。这套公益字体可以提供给任何人永久免费使用的，也可以用于免费商用用途。

（3）站酷酷黑体

字形在笔画细节上精致且有设计感，笔画粗犷有力，文字之间的排版组合在饱满的中宫衬托下，显得十分醒目好看，这套字体包含 3500 个常用字，52 个英文字母，以及 10 个阿拉伯数字。

（4）站酷意大利体

它是由大猫 Addict 设计，也是站酷冠名的首款公益西文字库，包含了 52 个字母、10 个数字、24 个符号。

9. 刻石录系列字体

（1）钢笔鹤体

这个字体是在王汉宗粗钢体基础上修改而成的，刻石录对原先字体字形中缺少的，或有欠美观的部分，进行了重新制作和修正，包括半形英数、圈圈字、常用符号等内容。

（2）明体

日本以符合开源定义，发布 [IPA 明体（IPA 明朝）] 及 [IPA 黑体]，包括了日本常用的字形，主要方便日本人使用。

（3）颜体

这个字体是在王汉宗颜体基础上修改而成的，对原字体中缺少的或有欠美观的部分，进行了重新制作和修改，对缺少的字进行了增补，也改变了一些字形的写法。

此外，关于字体设计还有三个原则需要遵守。

第一，正文最好使用 14—16 号字。这个字号适用于一切新媒体平台，是一款能够让大众在视觉感受最舒适的字号。

第二，在字体颜色的选择上，尽量不要超出 3 种。一旦超过 3 种颜色，就会让内容显得过分杂乱，令人看得眼花缭乱。如果是品牌色，尽量避免选用太亮或太刺眼的颜色，一般可以考虑选用黑色 + 灰色 + 品牌色，在确定好颜色后，尽量不要再对颜色进行调整更换。

第三，选择字体的基础颜色，最好首选黑色，在这个基础上，可以适当增加 1 到 2 种颜色，但最多不要超过 3 种。因为按照人对色彩的识别程度，过多种类的颜色只会让眼睛更加疲惫，影响到接下来的阅读质量。对于一些经验不是特别成熟的运营者来说，尽量选择较少的颜色。

干货 4：最受欢迎的 5 种配图风格

俗话说得好，一图胜百文。

在设计元素的版式中，以图片为主的情况已经越来越常见。用户浏览页面的速度随着宽带速度和硬件设备的不断升级，变得越来越快。图片总是比抽象的文字更能让用户感受到沉浸式的阅读体验。因此，一定要重视图片在设计编排中的运用。

在一些新媒体工具中，往往还专门有图片库和图片板块供人编辑使用，关键是配图要服务于选题。

在新媒体环境下，要注意运用图片的编排法则，例如：谈话的两个人物图片在编排时要选择面对面；人物之间、物体之间在编排时要注意上下左右关系，以及图片的相互组合关系；图片中景物或人物的动势变化等。

此外，还有一些比较容易受到读者欢迎的风格（如图 7-3）。

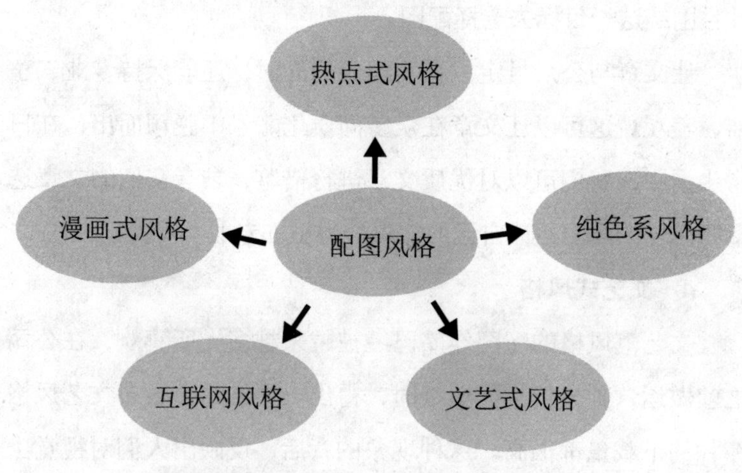

图 7-3　受欢迎的配图风格

1. 热点式风格

顾名思义，配图的最终目的是要吸引人的注意力，让人有打开链接的欲望。而热点本身就存在吸引人的特性，因此这一种配图方式十分常用，而且很有效果。

2. 漫画式风格

漫画风格作为配图，经常出现在很多公众号推文或是头条推文中，甚至是一个系列的动漫配图搭配一系列文章主题使用。漫画风格的配图其实为许多人所喜爱，因为在当下这个浮躁的年代，漫画可以给人一种清新简洁，甚至还有点叛逆的特性，可以让人们在阅读过程中，对个性追求的欲望得到满足。

3. 互联网风格

这个类似于前面说到的配图服务于选题，在介绍互联网产品的文章中，让图片的风格与自己所做的产品的定位相一致，并且围绕这一目标去选择配图。

让文章与公众号定位完美契合的同时，还能保持专业、整洁、美观。这可以让文章在众多同质化账号中脱颖而出，在日常生活中，我们可以对优质文章进行借鉴，参考它们的文章选择了怎样的配图，让自己的文章显得更加专业。

4. 文艺式风格

文艺范风格的配图作品已经被越来越多人所喜欢，在公司之前做运营师分析桌面壁纸时，得出一个结论，很多文艺风格图片的下载量都很高。这种现象的背后，反映出人们对视觉上简洁干净、清爽明亮的风格有所追求。

5. 纯色系风格

有时候也可以对纯色系风格进行尝试，因为很多人喜欢在文字图片上添加一个纯色系背景。因此，以纯色底为基础，再添加上一幅只包含了一两个物品的图片，可以达到很好的效果。

在工具选择上，可以使用抠图软件进行简单处理。但是在颜色的使用时需要注意，避免使用太艳俗的颜色，推荐使用饱和度较高，鲜明的亮色，类似马卡龙色。营造出一种雅致、简洁的画面效果。

08 新媒体运营要躲避的 4 个雷区

新媒体可以说是一个新兴的行业，其运营方法体系并不成熟，所以我们经常会看到有一些新媒体平台触犯禁区，引发公众的不满，甚至导致关停的局面。

本章总结了新媒体运营中经常触碰的 4 个雷区，希望大家注意规避。

雷区 1：别做惹人厌的标题党

在互联网上通过起各种稀奇古怪夸张的标题来吸引人眼球，从而达到各自目的的一些网站管理人员或者是网民们通常被统称为标题党。他们的具体行为主要就是上传内容的标题过度夸大其词，实际内容往往和标题不符或者关联性极低。

在众多的标题党里面，许多的网友大多是出于无聊，或是追求刺激，或是为了满足个人趣味等目的，因此来作弄其他网友；其中又有极其少数的标题党人员其实是为了增加网站、论坛、博客或者是个人帖子的点击量，又或者是其他不可告人的目的，来吸引网友的目光，提高浏览量，最终才会选择欺骗广大网友。

但要知道，标题党其实是具有非常大的社会危害性的。

首先，他们欺骗了网友们的感情，会浪费网友们的时间。

其次，标题党这类行为泛滥了之后，会让网友因为受过了太多欺骗，而错过真正有价值的信息，在网友之中造成“狼来了”式的悲剧。

最后，标题党会污染版面，为博人眼球会出现大量不堪的字眼，网络环境令人触目惊心。

还有许多人错误地认为，只要有好的创意就能获得非常高的点击率，所以为了简单快速地获得高点击率，充分利用人性八卦特点的“标题党”应运而生。

但这样为了吸引点击而憋出来的“创意”，最明显的错误就是，点击的用户过于宽泛而不能做到精确定位，页面的跳出率极高，最终获得的转化效果非常差。

像标题党这样编写的标题，虽然可以获取高点击量，但却会错过目标客户。要知道，标题党这样的行为可以说是害人又害己，是新媒体运营人员一定要避免的。

雷区 2：微信封号是不能言说的伤

2018 年 3 月，某知名公众号上宣布原价 199 元的运营课程只需 9.9 元即可购买，之后购买人数每增加万人，课程售价将会增加 5 元；如果推荐给朋友购买，还可直接获得 40% 的现金奖励……不少人的微信朋友圈被这一宣传海报刷屏。

不过，这一宣传手法很快遭到质疑，后来微信以“通过多层抽成等方式，推广网络课程，违反了微信平台规则”为由，对该公众号进行封号处罚。早前网络热传的逃离北上广、佛系青年、地铁丢书等运营事件均出自此公众号。

回顾 2017 年，今日头条、腾讯、一点资讯、优酷、网易、百度等网站依据相关法律法规、网站内容管理规定及用户协议关闭了“风行工作室官微”“全明星探”“中国第一狗仔卓伟”“名侦探赵五儿”“长春国贸”“娱乐圈揭秘”等一批违规账号，也包括“关爱八卦成长协会”“南都娱乐周刊”“毒舌电影”“男人装”在内的 25 个微信公众号陆续被封，引起了业界的震惊。

这些账户粉丝众多，有的已经有相当大的盈利规模，网友为之叹息。

为此，网络管理部门责令网站切实履行主体责任，加强用户账号管理，积极传播社会主义核心价值观，营造健康向上主流舆论环境，采取有效措施遏制渲染演艺明星绯闻隐私、炒作明星炫富享乐、低俗媚俗之风等问题。

早在 2016 年，深圳市快播科技有限公司，涉嫌传播淫秽物品牟利一案在北京海淀法院开庭审理。

2016 年 8 月 10 日下午两点多，不少“分答”答主突然发现登录不了分答账户。数小时之后分答所有渠道均无法登录，所有功能处于空白，页面显示系统处于升级中。有人这样说，分答停摆，知乎警钟已响起。

这是什么情况呢？其实分答的环境是好的，但是在整改前有时候充斥着打擦边球的黄色信息、敏感的政治信息，以及各类无良垃圾广告侵扰，不仅严重地干扰了用户的体验，同时也不断地触碰到互联网管理的红线，所以引发了网友的担忧。

分答的停摆让人忧心忡忡，距离被查还有多远？幸好分答团队意识到问题的严重性，先关闭整顿完善使用环境后重新开放，新媒体运营不应该走在法律的边缘。

在开放的互联网环境中，涉黄的风险有可能让苦心经营的事业毁于一旦。其中直播涉黄案已经有典型的例子。2016 年，三名 95 后女孩、一段不堪入目的淫秽视频、4 万余人的“拥趸”、10 余万元的非法牟利……为了更快地聚集“人气”使自己成为

“网红”，网名“雪梨枪”的网络女主播伙同他人录制淫秽视频吸引人气，并借此牟利。2016 年 11 月，四川绵竹法院对该案做出判决，林某因构成制造、传播淫秽物品牟利罪，被判处有期徒刑 4 年，并处罚金 10 万元。

国家互联网信息办公室 2016 年 11 月 4 日发布《互联网直播服务管理规定》。有关负责人表示，出台《互联网直播服务管理规定》旨在促进互联网直播行业健康有序发展，弘扬社会主义核心价值观，维护国家利益和公共利益，为广大网民特别是青少年成长营造风清气正的网络空间。

《互联网直播服务管理规定》提出，不得利用直播从事危害国家安全、破坏社会稳定、扰乱社会秩序、侵犯他人合法权益、传播淫秽色情等法律法规禁止的活动，不得利用互联网直播服务制作、复制、发布、传播法律法规禁止的信息内容。

除此之外，利用直播平台等编造、传播暴力、恐怖、虚假消息，侮辱、诽谤他人，招摇撞骗，情节严重的也可能构成犯罪，所以需要告别幻觉，规避风险。

无论是直播平台，还是分答，知乎这些有巨大粉丝量的平台都要引以为戒，否则影响到平台自身的安全。安全与发展、自由与秩序、创新与规则始终是互联网发展的主题，是所有新媒体运营者不能忽略的法律问题。

此外还有不少运营产品在收集个人信息。收集到的个人信息却由于技术问题而不好好保管，导致出现内鬼泄密或者故意销售，这些都是触碰了法律的高压线。

总而言之，真正做新媒体运营，在法律与道德的框架内光明磊落做事情不应该成为奢侈品。因此走在法律边缘的运营必然不会是长久之计，终有一天会玩火自焚。

封号是小事，产品遭受舆论诟病，丧失了诚信，降低信誉度，甚至成为阶下囚才是互联网从业者的败笔。

运营者更不能像无良广告一样流淌着不道德的血液。

雷区 3：新媒体运营不能违背公共道德

互联网不能触犯法律，那么互联网也不该陷入道德的漩涡。

知乎网友魏则西是西安电子科技大学计算机系学生，于两年前体检后得知罹患“滑膜肉瘤”晚期。不过魏则西父母并未就此放弃，在通过百度搜索和央视得知“武警北京总队第二医院”后，魏则西父母先行前往考察，并被该医院李姓医生告知可治疗，于是魏则西开始了在武警北京总队第二医院先后 4 次的治疗。

2016 年 4 月 12 日，魏则西去世。但魏则西事件并未就此结束，网友找出魏则西在 2016 年 2 月 26 日一则题为“你认为人性最大的恶是什么？”的回答，将百度搜索和百度推广推上风口浪尖。

魏则西的回答在其去世后，引发了网络热议，“魏则西回答帖”“魏则西去世消息”和“百度搜索滑膜肉瘤排名第一的是武警北京总队第二医院”的截图在网络疯传，网友在转载评论中称：要百度给合理说法。

2016 年 5 月 9 日晚间，“魏则西事件”终于有了一个初步结果。由国家网络信息管理办公室、国家工商总局、国家卫生计生委联合成立的调查组，正式公布了调查结果，对百度提出三大类、多项整改要求。百度随即回应，提出从六个方面全面落实。李彦宏还发了内部信，提醒百度人“勿忘初心，不负梦想”。

作为互联网巨头之一的百度，在业务的发展中如果不注重对于法律风险、商业模式、市场反应、社会伦理的论证，更没有对自身做一个系统的梳理与反思，只重视眼前苟且的利益，注定是无法走得太远。

魏则西事件后，百度对电脑端的商业广告做了重大调整，比如：一是百度沿用了 10 来年的“推广”字样变成了“商业推广”；二是百度左侧页面仅展示 4 条商业广告；三是百度右侧的所有商业广告全部下线；四是百度创意里，百度口碑好评出现比例增多；五是鼠标移动到 V 的位置出现一个“商家承诺”和“百度先行赔付”的功能等等。百度这一重大调整，广告位砍掉 50%，必然会使广告主核心推广词的费用倍增。广告主要提升广告效应，加紧拓展长尾精准词才是出路。

此外，新的广告法规重新出台，强调了几点。

第一，广告应当显著标明“广告”。这就意味着不能再容许广告内容化误导消费者。

第二，新广告法要求利用互联网发布、发送广告，不得影响用户正常使用网络。在互联网页面以弹出等形式发布的广告，应当显著标明关闭标志，确保一键关闭。

第三，提示风险。百度搜索事件还尚未平息，在各大搜索平台上，输入“药品”“考研”“手机”等词汇，内容下面均出现“商业推广”的字样，点开则是“本搜索结果为商业推广信息，请注意可能的风险”。不标注“广告”二字，就要承担一定的法律责任。

国家工商总局发布《互联网广告管理暂行办法》，于2016年9月1日起施行。《办法》明确规定互联网广告是指通过网站、网页、互联网应用程序等互联网媒介，以文字、图片、音频、视频或者其他形式，直接或者间接地推销商品或者服务的商业广告。

不过，《南方都市报》披露魏则西事件后，百度竞价排名医疗广告转战手机端，比如用百度搜索疾病，电脑端干净，手机端前几名全是医疗广告；用大数据与人工智能精准锁定搜索者，提高所谓“转化率”……这种瞒天过海的方式同样触碰了道德的底线，受到舆论的抨击。百度广告应该如何才能消除商业隐患，这是值得反思的问题。

近年来，我国互联网广告发展很快，但是在这个行业中，虚假广告、违法广告、隐性广告、侵犯隐私权等问题频发。此前，由于对互联网广告形式和广告主、广告经营者、发布者的责任没有明确认定，造成了一些问题。

我国广告法规定，发布医疗、药品、医疗器械、农药、兽药和保健食品广告，应当在发布前由有关部门对广告内容进行审查，未经审查，不得发布。

这规定同样适用于互联网广告，提醒运营者在发布广告的时候多加小心，一不小心就有可能触犯相关法规，万一好不容易运营起来的新媒体或者平台因为广告违规导致了关闭，这不是自毁武功吗？

因此，除了广告需要有道德良知，还需要避免陷入伦理道德的非议，运营的其他环节亦然。

雷区 4：追热点时谨防“人血馒头”

蹭热点吃“人血馒头”的案例在新闻行当颇多，远的是 2005 年俄罗斯人质事件中死亡多少人有奖竞猜。

近的是空姐乘坐顺风车遇害，这是一出说起来谁都心里难过的悲剧，但不少自媒体却借此饱餐“人血馒头”。

随着新媒体“蹭热点”事件的愈发普遍化，很多媒体人为了点击率而不顾道德良知，津津有味地吃着一个又一个的“人血馒头”，不以为耻，反以为荣。但是，通过这种方式赚来的点击率，并不能为你的媒体赢得更多粉丝，相反只会加剧民众对你的厌恶，最终导致账户被封、网站关停。

那么，什么是追热点的正确姿势？

1. 不要猎奇式围观，要思辨式参与

我们正处在一个贫富差距悬殊，阶级共识割裂的物欲年代。

公众原则缺失、内省缺失、社会批评家缺失，社会中，矛盾处处可见。如果一味为了眼球与流量而“带节奏”，难免陷入低级趣味或弄虚作假的误区。

2. 从公众监督到责任共同体意识

“热点事件”也是我们行使“公众监督权”以及履行“公众监督义务”的绝佳契机。比如顺风车空姐遇害事件，也有不少自媒体发出了有价值的正面声音。

附 录

案例：为某公司部署新媒体运营矩阵

某一年，笔者机缘巧合为一家医疗公司做品牌运营策略，因为是新品牌所以提出了“新媒体”运营矩阵布局的方案，还做了一份网络推广方案《“××公司”网络运营推广合作方案》，得了公司董事长的首肯。运营一段时间，其效果比较显著，也就是说，新媒体矩阵运营布局的思路是清晰的，运营方案也是可行的。

作为全国一家高端的医疗科技公司，该公司的业务涉足海外高端辅助生殖、海外高端医美等行业。这几个行业的市场数以千亿计算，高端品牌尚未形成，笔者估计这正是品牌重建和运营的良机。

从传播环境来看，众所周知，目前全球步入移动互联网时代，互联网日新月异，大量崭新的媒介平台不断涌现，受众阅读碎片化趋势加强，人们的注意力日益分散，给各行各业的运营带来了挑战和机遇。

从网络运营的角度来说，百度等搜索巨头由于政策原因放弃了医疗竞价排名的业务，业务必然受到冲击，坐等客户的模式已经失效，但是这也为公司在互联网自我运营方面提供了绝佳的机会。

鉴于目前移动互联网环境，立足于公司现状，笔者从战略高度来为公司制定了3年的战略运营发展规划大纲，重点在于新媒体生态布局。

1. 明确运营总体方向与阶段目标

运营总体方向，坚持公司的核心价值观和服务理念，大力拓展曝光量、知名度和影响力，建立高端的形象口碑，追求良性的品牌效应，用心为客户竭诚服务，不断地占据市场份额，逐渐成为行业龙头。

从短中期目标看，通过有效运营将××品牌大规模地曝光，建立良好的口碑传播，形成优质的品牌效应；强化高端辅助生殖、高端医美市场的品牌认知，增加公司的认知度和知名度；提升网页访问量和咨询量，促成业务成交率，实现可观的利润回报。

从长期目标来看，建立高端辅助生殖、高端医美市场的高端口碑，打造全国一流的高端辅助生殖、高端医美平台，建立专业、高端和权威的生殖辅助系统，实现利润最大化效益，占据压倒性的市场优势。

根据行业情况、传播环境和公司情况，从实际出发，人员配备完善后，立足于保守态度勇创优质业绩，暂设定运营的业绩目标：

时间	年度成交目标（例）	盈利目标（元）	毛利率目标（%）	净利润目标（元）
第一年	170 例	1500 万	45%	675 万
第二年	300 例	3500 万	45%	1575 万
第三年	600 例	6500 万	45%	2925 万

2. 明确公司战略与实施目标

公司战略实施事关公司生死存亡的关键步骤，必须坚持基本原则，以及加强风险规避。因此必须做到：

（1）坚持适度合理性、统一领导、统一指挥和权变的原则

由于经营目标和企业经营战略的制定过程中，受到信息、决策时限以及认识能力等因素的限制，对未来的预测不可能很准确，战略的实施过程不是一个简单机械的执行过程，而是需要执行人员大胆创造，大量革新，对战略的创造过程。在战略实施中，战略的某些内容或特征有可能改变，但不要妨碍总体目标及战略的实现。

（2）避免战略实施中的普遍问题

如实施过程比计划花费更多的时间；许多无法预测的因素影响；战略实施产生无效协调；竞争压力和经济危机让公司转移了战略实施的注意力；履行战略者没有足够能力胜任他们的工作；低水平的雇员没有足够的培训；无法掌控外界环境因素

到来的问题；部门经理领导力不足；关键的实施任务定义不清晰；实施过程中的监督系统不完善。

（3）以大局为重

除了上述所提，还需要避免公司各方利益主体纠葛，加强公司上下团结一心，目标一致，以大局为重。无论是利益、资源，还是信息和执行上，以制度推动公司良性运作，尽量避免公司内耗，实现整体健康运行。

3. 从品牌战略、运营战略、人力资源战略和财务战略四大方面进行详细的阐述

（1）品牌战略

根据品牌导入期、成长期、成熟期等阶段特征，制定与实施相应的品牌策略，加强市场运营、网络推广、品牌公关、活动策划等领域联动，建立完善市场部工作流程以及制度规范，制定市场推广费用预算，控制以及完善激励考核制度，朝着目标迈进。

品牌导入期

把握“××”的核心价值与定位，尽快建立媒体事业部（含品牌公关部门），其中职责功能负责品牌构建和推广，制定对应的媒介策略与年度计划，建立与维护媒体公共关系；制定品牌标识、口号，终端形象设计，品牌拟人化，讲好品牌故事；通过社会化媒体运营、网络推广、线上线下活动策划，密切结合新兴媒体运营的传播形式，推动投放计划与创意策略落地；策划和开拓有创造性的传播渠道和手段，加强互动与曝光；从而大规模曝光“××”品牌，监控负面舆情，广泛地提升知名度，赢得受众的关注和咨询。

时限：12个月

预算经费：不超过70万

预算用途：品牌合作运营、媒体邀请、媒体渠道购买、活动策划经费、软文推广费用和机动费用等。

品牌成长期

在良好品牌的基础上，不断地通过强化品牌传播，加大整合运营传播力度，巩固大众对“××”品牌的认知，维护良好的口碑，获得社会的认同与信赖，让受众将“××”等同于高端辅助生殖、高端医美的权威和专业服务机构，建立行业话语权，树立良好的行业口碑，建立良好的品牌效应。

时限：18个月

预算经费：不超过100万

预算用途：品牌合作运营、媒体邀请、媒体渠道购买、活动策划经费、软文推广费用和机动费用等。

品牌成熟期

在原来的品牌基础上，系统制定与实施IP品牌运营战略，启动跨界品牌运营，挖掘品牌内涵发展，增加广告投放维持曝光度和知名度，维护良好的形象和口碑，提升公司的整体形象，品牌价值塑造，提高品牌价值。

时限：18个月

预算经费：不超过100万

预算用途：品牌合作运营、媒体邀请、媒体渠道购买、活动策划经费、软文推广费用和机动费用等。

（2）运营战略

明确运营目标，以网上为主、线下为辅，建立“××”新媒体矩阵，加强内容运营和网络推广，创新运营方式和手段，提高曝光量和知名度，大力开拓运营空间。

运营方向

·建立“××”新媒体矩阵，建立强大的新媒体平台，如音频平台、视频平台、新媒体平台等，构建强大的社会化运营平台矩阵；需要（注册）开通的新媒体矩阵 ID 如下。

平台分类	平台范例	备注
新媒体平台	微信、微博	“两微”风口已过，但最基础的新媒体平台需要自拥
新媒体平台	公众号、头条号、百家号、企鹅号、网易号、一点号、UC 号、搜狐号	根据新媒体平台的大小，尽量开通新媒体平台，目的是构建新媒体矩阵，便于内容运营
写作平台	简书、豆瓣、纵横中文网、红袖添香、起点中文网	目的是通过各种内容方式推广和曝光公司品牌和行业
问答平台	知乎、百度知道、头条问答、新浪问答、雅虎问答、微博问答、分答、得到、医疗问答平台	随着知识电商趋势加强，问答平台异军崛起，尤其在医疗行业更是重要的运营平台

平台分类	平台范例	备注
视频平台	优酷土豆、腾讯视频、56网、爱奇艺、AB站、今日头条、大鱼号、第一视频、爆米花视频	根据数据显示，网友用视频的时长超过图文，因此视频运营必然不可忽视
音频平台	荔枝FM、考拉FM、喜马拉雅FM、蜻蜓FM、多听FM	目前收听网络电台的总人数有5亿人，占据头部音频平台，实践听觉运营成为热点
短视频平台	火山、快手、秒拍、美拍、QQ空间、抖音、小影、小伽秀和暴风短视频、微博短视频等	平台、内容和发展现状详情点击百度了解：《人均每天打开快手24次，短视频成内容消费主力》
直播平台	目前有200余家，排行前20个直播平台，比如花椒、映客、虎牙、熊猫、斗鱼、YY和脉脉等等。	直播平台开通账号，将来直播论坛内容、直播电脑电影，开着就会有人浏览，即使没有粉丝，一个平台一个小时内会有上千人随机浏览，同时开启，有利于增大曝光量
众筹平台	如京东众筹、众筹网、淘宝众筹	主要进行众筹运营。当前中国众筹平台有200多家，行业前三为京东众筹、众筹网、淘宝众筹。策划与开通众筹项目，可以有效地曝光公司与品牌，至少一年保持几百万曝光量

平台分类	平台范例	备注
微信大平台（重要）	除了火爆的“朋友圈”“附近的人”“表情”，还有微信新版出现了集合今日头条、百度搜索等功能的“小程序”“搜一搜”“看一看”等功能，将会成为下一个场景搜索最广泛的入口，“试管婴儿”等即刻搜索程序，已经有医疗机构开通平台。“附近的人”是重要的广告橱窗，以及社群人流的集散地，也是官网流量的重要窗口；“小程序”是下一波的场景应用软件，类似于当年的微博与微信。目前小程序已经支持模糊搜索，并且有做“××”机构在开通，所以必须抓紧时间开通抢占关键词，并链接官网，做好运营策略和内容安排	
其他平台	通过弹幕运营、生活社交平台；各类征集网、招聘网站等辅助运营	

·着力于网站 SEO 优化、新媒体运营、社会化媒体运营，广泛开通传播渠道，通过大量有创意且高质量的内容流量导流。

·结合当前流行的运营模式，顺应运营风口审时度势，有计划地开展新闻运营、社群运营、活动运营、线下运营、创意运营、口碑运营、事件运营、新媒体运营、音视频运营、论坛运营等（前期侧重执行新媒体运营、内容运营、新闻运营和活动运营等）。

·加强线下活动的传播与推广，建立有效的客户关系；提升客服沟通与服务的能力。

· 此外加强与其他相关机构的联系，加强合作。

运营目标成果（3 年），如下。

<table>
<tr><th rowspan="2" colspan="2">类别</th><th colspan="3">数据计划</th><th rowspan="2">备注</th></tr>
<tr><th>第一年</th><th>第二年</th><th>第三年</th></tr>
<tr><td colspan="2">微信粉丝人数</td><td>2 万</td><td>5 万</td><td>10 万</td><td rowspan="2">由于“两微”风口已过，增粉困难，基础平台的增粉计划保守，但合乎客观实际</td></tr>
<tr><td colspan="2">微博粉丝人数</td><td>20 万</td><td>30 万</td><td>50 万</td></tr>
<tr><td rowspan="2">社群数量</td><td>微信群</td><td>50 个</td><td>80 个</td><td>100 个</td><td rowspan="2">社群运营正是风口，需要给力构建，多多益善，根据运营人手而定</td></tr>
<tr><td>QQ 群</td><td>50 个</td><td>80 个</td><td>100 个</td></tr>
<tr><td colspan="2">视频数量（N 个平台）</td><td>120 个 *N</td><td>120 个 *N</td><td>120 个 *N</td><td>视频运营是风口，必须策划内容运营，N 个平台内容可以是相同的视频内容</td></tr>
<tr><td colspan="2">音频数量（N 个平台）</td><td>120 个 *N</td><td>120 个 *N</td><td>120 个 *N</td><td>音频运营是风口，策划优质内容</td></tr>
<tr><td colspan="2">软文数量</td><td>200 篇</td><td>250 篇</td><td>300 篇</td><td>软文是传统网络运营方式，但是需要在内容和形式上创新，才会有好的传播效果</td></tr>
<tr><td colspan="2">新媒体内容数量（N 个平台）</td><td>150*N</td><td>150*N</td><td>150*N</td><td>构建新媒体矩阵正当其时，新媒体平台越多，内容越丰富，越容易吸粉</td></tr>
<tr><td colspan="2">新媒体粉丝数（N 个平台）</td><td>1 万 *N</td><td>2 万 *N</td><td>3 万 *N</td><td>平台越多，内容越好，累计的粉丝越多，口碑效果越好</td></tr>
</table>

<table>
<tr><th colspan="2" rowspan="2">类别</th><th colspan="3">数据计划</th><th rowspan="2">备注</th></tr>
<tr><th>第一年</th><th>第二年</th><th>第三年</th></tr>
<tr><td colspan="2">新媒体平台访问量（N 个平台）</td><td>50 万 *N</td><td>80 万 *N</td><td>100 万 *N</td><td>访问量越多，运营效果越好</td></tr>
<tr><td colspan="2">新闻运营数量</td><td>5 次</td><td>5 次</td><td>5 次</td><td>如果权威专业和正规的新闻运营成本较高，新闻策划点要足够好才能起到良好效果，因此重在策划质量而不在于数量</td></tr>
<tr><td colspan="2">线下运营活动数</td><td>12 次</td><td>12 次</td><td>12 次</td><td>含公众论坛，每月一次，可以促销，可以将论坛内容当作独家内容传播</td></tr>
<tr><td colspan="2">线上运营活动数量</td><td>50 次</td><td>50 次</td><td>50 次</td><td>粉丝有一定量后，通过新媒体平台策划有意义、有传播力的活动，提升传播效果</td></tr>
<tr><td rowspan="3">网站访问量</td><td>IP</td><td>待定</td><td>待定</td><td>待定</td><td rowspan="3">根据公司决策层和网站运营人员的意见后定</td></tr>
<tr><td>PV</td><td>待定</td><td>待定</td><td>待定</td></tr>
<tr><td>UV</td><td>待定</td><td>待定</td><td>待定</td></tr>
<tr><td colspan="2">建立机构合作数量</td><td>50 家</td><td>100 家</td><td>150 家</td><td>沟通合作</td></tr>
<tr><td colspan="2">客户咨询量</td><td>17500</td><td>35000</td><td>70000</td><td>目标保守，但努力打破目标刷新纪录</td></tr>
<tr><td colspan="2">客户成交量</td><td>170</td><td>300</td><td>600</td><td>目标保守，但努力打破目标刷新纪录</td></tr>
<tr><td colspan="2">总覆盖人群</td><td>＞8000 万 / 人次</td><td>＞1.2 亿 / 人次</td><td>＞2 亿 / 人次</td><td>这是有效的保守的预估数据，但实际上远远不止此数据</td></tr>
</table>

（3）人力资源战略

一是完善各部门，如媒体事业部、销售部、行政部和财务部，建立执行力强、高效的销售团队和客服团队。

二是完善各部门晋升机制，福利待遇，提升员工价值。

三是做好人才梯队的培养和建设。

四是尽快挖掘、招募和培养出能力卓绝的新媒体文案创意人才和新媒体运营人才。

五是建立优胜劣汰的末位淘汰机制，留住人才。

六是不断提升员工的满意度、幸福感，提高个人价值认同。

七是健全公司薪酬制度和福利保障体系，科学用人育人。

八是完善公司组织架构，科学分工和制定岗位职责，权责明确，高效协作。

（4）财务战略

暂无投资、融资战略，主要侧重于财务管理，从战略高度着眼，留足推广成本，控制运营成本，降低财务消耗；定期对财务分析与体检，严出宽进，积极将财务风险降低到最低，尽早实现收支平衡，尽快缩短收支平衡阶段，迅速进入高速盈利阶段，争取以最少的成本获取最大的产出。

4. 确定运营预算与成本控制

公司运营需要成本，因此在运营过程中，把控运营总体预算和成本控制，在保证公司良性发展和业务不断增加的基础上，坚持硬成本缓慢提高、软成本迅速降低的方向，实现公司最大利润化。因此，运营的成本预算与成本控制如下。

<table>
<tr><th>成本</th><th>预算(月)</th><th>内容</th><th>成本控制(年)</th><th>备注</th></tr>
<tr><td>办公成本</td><td>略</td><td>如房租、物业费、水费、电话费、网络费、办公耗材等</td><td rowspan="2">略</td><td rowspan="5">严格控制成本支出。
硬支出每年控制低于10%的速度增加;
软支出，每年控制高于10%的速度减低</td></tr>
<tr><td>人力成本</td><td>略</td><td>人工工资、社保支出、兼职工资</td></tr>
<tr><td>推广成本</td><td>略</td><td>如渠道购买、推广合作等</td><td rowspan="2">略</td></tr>
<tr><td>机动成本</td><td>略</td><td>如稿费，软文费、差旅费、活动费，团建费、公关费用等</td></tr>
<tr><td>总成本</td><td colspan="3">略</td></tr>
</table>

5. 战略控制

战略控制的目的是在公司经营战略实施的过程中，适时监控、检查企业为达到目标所进行各项活动的进展情况，评价公司战略实施的企业绩效，矫正战略差距，分析偏差原因，使目标与企业所处的环境协调一致，维持公司正常运作，实现利润最大化。

事前控制：动员决心，结合公司3年的总体目标和要求，制定各部门的详细实施计划，公司主要负责人批准执行，并且作为各部门重要的绩效标准。

事后控制：战略实施后，将实施结果与原计划标准对比，总结并且汇报，采取纠正措施。

过程控制：在实施过程中，随时采取控制措施，纠正实施的偏差，引导公司沿着战略方向进行经营。

综上所述，鉴于客观的行业情况、广告困境和公司现状，除了牢牢把握公司核心理念、人力资源战略和财务战略外，如果要攻城略地，快速崛起，打造行业的龙头，核心工作重点在于运营。因此必须大力把握主线，顺应网络大潮，革新运营观念，实践新兴传播方式，落实品牌战略和运营战略，因此总结如下：

积极构建高端品牌，启动新媒体布局运作、网络推广、线下运营和创新运营四大联动新模式，简而言之，即开展新媒体矩阵运营、跨界运营、新媒体创意运营、SEO 深度优化、社会化媒体内容运营、整合社群运营和辅助新型创意运营，相互结合，相得益彰。

从实践中来，到实践中去，大胆探索实践，最终根据运行的数据与效果做出符合战略方向的调整，绕过那些不易察觉的新媒体运营暗坑，推动公司效益最大化。

全方位运营

实用文案+活动策划

SHIYONG WEN'AN + HUODONG CEHUA

王 潇◎著

花山文艺出版社

河北·石家庄

图书在版编目（CIP）数据

实用文案 + 活动策划 / 王潇著 . -- 石家庄 : 花山文艺出版社 , 2020.6
（全方位运营 / 陈启文主编）
ISBN 978-7-5511-5152-8

Ⅰ . ①实… Ⅱ . ①王… Ⅲ . ①广告文案②活动－组织管理学 Ⅳ . ① F713.812 ② C936

中国版本图书馆 CIP 数据核字（2020）第 079880 号

书　　名：全方位运营
QUAN FANGWEI YUNYING
主　　编：陈启文
分 册 名：实用文案 + 活动策划
SHIYONG WEN'AN + HUODONG CEHUA
著　　者：王　潇

责任编辑：卢水淹
责任校对：董　舸　郝卫国
封面设计：青蓝工作室
美术编辑：胡彤亮
出版发行：花山文艺出版社（邮政编码：050061）
（河北省石家庄市友谊北大街 330 号）
销售热线：0311-88643221/29/31/32/26
传　　真：0311-88643225
印　　刷：北京一鑫印务有限责任公司
经　　销：新华书店
开　　本：850 毫米 ×1168 毫米　1/32
印　　张：30
字　　数：900 千字
版　　次：2020 年 6 月第 1 版
2020 年 6 月第 1 次印刷
书　　号：ISBN 978-7-5511-5152-8
定　　价：149.00 元（全 5 册）

（版权所有　翻印必究 · 印装有误　负责调换）

你是否：

苦熬一天一夜也没有文案思路？

一连几天的工作成果一瞬间被否定？

本以为不错的创意文案却无法获得流量和点击率？

故事情节生动，感人肺腑，受众的转化率却奇低？

一场精心策划的活动，参与者却奇少？

…………

其实，这些都是不懂文案写作和活动策划导致的。日常生活中，我们见多了令人拍案叫绝的文案和精彩非凡的活动策划，但与其羡慕，不如自己精通，并以此创造佳绩。

作为职场新手，不会编写文案怎么办？不会策划活动怎么办？不用担心，本书就是为解决这两个问题而写作的。

所谓实用文案，一是指为产品写下能打动消费者内心，甚至打开消费者钱包的文字；二是专门创作广告文字的工作者，简称文案。文案入门简单，因为任何人都能写出文字，只是文字的精良与否、有效与否就有待考量了；而活动策划则立足现实，通常以创意取胜，通过预测事物的发展趋势，捕捉机遇，整合各种资源，制订可实施的最优化方案，进而有效达到所设定的目标。策划绝不仅仅有好点子就行，还要运用新闻、广告、营销、公关、谋略等各种手段，相加或综合，不断进行创新，从而形成维护企业形象、扩大宣传的计划性文案。

优秀的文案策划人必然是眼光独到而长远的，能运筹帷幄，能在激烈的商场中出奇制胜，而不仅仅“纸上谈兵”，他们可以将完美的构思落在实处，形成现实生产力。

缜密的文案和策划可以让执行过程更加流畅，让执行效果事半功倍。精彩的文案和策划是企业的核心和灵魂，是企业参与市场竞争时，对企业内外环境进行准确分析，对一定时间内企业的行为方针、目标、战略和实施方案及具体行动做出精心设计和计划。

本书结构清晰，拥有完整、详细、实战性强的活动策划系统，适合文案工作者、公司活动策划工作人员、微商活动策划者、电商活动策划者等阅读。由于作者知识水平有限，书中难免有疏漏之处，还请广大读者予以批评、指正。

作者

2020 年 1 月

上篇
实用文案，让文字秒变“印钞机”

01 吸睛标题：打造直击人心的“点开欲”

02 抓对“卖点”：收割客户的购买欲

下篇
活动策划：从慌乱无序到处处精通

08 活动策划价值剖析

09 核心内容：活动策划六要素

10 活动准备：活动策划前要准备什么

实用技巧：活动过程中要把握的原则

实战技巧：不同场景活动策划

上篇

实用文案，让文字秒变“印钞机”

我们能打动的读者只会是那些对我们的主题感兴趣的人。没有人会为了娱乐的目的读广告，不管广告是长是短。把他们当作站在你面前的、想从你那里得到信息的潜在顾客，给他们足够的信息，让他们行动起来。

——现代广告奠基人之一　克劳德·霍普金斯

01

吸睛标题：打造直击人心的“点开欲”

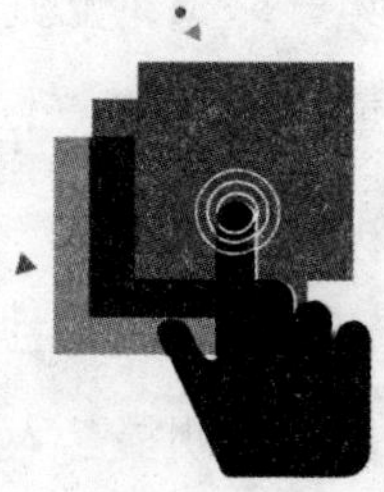

阅读文案时，人们最先看到的就是标题，标题精彩与否，决定着读者对于文案的第一印象，所以标题写作是文案工作中最重要的部分，也是文案创意的精华。

如何用标题打动人心

在一篇文案之中，标题占据着最醒目的位置，读者总是先看到标题，再看到正文。标题的优秀与否，往往能够决定一篇文案的生死。正如美国著名文案大师约翰·卡普斯所说："标题写得好，几乎就是广告成功的保证。相反，就算是最厉害的文案写手，也救不了一则标题太弱的广告。"

标题的质量，决定文案生死。人们在阅读文案的时候，总是被标题所吸引，然后才会愿意继续读下去。从我多年观察的结果来看，10 个人中至少有 8 个人会先读标题，只有 2 个人会跳过标题，直接阅读正文。

尽管读者尚未阅读文案的正文，但是通过对标题的快速阅读，他们对整篇文案产生了第一印象。读者的第一印象，也就是他们看到的第一个影像、读到的第一句话，或听到的第一个声音，可能就是决定这则广告成功或失败的关键。

一个好的标题，可以在几秒钟之内为文案定下基调，并且挑动起读者的阅读兴趣。在网络时代，这种效应尤其明显。人们打开网站或 App 页面之后，通常都会处于快速浏览、寻找、离开的状态，留给一篇文案的时间只有 1 ~ 3 秒钟，不要奢望他们有耐心去仔细阅读你的长篇大论，你唯一的机会就是写个好标题，让读者愿意继续读下去。

无论你的文案内文多有说服力，或者产品有多杰出，如果无法吸引消费者的注意力，广告就无法成功。大部分的广告专家会同意，能够赢得注意力的标题才是广告成功的关键要素。

建议你准备一个资料夹用来搜集一些精选范例，以便你在构思自己的营销素材时用作参考。假如你一时想不出广告标题该怎么写，这些范例会是最有帮助的灵感来源。

要想吸引读者，首先要注意语言的通俗易懂，99% 失败文案的共同特征是不好好说话。很多文案新手总想写出惊世骇俗、超逸绝伦的标题，所以在选择用词的时候，总是挑选一些生僻的词语，甚至造词。但是写出来以后效果并不好，过于生僻的字词和语句会给人造成距离感，加大了理解的难度。

其次，标题应当言之有物，向读者传递信息，不能含义不明。一篇文案要想发挥作用，就必须具备可传播性，让读者主动分享，造成二次、三次传播。

例如，美妆产品的广告文案：

年纪大了就健忘，那就干脆忘了年纪。

寥寥数语，将女人对年轻、漂亮的追求展现得淋漓尽致，那是一种永无止境的心理。无疑，这则广告打动了无数女人的心。

诞生于 1996 年的农夫山泉，是我们瓶装水行业的霸主。根据 2019 年中国瓶装水品牌力指数调查结果显示，农夫山泉以 568.8 的品牌力位居榜首，这一结果自然离不开它教科书般的广告策略。

1. 农夫山泉有点甜

1998 年，农夫山泉正式将“农夫山泉有点甜”作为主广告语，并在央视投放了一支 30 秒的 TVC：

课堂上，老师正在黑板上写字。讲台下，一名学生时不时推拉农夫山泉的瓶盖。老师十分生气，警告学生上课时不要发出这种声音。

下课后，老师和同学边喝农夫山泉边称赞：“有点甜。”

靠着大规模广告轰炸，就这样，“农夫山泉有点甜”迅速在全国打响了知名度。

“有点甜”这三个字似乎让人隔空感受到了它的天然甘甜，调动了人们的尝试欲望。同时，它朗朗上口，读上一遍就能记忆深刻。

2. 我们不生产水，我们是大自然的搬运工

2000 年，农夫山泉宣布不再生产纯净水，只生产天然水。因为随着人们保健意识的提高，已经逐步意识到纯净水虽然干净卫生，却没有营养；而天然水则不同，源自大自然，营养成分完全保留。

为了塑造“天然健康水”的认知，传递优质水源带来的健康差异，2008 年，农夫山泉把自己定位成“大自然的搬运工”，喊出了那句响亮的口号：“我们不生产水，我们是大自然的搬运工”。就这样，农夫山泉平安度过了食品安全问题频发时期，

“大自然的搬运工”的定位深入人心。

3. 农夫山泉提示您，非会员也可关闭广告

在2016年前后，农夫山泉以纪录片的方式，陆续拍摄了《一个你从来不知道的故事》《一个人的岛》《最后一公里》等短片，真实还原了农夫山泉的水源、工厂和朴实敬业的员工。

但是这些广告片时长都在2分钟以上，当时农夫山泉面临的一个传播难题是：如何让消费者耐心看完广告。由于当时农夫山泉的广告主投网络媒体，所以选择效仿国外Youtube的广告模式，成为国内首个推出5秒关闭广告的品牌主。

当时国内主流视频网站看视频，非会员需要先看长达60秒至90秒的广告。而农夫山泉广告，只需要看5秒，可让人意想不到的是，这则广告真的有70%用户完整观看，并称赞它“走心”“暖心”。此外，各大网络平台的传播和讨论，无疑加深了消费者对农夫山泉的好感。

4. 什么样的水源，孕育什么样的生命

2018年，农夫山泉上线了一支与以往截然不同的纪录片，这部纪录片的主角从员工变成了长白山水源地的生灵万物：长白山冬季篇和长白山春夏秋篇，这两则广告的背后呈现的是同样的洞察：“什么样的水源，孕育什么样的生命”。

简单直白的一句文案，却精准概括出了农夫山泉水源的品质。

5. 农夫果园，喝前摇一摇

农夫果园是农夫山泉旗下的果汁饮料品牌，同样，它也有一句传播度非常广的广告语：农夫果园，喝前摇一摇。

很多果饮品牌包装上都有这样的小字标明：如有沉淀，为果肉沉淀，请摇匀后放心饮用。而农夫果园却直接把“果肉沉淀”当卖点，不仅打消了消费者对沉淀物的顾虑，还让他们相信农夫果园的果蔬汁真材实料。

谈及农夫山泉的广告策略时，农夫山泉创始人钟睒睒说过一番话：“广告是怎么来的？广告本身是长期对产品的一种思考。广告不是想出来的，想是想不出广告来的，必须从制造产品前开始就已经有了你的观念，你才能创造出一个好的广告。这就是为什么农夫山泉的产品和广告都是连在一起的，从产品开始以前基因已经在那里了，产品的生命已经在血液当中，这就是这个公司的文化。”

的确，当下很多广告以夸大的宣传进行营销，但结果并不尽如人意，原因很简单，再好的广告都无法拯救糟糕的产品，糟糕的广告也毁灭不了优秀的品牌。只有建立在好的产品基因之上的广告才能起到锦上添花的作用。

几种常见文案标题类型

在各类文案创作中，标题的类型技巧已经被文案创作者们讨论过无数次，并实际应用于文案创作中。每一个文案创作者都希望避免公式化风格，尽可能发挥原创性，开创全新的表现方式。在此，笔者针对常见的标题类型（如图 1-1），筛选出几种有实用价值和借鉴价值的模式进行分析。

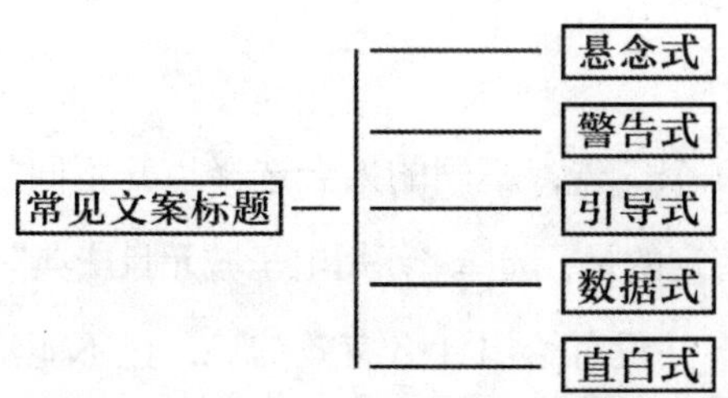

图 1-1　常见文案标题类型

1. 悬念式标题：加深阅读效果

在文案写作上，最好的效果当然是写出有趣又有料的内容，让读者瞬间被吸引。但是这种境界实在太难达到了，它要求人们具有极高的写作能力，对文字的把控力和对故事的驾驭力都要达到驾轻就熟的地步，即便是大卫·奥格威、乔治·路易斯等广告大师们，恐怕也不敢说自己能达到这种境界。而悬念式标题可以很好地解决这个问题，使用悬念式标题，可以极大地提升文案的可读性。

譬如，针对以下几个文案标题，选出你最想读的文章：

两年新增 40 家店，雷克萨斯混动为何还“一车难求”？

苏州电子城元旦庆典。

古代化妆品中的“LV”，你都知道多少？

“妈妈，我去天堂了，这里太累了！”震惊全国父母。

打败可口可乐、农夫山泉，一年卖出 100 亿瓶，又一饮料巨头诞生！

看到这几个广告，不同的人会选择点开不同的文章。但是有一点可以肯定的是，选择“苏州电子城元旦庆典”的人数最少，因为这条文案并没有给出什么有效信息，也不能给人带来任何悬念。

悬念式标题，就是通过在标题中布下悬念，或者做个铺垫，在读者心中埋下疑问，引起人们的好奇心，促使读者有足够的耐心阅读正文。悬念式标题就是要为阅读者提供一个继续读下去的理由，当你的这个理由足够充分，并且不为阅读者提前做出任何判断的时候，你的标题就具备了让阅读者感兴趣并愿意探究问题真相的能力。

悬念式标题在生活中十分常见，因为它的效果非常明显，也很受人们的欢迎。在观看和浏览电视节目、自媒体文章时，我们经常能够看到悬念式标题。

例如，利益诱惑型的标题：

一个微商小白月收入过 10 万的秘诀。

自曝秘诀型的标题：

一个人成功给娃调整吃饭习惯，我是这样做的……

非常规对比型的标题：

雅芳比女人更了解女人。

前后矛盾型的标题：

赶时间的人，总是没时间

……

2. 警告式标题：把丑话说在前头

警告式标题的作用，可以用消费心理学中的“损失厌恶”效应来解释。“损失厌恶”是指“人们面对同样数量的收益和损失时，会认为损失更加令他们难以忍受”。说得通俗一点，就是“相比于得到，失去给人带来的情绪更激烈”。

下面我们举两个例子。

第一个场景：信用卡给你转了100元刷卡金，你很开心，带着女朋友美美地吃了一顿石锅拌饭。或许你还会感到幸运，但也仅此而已了，过不了几天，你就会忘记这件事。

第二个场景：你着急坐公交车，还没上车就发现公交卡落在了买早餐的地方。下班之后，店主告诉你没有捡到公交卡，那张卡你刚刚充值100元，你一定会很懊恼。甚至过了两个月，再想起这件事，你仍然忍不住遗憾道："那张卡肯定就落在早餐店的餐桌上了，不知道被谁拿走了。"

同样是100元，获得和丢失带给人的心理感受是截然相反的。因此，和普通的文案标题相比，警告式标题往往更容易吸引读者眼球。与其告诉读者"做了这件事，你能得到××"，不如告诉他"不做这件事，你就会失去××"。

警告式标题的关键是找到目标人群最关心的因素，找出他们心中不安全感的来源。警告式标题下的内容应由陈述某个事实开始，凭借事实让读者意识到之前的所作所为是错误的，从而产生一种极度的危机感。在警告别人的时候，难免会说到不好的事情，警告式标题也是一样。将坏事放入标题中，会给读者造成很大的刺激。例如：

注意啦！你家炒青菜的锅也可能是废铁做的！

这六种水千万不要喝！

炒菜用锅是常识，那么用"废铁"是怎么回事？会对身体产生什么样的负面影响？每个人每天都要喝很多水，这里却说有六种水不能喝，它们分别是什么水？这些标题都是将丑话说在前头，给人一种意外的感觉。警告式标题的精髓，就是先表达某件事情的严重后果，进而柔和地告诫人们不要这么去做，否则将会如何如何。

在写作警告式标题时，最好选择生活中常见的事物，给读者营造一种不经意间发现的感觉。唯有这样，才能最大限度地激发读者的恐惧心理，进而使他们产生阅读兴趣。

3. 引导式标题：“你应该这么做”

每个人都有自己想要解决的问题，但是因为自身条件的限制，我们只能借助于外界。从这一点来说，每个人都是消费者，都有可能被文案所吸引。

引导式标题，就是针对某一个具体的事情，给出一定的建议和方法。这类标题会扣上“怎样”“某某的养成之道”“更简单某某之道”之类的字眼，这一类标题能吸引大部分对未知领域感兴趣的读者的目光。

生活中，引导式标题的运用广泛，类型多样，例如以下几种类型。

简单直白型：

字少事儿大！中秋大礼包，速拿！

另辟蹊径型：

秋冬要想保湿好，劝你先得补点油！

霸气侧漏型：

癌症来了两次，她赢了两次！

人生导师型：

成年人的不自在，都是自找的！

委婉劝告型：

易怒的父母，养不出快乐的孩子。

如何写好一个引导式标题呢？我们不妨先把标题分拆成几个步骤。

（1）找出目标群体痛点

也就是发现读者的苦恼，写出读者的心声。例如，之前被封号的咪蒙，她对于用户心理和需求的把握十分精准，这些是标题的关键点，也是文案要着力解决的问题。

（2）写出解决方法

找出了痛点之后，接下来就要解决痛点，向读者提供一个圆满的解决方法。事实上，这种方法被大多数产品介绍类文案采用了。

（3）加工润色

有人说，高手写文案，永远都有继续加工的可能。因为文无第一，武无第二，虽然写作的原理相通，但是在实际写作过程中，又会呈现出不同的解决方法。大多数时间里，我们都在琢磨着怎样才能让文案更加完美。

可以用引导的形式去写，例如方太洗碗机的产品文案：

要捡起心中的梦，先放下手中的碗。

也可以用劝阻的方式去写，例如某美容院的广告牌文案：

请不要同刚刚走出本院的女人调情，她或许就是你的外祖母。

4. 数据式标题：有理有据尽显说服力

当下是个新媒体盛行的时代，也是个数据化的时代，几乎各行各业都想借助大数据的东风，就连广告界也不例外。现在很多广告人也开始运用软件分析市场行情了，如利用爬虫软件抓取大数据，进行市场调研。而在文案方面，则越来越多地强调数据和模型，数据式标题出现的频率也越来越高。

究其原因，数字比文字更直观、更具化。文案写作的关键是突出产品的卖点，通过对产品卖点的描述，吸引消费者购买。但是卖点的描述也是需要技巧的，单纯的文字描述未必能够打动消费者。例如下面几条文案：

文案写作实操，纯干货指南。

XXX 寿司店，精选新鲜三文鱼。

XX 牛奶，为您补充丰富的营养。

这些文案都将产品的卖点写出来了，“干货指南”“新鲜三文鱼”“丰富的营养”，但是读者在看到这些文字的时候，脑子里仍然只有一个朦朦胧胧的概念，三文鱼的形象倒是比较具体，可是新鲜的程度又该怎样量化呢?

如果加入数字，效果就会显著提升：

文案写作的十个方法。

三重好礼，最高可省 2999 元。

XX 果汁，1 瓶补充 21 种营养元素。

可以看出，翔实的数据让文案显得更具有说服力。

在写作数据式标题时，关键元素主要有三个。

核心词：产品名称、厂商名、商业理念等；

数量词：具体的数据，用数字表现出来；

属性词：特别之处，即产品的卖点。

将这些元素组合在一起，就可以成为一则数据式标题。例如：

十年双十一，半部快递史。

火锅的100种打开方式，成都有99种。

XXX创造3亿销售额的秘密。

可以看出，写作数据式标题是比较容易的，哪怕是文案小白，也可以通过这种方法组合出一条像样的文案标题。

在写作数据式标题时，需要遵循宁缺毋滥的原则。一个数据的出现，必须给读者带来有价值的信息，否则就不要使用。例如：

XX学校用200堂课，300天时间，让我学会了油画。

200堂课和300天只需要出现一个，读者就已经可以产生大致的印象了，两者同时出现，并不能带来更多的信息，只会显得啰唆。

5. 直白式标题：重剑无锋，大巧不工

有一种文案人，他们不故弄玄虚，一上来就是大实话，言语之中干货满满，态度不卑不亢。只需要看一遍文案标题，你仿佛就能够透过文字，看到作者那严肃的面孔。很多人觉得，这种写作方式太笨拙了，已经过时了，不再适合今天的文案写作。其实，这种直言式标题恰恰是最有效的写作方式。

大音希声，大象无形，最高明的往往是最自然的，恰如“重剑无锋，大巧不工”。说到底，文案写作是一门交流的艺术，就像朋友之间的对话一样。与其把时间浪费在华丽繁复的语言修饰上，倒不如好好想想如何用朴实的语言将其表述出来。

文案标题应当起到画龙点睛的作用，你可以使用一些技法来吸引读者，但是不能为了吸引读者而严重夸张。

很多文案新手误认为直白式的标题过于平庸，要吸引流量，就必须采用“标题党”的模式，取个夸张的标题。然而从现实的角度来说，直白式标题的转化率更高，例如新世相的文案：

我买好了 30 张机票在机场等你：4 小时后逃离北上广。

短短的 22 个字，包含了许多信息，地点（机场）、时间（4 小时后）、事件（逃离北上广）、数量（30 张机票）。这篇文章一经发出，瞬间刷爆朋友圈，阅读量突破 700 万。

因此，我也想借着这本书发出一声劝告：“标题党”们，适可而止吧!

文案标题的写作技巧

对于广告的受众群体来说，每个广告文案的标题在大脑中停留的时间不超过 1 秒钟，而是否打开内文的决定性因素就在文案标题。那么，怎么才能让人在众多信息中一眼看到你的标题呢？

1. 通过标题放大营销效果

好的文案除了需要具备广博的知识，还要对文字有着相当精深的把握和运用能力，优秀的文案甚至可以成为网络段子，让无数人主动为之宣传。例如：

怕上火，就喝王老吉。

当广告口号成为流行用语时，你还在发愁没有影响力吗？

2. 创造有效标题 4 要素

要素一：紧迫性。例如：八折抢购，仅限今天。虽然文案内容不一定真的像标题表现得那么吸引眼球，但至少标题的紧迫感会让人产生一种“看一看”的冲动。2016 年，京东商城结合百事可乐猴年营销，推出了广告“把乐猴王纪念罐马上带回家”，标题的紧迫感配合产品精致美观的包装，可以立刻激起人们的购买欲。

要素二：独特性。独特的标题和文字表达让人很容易就记住产品，而且能激发受众的好奇心去查看。例如：为了使地毯没有洞，也为了使您肺部没有洞，请不要吸烟。

要素三：明确性。对标题来说，简单明了往往可以给人留下深刻印象。例如抖音的广告：记录美好生活。

要素四：利好性。即主动告诉读者好处，吸引读者查看相关信息，这种标题多见于广告文案。例如：0 元抢 SKII！

文案标题拟定好后，就可以评估一下是否符合四要素及符合程度，评估结束后，可视情况重新拟定标题，设法提升标题吸引力，进而提升标题阅读率。

3. 提炼标题，优中选优

标题要从内容本身出发进行提炼，可以起到和信息清单类似的作用，将一连串和产品有关的词汇进行排列组合，组成有效标题。

以“手机”为例，和手机有关的词汇有产品品牌、产品配置、产品尺寸、手机档次、手机材质、大致定价等，组合成新标题。如果是从长篇文案内容提炼出单一标题，可以采取以下四种方法（如图 1-2）：

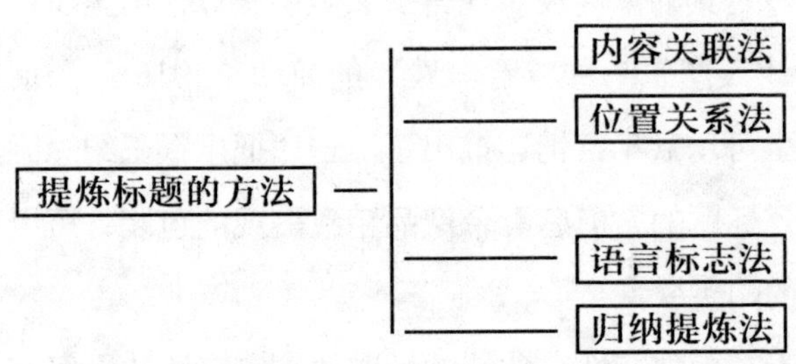

图 1-2　如何提炼标题

（1）内容关联法

内容关联法是比较常用的标题创作方法，而且不局限于文案类标题，它主要根据标题和中心内容直接选择重点词语打造标题。

（2）位置关系法

从文案内容的常规位置出发，如文章和段落首、尾、中间，找出重点语句，初步确定标题中心。

（3）语言标志法

语言标志法主要从位置关系分析的角度出发进行补充式分析，在文案里，一定的内容总有一定的形式标志。语言标志就是选择有针对性的内容，对其进行完整陈述，是完整的句子。

（4）归纳提炼法

文案内容较多，但在主题较为集中的情况下，在构建标题时可以选择归纳提炼分析法。归纳提炼法通常有两种定义：一是从文案内容的个别前提得出相对统一结论的方法；二是从个别前提得出必然结论的方法。

想要给受众留下深刻的第一印象，就需要多从几个备选标题中选出效果最突出的一个。作为文案创作者，多准备几个标题范例是必需的，不但能扩大标题选择范围，还可以让备选标题成为副标题或文案内文的中心点。

4. 幽默、亲民、个性化正成为潮流

当下，大众的口味越来越多元化，传统标题的写作方式早已不适用。新生代更喜欢那种幽默、亲民或个性化十足的广告。

2019 年 1 月 1 日，屈臣氏与美津植秀联合呈现全新广告片“做自己，美有道理”，邀请四位性格迥异的女孩演绎自己的个性态度：“我的美，除了我，谁说了都不算”。通过这种个性鲜明的表达方式凸显自己品牌的独特性。

2019年，999感冒灵有则广告叫“侬好2019，下一站未来可期”。“未来可期”，多么美好的字眼，这句广告语试图通过一种全新的方式，架设品牌和消费者间的情感桥梁。

02 抓对“卖点”：收割客户的购买欲

怎么才能成为优秀的文案人？相信很多从事文案工作的人都问出过类似的问题，不同的人会给出不同的答案。想写出好文案，首先要了解市场传播规律和消费者喜好，其次要深入了解产品特征，最终找出“受到消费者喜爱的产品特征”。这个产品特征，就是所谓的卖点！

深挖卖点，写出热文案

写文案最忌讳的就是“自 high”，自己看着十分满意，受众看了无感，甚至根本不愿意看。卖点是产品销售经营的关键因素，它可以把产品变成商品，实现获得利润的根本目标。作为产品宣传工具的文案，首要任务就是突出产品卖点。

同样是文案，为什么有的人月薪 3 万元，而有人只有 3000 元呢？除了对文字的把控能力，更重要的是挖掘卖点和表现卖点的能力。

很多人都曾有这样的经历：烧脑几天想出来的文案，却被上司当场否定了。更可气的是，别人随口说了一句文案，听上去平平无奇，甚至有点烂大街，上司却点头称好。也许你无法理解上司的决定，甚至在内心抱怨他没水平、偏心。可等到你的文案能力达到一定水平之后，你也就理解了上司的决定。很多所谓的文案，与产品的卖点没有任何关系，也就没有任何意义了。

例如，针对一家艺术留学学校：

美行思远学校

英美留学，就找美行思远。

对于上面这段广告语，只能给出“过于平淡”的评价，虽然这段文案信息齐全，但是并没有突出自己学校和其他学校相比优势在哪里，这家公司官网上的最终广告是：

英美梦校计划！

提前锁定梦校，留学梦快人一步！

虽说不上极其完善，可卖点已经出来了。相比于原来像说明书一样寡淡无味、只能提供基本信息的广告，新广告一下子变得鲜明和与众不同。

提炼卖点并不是一件容易的事，它需要遵循合理的方法才能完成。我们可以将卖点拆分成几个细致的小点：产品有哪些特别的地方？消费者为什么选择这个产品？产品对他有什么用处？他买这件产品是准备自己用还是送人？他要在什么场景下使用这个产品？想清楚上述问题之后，才能找出有效的卖点。

例如，淘宝的文案：

上淘宝，淘到你说好。

选取的卖点就是淘宝可自如筛选、购物便捷。

提炼卖点的方法有很多种，但归根结底还是建立在对产品了解，对消费者需求的分析，以及对竞品、市场趋势等的熟悉等因素之上的。可以通过以下几个步骤进行分析（如图 2-1）：

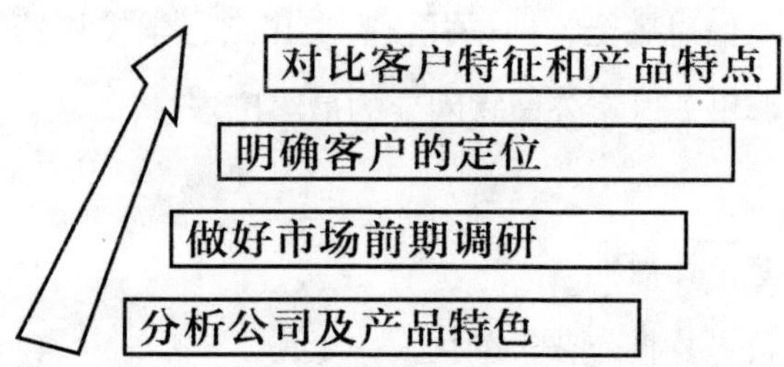

图 2–1　深挖卖点的四个步骤

1. 分析公司及产品特色

好的文案，必须十分熟悉公司产品，这样才能找出它与其他同类产品的差异。例如自己公司的长处（如有机、纯天然、无公害），或者竞品短处（如营养价值低、生长环境普通）等。

2. 做好前期市场调研

做好市场调查之后，详细分析当前流行趋势，例如：现在市场热销的是什么产品，有哪些卖点；消费者为什么热衷此类产品？最好可以做到人无我有，人有我优，只有突出自身优势才能让消费者选择自己的产品。

3. 明确客户的定位

想要卖一件产品，了解自己的顾客也是重中之重。对消费者进行画像，包括目标群体的年龄、性别、学历、工作、爱好等。

4. 将客户特征和产品特点进行对比

找到客户需求和产品特征的共同点，这往往就是产品的卖点。例如一部手机，商务人员喜欢性能全面、电池容量大的，而老年人喜欢声音大、字体大的。下面这两个经典广告，其实就是在直接宣传卖点：

OPPO：充电五分钟，通话两小时。

某老年机品牌：按键大，声音大，显示大，专为长辈设计的手机。

可以说，这两则广告直接定位好购买人群。OPPO 的广告简洁明了、自然流畅，曾一度成为人们口口相传的热门广告词。而第二则广告虽然没有太出彩的地方，却直接定位到了老年人选购手机的特性上，可以说卖点直接、一看就懂。

提炼卖点，打造走心的文案

一个产品，卖点的设计一定要满足消费者的真实需求，只有这样，才能激发消费者的购买欲望。有时候，消费者的关注点并不是你在卖什么，而是你的卖法有多么与众不同。很多文案看起来“高大上”，可却总给人一种“不走心”的错觉，主要是因为不能提炼出有效卖点。合适的卖点可以提升消费者认知，让消费者牢记品牌特性，甚至将其当成口头禅，免费在群众中宣传。

文案创作者可以从认知、精神和情感几个方面提炼卖点，只要能够触及这几个方面，文案就能产生出独特价值。

一般来说，人们在写文案时经常会将重点信息放在醒目的位置，例如品牌名、产品特点、具体地址、商家联系方式等。看着这些广告，你就能清楚地了解到这些信息。

例如，美团外卖的文案：

美团外卖，送啥都快。

这些简单直白的文案通过长年累月地在各大媒体平台轮番轰炸，无数人便在潜意识里记住了这条广告，也下载了美团外卖这款软件。

毛豆新车网广告文案的轰炸更为直接，网络上直接称这种广告为“复读机式广告”：

买新车，上毛豆！

3000 元，3000 元，3000 元！

首付 3000 元起，品牌选择多。

毛豆新车网，首付 3000 元起，开新车！

这种文案虽然可能让不少人感到不适、厌烦，但与此同时，受众通过复读机式广告记住了“毛豆”这个品牌和“首付 3000 元”的超低价位。

提炼卖点时，需要找到卖家的独特之处，同时还要求这个独特之处能打动买家的心。一般来说，至少有 6 个方面值得文案创作者去提炼卖点（如图 2-2）。

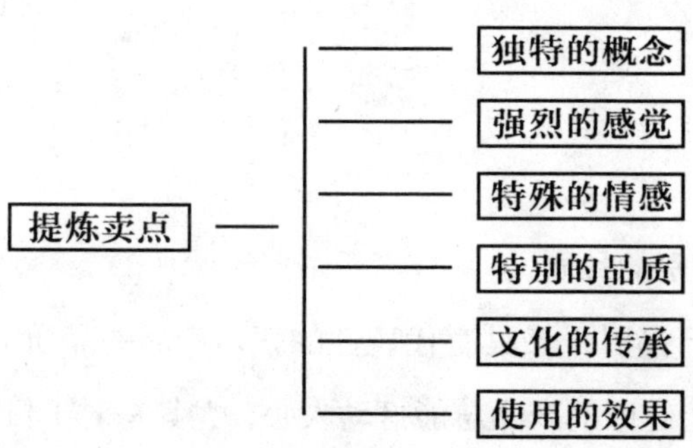

图 2-2　提炼卖点的几个方法

1．独特的概念

不少商家喜欢炒作概念，因为一个崭新概念的出现，往往可以吸引众人的注意力。例如碧桂园的文案：

给你一个五星级的家。

2．强烈的感觉

从感觉着手描写产品，可以让人产生“身临其境”的感觉。例如德芙的广告文案：

纵情德芙，丝滑感受。

3．特殊的情感

用户对于品牌或产品产生特殊情感，这种情感也可成为它的独特之处。例如 Keep 的品牌宣言文案：

自律给我自由。

4. 特别的品质

宣扬产品时，最具有代表性的就是产品的品质，实用、耐用、环保、健康的产品总能打动人心，尤其是对于日用品来说。例如某家装品牌的宣传语文案：

黑科技“神器”，和异味说拜拜！

5. 文化的传承

受到产品受众、使用场景的影响，某些产品将卖点放在文化传承上，试图打造出鲜明的文化气质。例如酒的广告文案：

泸州国粹酒：国粹，酒中之粹。

剑南春：唐时宫廷酒，今日剑南春。

6. 使用的效果

根据产品的使用效果创作文案也是常见的文案形式，以特色作为 USP（亦称功能性诉求、独特的销售主张）的营销，并不主要突消费者的行为特性，也不过分强调产品的核心精神文化内涵（例如产品的一种主张或者倡导的一种文化），而是直截了当说出功效。例如一些医药保健品的文案：

夏天贪凉爱感冒，三精牌双黄连口服液，家中常备，蓝瓶的，放心。

入秋，真爽；入口，更爽……保护嗓子，请用金嗓子喉片，广西金嗓子！

总之，提炼产品卖点是文案创作的重中之重，它直接关系着消费者的感受。在营销和策划过程中，文案一定要站在消费者的角度上考虑问题，懂得换位思考，才能挖掘出有效卖点。

掌握品牌灵魂，才能写出好文案

很多文案人在工作中都遇到过这样的问题：

我的品牌风格是 ×××，怎么写出符合风格的文案?

领导总觉得我写的文案不符合我们的品牌风格。

我们的定位是 ×××，可我总不知道这群人在想什么。

…………

诸如此类的问题比比皆是。

品牌定位是企业经营的重要环节，它是企业在对市场进行充分研究，结合公司的实际情况，根据品牌在文化取向及个性差异做出的商业性决策。品牌定位的存在，目的在于建立起和目标市场相关的品牌形象，也就是说，要在消费者心中占据一个特殊的位置。文案写作也必须围绕品牌定位去做。

1. 明确定位：写出好文案的关键

当你还是个文案小白时，领导常常对你的作品不满意："你写的东西，配不上这个品牌。"你不禁困惑，我明明写得这么高大上，怎么领导还要这么说呢？你发现，领导最终选择的文案看起来那么平平无奇，你忍不住愤慨：这个领导真没眼光！

其实并非领导没眼光，而是你努力的方向出现了偏差。每个品牌都有属于自己的定位，可以吸引某些特定群体，如果不考虑品牌定位直接写文案，写出的文案就无法深入人心。比如领导让你给五常大米写一则广告，你却直接写"五常大米，米中珍品，极致享受"，看起来的确足够"高大上"，却少了那么一丝品牌核心的独特韵味——和米有关的韵味。而某厂家的五常大米广告为"正宗小产区五常贡米，自然敢为天下鲜"，品牌定位更准确一些。

很多文案新手经常犯的一个错误就是，根本搞不清楚品牌定位是什么。品牌定位是站在消费者的角度看问题，体现出消费者希望从品牌中获得什么样的价值。品牌定位要考虑目标消费者的需要。所以在写文案之前，要借助消费者行为进行调查，了解用户群体的生活情况和思维模式。

2. 围绕定位：进行文案创作的诀窍

明确品牌定位之后，接下来要做的就是围绕定位进行文案创作。有三个非常实用的方法，可以帮助你快速创作文案（如图 2-3）。

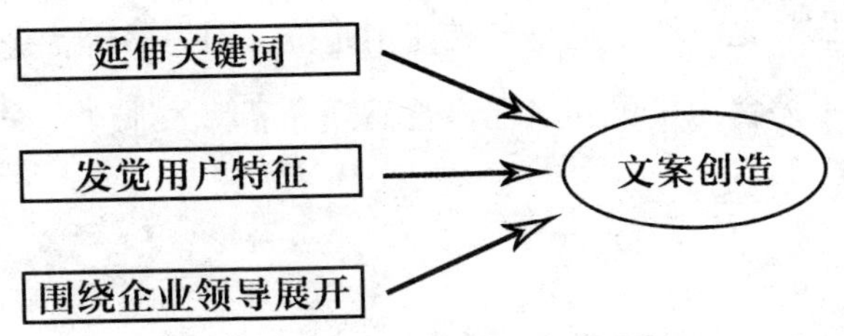

图 2-3　快速创作文案的方法

（1）延伸关键词

从品牌定位中选择关键词，延伸成一条完整文案。

例如，江小白的定位就是“年轻人的小酒”，凝结成两个词语，就是“年轻人”“小酒”，主打青春元素，一举突破传统酒品牌藩篱，所以江小白的文案主要针对 80 后、90 后消费群体，通过对年轻群体的情绪释放的把握，对其生存状态、经济收入、心理问题等的摄入研究，给出一条又一条“扎心文案”：

耽误你的不是运气和时机，而是你数不清的犹豫。

不要到处宣扬你的内心，因为不止你一人有故事。

有一种孤独，不是做一些事没人陪伴，而是做一些事没人理解。

我们那些共同的记忆，是最好的下酒菜。

孤独，不在山上，而在街上；不在房间里，而在人群里。

又例如，郎酒旗下的高端产品青花郎，就定位成“中国两大酱香白酒之一”，这是一种比附定位，因为茅台就是酱香酒啊。结果茅台为了巩固自己酱香酒领导品牌的地位，推出了这条文案：

茅台，中国酱香白酒，没有之一。

（2）发掘用户特征

根据品牌的定位，找出目标群体身上最具代表性的特征。例如海底捞的文案：

来自四川的火锅。

（3）围绕企业领导展开

很多企业领导具有传奇色彩，因此可以根据企业领导的个人特质，创作独特风格的文案。例如，马云说过一句非常经典的话，结合他自身的传奇经历，足以成为阿里巴巴的一句经典文案：

绝不放弃，就会发光；
若有光芒，必有远方。

定位强调的是，一个品牌在品类中的位置。消费者在进行购买决策时，想买的品类会在消费者心目中产生什么与众不同的标签，就是这个品牌在品类中的位置，即定位。例如：

乐百氏的定位 =27 层净化 + 纯净水

农夫山泉的定位 = 领导地位 + 天然水

昆仑山的定位 = 天然雪山 + 矿泉水

5100 的定位 = 冰川 + 矿泉水

依云的定位 = 法国高端 + 矿泉水

巴黎水的定位 = 法国 + 气泡水

品牌定位准了，写出的广告文案才有灵魂、有方向，才能用简单的语言诠释出品牌的特性。

先传播理念，再推销产品

企业的核心理念是企业长青的基石。人们常说：“一流企业卖理念，二流企业卖服务，三流企业卖产品。”可见，做企业的最高境界是做文化，从精神层面影响消费者。文案创作同样遵循这个道理，一流的文案推销理念，二流的文案推销产品。只推销产品的文案难见长效，而推销理念的文案却能引领时代的潮流，持续获得认可。

1. 好文案优先传播理念

文案小白经常会听到诸如此类的评价：文案内容虽然全面，可总觉得缺了点什么。

缺什么？

缺的就是理念。写文案最忌讳的就是直来直往，写出来的东西寡淡无味，虽然信息详细，却十分无趣。如果你的文案无法引起共鸣，那么这种文案就没什么意义。

2. 从抽象化理念着手创作文案

说到以情动人，人头马曾推出过一款堪称经典的文案：

人头马一开，好事自然来。

这条文案很容易迎合消费者心理，对于高端商务人员而言，有应酬的场合，自然希望好事不断。

此外，其他一些运动类品牌也采用了同样的方式，例如：

特步 Xtep：让运动与众不同。

耐克 Nike：Just do it. 只管去做。

彪马 Puma：快乐的走路族；“有灵魂的运动鞋”。

安踏 Anta：keep moving，永不止步！

仔细观察电视上的广告，我们会发现，很多企业都采用这样的方法。他们没有直接推销产品，而是宣扬一种积极向上的精神，这与运动品牌的定位是相符的。它让人从内心喜欢这个品牌，认同这个品牌的气质和精神。

03

有趣故事：拉近品牌与顾客的距离

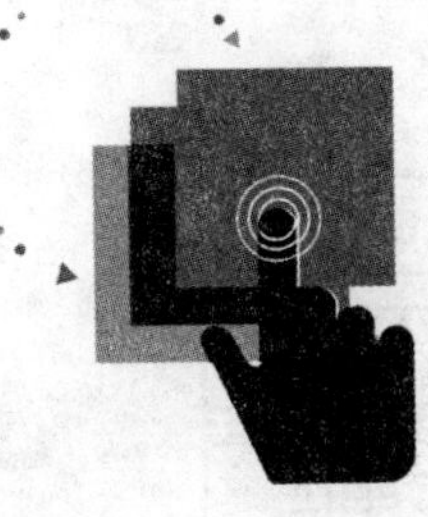

在这个广告乱入的年代，随手打开网页，几乎都能看到广告，难免让人产生审美疲劳。怎样才可以写出差异化的文案呢？其实，很多优秀的文案都是通过故事的形式展现在消费者面前的，一篇好的故事型文案，能够让消费者感同身受，从而拉近品牌与受众的距离。

故事性文案有什么优势

一个好的营销一定有好的文案策划，而好的文案策划离不开故事，那些流传已久的故事一直是营销的法宝，优秀的故事性文案甚至能让受众自发地传播。故事文案应该具备以下几个特点。

1. 博人眼球

AIDA 公式又叫艾达公式，是推销学中的经典公式，也是消费者接受广告的心理过程（如图 3–1）。"A"为 Attention，即引起注意；"I"为 Interest，即诱发兴趣；"D"为 Desire，即刺激欲望；最后一个字母"A"为 Action，即促成购买。在这个过程中，"Attention"是最重要的因素，没有这个基础，激发欲望、促成购买也就成了空谈。所以，如何博眼球是营销文案的首要任务。

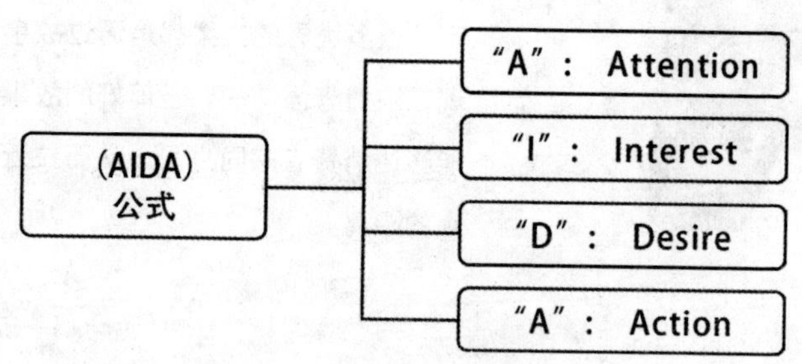

图 3–1　艾达（AIDA）公式

在当下，营销信息随时可能被淹没在信息海洋之中，那些能被受众接收的信息有限，部分商家因为过于夸张的营销宣传让消费者产生了一定的“免疫力”，所以故事性文案的优势就凸显出来了——形式新奇独特，内容商业性不强。例如美林的一支广告：

加班到凌晨两点，本想睡个好觉。妈妈永远是准点的闹钟，老一辈人总是习惯上前帮孩子解决掉所有问题，你一边心疼日夜操劳的母亲，一边又对其爱的方式倍感无奈。世界上所有的爱都是相聚，而母爱是为了分离。从第一次离开妈妈的怀抱爬行，第一次离家去幼儿园，到后来结婚有了自己的小家庭，我们都在与妈妈渐渐“告别”。每个妈妈也都在小心翼翼地呵护孩子成长的每一步，但我们会长大，爱也需要成长，最好的亲子关系，是彼此关心却又互相独立，而这需要两代人共同的努力。

——美林《让爱恰到好处》

2. 有强烈的代入感

故事之所以能调动人的情绪，主要是因为其具有很强的代入感。我们在看一段故事或者一部影片时经常会在不经意间把自己想象成故事的主人公，他们的行为可以牵动观看者的情绪。耐克和阿迪达斯两大巨头每年都会想方设法签一批 NBA 大牌球星，同时为他们奉上数以亿计的代言费，但回报也十分可观。球星代言为什么能如此火爆？同样是因为代入感，球迷穿着偶像代言的鞋子时就会产生这样的心理暗示：也许我穿上这双鞋就能像乔丹一样拥有高超的球技了。

例如被大众津津乐道的乔布斯重回苹果的故事：1997 年，苹果公司市值一路下滑，之前被自己亲手所创公司排挤的乔布斯回归并再次创造了神话，而且是前所未有的辉煌——苹果的市值一度超过埃克森·美孚石油公司，成为全球市值最大的公司。

3. 更具亲和力

很多时候，感性诉求比理性诉求更吸引人，故事性文案的第二个优势就在于它能将受众生活中可能遇到的情况和产品结合，再巧妙融入一个或多个小故事里，让文案充满日常趣味。有的故事甚至附带充满悬念的故事情节。例如：

司藤，1910 年精变于西南，原身白藤，俗唤鬼索，有毒、善绞、性狠辣，同类相杀。亦名妖杀，风头一时无两，逢敌从无败绩。妖门切齿，道门色变，幸甚 1946 年，天师丘山镇杀司藤于沪，沥其血，烧尸扬灰，永绝此患。

这是《司藤》挂在当当上的文案，描述至此，司藤已死。后面呢？读者想要了解之后围绕司藤这个妖怪究竟又发生了什么事，买本书回家细读，达到了营销的目的。

4. 深层次传播

当今社会，社交网络发达，人们热衷于在社交媒体上分享一些奇闻逸事，文案营销也经常会借助这些事来作文章。例如：

王老吉国庆借势文案：国庆出游，有王老吉在，堵在路上也不怕。

杜蕾斯借势“双十一”文案：任何的一时冲动，我们都能阻止。

999 感冒灵借势感恩节文案：生活就像一场重感冒，需要治愈。

某理财产品借势万圣节文案：这个万圣节，请不要再扮穷鬼了！

荣耀手机借势赵丽颖和冯绍峰官宣结婚文案：这是一个男人最荣耀的时刻。

优秀的故事性文案可以让受众进行自发性分享，得到更深层次的传播。

文案营销怎么才能讲好故事

高明的文案擅长将产品卖点藏在故事里，而不是直接说出来，在不知不觉中引起人的欲望与信任。

文案营销要想讲好一个故事并不容易，因为文案营销的最终目的是盈利，而多数人对这个字眼敏感。只是讲好一个故事，却没有达到营销的目的，那么这个文案就不是合格的营销文案；一味地说营销，故事却讲得一团糟，也不是合格的故事性营销文案。文案营销要想讲好故事，可以从以下几方面入手（如图3-2）：

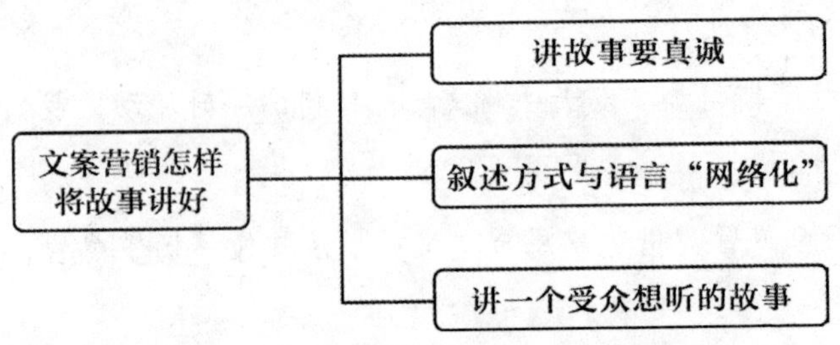

图 3-2　文案营销怎样将故事讲好

1. **讲故事要真诚**

文案营销最忌讳的就是虚假宣传，不但不能给营销带来持久利益，反而会损害品牌形象，危害企业的长期利益。因此，进行故事性文案营销时，一定要实事求是。企业文案营销存在失信行为，会导致品牌形象崩塌、忠实客户流失，并受到相关的行政处罚。

2. **叙述方式与语言“网络化”**

随着信息技术的发展，互联网已经成为文案营销的首要战场，再加上网络文化的发展，幽默搞怪的独特叙述方式成为当下流行的叙述方式。想让网络受众聆听你的故事，采用互联网的叙述方式是个很不错的方法。例如某雨衣广告：

一对情侣驾车在澳洲腹地游览，天忽然下起了大雨。他们发现一只受伤的袋鼠卧在路旁，两人下车走近查看，小伙子还满怀爱心地脱下自己的雨衣给袋鼠披上。不一会儿，袋鼠蹦跳着跑开了。两个年轻人正要继续赶路时才发现车钥匙放在袋鼠穿走的雨衣口袋里。当两人正在为被困在荒野中而发愁时，穿雨衣的袋鼠回来了，旁边还跟着一名当地土著。土著拿出车钥匙并指着姑娘要求做个交换，小伙子竟然点头应允。这可气坏了姑娘，她愤怒地看着恋人。不一会儿却真相大白：那个土著要的只是姑娘身上所穿的雨衣。

3. 讲一个受众想听的故事

多数人都不爱听什么大道理，所以文案营销最好讲一些受众爱听的小故事。

文案大师威廉·伯恩巴克在"甲壳虫"汽车的一则文案中写道：

我，麦克斯韦尔·斯内弗尔，趁清醒时发布以下遗嘱：

给我那花钱如水的太太罗丝留下100美元和1本日历；

我的儿子罗德内和维克多把我的每一枚5分币都花在时髦车和放荡女人身上，我给他们留下50美元的5分币；

我的生意合伙人朵尔斯的座右铭是"花钱、花钱、花钱"，我什么也"不给、不给、不给"；

我其他的朋友和亲属从未理解1美元的价值，我留给他们1美元；

最后是我的侄子哈罗德，他常说"省1分钱等于挣1分钱"，还说"哇，麦克斯韦尔叔叔，买一辆'甲壳虫'肯定很划算"，我决定把我1000亿美元财产全部留给他!

这是一则幽默风趣的故事性文案，不但传递出了“甲壳虫”的物美价廉、可爱调皮、实用靠谱，同时勾勒出了节俭明智车主的形象。

故事性文案的写作技巧

文案传达的内容比传播形式更重要，很多时候，“说什么”比“做什么”更值得文案创作者关注。

故事性文案是产品吸引用户的手段。产品营销的过程中，故事性文案就像门面，产品在屋内，连门面都看不上，又怎么会进去看产品？可反过来说，门面再好，产品不好，那么故事性文案再精彩也没有意义。

文案营销的目的是在商家和用户之间搭建桥梁，因此，文案创作者要善于和用户进行沟通，写作文案之前务必对他们进行深入了解，这样才能制定文案宣传目标。当文案创作者将用户需求、喜好、情感等因素把握好，就能创作出迎合受众喜好需求，被大众认可的故事，而且文案创作者还能在沟通的过程中获得源源不断的灵感。比如给健身房写一则故事性文案：

文案小白：

唐微微，22岁，健身365天，瘦掉20公斤。

文案高手：

唐微微，22岁，2019年上半年，体重70公斤，绰号“胖妞”；2019年下半年，体重50公斤，人称“女神”。

两则文案虽然都具有故事要素，但是第一个文案相对来说过于直白简单，缺少锐度，无法刺痛受众的神经。

滴滴打车的宣传文案，以滴滴司机现身说法作为主要内容，表现滴滴司机对精神风貌的展示，让受众感受滴滴打车带来的正能量，使整个文案显得更加生动逼真，更具现场感、可读性和可信性。

我挺勤快的，可没滴滴之前老跑空车。现在我该吃吃，该喝喝，因为我心里有底。

再比如滴滴其他走心文案，一句话就像在诉说一个故事，一个和打车有关的故事，受众读起来，感觉这写的就是自己啊，就是发生在自己身边的事啊，感染力很强。例如：

抢车就像打仗一样，穿着高跟鞋也得跑。

住在城中村的胡同里，总要走几公里才能打到车。

半夜孩子发烧，打不到车，只能抱着孩子跑到医院去。

总的来说，故事性文案的创作需要注意两点（如图3-3）。

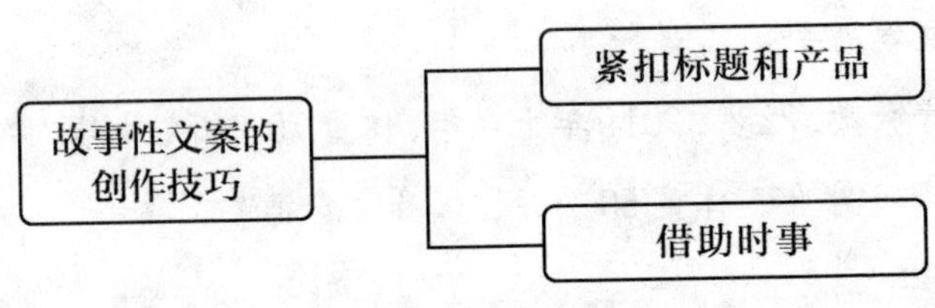

图 3-3　故事性文案的创作技巧

1. 紧扣标题和产品

创作好的故事性文案如同写小说，因为篇幅简短，所以内容必须紧扣标题。但是如果标题吸引人，内容却和标题没有多少相关性，受众很容易失去继续阅读或观看的兴趣。所以，情节中的铺垫内容要尽量减少，主题单刀直入，抓住关键进行陈述。但也不能光讲故事，创作故事性文案的目的是推销产品，因此故事情节要紧扣产品，起于产品，归于产品。切入点务必准确，最大限度提高情节有效性。比如下面这则《支付宝·十年账单有话说》的故事性广告：

钱包比男人靠得住

每天早上刷余额宝

你懂的

信用卡还款一直准时

永远都是最后一秒

哈哈哈

给四五套房子交过水电费

每一套是自己的

无所谓

转账最爱选的表情是“包养你”

可我还剩着

求包养

业绩从未挤进前三

支出战胜了91%的人

我赢了

看数字，都说你败家

打开账单，才知道你多败家

赞一个

分析：支付宝的《十年账单有话说》从不同的人物视角，以自嘲的口吻讲述生活的压力和花钱的高效率。在这则广告文案中，那句“业绩从未挤进前三，支出战胜了91%的人，我赢了”的大数据统计结果可以说直击人心。很多用户通过对账单弄清了自己的消费水平在全国的排名，他们纷纷把自己的支付宝账单晒到朋友圈，和亲朋好友比赛，这则广告在当时热度很高。

2. 借助时事

文案营销借助时事十分常见，故事性文案的创作也可以借助时事。

例如：《复仇者联盟4：终局之战》作为最终季，一直牵动着影迷们的心，这部电影上映之后，票房更是取得了全球

27.98 亿美元的好成绩。对于这个超强 IP，各大品牌纷纷试图从中分一杯羹，共同加入《复仇者联盟 4：终局之战》的话题中。最经典的当然是电影首映的赞助商奥迪的文案，这个豪华汽车品牌发布了一段描述惊奇队长重返地球的广告短片，展示了奥迪品牌将于下月在美国推出的新款奥迪 E-Tron。在《复仇者联盟 4：终局之战》中，钢铁侠的座驾也升级成奥迪 E-Tron GT，让观众一睹为快。

04

丰富元素：为文案增色添彩

随着互联网的飞速发展，文案早已从单纯的文字工作中脱颖而出，变成了搭配图、文、音、像的丰富多彩的广告，让文案更加直观、美观。

现代文案必备的四大渲染元素

现代文案经常会将多种设计元素搭配、组合，同时利用各个元素之间的联系为页面的“颜值”加分，大大提升受众的好感。

通常来说，文案工作者只需负责文案的撰写，无须处理排版、排版、绘图、视频录制等后期工作，可也要考虑视觉方面的因素，因为它和文案效果有着密切关系。

广告学中，视觉元素是十分重要的概念，高端设计师往往能通过少量视觉元素传达出大量信息。视觉元素在广告中的运用，主要体现在广告画面中各种视觉元素的组织、排列等方面，通过确定各种视觉元素，构成元素之间的联系和秩序，进而完成整个广告画面的视觉效果构建。

我们这里所说的视觉元素主要包括图形、文字、色彩等内容，而这些内容又可归纳为点、线、面等形式。视觉元素用得好可以为文案增色添彩。哪怕只是做出微小的改变，也能取得不错的效果。

例如：三只松鼠的地铁广告，广告的内容非常简洁“年货都在三只松鼠”，简简单单的一句话，配上红红火火的新年喜庆色和俏皮可爱的松鼠公仔，着实扎眼。

那么，文案最常用的设计元素都有哪些？

1. 版式

优秀的文字排版可以让原本杂乱的信息变得更富条理性、

可读性和设计感，使文字呈现出点、线、面合理搭配的视觉效果。

文案排版有三大原则：对齐、对比、修饰（如图 4-1）。

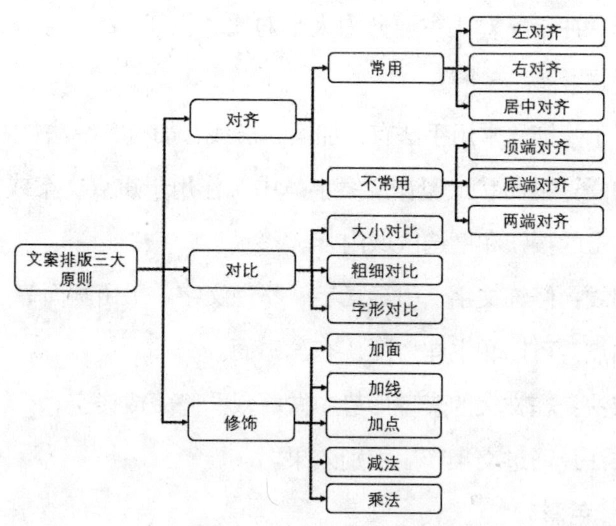

图 4-1　文案排版三大原则

常见的对齐规则有左对齐、右对齐、居中对齐，不常用的有顶端对齐、底端对齐、两端对齐。左对齐和右对齐的视觉感受相似，版式上更加整齐、严谨，富有约束力。居中对齐弱化了视觉约束力，却提升了版式活跃度，可塑性更强。选择对齐方式要结合画面的构图形式和视觉重心，即文字排版和构图形式要合理结合，当构图形式为左右式时，文案居中对齐、左对齐、右对齐的文字排版形式和整体都比较契合。上下式构图形式最常用的对齐形式是居中对齐。全屏式以视觉中心为参考，当整体画面是一张摄影图或抽象背景时，要找准中心位置，同时按照上下、居中、左右的构图形式进行文本对齐操作。

确定文案空间后，让文案本身的字体产生差异，形成对比，产生视觉冲击。对比主要分为大小对比、粗细对比、字形对比三种形式。

至于修饰，常用手法有：加面，加线，加点，减法，乘法。

加面：以面状出现在文案字体中，作用于重点文案或需要吸引点击的按钮和框选区域内容。

加线：修饰文字、引导文字、整理文字、平衡画面等。

加点：可以和主体搭配，充盈画面。

减法：在文案的表现形势中做剪裁、隐藏或镂空。

乘法：通过交集产生特别效果。

2. 色彩

不同的颜色可以带给人不同的感受，相对于其他几种设计元素，色彩对人的影响悄无声息，有时甚至被颜色调动起情绪后仍然没意识到这一点。

黑色带有神秘感，给人以高雅稳重的感觉。

巧克力色是永不过时的流行时尚色彩，代表优雅。

玫瑰红典雅明快，华丽大方。

天使白给人明亮干净、畅快、朴素、贞洁的感觉。

公主红代表甜美、温柔、纯净。

白金色象征高贵和辉煌。

抹茶色象征诚实、安稳、平稳、讲究、沉静、洗练。

高贵紫和幸运、财富、华贵相关联。

宝石蓝代表永恒、纯真和浪漫。

橘红色有吉祥如意和富贵吉祥之意。

3. 图片

图片比文字更加直观，一张恰如其分的图片顶得上一篇文章，而且自带营销效果，能引发人的好奇心。比如，婴儿和儿童给人希望和爱意；母亲和婴儿让人感受到生命的伟大；西服笔挺的年轻人让人感受到团队的无坚不摧；运动员的跳跃、汗水让人感受到朝气蓬勃。

4. 视频

视频能全方位展示产品的特点，说服能力最强，可视频也需要文字的配合和创意的加工。例如舒适达牙膏的广告，简单的文案，熟悉的情节，陈伟霆的名人效应，让舒适达很快就被大众熟知。

提升版面设计的“视觉度”

版式设计，即印刷物页面的排版设计。版面设计是广告文案制作的重要环节，决定着整幅广告能够产生的视觉效果，设计师可以通过一定的手法在特定的空间内将图片、文字等元素有效组合在一起，让版面显得简洁干净，或生动活泼，或沉稳庄重，提升受众的阅读兴趣，让读者在阅读过程中从视觉上感受到设计作品的主旨。

版面的视觉度由多种因素决定，例如图片的选择、文字的大小、颜色的使用等。版面上如果仅有文字的排列却没有插图，版面就会显得过于严肃、冷漠、生硬，让人觉得枯燥无趣；而如果只有图片，或者搭配了毫无创意的文字，也会削弱和读者的沟通力与亲和力，使读者的阅读兴趣大大降低。

版面设计中有个十分重要的概念，叫作版面视觉度，意思是指文字和图片（插图、照片）在版面中产生的视觉强弱度。设计师通过一定的方法（如图 4-2），将图片、文字等元素有效地组合在一起，最终使版面呈现出某种特征，例如简洁干净、生动活泼、庄重沉稳等，以便符合读者的口味，使读者在阅读过程中从视觉上感受到设计作品所希望表现或传达的主旨。

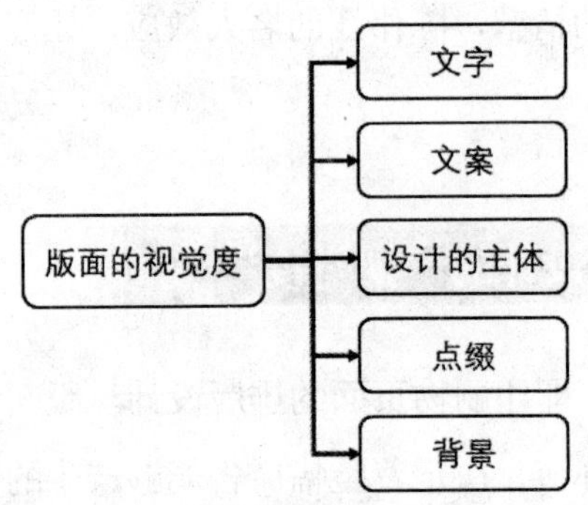

图 4-2　版面的视觉度

设计广告时，最基本的要求就是确保画面的平衡感，不管是图片排列，还是文字分布，都必须遵循一定的法则，才能让整个画面看起来更和谐。也就是说，广告元素的分布不能太随意，各元素搭配在一起，要能产生视觉上的平衡感。

常见的平衡构图法有 3 种：对称式构图、非对称式构图、满版式构图（如图 4-3）。

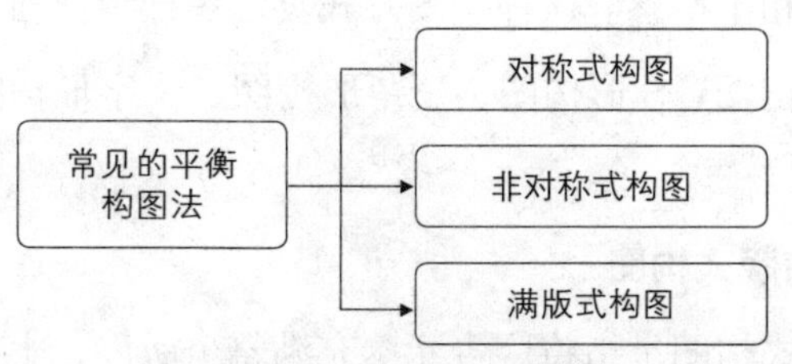

图 4-3　常见的平衡构图法

1. 对称式构图

对称式构图能产生静态平衡，给人稳定、沉静、有条理的感觉。这种构图方式在建筑领域很常见，例如中国的古建筑讲究左右对称，突出了庄严、肃穆的感觉。在对称式构图中，文字和图案被均匀地分布在页面的两侧，可以上下对称，也可以左右对称。例如图 4-4 的邀请函，左图是

图 4-4　邀请函

图片与文字对称，右图是文字本身对称。

2. 非对称式构图

非对称式构图是动态的平衡，要在不对等的元素间创设出秩序感和平衡感。这种构图方式灵活多样，排列方法多变。例如对角构图、S 形构图、三角形构图、十字形构图、向心式构图等。

3. 满版式构图

满版式构图是指将广告元素充满整个版面，上、中、下都有元素分布，给人一种大方、情绪强烈的感觉。例如《勇敢者游戏》的电影海报，主演道恩 · 强森和险峻的群山占据了整个版面，视觉上让人产生紧张、惊悚、神秘的感觉。

精选美图为文案“撑场面”

想要将产品描述给消费者，再多华丽的辞藻都不如直接摆上图片更简单明了。对于很多产品的推广来说，图片是至关重要的。尤其是一些小型家电，再多的描绘都不如一组细节图 + 简短的文字更直观明了，让消费者在短时间内了解产品的外观、配置和性能。

大卫 · 奥格威是世界著名的广告大师，他曾经提出一条 3B 原则，即 Beauty（美女）原则、Baby（孩童）原则、Beast（动物）原则。他认为，使用这三种图片，极易吸引人们的目光。爱美之心人皆有之，男人都喜欢美女，女人则羡慕美女，美丽的容颜容易引起人们的愉悦心情；孩子具有纯洁的心灵，容易引起人们的保护欲；动物则具有自然、野性的魅力，同样能吸引大家的眼球。

3B 原则提出以后，很快得到了人们的一致赞同，成为国际传媒创意方法中十分流行的黄金法则，被用于很多行业的文案写作上。

但是随着时代的发展，广告文案的设计水平也在不断提升，人们在 3B 原则的基础上又进行了更多尝试，其中一些图片类型很受欢迎，包括母亲和婴儿、多个儿童或婴儿的交流、进球得分的体育场面、名人明星、散发着热气的食物等。

广告中有一个专业术语叫“图版率”，即广告版面中的图片跟文字所占的面积比，用百分比来表示。举个例子来说，如果一张广告的整个页面上只有文字，没有图片，则图版率是 0%；如果图片和文字各占一半，图版率就是 50%；如果全是图片，没有文字，图版率就是 100%。

文字和图片可以带给人与众不同的感受：文字让人产生一种沉稳、抽象的感觉，图片则显得活泼、具象。从视觉冲击的角度上说，图片的效果要比文字好，图片的视觉度高于文字，提高图版率可以活跃版面，提高版面视觉度；但是，完全没有文字的版面显得空洞，反而会削弱版面视觉度。

当图版率为 0% 时，大部分观众会觉得枯燥无味，如果此时版面上有一些图片，即可提高阅读兴趣。当图版率达到 50% 时，受众的阅读性会大幅度提升。但是图版率不能过高，

图 4-5 支付宝“双 12”的活动页面

必须搭配恰当的文字，否则，一旦图版率超过90%，反而会让人产生版面空洞的感觉。综上所述，合理安排好版面的图版率，能有效提高版面视觉度。

例如支付宝“双 12”的活动页面（如图 4-5）：

页面上虽然文字不多，却言简意赅，直接阐明了“双 12”的活动力度之大“狂省 1 个亿”，在不知不觉中吸引消费者的注意力。

文案“好色”没有错

单调乏味的色彩难以吸引人的眼球，每个人的心中都有自己的主打色，华丽的金色、高贵的驼色、冰冷的灰色、艳丽的红色，抑或是明媚的黄色，不同的色彩总能让我们的内心产生不一样的感觉。

其实，文案也“好色”，妥善运用色彩，可以使读者按照我们希望的那样产生特定的情绪，进而有效提升文字的感染力。

色彩是通过眼睛、大脑以及人们的生活经验产生的一种对光的视觉效应，当人们看到自己喜欢的颜色时，心中很容易升起一股独特的情绪。

受到文化因素的影响，人们对色彩也会产生不同的心理感受，这一点在民俗活动中体现得尤为明显。例如，在中国人的传统文化中，大红色是喜庆的颜色；在很多欧洲国家的传统文化中，则把白色看作圣洁无瑕的颜色；如今，莫兰迪色受到很多人的追捧和热爱。

所以，文案写作的过程中，应当学会利用色彩，让文案变得丰富多彩。利用色彩时，要注意保持所选色彩和文案描述的产品印象相一致。例如：韩国化妆品就很喜欢用奢华金，散发着高贵、典雅的气息；兰蔻作为国际大牌化妆品，颜色的选用上更趋于高端大气，神秘的黑色搭配冷傲的银色，衬托着兰蔻的非凡魅力；喜力啤酒喜欢用绿色，绿色给人一种生机勃勃的清爽感觉。

大自然是五彩缤纷的，我们生活在这个多彩的世界里，无法抗拒色彩产生的影响。看到不同色彩时，心里难免产生不一样的情绪。

蒙牛牛奶的核心广告语是“好味道，不添加”，主打纯牛奶，健康奶。广告宣传上，蒙牛以白色、绿色、淡青色、淡绿色等为主，让人产生纯净、健康的感觉，再辅以杨洋的明星效应，为蒙牛牛奶畅销海内外埋下了伏笔。

好创意拍出爆款短视频

互联网发展速度快，风口年年换，这一秒赶不上，下一秒便擦肩而过。近年来，随着大众行为越发移动化和碎片化，使得低门槛、低成本分享有趣的短视频成为当下最火爆的娱乐方式之一。以快手、抖音、火山、秒拍为主的短视频社交软件炙手可热。

一则好的视频，配上优秀的文案，能给人留下深刻的印象。视频广告的优点十分明显，非常接地气，而且可以直观体现出大众的使用场景，想顾客所想，为顾客解决痛点，让顾客能够感受到特定场景下的乐趣，进而实现高转化率。

和文字相比，视频更加具象和直观，观众可以通过影视画面了解产品，获得身临其境的感受。

视频广告已经存在很久了，从早期的直接推荐产品，到后来的意识流广告，视频广告的形式也一直在变化。科技的进步使今天的中国进入了移动互联网时代，也进入了一个流量为王的时代，可以说获得流量就离成功不远了。在短视频平台风头正劲的背景下，视频广告也在悄然发生变化，广告公司也开始放下架子，寻求与视频达人进行合作，学习崭新的视频拍摄方法。

拍摄短视频广告是为了宣传品牌或产品，而这要建立在给用户带来良好的观看体验和实用价值的基础上。所以在做选题的时候，要想好短视频能够为用户带来什么。最好选择互动性强的话题，让观众有参与感，例如怎样让一条普通的牛仔裤演绎出潮牌的感觉，怎样把泡面做成豪华大餐等。

讲好故事是拍摄短视频的基本要点，都知道孩子喜欢听故事，其实成年人也爱听故事，在短视频中融入故事能提升视频的趣味性，更容易让用户与短视频创作者或所属品牌建立起情感联系。这个故事不是随便讲讲就能达到宣传或营销效果，讲故事之前要列出大纲，平淡叙事的过程中有跌宕起伏，还要在结尾呈现出画龙点睛之笔。

写好了短视频大纲，接下来就是填充内容以方便拍摄。

1. 明确主题

拍摄视频之前，一定要想好主题，之后根据主题写出文案和视频脚本。明确主题之后，所有的内容都围绕主题展开，防止跑题。

2. 写出文案

虽然视频是以图像的形式呈现出来的，但文案对视频而言至关重要。毫不夸张地说，文案就是视频的灵魂所在。我们平时看到的短视频，看起来很随意，其实是经过精心策划的，视频中的每一句台词、每一个动作、每一个场景，其实都是经过反复修改的。

3. 拍摄视频

视频的拍摄方案可根据具体的费用制定，有的视频成本很高，也有些视频花费很少。拍摄视频的门槛其实很低，可要做到非常专业，就需要一定时间去练习了。

4. 视频剪辑

视频拍完后，还需要经过精心打磨，才能投放到平台上，这个工作就是视频剪辑。可通过剪辑软件，对视频进行后期的修整，配上字幕，字幕的颜色、大小等都要恰当。

2019 年 2 月，贾樟柯用苹果 XS 拍了一部过年回家之后返程的小短片——《一个桶》：一个年轻人回家过年，离家返城时，母亲给他装了一桶“家乡的味道”，让他带到城里。年轻人告诉母亲城里什么都有，可母亲执意用胶带将桶密封好。年轻人将这个桶带到了自己的安家之所，深夜，他拆开这只桶，本以为是什么美食，却发现桶里只是朴素的鸡蛋和防止鸡蛋磕碰的沙，一瞬间感受到了来自家的温暖。视频播出以后广受好评，很多人表示“感同身受”“同款爸妈”，收到一众响应和热评。

整部短视频都是用苹果手机拍摄，凸显 iPhone XS 拍摄时可使用的景深控制功能，拍出更加清晰、真实的短片和照片。

新媒体软文：移动互联网时代的文案写作

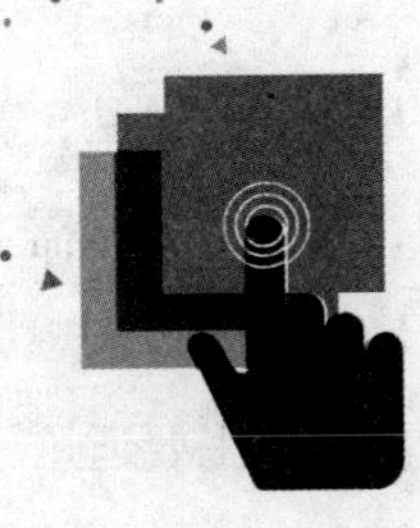

随着互联网的高速发展，我们逐渐迎来了新媒体营销时代，新媒体软文在市场营销中发挥着重要作用，被人们广泛传播和利用，产生了巨大的商业价值。

如何快速积累优质内容素材

新媒体人在选择或创作的过程中，常常会遇到素材匮乏的情况，不知道该写什么。要想积累优质内容素材，可以从 3 个方面入手（如图 5-1）。

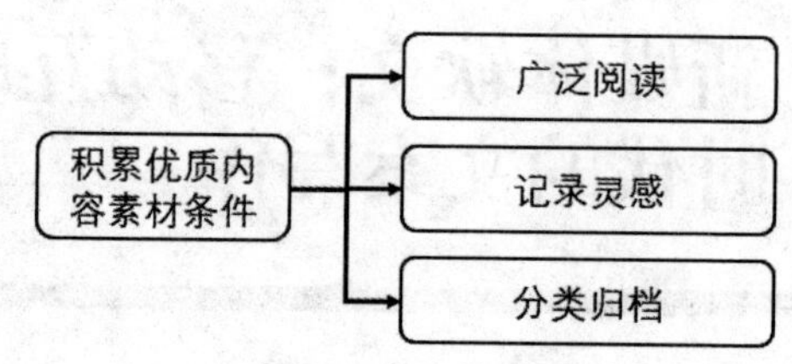

图 5-1　积累优质内容素材条件

1. 广泛阅读

一直以来，阅读都是获取故事的最简单、最直接的办法，特别是现在，互联网时代让阅读变得更加便利，要找到自己需要的信息十分便捷，只要利用好搜索软件就能轻松搜出自己想知道的东西。这种通过“广泛阅读”收集素材的方法主要适用于网络用户，可以阅读相关的博客、论坛或者微信软文、知乎等，然后到专业网站去阅读官方文章。

因为博客、论坛、微信软文、知乎等平台虽然能够提供一些正式场合看不到的内容，包括技术含量很高的行业分析、行业内幕等，但因为是非正式的，所以内容的真实性有待考量，而且很多内容也相对粗糙主观。因此需要再到官方网站或阅读线下出版物等，针对相应主题找出类似文章，然后大量、仔细阅读，最终形成自己的观点。

2. 记录灵感

灵感的到来是没有任何预兆的，也是文案工作者在创作过程中的“敲门砖”，灵感迸发会让文案工作者信心大增，创作出的文案质量也更高些。可灵感是稍纵即逝、毫无预兆的，一个好主意可能随时随地出现，比如在客车上、飞机上、逛街时，最好的方式就是将自己灵感迸发时产生的点子记录下来，方便日后应用。

3. 分类归档

将与选题相关的材料进行分类归档，不仅方便你找到相关信息，而且有助于你日后对这个主题不断进行深入研究，档案的增多代表着你对标题的了解增多，了解得越多，就越有清晰的见解，对现在的判断和对未来的预测也就越准确。

软文里不显山不露水的产品

文案写作的本质是广告，如果你的文案或华丽或唯美或戳泪点，但就是不能提高转化率，那么你的文案也是不合格的。文案的写作过程中，要根据传播媒介、阅读群体、产品定位的不同，选择恰当的写作方式。

广告界设立了很多奖项，诸如 Cannes Lions（戛纳国际创意节）、D&AD Awards（英国黄铅笔奖）、LIA（伦敦国际广告奖）、The One Show（金铅笔奖）等国际知名大奖，每年都会评选出很多优秀的广告，我们可以观摩学习，参考借鉴。

一篇好的营销软文能将一款滞销产品打成爆款，例如某养生公众号，文章中介绍大量食材对人体的益处，以及科普一些日常养生注意事项，在科普文下方就是相应食品的商城链接，点击即可直接进入商城购买。

曾经在微信公众号上看到一篇《低脂又营养！平价的南瓜竟然如此优秀》的文章（如图5-2），越看越想做一顿南瓜吃，看到结尾，发现了××商城好物——南瓜脆，点击进入小程序，即可购买。这篇文章，无疑大大促销了这款产品。

低脂又营养！平价的南瓜竟然如此优秀！

邱锦伶　邱老师身心调理讲堂　11月19日

三餐一日，便饭家常，五味杂陈，清甜最暖人心。

说起清甜之味，有一种家常食材最为代表——南瓜。南瓜价廉，过去一直被认为难登“大雅之堂”，但其本性却十分优秀。

清朝名臣张之洞曾建议慈禧太后多食南瓜。

《滇南本草》中也有记载：“南瓜性温、味甘无毒”“能润肺益气”“治咳嗽、哮喘、便秘等症”。

图5-2　软文引流

但是随着“海量软文”的出现，很多读者逐渐对文案产生审美疲劳。所以渐渐的，各种文案写作手法陆续出现，如比喻法、拟人法、双关法、戏剧冲突等，都是为了提高文案的可读性，带给读者新鲜感与刺激感，让读者对产品情有独钟。新媒体时代的软文正在努力迎合新时代消费者的口味。

在过去，电视广告为各大商家进行宣传推广提供了便利。可随着互联网时代的发展，人们越来越喜欢网络影视剧，开通VIP，跳过广告，再花大价钱在电视上打广告似乎对转化率没有明显的作用。人们甚至对海量广告产生了抵触心理，当他们打开网络软件看到广告时，登时就怒了：我是来消遣的，为什么还要用广告浪费我的时间？如果想看广告，我直接打开电视机不就好了吗？为什么还要在新媒体上浏览网页呢？新媒体时代的文案，已经不再像传统的广告文案那样直白了，而是渐渐地朝着软文的方向发展。

新媒体时代的文案和传统广告文案的营销方式也有着明显的区别。过去，商家只需要向报社、电视台等付一笔钱，就能发布一则广告，还能起到显著的效果。但是在新媒体时代，文案营销有了更多玩法。只要你的文案足够优秀，可能只需要付出很少的成本，就能吸引网民主动帮你传播，进而从而形成病毒式营销。

2014年，有一篇名为“千万不要用猫爪设置手机解锁密码”的文章曾登上过微博热搜，在其他网络社交内容平台上也有很高的阅读量和转载量。很多人只是看到这个标题就觉得非常有趣，引发诸多的猜想和疑惑。而其内容更是妙趣横生，主人公以轻松通俗的口吻记述了自己某天突发奇想，用猫爪设置手机解锁，结果早晨上班的时候手机没电，来不及解锁，只好带猫上班，发生了一系列让人啼笑皆非的事。文中还附上了手机和猫的照片，真实度非常高，也非常接地气。

当时指纹锁屏和解锁功能还未普及。而作者使用的手机是华为MATE7，是少数自带的指纹锁屏和解锁功能的手机之一。作者叙述的自己一天下来的经历让网友们忍俊不禁，很难不注意到这款手机。

很明显，这就是华为手机的一篇软文，叙事内容生动幽默，通俗真实，感染力非常强，很容易在人的脑海中留下印象，同时使读者注意到华为手机及其指纹解锁功能。

华为的这篇软文内容丰富、真实，通篇进行了口语化讲述，穿插进没有滤镜和后期处理的图片，生活化气息浓厚；而这篇文章的标题悬念性也非常高，让人忍俊不禁，总想知道怎么用猫设置密码，或是想知道为什么不可以这么做，总之十分吸睛；再加上很多人都喜欢猫，容易对猫产生怜爱的情绪，将猫和手机结合在一起更是让人浮想联翩。通过这篇文章，大家都注意到了华为的这款产品，而且文中的这种行为很容易模仿，让人产生消费的欲望和模仿的冲动。

直达用户才是王道

狄更斯曾说，这是一个最好的时代，也是一个最差的时代。这句话放在新媒体行业尤为合适。随着互联网技术的迅速发展和智能手机的普及，新媒体时代逐渐到来。和传统媒体相比，新媒体更贴近用户、直达用户，但一篇营销软文，想打动用户却是不容易的。

新媒体软文一定要以消费者为核心，围绕产品主题和概念进行创作。所以，进行文案创作之前，首先要对市场的消费者进行深入的调查和研究，之后为用户“画像”。

用户画像，即根据用户的生活习惯、消费水平等信息，制作出标签化模型。简单来说，就是给用户贴“标签”。一般来说，用户画像主要包括三个方面的信息：用户年龄、消费习惯、个人爱好（如图 5-3）。用户的年龄决定着他的生活阅历，消费习惯反映着他的经济情况，个人爱好反映了他的生活环境。

在当下这个信息时代，商家可通过很多渠道收集用户信息，比如你经常网购化妆品，电商网站就会对你进行标记，再次打开电商软件时，你经常购买的化妆品就会自动弹出，而且还会根据你的购买频率及数量以及你的年龄、性别等信息，推断你的消费水平。这个标签和用户的行为习惯一起，就构成了用户画像。

图 5-3　用户画像

有些文案工作者认为，绘制用户画像是商家的工作。岂不知，这项工作对文案工作者来说同样具有重要意义。

1. **精准定位**

绘制用户画像后，文案工作者就在一定程度上了解了消费者的行为习惯，同时还能揣摩他们的心理活动，这样一来，创作文案时就能进行更加精准的定位，进而写出符合消费者思维习惯的推广信息。

2. **预测行情**

在绘制用户画像时，文案工作者其实也在研究市场。一个用户画像就是一个样本，等到样本的数量足够大时，就能预测市场的走向和趋势了。当然，利用大数据不失为快速便捷的趋势分析法。

3. **引领时代走向**

等到你了解了市场的未来走向后，就可以预先进行布局，写出引领时代潮流的文案。我们可以看到，很多文案大师都走在了时代前头，成为时代的引领者。

通过上面的分析，我们不难看出，用户画像是文案工作者的必备工具。不过，我们在使用用户画像的同时，也要看到它的缺点。它能通过具体信息描述一个人，却无法做到100%正确，因为每个人都是在不断发生变化的，我们只能时刻观察数据，尽可能减少误差。

2018 年，微信就发布了《2018 微信数据报告》来吸引网民眼球。微信数据报告显示：截至 2018 年 9 月，每个月有 10.825 亿位活跃微信号，55 岁以上的活跃人群达到了 6300 万位，每天有 450 亿条信息发出，同时每天有 4.1 亿次音频呼叫成功，视频通话用户比三年前增长了 5.7 倍。此外，微信还通过大数据分析对用户画了像。

如何不着痕迹写出优质软文

新媒体软文和传统媒体的硬性广告有着显著的不同，软文可以巧妙地将广告信息藏在文章内，让读者逐步进入商家设定的“思维圈”，进而达到广告宣传的目的（如图 5-4）。

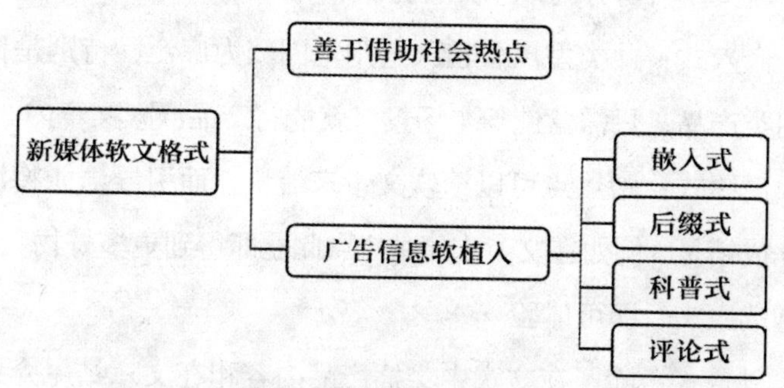

图 5-4　新媒体软文格式

1. 善于借助社会热点

新媒体写作要学会“蹭热点”，因为热点事件本身自带流量。身处移动互联网时代，特别是在大数据面前，一切的人、事和物都是透明的。每件热点事件曝光后，都会有无数自媒体争相报道。无论哪种热点事件，都是软文写作的借力工具，都能带来很高的流量。

比如某位知名艺人离婚、某位知名艺人结婚、某知名品牌被爆出丑闻等，一瞬间都能成为大家茶余饭后的谈资。如此高关注度的事件对软文撰写来说是极佳的素材。

2. 广告信息软植入

新媒体软文如果通篇广告，肯定会引起用户的反感，所以常常在软文之中植入广告信息。比如利用讲故事的形式或者娱乐的方式将广告展示出来，将读者的眼光放在产品背后的故事上，或作者的个人经历上，等等。

软文广告可分为以下几种方式：

嵌入式：此类型广告植入适用范围较为广泛，特别是日常使用类产品，只需营造一个场景，就能将产品嵌入文章内。

后缀式：蹭热点可以给软文带来流量，而引导语能将流量转化成销量。例如在文章末尾的“点此立即得到更多好物”“点击阅读原文，即可体验 ×××”等。

科普式：除了在文章中穿插产品内容和在文章结尾介绍产品，还有一种就是通篇介绍产品，写成公告式或科普式文章，比如写成旅游介绍、游记、攻略或景区公告等。

评论式：想在微信上做软文营销，可以让自己的品牌公众号和大号在评论区交流，在无形之中达到宣传的效果。

几种常见的新媒体软文

新媒体是重要的宣传营销平台，借助新媒体软文进行推广和营销扩大品牌知名度已经成为很多企业的共识。要想写出优秀软文，首先要熟悉各类软文的写作方法，同时根据企业的要求和产品特性进行调整。软文内容多种多样，但总体来说，最常见的是以下几种（如图 5-5）：

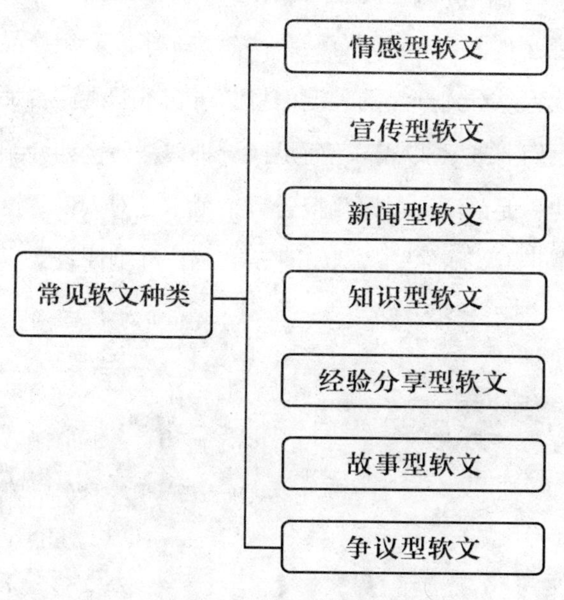

图 5-5　常见软文种类

1. 情感型软文

不管在什么年代，打感情牌基本不会出错。因为人都有感性的一面，都会有感动的时候，直击人类最柔软、最脆弱的感情，营销效果也相对较好。例如我们常看到的“一双好鞋带我遇见对的他”“世界最胖的人减重 660 斤！减肥到底该怎么减”“年轻人猝死，跟着急诊专家学习心脏骤停急救法，关键时刻能救命”。

2. 宣传型软文

这是广告性质最强的软文类型，只需看一眼标题，人们就可以大致清楚内容。宣传型软文和我们日常生活中看到的各种硬广告接近，它的核心只有一个：简洁明了地介绍产品，让读者一眼就可以看到产品的关键信息。可它不像硬广告那么直白地告诉人们“赶紧买吧”，而是换一种说法，例如介绍产品的优惠活动、促销活动、评测报告等，就像是对人说“这个产品很不错，买不买随你”。例如图 5-6 的口红测评软文。

YSL 407属于玫瑰豆沙色
很温柔的颜色
当时一度被炒断货
平替APIEU是谜尚旗下的一个品牌
镭射包装很炫酷

价格

YSL一支320元
APIEU一支32.8元
一支YSL差不多能买10支APIEU~

测评 | 6款大牌口红平价替代，30块钱搞定YSL！

原创：小奶油 Cynthia默小宝 2018-08-04

嗨，墨水们好~
我们的测评第5弹来啦！
快来看看任务卡是什么吧

图 5-6　口红测评软文

3. 新闻型软文

有的软文以新闻的形式出现，看起来正式、严肃，具备新闻的六大要素：人物、时间、地点、事件、原因、发生过程。如果将这些要素串起来，写成一句通俗易懂的话：某人某时在某地，因某种原因做了某事，出现某种结果。这种软文紧密贴合现实，能借助社会上发生的新闻事件吸引读者的兴趣。例如图 5-7 中这篇新闻型软文。

2019年全国医院健康促进学术交流会在湖北武汉举行

民福康号 9月24日

2019年9月21-22日，由**中华预防医学会主办、健康促进与教育分会承办、民福康支持**的2019年全国医院健康促进学术交流会在湖北武汉召开。

本次大会以“推动医院健康促进，助力健康中国行动”为主题，就新时期发挥医疗卫生机构和专业人员在落实健康中国规划纲要中的重要作用，展开深入研讨与交流。

图 5-7 新闻型软文

4. 知识型软文

很多行业都喜欢用知识型软文进行推广，例如《看不懂巴黎时装周的 Valentino？我来给你讲讲这个“画家”！》(如图5-8)，可以在文章中看到植入广告，借机推广。阅读这种软文，可以使人了解一些不常见的小知识，在满满的干货前，人们对于广告有了更高的忍耐力，而且这样的软文很有针对性，受众精准。

看不懂巴黎时装周的Valentino？我来给你讲讲这个“画家”！

原创：苏抖抖 手边巴黎 10月10日

巴黎时装周已经结束了，如果你问我“印象最深的秀是哪一场”的话，我会非常肯定地告诉你，是Valentino！

因为当我看到Valentino 2020春夏系列的时候，我两只眼睛都放光了！先来给你们看几张Valentino的大秀现场图：

图 5-8 知识型软文

5. 经验分享型软文

经验分享型软文和测评稿类似，是常见的软文写作方式，它是软文写作者站在专家或知情者角度，以过来人的身份，向读者介绍个人经验。一般来说，此类文章在标题中就能体现出来。它能详细讲述出相关领域的奥秘，易让读者产生兴趣，而且信以为真。例如“一个月，我瘦了二十斤”“学我，轻松祛斑”等。例如图 5-9 这篇关于减肥的软文。

真实经历：43天狂瘦20斤，屡次减肥失败的女孩都来看看！

原创：虚白 活法儿 10月20日

减肥应该是女生世界里的第一难题了，有人越挫越勇，屡败屡战；有人干脆放弃，举手投降。

其实减肥没有真正最优答案。

无论你减肥成功，还是减肥失败，痛苦和空虚都并没有放过你。

减肥失败，将经历漫长的痛苦和对自己的怨恨，而减肥成功呢？天呐！减肥成功的人快来分享一下你们在减肥路上所经历的折磨和那些随时可以崩溃的瞬间吧！

图 5-9 减肥软文

这篇文章通篇看似介绍的是作者的减肥经历，到最后才推出各种辅助减肥的产品。

6. 故事型软文

故事型软文和经验分享型软文十分相似，它们都以故事的方式展现出来，可它们讲述的重点不同。故事型软文的关键在于描述细节，强调故事的真实性；而经验分享型软文强调的是经验和收获，故事性较弱。如图 5-10 就是一篇故事型软文。

7. 争议型软文

争议型软文主要靠制造话题或直接借助热点话题等方式，吸引读者或用户关注。因为争议、冲突、热点一直是人们关注的焦点，在这个基础上将想要宣传的产品或品牌植入其中，即可大大提升曝光率。比如“明星都在用的化妆品”。

在网上搜索“张雨绮VS”，可以搜出许多争议型软文。这种软文的重点不是说服读者，而是要引起读者的讨论，进而调动起读者参与话题的积极性，这种方式的文章自带流量。

自从把孩子当中药来养，整个人都好起来了！

南怀瑾国学智慧 邱老师身心调理讲堂 昨天

最近瘦孕群里又传喜讯，择食宝宝们陆续出生，宝妈们都是了不起的！

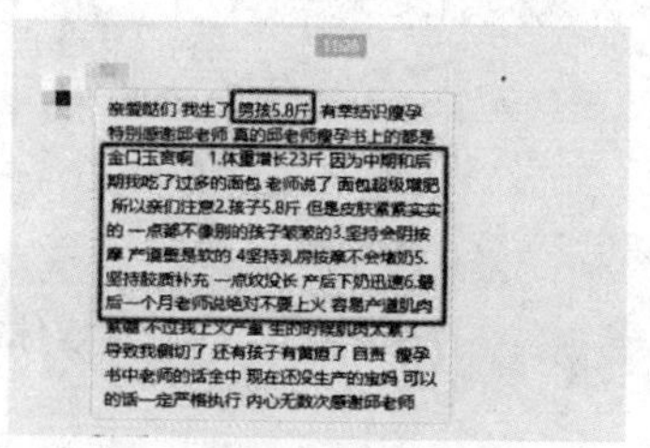

生儿养儿都是不容易的事，当宝宝还在妈妈肚子里的时候，妈妈的情绪和饮食都会对宝宝和妈妈自己产生影响。

孕妈妈要**根据不同孕阶段的生理特点调整饮食，严格忌口不适合自己的食物，给宝宝的好体质打下基础。**

图 5–10 故事型软文

新媒体软文写作的五大误区

当下，软文发布很受欢迎，但有些营销软文传播效果好、转化快；有些营销软文传播率却不高，而且转化慢。软文的写作说简单也简单，但是写出传播率高，转化率也高的软文就不那么简单了。好的软文可以得到更多点击量和宣传效果，也能更快被转发。在进行新媒体软文写作时，应当注意以下几个常见的写作误区（如图 5-11）。

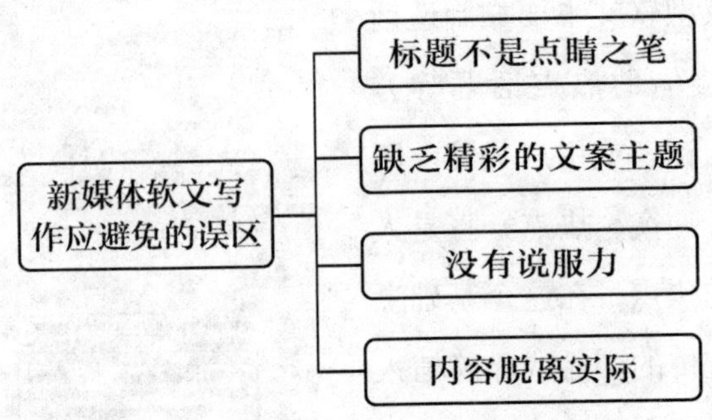

图 5-11　新媒体软文写作应避免的误区

1. 标题不是点睛之笔

一篇文章好不好，首先要看标题。标题写得好，一眼就能钩住人心。

例如：小薇说癌 | 朋友圈都在转的“防癌食物”真的靠谱吗？

癌症是每个人都关注的重疾，简简单单的一句疑问，就能吸引人们的注意力。因为“食物抗癌”历来就有争议。

2. 缺乏精彩的文案主题

很多朋友都有这样的经历：读完一篇文章后，什么都没记住。这样的软文，即使文笔再好，也是不合格的，因为它并未突出主题。虽然软文不会硬性突出广告，也会在无形中将所推广的信息传达给目标客户，可它的本质仍然是广告，一味地说空话、绕圈子，会削弱广告的推广效果。写软文时一定要大胆切入主题，明确观点，可以让读者一目了然，知道文章要表达什么。

例如，有的软文在标题中给出关键信息：

不想再上班，2019 选择做这个，在家就能做！

有的软文开篇点明主题：

5 月 23 日，真人版《阿拉丁》在电影院火爆上映，观众们不仅从电影中再一次回味了童年，而且被《阿拉丁》的故事再次打动。这次，魔方君也为大家准备了你从来没看过的《阿拉丁与神灯》。走出电影院，给你一次继续沉浸在古代阿拉伯王国的机会，给小朋友们一次实现“神灯三个愿望”的机会……

也有的将主题放在文章末尾：

说到这里，不得不提一下另一部相同类型的电影，堪称“国产片的良心”，上映之后场场爆满，饱受好评，它就是《XXX》。

3. 没有说服力

软文写作要尽量避免空洞乏味的说教，这和软文“接地气”

的特征相悖。可以说，软文是文案工作者主动靠近消费者的产物，是艺术性向实用性的妥协，一篇没有实用性内容的软文是无法获得广泛传播的。那么，怎么才能增加软文的说服力呢？我们不妨学着使用数据。

相比于华丽的辞藻，一组简单明了的数据可能会让人产生更直观的感受。正如手机厂商在宣传卖点时，总会把手机的各项关键数据列出来一样，在进行新媒体软文写作时，同样可以用数据说话，例如：

iPhone SE 将会装备 4.7 英寸 LCD 屏幕，机身背面为 1200 万像素单摄像头，正面为 1200 万前置摄像头，采用 A13 Bionic 处理器，电池容量低于 2000mAh，共有 64GB 和 128GB 两种存储规格，预计将于 2020 年 3 月份发布，售价为 399 美元（约合 2814.79 元）。

一系列的数据将iPhone SE的配置、性能、价位说得很清楚。

4. 内容脱离实际

写作软文时一味地夸奖品牌，很容易让消费者产生厌烦心理。真实的品质描述更容易让人信服，商家可以借助这样的方法去赢得消费者认同。

有的软文作者喜欢使用“秒杀”“超越”“不输”“极致”等字眼，夸大产品的各项优点，然而读者使用过后的实际感受并不是这样，市场上充斥着这款产品的各种负面新闻。读者会认为这是一篇彻彻底底的洗白文、水文，反而加大了对企业的不信任。

所以，写作软文时，我们要考虑到这方面的因素，可以在品牌原有口碑上做提升，但是不能严重脱离实际。假设品牌的实际得分是 50 分，软文虽然可以说它能达到 60 分，在某些特殊项目上甚至可以说它能达到 70 分，却不能说它是无可挑剔的 100 分，否则只会让受众觉得虚假。

常见的软文排版软件

不仅内容精彩，排版也要美观，这样的文章才能引起读者的阅读兴趣。下面提供几款常用的图文排版工具（如图 5-12）：

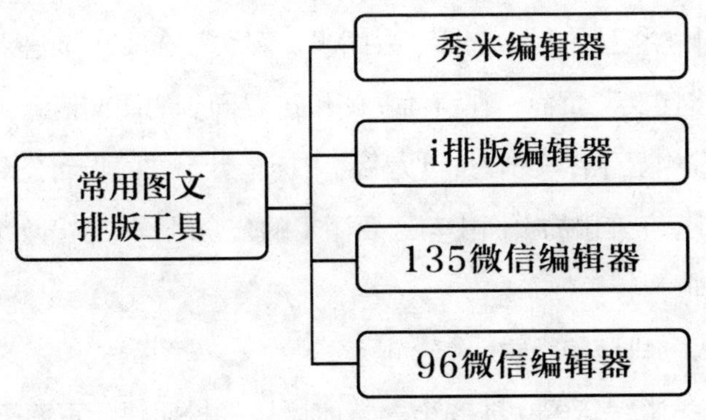

图 5-12　常用图文排版工具

1. 秀米编辑器

对于排版新手来说，秀米很容易上手，颜色美观，整体风格清新淡雅。秀米上的模板可自由添加，支持模板和文字收藏，图文编辑保存后可直接同步到微信公众号。

具体操作步骤：①进入秀米官网，登录秀米，在秀米主页单击“我的秀米”按钮；②进入“我的图文”页面，单击“添加新的图文”按钮；③进入“图文模板”页面；④单击模板左侧的“我的图库”按钮，进入相应页面；⑤上传一张图片作为推送消息的封面；⑥输入图文标题和描述，单击“图文模板”按钮，进入相应页面，单击“输入标题”按钮；⑦在界面右侧上传的封面下方的编辑栏内输入标题；⑧输入文字内容，单击“我的图库”按钮，进入相应页面，在其中选择图片并单击，即可完成图片编辑操作；⑨单击菜单栏中的“预览”按钮，即可对编辑的内容进行预览；⑩预览无误，单击顶部的“√”按钮，在弹出的下拉菜单中选择“去同步多图文”选项；⑪进入“去同步多图文”页面，在页面左侧单击要同步的图文信息，即可在页面中显示图文信息；⑫移动鼠标指针至“同步到公众号”按钮上，在弹出的页面中勾选要同步的公众号，单击“开始同步”按钮即可。

2. i排版编辑器

i排版编辑器功能齐全，整体风格轻松明快，页面干净、小清新，与135编辑器类似，只是不能同步更新到微信公众号后台；支持格式清除和一键排版，在编辑过程中用户能随时预览、保存草稿，而且支持短网址转换；右上角的极简模式可直接使用，是i排版界面的重要工具栏。i排版编辑器最大的特色是可以设计签名，微信运营者可以将设计好的签名与二维码一起放在图文结尾。

具体操作步骤：与秀米编辑器步骤基本相同。

3. 135 微信编辑器

排版环节，135 编辑器基本功能最全，而且具有个性化功能点，原创标签 + 定时群发，使用起来较为方便。

具体操作步骤：与秀米编辑器步骤基本相同。

4. 96 微信编辑器

操作简单，选择需要的样式，点击插入，更改素材中的文字即可。素材选择较多，提供更加多样化的素材样式。格式刷设置可以迅速更改内容样式。颜色更改按钮可更改所有背景和文字的颜色。点击“复制”按钮，即可复制内容。点击预览，可直接查看手机显示内容。

具体操作步骤：与秀米编辑器步骤基本相同。

06

创意广告：有创意，才有经典

看到一个个经典广告，你不禁感叹，多少年过去了，这个广告好似在脑海里烙了印，仍然记忆犹新。每个杰出的广告背后，一定是创意在支撑，那么怎么才能写出富有创意的广告文案呢？

如何引爆文案创意

有时，你绞尽脑汁创作出的广告文案，自己觉得精彩，客户也很满意，可偏偏消费者不买账，出现了广告打得好，销量却不增的尴尬局面。那么问题究竟出在哪儿呢？

其实，文案不仅要写得好，还要切实可行，要用创意打动消费者，而不是自嗨。创意文案一定要对市场、项目、产品、客户做充分的了解和细致的分析，找到消费者的兴奋点，才能达到吸引消费者的效果。

对文案创作人员来说，要具有超高的洞察力和文字敏感性，以便在创作过程中熟练驾驭文字。广告学将广告对消费者的影响归纳为吸引、兴趣、记忆、需要、行动这五个环节，广告作品通过各种创意手段吸引消费者之后，一定要明确告诉消费者广告要传达的信息，进而形成品牌印象，让消费者可以在有需求时主动购买。

因为文案撰写人员和消费者在生活背景和文化背景等方面存在差异，所以你的广告不一定能被每个消费者理解。无法吸引消费者的目光或广告内容不被消费者理解，甚至产生误解，都不能达到广告预期。文章创作者要时刻提醒自己，文案要以传递产品信息为目的，优秀的广告创意只是整个广告作品的一部分。

有调查结果显示，消费者对一则广告的注意时间仅 3 秒，这么短的时间，怎么才能吸引消费者的目光，并传达出精准信息？这就需要不断提炼、取舍，最终凝练出创意词语或句子，让消费者 3 秒之内看到、看明白。

创意分为直接创意法和间接创意法两种（如图 6-1）。

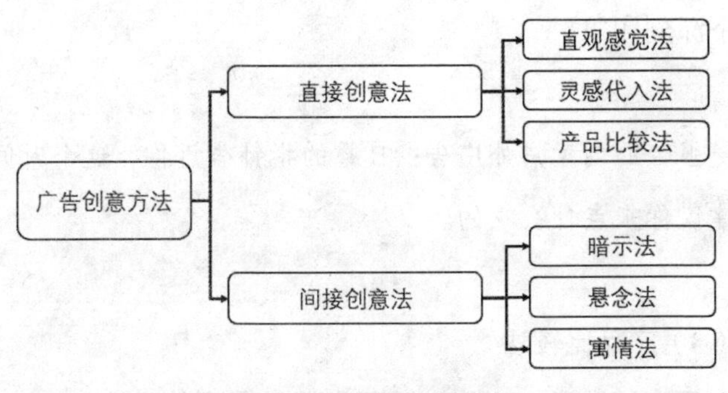

图 6-1　广告创意方法

1. 直接创意法

直接创意法就是指直接阐述广告内容，突出广告重点，直接创意法又可分为直观感觉法、灵感代入法和产品比较法。

（1）直观感觉法

直观感觉法就是指凭直观感觉进行广告创意的方法，这种方法适用于宣传产品和企业的主要特征。运用这种方法的要点是掌握产品和企业消费信息，将从中提炼出来的有传播价值的信息作为广告主要内容，这种方法见效快、时间短、要点明确，但有些平淡俗气。

京东发布的广告：星期四热卖中，快上京东看看。

这则广告虽然简单直观，却难免落俗。

（2）灵感代入法

灵感代入法指的是文案创作者根据自己或别人的经历，灵感迸发的创意方法，这种方法容易吸引消费者注意力，为消费者留下深刻印象。

麦当劳的创意户外广告：日晷的指针告诉你，这个时间点，我们建议你来点什么吃的。

（3）产品比较法

产品比较法是文案创意过程中经常用到的方法，有比较，才能突出一方的好。文案创作中，可以将两种相近、相似或相对的产品放在一起做比较，找出相同点和不同点，突显产品在同类别中的个性与优点。

广州赵秀山庄别墅：低密度豪华府邸，何必住高层大厦？

2. 间接创意法

间接创意法指间接阐述广告内容和广告重点的创意方法，主要包括暗示法、悬念法、寓情法等。

（1）暗示法

暗示法是广告宣传中常用的创意手法，常见于特殊产品广告，此类产品的作用往往不便直言，如“避孕套”广告，不能直接说，暗示又不能过于隐晦，让消费者无法理解。所以，采用间接创意法撰写创意文案在追求新颖的同时，还应注意一定要让消费者理解。

杜蕾斯广告文案：当我们在一起，就不怕任何对手。管他是炮火的封锁，肤色的阻隔，还是年龄的鸿沟，我们，从未退缩。今天，我们的对手是谁？不管是谁，再向前一步。

画面中有战争，有肤色差异的情侣，有耄耋老人，但每个人都在渴望爱情，手中拿着杜蕾斯。最后是男人走向女人的画面。一幕幕画面告诉我们，无视对手，勇敢去爱。

（2）悬念法

悬念法是指通过设置悬念的方式让消费者感到惊奇，带着疑惑继续看下去，之后逐渐解惑。设置悬念和解惑的过程其实就是在做产品介绍。消费者愿不愿意从头看到尾，就看你的广告是否有吸引力。

红星美凯龙在朋友圈投放了这样一个悬念广告《看完就变外星人》。这则广告是2017年红星美凯龙鲁班设计尖货节的开幕广告。广告中穿黑衣的鲁班娓娓道来，自己是第一个外星人。奇妙瑰丽的画面展现着鲁班外星人的独白，引发消费者好奇心，直到最后才揭晓答案。

这则广告引起了消费者的自发传播。大家纷纷留言互动，为品牌做了免费而广泛的宣传。

（3）寓情法

寓情法指的是为产品注入情感元素，而且侧重情感诉求的广告创意法。

DANNON 冰激凌广告：一个超级大胖子坐在沙发上，左手拿着一桶冰激凌，右手拿着小匙，盯着冰激凌一脸愁苦之相。他忍不住冰激凌的诱惑，十分想吃，但理智又告诉他不能多吃，再吃这样的高蛋白甜食，体重会继续增加。在吃与不吃的矛盾尖锐的幽默情景中，将 DANNON 冰激凌的诉求点“甜美可口，营养滋补”等优异品质生动地表达出来，广告创意幽默风趣，情节单纯，紧扣产品诉求点。

产品本身是没有情感的，有创意的文案却可以将情感因素融入产品当中，让整个广告变得有情感、有温度，容易引起消费者共鸣。

为什么你的广告没有创意

不是每个文案人创作的广告都有创意，也不是每个优秀文案人在任何时候都能写出创意广告。很多文案人都曾有过创意枯竭的经历。

出现这种现象的原因很多，如压力大、身体疲惫、信息超载等。创意枯竭的问题往往出现在思维方式上，生活中，有的人会表现出比其他人具备更多的创造性思维，可这并不代表只有这些人才具备创造力，几乎每个人都有或多或少的创造性思维。

那究竟什么才是创造性思维呢？创造性思维就是指人在遇到问题时，可以从多角度、多层次、多结构进行思考，不受现有知识的限制，也不受传统方法的束缚。思路具有开放性和扩散性。拥有创造性思维的人在解决问题时会选择多种方法，也愿意通过多种途径去探索和选择，思维广阔而深刻，敏捷而灵活。

对于文案创作者来说，创造性思维至关重要。例如：温哥华一家广告公司为了宣传 3M 公司生产的一种新型苏格兰盾安全玻璃发挥了自己的创造性思维：他们将 300 万美元放到了用这种安全玻璃制成的箱子内，并打出自己的广告："打破它，你就可以带走 300 万美元。"这个玻璃箱就安放在他们公司的外面。很多路过的人都被这则广告吸引，想尽办法去撬这个箱子，却没人成功。

出于安全考虑，这次广告宣传活动只持续了一天半。虽然如此，这则广告仍然吸引了全国人的注意力，它的成本只有 6000 美元。

可见，一个好的创意不仅能节省广告费，还能让消费者帮你传播广告，将产品形象迅速印在消费者脑海中。

广告策略主要分为四类：产品策略、市场策略、媒介策略、广告实施策略。其中，产品策略还包括产品定位策略、产品生命周期策略、新产品开发策略、产品包装策略、产品形象策略等。广告文案的好坏决定着上述广告策略能否实施，且达到最终目的。

当下，各种媒体广告铺天盖地而来，无缝不钻，用户们早就对广告产生了免疫力。你的广告如果想脱颖而出，引起消费者共鸣，激发他们的消费欲望，就要用上你的创造性思维。

我国著名数学家华罗庚曾说："'人'之可贵在于能创造性地思维。"可见，创造性思维其实是普遍性的。新见解、新发现、新突破都具有创造性。创造性思维能不断积累知识总量，而不是在知识中重复。创造性思维可以为广告文案开辟新局面，创意文案成功之后，还能反过来激励自己进一步拓展创造性思维。

不同的思维方式，在广告中的应用技巧也不同。即使是创意十足的广告文案，也可能呈现出与众不同的效果。创造性思维方式可以分为事实型思维和价值型思维两种（如图 6-2）。

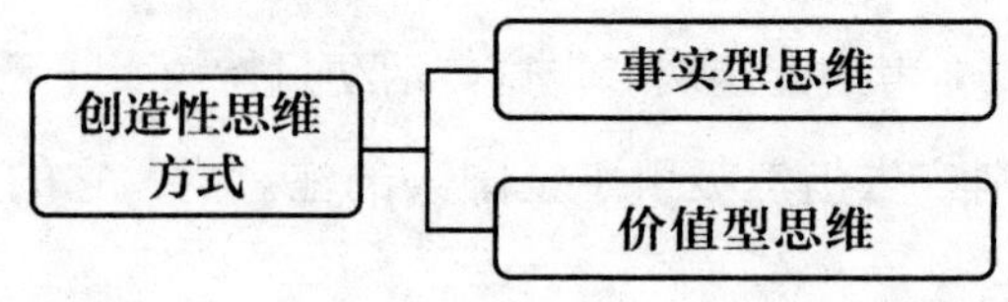

图 6-2　创造性思维方式

1. **事实型思维**

拥有这种思维的文案工作者，喜欢将观念分解成细小的组成部分，经过细致的背景分析，而后得出最佳解决方案。此类文案人创造力强，喜欢将事实与数字结合。他们善于掌握和分析这类信息，他们逻辑清晰、条理清楚。

例如某蒸汽电熨斗广告：一气呵成，无须反复。增加强力蒸汽，喷汽量大小可自由选择，便于携带，易于存放，可大面积熨烫，速度快、成型效果极佳。它的出现，改写了熨烫工具的历史。

此类广告的重点在事实本身，适合信息性强、特征显著的商品。

2. **价值型思维**

此类文案创作者喜欢凭借直觉做决定，善于接纳变化和矛盾，常常将各种观念融合在一起，发挥各个观念的优势，他们的新观点往往建立在想象的基础上。

在价值观和道德观的基础上，他们喜欢接纳变化和矛盾，将各种观念融合在一起，取其优势，之后通过想象形成新观点，他们也善于运用现有观念创造出新鲜事物。

例如 Bramhults 蔬菜汁的创意广告：如此原生态的蔬菜汁，你喝过吗？

配合一幅创意图片，向受众直观展示出了蔬菜汁的新鲜程度（如图 6-3），可谓诱惑满满。

图 6-3　Bramhults 蔬菜汁的创意图片

想要写好创意文案，首先要了解广告的目标受众是喜欢事实型广告，还是喜欢价值型广告，了解某些细分市场（如高科技产品市场）的消费者可能倾向于哪种思维方式，之后再思考文案可以采用哪种创作方式。

好战略激发好创意

有创意的文案对产品销售的提高和企业的发展有着至关重要的作用，乔治·路易斯曾说过：“一个伟大的创意就是一个好广告所要传达的东西。一个伟大的创意能改变大众文化；一个伟大的创意能转变我们的语言；一个伟大的创意能开创一个事业或挽救一个企业；一个伟大的创意能彻底改变世界。”

在广告文案的文字、图像和创意背后，广告策略有指明方向的作用，优秀的广告文案一定是和广告策略相关联的，否则注定会成为失败的作品，即使这条广告可以引起受众共鸣，也顶多算是个娱乐作品，根本算不上优秀的广告文案。

优秀的广告文案一定是为了完成某个战略任务而创作的，换句话说，广告战略是产生优秀创意文案的基础。所以，想要写出优秀的创意文案，首先要了解广告战略，同时以此为导向撰写文案。

那么，什么是广告战略？

广告战略就是指企业或广告发布者对广告决策宏观上的掌控，即用战略眼光从企业的长远利益出发，注重开拓产品市场，以提升宣传效果，降低广告费用，以达到营销的目的。

当下，市场竞争越来越激烈，一个品牌或产品如果想在市场上立足并胜出，广告战略发挥的作用也越来越重要。

接下来为大家介绍一下广告战略的几大特点。

第一，总体性。广告战略是广告活动的整体设计和规划，不用研究具体的细节和步骤，是总体思想和指导方针。

第二，系统性。制定广告战略的过程中，要考虑各方面因素，同时进行系统性规划，形成系统结构，让广告策略的系统效应在整个广告活动中发挥出最大作用。

第三，目标性。广告战略的制定要为企业营销目标服务，广告一定要有自己的战略目标。

广告战略是企业发展的重要环节，想要制定合理的广告战略，首先要进行深入调查和研究，从长远角度出发，审时度势，谋划全局。一个广告创意文案是否可以被采纳，关键就看这个广告文案是否符合企业战略目标的需求。

美加净百爱神香水是企业为参与国际化妆品市场竞争，用了两年时间研制出的新产品，香型模仿法国著名化妆品时装公司Christian Dior隆重推出的香型独特的紫色香水“POISON”（毒药）。POISON是当年国际流行的名贵香水，在国际化妆品界大受欢迎。百爱神香水经过科学分析，各个指标都达到了POISON香水的水平，受到了相关专家的好评。

为了将百爱神香水成功推入市场，企业拟定了正确的产品策略和广告策略。在产品外包装造型的设计过程进行了周密的市场调查和推广策划。他们研究了POISON香水成功的奥秘：香型独特，品牌大胆奇特，紫色色调具有神秘性，取名更是奇特。根据中国的国情，美加净决定选择POISON的谐音“百爱神”这个既有化妆品特性，又具有某种含义的名字，以表明其独特性。

为了激发大众的兴趣，制造对产品销售有利的舆论环境，广告策划人采用了悬念法，在广告刚推出时只强调独特的香型和新颖的造型，却不对“百爱神”这一名称做任何解释，为了配合广告造势，企业又举办了“美加净百爱神香水礼品赠送”活动。

广告推出之后引起了社会的关注和质疑，很多有识之士纷纷来函指出，百爱神的名字虽然起得好，但是在翻译“POISON”这一单词的时候搞错了，而且热情地出谋划策。一时间，各大报纸专栏纷纷刊出文章对这款香水发表看法。一时间，百爱神成为大家讨论的热门话题，来信之多，影响之大，出乎意料。企业借此时机，开始实施广告策略第二步计划，几大报纸开始刊登“美加净百爱神香水鸣谢启示”，在电视上通过记者采访调香师的形式道出“百爱神”这一名称的由来，对百爱神香水的特点进行介绍和答复。百爱神香水广告策略的成功运用还在于对动机的把握、对媒体的选择以及广告创意上。

一时机：选择在圣诞节前推出广告，正值元旦、春节来临之际，人们互赠礼物的大好时机。企业通过海报、入场券等印刷广告，协办“88 百爱神圣诞皇后评选”“百爱神特型化妆大赛”等大型比赛，为香水造势，提升商品的关注度和记忆度。

二媒体：百爱神的广告主要集中在影响面比较大的三报二台，媒体选择组合得当，而且运用流行的广告模特队，佩戴产品标志进行展销，轰动性极强。

三创意：广告创意文案中首先强调起独特神秘的意境和气氛，适合大众追求高档名贵产品的心理，最终确定了“当神秘的紫色映入你的眼帘，这时你仿佛看到了……百爱神”。

通过上述案例，我们不难分析出，广告战略包含目标受众、产品概念、传播媒介和广告创意四大元素（如图 6-4）：

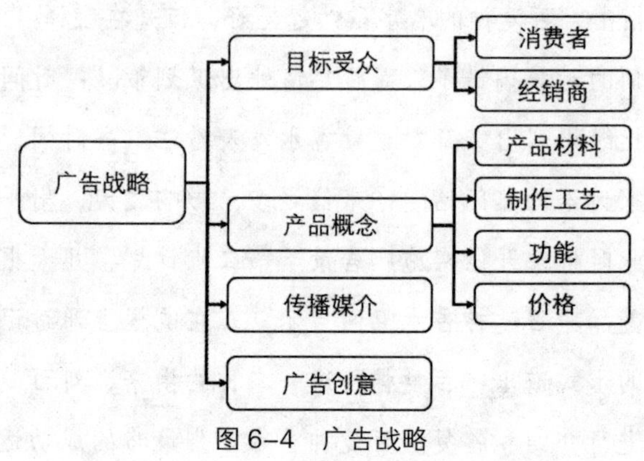

图 6-4　广告战略

1. 目标受众

目标受众包括消费者、经销商。在制定广告策略时，首先要明确产品的目标受众，即产品要卖给谁，希望谁能看到广告，哪种广告更容易引起受众的兴趣，等等。对这些问题一定要引起足够重视。

2. 产品概念

广告战略要从产品自身出发，如产品材料、制作工艺、功能、价格等。简而言之，广告战略即将产品优势、特点发挥至极致，勾起受众的消费欲望。

3. 传播媒介

不同的产品有不同的需求人群，没有任何公司可以无限制投放广告。所以，广告战略必须针对产品细分市场的消费者选择适合自己产品的广告媒介，如此才可以让广告更有效率。

4. 广告创意

广告文案一定要有创意，散发出独特的气息，用简洁、有创意的、可信的广告，形成富有特色的信息战略，迅速捕获消费者的心。

创作广告之前，首先要和企业在广告战略 4 大元素相关方面制定一致策略，做详细的市场调查；之后根据企业提供的资料，在企业方面认可的情况下进行广告创作。

创造力让广告突破桎梏

有创意的广告在执行的过程中常常能起到至关重要的作用。对于文案工作者来说，想要拥有创意和灵感，除了要具备丰富的专业知识和职业素养外，还要通过不断的学习和实践提升自己的创造力。

整个人类的文明发展史其实就是人类创造力实现的结果。人们通过对创造力的不断研究，得出了这样两种结论：一种结论认为创造力是一种能力，是在多种心理过程的作用下创造出的新颖、有价值的东西；另一种说法认为创造力是一种产物。而现实生活中，创造力的特性实则“两者兼而有之”。

新颖性和独创性是创造力与其他能力之间最根本的区别，我们经常说的词汇“发散性思维”就是创造力的重要组成部分，它是指大脑在思考时呈现的一种扩散状态，是一种可以无限探索未知领域的思维模式。

有人问，是不是智商高的人创造力就高。答案是否定的。创造力的构成有多重因素，比如求知欲、独立思考能力等，而智商只是诸多因素中的一个，创造力和智商、知识、良好的人格密不可分。只有三者同时出现，互通互融，才能拥有超高的创造力（如图 6–5）。

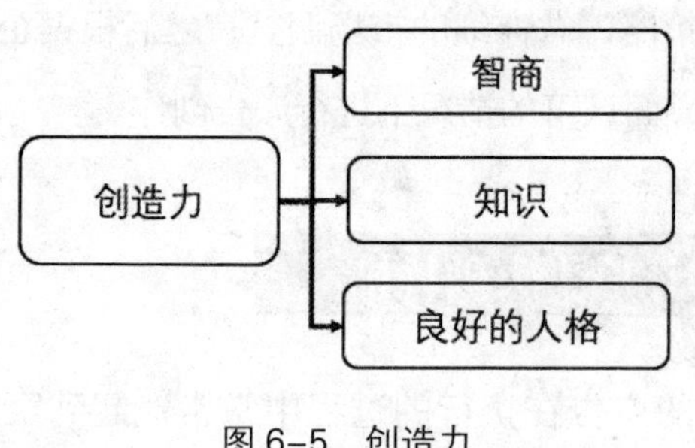

图 6–5　创造力

1. 智商

智商高的人，观察力、注意力、记忆力相对来说都是比较高的，发挥创造性思维的概率则较大。

2. 知识

文案创作人员应不断吸收新知识，不断巩固旧知识，掌握专业技术的同时懂得积累经验，分析问题。任何创造都和知识的积累密切相关。丰富的知识积累有利于产生创造性思维，更有利于创造性方案的实施和检验。没有知识、素材的积累，就无法产出优秀、贴合的文案。

3. 良好的人格

人格是指个体在对人、对事等方面的社会性行为中的内部倾向性与心理特征，它表现在很多方面，包括能力、气质、性格、兴趣、价值观等，是一个人通过社会实践逐渐形成、发展出来的自身特性。优秀的人格对创造力的影响非常大，在创造活动中通常表现为优秀的创造素质。

一个优秀的广告文案能否制造出轰动的效果，关键取决于创造力。创造力可以帮助广告实现告知功能，让广告变得生动形象，好的创意文案能启发消费者的思维，让消费者产生持续兴趣。

好的创意故事或创意人物可以在消费者心目中产生无可取代的形象，例如：MM 豆的广告“快到碗里来”，可爱多彩的巧克力豆形象，加上生动活泼的广告创意，着实看得人心痒。广告运用这种表达形式可以在大众心目中留下深刻印象。

创造力有助于让广告产生提示功能，有创意的广告充满趣味性，不但不会让人产生乏味感，而且让人想要尝试你的产品。比如有的广告中很少出现公司名字，只是讲述一个故事，久了，观众也就直接忽视或跳过了。

创造力还可以让广告产生轰动效应，杰出的广告文案一定要在作品中加入夸张的创意元素，可以在某个瞬间让观众吃惊，产生共鸣，对产品感兴趣。

下篇

活动策划：从慌乱无序到处处精通

十亿年来，人类的本性从没有改变过，再过十亿年，也是一样。只有表面的东西会改变……一个传播人应注意不变的人性……创作人员若能洞察人类的本性，以艺术的手法去感动人，他便能够成功。没有这样，他一定失败。

——广告文学派的代表者　威廉·伯恩巴克

07

文案和活动有什么联系

好文案可以为活动增色，是活动的奠基石，更是活动的磁力石。它可以为活动增色添彩，可以让活动吸引更多的受众。而活动更是文案的表现形式，它让文案变得有血有肉。

常见的活动现场文案

文案和活动之间有着密切的联系，比如活动现场的易拉宝、指示牌、标语口号、广告文字、PPT 等，都属于文案内容。文案有助于活动的顺利进行，常见的活动现场文案主要包括三类（如图 7-1）。

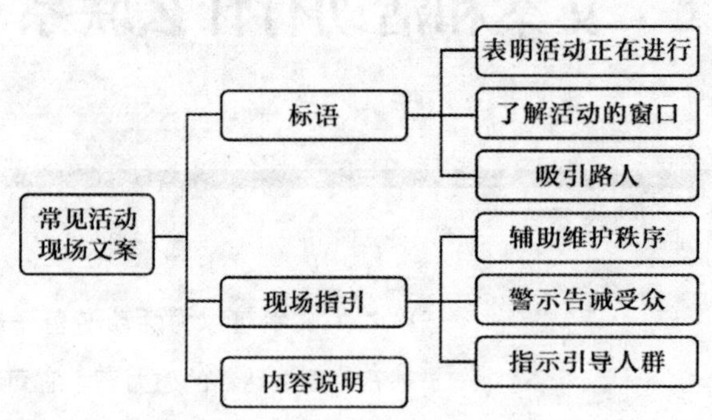

图 7-1　常见活动现场文案

1. 标语

无论活动规模大小，现场都要有相应的活动标语。那么活动标语有什么作用呢?

（1）表明活动正在进行

这是活动标语最直接的作用。活动标语是普通受众判断商家是否进行活动最直观的依据。比如，你路过一家超市，如果上面写着“双 11 大促，全场 7.7 折”，那么你可能进去看一看；如果既没有横幅标语，也没有宣传口号和物品，你很难知道这家超市有活动。活动标语是人们感知活动进行的标志。

（2）了解活动的窗口

活动标语可以让受众第一时间了解活动主题、方向、方式等内容，为受众提供一个快速了解活动的窗口，这也是活动标语的重要作用。活动举行之前，经过宣传的活动标语基本就是活动宣传主题，可以让活动现场的受众迅速进入角色。对于未经提前宣传的活动来说，活动标语的窗口作用会更明显。

（3）吸引路人

对于没有提前宣传的小型门店促销活动来说，活动标语的宣传引流作用很重要。所以，小型促销活动标语通常会十分接地气地表现出优惠让利措施，借此吸引过路受众进店消费。

2. 现场指引

文案有辅助活动现场指引的作用，主要体现在以下三方面。

（1）辅助维护秩序

现场参加活动的人员众多，只有全场秩序稳定，才能确保活动的顺利进行。虽然活动现场通常会有专门维持秩序的工作人员，但是和参加活动的人员相比，他们的人手明显不足，此时就需要文案内容辅助他们维持秩序。比如某招商会桌子上的水牌，可以防止客户参会时乱坐座位。

（2）警示告诫受众

活动现场通常会有一些特别规定，比如活动现场禁止拍照、禁止吸烟、禁止大声喧哗等。虽然人员进场时会被告知这些规定，但难免有人不自觉违反规定，因此活动现场就需要一些警示性文案内容，用于提醒活动参与者不要违反活动规定。比如某活动现场立着黄色背景的醒目指示牌“禁止吸烟”。

（3）指示引导人群

如果是大型或综合型活动现场，场地大、展位多、人员复杂，对活动现场不熟悉的参与者很容易迷失方向，无法正常活动，活动的收益也会受损。为了让活动参与者有良好的体验、避免活动收益受损，活动现场常常会有指示牌和易拉宝，指引参与活动者到达指定地点。比如某活动现场有带箭头的易拉宝“参加 ×× 活动请上 3 楼”，到三楼之后看到指示牌“×× 活动签到处”，进门之后可以看到指示牌“贵宾区”“嘉宾区”“奖品领取处”等。

3. 内容说明

活动进行时，现场的工作人员通常会对活动的具体信息做出说明，比如活动流程、活动规则等，但是工作人员不能随时向活动参与者提供活动信息讲解。虽然活动现场有专门负责接待的团队，但接待团队的接待能力有限，对于参与者众多的活动，接待团队不可能服务于每个人。这时候就需要给受众提供可以自主了解活动概况的文案。比如某活动场地门口放置着三个展架，上面有关于活动详情、公司详情及产品详情的介绍。

好文案可以为活动造势

文案是营销常用的重要手段之一，它能给活动带来巨大效益，好文案可以为活动造势。

活动无论规模大小，都会提前做相应的宣传。活动一般不会持续太久，所以一旦宣传没做到位，活动开展时就没有足够的人参加，活动效益也会大打折扣。所以，很多活动都会在开始前进行宣传造势，以求将宣传效应发挥到极致。不过，这并不是说宣传力度越大越有利于活动的进行，还是要根据活动规模量力而行。

如果活动规模比较小，大力宣传吸引到超出活动服务能力的受众量，会导致大部分受众无法获得良好的活动体验，甚至无法正常参加活动，会严重影响活动的口碑和活动的举办，使得活动效益转化率变得低下。如果活动规模比较大，宣传却没做到位，活动开展时极少有人知道活动的举办或者极少有人对活动感兴趣，更会直接影响活动效益。

活动规模不同，宣传形式也不同。大规模活动的宣传方式通常包括巨幅海报标语、电视媒体广告、热门网站推送；小规模活动的宣传方式通常包括活动口号、张贴传单、发送传单。

好的文案不仅能将活动信息传递给受众，还能有效宣传活动，为活动吸引高质量客流。要做到这一点，可从以下三个方面着手（如图 7-2）。

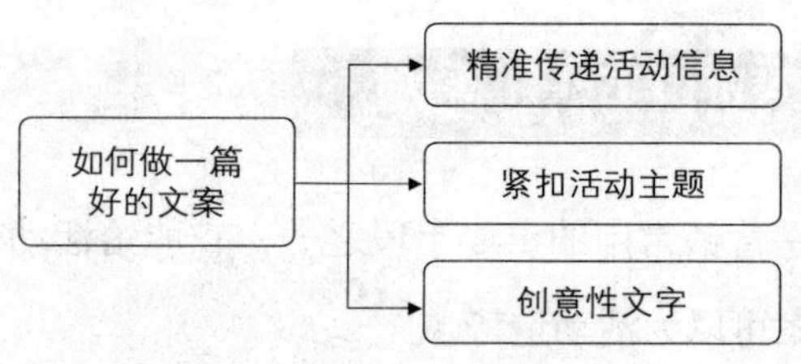

图 7-2　如何做一篇好的文案

1. 精准传递活动信息

活动的宣传文案一定要精准传递活动的详细信息，如活动的具体地点、具体日期、具体时间、大致内容。有了这几点信息，受众可以第一时间了解到这个活动是不是自己所需要参加的，距离自己居住地远近，并根据时间安排行程。

此外，还可以在宣传文案中列出活动要求和规则。比如明星演唱会海报，通常会给出活动的具体时间、活动地点、价格、赞助商、官方二维码等信息，为受众提供进一步了解活动详情的方式。

2. 紧扣活动主题

活动宣传文案的主要内容通常就是一句活动口号和简短标语，例如“××小学读国学诵经典活动期待您的参与”。当然，也有部分活动喜欢用比较长的详细文案来宣传。不过，文案的长短和文案的宣传并没有直接联系。长文案有长文案的优势，重点是突出活动主题，紧扣活动主题，因为只有明确的活动宣传文案才能发挥出实质性作用，可以直接突出活动主题或表现活动主要内容。例如某商家推出的抽奖活动，海报上“幸运大抽奖”五个大字十分抢眼，直接说明活动的内容是抽奖。

3. 创意性文字

活动宣传文案是借助创意新奇的文字引发受众的想象，传达出活动的内涵精神，让受众自发宣传活动信息。总的来说就是，有创意的文案具有煽动性、鼓舞性和趣味性。例如那句“10分钟内所有货品 1 折”，顾客抢购的商品是有限的，但客流带来的却是无限商机。再如“卫玺智能马桶盖，全程呵护，陪你 PB”，海尔卫玺智能马桶盖借 2018 青岛马拉松为自己造势。

创意性文案对活动策划来讲，除了可以起到宣传的作用，还能用来作为活动包装。富有创意的活动口号总能让你的活动比同类型活动更“新鲜”。

充分调研市场

选定活动时间和地点之后，还要对场地做详细考察，特别是商业促销活动，更要了解人流的主要方向和人群容易聚集的时间段等信息，这就是提早调研市场。不过，很多商业促销活动策划中都忽略了这一步骤，因为举办活动的商家大都已经在这个地方举行过多次商业活动，对市场情况了如指掌，而这些信息也会以文案的形式传达到活动策划者身上。

这类调研型文案常见的有 4 种类型（如图 7-3）。

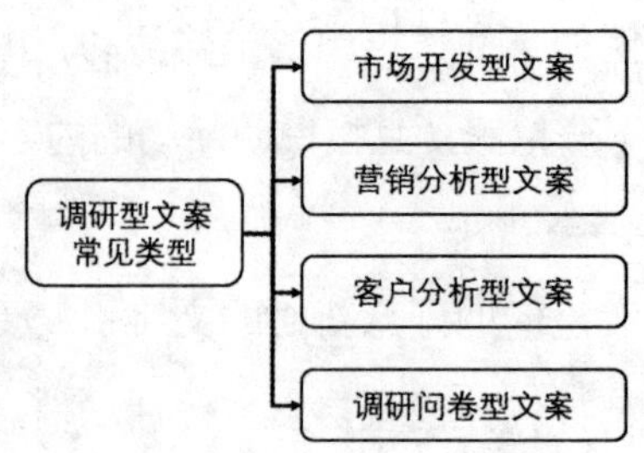

图 7–3　调研型文案常见类型

1. 市场开发型文案

从企业角度出发，针对不同的市场，采用的开拓策略也不同。市场开发型文案可以根据及时进行的市场调查持续搜集反馈信息和使用情况，进而调整营销策略。在市场开拓文案中，要把创作的重点集中在准备进入的市场及后期安排上。市场开拓文案的主要内容包括：考察市场规模、调查竞争状况、分析入市难度、制定运作内容。活动策划者可以根据上述信息评估活动规模，确定活动形式。

2. 营销分析型文案

营销分析型文案主要用来提高企业的营销资源的利用率，让企业资源能够发挥最大效益，具体实施针对目标市场制定的经营策略。营销分析文案主要集中在三个方面，分别为选定目标市场、制订市场营销策略及相关注意事项。

选定目标市场后，要细分市场特点、市场需求趋势、市场竞争状况；制定的策略要能满足市场需求，进行优化组合，最终制定具体的营销策略。还要分析相关问题：如何利用潜在机会，如何发挥优势，如何突出品牌效应。

营销分析型文案对营销资源和市场利益做了有效调研，活动策划者可以根据这些信息考量活动的营利目标，进而规划营利方式。

3. 客户分析型文案

这类文案主要分析客户的消费能力和对产品质量的反馈，主要内容包括客户对产品的偏好、购买频率提高的可能、影响他人的可能、对其他品牌的态度、对产品的态度、未得到满足的相关需求等。重点分析市场需求、受众和潜在受众这三点。

客户分析型文案对客户类型和消费者行为的分析，方便活动策划者对活动目标受众进行定位，在活动中添加受众感兴趣的环节。

4. 调研问卷型文案

调研问卷型文案根据不同行业和实际问卷调查方向不同，设计的形式和内容也有所区别。设计调查问卷时要注意以下几点问题：问卷设计要合理且规范；问卷问题便于操作；问题以目标和内容为依据；前言部分提及相关信息；不要用专业术语。

设计问卷的目标是搜集市场信息，在问卷的设计过程中，要把握好目的和要求，进而获得有效信息。例如下面这则问卷范文：

前　言

我们正在进行 ×× 活动，为了进一步了解 ××，特开展此次问卷调查，感谢您在百忙之中参与！本次调查不记名，您的宝贵意见将有助于我们 ××，请认真填写以下问卷，做完调查问卷后将有小礼品赠送。

题　目

1.您是通过什么途径知道 ×× 产品的？

A.实体店广告

B.门户网站广告

C.纸媒广告

D.电台广告

E.亲戚、朋友介绍

F.搜索引擎

G.产品促销活动

2.您目前最喜欢购买哪种类型的产品？

A.家具

B.家电

C.食品

D.日用百货

E. 护肤化妆品

F. 健身用品

3. 您希望参与网上哪种类型的活动?

A. 团购

B. 秒杀

C. 拼单

D. 双倍积分

E. 折扣

F. 信用卡分期

G. 其他

4. 您最希望享受 ×× 产品的哪种优惠政策?

A. 满额减

B. 积分抵现

C. 积分兑换

D. 办理会员享折扣

E. 购物赠礼

F. 其他

5. 节日购物最希望获得哪种赠品?

A. 相应节日的赠品

B. 生活用品

C. 纪念品

D. 优惠券

E. 创意精品

F.其他

6. 您对我们有什么建议或意见?

建议或意见:

____

____

____

____

08 活动策划价值剖析

企业的推广营销方式多种多样，但最常见的就是通过活动来进行品牌宣传、产品推广或者单纯的公益性宣传。什么是活动策划？它有什么优势，又有什么实际作用？

什么是活动策划

活动策划其实就是一场市场策划，隶属于文案策划，但是和文案策划之间还是有一定区别的。文案策划仅限于文字表达，活动策划却是一种以活动为目的的文字策划工作，除了要用文字表现，还要在实际生活中进行兑现和操作。

好的活动策划不但能推广品牌、提高企业声誉，还能有效提升企业市场占有率。一般来说，活动策划主要分为盈利目的型活动策划和宣传推广型活动策划两大类（如图 8-1）。

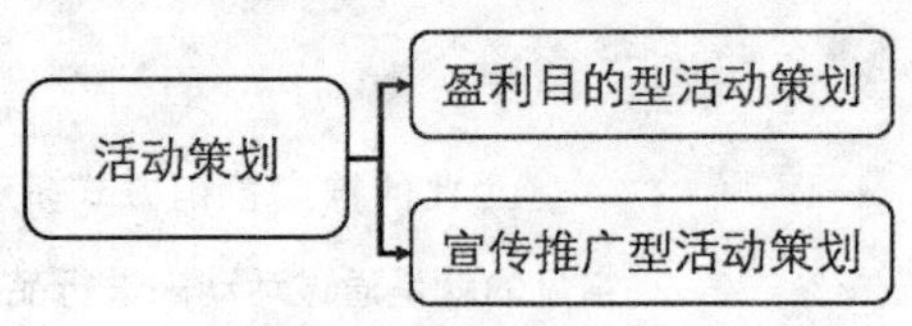

图 8-1　活动策划

1. 盈利目的型活动策划

盈利目的型活动通常以盈利销售为主，品牌宣传为辅。可以以大众感兴趣、关注的事物为主题，从侧面突出企业产品或品牌，进而大幅度提高产品知名度和美誉度。

不过，纯粹的盈利型活动容易引起人们的反感，所以商家一般选择在节假日进行活动。例如："双十一"期间，某化妆品专柜的"免费体验"活动和"满 1000 减 200"活动，增加客流量的同时还能引起消费者对产品的购买欲望。

2. **宣传推广型活动策划**

宣传推广型活动策划主要包括四种形式：公益活动、社会活动、年度颁奖活动、产品发布会活动。

有的企业比较注重品牌宣传和推广，所以会选择宣传推广型活动策划，希望进一步扩大品牌影响力。宣传推广型活动通常以品牌宣传推广为主，产品销售为辅。

其中，公益活动能直击人心，塑造充满爱心的良好形象，还能通过舆论带动消费者参与；社会活动可以借助“时事”的关注度，直击消费者需求，扩大宣传领域；年度颁奖活动可以展现品牌价值，提升市场竞争优势及品牌影响力。

做活动有何收益

公司想做活动，或多或少是想通过活动提高知名度。对于大型企业而言，每次的活动都和企业的发展有着密切关系，比如十周年庆典、新品上市发布会、年会晚会、庆典仪式等。以下是企业做活动的收益。

1. **互动传播能力强**

活动是一种感性的传播方式，容易让受众产生共鸣，可以让受众在主动体验和互动的过程中传播企业商业信息，进而加强互动传播能力。企业如果想在活动的过程中实现信息的传播，一定要抓住“体验点”进行活动策划，目的是让受众在活动的过程中拥有喜欢的、难忘的体验，巧妙地将企业的商业信息传递给受众。

2. 受限少

活动通常不受地理因素和时间因素的限制。因为活动本身通常由企业自身的经济状况、策划内容以及受众群体而决定。

3. 迅速提升品牌知名度

活动通常围绕某个特定主题进行，好的活动主题贴近受众生活，能突出企业、品牌、产品形象，调动受众参与度，实现传播价值。活动主题之所以有上述作用，主要是因为在受众心中增加了品牌知名度，如果让受众自愿参与活动，不仅能满足受众的精神需求，还能满足受众的物质需求，这对企业的公关效应有很好的提升作用。例如："双十一"期间，马来西亚航空公司在微博、微信等平台上策划了"双十一"大促，内地出发机票往返 1111 元起，通过这种方式扩大品牌影响力。

4. 受众影响较广

通常来说，活动的受众范围会比较广。企业在进行活动的过程中，需要按照用户群体的需求和特点开展策划工作，这样策划出来的活动才能受欢迎、不冷场。

活动开展的过程中，只要活动足够吸引人，企业产品的潜在客户和对企业感兴趣的人就会主动参与活动，无形之中为企业扩大用户群体范围。

例如：某招商公司请来明星现场讲述某学习软件的高效性，吸引了对教育项目有意向的客户纷纷加盟。该活动就是利用明星人气扩大宣传，增加成交率。

5. 成本低、效果好

无论是在电视上还是网络上，对于小型企业而言，推广产品的广告费都是比较高昂的，而且常常难以精准辐射目标受众，广告效果可能并不是很好。相对而言，以活动形式进行产品推广成本较低，效果却更明显，企业受益的程度也比媒体广告强很多。企业和受众在活动过程中主要能获得以下益处：对受众而言，有趣的活动能让受众心情愉快、展现自身价值、进一步了解产品、获得实际优惠；对企业而言，能及时调动受众情绪、及时获得市场反馈、引导受众体验和购买产品等。

活动有哪些功能

举办活动，可以调动受众的积极性，增加品牌曝光率，以及增进与受众之间的感情。

1. 调动受众积极性

一个好的活动策划可以充分调动受众的参与性，只有受众愿意参与，其活动策划才算有效，企业才能通过活动的方式向受众传播商业信息。

例如：2019 年支付宝推出“跳龙门赢百万余额宝体验金”活动，参与游戏可以获得虚拟金。虚拟金虽然是假的，但是把它存进余额宝所得的利息是真的。也就是说，你获得的体验金越多，你所得的利息越多，到达一定的时间，收益就能进账。这个活动很好地调动了受众的参与性。

2. 增加品牌曝光率

对企业而言，好的活动策划可以有效提高企业的曝光率，当消费者积极参与活动，对活动中所有因素不会产生太大的排斥反应时，企业在活动中注入的商业信息就不会让消费者产生厌烦的感觉，甚至使其愿意接受商业信息，进而大幅度提升品牌曝光率。

例如：百度在 2019 年春节准备了高达 19 亿元的红包，其中 10 亿元在春晚当天集中 4 小时疯狂向用户发放。此次活动中，企业和用户互动的形式十分简单。首先，在春节晚会现场，百度进行为期 4 轮的红包雨活动：第一轮是“摇一摇”，红包总额达到 3 亿元，其中有 1000 万个 20.19 元红包；第二轮是“小视频红包”，总额同样是 3 亿元，含 100 万个 88 元红包；第三轮是“搜索得红包”，总额 2 亿元，含 10 万个小度人工智能硬件；第四轮为“摇一摇红包”，总额 1 亿元，包含 1 万个 2019 元红包。在活动的过程中，用户只要打开百度，就能看到百度赠送的红包，而且配有祝福，这种方式不但可以让用户倍感温暖，还能提升用户对百度的好感。

此次百度摇一摇抢红包活动，全球观众参与活动达 208 亿次。此次活动向用户传递了新年祝福，同时提高了品牌形象和曝光率，可以说这场活动策划得十分成功。

3. 增进受众间的感情

好的活动策划不仅能为企业带来诸多裨益，对于参与活动的受众而言也是益处多多，最大的益处就是能建立受众之间的连接，增加受众间的情感。人们可以通过活动和自己的亲朋好友建立连接，共同分享活动的快乐，同时在活动过程中结交新朋友，这样的活动可以成为人与人之间加深感情的桥梁。

例如：拼多多砍价免费领商品活动，只有受众好友足够多，且有联系、互动，才能互相砍价，最终实现免费领商品。在这个过程中，可以增强用户之间的联系。

核心内容：活动策划六要素

活动策划者只有掌握核心内容——活动主题、活动时间、活动地点、活动对象、活动流程、活动经费，才能策划出一场有效的活动。

明确活动主题

目前，活动营销已经成为很多企业扩张业绩的重要手段之一。

一场成功的活动，一定有明确的主题。只有主题明确了，活动的内容才能有的放矢，并吸引精准的人参与其中。

明确活动主题，需要综合以下几个维度去考量(如图9-1)。

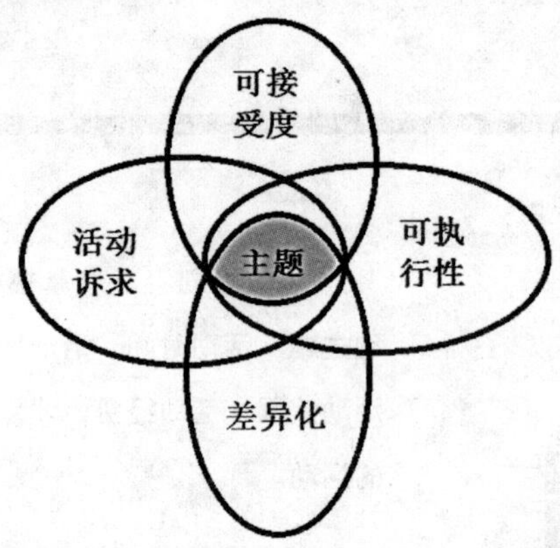

图9-1　明确活动主题

1. 活动诉求

活动诉求指的是这次活动的目的。不同的目的，有不同的主题。

2. 可接受度

主题应该朗朗上口，好记好理解。营销就该直达目标，排除干扰。如果连主题都有干扰，每个人的理解都不一样，那员工也会产生混淆。对于优惠内容、活动内容，如果员工都混淆了，在跟客户介绍活动的时候，各自的表达也不一样，那活动的结局就难说了。

3. 可执行性

你定的主题在目前的企业状态下，能不能执行？有没有相应的场地、足够的储备客户、品牌资源等支持活动的进行？

4. 差异化

你定的主题要和别人有一点不同。并不需要完全标新立异，只要是别人没有说过的，或者别人在说但是我更有优势的点，都可以。

确定活动时间

一般而言，活动时间选择恰当，能成为助推活动成功的利器。下面我们就了解一下时间在活动策划中的作用。

活动时间最好安排在周六、周日或周五晚上。试想，如果活动时间安排在工作日晚上，出席者第二天大多需要上早班，很容易出现出席者逗留时间短、疲乏等情况，活动很难在出席者心中留下深刻印象，活动效果也不会太好。

活动时间大致分为三个阶段：活动准备期、活动协调期、活动开始和结束时间。活动策划者可以根据活动开始和结束时间制定活动准备时期和活动协调时期。活动策划书、邀请卡、宣传广告中一定要将活动开始和结束时间撰写清楚，这样既能让企业管理者了解具体活动时间，还能督促出席者准时参加活动。

活动策划者制定活动时间时要考虑到活动是在夜间还是在白天举办、整个活动的时长等问题。活动策划者在制定活动时间时要注意以下几方面问题（如图9-2）。

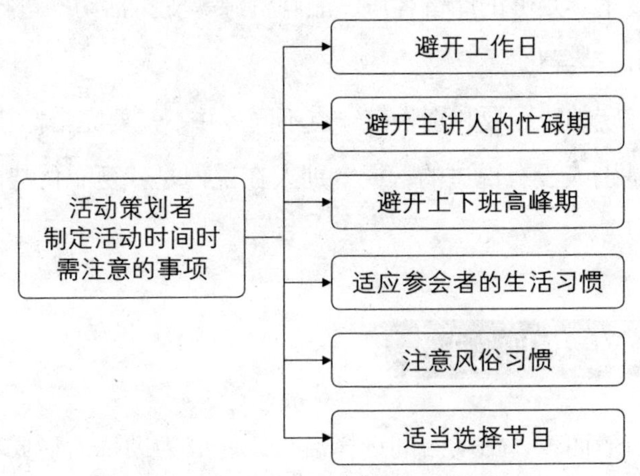

图9-2　活动策划者制定活动时间时需注意的事项

1. 避开工作日

活动开始时间尽量避开参会者的工作时间，最好选择周五晚上或周六、日。

2. 避开主讲人的忙碌期

要注意考虑到主讲人的时间安排，尽量避免将活动时间安排在主讲人的忙碌期。

3. 避开上下班高峰期

如果在工作日进行活动，要避免在上班高峰期开始，在下班高峰期结束。

4. 适应参会者的生活习惯

活动的开展时间不宜过早或过晚，且活动历时不宜过长。

5. 注意风俗习惯

如果出席活动者是外国人或有宗教信仰，需要注意他们忌讳的数字，或者考虑是否冲撞宗教活动。

6. 适当选择节日

活动可以借助节日来烘托气氛。

确定活动地点

合适的活动地点可以提升活动效果，如果在不合适的地点进行活动，活动效果就会大打折扣。地点是活动策划中必不可少的一环，也是活动成功的关键要素。

地点是必不可少的一环，缺少这一环，活动就会无从下手，这样一来，再好的活动也不能带给企业任何利益。可见，活动地点的选择是活动策划者需要重点考虑的要素。一旦活动地点选择不当，就会导致活动无法展开、不能吸引更多受众、活动目的无法达成。

活动策划者要根据活动类型选择活动地点。比如，做互联网促销，要选择热门购物网站、热门交友平台；联欢晚会，可以选择大型酒店或私人场地；室外促销活动可以选择繁华商场门口或广场中心；招商会可以选择大型酒店。

活动策划者选择活动地点时还要考虑成本问题，活动策划者一般会根据企业预算资金选择活动地点。此外，还要注意选择交通便利、不太偏僻的地方。

比如，选择酒店做活动要考虑酒店的住宿条件和价格、就餐条件和价格、服务和价格、配置是否齐全；选择购物网站做活动，要考虑广告费是否能承担，物流成本多高；选择室外促销活动，要考虑场地使用费、清洁费和水电费等。

通过上述介绍，大家不难看出，活动策划者选择地点时千万不能随便，必须挑选合适的活动地点，还可根据人流量、地理位置等方面考虑合适程度。选择好地点后，要将所考虑事项写入合同，防止出现租赁方面的差错。

确定活动对象

活动的服务群体是活动对象，即参与活动的来宾。所以，活动策划者在进行活动策划前，一定要明确活动对象，而且围绕活动受众的需求和喜好开展策划工作。

公众的类型很多，所以进行活动策划时要根据受众的不同开展不同的筹划，只有明确具体受众后进行有针对性的活动，才能有效实现活动的目标。

例如：某知名白酒要举办一场招商会，首先要明确一点，有效客户要具备以下特性：

第一，手里有足够的资金；

第二，有自己的仓库；

第三，有做酒水的经验或意向。

一般来说，可以通过多渠道，如百度、今日头条等平台投放广告，让意向客户留下姓名电话，以此获取精准客户。

安排活动流程

活动流程是否详细、合理，会影响整个活动在执行过程中的运行。活动策划者制订活动流程时，不能随意将毫无关系的流程环节生硬拼凑，如果是硬拼在一起，则活动策划书很难被采纳。

制订活动流程要注意：

第一，活动顺序要合理，前后顺序有逻辑；

第二，活动流程要能将活动内容全面展示出来，包括活动定位、形式、主题等方面；

第三，活动操作要得当；

第四，正确衡量活动流程。

活动流程不仅指活动执行流程，还包括活动策划整体流程，将整个活动从策划到执行都结合在一起，才能策划出容易引人注意的活动。

策划活动整体流程时需要考虑以下因素（如图9－3）。

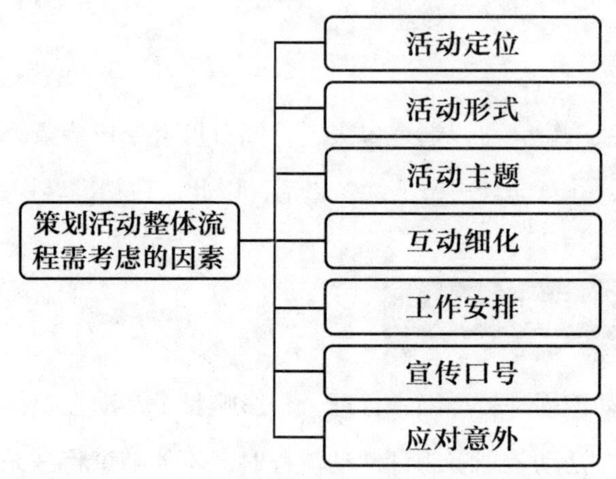

图9－3　策划活动整体流程需考虑的因素

活动定位：包括活动目的和活动氛围；

活动形式：根据产品类型考虑活动形式；

活动主题：根据活动形式考虑活动主题；

活动细化：制订游戏规则；

工作安排：安排好活动的整体工作；

宣传口号：根据主题做口号；

应对意外：做好应对意外的预案。

估算活动经费

活动策划者需要按照活动预算资金安排整个活动。活动策划者在进行策划前，必须估算出成本。当然，活动内容不同，活动成本也不同，这就需要活动策划者在平时的工作中积累丰富的经验，才能独自胜任预算工作；否则就需要活动策划者在估算成本的过程中多和其他部门人员进行沟通，征集意见。

一般来说，室内活动经费包括邀请函费用、水牌费用及代金券或优惠券打印费用、酒店租赁费用、公关费用、礼品费用、宣传费用、人员工费、会场布置费用等。

室外活动经费包括邀请函费用、场地租赁费用、公关费用、礼品费用、宣传费用、人员工费、音乐设备费用、座位租赁费用、聘用保安费用、场地布置费用等。

线上活动经费包括推广费、相关工作人员加班费、外包费用或奖品费用等。

10

活动准备：活动策划前要准备什么

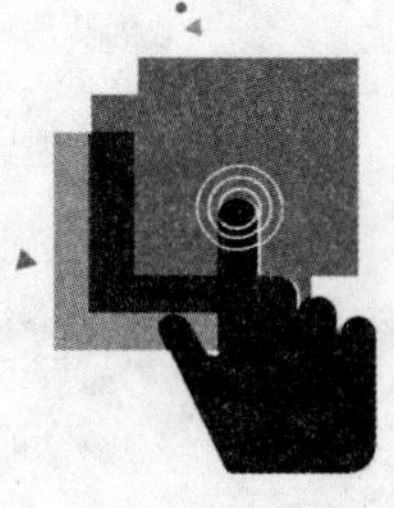

确定活动大致方案后，就要进行活动准备工作了：确定活动目的、构思活动方案、评估活动可行性、详细安排活动及突发事件应对、提前做好宣传。提前做好活动准备，让一切都在“计划之中”，才能策划出高效的活动。

明确活动策划的目的

一般来说，活动类型不同，活动目的也不同，所以，活动策划者除了要明确活动目的，还要根据活动类型确定活动目的。接下来通过列举不同的活动类型了解不同类型活动的不同目的。

1. 众筹型活动

众筹是当今流行的营销活动，指的是在特定时间向消费者提供新产品性能、特色、背景等方面信息，同时发起筹款活动，如果筹款成功，就会向筹款人赠予各种礼物。

例如：京东金融上有一个众筹项目叫“开山七贤·净香型白酒开山之作”，项目设定了几档筹款，每档筹款都设定了不同礼品，这样的设定是吸引用户筹款的重要原因，筹款活动明确解释了筹款目的：

我们希望通过“京东众筹”
让更多的人看到
中国白酒也可以很时尚
让更多的人喝到
中国白酒也有如此惊艳的味道
激情，专业，想象力
铸就“开山”永动不竭的时代先锋精神！

当然了，这个目的说得比较笼统、高洁，是给大众看的目的，那么众筹项目背后隐藏的目的又是什么呢？主要包括 8 个方面：为产品研发筹款，让更多人了解产品，获得产品体验反馈，完善产品，吸引媒体注意，积累消费者信息，提升品牌知名度，提高产品质量。

2. 促销型活动

促销型活动就是指以促销为目的的活动，这种类型的策划内容需要把握促销力度、促销背景、促销时间、促销目的四个方面内容。此外，促销活动还可能是为了增加产品知名度、提高产品销量等。

3. 内部型活动

有的公司会以员工为受众，举办内部活动。内部型活动主要分两种，而且这两种活动的目的各不相同。一是维护和员工之间的感情、倡导公司精神；二是寻找解决问题的方法、表彰员工、推出新产品、提供员工培训。

构思活动策划方案

进行活动策划之前，要制定一个大致的活动方案，策划出活动雏形，为后续工作提供有效指导。

一般来说，不管是盈利目的型活动策划，还是宣传推广型活动策划，都可以分为六个步骤（如图 10-1）：

第一步，明确活动主题；

第二步，确定活动时间；

第三步，确定活动地点；

第四步，确定活动对象；

第五步，安排活动流程；

第六步，估算活动经费。

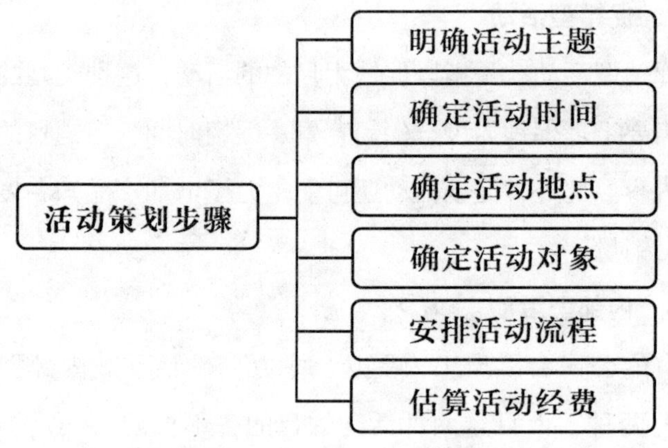

图 10–1　活动策划步骤

以上 6 点中，被确定的活动对象通常是企业的重点客户与潜在客户，所以活动的时间和地点也必须根据客户的特点和需求而定。进行活动策划前，活动的总体方案不用太过详细，也不用花太多的时间在准备工作上。只要满足以下三个要求即可：

第一，简单明了，通俗易懂；

第二，内容简洁；

第三，方案要素全面。

对于活动策划者来说，活动经费的去向也是要记录清楚的，只有这样才能把控好活动经费支出，同时让企业管理者快速了解活动经费去向，进而放心地将活动经费交给活动策划者。活动策划者可根据活动类型、活动项目、企业具体情况制作真实、合理、详细的活动预算表。活动整体预算表的制作要遵循四个原则：真实详细、凑整、不超过10%、具体分析。

评估活动内容是否真实可行

活动策划者构思完初步策划方案之后，要思考分析初步方案中设计的内容是否真实可行，除了要进行经费预算，还要考虑现场、人员、法规等各方面因素。

1．评估活动的可执行性

可从以下几点分析活动内容的可执行性：利益和危害之间的指数、成本和效益之间的指数、方式方法是否科学、内容是否合法。

很多人都知道，一场活动的举办，目的是获得效益，但却忽视了举办活动存在的风险。一场活动的失败不仅不能带来预期效益，还可能让活动主办方遭受不必要的损失。所以，活动策划者在策划活动的过程中还要注意尽量一一剔除风险，以确保活动顺利进行。

举办一场活动所需要的经费也是不少的，活动策划者只有把握好收益与成本间的关系，确保收益大于成本，尤其是促销活动，收益如果远远少于成本，也就背离了活动的根本目标，活动的举行也就没了意义。

还要分析一下活动执行工作的方式方法科学与否，科学合理的工作方式和方法能有效节省活动成本，减少筹备时间，确保活动顺利完成。不科学合理的工作方式常常会导致活动延期，甚至不能举行，进而降低宣传效果，导致活动效益大打折扣。

此外，活动策划者还必须确保活动的合法性，否则只能导致功亏一篑。

2. 分析活动的实际操作性

从实际操作性方面进行分析，要考虑活动策划的运行能力和人力、物力。如果不讲活动运营能力这一主观因素，那么整个策划活动无异于纸上谈兵。所以活动策划者策划活动的过程中不要一味地追求创造性和独特性，更要考虑主办方的运营能力。

人力和物力属于客观条件，也是活动策划中要考虑的一点，不考虑人力物力的活动策划是没有实际意义的。所以，活动策划者如果有什么新想法，不要急着加入策划方案，还要考虑现有资源的多少，以落实活动为本。

3. 分析活动的绩效性

任何活动，都是需要回报的，确保活动回报是活动策划者必须考虑的重点，有价值的活动人们才会相信并参加，才值得投入成本进行策划。

活动详细安排及突发事件应对

制定活动工作安排是活动策划者需要关注的问题，也是活动策划过程中的重要环节。活动策划者需要将工作落实到合适的部门、合适的人，同时确定具体完成时间。在进行具体的工作安排时，一定要细分工作表，严谨、合理地分配工作。

活动工作表主要分为前期准备工作和当天工作安排两大部分。例如某品牌啤酒招商会（见表 10–1）。

表 10–1　某品牌啤酒招商会

活动名称	某品牌啤酒招商会		
活动主题	面向全国招募城市合伙人		
活动时间	2019 年 9 月 13 日上午 9：00		
用途	**分配部门**	**时间**	**日期**
确定会场	人事部	7 天	2019 年 8 月 7 日至 2019 年 8 月 13 日
购买市场使用材料	行政部	14 天	2019 年 8 月 13 日至 2019 年 8 月 26 日
制作邀请函	品牌市场部	1 天	2019 年 8 月 27 日
招商 PPT 制作	品牌市场部	7 天	2019 年 8 月 27 日至 2019 年 9 月 2 日
给客户发送邀请函	销售部	16 天	2019 年 8 月 27 日至 2019 年 9 月 10 日
布置会场	人事部	1 天	2019 年 9 月 11 日

活动流程表也是重点，活动策划人要将活动当天的流程安排到位，将它们一一列举出来，让领导和所有参与人员知道活

动的具体流程与时间节点，这样，活动才能有序进行。还以上面的招商会为例，表 10-2 是其活动流程。

表 10-2 某品牌啤酒招商会流程表

活动名称	某啤酒系列产品招商会	
活动主题	面向全国招募城市合伙人	
活动开始时间	2019 年 9 月 13 日上午 9：00	
事件	时间	具体描述
签到	2019 年 9 月 12 日上午 9：00 至 2019 年 9 月 13 日上午 9：00	参会嘉宾签到
主持开场白	2019 年 9 月 13 日上午 9：00	主持人上台 + 轻音乐
企业和产品概况（上半场）	2019 年 9 月 13 日上午 9：00 至 10：20	介绍公司背景、投资人、产品性能及未来发展趋势
运营和盈利前景分析（下半场）	2019 年 9 月 13 日上午 10：40 至 12：00	分析产品运营及盈利前景
主持人谢幕	2019 年 9 月 13 日上午 12：00	发布会议结束
签约仪式	2019 年 9 月 13 日上午 12：10 至 14：00	签约音乐 +PPT 签约仪式界面 + 业务员引导客户签约

活动结束之后，需要做好活动结果评估，分析客户签约率，向客户和参会人员了解他们对活动的满意度，方便为以后的活动策划提供思路。

可从以下四个方面进行评估：活动前准备工作评估、活动整体过程评估、活动整体花费评估、活动整体效果评估。

继续以上面这个招商会为例，针对整体效果制作一个简单的评估调查问卷进行评估，问卷可从以下四方面进行调查：直接询问是否对活动整体满意、签约率是否达标、对现场音乐效果是否满意、对现场调动气氛的送券活动是否满意，等等。

活动策划的总方案至少在活动开展前 1 个月进行策划，因为不能预测活动当天会发生什么事情，所以活动策划者需制定一份备用活动紧急方案，以应对突发情况带来的难题。通常情况下，备用活动紧急方案和活动总方案大致相同，只是为了应对某些不可控因素而制定的方案。比如一些室外活动，可能活动当天下雨或刮大风，可在备用方案中改成室内举行或者提前准备雨棚或简易雨衣、雨伞等；活动当天可能遇到问题犀利的记者等；现场出现故意扰乱秩序的人等。

提前做好宣传工作

对于活动策划者来说，提前做好宣传工作可以事半功倍，宣传效果好，活动的成功率也会大大提高；如果宣传效果不佳，活动效果肯定会大受影响。

活动有时会延后结束，有时又会提前开始，可毕竟都有相对固定的时间段，想在这个固定时间段实现活动效益最大化，必须在活动开始之前着手前期的准备工作，比如一部新电影上映，一定会提前做好宣传工作。

活动宣传的主要作用在于吸引人关注，让人们知晓企业要进行一场什么样的活动。活动策划书中也可以将宣传手段讲述出来，进而加深企业管理者对宣传工作的认识。活动宣传的作用主要包括以下四个方面：吸引人们积极参与，吸引各大媒体注意力，展示企业、产品、品牌形象，使人们接受相关信息，最终目的是提高活动成功率。

活动策划者在选择宣传渠道的时候，首先要考虑的就是这场活动能否带来最大效益，否则活动宣传不仅耗资大，而且没有实际意义。活动策划者在选择宣传渠道时要注意以下三个方面：企业精准受众是否聚集在这个渠道，这个渠道能给活动带来怎样的宣传效果，活动是否适合这个渠道的整体风格。

活动策划者在选择宣传活动时，要在宣传策略中嵌入六大特色：主题鲜明、广告有新意、简单、真实、刺激、有娱乐性（如图 10-2）。

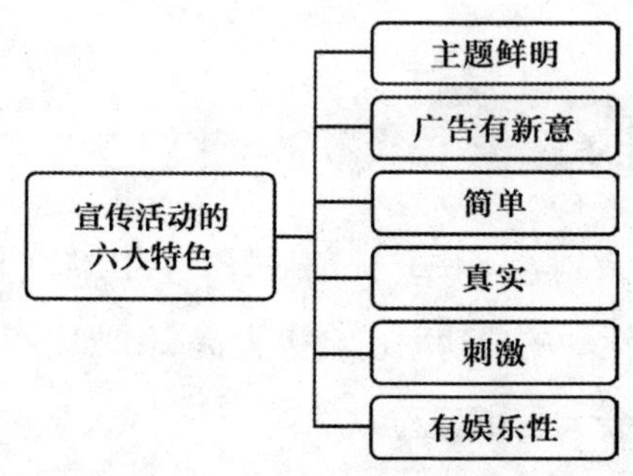

图 10-2　宣传活动的六大特色

宣传的方式多种多样，活动策划者如果想在众多宣传方式中挑选出最合适的一种，要考虑以下三个方面的问题：活动成本、受众是否需要、是否适合活动主题。

此外，活动策划者还要了解宣传活动的常见方式，比如微信朋友圈推广、公众号推广、微博推广、地推等。

11 实用技巧：活动过程中要把握的原则

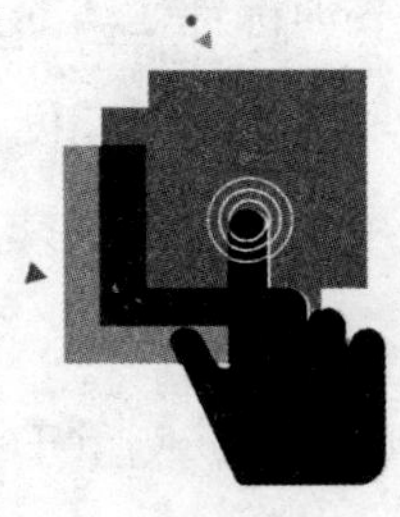

活动开始后，并不意味着活动策划者就可以做“局外人”了，活动策划者要贯穿活动始终，不到活动结束，活动策划者都不能离开活动现场。

创意创新原则

想要策划一场与众不同的活动，创意是根本。一切创新都是以创意为前提的，否则，最多只能被称为翻新或更新，没有太多吸引人眼球的东西。当然，创意也是要看实际效果的，仅仅停留在思想中的创意无异于海市蜃楼，再美再壮观也无法触摸，最多只能被称作幻想，而非策划。

当下国内策划名家王志刚认为，创意创新原则主要有“三性”，即唯一性、排他性、权威性。他说：“任何一个项目要提炼出它的特异性来，然后强化它与众不同的地方，就是排他性，从而赋予它一个权威的说法，才能在市场中处于引导地位。”

回顾身边成功的策划案例，几乎都有能凸显自己优势的创意。创意既是智慧的外在表现形式，也是多种心理综合运动的结果。美国当代著名的心理学家西尔瓦诺·阿瑞提说过：“创造力的根源正是在于人的本质。这种本质可以用复杂的神经具有无限组合的能力来予以解释。”

创意和创造性思维的表现形式很多，如逆向思维，侧重于反常规方向；如发散思维，侧重于多方向、多维度；如另类思维，侧重于另辟蹊径……总之，创意本身最显著的特点就是与众不同。

美国诗人马娅·安杰卢曾说过：“创意是源源不绝的。你用得越多，就拥有得越多。”著名音乐家查尔士·明格斯也说：

“创意不只是在于与众不同。任何人都可以做出奇怪的东西，那是很简单的。困难的是，像巴赫一样做出简单却精彩的作品，那才是创意。”可见，创意并不是仅仅出奇就可以了，更要出彩。“新奇而制胜”才是活动策划的精髓。

因创意而成功的商业案例很多，例如，联邦快递的创始人——弗雷德·史密斯，出生在一个美国运输世家。他的祖父是一名船长，父亲经营长途汽车公司。少年时期的史密斯就会驾驶飞机，读大学期间，他经常利用周末做包机飞行员来赚钱。

一天，史密斯突发奇想：为什么不用飞机来送货物呢？可以大大提高送货效率呢！

1965 年，史密斯将自己的想法写入了耶鲁大学的毕业论文中，他的论文分数勉强及格。虽然如此，可史密斯并不打算放弃。“我觉得这个理念很有意义。”他说。

20 世纪 60 年代后期，史密斯加入海军陆战队并参加越战后回国，开始将自己的理念付诸实践。他用从父亲那里继承来的 400 万美元遗产和 8000 万美元的风险投资成立了联邦快递公司。公司的服务宗旨是：保证在 11 个城市之间实现重要商品的隔夜送达。

可现实却接二连三地打击着他，在联邦快递正式成立的前两年，几乎每个月的损失都超过 100 万美元。不过还好，市场需求每年以 1000% 的速度增长，联邦快递明白，只要撑过收支平衡那个点，前途自然无可限量。

1975 年，联邦快递终于度过了黎明前的黑暗。到 20 世纪

70 年代末，美国人已经离不开联邦快递了。

如今，联邦快递公司已经成为即时性快递运输变革的关键环节——它的飞机和货车如同移动的仓库——帮助世界各地的企业削减成本、促进生产。而联邦快递每年 260 亿美元的总收入中，有 92% 源于其物流服务。

可见，好的创意，能带来长远的效益。

客观现实原则

活动策划不能脱离客观现实，盲目和毫无规律可言的策划通常是没有意义的。策划者所制订的目标、计划、规划一定要符合客观的发展规律，才能达到最终的目的，所以，策划最重要的原则就是符合客观现实（包括自然规律和社会规律），符合大众的审美观和利益点。一定要从活动主题的现实条件出发，先为主题定位，然后根据主题的财力、可利用资源及相关可靠信息来源等做出切实可行的方案。坚持客观现实的原则必须保持清醒的头脑，深入调查，掌握客观数据，进行严格的分析论证之后，依据事实进行策划。

例如，亚马逊网站的创始人杰夫 · 贝佐斯于 1984 年发现互联网的增长速率高达 2300%，他敏锐地捕捉到这一信息，毅然辞去华尔街待遇优厚的副总裁职位，在自家的车库里开创了亚马逊网上书店，获得了巨大的成功。杰夫 · 贝佐斯的创意是建立在大众喜欢书、需要书，可以通过一个平台筛选书的现实去考虑的，再加上互联网增长速率的猛增，这种营销方式必然受大众欢迎。

我们再来看看下面这个反面案例：一次，一位生产饮料的企业老总找到一位国内知名的营销专家，想让他帮忙策划一套方案，让自己的饮料热销起来。结果那位营销专家给出的方案就是，为饮料设计一套丰胸美容方案，并以此为噱头进行营销。可想而知，短期内这款饮料的确热销，但一年之后，饮料的销量却大不如从前，还有消费者说天天喝这款饮料，不但没有美容丰胸的功效，整个人还发福了。

从这个故事里我们不难看出，这位所谓的“营销大师”“策划大师”只是想当然地试图左右产品、市场以及消费者，背离了产品策划的初衷，也许短时间内可能产生不错的效果，可损失的却是产品本身的长远利益。

这个例子告诉我们，天马行空看起来固然精彩，但只有依托现实的高超想法才更能博人眼球。

目标主导原则

任何策划都要有目标性，都是为了实现某个目标而实施的行为。没有目标的策划如同一盘散沙，看似精彩，实则没内涵、缺主旨。

目标是一个复杂的系统，在确定一场活动的目标时，要经过周密的分析和考虑，如策划的总目标、具体目标；短期目标、中期目标、远期目标；政治发展目标、经济发展目标、文化发展目标，等等。

在当下这个市场经济时代，经济目标的实现和经济效益的获得显得非常重要，从某种意义上说，文案策划、政治策划及军事策划等其实都离不开经济策划。策划目标的主导原则是处理好下面这些矛盾：

第一，眼前利益和长远利益之间的矛盾，为确保长远利益，有时候必须牺牲眼前利益；

第二，总体目标和具体目标之间的矛盾，确保总目标贯穿始终，具体目标可以根据具体情况来调整。

汰渍是宝洁公司旗下知名洗涤品牌，汰渍合成洗衣粉的问世结束了皂洗时代，开启了机洗新革命。在广告宣传方面，2016年9月，汰渍选择当红明星张艺兴代言。在新品发布会上，汰渍携手张艺兴在天猫进行同步直播，获得近1700万点赞和5万评论量。汰渍这个老一辈的品牌和当红艺人的合作，显示出汰渍在新时代和粉丝经济的融合趋势。

在汰渍《双重迷局》微电影广告中，张艺兴饰演古董店传人，通过汰渍洗衣液破解古画之谜，让剧情和品牌进行无缝对接，紧密配合。这种营销方式突破了洗衣粉广告的传统模式，过去以家庭主妇为清洗脏衣服主力军，如今则以“小鲜肉”来诠释汰渍的广告内涵。

系统规划原则

策划活动是一个系统工程，系统性、规划性对于整个活动来说至关重要。系统论最权威的理论家路德维希·冯·贝塔兰菲在1968年出版的《一般系统论》一书中，阐明了系统论的基本理论，主张“有机体”的概念不仅适用于生物界、动物界，而且关注自组织性、整体性、有向性、目的性、变异性等，它不停留在孤立的部分和过程上，而是注重在统一的组织与秩序中发现各部分的动态相互作用，发现整体中的部分具有孤立的部分所没有的因素。强调“组织”概念，为有机体具有组织特征：整体、变异、控制、竞争、秩序等。有机体组织靠系统内信息的传递维护其平衡，靠系统对外部环境的信息反馈达到功能控制。组织的健康发展，是负熵的增多，是有序状态的形成，它主要依靠的是有机体的竞争机制，充分发挥整体内各因素的特色、能力，让整体效能充分体现出来。

策划学吸取系统论的基本观点，将策划作为系统工程，强调整个策划的有机性、组织性、有序性和反馈特征等特点。

协同创优原则

策划的关键是整合各种资源，最终得到自己想要的结果。

那么，怎么才能将资源整合出有效结果呢？就是要符合协同创优的原则。

策划学的协同创优原则是“协同学”在策划领域的应用。协同学是德国斯图加特大学理论物理学家哈肯教授在 1973 年创立的一门横断学科，它研究自然、社会等不同系统在一定外部条件下，系统内部各子系统间通过非线性相互作用产生的协同效应，主要表现为从无序状态转化为有序状态，而后从有序状态转化到混沌状态的机理。

协同会产生新效应，策划活动的目的是让各种资源协同作用，创造出富有新意的效果。策划的最终目的是达到“双赢”的结果，通过协同合作为双方或多方带来更加优化的效应，协同的双方或多方既存在竞争又存在互利，而且真正的协同并非掩盖或回避竞争，而是要找到超越竞争的协同机制，通过这个机制创造出良性竞争，将双方的竞争引入更大的竞争系统，同时转化成联合对外的力量。

简单易行原则

一场策划，过于复杂是难以达到最终目的的。策划方案应尽量简单明了，容易执行。一套方案是否切实可行、简单流畅，体现着策划者的水平。

复杂的策划很容易让执行者感到迷茫；一套过于牵强的策划案很容易导致方案在执行的过程中付出超预算的成本。高水平的策划者可以从成千上万的变量和限制因素中创造出简单可行的决策方案。

策划一场活动，环节要尽量少，各部门人员的分工要明确，简便易行，进而避免耗费巨资。策划的内容也要通俗易懂，不能太过深奥，否则执行者根本看不懂，容易在执行的过程中出现偏差，付出更高的代价。只有同时具备简单、可行两个因素，才能成为最佳方案。

12

实战技巧：不同场景活动策划

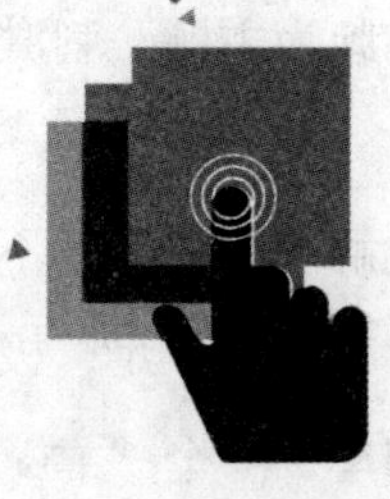

活动策划分为多种类型，每一种活动策划都有其独特之处。本章以实战为主，分析各种活动策划的技巧。

线上活动文案策划实战案例及分析

电商文案并不是简简单单的文字意义上的文案，在表现形式上更趋向于图片和文字结合的形式，只有两相呼应的电商文案才是优秀文案。

优秀的电商文案可以提升单品转化率、增加产品连带销售、提升受众品牌印象、给产品增加附加值、灌输品牌理念等。电商文案并不是一味造势，而是要在产品特点和消费者需求的基础上进行创作。很多时候，求真、务实、基于消费者需求的创意性文字才更能打动人心。

很多时候，文案的字不用太多，一句话就能深入人心。电商企业文案可以以活动特性、定位、风格、品牌为主题，刺激消费者眼球，进而获得受众认可。

例如：某声波震动牙刷的文案是“能用电解决的事，就不要动手”，并配上了爱迪生拿电动牙刷的图片，创意十足，极易吸引人眼球；贡缎绣花大靠垫的文案更加简单，一个“靠”字下方一个靠垫图片。

电商活动页面导航区也体现出了文案的作用。导航区的文字通常简练、规整，给人一种层次分明的感觉。导航区的文字不用太精致，但最好保持同一级的索引文字字数一致。导航区的重点是文字排版，通过版面调整和图标、图形、文字的结合达到合理划分产品类别的目的，让消费者获得良好的购买体验。

下面就以天猫上的某内衣旗舰店为例，写一份活动策划书。

“天猫保暖季”线上促销活动策划书

前　言

“天猫保暖季”其实是天猫上某内衣旗舰店进行的促销活动，更是提高产品冬季销量的渠道之一。

活动目的：

可以直接将“天猫保暖季”的活动目的讲出来，让企业管理者能快速了解活动的执行价值。比如提高产品销量、增加店铺人气、获得产品口碑、提高店铺知名度等。

活动时间：

活动时间可以分为两个部分：预售期和开售期。比如，预售期2019年11月15日至11月17日，开售期2019年11月18日至11月21日。活动时间的设定有助于增加产品销量。活动时长可以根据企业的经济能力和需求来定。

活动主题：

活动主题要有特色，能吸引眼球。比如“天猫保暖季”的活动主题是“内衣会场 寒潮来袭不只是5折”，精准切入消费者需求和产品卖点，紧扣名称。

活动对象：

产品面向的人群要精准。比如“天猫保暖季”的主要活动对象是年轻男女。

活动地点：

需要选择人气旺、适合企业产品推广的互联网载体。比如天猫首页、微博、公众号等。

促销力度：

将活动力度讲清楚。促销的力度要合理，在企业的承受范围之内，足够吸引人，有与众不同之处。比如：在店铺中消费满300元减50元、消费满2000元送小型烤箱等。

参与方式：

将消费者参与活动的方式表达清楚，比如下方案例：

2019年11月15日至11月17日12：00预售冬季新品，在此期间消费者需要预付定金定新品，付定金之后可获得30元无门槛抵用券。2019年11月18日晚12：00至2019年11月21日23：59支付尾款，消费者可以直接使用30元无门槛抵用券，再进行尾款支付。

宣传方式：

“天猫保暖季”的活动广告被展示在天猫活动页中，这样消费者可以第一时间看到相关信息。

除此之外，此内衣旗舰店还将店铺首页装修成了和冬季保暖气氛相符的风格，活动力度也直接体现在了首页。

工作安排：

线上促销活动和其他活动相比，其工作安排涉及面较少，主要是从产品库存、店铺装修等方面进行考量。比如：生产部在活动期间要生产多少件产品；美工部在活动之前要将店铺整体风格设计成和活动主题相符；客服部要模拟出消费者可能问的问题，并进行回答。

活动预算：

可以做一个简单的活动预算表（见表 12-1）。

表 12-1 活动预算表

活动名称	天猫保暖季			
活动主题	内衣会场 寒潮来袭不只是 5 折			
用途	项目	单价	数量	总价
前期推广				
礼品				
不可预计花费				
合计				

效益评估：

这次的活动以促销形式调动消费者购买心理，主要目的是提高新春产品销量，增强产品口碑和品牌知名度。

案例分析：

线上促销活动策划书一般大同小异。把握好上述几点要素，就可以实现一次完美的电商促销活动了。

线下促销活动文案策划实战案例及分析

线下促销活动一般常见于以下几个行业中：服装、医药、商超、地产、服务、娱乐等。营销文案的创作重点是围绕活动主题进行。

线下促销活动需要从节假日、周年庆等方面把握活动实际，需要策划者有发散性思维能力，以消费者为核心开展促销活动。

如果从消费者的心理需求去分析，消费者其实是期待促销活动的。因为他们知道节假日各大型企业会做促销活动，借此，活动策划者可以从“消费者期待”和“消费者满足”两方面着手构建线下促销的整体思路。

对消费者来说，促销活动是否吸引自己，取决于促销力度和促销内容两方面。活动策划者怎么做才能让促销力度和促销内容做到让消费者满意呢？

下面就来介绍一下线下促销活动的常见方式：①打折促销②以旧换新；③买一送一；④满 100 元减 20；⑤赠送样品；⑥赠送生活用品等；⑦赠送代金券；⑧满 100 元抽奖；⑨会员积分；⑩ 双倍积分；⑪ 节日促销；⑫ 特卖会；⑬ 试吃活动；⑭ 刷信用卡五折；⑮ 冬季换新满减；⑯ 分期付款；⑰ 展销会。

线下促销活动常见的运营策略包括受益感策略和相关性策略。其中，受益感策略就是指商品是否有吸引力，策划者是否掌握了消费者需求，消费者是否能从中受益，例如消费满 100 元送 20 元代金券，可以在下次购买产品时直接抵扣；相关性策略包括赠送的相关礼物或与产品有关的游戏，比如办美容卡即赠送一条美容院超柔浴巾，上面印有美容院的 LOGO。

下面就以某自助饺子馆为例，写一份活动策划书：

"晒图集赞立减10元"活动策划书

前　言

如果想通过微信传播的形式扩大消费人群，需要较长时间才能实现，所以活动不能一两天就结束，否则既无法提高销量，又不能迅速把店铺的名声打出去。

活动目的：

活动的目的不外乎四点——提高门店销量，通过微信晒图、点赞的形式让更多人知道门店，庆祝新店开业，提高消费者心理预期。一个活动的目的不一定只有一个，但是要有一个核心目的，活动策划者要将活动目的以主次的形式从前往后叙述出来。

活动时间：

如果想通过微信朋友圈晒图、集赞的形式扩大消费人群、打响门店品牌，就需要较长时间才能实现，所以活动绝不能一两天就结束，否则既无法提高销量，也不能扩大宣传范围，最好是维持一个月，这样才能凸显效果。比如，将活动时间定为2019年11月1日至12月1日，其中包含了"双十一"和立冬(吃饺子习俗)。既然是活动，最好借助节日热点，新店开业，为期一个月的活动时间，足够大家认识这家店了。

活动主题：

活动主题要紧扣新店开业，比如"新店开业，拍照晒图，并集齐15个赞，首单立减10元"，将活动原因和促销方案简要叙述出来。

活动对象：

到店消费群体。

活动地点：

自家门店。

活动流程：

这类活动流程一般不会很复杂，简要说明即可。比如：在门店中为海报拍图发朋友圈，标题“××× 饺子自助新店开业，35 元一位，晒图转发朋友圈立减 10 元”，然后集齐 15 个赞，即可返 10 元现金。

场地布置：

在店门口放置一块竖型广告牌，每张桌上放个缩小版活动宣传牌。

工作安排：

将工作安排到合适的管理者手上，在消费者埋单时，服务员要告诉消费者活动内容，消费者拍照转发朋友圈，结账的时候将点赞人数截图给收银员，当场返现 10 元。活动期间，采购人员要采购当天需要的食材，确保食材新鲜、不浪费；店面经理培训服务员主要的工作内容和活动内容，并教他们如何跟消费者传递活动信息，并安排人去制作海报和小型桌面宣传牌。

活动预算：

将活动中的所有花费计算清楚，做个简单的预算表（见表 12-2）。

表 12–2　活动预算表

<table>
<tr><td>活动名称</td><td colspan="4">晒图集赞立减 10 元</td></tr>
<tr><td>活动主题</td><td colspan="4">新店开业，拍照晒图，并集齐 15 个赞，首单立减 10 元</td></tr>
<tr><td>用途</td><td>项目</td><td>单价</td><td>数量</td><td>总价</td></tr>
<tr><td rowspan="2">宣传</td><td></td><td></td><td></td><td></td></tr>
<tr><td></td><td></td><td></td><td></td></tr>
<tr><td>不可预计花费</td><td></td><td></td><td></td><td></td></tr>
<tr><td>合计</td><td></td><td></td><td></td><td></td></tr>
</table>

效益评估：

这次活动以“转发朋友圈并点赞返 10 元现金”的形式进行促销宣传，看似利润不大，但随着时间的推移，其中的效益就会逐渐突显，平均销量会是以前的两倍，利润也会逐渐提高。

案例分析：

线下促销活动策划书一般大致相同。通过《“晒图集赞立减 10 元”线下促销活动策划书》就能看到，促销活动并不会让企业亏损，反而有很多好处。比如提高产品销量、增加店铺人气、提高品牌口碑、提升消费者体验，等等。虽然活动策划书的元素大致相同，但元素内容还是有所区别的，依具体情况而定。

微信活动文案策划实战案例及分析

微信是当下比较火爆的社交工具，一度成为各大企业和个人的引流战场，也正是因此，微信朋友圈和微信公众号逐渐发展成了活动策划者进行活动的“根据地”。本小节主要介绍的是微信朋友圈活动策划。

所谓微信朋友圈活动策划，就是指活动策划者利用微信朋友圈功能，呼吁自己的微信好友参与活动，并鼓动他们去转发，进而获得更好的曝光率。

活动策划者策划微信朋友圈活动的诀窍其实很简单，首先是让微信朋友对这个活动感兴趣，其次就是让微信朋友以互动的形式获利。

活动策划者如果想让自己的微信朋友圈勾起微信好友的兴趣，必须进行实际调查。那怎么去调查呢？活动策划者不妨让整个活动团队成员和他们的微信好友进行交谈，在交谈的过程中了解朋友们对微信活动的喜好，之后将所有回答进行整合、筛选，将其结合到自己的活动中，这样策划出来的活动一定可以吸引微信好友的注意力。可以问微信好友四个问题：你印象最深的微信活动是什么？你最讨厌的微信活动有哪些？你喜欢哪种形式的微信活动？你讨厌哪种形式的微信活动？可以把从朋友那里获取的信息进行列表，并进行总结分析。

活动策划还可以把从微信好友那里获取的可用信息和“互动”“获利”进行衔接。比如，通过玩游戏的方式吸引微信好友的注意力，通过发红包的方式让朋友获利。可以列出活动规则：

领红包活动开始啦！扫二维码加微信，摇到 6 送 6 元，摇到 5 送 5 元，摇到 4 送 4 元，摇到 3 送 3 元，摇到 2 送 2 元，摇到 1 送 1 元。

要求：加完微信，复制本条信息及下方图片，发送至自己朋友圈，截图给我，向我掷骰子。小小红包，只图人气，还在等什么，快试试自己的手气吧！

这个活动可以迅速吸引人气，为你增加客流量。

微信朋友圈常见的活动类型包括：投票活动（给 ××× 小朋友投票），产品分享（用奖品吸引微信好友参与），优惠活动（优惠力度一定要足够吸引人），集赞活动（规定好集赞的数量），转发活动（让微信好友帮忙转发活动内容），扫二维码活动（用红包、福利等吸引微信好友扫二维码）。

活动策划者在选择微信朋友圈活动类型时，要考虑活动经费和活动目的，秉承节约、实用、有价值的宗旨，不同的活动目的选择不同的活动类型。同时注意以下几点问题：要有图文并茂的视觉冲击，以节假日作为活动噱头。

下面就以某薯条集赞活动为例，写一份活动策划书。

“某薯条集赞”活动策划书

前言

微信朋友圈活动要明确，只有明确活动，才能选择合适的活动类型，进而成为促进活动成功的一大因素。

活动目的：

在微信朋友圈开展“某薯条集赞”活动可以提高企业品牌

知名度，提高产品或品牌口碑，提升产品销量，树立良好的企业形象，增加微信好友量。

活动时间：

微信朋友圈的活动时间最好是节假日、新店开业、店庆等重要日子。作为薯条集赞活动，最好选择在企业周年庆期间举行。

活动地点：

活动地点在微信朋友圈；兑现地点可以选择线上或线下，根据活动内容决定。

活动内容：

活动策划者最好在活动内容下方附上人们参与活动的形式图，可以让活动参与者进一步了解活动参与方式。比如：集齐58个赞可获得某薯条两箱，集齐38个赞可获得某薯条一箱，集齐18个赞可获得某薯条5袋。

活动宣传：

微信朋友圈活动可分为以下两种方式：直接在微信朋友圈中说出活动内容；通过链接的方式展示活动内容。活动策划者撰写宣传文章时，要注意将活动参与方式、参与者将获得的好处、活动卖点融入宣传文章中。

案例分析：

通过本次活动，可以扩大品牌知名度，赢得受众口碑，吸引潜在消费者。

微信公众号文案策划实战案例及分析

对企业微信公众号来说，要秉承“内容为王”的态度，为关注企业微信公众号的用户带来有价值、感兴趣的内容。

在微信公众号如此普及的今天，各类公众号层出不穷，怎么才能抓住时机做好微信公众号运营呢？其实并不难，活动策划者只要将“亮点”融入活动中即可，微信公众号亮点可以从以下几方面着手（如图 12-1）。

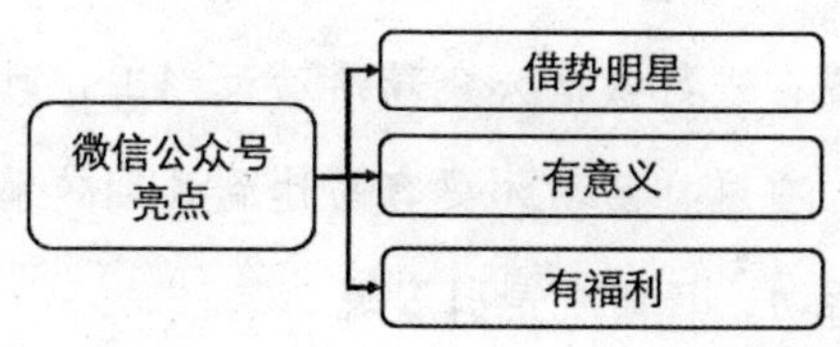

图 12-1　微信公众号亮点

1. 借势明星

比如某微信公众号在当红明星生日当天推出幸运大转盘活动，可以转 3 次，如果转到明星生日数字，即可获得红包奖励。活动一定要公平公正，用最精简、有价值的语言叙述活动的参与方式和获奖者评选方式，并在活动结束之后公布获奖名单。

2. 有意义

包括公益活动或对身体有益的活动。微信公众号活动要将活动地点、承办方、参与方式通过公众号文章体现出来，让受众迅速了解活动的具体内容。

3. 有福利

微信用户很期望福利，所以活动策划者可以利用福利吸引用户积极参与其中。微信公众号活动需要将可能产生误解的部分在公众号文章中列出详细条款。

下面就以某小吃街免费试吃活动为例，写一份活动策划书：

某小吃街免费试吃活动策划书

活动目的：

活动策划者在进行微信公众号活动策划工作时，要明确活动策划目的，只有这样活动才更容易达到预期效果。例如某小吃街免费试吃活动，目的就是引客流。

活动时间：

包括活动参与时间和活动推送时间。

以某小吃街免费试吃活动为例：2019 年 11 月 29 日推送活动，因为这天刚好是周五，是微信公众号文章推送的常规时间；11 月 29 日到 12 月 1 日为活动参与时间，这三天刚好是周五到周日，大家有时间关注、参与活动。

活动主题：

活动策划者确定活动主题时，要结合活动目的进行。例如某小吃街免费试吃活动的主题是：某小吃街连续三天免费试吃。

活动对象：

产品面向的人群要精准。例如某小吃街免费试吃活动的主要活动对象是同城人。

活动地点：

活动地点根据不同的商业活动而定。例如某小吃街免费试吃活动的地点是该小吃街。

活动内容：

微信公众号活动的内容以文章形式展示出来，文章要包括以下内容：描述活动主题、讲解活动内容、活动参与步骤、活动参与规则。

首先，描述活动主题，用图文并茂的形式描述主题“某小吃街连续三天免费试吃”，让微信用户了解活动，最好能结合节日烘托气氛。

其次，向微信用户介绍都可以吃到哪些不同风味的美食。

然后介绍活动参与步骤：①到该小吃街任意拍九个品牌店招牌分享到朋友圈集20个赞，可到小吃街前台领取免费试吃券1张；②扫描该小吃街二维码，添加公众号，即可在小吃街前台领取免费试吃券一张。

最后是活动参与规则：①每张试吃券中有15家门店美食，每人在每家店仅限点1份；②本优惠券仅活动期间有效，过期无效。

案例分析：

微信公众号活动策划书一般大致相同，通过《某小吃街免费试吃活动策划书》不难看出微信公众号活动策划中需要具有的元素，可以根据活动的不同深化每一个元素的细节性内容。

微商线上活动文案策划实战案例及分析

微商兴起于线上，做的是“朋友之间的生意”，还可以将朋友发展成自己的二级代理商。正是这样的转变，以及微商真实销量可观，让微商逐渐发展成为人们口耳相传的营销方式。

活动策划者如果想让自己的微商活动成功举办，首要问题就是如何引流。再好的微商活动，如果引流不理想，无法让活动在大范围人群面前展示，也无异于浪费资源。

所以，对线上微商而言，成功的秘诀就在于能否大规模引流。那么微商活动要怎么去引流呢？

线上微商引流主要有三个重要渠道：

QQ 引流。在 QQ 群中增加好友，将软文发到群文件中，在 QQ 文件中发高质量文章。

微信引流。将 QQ 好友、手机联系人导入微信，和优秀微商互相推广，选择容易裂变的互动方式（如点赞、降价、众筹、转发等）。

微博引流。在活动中 @ 名人可以提高微博曝光率，同时发布有价值的文章。

微商是一种“打感情牌”的营销方式，因为绝大多数用户都是自己的好友，或好友的好友，这些人多少和微商本人有一定的情感连接，也正因如此，微商活动才更需要通过情感吸引人们的注意力。

但是随着微商假货、次货事件频发，人们对“朋友”和“微商”都产生了抵触心理，很多人开始屏蔽微商信息，删除微商好友。

因此，微商不要轻易策划线上活动，一旦策划，就要严谨、用心，否则很容易降低微商在朋友心目中的地位。

下面以某化妆品微商为例，写一份《某化妆品活动策划书》。

某化妆品活动策划书

活动目的：

提高化妆品销量和实体店客流量。

活动时间：

微商举办活动的时间不限，在进行微商活动之前，可以通过微信、QQ、微博等引流平台发布询问是否进行活动的内容：“大家觉得我该不该在这几天做个活动回馈我的上帝们？广泛留言。如果留言者超过100个，我们就在11月7日推出活动。”这样一来，人们不仅知道了进行活动的时间，还让受众产生了被尊重的感觉，提高了微商在人们心中的形象。

以某化妆品活动时间为例：11月7日9：00至11月11日22：00。

活动主题：

回馈新老客户。

活动对象：

微商的粉丝及朋友、朋友的朋友等。

活动地点：

活动地点包括微信、QQ、微博三大平台，最后引流到微店达到营销的目的。

活动内容：

根据活动目的制订活动内容。

例如：11 月 7 日 9：00 至 11 月 11 晚上 22：00，只要朋友们将活动文案转发至自己的朋友圈里，截图私信给我，即可参加本次活动。

活动安排：

活动安排需要根据具体的活动内容来定。

例如：参与活动的新老客户，均可享受全场商品满 300 元减 100 元，实际付款满 1000 元赠送面膜 2 盒。下单当天即可发货。

案例分析：

微商活动和其他活动相比，活动策划书不需要太正规，只要微商自己觉得活动力度能打动受众，活动经费在自己的承爱范围之内，即可执行。

微商线下活动文案策划实战案例及分析

微商线下活动策划有助于扩大微商朋友圈规模，让微商获得更多用户。微商进行线下活动前，要做充分准备。那么活动策划者要做哪些准备才能将微商线下活动做好呢？

很多人觉得微商只会做互联网活动，其实微商活动也出现在线下，线上线下同时举行活动，可以吸引更多的流量。微商线下常见的活动包括公益活动、大型微商活动、培训活动、路旁扫二维码送礼活动。

活动策划者在策划微商线下活动的过程中，活动推广模式要嵌入活动内容里。常见的线下活动推广模式包括发传单和扫描二维码送礼品。

接下来就以某微商在线下做扫描二维码送礼品的活动为例，写一份活动策划书。

扫描二维码送礼品活动策划书

活动目的：

为微商增加“粉丝”。

活动时间：

微商线下活动的目的是引流，所以活动策划者最好选择节假日进行活动，毕竟节假日人们才有时间外出。

以扫描二维码送礼品活动为例：2019 年 1 月 1 日 10：00 至 16:00。

活动对象：

街边路人。

活动地点：

人流量较大的位置，比如热闹的步行街、商场门口等。

活动类型：

路旁扫二维码活动。

活动方式：

扫码送礼品。

活动内容：

聘请几个大学生在人多的步行街或热闹的商场门外吸引路人扫二维码，并且只要扫码就送礼品（毛绒玩具、生活用品不等）。

活动预算：

结合表12-3，做好活动预算。

表14-3 活动预算

活动名称	扫描二维码送礼品活动策划书			
活动目的	引流			
用途	项目	单价	数量	总价
人工费	引流	120元/天	6人	720元
二维码	二维码制作	5元/张	6张	30元
礼品	洗衣液	5元/袋	100袋	500
	卫生纸	6元/提	100提	600
	布偶	5元/个	100个	500
服装	有特色的玩偶服	300元/件	3件	900
不可预计花费				300元
总计				3050

案例分析：

通过开展微商线下活动，可以增加微商受众，促进后续销售转化。

多平台宣传推广活动实战案例及分析

多平台宣传推广就是指在两个或两个以上平台进行的宣传推广活动，可以放大推广效果。多平台推广主要包括自媒体平台、视频平台、音频平台和直播平台。这些平台都在某一方面具备独特优势，但同时存在一定的劣势，举行多平台宣传推广活动可以起到事半功倍的效果。

策划多平台宣传推广活动涉及的平台较多，综合各方优势，但同时，多平台宣传推广活动的策划工作也更加复杂，所以要注意以下几点问题。

首先，要在活动开始之前做好充足的准备，准备不充分很容易出现重大失误。多平台宣传推广活动是在多个平台同时进行，或者是有计划依次进行，各平台活动之间形成了一定的联系。为了确保宣传推广活动可以顺利进行，前期的准备工作至关重要。

其次，调动能力也是多平台宣传推广活动策划者要注意的方面。多平台活动因其复杂性，要求活动过程中具备较强的调度能力，为多平台推广活动的主题与目标服务。

再次，多平台宣传需要强大的幕后团队，可以为活动保驾护航，确保活动顺利进行。幕后团队宜选择经验丰富、执行力高、综合素质高者。

接下来就以某手游电子竞技比赛为例，写一份活动策划书。

某手游电子竞技比赛活动策划书

活动目的：

随着国家对电子竞技游戏的改观，游戏公司想要大规模推广某手游及其所产生的电子竞技行业，所以举办了某手游电子竞技比赛活动。为扩大此次活动的影响力，还联合了业内知名的游戏媒体和网站，借助它们宣传活动信息，扩大该活动在业内的影响力。

活动主题：

某手游电子竞技全明星赛。

活动时间：

2019 年 5 月 1 日晚 23：18。

活动对象：

热爱手游的所有用户。

平台选择：

除了自己平台的宣传，还选择微博、微信、QQ、优酷视频、爱奇艺视频等平台进行宣传。

活动方式：

现场直播。一是通过直播的方式展现活动现场全貌，让大量在线观众参与其中，提升活动的参与性；二是直播平台最适合游戏宣传，可以吸引大量玩家参与其中。此外，此次游戏宣传还在官网进行了有奖竞猜活动。

案例分析：

在不同平台进行宣传的形式不仅增加了信息传播量，还强化了宣传效果。同时搭配抽奖、竞猜的活动，增强活动的趣味性。

公司文化主题活动策划实战案例及分析

文化主题活动是公司文化建设的内在要求，也是公司部门之间进行情感交流、工作交流的有效途径，更是活跃企业文化生活，增强团队凝聚力的有效方法。通过开展积极向上的文体活动，不仅可以丰富公司员工的文化生活，还能提升公司凝聚力。

接下来就以某公司举办的 2019 年 11 月员工生日会活动为例，写一份活动策划书：

某公司 11 月员工生日会活动策划书

活动目的：

为推进公司企业文化建设、丰富企业文化内涵，体现公司对员工的人性化管理与关怀，提升员工对公司的认同度和归属感，特制定本策划方案。

活动主题：

“感恩有你”员工生日会。

活动时间：

2019年11月30日9：00-17：00。

活动对象：

公司全体员工。包括11月生日寿星10人、各职能部门人员。

活动地点：

酒店。

准备活动：

①人力资源科统计当月生日员工名单，准备生日贺卡、购物卡；

②物料准备：生日蛋糕（根据参会人数确定订购尺寸及数量）、水果、茶点、午餐、横幅；

③生日歌曲、游戏背景音乐，活动现场布置；

④后期活动推广宣传（H5推广、活动简报、网站新闻稿推送等）。

活动流程：

①8：30签到入场；

②9：00活动开始，总经理讲话；

③9：15开始互动游戏：破冰环节、团队消消乐、极速60秒；

④12：00-14：00寿星上台，推出生日蛋糕，集体合唱生日歌，吹蜡烛，拍照留念，总经理给寿星发礼品，切蛋糕，开始生日宴；

⑤14：00-16：30，开始大型烧脑“策略游戏”；

⑥14：30游戏结束，主持人寄语，并组织集体合影留念。

活动预算：

见表12-4。

表12-4 活动预算

活动名称	某公司11月员工生日会活动			
活动主题	“感恩有你”员工生日会			
项目	用途	单价	数量	总价
购物卡	送给寿星	500元/天	10人	5000元
生日蛋糕	生日会	600元/个	1个	600元
气球	布置会场	20元/袋	1袋	500元
条幅	布置会场	30元/个	1个	600元
游戏小礼品	烘托气氛	20元/份	12份	240元
水果	小橘子	5元/斤	10斤	50元
	冬枣	5元/斤	10斤	50元
	香蕉	4元/斤	10斤	40元
午餐	生日宴	800元/桌	3桌	2400元
茶点	花生	8元/斤	5斤	40元
	瓜子	10元/斤	5斤	50元
	糖果	15元/斤	5斤	75元
	曲奇	20元/斤	5斤	100元

活动名称	某公司11月员工生日会活动			
饮料	可乐、雪碧	6元/大瓶	10瓶	60元
	果汁	10元/大瓶	5	50元
不可预计花费				300元
总计				10065

案例分析：

文化主题活动根据公司活动内容的不同而有所差异，活动策划书中需要具备的元素大同小异。

危机公关活动策划实战案例及分析

危机公关是指机构或企业为避免或减轻危机带来的严重损害和威胁，进而有组织、有计划地学习、制定、实施一系列管理措施和应对策略。包括如何规避、控制、解决危机等。危机公关处理主要包括两方面内容：一是积极预防，严防危机来临；二是一旦危机发生，要立即采取有效措施，缓解危机，避免重大损失。

危机公关策划需要遵循一些基本原则：保证信息的及时性、保证受众的知情权、重视受众想法、保证信息源的一致性、保证和媒体的有效沟通、保持坦诚、信息精准简练。

接下来就以某公司危机公关活动为例，写一份活动策划书：

某公司危机公关活动策划书

活动背景：

某老字号食品股份有限公司在 20XX 年发生了“月饼添加剂超标”事件，一时间闹得沸沸扬扬。因为某公司知名度较高，品牌影响力较大，此恶性事件被自媒体推上了风口浪尖。媒体开始密切关注这家食品公司，对公司造成了极其恶劣的影响，大批月饼滞销、退货。

活动目的：

澄清事实，让消费者放心，重塑品牌形象。

活动主题：

健康团圆安心乐享中秋美味。

活动时间：

中秋节当天。

活动对象：

全社会。

活动准备：

电脑、手机、海报、三折页资料、灯光及音响设备、桌椅、横幅、剪刀、胶带等。

活动宣传：

以主流媒体为主，如新浪、腾讯、网易、百度等。

活动流程：

流程1：利用召开新闻发布会的信息资源，选择新浪、腾讯、网易等主流门户网站发布新闻报道及该公司为消除消费者疑虑采取的一系列措施。广大网民看到该公司为维护广大消费者合法利益所做的努力，也会进一步了解该公司，真正将该公司的产品定位为健康、安全的产品，提升消费者信任度和公司销售额。

流程2：要澄清事实，就要获得政府和权威专家、学者的认可，可以联合食品药品监督局、消费者协会等权威部门召开新闻发布会，并邀请著名养生专家座谈。将媒体记者按顺序带进会场，开始发放相关资料，主持人开始介绍参会领导和嘉宾，企业高层开始向媒体记者说明此次发布会的相关背景和目的，然后请卫计委相关发言人发表关于该品牌月饼添加剂剂量和种类在合法范围内，受国家法律保护的声明。与此同时，各大媒体平台开始发表相关澄清报道。

活动预算：

略。

案例分析：

通过此次事件，内部员工会形成更强的凝聚力，企业自身成功的危机公关恢复了消费者对品牌的忠诚度，提升了自身美誉度。消费者在一系列澄清报道下，心理上会得到满足和慰藉，逐渐恢复对该公司的认可度，同时再次购买。